CLAUDIA VORHEYER

Prostitution und Menschenhandel als Verwaltungsproblem

Eine qualitative Untersuchung über den beruflichen Habitus

[transcript]

Bibliografische Information der Deutschen Nationalbibliothek
Die Deutsche Nationalbibliothek verzeichnet diese Publikation in der
Deutschen Nationalbibliografie; detaillierte bibliografische Daten
sind im Internet über http://dnb.d-nb.de abrufbar.

© 2010 transcript Verlag, Bielefeld

Umschlagkonzept: Kordula Röckenhaus, Bielefeld
Lektorat & Satz: Claudia Vorheyer
Druck: Majuskel Medienproduktion GmbH, Wetzlar
ISBN 978-3-8376-1412-1

Gedruckt auf alterungsbeständigem Papier mit chlorfrei gebleichtem
Zellstoff.

Besuchen Sie uns im Internet: *http://www.transcript-verlag.de*

Bitte fordern Sie unser Gesamtverzeichnis und andere Broschüren
an unter: *info@transcript-verlag.de*

Inhalt

VERWALTUNG UND SOZIALER WANDEL

Vorwort

Forschungsarbeiten sind eingebettet in institutionelle Strukturen sowie soziale Kommunikations- und Interaktionsbeziehungen.

Daher möchte ich vor allem *Ulrike Nagel* für die Betreuung, Unterstützung und das Vertrauen in meine Arbeit danken,

Monika Wohlrab-Sahr, die das Forschungsprojektes »Die Verwaltung der Prostitution: Sachsen-Polen-Tschechische Republik« durch Ihr persönliches Engagement bereichert hat,

Bärbel Heide Uhl, meiner ehemaligen Kollegin und wirklichen Expertin für Menschenhandel und Prostitution, für die gemeinsame Arbeit und die vielen anregenden Gespräche

und nicht zuletzt *Ralph August,* der mit mir die Höhen und Tiefen des Arbeitsprozesses teilte.

Einleitung

Die vorliegende Arbeit untersucht das Verwaltungsfeld Prostitution und Menschenhandel zum Zweck der sexuellen Ausbeutung.[1] Im Zentrum des Interesses stehen die staatlichen Institutionen und zivilgesellschaftlichen Organisationen, die für diesen Bereich zuständig sind bzw. in ihm »öffentliche«, d. h. gesellschaftlich relevante Aufgaben übernehmen. Die verwaltungssoziologische Studie beruht auf einer akteurszentrierten Perspektive und fokussiert die konkrete Verwaltungspraxis des exekutiven Verwaltungspersonals. Analysiert werden die beruflichen Habitusformationen der sozialen Akteurinnen, die in den verschiedenen Verwaltungsbereichen im Rahmen ihrer alltäglichen Berufsarbeit mit dem Thema Prostitution und/ oder Menschenhandel zum Zweck der sexuellen Ausbeutung beschäftigt sind.[2] Dazu gehören die Ordnungs- und Gesundheitsämter, die Polizeibehörden, sowie die staatlichen und nichtstaatlichen, sozialen Beratungsstellen und Streetwork-Projekte. Es geht nicht um die spezifischen Gesetze und Verordnungen, die dem Verwaltungshandeln zugrunde liegen, sondern darum, wie diese in den Behörden und Ämtern angewandt und interpretiert werden.

Unter Zugrundelegung des Habitus-Begriffs als theoretisch sensibilisierendes Konzept werden die Wahrnehmungs-, Denk- und Handlungsmuster sowie das Innovationspotential der Verwaltungsbeschäftigten rekon-

---

1   In diesem Buch werden sowohl die Begriffe »Prostitution« und »Prostituierte« als auch die Bezeichnungen »Sexarbeit« und »Sexarbeiterinnen« verwendet. Die Wortwahl ist wertneutral zu verstehen und soll keinen bestimmten Standpunkt zur Prostitution zum Ausdruck bringen. Prostitution ist ein in der Alltagswelt häufig negativ konnotierter Begriff, der nicht selten abwertend in Bezug auf die sich prostituierenden Personen gebraucht wird. Eine solche Diskriminierung der in der Prostitution tätigen Akteurinnen liegt der Autorin völlig fern.
2   Mit Nennung der weiblichen Funktionsform ist in diesem Buch, sofern nicht anders gekennzeichnet, immer auch die männliche Form mitgemeint.

struiert. Das von Bourdieu (1987, 1993) als »strukturierte und strukturierende Struktur« konzipierte Habitus-Modell erklärt über den theoretischen Zusammenhang von Wahrnehmung, Handlung und Struktur, wie die sozialen Praktiken generiert und die sozialen Strukturen reproduziert oder auch modifiziert werden. Sein soziologischer Ansatz zur Sozialstrukturanalyse ist durch einen hohen wissenssoziologischen Anteil gekennzeichnet (Meuser 1999). Die symbolischen Ressourcen, geistig-kulturellen Objektivationen und der soziale bzw. praktische Sinn der sozialen Handlungen sind bei Bourdieu von zentraler Bedeutung. In einer interaktionistisch erweiterten bzw. reformulierten Form wird das Habitus-Konzept für die sinnrekonstruierende Methodologie fruchtbar gemacht und verliert seinen deterministischen Akzent (ebenda). Vor diesem theoretischen Hintergrund werden in der vorliegenden Untersuchung die Deutungs- und Interpretationsmuster, Sinnrekonstruktionen und Wissensformationen der Verwaltungsakteurinnen eingefangen und analysiert. Das reformulierte Habitus-Modell ermöglicht sowohl die Berücksichtigung der historisch-gesellschaftlichen und sozial-biographischen Zusammenhänge des beruflichen und administrativen Handelns als auch die Integration verschiedener Aspekte, die für die Verwaltungspraxis im Bereich Prostitution und Menschenhandel relevant sein könnten, wie z. B. soziokulturelle Normen und Werte, geschlechtsspezifische Ordnungsmuster oder die sozialen Orientierungen und Motivationen des Verwaltungspersonals.

Die interpretative, verwaltungssoziologische Studie untersucht die berufliche und organisationale Praxis der Verwaltungsmitarbeiterinnen, ihre aufgabenbezogenen Problemsichten und Orientierungen, sozialen Kategorisierungen und normativ akzentuierten Basispositionen sowie ihre Regulierungsansätze und Problemlösungsstrategien. Die im Vergleich zu den Verwaltungsakteurinnen handlungsentlastete Auseinandersetzung mit den Themen Prostitution und Menschenhandel zum Zweck der sexuellen Ausbeutung führt die Vielschichtigkeit und Komplexität der Problematik sowie die Schwierigkeit einer Betrachtung und Positionierung vor Augen, die weder die sich prostituierenden Frauen und Männer zu armen Opfern stilisiert und ihnen jegliche Entscheidungs- und Handlungsfähigkeit abspricht noch die Prostitution auf eine freiwillige und selbstbestimmte Dienstleistungstätigkeit reduziert, die mit einem emanzipatorischem Entfaltungspotential verbunden ist. Davon ausgehend, dass in komplexen, problemorientierten Aufgabengebieten und Verwaltungsbereichen für die sozialen Akteurinnen sowohl die Möglichkeit als auch die Notwendigkeit besteht, ihre beruflichen bzw. organisationalen Rollen individuell auszugestalten – diese weder völlige Handlungsfreiheit garantieren noch durch normative Vorgaben gänzlich determiniert sind – stehen die Ausformung und Ausschöpfung der Wahrnehmungs- und Handlungsspielräume im speziellen Fokus der Untersuchung (Mayntz 1985, 1995). Im Verwaltungsfeld Prostitution und Menschenhandel zum Zweck der sexuellen Ausbeutung sind die individuellen und institutionellen Wahrnehmungs- und Handlungsoptionen angesichts der gegenwärtig unsicheren und widersprüchlichen Rechtssituation, den nichtvorhandenen administrativen Durchführungsbestimmungen und Konkretisierungen sowie der unterschiedlichen Anwendung und Auslegung der Gesetze von besonderem Interesse (Mitrovic 2004).

Das Augenmerk auf das Innovationspotential zielt auf die Fähigkeit der Verwaltungsbeschäftigten ab, in und durch ihr berufliches Handeln inhaltlich, prozessual und strukturell neue Verwaltungsformen und -strukturen hervorzubringen. Am Beispiel des Verwaltungsfeldes Prostitution und Menschenhandel wird untersucht, inwieweit bzw. angesichts welcher Bedingungen und Kontexte die sozialen Akteurinnen innovative Problemlösungen und Strategien entwickeln und neuartige Handlungsansätze und Reglementierungsmaßnahmen realisieren, z. B. transdisziplinäre Aushandlungs- und Kooperationsbeziehungen initiieren und institutionalisieren. Die kreativen, gestalterischen Aktivitäten sind sowohl hinsichtlich der mit der Einführung des Prostitutionsgesetzes (ProstG 2002) und Infektionsschutzgesetzes (IfSG 2001) verbundenen rechtlichen Veränderungen in diesem Verwaltungsbereich als auch angesichts der grundsätzlichen Frage nach dem sozialen Wandel des Politik- und Verwaltungssystems von Government zu Governance relevant.[3] Das theoretische und praktische Erkenntnisinteresse an den beruflichen Habitusformationen der Verwaltungsakteurinnen beschränkt sich nicht nur auf deren disziplinäre Praktiken, sondern bezieht auch die gemeinsame Problembearbeitung unterschiedlicher Verwaltungsbereiche sowie nationaler und internationaler, staatlicher und zivilgesellschaftlicher Organisationen mit ein. Relevant sind die wechselseitigen Bedingungen und Prozesse des Handelns sowie die aus der Auseinandersetzung zwischen staatlichen, nichtstaatlichen und »zwischenstaatlichen« Akteuren resultierende Entwicklung neuer Handlungsmuster und Formen der Verwaltungspraxis. Vor dem Hintergrund habitualisierten Handelns eröffnet sich, Berger/Luckmann (2004) zufolge, ein Vordergrund für Einfall und Innovation. Hierbei stellt sich die Frage, inwieweit die Modernisierungs- und Innovationsprozesse im Verwaltungsfeld Prostitution und Menschenhandel von den sozialen Akteurinnen angestoßen und gesteuert werden und der soziale Wandel in der Verwaltung bzw. durch die Verwaltungsbeschäftigten prozessiert oder blockiert wird.

Dem Forschungsinteresse an den individuellen und institutionellen, beruflichen und verwaltungskulturellen Wahrnehmungs- und Handlungsmustern des Verwaltungspersonals und der dieser Untersuchung zugrundeliegenden wissenssoziologischen, sozialkonstruktivistisch-interaktionistischen Perspektive, entspricht die von Meuser/Nagel (1991, 1994) metho-

---

3 Über die rein theoretische politikwissenschaftliche und soziologische Abhandlung hinausgehende, empirische Studien nehmen erst in den letzten Jahren zu und akteurszentrierte Untersuchungen liegen kaum vor.

disch-methodologisch entwickelte Form des theoriegenerierenden Experteninterviews. Das Experteninterview ermöglicht Einblicke in Strukturzusammenhänge und Wandlungsprozesse von Handlungssystemen, etwa in Entscheidungsstrukturen und Problemlösungen von Institutionen und Organisationen (Liebold/Trinczek 2002). Es informiert über die InsiderErfahrungen spezifischer Status- und Interessengruppen und eröffnet den Zugriff auf implizite Regeln, die an der Schnittstelle zwischen makro- und mikrosoziologischer Analyse zu verorten sind (ebenda). Zur Erfassung der konkreten Verwaltungspraxis, d. h. der Wissens- und Handlungsstrukturen des Verwaltungspersonals im Bereich Prostitution und Menschenhandel zum Zweck der sexuellen Ausbeutung kommen als Datenerhebungsmethode offene, leitfadenorientierte Experteninterviews zur Anwendung. Die in den staatlichen Institutionen und zivilgesellschaftlichen Organisationen beschäftigten Akteurinnen werden als Expertinnen verstanden, da sie über ein Praxis- und Erfahrungswissen verfügen, das sich auf das untersuchte Verwaltungsfeld bezieht, und ihre Orientierungen und Relevanzen dieses sinnhaft und handlungsleitend (mit-)strukturieren. Die Auswertung des vollständig transkribierten Datenmaterials erfolgt unter Fokussierung wissenssoziologischer und handlungstheoretischer Aspekte. Da die individuellen und funktionsspezifischen Wahrnehmungs-, Denk- und Handlungsmuster implizit, d. h. den sozialen Akteurinnen nicht unmittelbar zugänglich sind, werden sie aus den Darstellungen der befragten Verwaltungsbeamtinnen analytisch-interpretativ rekonstruiert. Das Experteninterview bietet angesichts seines spezifischen Charakters der »strukturierten Offenheit« einerseits Erkenntnischancen qualitativen Zuschnitts, erlaubt andererseits aber auch thematische Schwerpunktsetzungen und gegenstandsbezogene Hypothesen, ohne – wie in standardisierten Untersuchungen – vorab konzeptualisiertes Wissen zu überprüfen (ebenda). In Anbetracht dieser Möglichkeiten zielt die vorliegende Verwaltungsstudie auf die Ausdifferenzierung des beruflichen Habitus-Begriffs bzw. die Generierung empirischer und theoretischer Kategorien des Verwaltungshandelns.

Grundlage der empirischen Untersuchung der Verwaltungspraxis im Bereich Prostitution und Menschenhandel zum Zweck der sexuellen Ausbeutung bilden 45 Experteninterviews, die mit den Mitarbeiterinnen öffentlicher Institutionen und Organisationen in Deutschland (25), Polen (10) und der Tschechischen Republik (10), mit besonderem Fokus auf die deutsch-polnischen bzw. deutsch-tschechischen Grenzgebiete, durchgeführt wurden.[4] Die Vergleichbarkeit der Interviews ist methodisch mit der Anwendung von Leitfäden und empirisch durch die gemeinsame organisatorisch-institutionelle Anbindung der Akteurinnen im Verwaltungsfeld

---

4   Ein Großteil der Experteninterviews resultiert aus meiner Mitarbeit im Forschungsprojekt »Die Verwaltung der Prostitution: Sachsen-Polen-Tschechische Republik« (2004-2005), weitere wurden im Rahmen der Graduiertenförderung des Landes Sachsen-Anhalt (2005-2008) erhoben.

Prostitution und Menschenhandel gesichert. Den gesellschaftlichen Hintergrund der Arbeit bilden erstens die grenzüberschreitenden Prostitutionsszenen und Kriminalitätsstrukturen (z. B. Menschenschmuggel, Menschenhandel), die infolge globaler Migrationsprozesse sowie lokalem Sextourismus entstanden sind und für die Verwaltung eine besondere Herausforderung darstellen; zweitens die unterschiedlichen Prostitutionspolitiken bzw. gesetzlichen Grundlagen zur staatlichen Reglementierung der Prostitution; und drittens die veränderten Formen politisch-administrativen Handelns, die durch die zunehmende Bedeutung der zivilgesellschaftlichen Akteure, eine erhöhte Relevanz der transnationalen Zusammenarbeit sowie die Bearbeitung gesellschaftlicher Aufgaben in lokalen, auch grenzüberschreitenden organisationalen Netzwerken gekennzeichnet sind.

Die Arbeit gliedert sich in vier Teile. Der erste Teil »Die Verwaltung im Bereich Prostitution und Menschenhandel« bildet den Wissensrahmen und Theoriehintergrund der Untersuchung und baut deren spezifische Perspektive unter Zugrundelegung und Darstellung des aktuellen Forschungsstands auf. In den einzelnen Kapiteln des Theorieteils geht es zunächst um die Entwicklung einer, der Fragestellung entsprechenden soziologischen Betrachtungsweise der Verwaltung (Kapitel 1) und folgend um die Auswirkungen und Anzeichen gesamtgesellschaftlicher Veränderungsprozesse auf das bzw. im Verwaltungssystem, die Modernisierung der modernen Verwaltung von Government zu Governance (Kapitel 2). Das anschließende dritte Kapitel »Prostitution und Menschenhandel als Wissensgegenstand« erarbeitet die diskursiven Wissensbestände, die den Verwaltungsakteurinnen als Gesellschaftsmitgliedern und Berufsexpertinnen in Form von kondensierten und systematisierten Erfahrungen, (fach-)wissenschaftlichen und alltagsweltlichen Erkenntnissen potenziell zur Verfügung stehen. Das vierte Kapitel nimmt dann das Verwaltungsfeld Prostitution und Menschenhandel in den Blick. Es nähert sich zum einen den funktionalen Rahmen, organisationalen Bedingungen und dem idealtypischen Berufshandeln der Verwaltungsakteurinnen des Feldes am Beispiel der Polizei und der Sozialen Arbeit (Kapitel 4.1), und nimmt zum anderen Bezug auf die inhaltlichen und strukturellen Wandlungsprozesse, wie die gesetzliche Reformierung der staatlichen Reglementierung der Prostitution in Deutschland, den Bedeutungsgewinn der zivilgesellschaftlichen Organisationen und die ansatzweise zu beobachtenden Europäisierungsdynamiken (Kapitel 4.2).

Im zweiten, methodisch-methodologischen Teil »Die Untersuchung der ›lebenden‹ Verwaltung« werden die Fragestellung und die Methode dargestellt sowie die Vorgehensweise der Arbeit transparent gemacht. Dazu sind zum einen der Zusammenhang zwischen dem Erkenntnisinteresse am beruflichen Habitus der Verwaltungsakteurinnen und der Methode des theoriegenerierenden Experteninterviews (Kapitel 5) sowie die Bedeutung des Expertinnenwissens im Kontext postmoderner Veränderungsprozesse

(Kapitel 5.1) herauszustellen, und zum anderen der Ursprung des Projektes sowie die vorgenommenen Erhebungs- und Auswertungsschritte aufzuzeigen (Kapitel 6).

Der dritte, empirisch-theoretische Teil »Der berufliche Habitus der Verwaltungsakteurinnen« dient der Darstellung der Untersuchungsergebnisse. Darin wird die Herausbildung der Verwaltungsstrukturen im Bereich Prostitution und Menschenhandel analysiert und sowohl deren Stabilität als auch deren Wandlungstendenzen erklärend auf den beruflichen Habitus der Verwaltungsakteurinnen zurückgeführt. Hierfür werden zunächst die Gesetzeslage bzw. die Prostitutionspolitik der in die Studie einbezogenen Länder (Deutschland, Polen und die Tschechische Republik) als Handlungsrahmen der Verwaltungsarbeit umrissen (Kapitel 7). Anschließend werden die den beruflichen Habitus kennzeichnenden Wahrnehmungs- und Handlungsmuster der Verwaltungsbeschäftigten im Bereich der zivilgesellschaftlichen Aktivitäten, der Polizeiarbeit, der Gesundheitsamt- und Ordnungsamtpraxis sowie der Sozialen Arbeit beschreibend und analytisch rekonstruiert (Kapitel 8). Auf der Grundlage charakteristischer Fallportraits und kontrastierender Fallvergleiche werden die zentralen Dimensionen und Kategorien des Verwaltungshandelns im Bereich Prostitution und Menschenhandel zum Zweck der sexuellen Ausbeutung aufgezeigt und in Zusammenhang mit dem daraus generierten theoretischen Modell vorgestellt. Im Anschluss an die Analyse der beruflichen Habitusformationen wird ein Erklärungsmodell zur individualisierten Verwaltungspraxis entworfen, in welchem der Bedeutungsrückgang der administrativen Strukturen bzw. die Bedeutungszunahme der individuell vermittelten Verwaltungsstrukturierung unter Bezugnahme auf die spezifischen Schwierigkeiten des Verwaltungsgegenstandes, der unterschiedlichen Berufs- und Tätigkeitsbereiche sowie des allgemeinen Verwaltungssystems veranschaulicht und begründet wird (Kapitel 9).

Im vierten Teil »Verwaltung und sozialer Wandel« wird eine Verbindung zwischen den im Verwaltungsfeld Prostitution und Menschenhandel zum Zweck der sexuellen Ausbeutung vorgefundenen Veränderungstendenzen einerseits, und dem Wandel des politisch-administrativen Systems sowie der Gesamtgesellschaft andererseits hergestellt (Kapitel 10). Die Umsetzung und Generierung neuer Verwaltungsformen und -strukturen vollzieht sich vor allem in und durch interorganisationale Verständigungs-, Aushandlungs- und Kooperationsprozesse und hängt maßgeblich vom beruflichen Habitus der Verwaltungsakteurinnen ab. Denn diese erfordern vom Verwaltungspersonal ein erhebliches Maß an Offenheit, Perspektivenvielfalt und Ambiguitätstoleranz und stellen in den lokalen Verwaltungspraktiken, empirisch betrachtet, keine Selbstverständlichkeit dar. Inhaltliche und strukturelle Neugestaltungen und Innovationen bedürfen in der postmodernen Moderne mehr denn je der Zusammenarbeit in heterogenen, transdisziplinären, und transnationalen Netzwerken, so dass die Verarbeitung und Vereinbarung pluraler, konkurrierender, teilweise sogar konfligierender Sichtweisen und Wissensbestände zur zentralen kognitiven und sozialen Aufgabe bzw. Kompetenzanforderung des neuen Governancemodells avanciert.

Die Verwaltung im Bereich Prostitution und Menschenhandel

Der erste Teil der Arbeit dient der Entwicklung einer dem Untersuchungsthema angemessenen Sichtweise auf die Verwaltung und die Verwaltungspraxis im Bereich Prostitution und Menschenhandel zum Zweck der sexuellen Ausbeutung. Im ersten Kapitel werden die das administrative Handeln bestimmenden systemischen, organisationalen und praxeologischen Aspekte dargestellt. Dabei wird auf die bürokratischen Verwaltungsstrukturen und die in ihnen verbleibenden Gestaltungsspielräume, die Steuerungsmechanismen und den Ansatz der »Situativen Verwaltung«, das Verhältnis zwischen organisationalen Vorgaben und individuellen Handlungsorientierungen, also den »Akteurszentrierten Institutionalismus« sowie die Organisationskultur, die berufliche Sozialisation und das professionelle Handeln des Verwaltungspersonals Bezug genommen. Das zweite Kapitel thematisiert den Wandel des Verwaltungssystems, d. h. den gegenwärtigen Übergang von der modernen zur postmodernen Verwaltung, von Government zu Governance. Vor dem Hintergrund der gesamtgesellschaftlichen Veränderungen werden die neuartigen Strukturen und Prozesse des politisch-administrativen Systems diskutiert, die sich auf die Überwindung der nationalstaatlichen Grenzen, die Bedeutungszunahme der zivilgesellschaftlichen Organisationen sowie die Verhandlungs- und Koordinationsbeziehungen und das »polyzentrische Regieren« beziehen. Wesentlich ist, dass der Modernisierungsprozess auf die organisationalen Praktiken, d. h. die Modernisierungs- und Innovationsoffensiven der Verwaltungsakteurinnen zurückgeführt wird. Im dritten Kapitel steht die theoretische und empirische Forschung über Prostitution und Menschenhandel zum Zweck der sexuellen Ausbeutung im Zentrum. Gegenstand sind das prostitutive Intimsystem, die Geschichte der Prostitution, die staatliche Reglementierung und Politik, das Prostitutionsfeld, der wissenschaftliche und öffentliche Diskurs, die »Freierforschung« sowie der Sextourismus, die grenzüberschreitenden Prostitutionsszenen und der Menschenhandel zum Zweck der sexuellen Ausbeutung. Die hier systematisierten und kondensierten Wissens- und Erfahrungsbestände werden als potenzieller Hintergrund des Expertinnenwissens und -handelns des Verwaltungspersonals verstanden.

Abschließend fokussiert das vierte Kapitel das Verwaltungsfeld Prostitution und Menschenhandel und die sich darin abzeichnenden Veränderungsprozesse. Darin werden auch die institutionellen Rahmen, organisationalen Bedingungen und das berufliche Handeln in den traditionellen Handlungsfeldern der Polizei und der Sozialen Arbeit in den Blick genommen.

1. Theoretische Perspektiven: Die Verwaltung als soziale Praxis

Die öffentliche Verwaltung kann zum Gegenstand systemischer, organisationaler oder handlungstheoretischer Betrachtungen werden. Während in der Systemperspektive die Verwaltung insgesamt als Einheit und als abgrenzbares Teilsystem innerhalb der sie umfassenden Gesellschaft gerahmt wird, stehen in der Organisationsperspektive einzelne Behörden und Behördentypen als soziale Gebilde im Zentrum des Forschungsinteresses (Mayntz 1985).[1] Beide Betrachtungsweisen fragen nach den übergreifenden Strukturmerkmalen, Funktionsweisen und Beziehungen des administrativen Systems bzw. der administrativen Organisation zur gesellschaftlichen Umwelt. Die handlungstheoretische Perspektive auf Verwaltung dagegen setzt beim Individuum an und fokussiert die Wahrnehmungs- und Handlungsmuster des Verwaltungspersonals. Unter diesem Blickwinkel kann die soziale Konstruktion der organisationalen Strukturen und deren Wandel aus der Verwaltungspraxis heraus nachvollzogen und erklärt werden.

Von den soziologischen Klassikern hat sich vor allem Max Weber thematisch mit der Verwaltung beschäftigt und diese idealtypisch als rationale Herrschaftsform des modernen Staates charakterisiert. Die Rationalisierung der modernen Verwaltung besteht zum einen in der Legalisierung, d.h. der Rechtbindung des Verwaltungshandelns, durch welche die Anwendung und Durchsetzung der Rechtsnomen kalkulierbar und frei von persönlicher Willkür sein soll. Zum anderen bezieht sich der Rationalitätsbegriff auf die konstatierte optimale Zweckmäßigkeit der bürokratischen

---

1 Aus systemtheoretischer Sicht stellt sich die Verwaltung als ein Komplex von Organisationen dar, die innerhalb des politischen Systems Entscheidungen produzieren, die sich auf andere Entscheidungen beziehen und nach Regeln verfahren, die ihrerseits durch Entscheidungen festgelegt sind. Die Verwaltung operiert danach selbstreferentiell. Die Zustände ihrer Organisationen können nicht im Voraus bestimmt werden, da sie mit einer ständigen Beobachtung ihrer eigenen Operationen befasst sind (Ladeur 1994).

Organisationsform.[2] Die bürokratische Verwaltung und Organisation zeichnet sich, Weber (2006) zufolge, durch eine festgelegte Autoritätshierarchie, also ein System vertikaler Kommunikationslinien bzw. einzuhaltender Dienstwege sowie eine auf Spezialisierung beruhende Arbeitsteilung aus. Sie beruht auf einem System von Regeln und Richtlinien, welches die Rechte und Pflichten der Organisationsmitglieder festlegt und die Verfahrensweisen der Aufgabenerfüllung definiert (Mayntz 1985). Die Verwaltungsbeamtinnen werden aufgrund ihrer nachgewiesenen Qualifikation eingestellt und nach Leistungs- und Alterskriterien befördert. Sie unterstehen einer Dienstvorgesetzten und erhalten für ihre Tätigkeit einen Lohn. Weber (2006) begründet die optimale Zweckmäßigkeit der bürokratischen Organisationsform mit der fachlichen Kompetenz des Verwaltungsstabs und der auf der Regelgebundenheit und dem Prinzip des Gehorsams beruhenden Berechenbarkeit. In seiner Analyse der Verwaltung werden primär systemische und organisationale Aspekte fokussiert. Daneben besteht aber auch die Möglichkeit, die Verwaltung aus Sicht der konkreten Verwaltungspraxis, also die »lebende« Verwaltung zu betrachten.

Die von Weber konstatierte Berechenbarkeit und Kalkulierbarkeit der Verwaltung ist durch die Implementationsforschung (Mayntz 1980, 1983) und den Ansatz der »Situativen Verwaltung« (Treutner/Wolff/Bonß 1978) relativiert worden. Mit dem Verweis auf die Grenzen der Programmierbarkeit und Standardisierbarkeit von Verwaltungsvorgängen und die »Subjektivität« der Beschäftigten als notwendigen Bestandteil von organisationalen Handlungsprozessen sind die »Handlungsspielräume« der Beschäftigten ins Blickfeld der Verwaltungsforschung gerückt.[3] Mayntz (1985: 213) zufolge hängt der Handlungsspielraum der Verwaltungsakteurinnen von drei Faktoren ab: der Intensität der Steuerung durch die vorgesetzten Behörden, dem Programmierungsgrad der Behördenaufgaben und der Ressourcenverfügung. Oft ist die reale Steuerungsintensität der Verwaltung in Form von Einzelanweisungen (Anordnung bestimmter Maßnahmen, Einschaltung in Einzelfälle) oder generellen Anweisungen (Schwerpunktsetzungen und Verfahrensregelungen) der vorgesetzten Behörden wesentlich

---

2 Webers Analyse der bürokratischen Organisation bezieht sich nicht nur auf das Verwaltungssystem, sondern wird als Form der Strukturierung und »Organisierung« von Arbeitsabläufen gefasst, die auch in anderen Organisationen, z. B. in einer Fabrik, Anwendung finden kann.

3 Unter der »Subjektivität« des Verwaltungspersonals werden die individuellen Eigenleistungen und Problemverarbeitungsprozesse der sozialen Akteurinnen gefasst, die notwendig sind, um z. B. die abstrakten rechtlichen Vorgaben und Verwaltungsrichtlinien situativ anzuwenden und in konkrete Verwaltungspraktiken umzusetzen. Dabei werden auch die Qualifikation und Motivierung der Beschäftigten als relevante Phänomene berücksichtigt. Zur theoretischen Erklärung der Verwaltungsrealität wird schon im Ansatz der »Situativen Verwaltung« auf den Habitus als Vermittlungsprinzip zwischen den Strukturprinzipien staatlicher Organisationen und der konkreten Handlungspraxis der Verwaltungsakteurinnen verwiesen.

geringer als es das äußere Erscheinungsbild des »hierarchischen Instanzenzugs« vermuten lässt (ebenda: 220). Nach Luhmann sind zwei grundsätzliche Steuerungsformen zu unterscheiden: »Konditionalprogramme« und »Zweckprogramme«. Während »Zweckprogramme« das Handlungsziel, nicht aber die Handlungsschritte vorgegeben, d. h. der konkrete Handlungsablauf und die Mittel der Zielerreichung vom Verwaltungsstab zu erarbeiten ist, beruhen »Konditionalprogramme« auf Regeln, die dem Wenndann-Schema folgen (ebenda: 56ff). Da die Bearbeitung komplexer und dynamischer Aufgaben und Problemsituationen über die bloße Anwendung von Regeln hinausgeht und daher nur über Zweckprogramme gesteuert werden können, bestehen in der problemorientierten Verwaltungsarbeit bei der Konkretisierung der normativen Vorgaben notwendigerweise Handlungs- und Ermessensspielräume, die von den Organisationen und Verwaltungsakteurinnen ausgestaltet werden. Nach Mayntz (ebenda: 229) bestehen aufgrund des Situationscharakters der Verwaltungsarbeit selbst in hochgradig vorprogrammierten Arbeitssituationen echte Handlungs- und Gestaltungsspielräume.

Auf den Umstand, dass sich konkretes Verwaltungshandeln stets als rechtstaatliche Aufgabenerfüllung vollziehen muss, aber gezwungenermaßen auf situativ bezogenen Interpretationsvorgängen beruht, verweist der Ansatz der »Situativen Verwaltung« von Treutner/Wolff/Bonß (1978). Der als sozialwissenschaftliche Theorie administrativer Organisationen entworfene Erklärungsansatz berücksichtigt drei Ebenen: die spezifische Funktion von Form und Inhalt staatlicher Entscheidungen in bürgerlich-kapitalistischen Gesellschaften, die organisationalen Strukturmuster zur Erfüllung der gesellschaftlich zugewiesenen bzw. antizipierten Funktionen des bürgerlichen Staates und die Auswirkungen der organisationsstrukturellen Vorgaben auf die konkreten Arbeitssituationen (ebenda: 8ff).[4] Die im Ansatz der »Situativen Verwaltung« entwickelte theoretische Argumentation integriert systemische, organisationale und handlungstheoretische Perspektiven der Verwaltungsanalyse in Form eines Mehrebenenansatzes.

In der vorliegenden Studie stehen vor allem die organisationale Bewältigung der Problemverarbeitung und der handlungsmäßige Vollzug der administrativen Arbeit im Zentrum. Die Vertreterinnen des Ansatzes der »Situativen Verwaltung« selbst haben auf den Bedarf an weiterführenden theoretischen und empirischen Ergänzungen in Form von Fallstudien zur Struktur und zum Verlauf konkreter Verwaltungsarbeit verwiesen (ebenda: 12ff). Nach der Bestandsaufnahme von Derlien (2000) ist die empirische Verwaltungswissenschaft gegenwärtig durch einen Mangel an wissen-

---

4   Der nicht mehr aktuelle Bezug auf die gesellschaftliche Formation bedarf einer Überarbeitung, in der postmoderne gesellschaftlicher Veränderungsprozesse berücksichtigt und integriert werden.

schaftlicher Grundlagenforschung gekennzeichnet.[5] Zudem fehle den quantifizierenden Verwaltungsuntersuchungen die »Tiefenschärfe«, da Denkmuster zwar angesprochen aber nicht begreifbar werden, wohingegen in qualitativen Studien z. B. das Rollenverständnis einer Beamtin in ihrer objektiven Ausdrucksgestalt und ihrem subjektiv gemeinten Sinn unmittelbarer nachvollziehbar ist.

Die empirische Analyse der Verwaltungspraxis im Bereich Prostitution und Menschenhandel zum Zweck der sexuellen Ausbeutung beruht auf einem qualitativen Forschungsansatz, der die Wissens- und Handlungsmuster der Verwaltungsbeschäftigten und die für das Verwaltungsfeld konstitutiven Strukturen und Strukturzusammenhänge fokussiert. Mit der Konzeptualisierung der vom Verwaltungspersonal vorgenommenen Deutungen und Orientierungen sollen nicht nur Aussagen über die sozialen Prozesse und Strukturen der Verwaltungsarbeit generiert, sondern auch der Geltungsanspruch des zugrundeliegenden Erklärungsansatzes geprüft und ein Beitrag zur Weiterentwicklung der verwaltungssoziologischen Forschung geleistet werden.

Mayntz (1985: 229) weist darauf hin, dass die organisationalen Arbeitsbedingungen und die erlernte Fachqualifikation die berufliche Orientierung des Verwaltungspersonals und damit die Art und Weise, wie es seine Aufgaben erfüllt, beeinflusst. Die Orientierung der sozialen Akteurinnen kann sowohl bürokratisch, regelorientiert als auch professionell, dienstleistungsorientiert ausgeprägt sein.[6] Die professionell, dienstleistungsorientierte Mentalität ist dadurch gekennzeichnet, dass sich die Mitarbeiterinnen primär auf den sachlichen Inhalt, das Ziel ihrer Aufgabe beziehen und weniger an der Durchsetzung von Normen, der Einhaltung von Regeln und der Befolgung von Weisungen orientiert sind, so dass im Interesse der Aufgabenerfüllung bestehende Regeln unter Umständen auch vernachlässigt oder verletzt werden können (ebenda: 230). Sie kann sich auch in Arbeitssituationen mit ausgeprägt bürokratischem Charakter entwickeln und durchsetzen. Im Prozess der beruflichen Sozialisation, der sowohl die Ausbildung als auch die berufliche Praxis umfasst, erwerben die Verwaltungsakteurinnen berufs- bzw. tätigkeitsbezogene Denkweisen und Handlungskompetenzen und bilden einen beruflichen Habitus aus, für den nicht nur die Berufstätigkeit sondern auch Aspekte der geschlechtsspezifi-

---

5   Infolge der häufig als Auftragsforschung durchgeführten Untersuchungen hat sich die Verwaltungsforschung, nach Derlien (2000) zu einer normativ-präskriptiven Wissenschaft entwickelt, die durch ein Defizit an »empirisch fundierten Evaluationen« gekennzeichnet ist.

6   Die bürokratische Haltung entspricht einem Herrschaftsverhältnis zwischen Verwaltung und Bürgern, nicht einem Hilfs- oder Dienstleistungsverhältnis (Mayntz 1985: 232) und vor diesem Hintergrund dienen sowohl die Eingriffsverwaltung als auch die Leistungsverwaltung als Mittel der sozialen Kontrolle.

schen, familialen und gesellschaftlichen Sozialisation von Bedeutung sind.[7] Die Verwaltung moderner Gesellschaften ist nicht ausschließlich durch die von Weber beschriebene bürokratische Organisationsform gekennzeichnet. Mayntz (1985: 121) zufolge lassen sich Ansätze zum Organisationswandel beobachten, die auf eine Abschwächung bürokratischer Prinzipien verweisen und grundsätzliche Modifikationen der bürokratischen Organisation darstellen. Dazu gehört beispielsweise die Integration professionell-teamartiger Organisationsmodelle in die Verwaltung. Mitar-beiterinnen professionell-teamartiger Organisationsformen sind ihrer Ausbildung und Orientierung nach meist professionalisierte Spezialistinnen. Sie verfügen über ein umfassendes Wissen sowie komplexe Fähigkeiten auf ichrem Arbeitgebiet und sind intrinsisch motiviert. Das professionell-teamartige Organisationsmodell ist durch einen verhältnismäßig geringen Grad an Regelung und Kontrolle gekennzeichnet und lässt den Spezialisten bei der Aufgabenerfüllung einen persönlichen Verantwortungs- und Gestaltungsspielraum für eigene Initiativen und Improvisationen. Die Autoritäts-, Kommunikations- und Kontrollstruktur ist eher netzwerkartig als hierarchisch, Entscheidungen werden im Team getroffen und an die Stelle schriftlicher Weisungen tritt weitgehend die mündliche Kommunikation und gegenseitige Beratung (ebenda: 120). Für die Bearbeitung nicht standardisierbarer, lösungsorientierter und koordinierender Aufgaben stellen die Zweckprogrammierung und das professionell-teamartige Organisationsmodell – nicht die konditional programmierte bürokratische Verwaltung – die optimale Verwaltungsstruktur dar. In professionell-teamartigen Organisationsmodellen erhöhen sich Mayntz (ebenda: 121) zufolge aber nicht nur die Leistungsmotivation der Akteurinnen, sondern auch deren Belastungen und Konflikte. Die Reduzierung der Steuerungsintensität des Verwaltungshandelns geht zum einen mit einem größeren Umfang an Flexibilität, Anpassungsfähigkeit und Innovationspotential einher, führt zum anderen aber auch zu einem deutlichen Verlust an »Berechenbarkeit«, was für die Verwaltung als Mittel der »legalen Herrschaft« ein zentrales Problem darstellt.

Da die Organisationsziele in planenden und gestaltenden Verwaltungsorganisationen durch ein geringes Ausmaß an normativen Vorgaben festgelegt sind, hängt deren Ausgestaltung und Erfüllung in besonderem Maße vom beruflichen Habitus der Beschäftigten, deren Qualifikation und Motivierung ab. In der Bürokratietheorie werden die Verwaltungsakteurinnen

---

7   Nach Bosetzky (1994: 148) fördert die externe berufliche Sozialisation tendenziell »kosmopolitisch-universalistische Orientierungen«, während die interne Ausbildung eher »lokal-partikularistische« Orientierungen hervorbringt. Zur Zusammenführung der Debatten um Professionalisierung und Biographieforschung Kraul/Marotzki/Schwappe (2002) sowie zur methodischen Untersuchung des Zusammenhangs biographischer und professioneller Sinn- und Handlungsstrukturen Fabel (2003) und Tiefel (2003).

nur als Rollenanwender betrachtet und alle übrigen Bestimmungen ihrer
»Subjektivität« – die spezifischen Interessen und Motivationslagen sowie
Fähigkeiten und Kenntnisse, die nicht direkt mit der Aufgabenerfüllung zu
tun haben – als außerhalb der organisationalen Relevanzen liegend, als po-
tenzielle Störquellen des zweckrationalen Handlungsablaufs betrachtet
(Treutner/Wolff/Bonß 1978: 99).

Der Erklärungsansatz der »Situativen
Verwaltung« weist darauf hin, dass der Idealtyp der Beamtin unter Bedingungen der geringen Programmierbarkeit und Vorhersehbarkeit der Problemverarbeitung, einer verstärkten Ergebnis- und Ressourcenorientierung
sowie einer gewissen Umweltunsicherheit an Bedeutung verliert (ebenda).
Die »Subjektivität« der Verwaltungsakteurinnen bzw. deren Kompetenzen
zur Bewältigung und Strukturierung beruflicher Aufgaben und Situationen
als werden zum zentralen Bestandteil, zum »individuellen Steuerungsme-
chanismus« der organisationalen Handlungsprozesse. Als Vermittlungsbe-
griff zwischen der situativen Handlungspraxis des Verwaltungspersonals
und den Strukturen der Verwaltungsorganisation dient der Habitus, verstanden als übergreifende Denk-, Auffassung-, Beurteilungs- und Handlungsschemata, als spezifische, in sich systematische Grammatik der Persönlichkeit und als generatives System von Regeln (ebenda: 120). Im Vergleich zum Idealtyp der zweckrationalen Herrschaft erscheint die administrative Praxis im Situativen Ansatz vielschichtiger, da die »Rationalität«
der verwaltungsbezogenen Handlungsprozesse nicht mit der gewissenhaf-
ten Einhaltung legaler Verwaltungsvorschriften gleichgesetzt wird (ebenda: 124).[8]

Bürokratietheoretische Konzeptionen reduzieren soziales Handeln in
Organisationen auf die Entsprechung von individuellen Handlungsmustern
und organisationalen Strukturvorgaben. Zudem blenden sie die eingeschränkte organisationale und individuelle Informationsverarbeitungskapa-
zität als systematische Begrenzungen des Verwaltungshandelns aus. Unter
der Annahme, dass die Komplexität gesellschaftlicher Probleme durch Gesetze und normative Regelungen »kleingearbeitet« werden und den Organisationsmitgliedern in »bewältigbaren« und »vorhersehbaren Handlungs-
brocken« gegenüberstehen, werden die Diffusität und Mehrdeutigkeit von
Aufgaben und Situationen vernachlässigt, welche zu »situativ bedingten
Variationen von Entscheidungshandeln« und einer Vielfalt von Handlungsabläufen führen können (ebenda: 143). Der Ansatz der »Situativen
Verwaltung« spricht von einer »situationsunsensiblen Organisationstheo-
rie« und der »Ideologisierung der tatsächlichen Abläufe«. Die Entschei-

---

8   Nach Treutner/Wolff/Bonß (1978: 143) gehört das traditionelle Bild von der
    kompetenten, loyalen und emotionslosen Beamtin, sowie die Möglichkeit ei-
    ner objektiven, an verallgemeinerbaren Richtlinien orientierten Einschätzung
    der Rationalität von Entscheidungen zu den idealisierten und verkürzten
    Hintergrundannahmen der funktionalistischen Organisations- und Rollen-
    theorie (ebenda: 143).

dungs- und Handlungsprozesse in problemorientierten Verwaltungsorganisationen eröffnen, aber verlangen auch die Gestaltungsspielräume und -leistungen der Beschäftigten.

Die in den Wahrnehmungs- und Handlungsmustern der Verwaltungsmitarbeiterinnen enthaltenden »subjektiv«-interpretativen Elemente des Arbeitsprozesses werden einerseits als Voraussetzung für die Produktion öffentlicher Handlungen und Handlungsentscheidungen betrachtet, die über »Dienst nach Vorschrift« allein nicht funktionieren können, andererseits aufgrund der schweren Kontrollierbarkeit der »personalen Prämissen« aber auch als »Gefährdungen der Legitimation« der Organisation (ebenda: 157).[9] Das Ziel des Situativen Verwaltungsansatzes besteht darin, die hinter dem scheinbaren Relativismus von Situationsdefinitionen und alltäglichen Arbeitspraktiken stehenden systematischen Bestimmungen und Grenzen zu erfassen und damit die grundlegenden Kategorien für das theoretische Verständnis der analytischen Ebene von »Handlung« zu erarbeiten. Indem die vorliegende verwaltungssoziologische Studie untersucht, wie die konstitutiven situativen, rechtlichen und institutionellen Bedingungen von den Verwaltungsakteurinnen in der alltägliche Handlungspraxis bearbeitet und bestimmt werden, knüpft sie auf der organisationalen Ebene an die Frage nach der spezifischen Rolle und Funktion der »Subjektivität« des Verwaltungspersonals für die administrativen Handlungs- und Entscheidungsprozesse an. Dabei wird von einer soziale bestimmten und vorstrukturierten »Subjektivität« bzw. »Individualität« ausgegangen, die dazu dient, zwischen organisationaler und akteurspezifischer Rationalität zu differenzieren und die konstruktiven Eigenleistungen der Handelnden zu berücksichtigen.

Diese Perspektive findet sich auch in dem von Mayntz (1995) entwickelten Ansatz des »Akteurszentrierten Institutionalismus« wieder, welcher institutionalistische und handlungstheoretische Perspektiven integriert und sowohl die Handlungssituationen und als auch Handlungsorientierungen der sozialen Akteure als strukturierende Prozesse des institutionellen Kontext miteinbezieht. Nach Mayntz (ebenda: 39) stellt der »Akteurszentrierte Institutionalismus« eine Forschungsheuristik für die Untersuchung der Problematik von Steuerung und Selbstorganisation auf der Ebene gesellschaftlicher Teilbereiche dar.10 Es geht darin nicht um die Frage nach

---

9 Treutner/Wolff/Bonß (ebenda: 142) weisen darauf hin, dass die subjektiv-interpretativen Prozesse nur von den interaktionstheoretischen Ansätzen berücksichtigt werden, kritisieren aber gleichzeitig, dass darin der systematische, gesellschaftliche Charakter von Interaktionssituationen nicht erfasst wird. Diese Einschätzung kann aber insbesondere für die neueren symbolischinteraktionistischen Arbeiten wie z. B. die von Schütze (1996, 2000) entwickelte interaktionistische Professionstheorie kaum noch gelten.

10 Mayntz (1995) bezeichnet den von ihr entwickelten Ansatz des akteurszentrierten Institutionalismus nicht als Erklärungsmodell, sondern als Forschungsheuristik, da es sich methodisch um annähernde theoretische Verallgemeinerungen aus der Empirie und keine gegenstandsbezogene, inhaltliche Theorie handelt.

dem Primat von Struktur oder Akteurinnenhandeln, sondern um die Doppelperspektive, die Integration von Akteurin und System bzw. das Aufeinanderbezogensein organisationaler und personaler Faktoren. Der Ansatz des »Akteurszentrierten Institutionalismus« impliziert eine Mehrebenenperspektive, in welcher das Handeln der sozialen Akteurinnen die organisationalen Strukturen prägt, während diese ihrerseits für das Handeln ihrer Mitglieder den institutionellen Rahmen bilden. Mayntz (ebenda: 49) zufolge konstituiert der institutionelle Rahmen Akteurinnen und Akteurskonstellationen, strukturiert ihre Verfügung über Handlungsressourcen, beeinflusst ihre Handlungsorientierungen und prägt wichtige Aspekte der Handlungssituation, mit der die Akteurinnen konfrontiert sind, umschließt aber nicht alle Arten von Handlungen und handlungsrelevanten Faktoren und bestimmt die Handlungen nicht vollständig.

Für die Erklärung von institutionellen Strukturen und Prozessen werden das ich-bezogene und system-bezogene Handeln, der soziale Bezug der Akteurinnen, deren kognitive und motivationale Aspekte, handlungsleitenden Wahrnehmungen, selektiven Perzeptionen, Interessen, Normen und Identitäten, sowie die Möglichkeits- und Gelegenheitsstrukturen theoretisch berücksichtigt. Es wird zwischen den institutionellen Regeln und dem Handeln der realen Akteurinnen differenziert. Den institutionellen Faktoren wird keine determinierende Wirkung zugeschrieben, sie bilden vielmehr einen stimulierenden, ermöglichenden oder auch restringierenden Handlungskontext (ebenda: 43). Organisationsstrukturen setzen einerseits Handlungsrestriktionen und eröffnen andererseits Handlungsoptionen. Nach Mayntz (ebenda: 50) haben Organisationsmitglieder fast immer gewisse, manchmal sogar erhebliche Handlungsspielräume, da keine Organisation für alle Situationen, mit denen sie konfrontiert wird, eine bereits festgelegte Strategie besitzt. Die Reichweite der institutionellen Regelungen ist nur selten allumfassend und für die Nutzung der verbleibenden Handlungsspielräume sind die Orientierungen der sozialen Akteurinnen von ausschlaggebender Bedeutung (ebenda: 52). Sie sind teilweise durch die vorgegebenen Aufgaben, Handlungszwecke und die Position innerhalb der Akteurinnenkonstellation institutionell geprägt, werden zugleich aber auch durch kontextunabhängige sozialisationsbedingte oder historisch bedingte Eigenschaften der Akteurinnen bestimmt. Vor diesem Hintergrund besteht die Möglichkeit der Divergenz zwischen den gesellschaftlich bzw. organisational geprägten Rollenanforderungen und Identitätszumutungen und der biographisch vermittelten personalen Identität der sozialen Akteurinnen (Treutner/Wolff/Bonß 1978: 156). Da die personale Identität über die normativen Rollenerwartungen der Organisation hinausgeht, können sich soziale Akteurinnen mit ihrer organisationsbezogenen Rolle identifizieren oder bei mangelnder Identifikation eine kritisch-reflexive Haltung einnehmen und sich von Organisationsrolle distanzieren. Dabei kann die effektive Leistung eines Organisationsmitglieds, das sich von seiner Rolle kritisch-reflexiv distanziert, nach Bosetzky (1994: 291), insbesondere im teamartig-professionellen Kontext und bei Innovationen größer sein als die des »voll angepassten Rollenspielers«.

Mayntz (1995: 51) zufolge ist eine die individuellen Akteurinnen einbeziehende Mehrebenenanalyse besonders wichtig, wenn es um die Interaktion zwischen korporativen Akteuren geht.

Für die Forschungspraxis bedeutet dies, dass für die Erklärung des Handelns von Organisationen auch die Handlungsorientierungen der in der und für die Organisation handelnden Individuen erhoben werden müssen. Bei der Rekonstruktion der Handlungsorientierungen ist zunächst wichtig, die soziale Einheit zu identifizieren, aus deren Perspektive die jeweils wählbaren Handlungsoptionen von den sozialen Akteurinnen betrachtet werden (ebenda: 52). In Anlehnung an Parsons Unterscheidung von »Self-orientation« und »Collectivity-orientation« differenziert Mayntz zwischen ich-bezogenem und system-bezogenen Handeln, da Individuen je nachdem als Mitglieder einer sozialen Klasse, einer ethnischen Gemeinschaft, einer Organisation, eines Staates handeln können.[11] Zudem wird zwischen kognitiven und motivationalen Aspekten der Handlungsorientierung unterschieden. Während die kognitiven Orientierungen die Wahrnehmung der Handlungssituation, ihrer kausalen Struktur, der verfügbaren Handlungsoptionen und erwartbaren Ereignisse betreffen, handelt es sich bei den motivationalen Aspekten der Handlungsorientierung um »Antriebsfaktoren für sinnhaftes Handeln« (ebenda: 53f). Deutungsmuster und Ordnungsschemata sind individuelle und kollektive Versuche, gesellschaftliche und berufliche Lebenswelten zu ordnen und zu stabilisieren, und dabei gesellschaftliche Komplexität zu reduzieren und Widersprüche zu kompensieren. Ihre handlungsleitende und -erklärende Funktion erhalten Deutungsmuster, nach Treutner/Wolff/Bonß (1978: 195), erst in Verbindung mit spezifischen Interesseorientierungen und Motivlagen.[12] Auch wenn sich Verwaltungshandeln nicht als vollständig und eindeutig standardisierbarer Prozess der Wahrnehmung und Bewältigung

---

11 Die empirische Bestimmung des jeweils handlungsleitenden sozialen Bezugs bezeichnet Mayntz als »alles andere als trivial«.

12 Im Ansatz der »Situativen Verwaltung« werden vier Interessen bzw. Gründe sozialen Handels unterschieden und als »intentional transformierte Strukturen gesellschaftlicher Erfahrungen« verstanden: a) das nicht-berufliche Interesse an der individuellen Reproduktion (z. B. sozialer Aufstieg), b) das nicht-inhaltliche Berufsinteresse an einer störungsfreien Durchführung der alltäglicher Arbeitspraxis, c) das Interesse an den Inhalten und Ergebnissen der Berufsarbeit im Sinne professioneller und politischer Maßnahmen und Zielvorstellungen als verwaltungsexterne Prämissen, und d) das Interesse am politischen Verständnis der Arbeitssituation und ihrer Veränderungen (ebenda). Die verschiedenen Interesseorientierungen werden als a) individuelle Karriereorientierung«, b) »typischer Beamter« (Bürokrat), c) professionelle Interessenorientierung (»professionell«) und gewerkschaftliche Interessenorientierung (»engagierter« bzw. »politischer« professional) typisiert (ebenda: 196ff).

gesellschaftlicher Aufgaben vollzieht und die konkrete Verwaltungspraxis ohne aktive Eigenleistungen der Beschäftigten nicht möglich ist, erhält sie ihren spezifischen staatlichen Charakter, Treutner/Wolff/Bonß (1978: 158) zufolge, wenn die ablaufenden Prozesse als rechtmäßige, verfahrensmäßige sowie verallgemeinerbare erscheinen und eine spezifische Differenz von intern-rechtlichen und gesellschaftlichen Problemdefinitionen gewahrt bleibt. Für eine erklärende Rekonstruktion der administrativen Problembearbeitung auf der organisationalen und akteurspezifischen Ebene stellt sich dennoch die Frage, wie die Deutungsmuster, Qualifikationen und Interessen des Verwaltungspersonals mit den strukturellen Handlungsbedingungen und -situationen im konkreten administrativen Handlungsprozess vermittelt werden, in welchem Umfang die Verwaltungsorganisationen das Handeln ihrer Mitglieder vorstrukturieren und bestimmen und welches Wissen in der Verwaltungspraxis handlungsleitend wirkt.

Die von sozialen Akteurinnen vorgenommene Wahrnehmung, Deutung und Interpretation der beruflich relevanten Wirklichkeit ist immer auch gesellschaftlich und sozial vermittelt (Schütz 2004). Nach der Wahrnehmungstheorie ist das Wahrnehmungsbild, also die im Subjekt abgebildete Wirklichkeit, sowohl eine Funktion des Wahrnehmungsobjektes selbst als auch der wahrnehmenden Persönlichkeit (Bosetzky 1994: 92). Individuelle und kollektive Wahrnehmungsprozesse werden durch Formen der Selektion, Akzentuierung, Interpretation und Strukturierung bestimmt (ebenda: 93). Die Selektivität der Wahrnehmung bezieht sich auf den Umstand, dass nur eine bestimmte Auswahl der umfangreichen Aspekte der sozialen Umwelt betrachtet werden können und diese im Prozess der Akzentuierung unterschiedlich hervorgehoben und gewichtet werden. Mit dem Vorgang der Interpretation ist gemeint, dass die Wahrnehmung aus dem Bedürfnis heraus, alles zu erkennen und in die bisherigen Erfahrungen einzuordnen, die Wirklichkeit dort, wo sie nicht eindeutig und unzweifelhaft zu erkennen ist, deutet und ergänzt. Da sich die Wahrnehmungsobjekte der sozialen Umwelt nicht von sich aus so eindeutig repräsentieren, dass ein Übersehen, Verzerren oder Deuten ausgeschlossen ist, gestalten Subjekte das Wahrnehmungsbild ihrer Umwelt mit (ebenda: 97). Die daraus resultierende »Subjektivität der Wahrnehmung« beruht auf einer von den sozialen Akteurinnen geleisteten Vermittlung von biographischen Erfahrungen, gesellschaftlichen Diskursen und sozialer Umwelt.

Für Organisationsmitglieder wird die Wahrnehmung und Bearbeitung des spezifischen Aufgabenbereichs durch die soziale Rolle und den Organisationszweck definiert. Infolge beruflicher und organisationaler Sozialisationsprozesse »verkörpern« sie die kognitiven, symbolischen und normativen Elemente der Organisationen, bauen gemeinsam eine institutionell geteilte Wirklichkeitssicht auf und entwickeln ein System gelebter Regeln, geglaubter Vorstellungen, tradierter Meinungen und legitimatorischer Ideologien (Mayntz 1995: 42). Nach dem Stufenmodell der Handlungsorientierung von Mayntz (1995: 56) bleiben die normativen Erwartungen der Organisation für die soziale Akteurin auf der ersten Stufe externe Vorgaben, die in Form stabiler normativer Orientierungen verinnerlicht und in der konkreten Handlungssituation selektiv aktiviert werden. Normbestimmtes und identitätsbestimmtes Handeln fallen im Ansatz des »Akteurszentrierten Institutionalismus« aber nicht zusammen, da die Identität der sozialen Akteurinnen mehr umfasst als die internalisierten Normen und Interessen der Organisation, Mayntz zufolge (ebenda: 57) »quer« zu diesen liegt und zugleich über sie hinausreicht. Die Bewahrung und Bestätigung der eigenen Identität wird im »Akteurszentrierte Institutionalismus« als eigenständiger Bezugspunkt für die Wahl zwischen Handlungsoptionen verstanden. Die soziale Akteurin kann sich mit den normativen Erwartungen und funktionalen Imperativen der Organisation selektiv identifizieren und für sich in eine Rangordnung bringen. Mit der Möglichkeit von Orientierungskonflikten wird die Eigenständigkeit der personalen und beruflichen Identität der sozialen Akteurin unterstrichen. Über die normativen Vorgaben und Aufgaben der Organisation, mit denen sich die Akteurin im Rahmen ihres »Role-making« identifiziert, prägt der institutionelle Kontext deren soziale und berufliche Identität mit, gleichzeitig haben soziale Identitäten aber auch zusätzliche Wurzeln, bei Individuen lebensgeschichtlicher und sozialisationsbestimmter Art und bei korporativen Akteuren durch gewachsene Organisationskulturen oder auch aktiv gestaltete »Corporate identities« (ebenda).

Berufliche Arbeitssituationen werden durch die Beschäftigten mit Hilfe der ihnen zur Verfügung stehenden Deutungsmuster definiert und strukturiert. Nach dem Ansatz der »Situativen Verwaltung« sind diese an den »interpretatorischen Kontingenzspielräumen« ihres spezifischen Arbeitszusammenhangs ausgerichtet, gleichzeitig wird aber konstatiert, dass es keine empirisch abgesicherte Analyse von Deutungsmustern in staatlichen Handlungszusammenhängen gibt (Treutner/Wolff/Bonß 1978: 187). Die Deutungsmuster des Verwaltungspersonals sollen hier als berufliche Alltagstheorien verstanden werden, welche die sozialen Akteurinnen infolge beruflicher Sozialisationsprozesse und in der Auseinandersetzung und Bewältigung der alltäglichen Arbeitspraxis ausgebildet haben. Als Sinnkonstruktionen beruflicher und gesellschaftlicher Erfahrungen vermitteln sie kognitive Aneignungsschemata der zieRealität, normative Bewertungsregeln und intentionale Handlungsentwürfe und repräsentieren sowohl »individuelle Praxeologien« als auch symbolische Systeme (ebenda: 188). Zu den Wahrnehmungs-, Deutungs- und Bearbeitungsdimensionen der beruflich relevanten Realität gehört die Zielbestimmung der Arbeitsprozesse, die Konsistenz von Ziel-Mittel-Relationen, die System-UmweltBeziehungen und die Handlungsauslösung (ebenda: 189ff). Der organisationale Sinnhorizont und die Leitbilder der beruflichen Handlungsprozesse beruhen auf Typisierungen und Kategorisierungen, mit deren Hilfe die sozialen

Akteurinnen die Komplexität der gesellschaftlichen Problemlagen und Anforderungen auf alltagspraktisch handhabbare Präferenzordnungen und Werthierarchien reduzieren. Die institutionalisierten Wirklichkeitssichten verleihen ihrer Arbeit »soziale Sinnhaftigkeit« und »Rationalität«. Die Anwendungen, Bewertungen und Veränderungen der gewählten Arbeitsmittel offenbaren Vorstellungen über die gesellschaftliche Ordnung und deren Beeinflussbarkeit, die sogenannten »Gesellschaftsbilder«. Die Gestaltung der Umweltbeziehungen basiert auf der kognitiven Vorstrukturierung der kommunikativen und kooperativen Kontakte und ist Ausdruck für die Wahrnehmung und Bewertung der Interaktionspartnerinnen, dessen Handlungsziele und Legitimationen. Dem Handlungsanlass liegen individuelle und institutionelle Interpretationen von Handlungsabläufen und subjektive Vorstellungen über die individuelle Autonomie und Handlungsfreiheit der sozialen Akteurinnen zugrunde. Vor diesem Hintergrund der »Subjektivität« der Wahrnehmung und Verarbeitung des Verwaltungsgegenstands stellen sich die organisationalen Handlungsabläufe und -systeme als Ergebnis interaktiver Situationsdefinitionsprozesse und Interaktionsarbeiten der sozialen Akteurinnen dar.

Um bei der analytischen Rekonstruktion der organisationalen Prozesse und Strukturen die Gefahr einer auf der Integration institutionalistischer und handlungstheoretischer Perspektiven basierenden Überkomplexität zu vermeiden, formuliert Mayntz (ebenda: 66) als forschungspragmatische Regel die Maxime der »abnehmenden Abstraktion«, nach der nicht akteursbezogen erklärt werden muss, was institutionell erklärt werden kann. Da der institutionelle Kontext nicht nur die Beziehungsstrukturen und Anlässe für Interaktionen, sondern auch die Handlungsorientierungen mitbestimmt, weiß man, Mayntz zufolge, viel über Akteurinnen, wenn man den Handlungskontext kennt: nicht nur die Handlungs- und Unterlassungspflichten, zulässigen Handlungsoptionen und legitimen Ressourcen, sondern auch die organisatorischen Eigeninteressen und charakteristischen Interaktionsorientierungen. Erst bei Nichtorientierung an den institutionell zugeschriebenen Aufgaben und unterstellten Interessen müssen die tatsächlichen kognitiven und motivationalen Orientierungen der sozialen Akteurinnen in die Analyse der Organisationsstrukturen und -prozesse einbezogen werden. Mayntz (ebenda: 67) weist aber darauf hin, dass die institutionellen Strukturen vor allem in Umbruchsituationen ihre Orientierungswirksamkeit verlieren und dann situative Faktoren und individuelle Besonderheiten notwendigerweise ein höheres Gewicht erlangen.

Organisationen verkörpern sowohl als Gebilde wie auch als soziale Praxis eine spezifisch moderne Form des Handelns und sind als von Menschen geschaffene Institutionen der Gesellschaft auf einen bestimmten Zweck gerichtet (Andresen/Dölling/Kimmerle 2003: 38). Neuere Ansätze der Organisationsforschung grenzen sich von einer Definition der Organisationen als zielorientierte, rational geplante Systeme mit einer auf Dauer gestellten objektiv-versachlichten Struktur ab (ebenda: 39). Stattdessen werden Organisationen als lebensweltlich konstituierte Handlungszusammenhänge mit eigenen spezifischen Kulturen und Subkulturen bestimmt. Zudem wird darauf verwiesen, dass sie auch »Arenen« interessegeleiteter Interventionen, Aushandlungen und Konflikte mit jeweils temporären Problemlösungen sind. Als eigendynamische, sozial strukturierte Gebilde erschließen sich die Logiken und Dynamiken von Organisationen wesentlich darüber, dass sie einen Teil der Gesellschaft darstellen und an die Strukturmomente und Reproduktionsmechanismen der modernen Gesellschaft gebunden sind. Die Grundstrukturen und institutionellen Regeln der Organisationen repräsentieren daher die kulturellen Theorien und Ideologien der Gesellschaft, so dass Organisationen auch als »gesellschaftlich institutionalisierte Reifizierungen« von akzeptierten Werten, Normen und Mustern betrachtet werden können (ebenda: 41). Der interpretative Organisationsansatz versteht Organisationskulturen als historisch gewachsene Bedeutungskulturen, die den Organisationsmitgliedern symbolische Orientierungen, Relevanzen und Sinnbestimmungen bereitstellen, und sensibilisiert für die Normalitätskonstruktionen eines Organisationssettings, d.h. die alltäglichen Deutungs-, Erfahrungs- und Wissensformen der sozialen Akteurinnen, deren Routinen, Selbstverständlichkeiten und Praktiken sowie für deren Interpretationstendenzen und Wertsetzungen (Franzpötter 1997: 85). Ihre »symbolische Gewalt« entfalten die Organisationskulturen nur, wenn sie auf den kollektiv geteilten Wahrnehmungs- und Deutungsmustern der Organisationsmitglieder beruhen. Dies weist auf die Möglichkeit hin, dass unter bestimmten Bedingungen auch »anerkannte« alte Leitbilder durch »legitimierte« neue bzw. modifizierte verändert werden können (Andresen/Dölling/Kimmerle 2003: 59). Ein prozessuales und akteurszentriertes Organisationsverständnis ist vor allem für die Analyse von Reform- und Umbruchphasen, also Prozesse sozialen Wandels relevant.

Wagner (1995: 185) beschreibt die Veränderungsprozesse westlicher Gesellschaften als Krise bzw. »Niedergang der organisierten Moderne« und verweist auf starke Tendenzen der Dekonventionalisierung, Deformalisierung und Pluralisierung von sozialen Praktiken.[13] Der Gestaltwandel der Moderne zeigt sich in der Auflösung kohärenter, hochgradig organisierter Praktiken, der Erosion eingespielter Konventionen oder einem partiellen Zusammenbruch der institutionalisierten Arrangements und führt zu einem Verlust des operationalen Verständnisses von kollektiver Handlungsfähigkeit, welches zuvor hinter der Organisierung sozialer Praktiken

---

13 In seinem Buch »Soziologie der Moderne: Freiheit und Disziplin« legt Wagner (1995) eine »Neubeschreibung der Moderne« vor, welche die Vielfalt und Divergenz der soziologischen Zeitdiagnosen zum Ausgangspunkt nimmt. In der historisch-vergleichenden Analyse der »doppelten Natur der Moderne« werden drei Entwicklungsepochen unterschieden: die »restringierte liberale Moderne«, die »organisierte Moderne« und die »erweitere liberale Moderne«.

stand. Mit der Zunahme an individuellen Entscheidungs- und Gestaltungs-spielräumen werden aber neue Risiken, Beschränkungen und Ängste pro-duziert (Beck 1986, Bauman 2000, Sennett 2005). Übertragen auf die öf-fentliche Verwaltung ist mit der Dekonventionalisierung und Pluralisie-rung der Handlungsformen die Gefahr einer Delegitimierung der Verwal-tungspraxis verbunden. Andererseits werden aber auch neue Handlungs- und Steuerungsmöglichkeiten für weitere Modernisierungsprozesse eröff-net. Im Übergang zur »erweiterten liberalen Moderne« nehmen die gesell-schaftlichen Akteurinnen, Wagner (1995) zufolge, einen weitgehenden Umbau ihrer habitualisierten Praktiken, Regeln und Institutionen vor. Da-mit wird eine theoretische Perspektive entworfen, welche die Moderne als Ergebnis »vielfältigen interdependenten menschlichen Handelns« und nicht als Folge selbstregulierender Prozesse und Logiken analysiert (eben-da: 41). Da diese vor allem von kleinen sozialen Gruppen betrieben wer-den, spricht Wagner (1995) von »Modernisierungsoffensiven« statt von Modernisierungsprozessen.

In der soziologischen Untersuchung der sozialen Praxis der Verwal-tungsmodernisierung von Andresen/Dölling/Kimmerle (2003) werden Or-ganisationen als eigendynamische, aber zugleich gesellschaftliche Struk-turmuster verkörpernde und reproduzierende Gefüge betrachtet.[14] Vor die-sem Hintergrund kann berücksichtigt werden, dass sich die Reformierung der öffentlichen Verwaltung in weit über die Verwaltungsorganisationen hinausweisenden gesamtgesellschaftlichen Transformationsprozessen voll-zieht, die beispielsweise Europäisierung, Globalisierung und andere Ver-änderungen der Bedingungen staatlichen Handelns gekennzeichnet sind (ebenda: 47). Die zentrale theoretische Annahme der Studie besteht darin, dass Reformen und Veränderungen in den Verwaltungsorganisationen auf Vorstrukturierungen treffen, die mit der bisherigen Logik der Organisation und den Handlungs- und Wahrnehmungsmustern der Verwaltungsakteur-innen verbunden sind, die sich in einer bestimmten »Position« eingerichtet haben (ebenda: 47). Damit sind nicht nur der soziale Status der Verwal-tungsakteurinnen, sondern ebenso deren institutionalisierte Wirklichkeits-sichten und routinisierten Verwaltungspraktiken gemeint. Die in den Ver-waltungsorganisationen agierenden Individuen sind nicht nur Trägerinnen von Strukturen, sondern auch Produzentinnen des Gesellschaftlichen und die im Rahmen der Organisationsrolle ausgeübte berufliche Tätigkeit führt

---

14 Die empirische Studie von Andresen/Dölling/Kimmerle (2003) rekonstruiert einen Prozess der Verwaltungsmodernisierung unter besonderer Berücksich-tigung des Geschlechterwissens der Reformakteurinnen. Mit der Untersu-chung der Vergeschlechtlichungsprozesse als Praxis im sozialen Feld der »Verwaltungsorganisation« soll die in der verwaltungswissenschaftlichen Diskussion dominierende »geschlechtsblinde« Wahrnehmung und Reflexion von Organisations- und Reformprozessen aufgebrochen und relativiert wer-den.

zu einer wechselseitigen Konstitution von Akteurin und Organisation bzw. sozialem Handeln und sozialen Strukturen (Strauss 1993).

Der Beruf steht im Schnittpunkt von Person und Funktion und hat immer den Doppelcharakter von individuellem Besitz und gesellschaftlicher Normierung (Müller 2006: 12). Über die Berufsposition und Berufsrolle ist er sowohl an die Person gebunden, die ihn ausübt, als auch die Verkörperung von institutionalisierten Aufgaben, objektivierten Wertsystemen und standardisierten Kompetenzen. Die mit den Verwaltungsorganisationen verbundenen funktional differenzierten Berufsrollen sind durch spezifische Wirklichkeitsausschnitte und Bezugssysteme gekennzeichnet. Sie sind durch Rechte, Ressourcen und Kompetenzen strukturiert und über eine Vielzahl von »Regularien« institutionalisiert (Andresen/Dölling/Kimmerle 2003: 58). Die Spezifika und Eigenlogiken der von den sozialen Akteurinnen in der Organisation eingenommenen Positionen und Funktionen werden als habitualisierte Wahrnehmungs- und Handlungsmuster inkorporiert und orientieren ihr Handeln in der alltäglichen Berufspraxis. Da die Wahrnehmung der sozialen Welt einen individuellen Konstruktionsakt impliziert, müssen die strukturierenden Deutungsmuster und Handlungsbedingungen sowie die organisationalen Veränderungsprozesse von den Verwaltungsakteurinnen subjektiv angeeignet werden. Der »lebenslaufspezifische Prozess des »Sich-Hineinarbeitens in eine konkrete soziale Welt« vollzieht sich vor einem spezifischen biographisch-sozialen und historisch-gesellschaftlichen Hintergrund, in dem das »Wissen« und die Erfahrungen in relativ stabilen Handlungsorientierungen und Bewertungsschemata »verarbeitet« und »aufgeschichtet« werden (ebenda: 59). Dausien (1998) betrachtet die Biographie als generatives Prinzip, mit dem sich Gesellschaftsmitglieder in vielfältigen Interaktionen im Laufe ihres Lebens in eine sich verändernde konkrete soziale Welt »einbauen«, in deren Prozess sie die soziale Welt rekonstruieren und verändern, aber zugleich auch Aspekte dieser Welt in ihre Geschichte miteinbauen.

Zur Beschreibung und Analyse professionellen Handelns wird in der berufssoziologischen Rollentheorie, insbesondere in den subjektorientierten Ansätzen, Pfadenhauer (2005: 10) zufolge, auf die »Persönlichkeitsmerkmale« der sozialen Akteurinnen verwiesen. Unter Professionellen werden soziale Akteurinnen verstanden, die durch berufliche Bildungs- und Sozialisationsprozesse so nachhaltig und intensiv geprägt wurden, dass sie sich in besonderem Maße mit ihrem Beruf identifizieren und einen professionellen Habitus ausbilden, der nicht nur die spezifischen fachlichen Fähigkeiten und Kompetenzen umfasst, sondern auch durch ein Verantwortungsbewusstsein gegenüber der Klientel und ein an umfassender und ganzheitlicher Problembewältigung orientiertes Leistungs- und Arbeitsideal gekennzeichnet ist (ebenda). Das erworbene systematisierte und institutionell zertifizierte Expertinnenwissen befähigt die Professionellen dazu, beruflich relevante Probleme zu erkennen, zu analysieren, Lösungen zu entwickeln und anzuwenden, sowie über die Ursachen von Problemen und die Prinzipien von Lösungen zu reflektieren. Auf der Grundlage der spezifischen Wissens- und Kategoriensysteme der jeweiligen wissenschaftlichen Disziplin bearbeiten Professionen praktische gesellschaftliche Probleme (de Sombre/Mieg 2005: 57). Dabei fasst die professionelle Problemdefinition und -bearbeitung den für die soziale Akteurin beruflich relevanten Wirklichkeitsausschnitt. Aus der Sicht der kognitiven Professionssoziologie werden das »Problem« bzw. die »Situation« in der Perspektive des professionellen Wissens- und Kategoriensystems reformuliert und die Realität zugleich konstituiert und begrenzt (ebenda). Das spezifische Expertinnenwissen wird von den Professionellen über die berufliche Sozialisation und langjährige Erfahrungen im jeweiligen Berufs- und Problemfeld angeeignet (Nagel 1997, Müller 2006).

Aus interaktionistischer Sicht bilden Professionen, Schütze (2000: 191) zufolge, eine »höhersymbolische Sinnwelt« aus, in die jeder »Professionsnovize« einsozialisiert werden muss und deren wissenschaftliche und ethische Inhalte für das berufliche Handeln orientierungsrelevant sind. In der Berufssozialisation vollzieht sich die biographische Identifizierung des Professionellen mit der »Berufsratio« seiner Profession. Das professionelle Selbstverständnis entwickelt sich als Teil der personalen sozialen Identität des Individuums. Die in den professionellen Sinnquellen enthaltenen allgemeinen Wissensbestände zur Kategorisierung und Typisierung sind von den sozialen Akteurinnen fallspezifisch anzuwenden, d.h. die »abstrakten, generellen Kategorien« müssen für die konkrete Problem- und Handlungssituation »respezifiziert« werden (ebenda: 192). Vor dem Hintergrund des Wandels der gesellschaftlichen Rahmen und Situationen sind die professionellen Sinnwelten in einem permanenten Veränderungsprozess begriffen, so dass die»Notwendigkeit der fortlaufenden Neuschöpfung von Kategorien« besteht. Die Problemzonen der Gesellschaft werden für die systematische professionelle Bearbeitung immer wieder sozial- und ethikpolitisch neu definiert (ebenda: 194) und die internen und externen Strukturen der Arbeitsteilung wandeln sich angesichts der kulturellen, sozialen und technologischen Veränderungen der Gesamtgesellschaft (ebenda: 195). Nach Schützes Theorie der Paradoxien professionellen Handelns hat jede Profession in ihrem Arbeitsablauf mit »Störpotentialen« und »unaufhebbaren Paradoxien« zu kämpfen, die professionsethisch, in der eigenen Selbsterfahrung und persönlichen Handlungsreflexion sowie sozialwissenschaftlich reflektiert werden müssen (ebenda: 193). Aufgrund der Positionierung der professionellen Sinnwelten zwischen grundlegend unterschiedlichen Wirklichkeitsbereichen der sozialen Realität werden die Berufshandelnden mit systematisch diskrepanten Erwartungen und widersprechenden Handlungsanforderungen konfrontiert, die nicht gelöst, sondern nur bearbeitet werden können (ebenda: 252). Ein wesentlicher Teil der professionellen Handlungsparadoxien entsteht, Schütze zufolge, in Aktivitätskontexten der arbeitsteiligen Kooperation, der Organisation, der Herrschaft und der Routineabläufe.

Nadei und Sommerfeld (2005: 182) weisen darauf hin, dass Professionalität immer kontextspezifisch transformiert wird und dass in konkreten beruflichen Kontexten grundsätzlich professionelle und organisationale Rationalitäten aufeinander treffen. Die daraus resultierenden strukturell widersprüchlichen Handlungslogiken und Paradoxien müssen im professionellen Handeln zusammengeführt werden, was nur gelingt, wenn bestimmte konzeptionelle Voraussetzungen und organisatorische Rahmenbedingungen vorliegen und die Fachkräfte in ihrer beruflichen Sozialisation einen professionellen Habitus erworben haben, der sie befähigt, für und mit ihrer Klientel angemessen lösend zu handeln (Becker-Lenz 2005: 88). Aus der biographisch verinnerlichten beruflichen Identität wehrt sich der Professionelle gegen Einschränkungen und Übergriffe von Organisationen und Arbeitskontexten, welche die »eigenen Erkundungs- und Sinnlinien des professionellen Handelns« gravierend beeinträchtigen oder unmöglich machen (Schütze 2000: 253). Das reale professionelle Handeln ist das Ergebnis von Aushandlungsprozessen um praktische Handlungsprobleme, in denen die normativen Anforderungen und Regelungen der Organisationsrolle und die professionellen Orientierungsmuster, Grundsätze und Wertpräferenzen von den sozialen Akteurinnen individuell vermittelt werden müssen. In den Prozessen der Bearbeitung und Umsetzung des Organisationsziels können für die sozialen Akteurinnen Rollenkonflikte auftreten, die zu individueller Rollendistanz und Rollenmodifikation führen.[15] Professionelle streifen ihren in Ausbildung und Beruf einsozialisierten professionellen Habitus nicht einfach ab, wenn sie z. B. in eine bürokratische Verwaltung eintreten, sondern realisieren mindestens partiell professionelle Handlungsmuster (Nadei/Sommerfeld 2005: 186).

Die Verwaltungsorganisationen sind komplexer als das klassische Bürokratiekonzept impliziert, sie weisen mehr Varianz auf und bieten unterschiedliche Spielräume für professionelles Handeln. Daher können auch Verwaltungsorganisationen nach dem »Negotiated-order-« bzw. »Processual-ordering-Ansatz« von Strauss (1978, 1993) als »Aushandlungsordnung« verstanden werden, die durch Deutungs- und Handlungsprozesse der sozialen Akteurinnen konstruiert und verändert wird. Dabei bleibt das berufliche Handeln der Rollenträgerinnen an die Regelsysteme der Organisation gebunden, so dass sich Organisation und Akteurinnen wechselseitig bestimmen. Die Organisation prägt die sozialen Akteurinnen und grenzt deren Handlungsrahmen ein, aber umgekehrt formen die Akteurinnen durch ihre Wahrnehmungs- und Handlungsmuster auch die organisationale

---

15 Rollenkonflikte können u. a. daraus resultieren, dass die sozialen Akteurinnen zugleich als Rollenträgerinnen und als ganze Person handeln und ihre individuellen Relevanzen im Widerspruch zu der sie bestimmenden organisationalen Rationalität stehen.

Wirklichkeit. Professionelles Handeln vollzieht sich also kontextabhängig und dynamisch, weshalb deren Beschreibung und Erklärung auch die Entstehungs-, Aktualisierungs- und Transformationsbedingungen des beruflichen Habitus berücksichtigen muss. Für die Herausbildung beruflicher Orientierungs-, Deutungs- und Handlungsmuster sind auch die biographischen Voraussetzungen, Dispositionen, Vorerfahrungen und Ressourcen der sozialen Akteurinnen relevant (Fabel 2003: 145). Neben den biographischen Vorprägungen und Konstitutionsbedingungen von Professionalität kommt insbesondere der Phase der beruflichen Einsozialisierung für die Strukturierung des beruflichen Habitus eine große Bedeutung zu, da hier die wesentlichen beruflichen Orientierungs- und Handlungsmuster sowie Berufswerte und -ethiken inkorporiert werden (Fabel/Tiefel 2004: 16). Bei der Analyse des beruflichen Habitus der sozialen Akteurinnen sind sowohl die (berufs-)biographischen Dispositionen als auch die spezifischen sozialen Kontexte und strukturellen Rahmenbedingungen des organisationalen Handelns miteinzubeziehen. Biographie und Organisation stehen in einer ständigen Grenzziehungsdynamik zueinander. Während die Organisation aus Perspektive der biographischen Handlungslogik die Einpassung der individuell erworbenen Kompetenzen und Deutungsökonomien erfordert, stellt die Biographie der Rollenträgerinnen aus Perspektive der organisationalen Handlungslogik die Ressourcen für die Produktivität und Flexibilität von Entscheidungs- und Anpassungsprozessen bereit (Harvey/Rahn 2002: 305). Somit erwerben die Rollenträgerinnen im Zuge organisationaler Sozialisationsprozesse eine »mentale Mitgliedschaft«, in deren Rahmen sie ihre berufsbiographisch erworbenen Leitbilder, Kompetenzen und Ideale in der Organisation permanent respezifizieren (ebenda).

Hinsichtlich der Rekonstruktion der Berufspraxis der Verwaltungsakteurinnen ist die Beziehung zwischen dem Ursprung des beruflichen Habitus, den institutionellen Rahmenbedingungen des beruflichen Handelns, dem Handeln selbst und deren Wirkungen und Folgen von zentraler Bedeutung. Schütze (2002) zufolge, ist jede professionelle Arbeit sowohl in ihren Stärken als auch in ihren Schwächen von der persönlichen Lebensgeschichte des Professionellen mitgeprägt. Daher sind in der kritischen Analyse von Praxisausschnitten professionellen Handelns auch Vereinfachungs- und Fehlertendenzen zu entdecken, die sich auf das Wie, d. h. die empirisch nachweisbare situationsspezifische Anwendung der allgemeinen Typenkategorien der professionellen Sinnwelt beziehen (Riemann 2002: 176).[16] Schütze (2002: 255) beschreibt zwei grundsätzliche fehlerhafte Be-

---

16 Mikrosoziologische Analysen der konkreten Handlungsvollzüge professionellen Handeln können hilfreich sein, um einen zugleich selbstbewussten, selbstkritischen und solidarischen Fehlerdiskurs in unterschiedlichen Arenen zu fördern. Dadurch dass Praktiker in der Auseinandersetzung mit Materialien, in denen die Praxis der Professionellen sichtbar wird, auch etwas über sich selbst, ihre Arbeit und auch das, was dabei fragwürdig sein kann, erfahren (Riemann 2002: 165).

arbeitungsstrategien der strukturellen Paradoxien professionellen Handelns. Zum einen den Versuch, die mit der jeweiligen Paradoxie gegebenen Antinomien einseitig aufzulösen und zum anderen die im Handlungsfeld auftauchende Paradoxie »einfach« zu ignorieren bzw. zu umgehen. Die Paradoxien professionellen Handelns können sich sowohl durch gesellschaftlichen Wandel als auch durch individuelle Dispositionen der sozialen Akteurinnen potenzieren, so dass Professionelle in stärkerem Maße zu aufmerksamem und kritischem Professions- und Selbstbewusstsein gezwungen sind (Tiefel 2004: 116). In der gegenwärtigen Professionalisierungsdebatte werden die professionellen Herausforderungen der Moderne in der Ausbalancierung von ambivalenten Aufgaben und Anforderungen gesehen (Kraul/Marotzki/Schwappe 2002: 9). Die sozialen Problemlagen sind durch zunehmende Komplexität und Multiaspektualität gekennzeichnet. Professionelle Akteurinnen müssen ihre Wahrnehmung in verschiedenartigen Bereichen schulen, um ihre berufliche Praxis und die darin enthaltenen routinisierten und standardisierten Sinnhorizonte und Verfahren hinterfragen und bewusst zwischen Handlungsalternativen wählen zu können (ebenda). Berufliche Arbeit vollzieht sich, Schütze zufolge, überwiegend routiniert und in formalisierten Mustern, verlangt aber bei Auftreten von Schwierigkeiten und Problemen individuelle bzw. situationsadäquate Entscheidungen. Die Kontrolle des eigenen Denkens und Handelns und die Reflexion über kontinuierliche Fehlerpotentiale sind als notwendiges Korrektiv zu routinisierten Handlungsabläufen sowie als Instrument für Veränderung und Innovation, also zur Planung neuer Aktivitäten zu verstehen (Tiefel 2004: 117). Professionalität kann als eine personenbezogene Handlungsweise verstanden werden, die auf kollektiven und individuellen Professionalisierungsprozessen beruht und als »gekonnte Verberuflichung« zu verorten ist (Nittel 2002: 253). Nittel (ebenda: 256) bezeichnet Professionalität als nur schwer bestimmbares Wissen und Können, das die widersprüchliche Einheit jener Kompetenzen und Wissensformen markiert, die den Umgang mit beruflichen Widersprüchlichkeiten, Paradoxien und Dilemmata erlaubt. Die besondere Qualität der Professionalität bzw. die Fähigkeit der Professionellen, die breit gelagerten, wissenschaftlich vertieften und vielfältig abstrahierten Kenntnisse in konkreten Situationen angemessen anzuwenden, muss im Arbeitsprozess interaktiv hergestellt und aufrechterhalten werden. Merten (2004: 134) zufolge würde sich eine genauere Untersuchung der Ausgestaltung und Modifikation der Reflexionsformen von Professionellen mit den im Bourdieuschen Habitus-Konzept enthaltenen Überlegungen zur Genese, Stabilität und Veränderungen sozialer Strukturen im Hinblick auf die potenzielle Anschlussfähigkeit professionstheoretischer Überlegungen lohnen.

Einen vergleichbaren Ansatz versucht die vorliegende Untersuchung der Wahrnehmungs-, Denk- und Handlungsmuster des Verwaltungspersonals im Bereich Prostitution und Menschenhandel zum Zweck der sexuellen Ausbeutung zu entwickeln. Das Verwaltungsfeld und die sich darin vollziehenden Veränderungsprozesse werden hier anhand der beruflichen Habitusformationen der in den staatlichen Institutionen und zivilgesell-schaftlichen Organisationen beschäftigen sozialen Akteurinnen betrachtet und analysiert. Das folgende Kapitel stellt zunächst die Diskussion um die Modernisierung der öffentlichen Verwaltung, d. h. den Wandel der traditi-onellen Governmentstrukturen hin zu neuen Governanceformen und -pro-zessen dar.

2. Die Modernisierung der modernen Verwaltung

Die sich in den gegenwärtigen westlichen Gesellschaften vollziehenden Veränderungsprozesse werden im Rahmen unterschiedlicher und vielfältiger soziologischer Zeitdiagnosen als »Ende der Moderne«, »Eintritt in eine andere Moderne« oder auch »Postmoderne« bestimmt. Wagners (1995) historisch-vergleichende Analyse der Moderne beschreibt drei Entwicklungsepochen der Moderne, die »restringierte liberale Moderne«, die »organisierte Moderne« und die »erweiterte liberale Moderne«. Deren Periodisierung beruht auf zwei dazwischenliegenden »Krisen«, die als Zeiten dynamischen Wandels charakterisiert werden.[1] Die zwei Krisen der Moderne stellen Phasen der »Konventionalisierung« bzw. »Dekonventionalisierung« dar, in denen die gesellschaftlichen Akteurinnen einen weitgehenden Umbau ihrer habitualisierten Praktiken, Regeln und Institutionen vornehmen. Krisen sind Wagner (ebenda: 63) zufolge Perioden, in welchen Individuen und Gruppen ihre sozialen Praktiken in einem solchen Ausmaß ändern, dass größere Institutionen und mit ihnen die institutionellen Konfigurationen einem Umbruch unterliegen. Aus einer akteurszentrierten Sicht, welche die Moderne als Ergebnis »vielfältigen und interdependenten menschlichen Handelns« und nicht als Folge selbstregulierender Prozesse und Logiken betrachtet, spricht Wagner nicht von Modernisierungsprozessen, sondern von »Modernisierungsoffensiven«, die von kleinen sozialen Gruppen betrieben werden (ebenda: 54). Modernisierungsoffensiven bringen neue Regeln für soziale Praktiken mit sich (ebenda: 55). Die Veränderungen der Gesellschaft und ihrer Institutionen wird

---

1 »In seinen griechischen Ursprüngen bezeichnete der medizinische Begriff (der Krise) die Phase einer Krankheit, in der entweder Besserung einsetzt oder der Tod droht. Im Alltagsgebrauch hat der Begriff seine Neutralität eingebüßt und wird eher mit Bedrohung und Gefahr, mit möglicherweise endgültigem Niedergang konnotiert.« (Wagner 1995: 62)

von »modernisierenden Eliten« gefördert, die durch die Ausgestaltung ihrer sozialen Positionen die Umgestaltungen der Moderne aktivieren und intensivieren. Im Hinblick auf die Schaffung neuer sozialer Konventionen stellt Wagner (ebenda: 48) die sozialen Akteurinnen, die den Wandel vorantreiben, ihre leitenden Ideen und Interessen in den Mittelpunkt der Betrachtung. Menschen »sind beständig kreativ tätig, arbeiten mit den Regeln und Ressourcen der Institutionen, die sie dabei zugleich verändern« (ebenda: 46f). Andererseits werden Individuen auch von der Dauerhaftigkeit und Festigkeit der Institutionen geformt und verwandelt. Ihre Anwendung sozialer Regeln wird durch Formen der Habitualisierung und Konventionalisierung vorstrukturiert (ebenda: 47). Nach Wagner (ebenda: 46) muss die soziale Analyse der Moderne mit den Praktiken der Menschen beginnen. Unter Bezug auf Giddens »Konzept der Dualität« von Struktur, welches Institutionen als gleichermaßen ermöglichend und beschränkend und als durch menschliches Handeln geschaffen und reproduziert auffasst (ebenda: 41f), betont er die Kreativität der sozialen Akteurinnen, welche die institutionalisierten Regeln nicht mechanisch reproduzieren, sondern mit ihren Handlungen interpretativ (um-)gestalten (Kneer 1996).

Die gegenwärtigen und historischen Umbrüche der Moderne sind Perioden von größeren Regelveränderungen, von institutionellen Innovationen und Wandlungen in institutionellen Konfigurationen (Wagner 1995: 62). Während sich das Portrait der »organisierten Moderne« auf ein einigermaßen konsolidiertes sozialwissenschaftliches Wissen stützen kann, bedeutet die Konzeptualisierung der »erweiterten liberalen Moderne« den Versuch, einen Prozess zu verstehen, der voraussichtlich eine größere gesellschaftliche Restrukturierung mit sich bringen wird, aber selbst noch in vollem Gange ist (ebenda S.185). Daher bietet Wagner selbstredend keine umfassenden Erklärungsversuche an, sondern Vorschläge zur Interpretation der Umbrüche in den sozialen Praktiken. Die Krise der »organisierten Moderne« ist dadurch gekennzeichnet, dass sich die Reichweite der Praktiken zunehmend über die kontrollierten Grenzen des Nationalstaats hinaus erstreckt und konventionalisierte Praktiken der Herrschaft und der Bedeutung erschüttert werden (ebenda: 186). In den Institutionen und Organisationen sind Bewegungen zur Auflösung formeller Hierarchien, Tendenzen der Verringerung des Raumes totaler Kontrolle und offene, weniger vorbestimmte Beziehungen zwischen den Akteurinnen zu beobachten (ebenda: 193). Hinsichtlich der Reichweite, Definition und Ausführung von politischen Maßnahmen ist die Klarheit des Modells vom »interventionistischen« Staat verschwunden und einer neuen Unbestimmtheit der Grenzen z. B. zwischen den Sphären staatlicher und nichtstaatlicher Regulierung gewichen (ebenda: 200). Infolge der Zunahme von Interpretations- und Entscheidungstätigkeiten, die Beamtinnen gemeinsam mit einer Vielzahl von sozialen Gruppen betreiben, werden Fragen der Legitimität und Souveränität neu aufgeworfen.[2] Viele europäische Nationalstaaten haben damit begonnen, ihre Souveränitätsrechte teilweise nach innen regionalen Einheiten oder nach außen internationalen und supranationalen Ordnungen und Regierungsformen zu übertragen (ebenda: 204). Die Krise der »organisierten Moderne« bzw. der Übergang zur »erweiterten liberalen Moderne« wird in der sozialwissenschaftlichen Diskussion sowohl in negativen als auch positiven Terminologien beschrieben. Die negativen Betrachtungen beschreiben die Veränderungen der sozialen Praktiken als Desorganisation, Instabilität und Zusammenbruch von Ordnungen, während die positiven Perspektiven das Aufbrechen der etablierten Regelungen und Konventionen mit pluralisierten und flexibilisierten Freiheitsgewinnen assoziieren (ebenda: 186f).

Als gesellschaftliches Teilsystem ist auch die Verwaltung dem sozialen Wandel unterworfen. Daher beziehen sich die Neubeschreibungen der Moderne auch auf die veränderten und sich verändernden Strukturen der politischen und administrativen Steuerung und Regulierung. Die Entstehung des modernen Staates ging mit der Entwicklung der staatlichen Verwaltung einher. Die staatliche Verwaltung ist sowohl »Produkt« als auch »konstitutives Merkmal« des modernen Staates. Nach Wessels (2000: 20) kann der moderne westliche Staat als »Verwaltungsstaat« charakterisiert werden.[3] In allen Entwicklungsphasen europäischer Staaten hat die staatliche Verwaltung elementare Funktionen übernommen. Gegenwärtig sind sowohl der Staat als auch die Verwaltung durch Veränderungen gekennzeichnet. Wessels (ebenda: 11) beispielsweise beobachtet eine Zunahme und Differenzierung der administrativen Beteiligung. Er spricht von einem stillen, aber nachhaltigen Wandel staatlicher Strukturen, von der »Öffnung des Staates«. Durch den system- und grenzüberschreitenden administrativen Auf- und Ausbau umfassender, horizontal und vertikal differenzierter Interaktionsstränge würde der Staatsapparat modernisiert und eine neue Phase der Geschichte westeuropäischer Staaten signalisiert. Zwischen dem zu beobachtenden Struktur- und Bedeutungswandel des Staates und den Veränderungen des Verwaltungssystems bestehen Wechselbeziehungen. In der wissenschaftlichen Diskussion wird der Wandel des politisch-administrativen Systems als Übergang von Government zu Governance darge-

---

2 Mit Verweis auf Maier (1987) räumt Wagner (1995: 200) ein, dass solche Prozesse in den meisten Staaten eine lange Tradition haben, jetzt aber nicht nur in der Gesellschaft verallgemeinert, sondern auch als Lösung der Regierungsprobleme angepriesen werden, die während der »interventionistischen« Ära aufgetaucht sind. Hierzu Maier, Charles E. (1987): The Changing Boundaries of the Political, Cambridge: Camebrigde University Press.

3 Auch Foucault (2004) hat die historische Entwicklung moderner Gesellschaften beschrieben und mit dem Begriff der »Gouvernementalität« u. a. die Herausbildung des »Verwaltungsstaats« gefasst, der durch eine Zunahme an Disziplinarinstitutionen und vielfältigen Kontroll- und Normierungsmechanismen gekennzeichnet ist.

stellt und analysiert. Während Government die autonome Tätigkeit einer Regierung meint, fasst Governance die spezifischen Formen der Koordination zwischen Staat und Gesellschaft (Benz 2004: 18).

In der Epoche der modernen Moderne entwickelte und entfaltete sich im Rahmen der gesellschaftlichen Rationalisierungs-, Differenzierungs- und Spezialisierungsprozesse das »alte« Modell der bürokratischen Verwaltung. Die staatliche Verwaltung bildete sich in der »organisierten Moderne« zu einem hierarchisierten und nach einzelnen Aufgabenbereichen differenzierten System heraus. Im Übergang zur »erweiterten liberalen Moderne« schließt sich eine politische Ausdifferenzierung des Verwaltungssystems an. Mit der Regionalisierung und Kommunalisierung nach unten hin und dem Entstehen europäischer, teilweise auch internationaler Ebenen der Administration und Politik nach oben hin, bildet sich ein in zunehmendem Maße zusammenhängendes bzw. verflochtenes Mehrebenensystem, eine »neue Architektur« der Staatlichkeit heraus (Mayntz 1997: 70). Auch der Bedeutungsgewinn der nichtstaatlichen Organisationen und korporativen Akteure für die Regulierung der öffentlichen Aufgaben und Probleme ist zentraler Bestandteil des politischen Differenzierungsprozesses.[4] Die nationale Staatlichkeit unterliegt zunehmenden Europäisierungs- und Globalisierungsdynamiken und die Organisationsformen der postmodernen Verwaltung gestalten sich heterogener und pluraler.[5] Aufgrund des Bedeutungswandels und -verlustes der staatlichen Institutionen spricht Mayntz (1997: 69) in diesem Zusammenhang von einer »Entzauberung des Staates«. Der Übergang vom traditionellen Government zum neuen Governance bezieht sich auf eine veränderte Sichtweise und Wirklichkeit des Regierens, der Strukturen und Prozesse des »Politikmachens« bzw. »Policy making« (Jann/Wegrich 2004: 194). Da die staatliche Verwaltung im traditionellen Verständnis der organisierten Moderne die zentrale Instanz für die Umsetzung der politischen Entscheidungen und gesetzlichen Vorgaben darstellt, ist sie von den gesellschaftlichen und politischen Veränderungen in besonderem Maße betroffen. Allerdings verstellt das stereotype Bild der Verwaltung als ein weitgehend veränderungsresistentes System, nach Jann/Wegrich (ebenda), den Blick auf die Entwicklungslinien, »Brüche« und fundamentalen Veränderungen der Anforderungen und Erwartungen an den Staat und die Verwaltung.

---

4 Seit Mitte der 90er Jahre ist, Jann/Wegrich (2004: 199) zufolge, die Ablösung des verwaltungspolitischen Leitbildes des »interventionistischen« Staates durch den »aktivierenden« Staat zu erkennen. In diesem sind die staatlichen Institutionen nicht allein für die Lösung der gesellschaftlichen Probleme zuständig und geben einen Teil der Verantwortung an die Zivil- und Bürgergesellschaft ab. Das Regieren im Sinne von »Modern Governance« kann daher als Kombination von weniger Staat mit mehr Politik bzw. mehr gesellschaftlicher Beteiligung und Aktivität charakterisiert werden.

5 Nach Goetz (1997) ist die Europäisierungsthese in der öffentlichen Verwaltung wissenschaftlich wenig untersucht.

Die gegenwärtige funktionale und politische Differenzierung des Verwaltungssystems geht, Mayntz (1997: 69) zufolge, mit einem qualitativ veränderten und gestiegenen Koordinierungs- und Bewältigungsbedarf einher. Für jede Verwaltungseinheit beispielsweise sind im Interesse der Wirksamkeit ihres Handelns die horizontalen Beziehungen zu anderen Verwaltungseinheiten auf derselben Ebene mindestens ebenso wichtig, wie die Beziehungen zu den vor- und nachgeordneten Behörden (ebenda: 70). Sachlich adäquate Problemlösungen verlangen die Abstimmung und Kooperation zwischen verschiedenen Fachbehörden, unterschiedlichen gesellschaftlichen Teilsystemen und differenten Ebenen des über den Nationalstaat hinausgehenden politisch-administrativen Systems. Das postmoderne Verwaltungssystem ist durch eine gesteigerte Interdependenz gekennzeichnet, welche im Interesse einer effektiven Aufgabenerfüllung neben der funktionalen Koordination der Verwaltungsinstitutionen, Formen der Zusammenarbeit zwischen staatlichen und nichtstaatlichen Akteure sowie der Integration supra- und transnationaler Aktivitäten verlangt. Die öffentliche Verwaltung muss auf inhaltlicher, prozessualer und struktureller Ebene mit anderen Akteuren kooperieren und sich in Richtung eines Verhandlungssystems entwickeln, in dem Entscheidungen gemeinsam und auf Grundlage einer dialogischen Kommunikation und freiwilligen Einigung getroffen und umgesetzt werden. Der Übergang von der modernen zur postmodernen Verwaltung, von Government zu Governance, wird nach Goetz (1997) von einer allgemein zunehmenden Erosion von Systemgrenzen und der Durchdringung vormals autonomer Wertsphären begleitet. Dies spiegelt sich u. a. in den neuen Formen der Wissensproduktion (Gibbons 1994) und der Expertisengenerierung (Meuser/Nagel 2009) wider. Regieren und Verwalten im Sinne von Governance unterliegt anderen Bedingungen und findet in anderen Strukturen statt. Dazu gehören das Überschreiten der territorial und funktional differenzierten Kompetenzbereiche des Staates, die Verwirklichung von Zielen ohne Anordnungs- und Durchsetzungsmacht, das Steuern und Koordinieren organisationaler Akteure in horizontalen netzwerkartigen Beziehungen»im Schatten der Hierarchie des Staates« (Benz 2004: 18). Die mit dem Konzept des Governance gefassten Strukturen und Verfahren der Steuerung und Koordinierung mittels einer Kombination aus Hierarchie, Verhandlungen und Netzwerken sind sowohl auf der globalen und nationalen als auch auf der regionalen und lokalen Ebene, im Bereich des Nationalstaats wie in der internationalen Politik, im politischen wie im Verwaltungssystem sowie innerhalb und zwischen Organisationen zu beobachten und zu untersuchen (ebenda: 19).

Für die hier zu bedenke Frage nach dem Verwaltungswandel erweist sich, Goetz (1997: 177f) zufolge, die Trennung von praktischer, angewandter Verwaltungswissenschaft einerseits, und grundlagenorientierter staatstheoretischer Verwaltungswissenschaft andererseits als hinderlich.

Beide Perspektiven sind relevant: Während die staatsorientierten grundlagentheoretischen Ansätze den Blick für die politischen, wirtschaftlichen und gesellschaftlichen Grundbedingungen modernen Verwaltens und die Abhängigkeit des Verwaltungssystems von seiner konstitutiven Ökologie schärfen, bewahrt die angewandte Verwaltungswissenschaft durch ihre explizite empirische Orientierung vor der Verwechslung der modellhaften Annahmen und idealtypischen Stilisierungen mit der Verwaltungswirklichkeit (ebenda: 178).

Max Weber hat in seinen Analysen der bürokratischen Verwaltungsstruktur auf deren Innovationsfeindlichkeit und Anpassungsschwäche verwiesen, die aus dem spezifischen Zusammenhang zwischen hochgradiger Regelbindung, hierarchischer Abhängigkeit und den genau umrissenen Zuständigkeiten resultiert (Mayntz 1985: 118). Die bürokratische Verwaltungsorganisation mit ihrer unpersönlichen Ordnung, dem hierarchischen Instanzenzug und den standardisierten Abläufen geht nicht nur mit Vorteilen, sondern auch mit Schattenseiten und Gefahren einher. Zu den Vorzügen der Bürokratie zählen die Präzision, Eindeutigkeit und Sachlichkeit sowie die Berechenbarkeit, Verlässlichkeit und Kontinuität der legalen Herrschaftsform. Als Gefahr kann deren Wirkung als »Gehäuse der Hörigkeit« betrachtet werden, infolgedessen das System über das Pflichtgefühl, aber ohne gefühlsmäßige Beteiligung und Motivation der sozialen Akteurinnen funktioniert und diese weder Eigenverantwortung für ihre Handlungen übernehmen noch selbstständig Ideen entwickeln. Crozier (1964, zitiert nach ebenda) spricht von einem »bürokratischen Teufelskreis«, der mit der Festlegung aller Tätigkeiten und Beziehungen durch unpersönliche Regeln und einer Entscheidungszentralisierung beginnt und zu einem starren und zu adaptivem Wandel unfähigen System führt, das in seinen Strukturmerkmalen und Verfahrensweisen nur durch Eingriffe von der politischen Seite geändert werden kann. Die empirische Verwaltungsforschung hat dagegen gezeigt, dass in administrativen Organisationen unter bestimmten Bedingungen, wie der professionellen Orientierung und ausreichen Mayntz (1985: 118) den persönlichen Unabhängigkeit der Verwaltungsakteurinnen, Prozesse zielorientierter spontaner Selbstanpassung auftreten können (Mayntz 1985: 119). In Umbruchsituationen verlieren institutionelle Strukturen, Mayntz (1995: 66) zufolge, ihre Orientierungswirksamkeit und situative Faktoren und sogar individuelle Besonderheiten gewinnen ein höheres Gewicht.

Gegenwärtig befindet sich das Verwaltungssystem in Deutschland im Umbruch und hat sich in einen globalen Trend eingereiht (Gerstlberger/ Grimmer 1999: 12). Der Wandel der Verwaltungsstrukturen und -prozesse beruht auf einer grundsätzlich veränderten Sichtweise der öffentlichen Verwaltung und ihres Handelns. Im Übergang von Government zu Governance zeichnen sich ein neues Verständnis der öffentlichen Angelegenheiten und deren Bewältigung, d. h. eine veränderte administrative Arbeitskultur ab (ebenda: 102). Verwaltungen können als eine Synthese aus historisch gewachsenen Strukturen und neuen Anforderungen verstanden werden, die zusammen ihren Ausdruck in spezifischen Organisationsformen finden (ebenda: 12).[6] Knill (2001: 39) unterscheidet zwei Dimensionen von institutionellen Verwaltungsarrangements: Verwaltungsstrukturen und Verwaltungsstile.

Dabei umfasst die Verwaltungsstruktur die zentralen Aspekte des Verwaltungsaufbaus und der Verwaltungsorganisation, wie etwa die Form der Kompetenzverteilung zwischen verschiedenen administrativen Ebenen durch Zentralisierung oder Dezentralisierung, Fragmentierung oder Konzentration, sowie die Beziehungsformen zwischen den unterschiedlichen administrativen Einheiten, d. h. vertikale Kontrollstrukturen oder horizontale Koordinationsstrukturen. Mit Verwaltungsstil dagegen sind sowohl die Art und Weise der regulierenden Intervention als auch die Muster der Interessenvermittlung, zwischen staatlichen und zivilgesellschaftlichen Akteuren beispielsweise, gemeint. Im Wandlungsprozess der modernen zur postmodernen Verwaltung steht die Frage im Raum, inwieweit die staatliche bzw. öffentliche Regulierung eher hierarchisch-interventionistischen oder eher selbst-regulativen Mustern folgt. Mit der intervenierenden (»intervening«) und der vermittelnden (»mediating«) Verwaltung beschreibt Knill (ebenda: 40) zwei idealtypische von Verwaltungsstile. Während der intervenierende Verwaltungstyp durch deduktive, hierarchische, substantielle und detaillierte Steuerungsmuster und legalistische, gegnerische, formelle und geschlossene Interaktionsformen gekennzeichnet ist, basiert der vermittelnde Verwaltungsstil auf stärker induktiven, nichthierarchischen, prozeduralen und flexiblen Regulationsformen, in denen die Interessenvermittlung pragmatisch, konsensorientiert, informell und offen erfolgt.

Die Tradition und Struktur der Verwaltung in Deutschland ist, Knill (ebenda: 61) zufolge, dem Idealtyp der »intervenierenden Verwaltung« näher als dem der »vermittelnden Verwaltung«, was sich besonders in den dominanten Mustern des Interventionismus und Legalismus zeigt. Andererseits impliziere die Tradition des Korporatismus und die Präferenz für konsensuelle Interaktionsmuster zwischen den staatlichen und gesellschaftlichen Akteuren bedeutende Aufbrüche des Idealtyps des Intervenierens. Die deutschen Verwaltungsstrukturen sind durch eine allgemeine Kompetenzverteilung zwischen Bundesebene und Länderebene gekennzeichnet. Dem Bund obliegt die Verantwortung für die Politikentwicklung und auf Länderebene werden die Gesetze und Richtlinien mit relativer Au-

---

6 Einfluss auf die jeweiligen Modernisierungsversuche in den verschiedenen Staaten nehmen z. B. die Traditionen innerhalb des öffentlichen Sektors, nationale Besonderheiten, sowie die durchaus von Zufälligkeiten vorgeprägte Wahrnehmung bestimmter Modernisierungsstrategien und die Überlagerung bzw. Ignoranz anderer Modernisierungsziele (Gerstlberger/Grimmer 1999: 13).

tonomie implementiert, wobei die Verwaltungskompetenzen auf multi-hierarchisch gegliederte Organisationen verteilt sind. D. h. die hierarchische Grundstruktur wird von einer horizontalen Aufteilung nach Politikbereichen begleitet, deren wechselseitige Koordination verhältnismäßig eingeschränkt ist (ebenda: 73). Knill (ebenda: 61) zufolge ist Deutschland mehr als »State-centred society« denn als »Societal-centred state« zu charakterisieren. Dabei geht er (ebenda: 42) aber grundsätzlich von einem dynamischen Konzept des Anpassungsdrucks und der Lernfähigkeit von Verwaltungen aus und betrachtet Verwaltungstraditionen nicht als statisch, sondern als abhängig von der Reformfähigkeit der nationalen Verwaltungen.

Der moderne Staat ist ein räumlich und zeitlich begrenztes, historisches Phänomen, das in seinem funktionellen Selbstverständnis und seinen tatsächlichen Funktionen immer wieder transformiert wurde (Clark 1999, zitiert nach Mayntz 2004). Der gegenwärtige Wandel von Government zu Governance bedeutet einerseits den Verzicht auf bestimmte bisherige Funktionen, zugleich aber auch das Entstehen neuer Einwirkungsmöglichkeiten. Bei der Diskussion um die Modernisierung des Staates und der Verwaltung geht es nach Bogumil/Kißler (1997: 9) aber weniger um eine Neubestimmung der Aufgaben des Staates oder der Reichweite der staatlichen Politik als um die Art und Weise administrativ-organisatorischen Umsetzung der staatlichen Aufgaben durch den öffentlichen Dienst. Die traditionelle Demokratietheorie geht davon aus, dass das politische System die Zwecke des Verwaltungshandelns festlegt und die Umsetzung der politischen Ziele und legislativen Vorgaben vom Verwaltungssystem übernommen wird. Dieses Bild der Aufgabenteilung zwischen Politik und Verwaltung hat, Bogumil/Kißler (ebenda: 35) zufolge, nie ganz zugetroffen. Auch die differenziertere Version, nach der sowohl die Politik als auch die Verwaltung an den politischen Entscheidungen beteiligt sind, aber unterschiedliche Beiträge liefern, die Verwaltung das Fachwissen und die politischen Akteure die verschiedenen Interessen und Werte, treffen ihrer Meinung nach nicht die Realität. In der Praxis tut die Verwaltung mehr, als nur politische Entscheidungen durchzuführen, da die Art und Weise der Umsetzung das Politikergebnis wesentlich mitbestimmt.[7] Die Bedeutung des Implementationsprozesses zeigt sich nicht zuletzt an der Wahrnehmung »negativer« Entscheidungsspielräume, d. h. an Nichtausführungen, Verzögerungen und anderen »Vollzugsdefiziten« in der Verwaltung (ebenda: 35). Der politische Problemverarbeitungsprozess ist wesentlich durch die administrativen Strukturen und Verfahren geprägt (Wessels 2000: 20).[8]

---

7   Darauf verweisen sämtliche Ergebnisse der Implementationsforschung, wie z. B. Mayntz (1980, 1983).

8   In den verwaltungswissenschaftlichen Ansätzen wird der politische Prozess in seiner Ganzheit betrachtet, die einfache Dichotomien von »Politik« und »Verwaltung« bzw. »Regierung« und »Verwaltung« nicht mehr zulässt. Ge-

Ungeachtet dessen bestehen zwischen der staatlichen Verwaltung der »organisierten Moderne« und dem politisch-administrativen System der »erweiterten liberalen Moderne« grundsätzliche Unterschiede. Mayntz (2004: 71) zufolge unterstreicht der Begriff »Governance« die gewachsene Bedeutung von Verhandlungen und Verhandlungssystemen für die Entwicklung und Implementation von Politik im kollektiven Interesse. Während bei Government die Steuerungs- und Koordinationsstrukturen im Vordergrund stehen, fokussiert Governance die politisch-administrativen Prozesse und Interaktionsformen.

Im spätmodernen politisch-administrativen System tritt die traditionell von der politischen Theorie betonte Trennung von Staat und Gesellschaft in den Hintergrund. Die Sphäre des Politischen, des »Policy-making« wird in die Gesellschaft hinein ausgedehnt und ist nicht mehr an den Staat bzw. die regierungszentrierten institutionellen Strukturen des politischen Systems gebunden. Die Partizipation am »Regieren« beschränkt sich nicht nur auf eine indirekte Beteiligung an den »Regierungsangelegenheiten« über Wahlen und das politische Repräsentationssystem, sondern bezieht auch ein darüber hinaus erweitertes politisches Engagement am »öffentlichen Leben« mit ein (Heinelt 2004: 30). Mayntz (2004: 71) verweist auf die in fast allen gesellschaftlichen Regelungsbereichen entstandenen handlungsfähigen Organisationen bzw. korporativen Akteure, auf deren Existenz und Handlungsfreiheit die Fähigkeit zur gesellschaftlichen Selbstregelung und die Möglichkeit der direkten Interaktion zwischen staatlichen und nichtstaatlichen Instanzen beruhen. Im Idealfall bedeutet Governance eine Verständigung über gemeinsame Problemdefinitionen und Handlungsziele sowie eine auf gegenseitige Interessenbefriedigung und Verhandlung beruhende Herbeiführung und Umsetzung verbindlicher Entscheidungen (Heinelt 2004: 30).

Die beschriebenen Prozesse der Verwaltungsmodernisierung sind aber nicht nur mit Chancen, sondern auch mit Risiken und »Stolpersteinen« verbunden. Einerseits entspricht die nicht- hierarchische Regelungsstruktur und der Bedeutungsgewinn gesellschaftlicher Selbststeuerung modernen Vorstellungen von demokratischer Selbstbestimmung und die »pluralistischen Verhandlungssysteme« können mit höheren Informationsniveaus, vielfältigeren Rationalitätsformen und einem höheren Wertberücksichtigungspotential einhergehen (Mayntz 2004: 72). Andererseits bedarf die kollektive Regelung von Sachverhalten durch Verhandlung statt durch Anweisung der Einigung auf bestimmte Problemdefinitionen, Ziele und Maßnahmen (ebenda: 72f). Die spezifische Schwierigkeit der kooperativen Aufgabenerfüllung beruht auf der »Konflikthaftigkeit der Entscheidungsprozesse«. Hinter den Auseinandersetzungen und Kontroversen über die Problemdefinition, die anzustrebenden Ziele und die zu diesem Zweck

wählt wird deshalb die Kategorie des »politisch-administrativen« Systems, die umfassender als die des »Staates« verstanden wird (Wessels 2000: 20).

einzusetzenden Maßnahmen stehen widerstreitende Interessen, differente Wahrnehmungen und Theorien sowie unterschiedliche normative Präferenzen. Die heterogenen Wertorientierungen, Interessenverbindungen und Rationalitäten erfordern einen Ausgleich der divergierenden Denkweisen und Belange. Aufgrund der Mischung aus gegensätzlichen und gemeinsamen Orientierungen der an den Verhandlungsprozessen beteiligten institutionellen und korporativen Akteure spricht Mayntz (ebenda: 73) auch von einer »antagonistischen Kooperation«. In die postmodernen Verhandlungs- und Kooperationsformen sind Akteurinnen eingebunden, die teilweise sehr unterschiedlichen Handlungslogiken folgen, z. B. lokal und territorial ausgerichtete vs. funktional-beruflich orientierte, oder Akteurinnen, die eine hierarchische Steuerung gewohnt sind, und solche, die sich von solidarischem und ideellen Handeln leiten lassen. (Fürst 2004: 49). Daher können Verhandlungsrunden, Arbeitskreise und Projekte, die auf der Zusammenarbeit unterschiedlicher Berufsakteurinnen – Bürokratinnen und Professioneller, Mitarbeiterinnen der eingreifenden und helfenden Verwaltung, staatlicher und nichtstaatlicher Organisationen sowie Vertreterinnen verschiedener nationaler, internationaler und supranationaler Institutionen – beruhen, durch unüberwindbare Spannungen und Probleme gekennzeichnet sein. Kooperative Entscheidungsfindungen gehen Mayntz (2004: 73) zufolge, mit potenziellen Schwachpunkten, wie der Gefahr der Entscheidungsblockade, der Einigung auf suboptimale Problemlösungen oder dem Übereinkommen auf Kosten nicht an den Verhandlungen beteiligter Dritter einher. Neben einer fehlenden Bindungswirkung der ausgehandelten Normen kann auch die Dominanz privilegierter Interessen eine wirkliche Problemlösung verhindern.[9]

Zu den primären Aufgaben der Verwaltungswissenschaft gehört herauszufinden und zu verstehen, wie die Verwaltung funktioniert. Wie Gerstlberger/Grimmer (1999: 15) anführen, wird die Funktionalität und Effizienz der öffentlichen Verwaltung durch die Art und Weise ihrer Strukturierung und Prozessgestaltung, die Qualifikation und das Engagement des Verwaltungspersonals sowie ihre institutionelle Stabilität und Wandlungsfähigkeit bestimmt. Bürokratische Strukturen und Prozesse verleihen einer Verwaltungsorganisation Beständigkeit und Verlässlichkeit. Die Formalisierung hat positive Auswirkungen auf eine aufgabenorientierte, konfliktarme, leistungsfähige Verwaltung und bildet die Grundlage für die Rechtsstaatlichkeit, Transparenz, Überprüfbarkeit und Gemeinwohlorientierung des Verwaltungshandelns (ebenda: 17). Andererseits können die Formalisierung der Verwaltungsabläufe und die institutionelle Stabilität auch einen verzögernden Effekt auf die administrative Modernisierung und Transformation haben. Daher stellen die Leistungsbereitschaft und -fähigkeit der Verwaltungsakteurinnen, deren Offenheit und

---

9   Nach Mayntz (2004: 75) ist die Governance-Perspektive durch die Ausblendung von Machtasymmetrien und Herrschaftsaspekten gekennzeichnet.

Engagement für Wandlungs- und Modernisierungsprozesse eine wesentliche Voraussetzung dar. Vor dem Hintergrund der gesamtgesellschaftlichen Veränderungsprozesse soll die traditionell zentralistische, hocharbeitsteilige und durchhierarchisierte Verwaltungsorganisation, Bogumil/ Kißler (1997: 11) zufolge, in eine ergebnisorientierte und im Rahmen von Zielvereinbarungen weitgehend autonome, dezentral gegliederte Organisation umgebaut werden .Die hierarchisch-bürokratische Arbeitsorganisation kann und wird beispielsweise durch die Einführung bzw. Einbeziehung von Teamarbeit modernisiert, so dass Teams die Erledigung der ihnen zugewiesenen Aufgaben selbständig organisieren und verantworten (Gerstlberger/Grimmer 1999: 86). Das Ziel der Verwaltungsmodernisierung besteht, nach Gerstlberger/Grimmer (ebenda: 65), nicht in der Ablösung einer tradierten Arbeitsweise durch eine andere mit ähnlichem Gültigkeitsanspruch, sondern in einer leistungsfähigen und flexiblen Verwaltung, die ihre Praxis fortwährend überprüft und sich an die immer schneller wandelnden gesellschaftlichen Rahmenbedingungen anpasst. Angesichts dessen, dass Veränderungen in der öffentlichen Verwaltung in der Zukunft die Regel und nicht mehr die Ausnahme darstellen werden, steht das Verwaltungssystem vor der Aufgabe, sich zu einer »lernenden Organisation« zu entwickeln.

Für die Verwaltung der organisierten Moderne war das Ordnungsmuster der Hierarchie für die binnenadministrativen Strukturen und Prozesse als auch das Verständnis von Gesetzgebung, politischer Führung, Verwaltung und Verwaltungsadressatinnen relevant (ebenda: 31). Die hierarchische Verwaltungsstruktur sicherte die Berechenbarkeit, die sowohl für einen Rechtsstaat als auch für eine Demokratie erforderlich ist. Aus den umfassenden Transformationsprozessen moderner Gesellschaft und Staatlichkeit erwachsen für die Verwaltung aber neue Anforderungen und Aufgaben. Das traditionelle Verständnis vom Regieren beruht auf der Vorstellung eines Staates, der für ein eindeutig bestimmtes Territorium und die dort lebende Bevölkerung Regeln erlässt, deren Befolgung kontrolliert und deren Verletzung sanktioniert (Brozus/Zürn 2003: 56). Die postmoderne Globalisierung geht aber mit einer Verringerung der Bedeutung von Grenzen einher und ist mit Konsequenzen für die staatlichen und politischen Strukturen und Prozesse verbunden. Während die öffentliche Verwaltung in der organisierten Moderne weitgehend auf den Nationalstaat beschränkt war, ist das administrative Handeln in der erweiterten, liberalen Moderne durch eine Überschreitung der territorialen, nationalstaatlichen Grenzen gekennzeichnet. Wessels (2000: 9) konstatiert, dass die Formen, in denen die nationalen Verwaltungen an zwischenstaatlichen Problemverarbeitungsprozessen teilnehmen, erhebliche Wachstums- und Differenzierungsprozesse aufweisen. Mit Zunahme der grenzüberschreitenden Problemlagen sind Alternativen zu den traditionellen Strukturen und Prozessen des modernen Regierungs- und Verwaltungssystems gefragt. Die steigenden Intensitätsgrade der zwischenstaatlichen Interaktionen werden von Wessels (ebenda: 11) als »pragmatisch-funktionale Verwaltungsausdehnung« typologisiert.

Die gesellschaftliche Entwicklung und der soziale Wandel des politisch-administrativen Verwaltungssystems beschränken sich nicht auf den staatlichen Bereich. Der Raum der zwischenstaatlichen Interaktionen hat sich nicht nur durch die Aktivitäten nationaler Regierungen und Administrationen ausgedehnt. Die Zuwachsraten für grenzüberschreitende Kontakte der zivilgesellschaftlichen Akteure liegen erheblich höher als die der staatlichen Verwaltung. Die zunehmende Bedeutung der zivilgesellschaftlichen Organisationen ist, Rifkin (2004: 257) zufolge, größtenteils eine Reaktion auf die Globalisierung der Gesellschaft, in der nationale Regierungen zu klein geworden sind, um grenzüberschreitende Probleme zu bewältigen, gleichzeitig aber zu groß, um die Bedürfnisse lokaler Nachbarschaften und Gemeinden zu befriedigen. Zivilgesellschaftliche Organisationen sind flexibler als Regierungen und Verwaltungsinstitutionen. Sie organisieren sich oft über nationale Grenzen hinweg und vertreten zugleich die Interessen lokaler Gemeinschaften, sie können transnational und global ausgerichtet sein und dabei kommunal und lokal handeln. Dies macht sie zu idealen »sozialen Sachverwaltern« einer Fülle von Aufgaben, vor der die Gesellschaft einer dichteren und stärker verknüpften Welt steht (ebenda: 258). Angesichts dessen sind nicht nur die »souveränitätsgebundenen« sondern auch die »souveränitätsfreien« Akteure Teil der neuartigen, territoriale, funktionale und systemische Grenzen überschreitenden Verwaltungspraxis.

Mit der Komplexitätssteigerung der politisch-administrativen Steuerung und Koordination erfolgt die Machtausübung diffuser und dezentraler. Regieren ist keine in sich geschlossene und einzig auf den Staat beschränkte Aktivität mehr, sondern wandelt sich zu einem offenen Prozess, an dem institutionelle und korporative Akteure in formellen und informellen Netzwerken teilhaben und ihre Interessen und Ziele beeinflussen. Da Governance im Kern auf Interaktion beruht, sind nach Benz (2006: 30f) wechselseitige Veränderungen der unterschiedlichen Handlungsmodelle erwartbar, durch Information und Überzeugung, Chancen und Optionen oder Restriktionen und Zwang. Voraussetzung für den sich in der postmodernen Moderne entwickelnden »polyzentrischen« Regierungs- und Verwaltungsstil sind der kontinuierliche Dialog und Verhandlungen zwischen den beteiligten kollektiven Akteuren. Der exekutiven Verwaltung kommt dabei eine neue Bedeutung zu, da Entscheidungen soweit wie möglich auf untere Verwaltungsebenen verlagert werden.

Veränderte Aktivitätsformen der Verwaltung sind als Zeichen und Auslöser, als Indikator und mitgestaltender Faktor staatlichen Wandels zu betrachten (Wessels 2000: 21). Das Problem der Verwaltungsmodernisierung besteht Gerstlberger/Grimmer (1999: 15) zufolge darin, dass das alte

Selbstverständnis nicht mehr trägt, sich ein neues aber noch nicht herausgebildet hat. Die Verwaltung soll sich reformieren auf etwas hin, dass sie selbst erst entwickeln muss. Soziale Strukturen bilden sich heraus, wenn das Handeln sozialer Akteurinnen auf relativ dauerhaften und internalisierten Handlungsmustern und Sinnorientierungen beruht und durch spezifische Handlungsroutinen und –regeln geprägt ist. Die soziale Regulierung von Beziehungen zwischen kollektiven Akteuren kann vertraglich institutionalisiert, durch Vereinbarungen formalisiert oder auch informell durch relativ stabile Praktiken und Regeln erfolgen. Sowohl die grenzüberschreitende Zusammenarbeit als auch die Kooperation zwischen staatlichen und zivilgesellschaftlichen Organisationen sind voraussetzungsvolle Konzepte und grundsätzlich mit Vertrauensproblemen und unsicheren Erwartungshaltungen verbunden. Das Vertrauensproblem kann durch freiwillige Selbstbindungen, etwa durch zwischenstaatliche Verträge oder Kooperationsvereinbarungen zwischen staatlichen und zivilgesellschaftlichen Akteuren, reduziert aber nicht aufgehoben werden. Für die Gestaltung organisationaler Strukturen und Prozesse sind neben den kognitiven und motivationalen Aspekten der Handlungsorientierung auch die Interaktionsorientierungen der sozialen Akteurinnen von Bedeutung. Mayntz (1995: 57) typisiert drei wichtige Interpretationstendenzen der Beziehung zwischen mehreren Akteurinnen: die feindliche, die kompetitive und die egoistisch-rationale. In bestimmten Kontexten kann eine spezifische Art der Interaktionsorientierung normativ erwartet werden. Die Strukturiertheit der Beziehungsmuster ist zwar institutionell bestimmt, aber nicht vollständig determiniert, so dass auch informale Beziehungsaspekte einen Einfluss ausüben können. Die empirische Bürokratie- und Verwaltungsforschung hat früh gezeigt, dass in realen Verwaltungen informale Beziehungen zwischen Personen existieren, die formale Regeln ergänzen oder von ihnen abweichen (Mayntz 1968).

Die Governance-Perspektive lenkt den Blick auf die Art und Weise, wie Akteurinnen in institutionellen Kontexten oder Interaktionsbeziehungen ihre Handlungen koordinieren (Benz 2006: 30). Dabei geht es um die Frage, welche sozialen Mechanismen in Struktur-Prozess-Zusammenhängen angelegt sind, um Handlungen so zu verknüpfen, dass gemeinsames Handeln erreicht wird. Die wechselseitige Einflussnahme durch Informations- und Ressourcenaustausch erklärt, wie Koordination in Netzwerken hergestellt wird, aber nicht worauf die Stabilität der Beziehungen zwischen Akteuren beruht und weshalb die Koordination in Netzwerken strukturell gesichert ist (Benz 2006: 32). Benz (ebenda: 33) zufolge führt Vertrauen zu einer relativ hohen Stabilität der Interaktionsbeziehungen und Koordinationsleistungen von Akteurinnen. Mit der Öffnung nationalstaatlicher, systemischer und organisationaler Grenzen und der Verbreitung von Netzwerk- und Projektarbeit scheint der Bedarf der Organisationen an»Subjektivität « bzw. an den Aktualisierungs- und Steuerungsleistungen der sozialen Akteurinnen zu steigen (Holtgrewe 2005: 349). »Subjektivität« steht für das an Individuen gebundene kreative und innovative Handlungsvermögen. Die Routinen der Organisation geben nicht mehr selbstverständlich kognitive und normative Orientierungen für die Zukunft ab und sind auch nicht selbstverständliche Ausgangpunkte für die Deutungs- und Strukturierungsleistungen der sozialen Akteurinnen (ebenda: 350). Aufgrund der Fähigkeit, Vielfalt aus der Umwelt aufzunehmen und zu verarbeiten, spontan und kreativ zu handeln, können Individuen, Holtgrewe (ebenda S.348) zufolge, Ausblendungen und Grenzziehungen formalisierter Prozesse wieder zurücknehmen und/oder flexibel handhaben. Indem sie in der Lage sind, explizites und implizites Wissen, Erfahrungen und Informationen aus unterschiedlichen Handlungsbereichen zu rekombinieren und rekontextuieren, agieren und fungieren als »Grenzgänger« der Organisation (ebenda: 358).

Die Mikrofundierung der Erklärung von gesellschaftlicher Steuerung und Koordination macht die Innovativität des Governance-Ansatzes aus (Schneider 2004: 175). Das Problemlösungshandeln sozialer und institutioneller Akteure kann über das Zusammenspiel von individuellem und kollektivem Handeln, formellen und informellen Praktiken konzeptualisiert werden. Unter Bezugnahme auf individuelle Handlungsorientierungen und institutionelle Handlungskontexte bleibt die Analyse der gesellschaftlichen Steuerungs- und Regelungsprozesse dabei immer an das »eigensinnige« Akteurshandeln rückgebunden (ebenda: 177).[10] Mit der Betonung der Komplexität und Eigendynamik der postmodernen Verwaltungspraxis kann das Verwaltungshandeln nicht einfach als Regelanwendung oder Regelverletzung verstanden werden, sondern als kollektives Handeln von Akteurinnen, die in der Praxis auf Dilemmasituationen treffen und diese bewältigen müssen (Benz 2006: 47). Eine sozialwissenschaftliche Untersuchung der Modernisierung der modernen Verwaltung von Government zu Governance hat daher die differenzierte Verwaltungswirklichkeit hinsichtlich des dynamischen Zusammenwirkens zwischen

---

10 Im Rahmen des institutionalistischen Steuerungsansatz differenziert Schneider (2004: 177f) moralische, kognitive und koordinative Institutionen bzw. Steuerungselemente. Moralische Institutionen sind internalisierte Regeln oder externe Anreizstrukturen, die Handlungen positiv oder negativ sanktionieren und somit Akteurinnen veranlassen, bestimmte Handlungstypen auszuführen oder zu unterlassen (Normen, Gewohnheiten). Kognitive Institutionen umfassen Regeln, die individuelle Handlungskompetenzen und -kapazitäten erweitern. Sie können als Arrangements verstanden werden, die die Wahrnehmung strukturieren, Aufmerksamkeit fokussieren, Sinnzusammenhänge organisieren und bestimmte komplexe Informationsverarbeitungsprozesse ermöglichen und auf Dauer stellen. Koordinative Institutionen umfassen institutionalisierte Kommunikations- und Koordinationstechniken wie Entscheidungsregeln oder Regeln der Zuteilung von Rechten und Kompetenzen, über die kollektives Handeln planmäßig konzertiert und zusammengefügt wird.

Strukturen und Prozessen, Institutionen und Akteurinnen, zwischen institutionellen Regelsystemen und der Selbststeuerung der beteiligten Akteure in den Blick zu nehmen (Ders., 2004: 21).

Vor der akteurszentrierten Betrachtung und Analyse des Verwaltungsfeldes Bereich Prostitution und Menschenhandel zum Zweck der sexuellen Ausbeutung und der dort stattfindenden Veränderungs- und Wandlungsprozesse werden im nächsten Kapitel die Wissensbestände der theoretischen und empirischen Prostitutionsforschung und -diskussion aufbereitet, da sie potenzielle Quellen der Wahrnehmungs- Denk- und Handlungsstrukturen der Verwaltungsakteurinnen darstellen.

3. Prostitution und Menschenhandel als Wissensgegenstand

Prostitution ist aufgrund ihrer klandestinen Erscheinungsform, Vielschichtigkeit und definitorischen Abgrenzungsprobleme wissenschaftlich und erkenntnistheoretisch nicht bzw. nur schwer zu erfassen ist (Domentat 2003: 37f). Ungeachtet dessen hat sich die Prostitutionsforschung zu einem facettenreichen interdisziplinären und internationalen Arbeitsgebiet entwickelt.[1] Im gegenwärtigen wissenschaftlichen Diskurs wird Prostitution als »Tauschhandel zwischen Körper und Zeichen«, d. h. zwischen Körperlichkeit und Sexualität auf der einen und materiellen Gegenleistungen auf der anderen Seite charakterisiert (Grenz/Lücke 2006: 15). Systemtheoretisch betrachtet sind in der Prostitution zwei unterschiedliche Sozialsysteme miteinander verflochten, die auch in der Rollendifferenz von Prostituierten und Kunden zum Ausdruck kommen, das »dyadische Intimsystem« und das Wirtschaftssystem (Ahlemeyer 1996: 79). Nach Ahlemeyer (1996: 10) können vier basale Typen der Intimkommunikation bzw. der damit einhergehender Beziehungsformen differenziert werden: das romantische, das hedonistische, das matrimoniale und das prostitutive Intimsystem. Im Rahmen des prostitutiven Intimsystems werden zwischen Personen kurzfristig und mittels Geldtransfer sexuelle Interaktionen vereinbart. Aushandlung, Gestaltung und Steuerung des prostitutiven Intimsystems sind primär am Tauschmedium Geld orientiert. Allerdings verdeutlichen die von den Prostituierten vorgenommenen expliziten (z. B. spezielle Techniken und Wünsche), normativen (z. B. intime Handlungen wie Küssen, die dem nichtprostitutiven Sexualakt im romantischen und matrimonialen In-

---

1 Dies dokumentiert die von Grenz/Lücke (2006) herausgegebene Anthologie, die sich dem Austausch und der Präsentation aktueller Forschungsarbeiten widmet, welche nach Aussage der Herausgeber (ebenda: 15) nicht das Ziel verfolgen, eine klare Position für oder gegen kommerzielle Sexualität einzunehmen, sondern Prostitution als gesellschaftliches Phänomen untersuchen.

timsystem eigen sind) und personen- bzw. gruppenbezogenen Ausschließungen (z. B. Nichtakzeptanz als Kunden unabhängig von der Zahl-
ungsfähigkeit) die Grenzen des monetären Steuerungsmediums. Aus der
Perspektive der Prostituierten und Kunden werden im prostutitiven Intimsystem zwei unterschiedliche Wirklichkeiten konstituiert, eine ökonomische und eine sexuelle (ebenda: 108). Während bei den Sexarbeiterinnen
der Zugang, der Verbleib, die Kompensation und das Ausscheiden aus der
Prostitution vorrangig wirtschaftlich motiviert sind, beruht die Teilnahme
am prostitutiven Intimsystem für die Prostitutionskunden nicht auf ökonomischen Interessen, sondern auf der Erwartung eines leicht zugänglichen
und folgenlos bleibenden »sexuellen Differenz-Erlebens«. Da sowohl die
Prostituierten als auch die Kunden mit ihren Handlungen an der Interpene-
tration des Wirtschafts- und Sozialsystems mitwirken und jede Seite der
Differenz Prostituierte/Kunde in der anderen vorausgesetzt ist, kann das
prostitutive Intimsystem als Einheit betrachtet werden (ebenda: 122). Die
reflexiven Erwartungen der Beteiligten tragen dazu bei, dass das prostitutive Interaktionssystem nicht an der Inkongruenz der erotischen und
ökonomischen Wirklichkeit auseinanderbricht, sondern eine qualitativ eigene Systemebene bildet, die mehr ist als die bloße Addition und Komple-
mentarität der Einzelperspektiven (ebenda: 196). Das prostitutive Interaktionssystem wird also durch die Orientierung an den Erwartungserwartungen stabilisiert. Die Prostituierten beispielsweise gehen von den erotischen Erwartungen der Kunden aus und stellen ihr Handeln darauf ein,
ohne aber die eigene Form der ökonomischen Erwartungsbildung zurück-
zunehmen (ebenda: 184).

Bisher wurden die interaktiven und kommunikativen Dimensionen der
Beziehung zwischen Prostituierten und Prostitutionskunden in der Prostitutionsforschung weitgehend vernachlässigt (ebenda: 22). Eine detaillierte
Analyse der Interaktionsprozesse zwischen Prostituierten und Kunden liegt
mit der ethnographischen Untersuchung der Drogenprostitutionsszene von
Langer (2003) vor.[2] Die in dem spezifischen Ausschnitt der Prostitution
identifizierten und analysierten sozialen Interaktionscluster der Prostituier-
ten-Kunden-Beziehung beziehen sich auf die Anbahnung und Aufnahme
des Kontaktes, die Verhandlung, die Übereinkunft oder das Scheitern der

---

2   Von besonderer Bedeutung für die soziologische Prostitutionsforschung ist
    die klassische ethnographische Studie »Der Strich« von Roland Girtler, die
    erstmalig 1985 mit dem Untertitel »Erkundungen in Wien« erschienen ist
    und 2004 in der fünften Auflage mit dem Untertitel »Soziologie eines Mili-
    eus« vorliegt. Die zweite und dritte Auflage tragen den Untertitel »Sexualität
    als Geschäft« bzw. »Erotik der Straße«. Auf der Grundlage der (unstruktu-
    rierten) teilnehmenden Beobachtung und des »ero-epischen Gesprächs«
    (freies Interview) analysiert Girtler (2004) die Prostitutionsszene als Subkul-
    tur und stellt die Interaktionen und Strategien von Prostituierten, Zuhältern
    und Kunden dar.

Verhandlung sowie den Kontrakt, die Beendigung des Kontrakts und das Sicherheitsmanagement der drogenabhängigen Straßenprostituierten.

Sexualität umfasst nicht nur die physiologischen Prozesse des menschlichen Körpers und die psychische Wahrnehmung im menschlichen Bewusstsein, sondern hat immer auch eine soziale Dimension. Die Komplexität sexuellen Erlebens und Handelns beruht, nicht nur im sozialen System prostitutiver Intimkommunikation, auf der Wechselwirkung zwischen organisch-körperlichen, psychisch-bewusstseins-mäßigen und sozial-kommunikativen Dimensionen (Ahlemeyer 1996: 26). Sexuelle Begegnungen werden in Form, Inhalt und Bedeutung ausgehandelt und kommunikativ vorbereitet.[3] Dabei fungieren Normen und Wertvorstellungen, z. B. religiöse, kulturelle und politische als Orientierungsangebot, Kontrastfolie und (De-)Legitimationshintergrund. Im prostitutiven Intimsystem werden, wie in anderen intimen Kommunikations- und Interaktionsformen auch, soziale Normen eingehalten und überschritten, Sinn und Bedeutung der Kommunikation sozial konstruiert und in den Alltag und die Biographie integriert (ebenda: 26f).[4]

Die qualitativ-empirische Studie über Prostitutionskunden von Grenz (2005) beleuchtet Sexualität als kulturelles Konstrukt und geht von der diskursiven Herstellung von Sexualität, Männlichkeit und Weiblichkeit, Prostituierten und Kunden aus (ebenda: 29). Vor dem kulturgeschichtlichen Hintergrund von Sexualität, Geld und Konsum wird in der Untersuchung anhand von Interviews mit Prostitutionskunden die gegenwärtige Konstruktion männlicher (Hetero-)Sexualität in der Prostitution bzw. im Sprechen darüber herausgearbeitet., Foucaults Genealogie der Sexualität verdeutlicht beispielsweise die Geschichtlichkeit des »starken männlichen Sexualtriebes«. Während es im antiken Griechenland als unmännlich galt,

---

3   In der Alltags- und Lebenswelt der Subjekte sind die sozialen und sexuellen Interaktionen in einen bestimmten Beziehungsrahmen eingebettet, z. B. in eine partnerschaftliche Paarbeziehung, einen One-Night-Stand oder ein Dienstleistungsgeschäft. Vor dem Hintergrund des situativen und sozialen Bedeutungsrahmens können die sexuellen Interaktionen verschiedene Funktionen haben (die Herstellung körperlich-emotionaler Intimität, unverbindliche Bedürfnisbefriedigung oder ein Abenteuererlebnis), unterschiedliche Formen annehmen und Praktiken beinhalten (»Quickie«, »emotionaler Sex«, »Sado-Maso«).

4   Die Prostituierten beispielsweise ziehen Grenzen zwischen den privaten und den geschäftlichen Sexualbeziehungen und markieren diese u. a. durch Arbeitskleidung vs. Freizeitkleidung und die Inklusion bzw. Exklusion bestimmter Praktiken, wie z. B. Küssen. Über die typischen sozialen Interaktionscluster wie dem Aushandeln von Dienstleistung und Preis konstruieren sie die soziale Situation und Bedeutung der prostitutiven Intimkommunikation. Die Auseinandersetzung und Verarbeitung der kommerziellen Sexualkontakte zeigt sich, verschiedenen Studien zufolge, in dem psychisch-sozialen Mechanismus, die gesellschaftliche Nichtanerkennung der ausgeübten Tätigkeit und die Anonymität, die nicht selten auch die nahe soziale Umwelt umfasst, mit einem gesteigerten Konsumverhalten zu kompensieren.

sich der Sexualität hinzugeben ist die Notwendigkeit für Männer, ihrem Sexualtrieb jederzeit nachgeben zu können, heute die Begründung und Erklärung für Prostitution schlechthin (Foucault 1995, zitiert nach Grenz 2006: 29).[5]

Geschichte der Prostitution

Prostitution ist ein historisch wandelbares Phänomen, dessen Bedeutung und Sinngehalt als sozial konstruiert dechiffriert werden kann. Die im Altertum existierende Form der »heiligen Prostitution« (Hierodulie) stand in einem kultischen Zusammenhang und galt als den Göttern wohlgefällig.[6] »Tempeldienerinnen« vollzogen sexuelle Handlungen gegen Opfergaben für die Gottheit oder »Geschenke« an den Tempel. Die Priesterinnen, denen die sakrale Tempelprostitution oblag, genossen ein hohes soziales Ansehen, welches erst später mit der allmählichen Profanisierung der Prostitution sank (von Braun 2006: 31). Aus der griechischen Antike ist die weltliche, profane Form der Prostitution bekannt, welche durch die Unterscheidung zwischen gewöhnlicher »Hure« (Pornai) und »Gesellin« (Hetäre) gekennzeichnet war.[7] Im Gegensatz zu den gesellschaftlich angesehenen Hetären rekrutierten sich die »käuflichen« Bordellprostituierten (Pornai) aus unfreien Sklavinnen (Heinz-Trossen 1993: 37f). Als Hetäre wurden Frauen bezeichnet, die Männern gegen Geld oder Güter freiwillig und aus »Gefälligkeit« Begleitung, Unterhaltung und sexuelle Dienste anboten. Im Unterschied zur »käuflichen« Prostituierten diente die Hetäre nicht nur der sexuellen Befriedigung des Mannes, sondern auch als Status symbol und Prestigeobjekt. Sie hatte Teil am elitären Lebensstil und den gehobenen gesellschaftlichen Sitten. Das Hetärentum war von einer Aura der Freundschaft umgeben und symbolisch in der Welt des Gabentauschs verortet (Hartmann 2006: 58). Durch die Betonung des ideellen Wertes der Beziehung zwischen Hetäre und »Liebhaber« wurden der Anschein der Käuflichkeit ausgeblendet und die sozialen Statusunterschiede negiert. Während Prostitution im Altertum gesellschaftlich akzeptiert war, wurde Sexualität außerhalb des Rahmens von Ehe und Fortpflanzung im Mittelalter grundsätzlich für sündhaft erklärt (Heinz-Trossen 1993: 39f). Die Prostituierte galt in der christlichen bzw. kirchlichen Sexualmoral als Verkörperung der Sünde schlechthin und hatte sich, mittels der für Zünfte typi-

---

5 Foucaults historische Analyse der Sexualität ist in seinem dreibändigen Werk »Sexualität und Wahrheit« mit »Der Wille zum Wissen« (Band 1), »Der Gebrauch der Lüste« (Band 2) und »Die Sorge um sich« (Band 3) veröffentlicht.

6 Zur Tempelprostitution auch »Die Huren Babylons« in Ringdal (2006: 16-41).

7 Zum Hetärentum der griechischen Antike: Hartmann (2006: 43-61) und Ringdal (2006: 72-92).

schen Kleiderordnung, von den »ehrbaren« Frauen zu unterscheiden.[8] Zur Zeit der Renaissance herrschte das Kurtisanenwesen, eine gesellschaftlich akzeptierte Form der Prostitution, ähnlich dem Hetärenwesen im antiken Griechenland, vor. Mit der Industrialisierung und Urbanisierung im 19. Jh. wurden sexuelle Dienstleistungen zu einem Massenartikel, der sich in das Vergnügungs- und Konsumangebot der modernen Großstadt einfügte. Die Zahl der Prostituierten stieg. Da vor allem Frauen von den strukturellen Schwankungen des städtischen Arbeitsmarktes betroffen waren, arbeiteten viele Dienstmädchen, Kellnerinnen und Arbeiterinnen als Gelegenheitsprostituierte. Die Prostituierten rekrutierten sich größtenteils aus berufstätigen Frauen der Unterschicht und den sozial absteigenden Kreisen der Mittelschicht. Der zunehmende Wandel der städtischen Lebensformen und die Durchdringung der Welt mit wirtschaftlichen Begriffen und Kategorien führten zur Herausbildung eines differenzierten Prostitutionsmarktes. Neben der profitorientierten, privatwirtschaftlich organisierten Bordellprostitution, in welcher die Prostituierten ausgebeutet wurden, existierte in der Nähe von Geschäfts- und Verkehrszentren auch eine sich ins städtische Vergnügungsmilieu einfügende, freie Form der Prostitution, in der Frauen ihre sexuellen Dienstleistungen z. B. Wirtschaften, Cafés und Variétes eigenständig anboten. Den Gegenpol zur aufsteigenden Prostitution bildete die bürgerliche Familie bzw. die ihr inhärente bürgerliche Sexualmoral. Ulrich (1985: 72f) zufolge stellt die bürgerliche Sexualmoral die Verabsolutierung jenes Verhaltensmodelles dar, das die Einheit von Sexualität, Liebe, Ehe und Fortpflanzung fordert. Eine intime Beziehung, in der eines dieser vier Elemente fehlte, wurde gesellschaftlich nicht akzeptiert und als widernatürlich bekämpft und kriminalisiert. Sinnlichkeit, Erotik und Sexualität hatten verdeckt und auf die gesellschaftlich legitimierte Ehe beschränkt zu bleiben. Mit der Einführung der polizeilichen und sanitarischen Überwachung zwang die bürgerliche Gesellschaft den sich prostituierenden Frauen den offiziellen sozialen Status »Dirne« auf (ebenda: 147). Obgleich sich der Lebensstil der Prostituierten durch den Zugang zu Wirtschaften und Vergnügungslokalen von dem der bürgerlichen Frauen unterschied, denen es nicht gestattet war, allein auszugehen (ebenda: 539), nahm die gesellschaftliche Stigmatisierung und Marginalisierung der Prostituierten in der zweiten Hälfte des 19. Jh. zu. Ihre Ausschließung und Verfolgung kann nach Ulrich (ebenda: 9). als Ausdruck der Verdrängung der Sexualität in der bürgerlichen Gesellschaft verstanden werden.

Die gesellschaftliche Konstruktion der Prostitution

Als soziale Praxis ist Prostitution stets eine zeittypische Antwort auf gesellschaftliche Rahmenbedingungen und etablierte Vorstellungen (Grenz/ Lücke 2006: 15). Vor dem Hintergrund der sich wandelnden sexualethi-

8   Über die Sexualmoral im Christentum z. B. Denzler (1990: 17-26).

schen, soziokulturellen, moralischen und rechtlichen Grundhaltungen der jeweiligen Gesellschaft und den fließenden Grenzen zwischen »Anständigen« und Prostituierten existiert keine einheitliche Definition der Prostitution (Heinz-Trossen 1993: 7). Die Geschichte und der gesellschaftliche Umgang mit Prostitution weisen sowohl Kontinuitäten als auch Veränderungen auf.[9] Freund-Widder (2003: 279) verweist auf die Stetigkeit der staatlichen Verfolgung von Prostituierten in der Gegenwart bzw. in den unterschiedlichen politischen Systemen vom Ende des Kaiserreichs bis zum Anfang der Bundesrepublik Deutschland. Andererseits führt sie aber auch Wandlungen hinsichtlich der »Kriterien für unangepasstes weibliches Verhalten« an. Der Begriff Prostituierte definiert nicht zu jeder Zeit und an jedem Ort dieselbe soziale Gruppe oder dieselben Handlungen (ebenda: 15). Die gesellschaftliche Konstruktion der Prostitution diente stets als Definitions- und Kontrollmacht über weibliche Sexualität sowie deren Sanktionierung und Reglementierung (ebenda: 9). Staatliche Kontrollinstitutionen wie Polizei, Gesundheitsbehörden und Fürsorgeeinrichtungen registrierten nicht nur »offizielle Berufsprostituierte«, sondern auch Mädchen und Frauen, deren soziales und sexuelles Verhalten außerhalb der von den Sozialfürsorgerinnen, Medizinerinnen und Polizeibeamtinnen im Alltag festgelegten Normen lag (ebenda: 15). Bei ihrer Definition von Prostituierten ließen sich die Grenzen zwischen »sittlicher Gefährdung«, »hwG mit oder ohne Entgelt«[10] und sogenannter »professioneller Prostitution« offen. Auch in der DDR wurden die Begriffe »Prostitution«, »Nutte« und »Strich« ungenau verwendet (Falck 1998: 15). Da Prostitution verboten war und unter Ausschluss der Öffentlichkeit stattfand, also praktisch unsichtbar war (ebenda: 16), verschwand der Begriff allmählich aus dem Sprachgebrauch und wurde weitaus dehnbarer gebraucht als heute (ebenda: 106).[11] Niemand wusste konkret, was unter professioneller Prostitution

---

9 In der Prostitutionsforschung ist die Geschichte der Prostitution vielfach betrachtet wurden, beispielsweise von Bullough/Bullough (1993) und Heinz-Trossen (1993). Mit Ulrich (1985), Gleß (1999) und Freund-Widder (2003) liegen auch detaillierte Untersuchungen zur neueren Prostitutionsgeschichte vor. Falck (1998) dokumentiert die Geschichte der Prostitution in der DDR, von der Nachkriegszeit bis zum Ende der DDR. Dufour/Helbing (1999) und Ringdal (2006) bieten einen Gesamtüberblick über die Geschichte der Prostitution.

10 Die Abkürzung »hwG« steht für »häufig wechselnder Geschlechtsverkehr«.

11 In der DDR zählte Prostitution zu asozialem Verhalten und war seit 1986 strafrechtlich verboten (StGB der DDR § 249). Unter Prostitution wurden alle sexuellen Handlungen verstanden, bei denen für mindestens einen der Partner ein Motivationsausschnitt im Erhalt von materiellen Vorteilen in Form von Geschenken oder Geld (gleichgültig welcher Währung) bestand (Falck 1998: 15). Fortan wurde Prostitution nur noch nebenberuflich und heimlich ausgeübt, oftmals getarnt durch Scheinarbeitsverhältnisse (ebenda: 15f). Die marxistische Theorie der Geschlechterbeziehungen betrachtete Prostitution als Erscheinung kapitalistischer Verhältnisse. Dazu beispielsweise: August Bebel (1973): »Die Prostitution – eine notwendige soziale In-

zu verstehen war. So wurden Bezeichnungen wie »Nutte« und »Prostituierte« großzügig an Frauen vergeben, die allzu offensichtlich sexuelle Normen verletzten, d. h. die mit mehr Männern intimen Kontakt hatten als es ihre Umgebung für gut befand oder Kinder von verschiedenen Männern hatten (ebenda: 106f). An dieser alltagsweltlichen sozialen Kategorisierung hatte auch die staatliche Gesundheitsfürsorge ihren Anteil, da die gesundheitsamtliche Kontrollpraxis vor allem weibliche Personen erfasste, denen häufig wechselnde Geschlechtspartner nachgewiesen wurden, und Prostituierte unter dem Oberbegriff »Personen mit häufig wechselndem Geschlechtsverkehr« (hwG-Personen) subsumierte. Auch Mitarbeiterinnen des Ministeriums für Staatssicherheit benutzten den Begriff »Prostituierte« aus moralischen bzw. ideologischen Gründen nicht. Stattdessen verwendeten sie die verfälschende Bezeichnung »leichtes Mädchen«, welche eine Gleichsetzung von Promiskuität und Prostitution nahelegt.[12]

Die staatliche Reglementierung der Prostitution

Die Betrachtung der Prostitution als Gegenstand politisch-administrativen Handelns verdeutlicht die Wechselwirkung zwischen der gesellschaftlichen Wahrnehmung der Prostitution und ihrer staatlichen Reglementierung. Die Rechtsgeschichte der Prostitution kann als Spiegelbild ihrer gesellschaftlichen Bewertung verstanden werden (Zimmermann 2002: 5). Heinz-Trossen (1993: 37) unterscheidet vier Phasen der Prostitutionskontrolle, welche ihre Motivation aus der Annahme herleiten, dass Prostituier-

---

stitution der bürgerlichen Welt«, in: Die Frau und der Sozialismus, S.207-242. August Bebel, Friedrich Engels u. a. gingen davon aus, dass der Sozialismus die Prostitution abschafft, da im sozialistischen Gesellschaftssystem für keine Frau die ökonomische Notwendigkeit besteht, ihren Körper zu verkaufen. Die Untersuchung der Prostitution in der DDR von Falck (1998), die vier Phasen der Prostitution und deren staatlicher Regulierung unterscheidet, verdeutlicht, dass Prostitution nicht ausschließlich an eine materielle Notlage gebunden ist und auch andere Motivationsgründe vorliegen können (ebenda: 90). Ungeachtet dessen wird aber auch demonstriert, dass der reale Sozialismus für das Selbstbewusstsein der Frauen nicht ohne Folgen geblieben ist und sich die Prostitution unter DDR-Bedingungen von der heutigen Situation unterschied. Während das Hauptmotiv für die Prostitutionstätigkeit der Frauen heute vor allem wirtschaftliche Engpässe sind, befriedigten die Prostituierten in der DDR in erster Linie ihren Luxusbedarf (ebenda: 202). »Die Prostituierten lösten das Dilemma zwischen Konsuminteressen und Heimatliebe auf spezifische Weise – indem sie sich Zugang zu Devisen verschafften.« (ebenda :187).

12 Aus der Untersuchung von Falck (1998) ist bekannt, dass die Staatssicherheit in der DDR die Kontakte der Prostituierten in immer beträchtlicherem Umgang für ihre Zwecke nutzte (ebenda: 191f). Unter den »Stasi-Spitzeln« befanden sich etliche Prostituierte, die in der Hotelprostitution tätig waren und Informationen über ihre Kundschaft preisgaben bzw. preisgeben mussten.

te »morally diseased«, »phyically diseased«, »social diseased« bzw.
»Danger of pollution (und) veneral diseased« sind. Sowohl die Gesetzgebung als auch deren Umsetzung wurden und werden von den vorherrschenden sozial-ethischen und religiösen Vorstellungen der Zeit und Kultur beeinflusst. Obwohl die sozialen und politischen Hintergründe der
staatlichen Regulierung der Prostitution in unterschiedlichen nationalen
Kontexten differieren, kristallisieren sich vergleichbare Aspekte heraus,
die nach Grenz (2005 S13) in den verschiedenen Ländern lediglich eine
andere Gewichtung erlangen. Der staatliche Umgang mit Prostitution
schwankte seit jeher zwischen »Soft enforcement« durch Überwachung,
Eindämmung oder Toleranz und »Hard enforcement« in Form von polizeilicher Registrierung, Geld- oder Gefängnisstrafen (Davis 1993). Im internationalen Vergleich der staatlichen Prostitutionspolitiken kommt der selektive, geschlechtsspezifische und hierarchische Charakter der Prostitutionskontrolle zum Ausdruck, der in erster Linie mit der Ausbeutung und
Schädigung der Frauen einhergeht. Stets bezogen sich die Maßnahmen auf
die Prostituierten, aber kaum auf deren Kunden, die beispielsweise ebenso
im Hinblick auf die Verbreitung sexuell übertragbarer Krankheiten in den
Blick geraten könnten. Die mit der Gesundheitspolitik einhergehende un-
gleiche Behandlung der Geschlechter ist Ausdruck der gesellschaftlichen
Doppelmoral und der Diskriminierung von Prostituierten (Leopold/Stef-
fan/Galen 1997: 29f). Der Mann braucht auf sich und seinen Körper nicht
aufzupassen und bekommt die »staatlich geprüfte, keimfreie Nutte präsentiert (Hydra Nacht-Express 1990: 44 zitiert nach Leopold/Steffan/Galen
1997: 30),

Die Regulierung und Sanktionierung des Sexualverhaltens bzw. der
Prostitution lässt sich historisch bis in die Antike zurückverfolgen
(Heinz-Trossen 1993: 311). Solon (638 v. Chr. bis 558 v. Chr.) führte Bordelle ein und ließ Prostituierte von beamteten »Hurenaufsehern« registrieren und kontrollieren (S.37f). Die in den Bordellen arbeitenden Sklavinnen
durften das Bordell nur abends verlassen und sich dann nur in bestimmten
Gebieten aufhalten.[13] Sie hatten eine vorgeschriebene Kleiderordnung zu
befolgen und ihre Einnahmen zu versteuern. Die Reglementierung der
Prostitution im Römischen Reich entsprach im Wesentlichen der in der
griechischen Antike und war durch die im 5. Jh. eingeführte polizeiliche
»Sittenaufsicht« gekennzeichnet. Im Mittelalter wurde mit zunehmender
Verbreitung der Syphilis die regelmäßige medizinische Überwachung von
Prostituierten, die als alleinige Verantwortliche für die Ansteckung und
Verbreitung von Krankheiten betrachtet wurden, als neue Kontrollinstanz
institutionalisiert (ebenda: 39f). Dies begünstigte die im 15. Jh. einsetzen-
de verstärkte Verfolgung und Bestrafung derselben (ebenda: 41). Das

---

13 Solons politische Reformen beinhalteten zwar das Verbot der Schuldknechtschaft, hatten aber nur zu Folge, dass nicht mehr Athener, sondern Menschen
aus anderen Städten und Ländern versklavt wurden (Fremdsklaven).

Kontrollinstrument der regelmäßigen medizinischen Untersuchungen auf sexuell übertragbare Krankheiten (STD) diente bis heute, bzw. bis zum Inkrafttreten des Infektionsschutzgesetztes 2001, als Legitimation und Grundlage der Prostituiertenüberwachung (ebenda: 311). Gegen Ende des 18. Jh. vollzog sich eine Abkehr von der im Mittelalter überwiegend religiös geprägten Behandlung und Bestrafung von Prostituierten. Prostitution wurde als anerkanntes Gewerbe geduldet und besteuert. 1871 wurde Prostitution erstmals länderübergreifend für das gesamte Deutsche Reich reglementiert und im RStGB als polizeilich-medizinisch lizenzierte Tätigkeit fixiert (ebenda: 42). Ungeachtet dessen bildete die Stigmatisierung und soziale Isolierung der Prostituierten das Pendant zum bürgerlichen Ideal der Frau und Mutter dar. Aus medizinischer und kriminalpsychologische Sicht wurden sie als minderwertig und abnorm eingestuft, sowie gesetzlich kontrolliert und kriminalisiert. Ende des 19. Jh. entbrannten heftige Diskussionen um die staatliche Reglementierung der Prostitution. Während die »Abolitionisten« für die Abschaffung der Sondergesetze für Prostituierte plädierten, forderten die »Reglementaristen« weiterhin deren polizeiliche Kontrolle (ebenda: 311f). Die für die Gleichberechtigung der Frau kämpfende abolitionistische Bewegung kritisierte vehement die patriarchalischen Herrschaftsstrukturen der bürgerlichen Gesellschaft und die in ihr staatlich institutionalisierte Doppelmoral der einseitig negativen Sanktionierung der weiblichen Prostituierten (ebenda: 312f). Ungeachtet der grundsätzlich moralischen Intention als »Sittlichkeitsbewegung« kam dem Abolitionismus bei der Entwicklung und Umsetzung gesundheits- und sozialpolitisch innovativer Denkprozesse und Konzepte eine wesentliche Bedeutung zu und trug zur Entstehung des 1927 eingeführten »Gesetz zur Bekämpfung der Geschlechtskrankheiten« (GBG) bei. (ebenda: 45). Mit diesem Gesetz wurde die grundsätzliche Strafbarkeit der Prostitution und deren polizeiliche Reglementierung zugunsten einer gesundheitlichen Überwachung durch die Gesundheitsbehörden abgeschafft (ebenda: 313). Die vorgesehene freiwillige Registrierung stellte zwar eine humanere Behandlung der Prostituierten dar, zielte aber auf deren gesellschaftliche Rehabilitation, d. h. die Rückführung in das »Berufsleben« und »geordnete soziale Verhältnisse« mit Hilfe der »erzieherischen und fürsorglichen Kräfte« ab. In der Zeit des Nationalsozialismus fungierten die Gesundheitsämter als Instrument der Rassenpolitik und als Wächter einer »moralisierenden Volksgesundheit«. Viele Prostituierte wurden zwangssterilisiert oder fielen der Euthanasie zum Opfer. Das 1953 in der BRD erlassene »Gesetz zur Bekämpfung der Geschlechtskrankheiten« (GeschlKrG) griff die liberale Grundhaltung der Prostitutionsregulierung von 1927 wieder auf.[14] Es forderte die Verhütung, Untersuchung und Behandlung von Ge-

---

14 Die Umgangsweisen mit der Problematik sexuell übertragbare Krankheiten in der DDR waren Steffan/Rademacher/Kraus (2002: 2) zufolge im Großen und Ganzen mit denen in der BRD vor der Wiedervereinigung vergleichbar.

schlechtskrankheiten durch Maßnahmen vorbeugender und nachgehender Fürsorge (ebenda: 55). Obwohl das Gesetz allgemein auf »Geschlechtskranke« und »krankheitsverdächtige Personen« bezogen ist, wurden fast ausschließlich Prostituierte gesundheitlich kontrolliert, überwacht und betreut (ebenda: 113). Das Stigma der Geschlechtskrankheit wurde als »Symptom« eines unmoralischen Lebenswandels betrachtet. Die Gesetzeskommentierung entlarvt das Gesetz als »sittlich-moralisch ausgerichtetes Prostituierten-Kontrollgesetz mit Erziehungsanspruch« (ebenda: 317). Obwohl sie die Prostitution für die Verbreitung von Krankheiten als relativ bedeutungslos darstellt, wird gleichzeitig deren Bekämpfung gefordert: »Es darf nicht der Eindruck erweckt werden, als ob die offene Prostitution in irgendeiner Form begünstigt oder gebilligt würde«. »Echte Pflichtaufgabe« der Gesundheitsämter seien »sozialpädagogische Bemühungen« um die »innerlich Haltlosen und Verwahrlosten«.

Die ethisch-moralischen Vorstellungen der Zeit manifestierten sich also im sittlich-erzieherischen Auftrag der Gesundheitsämter und der Resozialisierungs-Intention des Gesetzes (ebenda: 314). Bis Mitte der 80er Jahre behielt der Umerziehungs- und Kontrollauftrag der Gesundheitsämter seine Gültigkeit. Heinz-Trossen (ebenda: 162) weist darauf hin, dass das tendenziell relativ liberal und fürsorglich orientierte Geschlechtskrankheitengesetz in der Praxis eher repressiv umgesetzt wurde und sich die Mehrheit der Prostituierten in der medizinischen Untersuchungssituation »diskriminierend« und »minderwertig« behandelt fühlte. Seine Untersuchung der praktischen Arbeit der Gesundheitsämter der BRD West (Studie von 1987-1997) dokumentiert die stereotypen Vorurteilshaltungen und den autoritären Umgang mit Prostituierten (ebenda: 318).[15] Die Mehrheit der Gesundheitsämter verlangte Kontrollbücher, in welche die regelmäßigen medizinischen Pflichtuntersuchungen eingetragen wurden.[16] Die Beziehung zu den Prostituierten variierte zwischen rigidem, notfalls mit Polizeigewalt durchgesetzten Untersuchungszwang auf der einen und tendenziell freiwilliger, selbstbestimmter Festlegung des Untersuchungsrhythmus auf der anderen Seite. Diese wurde den Prostituierten allerdings nur von 2% der

---

Die wichtigste Rechtsvorschrift in der DDR war die »Verordnung zur Verhütung und Bekämpfung von Geschlechtskrankheiten« von 1963.

15 Die Vorstellung von einem homogenen Ansteckungsverhalten aller Prostituierten beispielsweise ist, Heinz-Trossen (1993: 79) zufolge, sowohl unrealistisch als auch gesundheitspolitisch kontraproduktiv. Professionell arbeitende Prostituierte verfügen über ein ausgeprägtes Problembewusstsein, betrachten ihren Körper als Kapital und sind bestrebt, sich zu schützen (ebenda: 86f). Nicht-professionelle Arbeitsweisen sind häufiger bei Beschaffungsprostituierte, sozial Benachteiligte und Ausländerinnen zu finden. Daher sollte einerseits die Erreichbarkeit und Integration der tatsächlich gefährdeten Gruppierungen angestrebt werden, und andererseits das Gesundheits- und Selbstbewusstsein der Klientel über einen vertrauensvollen, repressionsfreien Kontakt mit dem Gesundheitsamt gestärkt und unterstützt werden.

16 Diese wurden auch als »Bockschein« bezeichnet.

Gesundheitsämter eingeräumt (ebenda: 327ff). Obwohl das Gesetz einen breiten Handlungsspielraum ließ, da alle betreuenden, fürsorgerischen Aufgaben als »Soll- und Muss-Vorschriften« und die Zwangsmaßnahmen als »Kann-Bestimmungen« formuliert waren, nahmen die Gesundheitsämter die Möglichkeit, die Ausbreitung von Geschlechtskrankheiten schwerpunktmäßig durch Beratung und akzeptierende Betreuung der Prostituierten zu verhindern, kaum wahr. Ab 1990 zeichneten sich vereinzelt Liberalisierungstendenzen ab. Der gesundheitspolitische Umgang mit Prostituierten wurde zunehmend kritisch hinterfragt. Das Prostituiertenprojekt »Hydra« arbeitete 1989 einen Gesetzes-Entwurf zur »Verhütung und Bekämpfung von Geschlechtskrankheiten« aus, demzufolge Prostituierte keinen Zwangsmaßnahmen mehr unterworfen sein sollten.[17]

Prostitutionskontrolle legitimiert(e) sich nicht nur hygienisch und moralisch, sondern auch im Hinblick auf die öffentliche Ordnung und Sicherheit sowie den Jugendschutz. (Leopold/Steffan/Galen 1997: 21). Daher tragen und trugen neben der Gesundheitspolitik weitere Gesetze dazu bei, Handlungen im Zusammenhang mit der Prostitution zu reglementieren und kriminalisieren. Bis 2002 konnten Prostituierte aufgrund der als sozial unwertig eingestuften Prostitutionstätigkeit weder als abhängig Beschäftigte noch als Selbständige arbeiten, waren von der Renten- und Sozialversicherung ausgeschlossen und unterlagen trotz gewerberechtlicher Sittenwidrigkeit der Einkommenssteuerpflicht. Zudem sind die Sperrgebietsverordnungen lokaler Gemeinden ein zentrales Instrumentarium der Unsichtbarmachung der Prostitution und haben einen entscheidenden Einfluss auf deren regionale Erscheinungsformen und die Arbeitsbedingungen von Prostituierten. Sie stellen bisweilen ein faktisches Prostitutionsverbot dar und rufen durch ihre räumliche und soziale Ausgrenzung einen Ghettoisierungseffekt hervor. Die Kriminalisierung der Prostitution hat sich Leopold/Steffan/Galen (ebenda: 22) zufolge als nicht wirksam erwiesen, da sich Angebot und Nachfrage wechselseitig hervorrufen. Je mehr die Prostitution durch Polizei und Gerichte in die Illegalität verdrängt wird, desto mehr braucht sie Vermittler und Werber, die sie zusätzlich kommerzialisieren und die Prostituierten viktimisieren[18] (ebenda).

---

17 Ein Plädoyer zur Abschaffung des Gesetzes zur Bekämpfung von Geschlechtskrankheiten findet sich in: Prostituiertenprojekt Hydra (Hg.) (1988): Beruf: Hure, Hamburg: Galgenberg, S.185-194.

18 An dieser Stelle ist die primäre Viktimisierung, d. h. die Opferwerdung einer Person, einer Gruppe oder einer Organisation durch einen oder mehrere Straftäter gemeint. Kiefl/Lamnek (1986: 179) betrachten Viktimisierung als einen sozialen Prozess, der durch Situationsmerkmale, Opfereigenschaften, Opferverhalten und die Art der Täterinnen-Opfer-Beziehung ausgelöst wird. Dabei unterscheiden sie zwischen primärer, sekundärer und tertiärer Viktimisierung. Unter sekundärer Viktimisierung wird die Verschärfung des primären Opferwerdens durch Fehlreaktionen des sozialen Nahraums des Opfers und der Instanzen der formellen Sozialkontrolle gefasst (ebenda: 239). Die tertiäre Viktimisierung beinhaltet bei Kiefl/Lamnek (ebenda: 272) die

Das »Infektionsschutzgesetz« (IfSG)[19] von 2001 und das »Gesetz zur Regelung der Rechtsverhältnisse der Prostituierten« (ProstG)[20] von 2002 stellen einen Wendepunkt in der staatlichen Reglementierung der Prostitution dar und können als Ausdruck einer veränderten gesellschaftlichen Bewertung der Prostitution verstanden werden (Zimmermann 2002: 12).[21] Durch die Verabschiedung des Infektionsschutzgesetzes, welches eine freiwillige und anonyme Gesundheitsuntersuchung und -beratung vorsieht und in dem der Präventionsauftrag der Gesundheitsämter im Vordergrund steht, ist die Registrierung von Prostituierten obsolet geworden (Mitrovic 2004a). Nach dem Prostitutionsgesetz gilt Prostitution zivilrechtlich nicht länger als sittenwidrig und Prostituierte können ihr Entgelt einklagen. Sie sind in den Schutz der gesetzlichen Kranken-, Arbeitslosen- und Rentenversicherung einbezogen worden und für ausstiegswillige Prostituierte sind auch Umschulungsmaßnahmen nach dem Arbeitsförderungsgesetz möglich (Leube 2002). Zudem macht sich jemand, der für Prostituierte angemessene Arbeitsbedingungen schafft, strafrechtlich nicht mehr strafbar. Zimmermann (2002: 91) geht davon aus, dass zwischen positivem Recht und sozialethischen Wertvorstellungen Wechselwirkungen bestehen, da Verfassungsprinzipien einerseits die Vorstellungen von Moral, Ethik und Sitte beeinflussen, und andererseits sozialethische Wertungen bei der Gesetzgebung und -anwendung eine Rolle spielen. Das Prostitutionsgesetz stellt einen wichtigen Schritt auf dem Weg der Beendigung der staatlichen Kontrolle und Diskriminierung von Prostituierten dar, aber das Verhältnis zwischen gesetzlicher Theorie und gesellschaftlicher Realität bzw. die Auswirkungen der neuen Regelungen in der konkreten Verwaltungspraxis müssen (empirisch) überprüft werden (Freund-Widder 2003: 288).[22] In der juristischen Debatte ist der von Galen (2004), Zimmermann (2002) u. a.

---

langfristigen Auswirkungen der primären und/oder der sekundären Viktimisierung auf das Selbstbild des Opfers.

19 Das alte Bundesseuchengesetz (BSeuchenG), welches das Gesetz zur Bekämpfung von Geschlechtskrankheiten (GeschlKrG) beinhaltete, wurde am 1.01.2001 vom neuen Infektionsschutzgesetz (IfSG)abgelöst.

20 Das »Gesetz zur Regelung der Rechtsverhältnisse der Prostituierten« wird im Allgemeinen auch Prostitutionsgesetz genannt.

21 Auch wenn das Gesetz zur rechtlichen und sozialen Besserstellung von Prostituierten nicht von einem überragenden gesellschaftlichen Konsens getragen wurde und auf der Grundlage eines politischen Kompromisses zustandegekommen ist. Andere vorliegende und im Vergleich zum verabschiedeten Prostitutionsgesetz weitergehende Gesetzesentwürfe beinhalteten die Anerkennung der Prostitution als Erwerbstätigkeit bzw. deren Angleichung an »normale« Berufe.

22 Seit 2007 liegen die Ergebnisse der Evaluation des Prostitutionsgesetzes, sowie eine darauf bezogene Stellungnahme der Bundesregierung vor: Fischer/Kavemann/Helfferich (2007), Helfferich/Fischer/Kavemann et al. (2007), Renzikowski (2007). Die in Auftrag gegebenen Gutachten und der Bericht der Bundesregierung sind abrufbar über http://www.auswirkungen-prostitutionsgesetz.de.

vertretene Standpunkt, dass sich mit Inkrafttreten des neuen Prostitutionsgesetzes aus der Rechtssprechung keine sozialethisches Unwerturteil über
die Prostitution mehr herleiten lässt, nach wie vor umstritten.[23]

Die Gesetzgebung sollte die rechtliche Situation der Prostituierten verbessern und ihre soziale Benachteiligung abbauen, aber das Prostitutionsgesetz führte aufgrund nichtvorhandener Durchführungsbestimmungen
und -richtlinien bei allen Beteiligen (Prostituierten, Betreiberinnen, Behörden) zu großer Verunsicherung (Bundesweite AG Recht und Prostitution
2003, Mitrovic 2004a, 2004b). Die Zielerreichung scheitert zum einen an
den variierenden Auslegungen durch die Behörden und zum anderen an
der Nichtanpassung der anderen, die Prostitution berührenden Gesetze
(z. B. Strafgesetz, Gesetz über Ordnungswidrigkeiten, Gewerbe- und Gaststättenrecht, Ausländergesetz). Zudem birgt das Gesetz die Gefahr in sich,
von Städten und Kommunen zur verstärkten Kontrolle der Prostituierten
instrumentalisiert zu werden (Mitrovic 2004b). Aus gewerkschaftlicher
Sicht hat sich die Praxis im Bereich der sexuellen Dienstleistungen noch
nicht wesentlich verändert und eine gewerkschaftliche Organisierung von
Sexarbeiterinnen kommt nur vereinzelt vor (ebenda). Das Prostitutionsgesetz regelt die zivilrechtlichen, arbeitsrechtlichen und sozialrechtlichen
Beziehungen zwischen den Prostituierten und deren Kunden sowie Arbeitgebern, aber die Anwendungspraxis der Gesetze und Verordnungen zur
staatlichen Reglementierung der Prostitution in den Behörden kann zum
großen Teil als Fortführung des illegalen Status von Prostituierten verstanden werden (Mitrovic 2004a: 6). Nach der qualitativen Feldstudie von Mitrovic (ebenda: 9) nahm kaum eine der befragten Prostituierten eine Besserstellung ihrer rechtlichen Situation durch das Prostitutionsgesetz wahr.
Viele wollen in der Anonymität bleiben, statt für ihre Rechte zu kämpfen,
weil sie ein Doppelleben führen, die gesellschaftlichen Vorurteile übernommen haben und Prostitution für keinen anständigen Beruf halten bzw.
die Stigmatisierung von Prostituierten nicht für abbaubar halten, weil sie
keine Abgaben in Form von Steuern, Sozial- und Rentenversicherung zahlen und nur eine begrenzte Zeit in der Prostitution arbeiten wollen (ebenda:

---

23 Symptomatisch dafür ist, dass Bordelle in fünf deutschen Bundesländern
    (Bayern, Baden-Württemberg, Bremen, Thüringen und Sachsen) nicht als
    Gewerbe angemeldet werden können, da sie weiterhin als unsittlich bewertet
    werden. Eine Ausstrahlung der zivilrechtlichen Aufhebung der Sittenwidrigkeit auf andere Rechtsbereiche, wie z. B. das Gewerberecht, wird von den
    Vertreterinnen dieser Bundesländer verneint, während die übrigen Bundesländer der Ansicht sind, dass straffrei betriebene Bordelle als Gewerbe einzustufen sind und damit auch den gewerberechtlichen Vorschriften unterliegen (von Galen 2004: 150). Zudem wurde nach einer konträren Diskussion
    im Bund-Länder-Ausschuss »Gewerberecht« 2002 beschlossen, dass vor
    dem Hintergrund des Prostitutionsgesetzes auch die im Sinne des Gewerberechts erlaubte Tätigkeit der Prostituierten nicht als Gewerbe anzusehen ist
    (ebenda: 145) und die selbständige Ausübung der Prostitution einen freien
    Beruf im gewerberechtlich Sinn darstellt (ebenda: 149).

10). Aber die Gruppe der Prostituierten ist nicht homogen. Die Lebenssituationen und Arbeitsbedingungen von Prostituierten mit legalem Status (Deutsche und EU-Staatsangehörige), Migrantinnen, die illegal in der Prostitution arbeiten, und Frauen und Männern, die sich prostituieren, um ihren Drogenkonsum zu finanzierten, unterscheiden sich deutlich (Mitrovic 2004b, Leopold/Steffan/Galen 1997: 14). Das Prostitutionsgesetz bedeutet für die erste Gruppe einen positiven ersten Schritt zur Anerkennung ihrer Tätigkeit sowie Wahrung ihrer Rechte in sozialen und arbeitsrechtlichen Belangen. Für die zweite Gruppe bringt die neue Gesetzgebung jedoch kaum Vorteile, obgleich sie mehr als die Hälfte der in Deutschland arbeitenden Prostituierten darstellt. Lediglich das neue, den Prostituierten Anonymität und Freiwilligkeit garantierende Infektionsschutzgesetz ermöglicht auch illegalen Sexarbeiterinnen ohne Krankenversicherung, die Angebote der öffentlichen Beratungsstellen der Gesundheitsämter in Anspruch zu nehmen. Die Bundesweite AG Recht und Prostitution der Hurenbewegung (2003), der Fachbereich Besondere Dienstleistung der Gewerkschaft Verdi e.V. (Mitrovic 2004b) u. a. fordern daher die Entkriminalisierung und Legalisierung von Migrantinnen in der Prostitution, da die Gefahr besteht, dass sie die Halbillegalität oder Illegalität in Ausbeutungs- und Abhängigkeitsverhältnisse drängt und den Menschenhandel begünstigt.[24] »Über je mehr Rechte die Frauen verfügen, desto weniger sind sie von anderen abhängig und desto schwieriger wird es, sie auszubeuten und zu erpressen« (Bundesweite AG Recht und Prostitution 2003). Die fehlende Grundlage für die Arbeitsmigration und die gleichzeitige Nachfrage nach Arbeitskräften in der Prostitution schaffen nach Ansicht der Hurenbewegung (Bundesweite AG-Recht 2003) einen eklatanten Widerspruch zwischen der offiziellen Politik der Zielländer und der alltäglichen gesellschaftlichen Praxis. Repressive staatliche Strategien und Maßnahmen wie die verstärkte Beschränkung der Migration und strengere ausländerrechtliche und strafrechtliche Verfolgung sind politisch und sozial kurzfristig. Sie bieten keine dauerhaften Lösungen und sind kontraproduktiv für die gesundheitlichen, rechtlichen und sozialen Bedingungen der migrierten Sexarbeiterinnen.

Prostitutionspolitik

Im Hinblick auf die staatliche Regulierung der Prostitution lassen sich im europäischen Kontext vier idealtypische Gesetzesmodelle unterscheiden: das prohibitive, das abolitionistische und das neoabolitionistische sowie

---

24 Auch wenn in der Prostitutionsszene der Straftatbestand des Menschenhandels zum Zweck der sexuellen Ausbeutung begangen wird, ist es notwendig, deutlich zwischen Prostitution und Frauenhandel zu unterscheiden und eine undifferenzierte Vermischung der Diskussion um Migration, Prostitution und Menschenhandel zu verhindern.

das regulative Modell (Di Nicola/Orfano/Cauduro et al. 2005). Die verschiedenen Formen des legislativen, exekutiven und judikativen Umgangs
mit Prostitution beruhen auf unterschiedlichen politischen Standpunkten:
dem Prohibitionsprinzip, dem Abolitionsprinzip, dem Regulationsprinzip
und dem Entkriminalisierungsprinzip.

Während Prostitution nach dem
Prohibitionsprinzip generell verboten ist und alle mit ihr in Verbindung
stehenden Handlungen und Personen bestraft werden, verfolgt das Abolitionsprinzip die Abschaffung der Prostitution als langfristiges Ziel, betrachtet aber die Prostituierten selbst grundsätzlich als Opfer und kriminalisiert sie daher nicht. Im Regulationsprinzip wird Prostitution als notwendiges Übel toleriert und staatlich kontrolliert, um Prostituierte vor Ausbeutung und Missbrauch sowie anderen spezifischen Berufsrisiken zu schützen. Das Entkriminalisierungsprinzip gibt die moralische Bewertung der
Prostitution auf und sieht deren Ausübung als normalen Beruf an. Dabei
wird auf Erfahrungen in anderen Ländern verwiesen, die gezeigt haben,
dass ein Verbot der Prostitution nicht funktioniert und nur die Verschlechterung der Bedingungen von Prostituierten zu Folge hat. Die öffentliche
Diskussion über staatliche Prostitutionspolitik wird sehr kontrovers geführt
und die unterschiedlichen politischen Standpunkte zur Kriminalisierung,
Reglementierung bzw. Legalisierung der Prostitution schlagen sich in den
verschiedenen rechtlichen Regelungen nieder. Die gesetzlichen Entwicklungstendenzen variieren zwischen den Extrempositionen des Prohibitionismus (nach dem schwedischen Modell) und der Entkriminalisierung (im
niederländischen Modell).[25] Nach der Transcrime-Studie (Di Nicola/Orfa-
no/Cauduro et al. 2005: 15f) unterliegen die meisten europäischen Staaten
dem neuabolitionistischen Modell[26] (32%) oder gehören zum Regulations-
typ[27] (28%). In 24% der europäischen Länder gilt das abolitionistische[28]
und in 16% das prohibitionistische[29] System. Für die prohibitive Gesetzgebung ist kennzeichnend, dass Prostitution weitgehend verboten ist. Zumeist werden auch die Freier strafrechtlich belangt (Renzikowski 2007:
12). Im regulativen Modell ist Prostitution legal, wird aber staatlich kon-

---

25 Es liegen aber auch Gesetzesentwürfe nach dem Regulationsprinzip vor,
z. B. in der Tschechischen Republik, wo dieser aber nicht von der politischen Mehrheit vertreten und seit 1997 vom Parlament immer wieder abgelehnt wird.
26 Die neoabolitionistische Gesetzgebung findet sich in Belgien, Zypern, Däne-
mark, Estland, Finnland, Frankreich, Italien, Luxemburg (Di Nicola/Orfano
/Cauduro et al. 2005: 15f, 79-93).
27 Unter das reglementierende Modell fallen Österreich, Deutschland, Griechenland, Lettland, Niederlande, Großbritannien (Di Nicola/Orfano/Cauduro
et al. 2005: 15f, 105-124).
28 Zu den Ländern mit einer abolitionistischen Haltung gehören die Tschechische Republik, Polen, Portugal, Slowakei, Slowenien, Spanien (Di Nicola/
Orfano/Cauduro et al. 2005: 64-78).
29 Dem Prohibitionismus folgen Irland, Litauen, Malta, Schweden. (Di Nicola/
Orfano/Cauduro et al., 2005: 15f, 94-104).

trolliert, etwa durch die Registrierung von Prostituierten oder medizinische Untersuchungen (ebenda: 13). Beim abolitionistischen Regelungstyp sind weder die Indoor-Prostitution (in Clubs, Bars, Saunas, Bordellen oder Wohnungen etc.) noch die Outdoor-Prostitution (auf dem Straßenstrich) verboten. Der Staat hat sich dazu entschlossen, die Ausübung der Prostitution zu tolerieren und nicht zu intervenieren (ebenda: 11f). Unter Strafe steht aber jede Form des Profitierens aus der Prostitution anderer Personen. Aus dem abolitionistischen Modell hat sich in einigen Ländern der neuabolitionistische Regulierungstyp entwickelt, welcher dem Abolitionismus folgt, darüber hinaus aber auch die Prostitution in Bordellen untersagt. Die Untersuchung (Di Nicola/Orfano/Cauduro et al. 2005) macht deutlich, dass sich die verschiedenen Regelungstypen in der Realität überschneiden und auch innerhalb der idealtypischen Modelle teilweise erhebliche Unterschiede bestehen (ebenda: 14). Es gibt in der Europäischen Union offensichtlich eine Vielfalt unterschiedlicher Konzepte zur staatlichen Regulierung der Prostitution. Die politische Diskussion hat sich beinahe zu einer Art »Glaubenskrieg« entwickelt, in dem die Standpunkte unversöhnlich und unvereinbar scheinen und kaum noch neue Argumente zu erwarten sind. Nach Renzikowski (2007: 30) können nur der Prohibitionismus und das regulative System ihre Prämissen folgerichtig umsetzen.[30] Die Gestaltung der Prostitutionspolitik hängt davon ab, welche rechtsethische Einstellung der Gesetzgeber wählt.[31] Dabei steht das auf Freiheit und Selbstbestimmung beruhende Menschenbild des Grundgesetzes, welches die freiwillige Ausübung der Prostitution als autonome Entscheidung des Individuums anerkennen muss, einem »staatlichen Paternalismus« gegenüber, der eine objektiv vorgegebene Konzeption des richtigen Lebens durchsetzen will (ebenda: 31f). Da die Prostitution in einer großen Bandbreite stattfindet, die vom Luxuscallgirl mit sehr hohen Einnahmen und relativ großen Freiheiten bei der Arbeitsgestaltung bis zur prekären Lage und den eingeschränkten Wahlmöglichkeiten von Beschaffungsprostituierten unter Drogenentzug reicht, sind eine differenzierte Bewertung und staatliche Reglementierung der Prostitution geboten (ebenda: 31).

---

30 Ein abolitionistischer Ansatz sollte dagegen nicht verfolgt werden, da das rechtliche Vakuum von den Organisatoren der Prostitution alsbald ausgefüllt wird und nur die Ausbeutung der Prostituierten begünstigt (Renzikowski 2007: 30). Der »Markt« regiert auf die staatliche Reglementierung der Prostitution und das Verhalten und die Entscheidungen der »Marktteilnehmer« (Prostituierte, Kunden, Zuhälter, Betreiber) wird von deren jeweiligen Zielen (z. B. Profit, Anonymität, Vermeidung von Kontakt mit Behörden) beeinflusst (ebenda: 14).

31 Renzikowki (ebenda: 30) selbst teilt den regulationistischen Ansatz des Prostitutionsgesetzes.

Das Feld der Prostitution

In dieser Arbeit wird davon ausgegangen, dass die Thematik Prostitution polarisierend wirkt und von verschiedenen Akteuren (feministische Organisationen, Kirchen, politische Parteien, Träger sozialer Arbeit) als höchst symbolisches Thema besetzt wird (Helfferich/Fischer/Kavemann et al. 2007: 14). Für das Forschungsfeld Prostitution seien daher Transparenz und Unvoreingenommenheit in besonderem Maße wichtige Leitlinien. Prostitution ist eine vielschichtige und facettenreiche Struktur und Erfahrung, die nicht auf einfache Dichotomien zurückführbar ist (Sauer 2006: 78). Die Gegenüberstellung von Zwang vs. Freiwilligkeit bzw. Fremdbestimmung/Abhängigkeit/Heteronomie vs. Autonomie sind in ihrer Dichotomisierung zu vereinfachend und unscharf, um das komplexe Phänomen Prostitution zu begreifen helfen (ebenda). Es gibt nicht »die« Prostitution und nicht »die Prostituierten«, da sexuelle Dienstleistungen teilweise von sehr unterschiedlichen Personen bzw. Gruppen aufgrund unterschiedlicher Motive und Lebenslagen, in unterschiedlichem Kontext und an verschiedenen Orten ausgeübt werden (Helfferich/Fischer/Kavemann, et al. 2007: 15). Die individuelle Wahrnehmung der Prostitutionstätigkeit wird von der Lebenssituation vor dem Einstieg, den Einstiegsbedingungen, vom Einstiegsalter und den Selbstschutzstrategien der Prostituierten beeinflusst (Domentat 2003: 72f). Wirtschaftslage, Gesetze, unterschiedliche Polizeipraktiken, herrschende Sexualmoral, Nationalität, Biographie, Motivation, familiäre und Partnerschaftssituation sowie das Profil des jeweiligen Arbeitsplatzes überlagern und bedingen sich wechselseitig, prägen das Erleben der sich prostituierenden Frauen und Männer und bringen »subjektive Prostitutionserfahrungen« hervor (ebenda: 34). Obwohl ökonomische Gründe, Leopold/Steffan (1997a: 207) zufolge, das am meisten genannte Motiv für die Aufnahme der Prostitutionstätigkeit sind, liegt häufig eine Vermischung mehrerer sozialer und psychologischer Beweggründe vor. In den meisten Fällen sind die finanziellen Gründe interessanterweise auch für den Ausstieg aus der Prostitution maßgeblich. Die Sexarbeit des frühen 21. Jh. stellt in Deutschland ein »weites Feld« dar, in dem die Erscheinungsformen, Arbeitsbedingungen und Lebensstile der einzelnen Teilbereiche extrem differieren (Domentat 2003: 33). Sie kann frei gewählt oder unter Druck ausgeübt werden (Helfferich/Fischer/Kavemann et al. 2007: 14). Domentat (2003: 35) spricht von einer »Zweiklassenprostitution«, die auf der einen Seite des Spektrums von Abhängigkeiten, Gewalt und Illegalität bestimmt wird, und auf der anderen Seite durch normalisierte, selbstbestimmte Arbeitsverhältnisse, Freiberuflichkeit und selbstbewusstes Unternehmertum gekennzeichnet ist. Nach Helfferich/Fischer /Kavemann et al. (2007: 18ff) lässt sich das heterogene Prostitutionsfeld zum einen nach den Kriterien Motivation und Selbstbild der Prostituierten, und zum anderen in Bezug auf die Freiwilligkeit und Legalität der Prostitutionstätigkeit

differenzieren. Hinsichtlich der Kennzeichen Motivation und Selbstverständnis wird zwischen den Kategorien »Freiwillige Prostitution«, »Beschaffungsprostitution« und »Zwangsprostitution«[32] unterschieden. Zum
Bereich der freiwilligen Prostitution gehören Frauen und Männer, die reflektiert und aus eigener Motivation in der Prostitution arbeiten, sich als
professionelle Prostituierte verstehen und teilweise in der Hurenbewegung
organisiert sind. In der Beschaffungsprostitution sind Frauen und Männer
tätig, die in der Prostitution ausschließlich ein Mittel zum Gelderwerb sehen, um ihren Drogengebrauch zu finanzieren. Sie nehmen sich selbst in
der Regel nicht als Prostituierte wahr und arbeiten überwiegend auf der
Straße. Der Bereich der »Zwangsprostitution« umfasst Frauen (und Männer), die gegen ihren Willen zur Prostitution gezwungen oder unter unge-
wollten Bedingungen in der Prostitution festgehalten werden. Für das Verständnis der Vielschichtigkeit des Prostitutionsfeldes ist, Helfferich/Fi-
scher/Kavemann et al. (2007: 19) zufolge, die Beachtung weiterer Zwischenformen, Binnendifferenzierungen und Übergänge wichtig. In der
freiwilligen Prostitution muss die Entscheidung zur Sexarbeit als ge-
wünschter Beruf, Abendteuer oder leichter Weg des Geldverdienens von
der Wahl der Prostitution aufgrund von Not, Armut, Schulden usw. abgegrenzt werden, da die Freiwilligkeit unter diesen Umständen ein relativer
Begriff ist. Die Beschaffungsprostitution kann einerseits der eigenen Versorgung mit Drogen dienen, andererseits aber auch den Drogenkonsum des
Partners finanzieren, wobei die Grenzen zu Ausbeutung und Zwang in
(emotionalen) Abhängigkeitsverhältnissen mitunter verwischen. Ferner
bleibt zu berücksichtigen, dass nicht alle »Zwangsprostituierten« bzw. Opfer von Menschenhandel zum Zweck der sexuellen Ausbeutung aus dem
Herkunftsland verschleppt wurden, sondern sich teilweise bewusst in die
Prostitution haben schleusen lassen, um der Armut und Perspektivlosigkeit
ihres Heimatlandes zu entgehen. Unter dem Gesichtspunkt der Freiwilligkeit der Prostitutionstätigkeit ist zwischen einem freiwilligen, einem grau-
en, und einem unfreiwilligen, gewaltförmigen Bereich zu trennen. Diese
unterscheiden sich hinsichtlich der Arbeitsbedingungen, Arbeitsverhältnis-

---

32 Dabei verweisen die Autorinnen (Helfferich/Fischer/Kavemann, et al. 2007:
    18f) selbst darauf hin, dass der Begriff »Zwangsprostitution« stark umstritten
    ist Die Bundesweite AG Recht und Prostitution argumentiert zu Recht, dass
    es Zwangsprostitution nicht gibt, da Prostitution eine freiwillig erbrachte
    Dienstleistung darstellt, die einen einvernehmlichen Vertrag zwischen er-
    wachsenen Geschäftspartnerinnen voraussetzt. Ohne dieses Einvernehmen
    handele es sich nicht um Prostitution, sondern um erzwungene Sexualität
    und damit um sexualisierte Gewalt. Allerdings gibt es nach Ansicht der Au-
    torinnen (ebenda: 19) keine konsensfähige Alternative, da sowohl der Be-
    griff Zwangsarbeit in der Prostitution als auch der der sexuellen Gewalt aus-
    blenden, dass Personen, die bereit sind, in der Prostitution zu arbeiten, trotz-
    dem mit Drohung und Gewalt konfrontiert sein können. Der Zwang besteht
    oft in ungewollten und als unzumutbar empfundenen Arbeitsbedingungen
    bzw. in der Ausbeutung und einem sehr geringen Verdienst.

se und Handlungsspielräume der Prostituierten und gehen mit unterschiedlichen Möglichkeiten der Nutzung des Prostitutionsgesetzes einher. Im freiwilligen Sektor beruht die Entscheidung zur Prostitutionstätigkeit auf der Abwägung mehrerer realer Optionen an Erwerbs- bzw. Berufsmöglichkeiten, was ein selbstbewusstes Eintreten für die eigenen Rechte begünstigt. Für den grauen Bereich ist dagegen kennzeichnend, dass die haupt- oder nebenberuflich ausgeübte Prostitution aufgrund einer Notlage (z. B. Schulden), fehlenden Ausbildung oder (emotionalen) Abhängigkeit ergriffen wird und daher mit eingeschränkten Handlungsmöglichkeiten verbunden ist. Das Angewiesensein auf den Verdienst führt nicht selten dazu, dass Zugeständnisse bei der Sicherheit (z. B. Arbeit ohne Kondom, Akzeptieren jeglicher Kunden) oder den Arbeitsbedingungen (wie Abgaben an Zuhälter oder Partner, Arbeit unter schlechten räumlichen, zeitlichen, hygienischen oder finanziellen Bedingungen) gemacht werden. Der unfreiwillige, gewaltförmige Bereich umfasst die erzwungene Prostitution bzw. den erzwungenen Verbleib in der Prostitution und ist von Ausbeutung und Gewalt geprägt. Aus rechtlicher Perspektive kann zwischen einer hellen, einer grauen und einer illegalen (dunklen) Prostitutionsszene unterschieden werden. Den hellen, legalen Sektor des sexuellen Dienstleistungsbereichs bilden gewerberechtlich genehmigte Betriebe, angemeldete Selbständigen und auf der Grundlage von Arbeitsverträgen abhängig Beschäftigte. Das graue Prostitutionssegment ist zwar legal, bisweilen aber von Ausbeutung und (latenter) Gewalt durchdrungen. Zum illegalen Dunkelbereich der Prostitution gehören nicht angemeldete Betriebe und Gewerbe, sowie ohne erforderliche Genehmigung eingereiste und eingeschleuste Prostituierte. Im Extremfall liegen hier Zwang, Gewalt, Gefangenschaft und Menschenhandel vor. Problematisch an der rechtlichen Perspektive ist, dass im Bereich der illegalen Prostitution sowohl Opfer von Menschenhandel als auch freiwillig tätige Prostituierte ohne legalen Aufenthaltstitel bzw. Arbeitserlaubnis zusammenfasst werden (ebenda: 20). Ebenso wird eine nicht angemeldete Wohnung, in der Prostituierte selbständig und selbstbestimmt arbeiten, mit einer Wohnung oder einem Bordell gleichgesetzt, in dem Prostituierte gegen ihren Willen festgehalten werden.

Die Differenzierungen des Prostitutionsfeldes sind deshalb so bedeutsam, da sowohl in der öffentlichen Diskussion als auch in der Forschung oft spezifische Ausschnitte und Facetten fokussiert werden (ebenda: 21). Auf der einen Seite ist die Thematisierung der Prostitution im Gewaltdiskurs verankert und vernachlässigt die Tatsache, dass in der Realität nicht alle Prostituierten Opfer von Gewalt sind und sich auch die Selbstwahrnehmung von Prostituierten mit Gewalterfahrungen nicht durchgehend mit der eines Gewaltopfers deckt (HWG 1994, zitiert nach Helfferich/Fischer/Kavemann 2007). Auf der anderen Seite akzentuieren einzelne Prostituiertenorganisationen im Rahmen ihrer Lobbyarbeit die relativen Vorteile und emanzipatorischen Aspekte dieser Tätigkeit (wie Selbstständigkeit, Selbstbestimmung und Unabhängigkeit), vernachlässigen im Kampf um die Anerkennung der Prostitution aber deren Schattenseiten (wie die spezifisch schwierige Lebens- und Arbeitssituation von drogengebrauchenden Prostituierten, Migrantinnen, Opfer von Menschenhandel etc.). Ungeachtet dessen werden von vielen Akteurinnen und wissenschaftlichen Untersuchungen die Komplexität und Vielfalt des Bereichs sexueller Dienstleistungen berücksichtigt und die vereinfachenden Dichotomien und Stereotype in der Darstellung der Prostitutionsszene überwunden.[33]

Prostitution im wissenschaftlichen und öffentlichen Diskurs

Seit dem 19. Jh. ist Prostitution ein Untersuchungsgegenstand verschiedener Fachdisziplinen, wie der Medizin, der Rechtswissenschaft, der Kriminologie, der Psychologie etc. Lange Zeit bestimmten Überlegungen zum Ursprung der Prostitution das Forschungsinteresse und häufig wurden die physische und psychische Degeneration bzw. das deviante, abweichende Verhalten der Prostituierten sowie die biologisch bedingte »Triebhaftigkeit« der Männer und als Ursache bestimmt (Mitrovic 2004c). Grundlegend schien die Etikettierung der Prostitution als Pathologie und Devianz. Die mit dem sozialen Geschlecht des Mannes assoziierte Trennung von Sexualität und Liebe wurde bei den Prostituierten als Ausdruck einer gescheiterten Identifikation mit der weiblichen Rolle interpretiert (Giesen/ Schumann 1987: 146).[34] Prostitution wurde nicht als Tätigkeitsbeschreibung, sondern als ein die Gesamtpersönlichkeit definierendes Merkmal betrachtet (Langer 2003: 9) und mit der Zuschreibung negativer Eigenschaften verbunden. Als konstitutive Faktoren für die Ausübung der Prostitution

---

33 Beispielhaft seien hier Ahlemeyer (1996), O'Connell Davidson (2006), Henning (1997) und Kuo (2002) genannt. Ahlemeyer (1996: 79) systematisiert die Prostitutionsszene anhand eines Vier-Felder-Schemas mit den: Dimensionen: tayloristisch-industriearbeitsanaloge Form vs. dienstleistungsorientierte Form und mobile vs. lokal stationäre Form der sexuellen Dienstleistung. In der Charakterisierung und Verortung der einzelnen Prostitutionssegmente werden die spezifischen Rahmenbedingungen und Arbeitsverhältnisse explizit: Bordell (S.54ff), Apartment-Prostitution (S.62ff), Bar, Sauna, Clubs (S.66ff), 4. Strich (S.68), 5. Drogenstrich (S.70ff), Escort und Hausbesuche (S.74ff).

	industriearbeitsorientiert	dienstleistungsorientiert
stationär	1. Bordell	2. Appartement 3. Bar, Sauna, Clubs
mobil	4. Strich, 5. Drogenstrich	6. Escort

34 »Interessant« sind auch die auf der psychoanalytischen Theorie basierenden Thesen zu den Sozialisationserfahrungen von Prostituierten, dargestellt bei Giesen/Schumann 1987: 147ff.

galten Schwachsinn bzw. niedriges Intelligenzniveau, Neurotizismus oder eine Broken-home-Sozialisation. Wissenschaftliche Theorien trugen somit zur Stigmatisierung und gesellschaftlichen Diskriminierung von Prostituierten bei und waren Ausdruck des herrschenden Norm- und Moralverständnisses (Leopold/Steffan/Galen 1997: 13).

In den 80er Jahren fand in den Sozialwissenschaften, in Zusammenhang mit der erstarkten Frauenbewegung und den entstandenen Selbsthilfegruppen der Hurenbewegung, ein Perspektivwechsel statt (Mitrovic 2004c). Die feministische Forschung analysierte die Prostitution unter dem Aspekt des darin indizierten ungleichen Geschlechterverhältnisses, zeigte auf, wie sich in der Gesetzgebung eine gesellschaftliche Doppelmoral niedergeschlagen hat und beleuchtete deren Konsequenzen für die Lebens- und Arbeitssituation von Prostituierten. Auf diese Weise rückten die sich prostituierenden Frauen als Subjekte mit eigenen Interessen in den Mittelpunkt und stellten nicht länger nur das Objekt der Betrachtungen dar. Anfang der 90er Jahre gab die Bundesregierung eine Untersuchung in Auftrag, die 1997 als »Dokumentation zur rechtlichen und sozialen Situation von Prostituierten« (Leopold/Steffan/Galen 1997) erschien und eine wesentliche Grundlage zur Veränderung der Gesetzgebung bildete.[35]

Im öffentlichen Diskurs und im wissenschaftlichen Feld bleibt Prostitution nach wie vor ein umstrittenes Thema. Die neuere feministische Debatte teilt sich in zwei grundsätzlich gegensätzliche Positionen, Pro-Prostitution bzw. Liberalismus und Anti-Prostitution bzw. Abolitionismus. Generelle Einigkeit besteht aber darüber, dass Prostituierte einen Anspruch auf Solidarität haben (Grenz 2005: 12). Die »alten« Feministinnen betrachten Prostitution als Ausdruck der kapitalistisch-patriarchalischen Gesellschaft und verweisen auf die geschlechtsspezifischen Herrschaftsstrukturen in den ökonomischen, politischen aber auch privat-intimen Arrangements. Prostitution wird als strukturelles Phänomen bestimmt, das mit der Benachteiligung, Unterdrückung und Marginalisierung von Frauen einhergeht und in die geschlechtsspezifische Arbeitsteilung des patriarchalischen Kapitalismus eingebettet ist: »Sex work is an inherently unequal practice defined by intersection of capitalism and patriarchy.« (Overall 1992 zitiert nach Grenz 2005). Sowohl in der Ehe als auch in der Prostitution drücke sich das männliche Recht aus, auf weibliche Körper zuzugreifen.[36] Aus »abolitionistischer« Sicht degradiert ein Markt für sexuelle Dienstleistungen Frauen und Mädchen unvermeidlich zu Waren und Prostitution stellt eine Form männlicher sexueller Gewalt dar (O'Connell Davidson 2006:

---

35 Zur Einführung des Prostitutions- und Infektionsschutzgesetzes.

36 »Der einzige Unterschied zwischen denen, die sich durch die Prostitution und denen, die sich durch die Ehe verkaufen, liegt im Preis und in der Dauer des Vertrages« (de Beauvoir 1968).

9f).[37] Da sich keine Frau »freiwillig« dazu hergeben könne, durch Prostitution entwürdigt zu werden, wird nicht zwischen »erzwungener« und »freiwilliger« Prostitution unterschieden. Für sexuelle Dienstleistungen zu bezahlen, bedeute grundsätzlich einen Akt der »sexuellen Ausbeutung« zu begehen (ebenda: 10).

Eines der radikalsten Argumente gegen die Prostitution besteht darin, die Inanspruchnahme sexueller Dienstleistungen als gekaufte Vergewaltigung zu definieren (Jeffreys 2004, Raymond 1998 zitiert nach Grenz 2006: 319)[38] In dieser strukturalistischen Perspektive geht es jedoch weniger um die tatsächlichen Interaktionen zwischen Prostituierten und Freiern als um den ausbeuterischen Charakter der Prostitution an sich (Grenz 2005: 13). Obwohl die liberalen Feministinnen für die Anerkennung der Sexarbeit argumentieren, stimmen sie mit den Prostitutionsgegnern darin überein, dass (heterosexuelle) Prostitution eine Form kapitalistischer ungleicher Tauschverhältnisse darstellt und als Dienstleistung im Kontext der hierarchischen geschlechtsspezifischen Arbeitsteilung zu verstehen ist (Sauer 2006: 77f). Allerdings unterscheiden die Anti-Abolitionistinnen kommerziellen Sex unter moralischen und politischen Aspekten nicht wesentlich von anderen Dienstleistungsmärkten (O'Connell Davidson 2006: 10).[39] Die Entscheidung, in der Prostitution zu arbeiten, erscheint den »neuen« Feministinnen, vor dem Hintergrund eines geschlechtsspezifisch und ethnisch hierarchisierten und segmentierten Arbeitsmarktes, rational und legitim. Sie plädieren für die Entstigmatisierung und Entkriminalisierung der Prostitution, setzen sich für die Rechte der Sexarbeiterinnen ein und fordern die An

---

37 O'Connell Davidson (2006 :14) beschreibt Sexualität als »unvollständige Ware«, da sie für Prostituierte auch unter »legalen« Umständen mit der Ausschließung aus dem sozialen, kulturellen und ethischen System der Gesellschaft verbunden ist.

38 Die lange Zeit von der Frauenbewegung gepflegte Hypothese vom Macht- und Dominanzbedürfnis der Prostitutionskunden bestätigen die Studien von Grenz (2006) und Howe (2004) nicht. Sie konstatieren, dass die Mehrheit der Prostitutionskunden nicht als gewaltorientiert bezeichnet werden kann. In den Freierinterviews von Grenz (2006: 336) ist durchgängig die Ablehnung von Gewalt präsent und eher die Suche nach Sympathie oder Gegenseitigkeit auffällig. Die Untersuchung von Howe (2004: 37) über Prostitutionskunden von ausländischen Prostituierten rekonstruiert als Motive der Inanspruchnahme sexueller Dienstleistungen die Möglichkeit, eine passive, eher hingebende Rolle einzunehmen, Abwechslung hinsichtlich sexueller Praktiken und Partnerrinnen, sowie schnellen, unkomplizierten Sex ohne weitere Verpflichtungen, Schuldgefühle oder Leistungsdruck zu haben. Nach Rosowski (2006) spielt die den Prostitutionskunden zugeschriebene Gewaltorientierung im Kontext des allgemeinen Sexgeschäftes keine wesentliche Rolle, kann aber im Hinblick auf die Kundschaft von offensichtlich in Not- und Zwangslagen befindlichen Frauen teilweise richtig sein.

39 Die Idee, den kommerziellen Sexmarkt abzuschaffen, um das Problem des Menschenhandels zu lösen, ist für sie so absurd wie etwas die Idee, die Nachfrage nach Teppichen zu eliminieren, um dem Problem der Zwangs- und Kinderarbeit entgegenzutreten (O'Connell 2006: 10)

wendung geltender Arbeitsgesetze auf den Bereich sexueller Dienstleistungen. Dabei gehen sie davon, dass die aus Regulierung der Prostitution
als Form der Erwerbstätigkeit bzw. als normalen Beruf zu einer Angleichung der Tauschnormen an die legalen und sozial akzeptierten Märkte
führt (O'Connell Davidson 2006: 14).

Unabhängig von den oppositionellen Standpunkten zur Prostitution,
wird sowohl von den Abolitionistinnen als auch von den Anti-Abolitionistinnen gegen das Patriarchat und für die sexuelle Selbstbestimmung von
Frauen gekämpft, nur auf jeweils andere Weise (Grenz 2005: 15). Die Pro-
tagonistinnen beider Seiten der »Sexsklaverei-« vs. »Sexarbeits-Debatte«
übergehen die Komplexität der Realität (O'Connell Davidson 2006: 10).
Prostitution stellt keine einheitliche Erfahrung dar, da sie hinsichtlich ihrer
sozialen Organisation, der Arbeitsbedingungen und Einkünfte sowie der
subjektiven Bedeutungen immens vielschichtig ist. »Sweeping generalisa-
tions that maintain all prostitution is forced fail to recognize the
complexity and diversity of both the experience of prostitutes an the moti-
vations for prostituion.« (Kuo 2002: 25) Aufgrund der zunehmenden Berücksichtigung der Komplexität und Kontextualisierung der Prostitution
treten die konträren feministischen Positionen immer seltener in Reinform
auf: »The classic ways by which sex work is often understood either posit
that commercialised sexuality indicates victimhood and vulnerability or
that it is a valid work and meaningful sexual expression for seller and byer
alike. In reality these positions are rarely absolut either for sex workers or
for those who undertake research, provide services or set policies. They
are complicated by question of power, desire, sexism and economic ineq-
uity. At the same time different aspects of all these positions are often pre-
sent in the same person's life« (Rickard/Storr 2001, zitiert nach Grenz
2005: 12).[40] Prostitution ist weder einfach ein Effekt männlicher Unterdrückung und Gewalt oder unstillbarer sexueller Bedürfnisse noch ein unproblematischer Wirtschaftsbereich, sondern ein komplexes Phänomen, in
dem sich Ökonomie, Machtbeziehungen, Gender, Alter, Klasse und
»Wahlmöglichkeit« überlagern (O'Connell Davidson 1998). Diejenigen,
die Sex verkaufen können Opfer extremer Ausbeutung sein oder völlig unabhängig arbeiten, zwischen diesen Extremen gibt es eine große Bandbreite (Dies. 2006: 10). Prostituierte sind daher weder als reine ausgebeutete
Opfer noch als gänzlich selbstbestimmte autonome Akteurinnen zu definieren. Sie stellen eine heterogene Gruppe dar, deren Haltung zur Prostitu-

---

40 Die Kontextualisierung von Prostitution in kapitalistisch-patriarchalen Aus-
beutungs- und Unterdrückungsverhältnissen heißt keinesfalls, dass Prostitution nicht Ausgangspunkt für divergente und widerständige Lebens- und Ar-
beitsentwürfe sein kann: Sie kann einerseits zur Aufrechterhaltung von Abhängigkeit z. B. von Drogen, Zuhältern, Bar- oder Bordellbesitzerinnen und
Menschenhändlern beitragen, kann andererseits aber auch Ausgangspunkt
für Freiheitsentwürfe sein – so wie jede andere in Wert gesetzte Arbeit auch
(Sauer 2006: 78).

tionstätigkeit different, vielschichtig und veränderlich ist (Dies. 2006: 17). Der exakte Punkt, an dem Prostitution zur freien Wahl wird, ist nicht leicht zu identifizieren: »Wenn Alternativen fehlen oder es große Anreize gibt, können Menschen sich auf etwas einlassen, das ihnen möglicherweise schadet und das sie unter anderen Umständen nicht tun würden« (ebenda: 11). »The *World Charter for Prostitutes Rights* avoided using the term *voluntary* because it held the truly voluntary choices for women were uncommon at best and that especially poor women in poor countries has few or no alternative. Rather the First World Whores Congress unanimously agreed that prostitution is a legitimate work decision for adults, be it a decsision based on choice or necessity« (Kuo 2002: 25). Die feministische Forschung Großbritanniens betrachtet den Einstieg in die Prostitution weniger als passive Reaktion auf fehlende Optionen, sondern als aktive Entscheidung gegen Armut und Abhängigkeit (Domentat 2003: 205). O'Connell Davidson charakterisiert Prostituierte sowohl als Opfer als auch als bewusste Akteurinnen, aber anstatt sie unbesehen zu viktimisieren, berücksichtigen ihre Untersuchungen die Stimmen der Sexarbeiterinnen selbst. Die Möglichkeit, sexuelle Dienstleistungen zu gesellschaftlich akzeptierten oder sogar moralisch neutral bewerteten Tauschobjekten zu machen, sowie die von den Anti-Abolitionistinnen von der Legalisierung erwartete Normalisierung der Prostitution, beurteilt O'Connell Davidson (2006: 14) als zu optimistisch. Im Sexsektor werden, wie auf Märkten anderer Dienstleistungen und Güter auch, die Statushierarchien der Gesellschaft reproduziert, d. h. die auf nationalen, Klassen- sowie Alters- und Geschlechtunterschieden beruhenden Ungleichheiten perpetuiert und reproduziert.

Der Prostitutionsdiskurs der Gegenwart, der auf sexualwissenschaftlichen, psychologischen, ökonomischen und feministischen Wissensfragmenten basiert, ist von den Dualismen Sex/Gender, Opfer/Akteur, öffentlich/privat geprägt. Weibliche Prostituierte werden als »psychological victim«, »victim of exploitation« oder »agent in the workforce« konstruiert und männliche Kunden entweder »needing to buy sex« oder »choosing to buy sex« charakterisiert (Carpentera 1998). Nicht nur die Prostituierten sind Objekt gesellschaftlicher Konstruktion und sozialer Stigmatisierung. Auch männliche Prostitutionskunden werden teilweise als unattraktive, konfliktarme, potenziell gewalttätige Außenseiter der Gesellschaft diffamiert, sowie als Täter und Opfer ihrer Sexsucht etikettiert (Domentat 2003: 292). Die spezifischen Wissensformationen sind Teil der Auseinandersetzung zwischen den verschiedenen Modellen staatlicher Prostitutionspolitik. Wie Kuo (2002: 111) gehe ich davon aus: »We never normalize prostitution unless we normalize sex and sexual activity«.«And sex and sexual activity never be normalized until the sale is normalized« (ebenda: 169).

»Freierforschung«

Prostitution war und ist in unserer Gesellschaft ein tabuisierter, mit Vorurteilen, aber auch stets mit voyeuristischem Interesse betrachteter Bereich (Prostituiertenprojekt Hydra 1994: 11). Die am Prostitutionsgeschäft Beteiligten genießen dabei sowohl in der Öffentlichkeit als auch in der Prostitutionsforschung unterschiedliche Aufmerksamkeit. Während Prostituierte das bevorzugte Objekt diverser wissenschaftlicher Untersuchungen sind, blieben ihre Kunden weitgehend im Verborgenen: »Keiner will es gewesen sein, kein Mensch kennt sie, man könnte beinah denken, es gäbe sie gar nicht« (ebenda). In konservativen Kulturen mit repressiver Sexualmoral ist die Anzahl der Kunden höher als in »durchsexualisierten« Gesellschaften, in denen Frauen gleichberechtigt sind und eine allmähliche Auflösung der traditionellen Doppelmoral stattfindet, doch auch hier sind sexuelle Tauschgeschäfte Bestandteil der Alltagskultur (Domentat 2003: 85). Ins Blickfeld der Öffentlichkeit rückten die Kunden sexueller Dienstleistungen vor dem Hintergrund von HIV/Aids und dem Ziel, Ansatzpunkte für kundenorientierte HIV-Präventionsstrategien zu entwickeln (Prostituiertenprojekt Hydra 1994: 13f). Das Profil der Prostitutionskunden ist heterogen und beinhaltet Männer sämtlicher Altersstufen Einkommensklassen, politischer Überzeugungen, sozialer und ethnischer Hintergründe, Bildungs- und Familienstände (Domentat 2003: 86, Hydra 1994). Die sogenannte »Jedermann-Hypothese« ist international mehrfach belegt. Die Studie von Kleiber/Velten (1994) untersucht die sozialen und psychologischen Charakteristika von Prostitutionskunden weiblicher Prostituierter und bestimmt die Determinanten des Kondomgebrauchs im Bereich gewerblicher Sexualität. Als Untersuchungsergebnis wird festgehalten, dass die »Jedermann-Hypothese«, was die Spannbreite der sozialen Merkmale der Prostitutionskunden betrifft, durchaus Gültigkeit beanspruchen kann, Freier aber hinsichtlich der Verteilungsmuster der sozialen Kennzeichen im Durchschnitt eine spezifisch beschreibbare Teilgruppe der männlichen Bevölkerung sind (ebenda: 55). Nach Kleiber/Velten (ebenda: 168) sind die jüngeren Altersgruppen (20-40 Jahre), ledige und geschiedene Männer sowie Akademiker überrepräsentiert.[41] Unter den Prostitutionskunden unterscheiden sie drei markante »Freiertypen«, den »Playboy«, den »Verlierer« und den »Familienvater«. Der »Playboy« nimmt sich selbst als Draufgänger, Frauenheld oder Karrierist wahr und ist beim Prostitutionsbesuch auf Aktivität und Selbstbestätigung ausgerichtet. Für den »Verlierer« sind Selbsteinschätzungen wie Eigenbrödler, Opfer oder Pechvogel und Verweise auf das Erleiden und Verarbeiten lebensgeschichtlicher Nie-

---

41 Dabei muss darauf hingewiesen werden, dass die Untersuchung zwar einen Querschnitt durch alle Prostitutionsszenen darstellt, aber die sonst eher dem Dunkelfeld der Prostitution zuzurechnende Anzeigen- und Luxusprostitution überrepräsentiert war (Kleiber/Velten 1994: 167).

derlagen kennzeichnend. Diese Kundengruppe ist meist ledig und noch jung und sucht Prostituierte aufgrund sozialer »Defizite« wie Schüchternheit oder sozialer und sexueller Unsicherheit auf. Der »Familienvater« stellt sich als Beschützer, Hausherr oder Vaterfigur, also als Männertypus mit familiärer und häuslicher Bindung dar, ist häufig verheiratet, etwas älter und gibt als zentrales Motiv für den Kontakt mit Prostituierten unerfüllte sexuelle Wünsche im Beziehungsalltag an. Kleiber/Velten (ebenda: 170) haben herausgefunden, dass die Lebenssituation der Prostitutionskunden deren Kondombenutzungsverhalten beeinflusst. Je abgesicherter und vorhersehbarer die privaten und beruflichen Verhältnisse erscheinen, desto größer ist das Unverletzlichkeitsgefühl der Freier, d. h. Verheiratete und Männer mit hohem Einkommen verwenden signifikant weniger Kondome als Ledige oder Geschiedene. Geringere Kondomverwendungsraten sind auch bei regelmäßigen Prostitutionsgängern, im Unterschied zu Männern, die nur gelegentlich sexuelle Dienstleistungen in Anspruch nehmen, feststellbar. Je kontinuierlicher und privater die Prostitutionsbesuche (z. B. im »privateren« Setting wie Hotel, Pension, Appartement vs. Straßenprostitution) stattfinden, umso seltener werden Kondome benutzt und umso häufiger riskante Situationen eingegangen. Viele Prostitutionskunden lehnen trotz Kenntnis der Infektionsrisiken Kondome ab und zahlen für ungeschützten Geschlechtsverkehr höhere Preise (ebenda: 167).

Freier kaufen, wenn sie zu Prostituierten gehen, nicht nur Sex, sondern auch Illusionen. Sexualität ist auch im Rahmen von Prostitution nicht »einseitig rationalistisch fixiert«, d. h. Prostitutionskunden orientieren sich am Bild der Idealpartnerin, besetzen den Besuch einer Prostituierten romantisch und entwickeln die Phantasie einer über den bloßen Vertragskontrakt hinausgehenden Beziehung, ohne diese unbedingt realisieren zu können bzw. zu wollen (ebenda: 168f). Beim Kontakt zur Prostituierten handelt es sich eher um einen projektiven Vorgang und weniger um eine persönliche Beziehungsaufnahme im gängigen Sinn (Howe 2004: 38). Nach Domentat (2003: 69) variiert das Wesen prostitutiven Dienstleistungen von zügiger Triebabfuhr bis zu Formen sexueller Nähe, die Liebesbeziehungen ähneln. Die sexuelle Dienstleistung verlangt von ihren Anbieterinnen neben erotischer Kompetenz und technischen Interessen auch kommunikatives Geschick, emotionale Präsenz und psychologisches Feingefühl (ebenda). Daher wird die selbstbestimmt ausgeübte Prostitution bisweilen auch zu anderen personalen Dienstleistungen in Beziehung gesetzt (Kuo 2002: 117f: 169.) Kuo (2002: 117) vergleicht das Anbieten sexueller Dienstleistungen mit der Arbeit von Psychologinnen, Physiotherapeutinnen und Masseurinnen sowie professionellen Altenpflegerinnen, da diese ebenfalls Intimität beinhalteten oder (unter ethischen Gesichtspunkten) beinhalten sollten und über ökonomische Tauschgeschäfte geregelt werden (ebenda: 169). Nach Howe (2004: 38) ähnelt die prostitutive Beziehung in ihrer Intimität, Intensität und Wesensart am ehesten einem therapeutischen Setting und impliziert ebenso wenig eine private, persönliche Beziehung zur Klientin. Als vergleichbare Beweggründe für die Inanspruchnahme unterschiedlicher personaler Dienstleistungen, Prostitution inbegriffen, können die Nichtexistenz alternativer Möglichkeiten, die Bevorzugung von Professionalität und Qualität, Anonymität und die Trennung vom alltäglichen Lebenshintergrund sowie das Fehlen persönlicher Verpflichtungen angeführt werden (ebenda: 117f). Von Helfferich/Fischer/Kavemann (2007: 14) wird Prostitution zwar als Form der Erwerbstätigkeit, aber nicht als Beruf wie jeder andere verstanden, »da in der Prostitution der Körper und die Sexualität in einer sehr spezifischen Weise Mittel und Gegenstand der Erwerbstätigkeit sind, wie es in anderen Berufen und Tätigkeiten nicht der Fall ist«.[42]

Während die Gefahren der Sexarbeit im Hinblick auf Prostituierte häufig thematisiert werden, unterstellt den Prostitutionskunden kaum jemand psychische Folgeschäden (Domentat 2003: 80). Im Allgemeinen wird von der Fragilität der weiblichen Sexualität und deren starker Bindung an die emotionale Sicherheit einer Beziehung ausgegangen. Der Philosoph Andre Gorz widerspricht dem Vergleich der Prostitution mit anderen Dienstleistungen aufgrund der Unmittelbarkeit des Körpereinsatzes: »Es ist unmöglich, seinen Leib preiszugeben, ohne sich selbst preiszugeben, sich benutzen zu lassen, ohne erniedrigt zu werden« (Gorz 1998: 211). Zwischen Körper und Ich besteht jedoch keine einfache Identitätsbeziehung und das Ich zeichnet sich durch Abwehrmechanismen und die Fähigkeit aus, sich gegen selbstwertmindernde Einflüsse zu schützen (Schwarzenbach, zitiert nach Domentat 2003: 211). Professionelle Prostituierte verfügen in der Interaktion mit Kunden über Handlungsspielräume, um ihre eigenen Strategien, Ansichten oder Interessen gegen deren Ansprüche und Wünsche durchzusetzen (ebenda: 209). Mitunter ist die Beteiligung am prostitutiven Intimsystem auch für Prostitutionskunden mit emotionalen Auswirkungen verbunden. Diese differieren, den Erfahrungen der Bordellbetreiberinnen zufolge, in Anhängigkeit vom Freiertypus (ebenda: 105). Ungebundene und jüngere Männer verarbeiten die Spannungen zwischen Lust und Moral, sexuellem Bedürfnis und Gewissen konfliktfreier als ältere Männer, Erstkunden und Freier vom Typ »Familienvater«.

Sextourismus

In den Fokus wissenschaftlicher Untersuchungen sind Kunden sexueller Dienstleistungen nicht nur in Zusammenhang mit der Verbreitung von

---

42 Diese Spezifik hat Auswirkungen auf das Selbstverständnis der Prostituierten, die Gestaltung von Arbeitsverhältnissen und das Maß möglicher Ausbeutung, sowie auf die gesellschaftliche Akzeptanz, die Lebenslage und die Rahmenbedingungen der in der Prostitution Tätigen. Diese Einschätzung wird von Teilen der Prostituierten geteilt, von anderen aber nicht (Helfferich/ Fischer/Kavemann 2007: 14f).

HIV/Aids, sondern auch vor dem Hintergrund des sich entwickelnden Sextourismus gelangt (Kleiber/Wilke 1995, Heine-Wiedemann/Ackermann/ Mahnkopf et al. 1998, Ryan/Hall 2001). Unter Sextourismus wird eine Form des Tourismus verstanden, deren Hauptabsicht und Motivation im Konsum prostitutiver Dienstleistungen besteht bzw. in deren Rahmen sexuelle Beziehungen kommerziellen Charakter haben (Ryan/Hall: X). Sextourismus existiert weltweit und wird meist mit Männern aus den wirtschaftlich entwickelten Ländern assoziiert, die in ökonomisch unterprivilegierte Gebiete reisen.[43] Eine klare und umfassende Begriffsdefinition des Sextourismus erweist sich als schwierig, da sich das Verhältnis zwischen Prostituierten und Touristen innerhalb des Kontinuums von Liebe und sexueller Dienstleistung bewegt (Heine-Wiedemann/Ackermann/Mahnkopf et al. 1998: 15) und die Übergänge vom Urlaubsflirt ohne finanzielle Interessen zur Prostitution fließend sind (Kleiber/Wilke 1995: 27). Daher kann die spezifische Form des Sextourismus durch verschiedene Beziehungstypen, vom gefühlsneutralen ökonomischen Austausch bis hin zum gefühlsbetonten sozialen Verhältnis, charakterisiert sein. Unterschieden werden Sex gegen Entlohnung, Sex gegen Entlohnung unter dem Deckmantel einer Beziehung, emotionale Beziehung mit ökonomischem Austausch und emotionale Beziehung mit sozialem Austausch (Cohen 2001). Unter den Prostitutionstouristen werden die soziale Typen »Globetrotter«, »hedonistischer Sexkonsument«, »Insuffiziente« und »Pseudogatten« differenziert (Heine-Wiedemann/Ackermann/Mahnkopf et al. 1998: 15). Am häufigsten ist der hedonistische Sexkonsument vertreten, welcher über Erfahrungen in verschiedenen Prostitutionstourismusländern verfügt, häufig wechselnde Sexualkontakte präferiert und für den der Konsum käuflicher Sexualität, nicht die Beziehung im Vordergrund steht. Der Globetrotter zeichnet sich durch ein kulturelles Interesse an Land und Leuten aus, interpretiert den Kontakt zu Prostituierten als Kulturkontakterlebnis, bezieht deren Interesse im Wesentlichen auf seine Person und versteht seine Bezahlung als Geschenk. Bei den Insuffizienten, die aufgrund ihrer physischen oder psychischen Benachteiligung bei der Aufnahme alltäglicher sozialer Kontakte Schwierigkeiten haben und nach passionierter Liebe suchen, agieren die Prostituierten eher in der Rolle einer Betreuerin. Der

---

43 Auch wenn die Zahl der männlichen Sextouristen verhältnismäßig überwiegt, existieren auch Formen weiblichen Sextourismus. Da sich in den Zielländern des Sextourismus für weibliche Touristen keine Sexindustrie, wie für die männlichen Touristen, entwickelt hat, sind die Grenzen zwischen Prostitutionstourismus und Urlaubsbeziehungen mit sexuellem Hintergrund fließend. Frauen stellen ihr Verhältnis zu einheimischen Männern nach außen eher als »Beziehung« mit echten Gefühlen dar und ihre Bezahlung erfolgt in der Regel weniger direkt als bei männlichen Sextouristen. Häufig »belohnen« sie die einheimischen Männer indirekt durch Geschenke oder ermöglichen ihnen mit Startkapital, ein Geschäft zu eröffnen.

Pseudogatte pflegt die Beziehungen zu einer Prostituierten über Jahre hinweg, schickt immer wieder Geld und fühlt sich als Insider und Landes-Experte.

Das Hauptmotiv der Prostitutionstouristen besteht neben der Preisgünstigkeit der Angebote, sowie der geringen (offensichtlichen) Kommerzialisierung und Rollenausprägung der Prostituierten, in der Außeralltäglichkeit der (Sexual-)Erfahrungen. Prostitutionstourismus kann als »ritualisierte Reise« verstanden werden, die dem Sextouristen eine außeralltägliche Erfahrung von sich und seiner Sexualität ermöglicht und eine »Umkehrung« oder Abkehr von seiner lebensweltlichen Normalität darstellt (ebenda: 104). Mögliche symbolische Umkehrfunktionen des Sextourismus beziehen sich auf die Statusinversion (Statusniedrige steigen im Urlaub zum »imaginären« Boss auf) und einen billigen Lebensunterhalt, den Klimawechsel (vom Kalten ins Warme) und die Umkehrung des Zeitrhythmus (die Nacht wird zum Tag), einen veränderten Bewusstseinszustand durch Alkohol, Drogen oder Schlafentzug, das Erleben der eigenen »Attraktivität« und Begehrtheit sowie ein quasi-intimes Gemeinschaftserleben statt Vereinzelung und Kontaktarmut (ebenda: 104f). In vielen Zielländern des internationalen Tourismus und Sextourismus verdienen Frauen ihren eigenen und den Unterhalt ihrer Familien durch sexuelle Dienstleistungen (ebenda: 13) bzw. unterhalten Beziehungen, die ihrerseits mit materiellen Erwartungen verbunden sind. Teilweise sind sie aufgrund der ökonomischen Situation ihrer Herkunftsländer oder -regionen auch in die Zentren des Sextourismus migriert. Nach Cohen (2001), der die soziale Struktur des Sextourismus in Thailand untersucht hat, folgt die touristenorientierte Prostitution, da sie nicht vollständig professionalisiert ist, anderen Spielregeln als der Sexmarkt in den westlichen industrialisierten Gesellschaften. Die Kontakte kommen eher in Lokalen und Bars als in Bordellen zustande und die Übergänge zwischen unbezahlter sexueller Interaktion und Sexarbeit sind unbestimmt. Nicht selten wandeln sich ursprünglich prostitutive Kontakte zu realen »Liebesbeziehungen«, ein Phänomen das als »openended prostitution« bezeichnet wird. Doch die Intensität und die persönliche Bedeutung der Beziehungen variieren, denn während sie auf Seiten der Frauen von finanziellen Interessen gekennzeichnet sind, basieren sie bei den Männern auf »romantisierend-exotistischen Sehnsüchten« und/oder sexueller Befriedigung. Viele Frauen nehmen sich selbst gar nicht als Prostituierte wahr und betrachten ihre Tätigkeit als »Arbeit mit Touristen«. Damit grenzen sie sich von den in Bordellen arbeitenden Frauen ab. Ihre Motive bestehen zum einen darin, schnell Geld zu verdienen, und zum anderen, ihre Lebenslage durch die Heirat oder Beziehung zu einem ausländischen Mann zu verbessern. Emotionale Gesten bis hin zu Gefühlen sind vor allem bei längeren Kontakten nicht selten. Anhand dieser Differenzen zur professionellen Prostitution und der Vermischung ökonomischer und emotionaler Komponenten kommt die Zweideutigkeit des Sextourismus zum Ausdruck.

Sextourismus ist ein Symbol für die alltägliche Machtausübung der reichen gegenüber armen Ländern, Regionen und Menschen (Kleiber/Wilke 1995: 24). Die symbolischen, pragmatischen und funktionalen Beziehungsaspekte zwischen Sextouristinnen und Prostituierten basieren auf unterschiedlichen Machtstrukturen hinsichtlich der nationalen und kulturellen Zugehörigkeit (Ryan/Hall 2001: 140). Häufig sind ethnische Minderheiten in der Prostitution überrepräsentiert (ebenda). Sexuelle Dienstleistungen können ohne vorherige Investitionen angeboten werden und gelten zudem als Möglichkeit, kurzfristig viel Geld zu verdienen (Kleiber/Wilke 1995: 36). Während dies für die professionellen Organisatoren des Sexgewerbes zutreffen mag, verbleiben die sich prostituierenden Frauen selbst oft in Armut oder ihre Situation verschlechtert sich zusätzlich (ebenda: 36f). Die Dekriminalisierung und/oder Legalisierung der Prostitution in den Zielländern stellen zwar keine Problemlösungen dar, erscheinen aber als unterstützende Maßnahmen für die Gesundheit, den Schutz und die Selbstbeurteilung der Sexarbeiterinnen (Ryan/Hall: 151). Obgleich die Beziehung zwischen Sextouristen und Anbieterinnen sexueller Dienstleistungen auf Machtunterschieden basiert, sind nicht alle Prostituierten per definitionem Opfer. Trotzdem wirft das Verhalten von Prostitutionstouristen ethische und moralische Probleme auf, denn Sextourismus ist als Variante der Ausbeutung zu entschlüsseln, in deren Randbereichen eindeutig Straftatbestände wie z. B. sexueller Missbrauch Minderjähriger stattfinden (Kleiber/Wilke 1995: 20).

Grenzüberschreitende Prostitutionsszenen

Die Entwicklung von Prostitution an «Wohlstandsgrenzen« ist ein globales Phänomen und basiert auf den Gesetzen von Angebot und Nachfrage. Sexuelle Dienstleistungen gehören zu den ersten»Warenangeboten« ärmerer Länder und Regionen (Kühne/Robert/Stange 2004: 13). Mit der Öffnung Osteuropas haben sich auch die osteuropäischen Staaten zu Sextourismus-Ländern entwickelt. An den bisherigen Außengrenzen der EU sind Prostitutionsszenen in beträchtlichem Ausmaß entstanden, z. B. an der deutsch-tschechischen und deutsch-polnischen Grenze. Entscheidend für die Herausbildung grenzüberschreitender Prostitutionsszenen sind primär das Wohlstandsgefälle, mitunter aber auch die unterschiedliche Reglementierung der Prostitution sowie kulturelle und soziale Differenzen der aneinandergrenzenden Länder. Hinsichtlich des grenzüberschreitenden Sextourismus können zwei Formen unterschieden werden (Leopold/Steffan 1997b: 5). Die Prostitution findet entweder auf dem Gebiet des ärmeren Nachbarlandes statt und ist durch den Grenzübertritt der Kunden gekennzeichnet, oder die Anbieterinnen sexueller Dienstleistungen üben die

Prostitution in den wohlhabenderen Staaten aus, d. h. die Grenzüberschreitung erfolgt durch die Prostituierten (ebenda: 6). Im Rahmen von wirtschaftlichen, kulturellen, wissenschaftlichen, militärischen etc. Transfers, findet immer auch ein sexueller Austausch statt (Leopold/Steffan 1995: 7). Die Grenzregionen bieten für die Prostitution deutliche Vorteile, da Prostituierte und/oder Freier anonymer bleiben und die unterschiedlichen Rechtssysteme »Schlupflöscher« für die Prostitution bieten (Steffan/ Kraus/Hermann et al. 2000a: 10). Isolierte Maßnahmen einzelner Staaten lösen die Probleme der wachsenden grenzüberschreitenden Sexarbeit nicht, haben aber beträchtlichen Einfluss auf die lokale Situation (ebenda: 12). Die Kriminalisierung der Freier in Schweden beispielsweise hat zu einem regionalen Anstieg der Prostitution in Polen geführt, und dies in einem Gebiet, in dem keine gesundheitlichen und sozialen Beratungs-, Betreuungs- und Unterstützungsangebote für Prostituierte existieren. Auf der Grundlage der großen Variabilität der ökonomischen, sozialen und politischen Bedingungen in Europa und der Welt, sowie der damit einhergehenden Internationalisierung der Prostitutionsszene, entwickelt sich die Verbreitung von HIV/Aids und anderen STD zu einer Problematik, die vor nationalen Grenzen nicht haltmacht. Mit der Expansion der Prostitutionsszenen in den grenznahen Gebieten wurde z. B. in der Tschechischen Republik ein teilweise dramatischer Anstieg von sexuell übertragbaren Krankheiten beobachtet Leopold/Steffan 1995: 9). Zum Teil sind die kleinstädtischen und ländlichen Gemeinden der dünnbesiedelten Grenzregionen aufgrund ihrer ökonomisch und infrastrukturell begrenzten Ressourcen mit den blitzartig entstandenen grenzüberschreitenden Prostitutionsszenen überfordert oder fühlen sich für das überwiegend ausländische Klientel nicht zuständig (ebenda: 9, 18).

Die europäische Union weist in den gesundheitlichen Präventionsansätzen und -verständnissen erhebliche Unterschiede auf, die zwischen zielgruppenspezifischer Primärprävention und durchgeführten Massenscreenings variieren. Während einige europäische Staaten erfolgreich nichtstaatliche Organisationen, Initiativen und Selbsthilfegruppen in die präventive Arbeit einbeziehen, favorisieren andere eher einen Präventionsansatz, der sich an den traditionellen Kontrollmaßnahmen des öffentlichen Gesundheitsdienstes orientiert (ebenda: 8). Zwischen Prostitution und HIV/Aids, sowie anderen STDs besteht kein zwangsläufiger Zusammenhang, d. h. professionell arbeitende Prostituierte stellen epidemiologisch keine Hauptbetroffenengruppe dar (Leopold/Steffan 1997b: 2). Die Tätigkeit als Prostituierte beinhaltet jedoch in Abhängigkeit der angewandten Sexualpraktiken und Arbeitsbedingungen spezifische Gefährdungsmomente und das Infektionsrisiko wird von Faktoren wie Hygiene, Sicherheit und Konkurrenz beeinflusst (ebenda: 3). Sowohl subjektive als auch objektive Voraussetzungen wirken sich auf die Möglichkeit aus, notwendige Schutzmaßnahmen zu ergreifen. Die Entscheidungsfreiheit der Prostituierten kann durch Drogenabhängigkeit, die ökonomische Situation und äußeren Zwang maßgeblich eingeschränkt werden (ebenda: 4). Aber auch regionale und rechtliche Bedingungen beeinflussen die Möglichkeiten gesundheitsbewussten Verhaltens, z. B. Infrastruktur und Informationen über medizinische Untersuchungs- und soziale Unterstützungsangebote, aber auch die gesetzlichen Rahmenbedingungen der staatlichen Reglementierung der Prostitution.»Je öfter eine Prostituierte sich selbst als rechtlose, außerhalb der Gesellschaft stehende Person erlebt, desto eingeschränkter wird ihre Entscheidungsfreiheit und desto größer wird damit die Wahrscheinlichkeit, dass sie riskante Sexualtechniken nicht mehr ablehnen kann« (ebenda: 5).

In Reaktion auf die in Europa bestehenden und nach den Transformationsprozessen der früheren sozialistischen Staaten entstandenen grenzüberschreitenden Prostitutionsszenen wurde 1995 das sogenannte »UmbrellaProjekt« entwickelt und implementiert.[44] Unter Zusammenarbeit von WHO, EG, Deutschland und anderen europäischen Staaten wurden in vielen europäischen Grenzregionen, angesichts grenzüberschreitender Prostitutions- und Drogenszenen, Streetwork-Projekte zur HIV/Aids/STD-Prävention initiiert. Im Rahmen des Modellprogramms »Streetwork zur Aids-Prävention im grenzüberschreitenden Raum Bundesrepublik Deutschland–Polen–Tschechische Republik« wurden an der deutsch–tschechischen und deutsch-polnischen Grenze sechs Sozialprojekte zur Gesundheitsprävention aufgebaut.[45] Nach den Grundsätzen der WHO müssen präventive Maßnahmen zur Verhinderung von HIV- und STD-Infektionen beim Individuum ansetzen, d. h. Menschen müssen befähigt werden, sich selbst schützen (ebenda: 24). Die Prävention verfolgt das Ziel, den Menschen die gesundheitsbewusste Entscheidung zur einfachen Entscheidung zu machen: »Make the healthier choice the easier choice«. Sie beruht auf der Maxime, dass das Individuum für die Konsequenzen seines Handelns selbst verantwortlich ist, sowohl für sich persönlich als auch gegenüber anderen Personen und der Gesellschaft insgesamt. Dabei geht die WHO von einer Verflechtung von Gesundheits- und Selbstbewusstsein aus. Die Förderung des Gesundheitsbewusstseins sozialer Akteurinnen stärkt zugleich auch deren Selbstbewusstsein und begünstigt die Entwicklung eigenständiger Lebensperspektiven (SPI Forschung 2000: 99). Moralische Bewertungen, Diskriminierung, Zwangsmaßnahmen und Kriminalisierung werden als kontraproduktiv angesehen, da sie das gesundheitsbewusste Handeln der betroffenen Individuen und sozialen Gruppen erschweren (Steffan/Kraus/Hermann 2000a: 25).

---

44 Mit wissenschaftlicher Unterstützung und nachfolgender Evaluation durch das Sozialpädagogische Institut Berlin (SPI Forschung GmbH).

45 In Kooperation von Bund, Land Sachsen, Brandenburg und Mecklenburg-Vorpommern, WHO, EG und Sozialpädagogischem Institut (SPI) Berlin.

Aufgrund ihres Wachstums und ständigen Wandels stellt die grenzüberschreitende und transnationale Prostitution für die medizinischen und sozialen Dienste eine besondere Herausforderung dar (SPI Forschung 2000: 146). Im europäischen und internationalen Prostitutionsmarkt können drei geo-soziale Kategorien unterschieden werden, Herkunfts-, Transit- und Zielländer (Steffan/Kraus/Hermann et al. 2000a: 9). Aus den Herkunftsländern rekrutiert sich ein Großteil der in den Zielländern arbeitenden Prostituierten.[46] In Deutschland beispielsweise wird davon ausgegangen, dass 60% der Prostituierten Migrantinnen sind. Die Prostitution der Gegenwart zeigt sich globalisiert, differenziert und polarisiert (Domentat 2003: 35). Das Hauptproblem stellt, sowohl unter menschenrechtlichen und sozialen als auch kriminologischen Gesichtspunkten, die Thematik Menschenhandel dar.[47]

Menschenhandel zum Zweck der sexuellen Ausbeutung

Menschenhandel entsteht unter spezifischen strukturellen Bedingungen, wie Globalisierungs- und Migrationstendenzen, internationalen sozioökonomischen Ungleichgewichten, einer männlichen Hegemonie im Geschlechterverhältnis und der weltweiten Feminisierung der Armut (Niesner/Anonueve/Apricio et al. 1997: 12). Frauen, die Opfer von Men-

---

46 In den Herkunftsländern, in denen die Prostitution häufig noch nicht vollständig entwickelt ist, findet die Anwerbung von Prostituierten, teilweise mit Täuschung hinsichtlich der Tätigkeit oder der Arbeitsbedingungen in der Prostitution, statt. Die Transitländer verfügen meist sowohl über eine erhebliche Prostitutionsszene, in der auch migrierte Frauen arbeiten, als auch über Strukturen zur Grenzüberschreitung in andere Länder. In den Zielländern erhoffen sich die Organisatoren und Migrantinnen den höchsten Profit (Steffan/Kraus/Hermann et al. 2000a: 9).

47 In der vorliegenden Arbeit wird der Begriff »Menschenhandel« im Sinne des 2000 von der UN Generalversammlung verabschiedeten Zusatzprotokoll zum UN Übereinkommen gegen die grenzüberschreitende organisierte Kriminalität, der sogenannten »Palermo-Definition« verstanden. Danach umfasst Menschenhandel alle Aktivitäten der Anwerbung und des Transportes von Personen, die zum Zweck der Ausbeutung und unter Täuschung, Androhung bzw. Anwendung von Gewalt oder Ausnutzung von Hilflosigkeit stattfinden. Zu dieser weitgefächerten Definition des Menschenhandels gehören unterschiedliche Formen von Ausbeutung (z. B. sexuelle Ausbeutung, Ausbeutung der Arbeitskraft, illegale Adoption, Organsentnahme etc.). Im deutschen Strafgesetzbuch ist gegenwärtig nur Menschenhandel zum Zweck der sexuellen Ausbeutung (StGB § 232) und zum Zweck der Ausbeutung der Arbeitskraft (StGB § 233) definiert. Für das Phänomen des Menschenhandels zum Zweck der sexuellen Ausbeutung wird im öffentlichen und politischen Diskurs häufig der Begriff »Frauenhandel« verwendet. Da fast ausschließlich der Frauenhandel Gegenstand der öffentlichen Thematisierung und der politisch-administrativen Verwaltungspraxis ist, beschränkt sich diese Untersuchung auf Verwaltungsaktivitäten zur Bekämpfung des Menschenhandels zum Zweck der sexuellen Ausbeutung.

schenhandel werden, sind Teil der großen Migrationsbewegungen, die sich infolge des internationalen ökonomischen Machtgefälles zwischen den unterprivilegierten Ländern und den Staaten ökonomischen Reichtums und sozialer Sicherheit abzeichnen (ebenda: 14).[48] Die Hauptgruppen der Opfer von Menschenhandel sind in der Europäischen Union mittlerweile Frauen aus Mittel- und Osteuropa, den sogenannten MOE-Staaten. Frauenhandel ist eine komplexe Problematik, die sich im nationalen und vor allem internationalen Kontext abspielt und eine extreme Form des Missbrauchs innerhalb der Migration von Frauen darstellt (KOK 2007).[49] Da Frauen immer stärker in die internationale Arbeitsmigration involviert sind, ist auch von einer zunehmenden »Feminisierung der Migration« die Rede (Han 2003).[50] Handlungsleitende Motive zur Migration entstehen aus der Interdependenz von strukturellen gesellschaftlichen Voraussetzungen und Ursachen sowie individuellen Wahlmöglichkeiten und Handlungsoptionen (Niesner/Anonueve/Apricio et al. 1997: 29). Frauen migrieren aus wirtschaftlichen, politischen, ökologischen, gesellschaftlichen, familiären und/oder persönlichen Gründen (KOK 2002: 13).[51] Die Antriebe und individuellen Entscheidungen, die Heimat zu verlassen, sind ebenso verschieden wie die Bedingungen der Migration und die Situationen im Zielland (KOK 2007). Dem Migrationsinteresse der Frauen steht häufig die restriktive Migrationspolitik der Zielländer gegenüber. Nach deutschem Ausländerrecht beispielsweise existieren für nicht EU-Bürgerinnen so gut wie keine Einreisemöglichkeiten zur Arbeitsaufnahme. Der Migrationsverlauf wird in großem Maß von den rechtlichen Rahmenbedingungen mitbestimmt. Migrantinnen sind, sowohl unter legalen als auch illegalen Bedin-

---

48 Dazu gehören Wanderungsbewegungen von Süd nach Nord und Ost nach West.

49 Von den zivilgesellschaftlichen Fachberatungsstellen wird der Begriff »Frauenhandel« dem des »Menschenhandels« vorgezogen, da er die frauenspezifischen Aspekte deutlich aufzeigt und den Handel von Frauen in die Prostitution, in andere ungeschützte Arbeitsverhältnisse z. B. in den Hausarbeits- und Pflegebereich oder auch als Ehefrauen umfasst (KOK 2007). Ferner wird zwischen Frauenhandel und den verschiedenen Formen von Frauenmigration unterschieden, die nicht unter Bedingungen von Zwang, Täuschung, Ausbeutung oder Gewalt ablaufen und dennoch oft prekäre Lebenssituationen für Migrantinnen bedeuten.

50 Eine bewusst getroffene Entscheidung für die eine oder andere Form der Arbeitsmigration ist angesichts des globalen Wohlstandsgefälles und der strukturellen Benachteiligung von Frauen nicht immer mit Freiwilligkeit gleichzusetzen (KOK 2007).

51 Neben Migrationsmotiven, die aus sozialen Nachteilen und geschlechtsspezifischer Diskriminierung resultieren, zeigt sich eine gemeinsame psycho-soziale Dimension zur Migration in Form von biographischen Brüchen und Trennungserfahrungen, die die Ausreise fördern und die Hemmschwelle zur Auswanderung senken, z. B. Erlebnis der Scheidung der Eltern als Kind oder die Trennung von Liebes- und Ehebeziehungen, häufig verbunden mit finanzieller Überforderung durch fehlende Unterstützung der Väter und alleinige Verantwortung für die Kinder (Niesner/Anonueve/Apricio et al. 1997: 50).

gungen, in den ungesicherten und ungeschützten Arbeitsverhältnissen im informellen Sektor tätig. Vor dem Hintergrund des geschlechtsspezifisch strukturierten Arbeitsmarktes verkaufen sie ihre reproduktiven Fähigkeiten oder bieten sexuelle Dienstleistungen an. Die Sexindustrie ist neben dem Haushalts- und Pflegebereich einer der drei größten Konzentrationsbereiche von migrierten Frauen (Han 2003: 250). Die Grenzen und Übergänge zwischen selbstbestimmter Arbeitsmigration und Frauenhandel sind oft fließend. Neben Frauen in Zwangssituationen gibt es auch Frauen, die ihr Leben in der Migration selbstbestimmt gestalten. Dazwischen existieren viele verschiedene Lebensbedingungen, die mehr oder weniger stark von Aspekten des Zwangs bzw. selbstbestimmten Handelns durchwoben sind (Niesner/Anonueve/Apricio et al. 1997: 17f). Ein unklarer oder illegaler Aufenthaltsstatus, fehlende Informationen und mangelnde Sprachkenntnisse begünstigen die Ausbeutung von Migrantinnen.

Das wirkliche Ausmaß des Frauenhandels ist nicht erfassbar, da die propagierten Zahlen nur Dunkelfeld-Schätzungen darstellen und aufgrund ihres teilweise unterschiedlichen Verständnisses von Frauenhandel nicht vergleichbar sind (Mentz 2001: 44).[52] Juristisch definiert sind die Straftatbestände des Menschenhandels zum Zweck der sexuellen Ausbeutung (§ 232 StGB) und zum Zweck der Ausbeutung der Arbeitskraft (§ 233 StGB).[53] Frauenhandel mit dem Ziel der Prostitution ist der Bereich, der die größte öffentliche Aufmerksamkeit genießt und deshalb relativ gut dokumentiert ist (ebenda: 58). Während einige Frauen in ihrem Herkunftsland unter falschen Versprechungen angeworben und durch das Verschweigen der geplanten Prostitutionstätigkeit bewusst getäuscht werden, wissen andere über die Arbeit als Prostituierte Bescheid, sind sich aber über die konkreten Lebens- und Arbeitsbedingungen im Unklaren bzw. wurden absichtlich falsch informiert (ebenda: 55).[54] Menschenhandel liegt vor, wenn Frauen mittels Täuschungen, Drohungen, Gewaltanwendungen angeworben und im Zielland zur Aufnahme und Fortsetzung von Dienstleistungen und Tätigkeiten gebracht oder gezwungen werden, die ausbeuterisch oder sklavenähnlich sind und damit ihre Menschenrechte verletzen (KOK 2007). Dabei kann der Zwang verschiedene Formen annehmen und durch direkte physische Gewalt oder Androhung derselben, Erpressung,

---

52 Frauenhandel wird entweder mit Zwangsprostitution oder illegaler Migration in die Sexarbeit gleichgesetzt und gelegentlich werden auch Heiratshandel und Zwangsarbeit miteinbezogen.

53 Nach der Strafrechtsänderung 2004 in Deutschland.

54 Typisch für die Arbeitssituation migrierter Prostituierter sind lange Arbeitszeiten (bis zu 16 Stunden täglich), schlechte gesundheitliche Versorgung, Isolation und geringe Bezahlung. Zudem können sie die Freier und die sexuellen Praktiken nicht immer selbst bestimmen oder eine konsequente Kondombenutzung durchsetzen. Teilweise können sie aufgrund hoher Mobilität kein eigenes soziales Netzwerk zur Unterstützung aufbauen und laufen Gefahr, Opfer von Gewalt, Zwang und Ausbeutung zu werden (Mentz 2001: 60f).

unrechtmäßiges Einbehalten von Dokumenten und verdientem Geld, Isolation und Betrug ausgeübt werden. Auch das Ausnutzen der auslandsspezifischen Hilflosigkeit und die Schuldknechtschaft[55] gelten als Formen des Zwangs. Oft werden Prostitution, Rotlichtmilieu und Frauenhandel als notwendig zusammengehörig betrachtet. Bis Mitte des 20. Jh. wurde Prostitution per se als Frauen- oder Mädchenhandel betrachtet und auch heute hängen Vertreterinnen der abolitionistischen Bewegung dieser Ansicht an (Mentz 2001: 57).[56]

In der Realität befinden sich migrierte Prostituierte trotz ähnlicher Rahmenbedingungen in individuell sehr unterschiedlichen Lebenslagen. Im Hinblick auf die Arbeitsplätze, Einkommensverhältnisse, Sicherheitsbedingungen und den Grad von Abhängigkeit und Selbstbestimmung ausländischer Prostituierter bestehen große Unterschiede (Niesner/Anonueve/Apricio et al. 1997: 151). Zum Teil werden sie über verschiedenste Mechanismen zur Prostitution gezwungen, aber ein nicht genau bezifferbarer Teil der Frauen arbeitet auch frei und selbstbestimmt in der Sexindustrie (Mentz 2001: 59). Nicht jede Migrantin in der Prostitution ist Opfer von Menschenhandel (KOK 2007, Henning 1997). Viele Frauen wählen die Sexarbeit, unter den ihnen zur Verfügung stehenden Alternativen als schlechte, aber realisierbare Lebensstrategie aus. In der Diskussion über die Lebensbedingungen von (migrierten) Prostituierten, deren Freiwilligkeit, eingeschränkte Freiwilligkeit oder Unfreiwilligkeit, vermischen sich Bewertungen und Interpretationen von strukturell bedingten Handlungsgrenzen und -vorgaben mit subjektiv ausgeübten Entscheidungs- und Selbstbestimmungsmöglichkeiten zu ideologisch und moralisch geprägten Argumentationssträngen (Niesner/Anonueve/Apricio et al. 1997: 13).[57]

Frauenhandel hat als Thema in den letzten Jahren in den Medien und auf politischer Ebene zunehmend Beachtung gefunden (Mentz 2001: 23). Zwischen der öffentlichen Darstellung und der Wirklichkeit ausländischer Prostituierter besteht eine Differenz (Henning 1997: 9). Die von Menschenhandel betroffenen Frauen entsprechen in der Regel nicht dem stereotypen Bild eines Opfers: die meisten von ihnen haben beschlossen, durch

---

55 Schuldknechtschaft bedeutet die Abarbeitung der von den Menschenhändlern für die Vermittlung und Migration geforderten Kosten.

56 Ende des 19 Jh. war Frauenhandel gleichbedeutend mit dem, was heute unter Prostitution verstanden wird, und wurde als »White Slavery« bezeichnet (Doezema 2006).

57 Kampagnen gegen Frauenhandel sind teilweise von einer rigiden konservativen Moral gekennzeichnet und befördern nicht so sehr die Kritik an einer fragwürdigen gesellschaftlichen Realität, sondern vielmehr die Aufrechterhaltung eines Weltbildes, in dem die Vorstellungen von »Frauenhandel« und »Zwangsprostitution« das notwendige Pendant zur Auffassung der (für Frauen) untrennbaren Einheit von Liebe und Sexualität bilden (Henning 1997: 26). Die Unterscheidung zwischen »freiwilliger« oder unfreiwilliger Prostitution scheint für die Bestimmung des Frauenhandels mitunter relativ unbedeutend (S.28).

Auswanderung ihre ökonomische und soziale Lage zu verbessern, und sind aus freiem Antrieb erhebliche Risiken eingegangen (Mentz 2001: 283).[58] National und international werden Ursachen, Hintergründe, Gegenmaßnahmen diskutiert, aber die Erfolge bei der Bekämpfung des Frauenhandels bleiben punktuell (ebenda: 24).

Repressive Strategien und die Verschärfung der Asyl- und Einwanderungspolitik haben zum Anstieg des Migrationsdrucks und zur Stärkung der internationalen Kriminalität beigetragen (ebenda: 284, Hahn 2000). Dabei ist grundsätzlich und deutlich zwischen Menschenschmuggel und Menschenhandel zu unterscheiden. Während die Einschleusung von Menschen verschiedene Formen kommerzieller Hilfestellungen zur illegalen Überschreitung nationalstaatlicher Grenzen umfasst, zielt der Menschenhandel darüber hinaus auf die illegale und menschenrechtsverletzende Ausbeutung der Arbeitskraft von Menschen ab und geht mit der Anwendung oder Androhung von Gewalt bzw. Zwang einher (Hahn 2003: 189f). Menschenhändler nutzen die aufgrund der ausländerrechtlichen Situation bestehende Abhängigkeit der Migrantinnen im Zielland zu deren Ausbeutung und Erpressung aus.

Frauenhandel ist ein multifaktorielles Problem, dessen Bekämpfung einen interdisziplinären, länderübergreifenden und globalen Handlungsansatz erfordert (Mentz 2001: 283). Die gegenwärtigen Strategien zur Bekämpfung des Menschenhandels sind einerseits durch die täterorientierte Repression der staatlichen Strafverfolgungsorgane und andererseits durch opferzentrierte Empowerment-Aktivitäten zur Unterstützung und Stärkung der Positionen der Frauen von Seiten der zivilgesellschaftlichen Akteure gekennzeichnet. Illegal immigrierte Prostituierte befinden sich nach den gesetzlichen Regelungen in einer Doppelrolle, sie sind Opfer im strafrechtlichen und Täterinnen im ausländerrechtlichen Sinn (KOK 2002: 32). Oft wurden bzw. werden sie von den Strafverfolgungsbehörden primär als Täterinnen wahrgenommen und ausgewiesen, wodurch die Anklage und gerichtliche Verurteilung der Menschenhändler erschwert oder gar verhindert wird.

Die Frage, welche Maßnahmen zur Verhinderung oder Verringerung von Menschenhandel geeignet sind, wird unterschiedlich beantwortet. Es existieren verschiedene Lösungsstrategien und zum Teil werden je nach Interessengruppe einander widersprechende Ziele verfolgt (Mentz 2001: 24f). Von staatlicher Seite wird gegen Frauenhandel vor allem im Rahmen der Strafverfolgung und der Bekämpfung illegaler Migration vorgegangen. In den Dokumenten auf internationaler politischer Ebene wird Frauenhandel vorrangig als Kriminalitätsproblem betrachtet und behandelt, das mit den Mitteln der Strafverfolgung bekämpft werden kann und muss (ebenda: 25). Zur Effektivierung der Verbrechensbekämpfung werden Arbeitsgruppen eingerichtet sowie eine Verbesserung der internationalen Zusammen-

---

58 Der in den Medien bekannte spektakuläre Fall von Entführung und Zwangsprostitution stellt eher die Ausnahme als die Regel dar (Mentz 2001: 28).

arbeit der Behörden und die Vermeidung der Abschiebung wichtiger Zeuginnen angestrebt. Da Frauenhandel häufig mit illegaler Migration einhergeht, konzentrieren sich die Maßnahmen der EU zudem auf die Verhinderung bzw. Erschwerung der unkontrollierten Zuwanderung. Der Einreise potenzieller Opfer soll durch binationale Grenzkontrollen, Verstärkung der Strafverfolgung illegaler Migrantinnen, erhöhte bürokratische Anforderungen bei der Einreise (restriktive Visaerteilung, Verschärfung der Visapflicht), Begrenzung des Aufenthaltes sowie abschreckende Öffentlichkeitsarbeit in den Herkunftsländern entgegengewirkt werden (ebenda: 26f).

Die Verbrechensbekämpfungsstrategie birgt die Gefahr in sich, Opfer von Menschenhandel in ihrer Funktion als Zeuginnen zu instrumentalisieren und ihre spezifischen Interessen (wie Aufenthaltsfragen, Regelung von Unterkunft und Unterhalt, Schutz vor Vergeltungsmaßnahmen während und nach dem Gerichtsprozess, Schutz der Angehörigen etc.) zu vernachlässigen. Folglich sind nur wenige Opfer zu einer Aussage bereit, so dass häufig die entscheidende Beweisgrundlage für eine erfolgreiche Strafverfolgung fehlt. Die Einbeziehung der Perspektive der Frauen und die Stärkung ihrer Rolle als Rechtssubjekt könnte ihre Aussagebereitschaft stimulieren und zur Effektivierung der strafrechtlichen Verfolgung beitragen (ebenda: 26).

Die Bekämpfung der illegalen Migration dient eher dem staatlichen Interesse an Zuzugsbeschränkungen als dem Schutz der Migrantinnen vor Gewalt und Ausbeutungen, und erscheint sogar kontraproduktiv, da die Menschen angesichts mangelnder legaler Migrationsmöglichkeiten auf illegale ausweichen, wodurch ihre Abhängigkeit von Menschenhändlern gestärkt und ihre Ausbeutung sogar noch erleichtert wird (ebenda: 27). Aus Sicht der Frauen bieten die Strategien der Verbrechensbekämpfung und des Zuwanderungsschutzes keine greifbaren Perspektiven: sie werden als Opfer von Straftaten behandelt und als Zeuginnen instrumentalisiert oder als illegale Migrantinnen betrachtet, die sich strafbar gemacht haben und abzuschieben sind. Angesichts der Komplexität der Probleme, der unterschiedlichen Ursachen und der vielfältigen fehlgeschlagenen Versuche, Menschenhandel zu bekämpfen, scheint es vor allem wichtig, die Betroffenen in ihren Rechten zu stärken (Mentz 2001: 283). Die Mehrheit der Frauen setzt sich dem Risiko des Frauenhandels aus eigenem Interesse aus und ist graduell, unterschiedlich stark und in verschiedenen Phasen der Migration in jeweils anderem Ausmaß, in die Situation des Menschenhandels verstrickt (ebenda: 28). Internationale und nationale NGOs treten für eine Veränderung sowohl der Betrachtungsweise als auch der damit verbundenen Strategien zur Bekämpfung des Menschenhandels ein. Sie fordern eine Erweiterung der Handlungsperspektiven für die betroffenen Frauen, die Stärkung ihrer Rechts- und Schutzposition, und die Lösung der Verstrickung in den Menschenhandel.

4. Das Verwaltungsfeld Prostitution und Menschenhandel im Wandel

Prostitution und Menschenhandel zum Zweck der sexuellen Ausbeutung sind Gegenstand der öffentlichen Verwaltungspraxis. Sowohl staatliche Institutionen als auch zivilgesellschaftliche Organisationen bearbeiten und verwalten die Thematiken und Problematiken, für die sie rechtlich zuständig sind bzw. die sie für handlungs- und interventionsbedürftig erachten. Das Verwaltungssystem basiert auf einem funktional differenzierten Institutionen- und Organisationengeflecht und bezieht sich, Mayntz (1985: 44) zufolge, auf fünf klassische Aufgabenbereiche bzw. Ressorts: die äußere Sicherheit des Staates, die innere Ordnung der Gesellschaft, die Sicherung der Handlungsfähigkeit des politisch-administrativen Systems, die Versorgungs- und Dienstleistungen, die über die Sicherheit und Ordnung hinausgehen, sowie die Steuerung der gesellschaftlichen Entwicklung auf bestimmte Ziele hin. Im Bereich Prostitution und Menschenhandel zum Zweck der sexuellen Ausbeutung überwachen die Polizeibehörden die nationalen Grenzen und versuchen diese gegen illegale Einwanderung und grenzüberschreitende Kriminalität zu sichern. Darüber hinaus ist die Polizei für die innere Ordnung zuständig und kontrolliert mit Unterstützung des Ordnungsamtes z. B. die Einhaltung lokaler Sperrbezirksverordnungen. Das Finanzamt gewährleistet durch das Eintreiben der Steuern, von den Bordellbetreiberinnen und Prostituierten beispielsweise, für die notwendigen Ressourcen und die staatlichen und zivilgesellschaftlichen Sozial- und Gesundheitsorganisationen bieten Beratung und Hilfe, vor allem für die Prostituierten an. Aus organisationssoziologischer Sicht stellt die Verwaltung keine zielorientierte, integrierte Einheit, sondern ein organisatorisches Makrosystem dar, dessen Elemente bei der Erfüllung ihrer Aufgaben über eine relative Eigenständigkeit (ebenda: 83). Auch im Bereich Prostitution und Menschenhandel zum Zweck der sexuellen Ausbeutung konzentrieren sich die administrativen Institutionen und Organisationen auf die ihnen zugewiesenen bzw. von ihnen übernommenen Aufgaben und bleiben auf ihren spezifischen Handlungsrahmen beschränkt. Das funktional differenzierte Verwaltungssystem erzeugt eine grundsätzliche Abhängigkeit bzw. erfordert aufgrund der Themen- und Problemverflechtungen eine Koordination, Integration und Kooperation der verschiedenen Verwaltungsbereiche (ebenda: 86: 102f).

Das Verwaltungsfeld Prostitution und Menschenhandel umfasst sowohl die staatliche Eingriffs- und Leistungsverwaltung als auch die organisierte Arbeit der zivilgesellschaftlichen Akteure. Die nichtstaatlichen Organisationen sind vor allem im Bereich der Gesundheits- und Sozialarbeit vertreten. Bei der Bekämpfung des Menschenhandels zum Zweck der sexuellen Ausbeutung agieren die staatlichen Institutionen im Rahmen der Strafverfolgung, während die zivilgesellschaftlichen Organisationen für die Betreuung der Opfer sorgen. Die Arbeit der institutionellen und korporativen Akteure bezieht sich auf die Interessen, Ziele und Rationalitäten ihres Aufgaben- und Funktionsbereiches. Die Polizei bekämpft Straftaten, das Ordnungsamt verdrängt die Prostitution aus der Öffentlichkeit, das Gesundheitsamt hat die Aufgabe, die Verbreitung von (Geschlechts-)Krankheiten zu verhindern, und Vertreterinnen der Sozialarbeit versuchen, zur Verbesserung der Lebenslagen von Prostituierten beizutragen bzw. Betroffene von Menschenhandel zu beraten und zu unterstützen. Die Aufgaben und Funktionen der Institutionen und Organisationen ergänzen sich teilweise, bilden aber auch Konfliktlinien, die von den Verwaltungsakteurinnen ausgehalten und gehandhabt werden müssen.

Cremer-Schäfer (2003: 184f) beschreibt die Gesellschaft als Arrangement unterschiedlicher sozialer Orte und verweist darauf, dass jede Form von Vergesellschaftung, insbesondere aber organisierte Formen auf gegensätzliche Interessen und »Antinomien« stoßen, die – theoretisch, reflexiv und praktisch – verhandelnd zu bearbeiten sind, ohne dass eine Seite eine endgültige Lösung finden könnte. Vor allem in modernen Gesellschaften besteht, Cremer-Schäfer (ebenda: 188), eine Gegensätzlichkeit von berechtigten Interessen und Widersprüchlichkeiten zivilisierender Ordnungspolitik. Im Verwaltungsfeld Prostitution und Menschenhandel kann weder den Straf- und Disziplinierungsinstitutionen, noch den Sozial- und Gesundheitsorganisationen die Aufgabe zugeschrieben werden, die gesellschaftlich produzierten »Antinomien« aufzulösen (ebenda: 185). Die Grenzen und Paradoxien gesellschaftlicher Problembearbeitung und sozialer Kontrolle nicht technokratisch lösbar, sondern nur demokratisch verhandelbar (ebenda: 188). Nach Mayntz (1985: 103f) kann die notwendige Abstimmung der partikularen, organisatorisch getrennten Sachgebiete in offiziellen oder informellen Gremien und Beteiligungsformen verhindern bzw. abmildern, dass sich die Praxis der verschiedenen Verwaltungsorganisationen gegenseitig stört und behindert. Je weniger die einer Gesellschaft inhärenten nichtlösbaren Probleme wissenschaftlich und praktisch der Reflexion zugänglich gemacht werden, desto produktiver werden, Cremer-Schäfer (2003: 186) zufolge, die verwaltenden Institutionen und Organisationen in der Erzeugung von Kategorien, die Ausschließungen legitimieren.

Da die Wirklichkeit selten von den Problembetroffenen definiert wird, sind es die gesellschaftliche Institutionen und Instanzen, die die Macht der Definition über andere haben (Menzel/Ratzke 2003: 8). Zu den definitionsmächtigen Akteuren im Bereich Prostitution und Menschenhandel zum Zweck der sexuellen Ausbeutung gehören neben den Sicherheits- und Ordnungsinstitutionen der Eingriffsverwaltung auch die »sanften Kontrolleure« der staatlichen und zivilgesellschaftlichen Leistungsverwaltung. Deren Thematisierungen und Problematisierungen, Zuschreibungen und Konstruktionen reproduzieren oder modifizieren die gesellschaftlichen Normalitäts- und Wertvorstellungen und legitimieren soziale Deutungs- und Interpretationsmuster.

Bevor die Wahrnehmungs-, Denk- und Handlungsschemata der Verwaltungsakteurinnen im Bereich Prostitution und Menschenhandel im zweiten, empirisch-theoretischen Teil der Arbeit dargestellt und analysiert werden, stehen im Folgenden die institutionellen Rahmen, die organisationalen Bedingungen und die idealtypische Berufspraxis des Verwaltungspersonals im Mittelpunkt. Stellvertretend für die Eingriffs- und Leistungsverwaltung bzw. die repressiven und sozialen Verwaltungsmaßnahmen werden der Arbeitsbereich der Polizei und der Sozialen Arbeit beleuchtet.

4.1 Institutionelle Rahmen, organisationale Bedingungen und berufliches Handeln

Polizei

Die Polizei ist Teil des institutionalisierten Gewaltmonopols des Staates. Ihre exekutive Funktion besteht darin, die öffentliche Sicherheit und Ordnung aufrechtzuerhalten. Der Blick der staatlichen Strafverfolgungsbehörden auf den vielfältigen Bereich von Prostitution und Menschenhandel erfolgt aus einer institutionen- und berufsspezifischen Perspektive. Im funktionalen und formellen Fokus der Polizeiarbeit steht der Ausschnitt der Strafverfolgung von Zuhälterei, Schleusung und Menschenhandel sowie Formen organisierter Kriminalität wie Waffen- oder Drogenhandel (Helfferich/Fischer/Kavemann et al. 2007: 113). Neben ihrem manifesten Auftrag hat die Polizei aber auch ein bedeutende symbolische Funktion. Entgegen der allgemeinen Meinung, dass die Polizei dazu da ist, die Gesellschaft von Kriminalität zu befreien, besteht ihre Aufgabe nach Behr (2003b: 4) eher darin, der Öffentlichkeit das Vertrauen zu geben, dass sie dazu in der Lage und willens ist. Demzufolge dient die Polizei lediglich der Aufrechterhaltung der Balance zwischen tatsächlicher und politisch geduldeter bzw. aushaltbarer Delinquenz. Die staatliche Institution der Polizei teilt sich in schutzpolizeiliche und kriminalpolizeiliche Organisationen. Während der uniformierten Schutzpolizei vor allem einzeldienstliche Aufgaben zur Abwehr von Gefährdungen der öffentlichen Sicherheit und Ordnung sowie zur Beseitigung bereits eingetretener Gefahren obliegen, stellt die Kriminalpolizei einen besonderen Zweig der Polizei dar, der durch spezialisiertes Fachwissen, besondere Vorgehensweisen und eine zivile Erscheinungsform gekennzeichnet ist (Rupprecht 1995).[1] Die Kriminalpolizei ist für die Verhütung, Bekämpfung und Aufklärung von Verbrechen zuständig und im strafprozessualen Ermittlungsverfahren der Staatsanwaltschaft untergeordnet. Zur Bewältigung ihrer Ermittlungsaufgaben ist sie unterschiedlich spezialisiert und deliktspezifisch organisiert (z. B. Mord-, Raub-, Drogen- und Wirtschaftsdezernate). Der überwiegende Teil der professionellen kriminalistischen Arbeit besteht aus büroorientierter Sachbearbeitung, findet also am Schreibtisch statt, und stützt sich auf die Befunde und Ergebnisse von Fachleuten, d. h. besonders spezialisierten Beamtinnen der Spurensicherung, Kriminaltechnik, Mobilen Einsatzkommandos und Zielfahndung (Diederich 2000: 20f). Auf Ebene der Bundesländer wird die Arbeit der Kriminalpolizei vom Landeskriminalamt (LKA) koordiniert. Die ebenfalls über Fachabteilungen für Zentralaufgaben verfügenden Landeskriminalämter führen die kriminalpolizeilichen Informationssysteme der Bundesländer und übernehmen komplexe Ermittlungsverfahren in die eigene Zuständigkeit (ebenda: 14: 21). Die Zusammenarbeit der Landeskriminalämter wird auf Bundesebene vom Bundeskriminalamt (BKA) gesteuert, welches im internationalen Kontext zudem den Rechtshilfeverkehr mit anderen nationalen Polizeien abwickelt. Die obersten Dienst- und Aufsichtbehörden des innerstaatlichen Polizeiapparates bilden die Innenministerien der Länder bzw. das Bundesinnenministerium des Inneren, deren Lenkungs- und Kontrollfunktionen auf verschiedene Fachreferate verteilt sind. Im Zuge weltweiter Globalisierungsprozesse und internationaler Bündnispolitik haben sich auch supranationale Polizeiinstitutionen wie Interpol und Europol herausgebildet (Behr 2003b: 5).

Polizeiorganisationen folgen in ihrer Zweckbestimmung, Zielsetzung, Erscheinungsform und Funktionalität der jeweiligen gesellschaftlichen Konstellation. Die institutionelle Aufgabe der Polizei besteht in der Gewährleistung rechtlicher Sicherheits- und Ordnungsnormen. Während der Begriff der öffentlichen Sicherheit sowohl in der Rechtssprechung als auch in der Rechtswissenschaft relativ eindeutig definiert ist, stellt die Herstellung öffentlicher Ordnung eher einen fragwürdigen Handlungsauftrag dar

---

1   Die Schutzpolizei übernimmt im Rahmen von Posten- und Streifendiensten den ersten Zugriff bei der Verfolgung von Straftaten, verfolgt Ordnungswidrigkeiten, lenkt und überwacht den Verkehr (Diederich 2000: 20).

(Schmitt-Zimmermann 2000: 99). Die öffentliche Ordnung beruht auf der Durchsetzung von Wertvorstellungen, die unterhalb der Gesetzesnorm zu verorten sind. Unter öffentlicher Ordnung wird die Befolgung ungeschriebener Regeln verstanden, die von der Mehrheit der Bevölkerung als bindend betrachtet und für ein verträgliches Miteinander der Gesellschaftsmitglieder als erforderlich vorausgesetzt werden (ebenda: 101). Da der Ordnungsbegriff zu sehr von den herrschenden sozialen und ethischen Anschauungen der Zeit, der Kultur und der Machtstrukturen abhängt, ist dessen Verfassungsgemäßheit umstritten. Die Auslegung, was als Gefahr für die öffentliche Sicherheit und Ordnung definiert wird, erfolgt durch die Strafverfolgungsinstitutionen und Ordnungsbehörden. Dabei verbleiben, auch im Rahmen rechts- und verfassungskonformen Handelns, institutionelle und individuelle Handlungs- und Ermessensspielräume, die sich im Spannungsverhältnis zwischen den Grundrechten des Einzelnen und der allgemeinen Gefahrenabwehr bewegen (ebenda: 107).

Um den Vorgaben bzw. Anforderungen und Rollenerwartungen der Gesellschaft zu entsprechen, verfügt die Institution Polizei über eine entsprechend ausgeprägte Organisationsstruktur. Dazu zählen interne Strukturen und Steuerungssysteme in Form von hierarchischen Gliederungen, diversen Rollen und Positionen, Kommunikations-, Leitungs- und Führungssysteme sowie Qualifikationskonzepte und Sanktionsmechanismen. Das Organisationshandeln wird über ein normatives Regelwerk gelenkt, welches die Organisationsmitglieder auf die übergeordneten Ziele ausrichtet (Haselow 2003: 228). Jedem sozialen Akteur wird in der Organisation eine Position zugewiesen, die mit bestimmten Regeln und Vorschriften, Rechten und Pflichten einhergeht und seine Rolle im rational strukturierten, zweckbezogenen Handlungssystem definiert. So wie die Institutionen und Organisationen der Gesellschaft als funktionale Instrumente zur Erfüllung spezifischer Aufgaben anzusehen sind, bildet innerhalb von Organisationen das Personal die wichtigste Grundlage für deren spezifische Funktionsausübung und Zielerreichung (ebenda: 229). Neben den internen Organisationsstrukturen tragen vor allem die organisationalen Rollenträgerinnen durch ihre aktive Mitarbeit zur effizienten und zielgerichteten Aufgabenerfüllung bei. Das Erreichen der organisationalen Zielstellung ist wesentlich davon abhängig, inwieweit es gelingt, die Polizeibeamtinnen entsprechend zu qualifizieren und in die Zielsetzungen der Polizeiorganisation einzubinden. Daher sind die beruflichen Sozialisations- und Qualifizierungsprozesse zum Erlernen der organisationalen Rollenerwartungen sowie zur Herausbildung des professionellen Berufsethos von herausragender Bedeutung. Das Organisationshandeln basiert ausdrücklich auf der weitgehenden und dauerhaften Akzeptanz und Identifikation der Mitglieder mit ihrer organisationalen Rolle.

Der polizeiliche Alltag, d. h. die typische polizeiliche Arbeit, weicht von den z. T. sehr abstrakten Vorgaben, Zielsetzungen und auch der Gesetzeslage ab. Nach Haselow (2003: 231) wird sie nicht durch die Abwehr konkreter Gefahren oder die Verfolgung erkannter Straftaten bestimmt, sondern ist im alltäglichen Dienst vor allem dadurch geprägt, den differenten und komplexen Erwartungen der Bürger nach Intervention in Konfliktsituationen und Begrenzung von Schäden gerecht zu werden. Für die Bewältigung der vielfältigen Aufgaben im polizeilichen Alltag fehlen den Polizeibeamtinnen weitgehend Leitlinien und -bilder im Sinne von Orientierungsmustern, so dass die Qualität der polizeilichen Dienstleistung zum großen Teil von den individuellen Dispositionen des Einzelnen und den jeweiligen kulturspezifischen Gegebenheiten abhängt (ebenda: 239). Die Polizeiakteurinnen verfügen vielfach nur über begrenzte Einsichten und Sinnhorizonte hinsichtlich ihres Tun und ihrer Ziele (ebenda). Da ihnen die sinngebenden Handlungsorientierungen nur schemenhaft und vage vermittelt werden, basieren die Handlungsstrukturen wesentlich auf den vorherrschenden Orientierungsmustern des sozialen und kulturspezifischen Raums. In wichtigen berufsethischen Entscheidungsbereichen bleiben die Polizeibeamtinnen weitgehend allein. Dazu kommt, dass sich die in hochgradig arbeitsteiligen Organisationen herausbildenden Expertinnen ethisch nur sehr schwer disziplinieren lassen (ebenda: 243).

Der Polizeialltag im engeren Sinne ist, Hüttermann (2000: 7) zufolge, weder allein durch innerpolizeiliche formale Organisation und Management, noch durch politische Administration und auch nicht durch das Recht determiniert: »The law is sufficiently vague and flexible to allow the police very extensive discretion«. Innerpolizeiliche Abteilungen und Polizeibeamtinnen reagieren vielmehr flexibel auf z. B. sozialökologische Strukturen, wie die mit dem Sozialraum variierenden Problemlagen und Konfliktkonstellationen oder die Schicht- oder Szenezugehörigkeit des polizeilichen Gegenübers (ebenda). Bourdieu zufolge stilisiert und strukturiert der einzelne Akteur, ausgehend von seinem inkorporierten Habitus und unter Ausnutzung eines gewissen individuellen Handlungsspielraums, seine Alltagspraxis (ebenda: 8). Eingeordnet in die übergeordneten gesellschaftlichen Dynamiken, wie z. B. kulturelle (Klassen-)Kämpfe um den Distinktionsgewinn in den mikrosozialen Praxisfeldern der Gesellschaft, reproduzieren die Polizeibeamtinnen in und durch ihre Praxisformen die Strukturen der makrosozialen Ungleichheit (ebenda: 8). Nach Hüttermann (ebenda: 7) kann zwischen binnen- und außenwirksamem Polizei- bzw. Polizistinnenhabitus unterschieden werden. Während der »binnenwirksame Habitus« den hierarchisch strukturierten Sozialraum der Polizei betrifft und hinsichtlich der Status- und Führungspositionen der jeweiligen Rollenträgerin variiert, ist der »außenwirksame Habitus« auf das polizeiliche Gegenüber bezogen und »beschreibt« die Polizistinnen auf den Bühnen und hinter den Kulissen lokaler Öffentlichkeiten und Szenen (ebenda: 9).[2]

---

2 Der außenwirksame Habitus eines typischen uniformierten Polizisten ist u. a. durch eine Unnahbarkeit im Umgang mit dem Bürger, das Bemühen um ei-

Die alltägliche polizeiliche Habitusarbeit symbolisiert und reproduziert die dominante Stellung des Staates und garantiert dessen rechtlich überformte und/oder eingelebte soziale Ordnung. Der außenwirksame Polizeihabitus ist Ausdruck und Verkörperung der um den Staat figurierten und rechtlich vorgeordneten korporativen Welt in der leibhaftigen Welt. Hüttermann (ebenda: 9f) zufolge beruht der außenwirksame Polizeihabitus auf einer spezifischen Kombination unterschiedlicher Kapitalarten: erstens kulturellem Kapital im Hinblick auf das Ausbildungsprofil, die Rechtskenntnisse und die von den Polizeibeamtinnen inkorporierten Techniken der Konflikt- und Sachbearbeitung, zweitens einer besonderen Form des sozialen Kapitals aufgrund der Übertragung der staatlichen Herrschafts- und Machtstruktur in den Mikrobereich der alltäglichen Polizeipraxis, drittens symbolischem Kapital basierend auf dem Amtscharisma bzw. dem Prestige der Polizistin als Autorität des Staates sowie viertens ökonomischem Kapital, also Sachmitteln in Form von Ausrüstungsgegenständen und Räumlichkeiten, die Verwendungsgewalt nach außen demonstrieren. Der individuelle Akteur inkorporiert zum Beispiel mit der Uniform den Habitus und die korporative Identität der Institution Polizei (ebenda: 11). In seinen nach außen gerichteten Handlungen agiert die Polizeibeamtin als Vertreterin der staatlichen Polizei und soll darin selbst austauschbar sein. Ungeachtet dessen sind zwischen der Einzelnen (Polizistin) und dem Ganzen (Polizei) »innerkorporative Milieus« gelagert, die als »moderierende Variablen« fungieren und die konkrete Verwaltungspraxis durch die alltägliche Habitusarbeit der Polizistinnen »eigensinnig« bestimmen. Zur Inszenierung und symbolischen Reproduktion der polizeilichen Machtüberlegenheit gehört ein gewisser Paternalismus, der einerseits aus einer »quasi-erzieherischen Strenge« vor allem gegenüber Akteurinnen devianter Milieus, Nachfahren der Arbeitsmigrantinnen sowie Angehörigen sozialer Unterschichten besteht, und sich andererseits durch eine »quasi-väterliche Hilfsbereitschaft und Zuvorkommendheit« gegenüber schutzbefohlenen Bürgerinnen, insbesondere Frauen, Alten und Kindern auszeichnet (ebenda S.13).[3]

Die Polizei ist eine männliche Institution, in deren Lebenswelt neben den real existierenden Männern (sub-)kulturell vermittelte Konstruktionen

---

nen tiefen und ersten Klang der Stimme, sowie eine möglichst aufrechte Haltung, einen festen Blick und einen festen, entschlossenen, raumgreifenden Gang gekennzeichnet (Hüttermann 2000: 11). Rhetorischen Eskalationen und Beleidigungen des polizeilichen Gegenübers begegnet der Polizist mit antrainierter bzw. routinierter Gleichmut. Charakteristisch ist zudem das Bestreben, das Gegenüber über die polizeilichen Handlungsoptionen im Unklaren zu lassen und durch mimische Sparsamkeit bzw. Zurückhaltung eine gewisse Undurchsichtigkeit zu kultivieren (ebenda: 12). An dem sekundärsozialisierten Gesichts- und Stimmpanzer des Polizisten zerbricht in der Regel jede unsystematisch lebensweltnahe Interaktion (ebenda: 13).

3   Hüttermann (ebenda: 22) weist darauf hin, dass sich die von der kritischen Polizeiforschung oft als Defizit dargestellte »machistische Habitusarbeit« in bestimmten sozialökologischen Kontexten als funktional bewährt.

von Männlichkeit bestehen (Behr 2001: 105). Die Orientierungsmuster und das Handeln der Polizeiakteurinnen sind von einer hegemonialen, d. h. kulturell dominanten Maskulinität geprägt. Behr (ebenda: 119) hat in der Polizeiarbeit Veränderungsprozesse in Form einer stärkeren Hinwendung zum Fürsorglichkeitsdenken beobachtet. Dies trifft beispielsweise auf den polizeilichen Umgang mit der Thematik Beziehungsgewalt zu, der sowohl von einer Veränderung der (fach-)öffentlichen Meinung als auch einem Wandel in den rechtlichen Interventionsmöglichkeiten und der Stellung der Polizei in privaten Konflikten begleitet wird. Die zunehmende Perspektive der Parteilichkeit für die jeweils schwächere Seite relativiert die habitualisierte Berufsorientierung an den traditionellen Männlichkeitsmodellen wie »Krieger-Männlichkeit« und »Disziplin-Männlichkeit« (ebenda). Die traditionelle Rolle der Polizei zur Durchsetzung von Recht und Ordnung wird bei den Polizeibeamtinnen partiell vom Orientierungsmuster der »Schutzmännlichkeit« ergänzt. Damit findet eine Ausdifferenzierung des Verhaltensrepertoires der Polizei statt, deren traditionelle Männlichkeitsbezogenheit mit alternativen Männlichkeitsmodellen und zunehmend auch offensiven Entwürfen von Weiblichkeit konfrontiert wird (ebenda: 120). Innovationen in der Polizeipraxis vollziehen sich in dem Ausmaß, wie etablierte Handlungsmuster von einer Mehrheit oder einer einflussreichen Minderheit von Polizistinnen neu interpretiert werden und dadurch ihre stabilisierende Wirkung einbüssen (Behr 2003a: 188f). Daher sind Veränderungen in der Polizei zum einen auf kollektive Resonanz und zum anderen auf einen längeren Zeitraum angewiesen. Sowohl Veränderungsprozesse als auch die Kontinuität und das Beharrungsvermögen der Polizei sind, Behr (2003b: 19) zufolge, nur unter Berücksichtigung der institutionellen Handlungsbedingungen der Polizeiakteurinnen zu verstehen, welche über die Beschreibung und Analyse möglichst vieler polizeilicher Handlungssituationen und -felder zu erfolgen hat.

Die Mikroebene des polizeilichen Handelns ist ebenso von den informellen Handlungsmustern und der alltäglichen Praxis der Polizeibeamtinnen bestimmt, wie von den formellen fachlichen, administrativen und juristischen Vorgaben der Organisation (Behr 2003a: 187). In der Alltagskultur und den Alltagshandlungen von Polizistinnen bilden sich Traditionen, Rituale, Stereotypen, Denkweisen und Meinungen, latente und offene Vorurteile, Rassismen etc. heraus. Das Konzept der Polizeikultur bezieht sich auf den Alltagsdiskurs der Polizei. Dabei ist zwischen der offiziellen, von der Leitungsebene vorgegebenen kulturellen Mustern der »Polizeikultur« und der informellen, den Polizeibeamtinnen als alltagstaugliche, pragmatische und identitätsstiftende Orientierungsmuster dienenden »Polizistenkultur« zu unterscheiden (Behr 2001: 106). Die Polizeipraxis ist, Behr (2003b: 18) zufolge, durch individuelle Grenzziehungen und Grenzüberschreitungen gekennzeichnet. Die individuellen Haltungen und Handlungen bleiben weder singulär noch sind sie rein subjektiv oder strukturbedingt (ebenda: 19). Sie spielen sich auf der Folie kollektiv verbindlicher Routinen ab, die rekonstruiert und einige von ihnen (vielleicht) auch verändert werden können. Die Polizei lebt und lehrt in einer ziemlich durchgängigen Dichotomie von Gut und Böse, Recht und Unrecht, Richtig und Falsch, »anständiger Bürger« und »Krimineller« (ebenda: 26). Es gelingt ihr nicht, im Modus des »sowohl als auch« zu denken, Spannungen auszuhalten und integrierende Lösungen für soziale Probleme zu vermitteln bzw. zu praktizieren. Drogenkonsumentinnen beispielsweise wird in der Regel der Status von Kranken zuerkannt, wenn sie sich wahrnehmbar als unterlegen, hilflos und ungefährlich zeigen. Als »Kranke« stellen sie für die Polizistinnen keine gleichwertigen »Gegner« dar, werden Drogenkonsumentinnen aber bei der Weitergabe von Drogen beobachtet, was für diese Gruppe relativ wahrscheinlich ist, wird ihr Kranksein unversehens vom Master status »Dealer« überdeckt (ebenda: 24f). Polizeischüler lernen, Normverletzungen als etwas zu betrachten, was schlechte bzw. defizitäre Menschen machen, d. h. zwischen Tat und Täterinnen wird nicht differenziert, so dass die Ablehnung der Tat automatisch zu Ablehnung der Täterinnen führt. Polizistinnen verwenden bei ihrer Arbeit Raster und Typisierungen, die für sie funktional tauglich erscheinen, aber in einer anderen Perspektive bzw. von anderen sozialen Akteurinnen teilweise als abwertend, diskriminierend, fremdenfeindlich, rassistisch, übergriffig etc. wahrgenommen werden (ebenda: 23). Diskriminierungspraxen sind Teil der sozialen Wirklichkeitskonstruktionen von Polizistinnen (ebenda: 24). Um beispielsweise dem Terminus »Ausländerin« diskriminierungsfähige Bedeutung zu geben, müssen noch andere Eigenschaften assoziiert werden, z. B. arm, fremd, aggressiv, bedrohlich, belästigend, gefährlich, konkurrierend, hinterhältig, frech, aufmüpfig etc. (ebenda: 25). Diese Erfahrungen werden an bestimmten, für die Polizeiarbeit relevanten Orten gesammelt (z. B. Drogenszene, Rotlichtmilieu, Bahnhöfe etc.), zu stereotypen Wahrnehmungsmustern verdichtet und in generalisierbare »Wissensbestände« transformiert. Die normativen Vorstellungen der meisten Polizistinnen richten sich an der Durchsetzung bzw. Verfestigung einer »guten Ordnung« aus. Unter Umständen kommt es zum Widerspruch zwischen den normativen Mustern der Legalität und der Legitimität, denn Recht anzuwenden ist in bestimmten Situationen etwas anderes als Gerechtigkeit durchsetzen (ebenda: 25). Die Entwicklung von devianten subkulturellen Gerechtigkeitsmustern ist, Behr (ebenda: 28) zufolge, weniger wahrscheinlich unter Bedingungen wie gemischte Statusgruppen und dichter Kommunikation zwischen Leitung (Bildung, Theorie) und Mitarbeiterinnen (Erfahrung, Praxis), abwechslungsreiche Tätigkeiten, Anerkennung der Arbeit durch Organisation und Öffentlichkeit, ein Humanität einschließendes Selbstbewusstsein, Transparenz der Sozialbeziehungen innerhalb der Gruppe sowie Gemischtgeschlechtlichkeit. Oft stimmen die subkulturellen Gerechtigkeitsmuster der Polizistinnen mit den Legalitätsvorgaben überein, manchmal aber auch nicht, und dann dominieren die eigenen Gerechtigkeitsvorstellungen, d. h. der second code der individuellen Handlungsmuster überstrahlt dann den first code der Rechtsbindung (ebenda: 25). Da es den Polizistinnen in ihrer handlungsorientierten Aus- und Fortbildung an schlüssigen Konzepten fehlt, zeichnen sie sich meist durch defizitäre soziale Handlungskompetenzen aus (ebenda: 26). Sie wissen in der Regel, welche rechtlichen Vorgaben es durchzusetzen gilt, und kennen die Handlungsabläufe der Verfahren, verfügen also über eine »prozedurale Rationalität«, aber hinsichtlich der Ursachen und der Wirkungen ihres Handelns haben sie nur vage Vorstellungen. Ihre »intentionale Rationalität«, d. h. die Begründungszusammenhänge, Kontexte und das Warum ihres Handelns, sowie die hinter den Intentionen stehende Moral und Ethik ist begrenzt (ebenda). Auf die Bedingungen des polizeilichen Alltagshandelns, insbesondere die Diffusität, Ambiguität und Komplexität werden sie mit der Fixierung auf die Rechtsdurchsetzung nicht genügend vorbereitet.

Die Polizei ist ein ausführendes Organ staatlicher Macht und die Aufgabe der Polizistinnen besteht in der berufsmäßigen Durchsetzung bestehender Gesetze und Verordnungen. Dabei verlangt die bürokratische Organisationsform eine rationale Anwendung und Umsetzung der rechtlichen Normen, ohne deren Inhalte zu reflektieren. Das Handeln des polizeilichen Gegenübers ist formal an der Rechtsordnung zu messen, darüber hinausgehende wertende Überlegungen und Charakterisierungen stehen den Polizeibeamtinnen nicht zu (Girtler 1980: 132f). Ungeachtet dessen sind die deklamatorisch angeführten Organisationszwecke und -ziele wie »Herstellung von Ruhe und Ordnung« oder »Polizei, dein Freund und Helfer« oft nur Legitimationsstrategien, die dazu dienen, staatliches Handeln eher zu rechtfertigen als zu bestimmen (ebenda: 136). Organisationen sind Einrichtungen, in denen, Goffman zufolge, Annahmen über Identitäten geschaffen werden (zitiert nach Girtler 1980: 40). In den Wertsystemen und Organisationen der Gesellschaft bilden sich verschiedene soziale Definitionen der Wirklichkeit heraus, die teilweise in Konflikt zueinander stehen (ebenda: 48). Die im sozialen Kontext der Polizei gebildeten und angeeigneten Währnehmungsmuster und Handlungsorientierungen werden in der polizeilichen Alltagspraxis verfestigt und modifiziert. Für die Polizeibeamtinnen bestehen dabei gewisse soziale »Ermessensspielräume«, die in Abhängigkeit der Schicht- und Kulturzugehörigkeit des polizeilichen Gegenübers die soziale Situation mitbestimmen (ebenda: 89). Die Polizeiforschung spricht diesbezüglich von der »Selektivität polizeilichen Handelns«. Im Rahmen der Ausübung staatlicher Macht sind die von den Polizistinnen vertretenen Wert- und Normvorstellungen für die Typisierung und Kategorisierung sozialer Akteurinnen bestimmend (ebenda: 100). »Offenen Personen« im Sinne Goffmans, also Personen, die aufgrund ihres besonderen sozialen Status keine Möglichkeit haben, Personen eines anderen sozialen Status effizient zu sanktionieren, werden häufiger kriminelle

Rollen zugeschrieben bzw. als »Deviante« etikettiert. In komplexen Gesellschaften existieren verschiedene soziale Gruppen mit divergierenden Werthaltungen und konkurrierenden Normensystemen nebeneinander (ebenda: 99). Es bedarf eines hohen persönlichen Reflexionsniveaus, die eigene vertretene Realität nicht als absolute, sondern als relative zu begreifen (ebenda: 102). Je nach Zugang zu politischen Machtmitteln gelingt es den dominanten sozialen Gruppen, ihr Normsystem als »richtiges« durchzusetzen (ebenda: 99). Die Polizei fungiert als Repräsentantin spezifischer, beispielsweise bürgerlicher Wertvorstellungen und hat bestimmte Formen »abweichenden Verhaltens« zu sanktionieren, die den Interessen der dominierenden Gesellschafsgruppen widersprechen, z. B. das Verbot der Prostitution in Bezirken, in denen Angehörige politisch relevanter Schichten wohnen (ebenda: 103). Unterschiedliche Definitionen »richtigen Handelns« sind vor dem Hintergrund differenter kultureller Wirklichkeiten für die Interaktion zwischen Angehörigen von Subkulturen und Ausübenden der staatlichen Kontrolle relevant. Die Anwendung des kodifizierten Rechts durch die Polizeibeamtinnen wird so auch von außerrechtlichen und vorbewussten Metaregeln beeinflusst (ebenda: 100). Zur Untersuchung der sozialen Regeln polizeilichen Handelns bzw. der verschiedenen Interpretationen der sozialen Wirklichkeit sind die typischen Motive und Handlungsweisen von Polizeiakteurinnen zu rekonstruieren und analysieren (ebenda: 131).

Bei der Erforschung der Polizeikultur geht es um die alltäglichen Arbeitspraktiken sowie Verstehensformen und Sinnkonstruktionen der Polizeibeamtinnen Im Zentrum steht der ihr Wahrnehmen, Deuten und Handeln umgebende Sinnhorizont, jener Bedeutungsrahmen, in dem Ereignisse, Dinge, Handlungen, Motive, Institutionen und gesellschaftliche Prozesse verstanden, beschrieben und dargestellt werden (Behr 2003a: 179). Die wissenssoziologisch verstehende Polizeiforschung untersucht, wie die Handlungssubjekte, also die Polizistinnen hineingestellt in historisch und sozial entwickelte Routinen und Deutungen des jeweiligen Handlungsfeldes, diese einerseits vorfinden und sich aneignen, andererseits diese immer wieder neu ausdeuten und damit »eigenwillig« neu erfinden (müssen) (Reicherts 2003: 419f). Sie analysiert die polizeiliche Handlungslogik, die institutionellen Vorgaben und Handlungsroutinen, als auch deren Auswirkungen auf Täterinnen, Opfer, Zeuginnen, Bevölkerung und Gesellschaft (ebenda: 423). Das Ziel besteht in der Rekonstruktion der Verfahren und Typisierungsleistungen, mit denen sich die Polizistinnen die stets neu geschaffene Welt vertraut und verfügbar machen (ebenda: 420). Dabei erschöpft sich die perspektivenneutrale Deskription und Analyse nicht in der Nachzeichnung des subjektiv entworfenen und gemeinten Sinns, sondern zielt auf das Erkennen der intersubjektiven Bedeutungen, die durch eine sprachliche Handlung innerhalb einer bestimmten Interaktionsgemeinschaft erzeugt wird (ebenda: 421). Die Bedeutung der symbolischen Handlung liegt nicht nur im Bewusstsein des Zeichenbenutzers, sondern kann teilweise mit der antizipierbaren Reaktionsbereitschaft und den realisierten Reaktionen gleichgesetzt werden, die das Symbol bei der zu interpretierenden Gruppe auslöst (ebenda). Im Rahmen der qualitativen Polizeiforschung soll eine Sinnfigur, ein hochaggregiertes Konzept, generiert werden, in welche alle untersuchten Elemente integriert werden können (ebenda: 422).

Die Verbindung zwischen Prostitution und Kriminalität ist in der Kriminologie fest etabliert (Jäger 2006: 99). Verbrechen und Prostitution wurden häufig als zwei Formen verwerflichen und von der Norm abweichenden Lebens betrachtet (ebenda: 377). Aus historischer Perspektive kann die Bekämpfung der Prostitution als Durchsetzung oder Bestätigung bürgerlicher Sexual-, Moral- und Ordnungsvorstellungen aufgefasst werden (ebenda: 101). Seit den 1880er Jahren wurde in den Medien unter dem Begriff »White Slavery« auf den internationalen Handel mit unschuldigen Mädchen oder jungen Frauen zum Zweck der Prostitution verwiesen (ebenda: 96). Nach den öffentlichen Darstellungen, wurden insbesondere Mädchen aus unterbürgerlichen Schichten und vom Land mit Arbeitsangeboten ins Ausland gelockt, wo sie dann in Bordellen landeten. Für die Polizei war es problematisch auf den öffentlichen Druck adäquat zu reagieren und dem konstruierten Delikt »Mädchenhandel«, welches in der Realität nie so vorkam, zu begegnen. Da einerseits strafrechtliche Bestimmungen in Bezug auf Entführung, Nötigung und Vergewaltigung sowie Ein- und Ausreisegesetze bestanden, schien es kaum notwendig, einen neuen gesetzlichen Straftatbestand zu fixieren (ebenda: 97). Andererseits konnte unter dem Deckmantel des Mädchenhandels aber verstärkt gegen die Prostitution und die Prostituierten selbst vorgegangen werden. Oberflächlich war der Kampf gegen den Mädchenhandel, Jäger (ebenda: 99) zufolge, zwar ein Kampf gegen ein Verbrechen, tatsächlich ging es aber mehr um moralische Normen und »Bürgerlichkeit«. Infolge des White-Slavery-Diskurses wurde die Mobilität von Mädchen und jungen Frauen mit besonderer Aufmerksamkeit verfolgt und Prostituierte vermehrt kontrolliert. Unabhängig vom eigentlichen Zweck der Verbrechensbekämpfung, verkörperte der Kampf gegen den Mädchenhandel die Verteidigung eines konservativen Weltbilds (ebenda: 100) und war vor allem auf moralischer Ebene legitimiert.[4] Neben den Initiativen gegen Mädchenhandel berührte auch das Vorgehen gegen »obszöne Publikationen« und Opiumsmissbrauch eher die

---

4   Die gesellschaftlich konstruierten »Moraldelikte« Mädchenhandel, obszöne Publikationen und Opiummissbrauch führten zum symbolischen Akt der Unterzeichnung einer staatsrechtlich verbindlichen Regelung, welche die gemeinsame moralische Norm nach innen wie außen manifestierte (Jäger 2006: 101). Das konstruierte strafrechtliche Delikt konnte aber nur bedingt als Modell zur Förderung der (gegenstandsorientierten) internationalen Kooperation der Kriminalpolizei herangezogen werden.

Gebiete der Sitten- und Gesundheitspolizei als die der »allgemeinen« Kriminalität (ebenda: 101).

In der Gegenwart hat sich ein Wandel in der rechtspolitischen Grundeinstellung weg vom »Schutz vor der Prostitution« hin zum »Schutz in der Prostitution« vollzogen (Renzikowski 2007: 38). Für die Strafverfolgung stellt die Kriminalität im Rotlichtmilieu ein hohes Dunkelfeld dar. Die mit Prostitution oder Frauenhandel verbundenen Straftaten gelten bei den polizeilichen Expertinnen als »Kontrolldelikte« bzw. »Holkriminalität«. Da »milieuinterne« Gesetze und Regeln, Paulus (2003: 127) zufolge, Anzeigen von Opfern und Zeuginnen verhindern, muss die Polizei in die Prostitutionsszene eindringen und die zur Einleitung von Ermittlungs- und Strafverfahren relevanten Informationen »holen«. Je häufiger und intensiver die Polizei sogenannte »Milieukontrollen« durchführt, umso häufiger kommt es zur Einleitung von Ermittlungsverfahren und umso höher werden die Fallzahlen, so dass eine Dunkel-Hellfeld-Verschiebung bewirkt wird (ebenda). Dabei ist zu berücksichtigen, dass polizeiliche Maßnahmen in der Prostitutionsszene und Kontrollen hinsichtlich des Tatbestands »Menschenhandel zum Zweck der sexuellen Ausbeutung« durch spezifische Besonderheiten und Erfordernisse gekennzeichnet sind (ebenda: 133). Personen aus der Prostitutionsszene sind spezifischen »Milieugesetzen« verpflichtet und damit Zwängen unterworfen, die sie für die Ermittlungs- und Strafverfolgungsbehörden unzuverlässig machen. Daraus resultiert u. a. die Notwendigkeit einer frühzeitlichen richterlichen Vernehmung jeder aussagebereiten Zeugin, da diese nicht selten sehr schnell zum Widerruf ihrer bei der Polizei gemachten Aussagen genötigt wird. Desweiteren ist zu beachten, dass Opfer von Menschenhandel häufig kein Vertrauen zur Polizei haben, da sie aus ihrem Heimatland oft nur eine gegen Prostituierte vorgehende und korrupte Polizei kennen und zudem von den Tätern im Zielland massiv vor dem Gang zur Polizei und polizeilichen Maßnahmen gewarnt werden. Das Ziel polizeilichen Handelns muss daher vor allem darin bestehen, das Vertrauen der Opfer zu gewinnen und dann auch zu rechtfertigen. Nur wenn das gelingt, werden (Opfer-)Zeuginnen aussagen und nur dann können Ermittlungs- und Strafverfahren erfolgreich abgeschlossen werden. Prostituierte sind, Paulus (ebenda) zufolge, grundsätzlich in der Opferrolle zu sehen und selbst dann primär als Opfer zu behandeln, wenn sie hinsichtlich ausländerrechtlicher Verstöße oder falschen bzw. gefälschten Personalpapieren etc. auch Täterinnen sind. Sie stellen in Ermittlungs- und Strafverfahren häufig die einzigen und wichtigsten Zeuginnen dar. Die Schwierigkeiten der polizeilichen Milieukontrollen und die als gering zu verzeichnenden Ermittlungserfolge beruhen auf der »Mauer des Schweigens« bei den Opfern, der wenig praktikablen Gesetzgebung in den Tatbeständen der Zuhälterei und des Menschenhandels und den teilweise von Milde gekennzeichneten Gerichtsurteilen, die sich wenig förderlich auf das Engagement und die Motivation der Polizeibeamtinnen auswirken (ebenda: 127). Die polizeilichen Maßnahmen haben sich stets am schwer nachweisbaren Straftatbestand des Menschenhandels und dessen Merkmalen zu orientieren. Daher scheinen eine taktisch überlegte Vorgehensweise und die genaue Betrachtung des objektiven und subjektiven Tatbefundes erforderlich (ebenda: 133). Beispielsweise sind sexuelle Handlungen bzw. die Ausübung der Prostitution nachzuweisen. Daraus kann sich ergeben, dass bei Betreten eines entsprechenden Etablissements vor allen anderen Maßnahmen das Separee einzusehen ist (für Tathandlungen, Zeuginnen) und zum Nachweis von Abhängigkeitsverhältnissen und der Hilflosigkeit der Opfer zu kontrollieren, wer im Besitz des Passes, des Rückreisetickets und anderer wichtiger Unterlagen ist.

Die Strafverfolgung von Delikten in der Prostitutionsszene stellt an die Polizeibeamtinnen hohe Anforderungen. Ohne politische oder verwaltungsinterne Richtlinien geht die Polizei vor allem nach eigenem Ermessen vor, weshalb nicht in jedem Fall regelmäßige Polizeikontrollen im Rotlichtmilieu durchgeführt werden (Niesner/Anonuveo/Apricio 1997: 215). Die im Rahmen von Razzien ohne Aufenthaltsgenehmigung aufgegriffenen Frauen werden häufig an die Ausländerpolizei verwiesen und abgeschoben. Der Opferschutz und das Erkennen von Menschenhandel stehen nicht immer und nicht unbedingt im Vordergrund des Ermittlungsinteresses (Niesner/Jones-Pauly 2001: 146). Ist die Erfassung illegaler Migrantinnen, »Säuberung der Bordelle« das Ziel, so werden die Frauen allein als ausländerrechtlich Beschuldigte und nicht als Opfer von Menschenhandel wahrgenommen. Illegal Imigirierte bzw. Prostituierte mit ungültigem Aufenthaltsstatus befinden sich nach den gesetzlichen Regelungen in einer Doppelrolle: sie sind »Täterinnen« im ausländerrechtlichen und möglicherweise »Opfer« im strafrechtlichen Sinn (KOK 2002: 32). Für das weitere Schicksal der von Menschenhandel betroffenen Frauen erweisen sich die Razzien und Polizeikontrollen als entscheidender Punkt. Die konkrete Polizeipraxis und die Nutzung der zugunsten potenzieller Opfer bestehenden rechtlichen Handlungs- und Ermessensspielräume wird sowohl von der Erfahrung und Sensibilität der Polizeibeamtinnen als auch der Zielstellung des Polizeieinsatzes bestimmt wird (ebenda: 47). Vielfach kommt es auch trotz Erkennens des Phänomens Menschenhandels nicht zur Anklage oder Verurteilung, sondern zur Einstellung des Verfahrens, zum Freispruch oder zur Verurteilung wegen anderer Delikte wie z. B. Verstoß gegen ausländerrechtliche Regelungen (§ 92a ff AuslG), Förderung der Prostitution (§ 180a StGB), Zuhälterei (§ 181a StGB) (ebenda: 33). Gründe für den begrenzten Erfolg der Strafverfolgung liegen in der Langwierigkeit und Personalintensivität der Ermittlungsverfahren, dem die Aufklärung verkomplizierenden Auslandsbezug sowie einem Mangel an Beweisen und aussagebereiten und -fähigen Zeuginnen (ebenda: 34).

Die empirische Untersuchung der Strafverfolgungspraxis im Bereich Menschenhandel ist Gegenstand der Studie von Herz (2005). Bei den untersuchten Strafverfahren handelt es sich überwiegend um »klassische« Menschenhandelsverfahren im Sinne eines transnational organisierten Handels mit ausländischen Frauen nach Deutschland zu Prostitutionszwecken (Herz 2005: 259). Die Untersuchung bestätigt die bisherigen Einschätzungen der Expertinnen, dass Menschenhandel ein Kontrolldelikt darstellt, bei dem die aktive polizeiliche Informationsgewinnung für die Auslösung von Ermittlungen von besonderer Bedeutung ist (ebenda: 259f). Daher können die statistisch erfassten Fälle weniger als Indikator für die tatsächliche Verbreitung des Deliktes, sondern vielmehr für das Ausmaß der Ermittlungsaktivität der Strafverfolgungsbehörden angesehen werden (ebenda: 260). Präventive Polizeikontrollen in der Prostitutionsszene erfolgen eher sporadisch als regelmäßig (ebenda: 261). Zudem korrespondiert die Studie mit den Darstellungen und Analysen, nach denen der Deliktbereich Menschenhandel besonders schwierig zu ermitteln ist (ebenda: 261). Polizei und Staatsanwaltschaft sind für eine erfolgreiche Strafverfolgung von Menschenhandel auf erhebliche personelle und sachliche Ressourcen angewiesen. Aufgrund der Komplexität sowie Zeit- und Personalintensität der Bearbeitung von Menschenhandelsverfahren sind die Kapazitäten der Ermittlungsbehörden schnell ausgeschöpft und für die Dauer laufender Verfahren gebunden (ebenda: 262). Daher erscheint die Forderung, dass Menschenhandelsverfahren auf polizeilicher und staatsanwaltlicher Ebene durch Fachdezernate bearbeitet werden sollten, plausibel (ebenda: 265). Ansonsten würden die aufwendigen Ermittlungen im Bereich Menschenhandel, nicht zuletzt vor dem Hintergrund der Mehrfachzuständigkeit einzelner Sachbearbeiterinnen, zurückgestellt oder oberflächlich erfolgen, und die notwendige Sensibilisierung der Verwaltungsbeamtinnen sei nicht garantiert (ebenda: 266). Die professionelle Sachbearbeitung von Menschenhandelsverfahren erfordert eine Spezialisierung angesichts der komplexen Rechtsgrundlagen und der häufig gegebenen OK-Relevanz der Tatstrukturen sowie der Notwendigkeit besonderer Kenntnisse des Rotlichtmilieus und im Umgang mit Opferzeuginnen (ebenda).[5] In der Überprü-

---

5 Diesbezüglich stellt sich die Frage, welches Fachdezernat in der Praxis am ehesten über die erforderlichen Spezialkenntnisse verfügt und die Voraussetzungen für kontinuierliche, qualitativ hochwertige Ermittlungen im Deliktbereich Menschenhandel bietet. Bei Dezernaten für Sexualstraftaten besteht das Problem, dass diese den gesamten Bereich der Straftaten gegen die sexuelle Selbstbestimmung abdecken müssen und größtenteils anzeigegeleitete Verfahren bearbeiten. Vor diesem Hintergrund stände das Kontrolldelikt Menschenhandel nicht im Zentrum der alltäglichen Polizeiarbeit. Dezernate für Organisierte Kriminalität sind im Vergleich mit anderen Fachdezernaten im Hinblick auf die Ressourcen, die Erfahrungen im Umgang mit verdeckten Ermittlungsmethoden und die Möglichkeiten eines selektiven Ermittlungsansätzen privilegiert, ermitteln aber aufgrund ihres deliktübergreifenden, an OK-Kriterien nicht notwendigerweise im Bereich Menschenhandel. Zudem mangelt es den Sachbearbeitern für Organisierte Kriminalität teilweise an Spezialkenntnissen zum Rotlichtmilieu. Daher scheinen am ehesten die Mi-

fung der bestehenden Annahmen, dass für Menschenhandelsverfahren eine hohe Einstellungsquote kennzeichnend sei und dass die Strafverfolgungsbehörden vom Tatvorwurf des Menschenhandel auf andere, leichter zu beweisende Tatvorwürfe ausweichen, hat sich auf Grundlage der Aktenanalyse vor allem die zweite Beobachtung bzw. Vermutung bestätigt (ebenda: 263). Während die Ermittlungen auf polizeilicher und staatsanwaltschaftlicher Ebene anfangs durch eine breite Ermittlungsrichtung gekennzeichnet sind, also sich neben Menschenhandel parallel auch auf weitere milieutypischer Straftaten wie Zuhälterei, Verstoß gegen das Ausländergesetz, Ausbeutung der Prostituierten etc. konzentrieren (ebenda: 264), verlagern sie sich im Verlauf des Verfahrens zunehmend auf andere Strafrechtsdelikte, wobei insbesondere Schleusungstatbestände von Bedeutung sind (ebenda: 265). Als ausschlaggebende Faktoren für die Aufhebung des Tatvorwurfs Menschenhandel betonen die Expertinnen die schwierige Beweisführung aufgrund der problematischen Gewinnung von Opferzeuginnen, wohingegen gesetzliche Regelungslücken oder die Komplexität der Menschenhandelstatbestände demgegenüber eine untergeordnete Rolle spielen (ebenda). Die Vertreterinnen der Strafverfolgungsbehörden begründen die Änderung der Verfahrensrichtung nicht zuletzt vor dem Hintergrund verfahrensökonomischer Motive bzw. verfahrensabkürzende Absprachen, auf die in der Aktenanalyse, u. U. aufgrund fehlender Dokumentation, selten konkrete Hinweise zu finden sind (ebenda). Insgesamt betrachtet ist für Menschenhandelsprozesse charakteristisch, dass nie anklagegemäß verurteilt wird, gleichzeitig aber auch keine Freisprüche erfolgen (ebenda).

Zur Bewältigung der komplexen rechtlichen Materie, der schwierigen Beweisführung insbesondere im Hinblick auf die Gewinnung von Opferzeuginnen sowie der Notwendigkeit besonderer Kenntnisse zum Rotlichtmilieu erfordert die Ermittlung und Verfolgung von Straftaten in Bereich Menschenhandel einen hohen Professionalisierungsgrad der Polizei- und Justizbeamtinnen (ebenda: 292). Die bisherigen Forderungen nach internen Richtlinien und Empfehlungen für eine professionelle Sachbearbeitung und eine Sensibilisierung der Sachbearbeiter scheinen vor dem Hintergrund der Untersuchung gerechtfertigt (ebenda: 268). Von besonderer Relevanz ist in der Praxis die konsequente Nutzung der Möglichkeit, (potenziellen) Menschenhandelsopfern eine Frist zur freiwilligen Ausreise einzuräumen (ebenda: 293). Da die Betroffenen erfahrungsgemäß beim

---

lieudezernate die Voraussetzungen für beständige und sorgfältige Ermittlungen zu Menschenhandel zum Zweck der sexuellen Ausbeutung scheinen zu erfüllen. In der Praxis werden Menschenhandelsverfahren auf polizeilicher Ebene nur von etwa einem Fünftel und auf staatsanwaltschaftlicher Ebene nur von einem Zehntel von Milieudezernaten bearbeitet. In Hamburg, das im Bundesländervergleich die höchste Konzentration an Fallzahlen bezüglich Menschenhandel aufweist, ist das Milieudezernat beim Landeskriminalamt fast ausschließlich für die Sachbearbeitung von Menschenhandelsverfahren zuständig (Herz 2005: 267f).

ersten Aufgreifen durch die Polizei nicht bereit sind, (umfassende) Aussagen zu machen, sollte die 4-Wochen-Frist vor allem auch für Fälle, in denen aufgrund von Ermittlungsergebnissen, d. h. unabhängig von den Angaben der Betroffenen ein Verdacht auf Menschenhandel besteht, angewandt werden.[6] Entsprechende Anhaltspunkte für Menschenhandel können sich insbesondere durch die Wahrnehmungen der Polizeibeamtinnen von den Betroffenen im Rahmen der ersten Kontaktaufnahme (Kontrolle, Razzia) sowie in der Vernehmungssituation (z. B. Hinweise auf Isolation, Einschüchterung, Passabnahme etc.) ergeben (ebenda: 294). Die durch die Aufschiebung der aufenthaltsbeendenden Maßnahmen gewonnene Zeit ist notwendig, um die Ängste der Betroffenen abzubauen, den Kontakt zu Fachberatungsstellen herzustellen, welche die Betroffenen in ihrer schwierigen Situation beraten und begleiten, sowie sie über ihre mögliche Rolle als Zeugin im Strafverfahren aufzuklären. Die Untersuchung der Strafverfolgungspraxis hat gezeigt, dass die Verwaltungsvorschrift (AuslG-VwV) in der Praxis bislang nicht immer konsequent genutzt wurde (ebenda). Da die Förderung der Aussagebereitschaft von Menschenhandelsopfern zeitintensive, vertrauensbildende Maßnahmen erfordert, scheint eine Sensibilisierung der Sachbearbeiter weiterhin dringend notwendig. Vor allem angesichts der Tatsache, dass sich die Betreuung der Opferzeuginnen durch Fachberatungsstellen sowie die Bestellung eines Rechtsbeistandes bzw. einer Nebenklagevertreterin, der Untersuchung zufolge, förderlich auf die Aussagebereitschaft der Opfer ausgewirkt und häufiger zu einer Verurteilung wegen Menschenhandel geführt hat (ebenda). Ungeachtet dessen wurden bzw. werden die Fachberatungsstellen für Opfer von Menschenhandel trotz teilweise offizieller Regelung nicht regelmäßig kontaktiert. Bei der Vernehmung von Opferzeuginnen muss nach Ansicht der Expertinnen verstärkt auf eine detaillierte und tatbestandsorientierte Vernehmung geachtet werden (ebenda: 295). Zudem sind Vorbehalte hinsichtlich der Glaubwürdigkeit von Opferzeuginnen, die sich aus deren »Nähe zum Rotlichtmilieu« ergeben, abzubauen. Zur Erschütterung der Glaubwürdigkeit der Zeuginnen trägt neben dem Aussageverhalten der Betroffenen (Schwankungen, Widersprüche) häufig ein (phasenweise) einverständliches Zusammenwirken zwischen Opfer und Täterinnen bei. Um im Rahmen von Menschenhandelsverfahren nicht nur die Interessen der Strafverfolgung sondern auch die der Opfer zu berücksichtigen, sprechen sich Mitarbeiterinnen von Fachberatungsstellen für die Einführung eines dauerhaf-

---

6 Die von den Polizisten häufig angeführte »mangelnde Kooperationsbereitschaft« der Opferzeuginnen geht neben den physischen Einwirkungen in erster Linie auf psychische Einflussnahmen der Täterinnen zurück (ebenda: 293f). Darüber hinaus spielen auch die Intention der Betroffenen, die eigene Strafbarkeit wegen Verstoßes gegen ausländerrechtliche Vorschriften zu verbergen, und Schamgefühle bezüglich der Prostitutionstätigkeit eine wichtige Rolle (ebenda: 294).

ten Bleiberechts für Opferzeuginnen aus, wohingegen Vertreterinnen der Polizei und Justiz dieses mehrheitlich ablehnen, da sie von deren Missbrauchgefahr überzeugt sind (ebenda: 295f).

Da Menschenhandel eine Form grenzüberschreitender Kriminalität ist, die die Anwerbung in Rekrutierungsländern, die Schleusung über Transitländer und die Ausbeutung in den Zielländern umfasst (Paulus 2003: 20), erfordert dessen Bekämpfung gemeinsame und aufeinander abgestimmte Strafverfolgungsstrategien internationaler und europäischer Institutionen.[7] Die Untersuchung der Strafverfolgungspraxis im Bereich Menschenhandel hat bestätigt, dass eine funktionierende internationale Zusammenarbeit einen weiteren wichtigen Faktor für eine erfolgreiche Strafverfolgung darstellt (ebenda: 269) und sich förderlich auf die Beweisführung in Menschenhandelsverfahren auswirkt (ebenda: 296). In der Praxis sind die positiven und negativen Erfahrungen der Strafverfolgungsbehörden im Bereich Menschenhandel hinsichtlich der Zusammenarbeit mit ausländischen Rechtspflegeorganen in etwa ausgeglichen (ebenda: 269). Problematisiert werden neben der Dauer von Rechtshilfeuntersuchungen und der mangelnden Kooperationsbereitschaft der ersuchten Länder Unsicherheiten in der Zusammenarbeit aufgrund mangelnden Vertrauens in die Rechtsstaatlichkeit sowie ein Mangel an festen Ansprechpartnerinnen in den Behörden (ebenda: 296). Diese Schwierigkeiten und Hindernisse wurden vorrangig in Bezug auf die Herkunftsländer von Tätern und Opfern, also hauptsächlich mittel- und osteuropäischer Ländern beschrieben (ebenda: 269). Nachteilige Erfahrungen mit der Dauer von Rechtshilfeersuchen und mangelnder Kooperationsbereitschaft zeigten sich aber auch in der Kooperation mit anderen, westeuropäischen Ländern. Ausgehend von der empirischen Untersuchung der Strafverfolgungspraxis im Bereich Menschenhandel besteht bei den Polizei- und Justizbeamtinnen auch im Hinblick auf die grenzüberschreitende Zusammenarbeit ein Umsetzungs- und Professionalisierungsbedarf (ebenda: 296).

Polizeibehörden verfügen lange, nach Jäger (2006: 104) schon vor 1914 über Erfahrungen in der internationalen Kooperation und haben früher oder später die Legalisierung der direkten Kommunikation untereinander erreicht. Die internationale Zusammenarbeit der Polizei ist das Ergebnis einer spezifischen historischen Situation (Jäger 2006: 13). Ohne Zweifel haben gesellschaftliche Veränderungen dem Ruf nach internationaler Polizeikooperation eine besondere Relevanz gegeben (ebenda: 14). Die Entstehung supranationaler und international kooperativer Strukturen auf kriminalpolizeilichem Gebiet zeigt, wie Interessen und Vorstellungen der Kriminalpolizei, Justiz, Kriminologie und Öffentlichkeit(en) in die

---

7   Vor dem Hintergrund europaweit und international unterschiedlicher Gesetzgebungen und Strafverfolgungspraktiken im Bereich Menschenhandel besteht außerdem die Notwendigkeit zur Harmonisierung des Rechts (Paulus 2003: 136).

Praxis transferiert wurden. Hierbei sind, Jäger (ebenda: 13f) zufolge, die Wahrnehmung von Kriminalität in der Gesellschaft, die Haltung gegenüber Ausländern, inner- und zwischenbehördliche Konflikte und Dynamiken sowie die internationalen diskursiven Verknüpfungen von zentraler Bedeutung. Das »internationale Verbrechen« und seine Bekämpfung wurden im letzten Viertel des 19. Jh. zu einem Thema von Fachleuten für Strafverfolgung, Strafrecht und Verbrechensanalyse (ebenda: 10). Der Hintergrund, vor dem sich die differenzierten Verbrecherklassifizierungen mit dem internationalen Verbrecher als »modernster« Kategorie entfalten konnte, war die Durchdringung aller Lebensbereiche durch den Staat (Raphael 2000, zitiert nach Jäger 2006: 10). Die Konzeption der modernen Kategorie des »internationalen Verbrechers« als kaum fassbaren, besonders großen Schaden anrichtenden Typus des Kriminellen erfolgte parallel zum Auf- und Ausbau der Kriminalpolizei. Angesichts der gesellschaftlichen und technischen Veränderungen wurde Mobilität und Kommunikation für immer größere Gruppen immer einfacher und Personen aus behördlicher Sicht immer schwerer kontrollierbar (ebenda: 11). Es trat eine zunehmende Furcht vor marginalisierten Gruppen wie Ein- und Zuwanderern, mobilen Bevölkerungsgruppen und »Kriminellen« auf (ebenda: 14). Die Intensivierung der Technisierung, Urbanisierung, und Globalisierung rief Ängste und Sorgen hervor, die im Typus des »internationalen Verbrecher« personalisiert und rationalisiert wurden (ebenda: 14). Die internationalen sozialen, kulturellen und ökonomischen Verbindungen verknüpften die Staaten so eng miteinander, dass eine einzelstaatliche Lösung vieler gesellschaftlicher Probleme in zahlreichen Fällen nicht mehr sinnvoll schien (ebenda: 12). Jäger (2006: 9) zufolge ist die Geschichte der internationalen Polizeikooperation in der wahrgenommenen Bedrohung der bürgerlichen Ordnung durch die Modernisierung und Mobilisierung des kriminellen Verhaltens begründet. Der Begriff »Verbrecher« umfasst ein wietes Spektrum und bezieht sich sowohl auf Personen, die Strafgesetze als auch auf Personen, die allgemeingültige Normen übertreten, auch wenn diese vom Gesetzgeber nicht als strafwürdig angesehen werden (ebenda: 27).

In der Debatte um »Organisierte Kriminalität« kann nach Krasmann/ Lehne (1997) sowie Jäger (2006: 31) ein funktionaler Nachfolger des Diskurses über »internationales Verbrechen« gesehen werden. Transnationale Kriminalität hat es immer schon gegeben, wird aber seit den 1990er Jahren als rhetorisches Mittel überproportional betont und als globale Bedrohung der nationalen, regionalen und internationalen Sicherheit entworfen (ebenda: 34). Jäger (ebenda: 34ff) vertritt die These, dass die angestrebte internationale Polizeikooperation dazu dient, in einer immer schwieriger zu verstehenden Welt klare, weil einem bekannten Muster folgende Zusammenhänge von Ursache und Wirkung zu identifizieren und bestehende Ordnungen, Wahrnehmungsweisen und Institutionen zu stabilisieren. Er deutet den Versuch des Aufbaus einer internationalen Gemeinschaft zur Verbrechensbekämpfung als Beitrag, über ein gemeinsames, sich gegenseitig bestätigendes Wertesystem Identität zu schaffen oder die bestehende zu bewahren (ebenda: 35). Die Institution der Kriminalpolizei ist das Ergebnis verschiedener interner und externer Entwicklungen, wie der Zentralisierung polizeilicher Funktionen, der Professionalisierung der Polizeiarbeit und Differenzierung der Aufgaben innerhalb des behördlichen Apparats (ebenda: 104). Die seit ihrer Entstehung anhaltende Tendenz zur Zentralisierung, Standardisierung, Professionalisierung und Verwissenschaftlichung der Kriminalpolizei wurde durch die Annahme der Bedrohung in Form der internationalen Kriminellen bestätigt und verstärkt (ebenda: 389). Die Konstruktion des internationalen Verbrechens bzw. des internationalen Verbrechers wertet die Position und Arbeit der Kriminalpolizei auf, erhöht das berufliche Selbstverständnis sowie die Expertise der Kriminalbeamtinnen und trägt symbolisch zu deren Elitenbildung bei (ebenda: 29f). Nach Webers Bürokratietheorie gehört es zur Eigendynamik der Entwicklung staatlicher Verwaltungseinheiten, Autonomie zu sichern sowie Handlungsoptionen und -freiheit auszubauen, andererseits impliziert aber auch die Logik der effizienten Verbrechensbekämpfung, (rechtliche, geographische etc.) Behinderungen von Ermittlungen durch gegenseitiges Informieren, schnelle Kommunikation sowie Minimierung von Zeitverlusten bei Rechtshilfe- und Verhaftungsersuchen aufzuheben (ebenda: 105f). Daher vollzog sich in der zweiten Hälfte des 19. Jh. eine informelle Vernetzung der Polizei und des polizeilichen Wissens (ebenda: 50). Der direkte, grenzüberschreitende Austausch zwischen den Polizeibehörden orientierte sich in erster Linie an der Zweckdienlichkeit und beruhte auf dem Prinzip der Gegenseitigkeit (ebenda: 36). Die internationale polizeiliche Kooperation fand also unabhängig von der Existenz legaler oder vertragsstaatlich geregelter Informationsstrukturen statt (ebenda: 67). Die gegenseitige Hilfe wurde von den vorgesetzten Behörden und Regierungen im Allgemeinen geduldet und durch ministerielle Erlasse ex post legalisiert (ebenda). Von entscheidender Bedeutung waren in Grenznähe praktische Erwägungen hinsichtlich gegenseitiger, direkter Information auf dem sogenannten »kleinen Dienstweg« oder Vereinbarungen über »Nacheile«, d. h. der Erlaubnis zum Übertreten von Staatsgrenzen im Fall einer ununterbrochenen Verfolgung von Straftätern (ebenda: 83).

Die gegenwärtige und zukünftige Kooperation im Polizeibereich wird, Busch (1995) zufolge, vor allem durch die Art und Weise der Informationssammlung, -bewertung und -steuerung definiert, weniger durch die operative Zusammenarbeit lokaler Polizeidienststellen. Nach der Strategie »Policing by Information« wird die Vor-Ort-Arbeit der nationalen und lokalen Polizei mit europäischen und internationalen Informationen und Fahndungsdaten angereichert und ergänzt. Die für die Praxis wichtige Amtshilfe bezieht sich aber nicht nur auf die Informationsübermittlung, sondern beinhaltet auch die Überwachung, Bestrafung, Vernehmung von Zeuginnen und Verhaftung von Strafverdächtigen (Jäger 2006: 36). Bi- und multilaterale Polizeikooperation ist nur erfolgversprechend, wenn sie als gemeinsames Ziel angestrebt wird (ebenda: 45). Notwendige Voraussetzungen sind ähnliche Probleme und Ziele sowie vergleichbare Vorstellungen und Methoden, die eine direkte Kommunikation als lohnend erscheinen zu lassen (ebenda: 64). Daher kommt es vor allem in den hoch konsensfähigen Bereichen »Terrorismus«, »Organisierte Kriminalität«, »Drogen« und Kapitalverbrechen zu besonders intensiver und erfolgreicher Zusammenarbeit (Behr 2003b: 8).

Nach Busch (1995: 12) begann der Internationalisierungsschub polizeilicher Tätigkeit in den 70er Jahren. Seitdem befindet sich die Polizei in der Geschichte und Entwicklung der internationalen Zusammenarbeit in einer neuen Phase (ebenda: 155). Zeitgleich zu den Entwicklungsprozessen innerhalb der Polizei veränderten sich die Formen und Methoden der europäischen und internationalen Polizeikooperation. Die Veränderungen der nationalen Polizei bestanden in der Zentralisierung ihrer Organisationsstruktur und dem Aufbau von EDV-Systemen.[8] Diese Prozesse der »intelligenten Zentralisierung« bedingten gleichzeitig eine verstärkte internationale Ausrichtung der Polizeien (ebenda: 13, 157-254). Die Europäisierung und Internationalisierung der Polizeikooperation beinhaltet mehr als die verstärkte Zusammenarbeit der nationalen Polizeien auf europäischer bzw. internationaler Ebene, da sich die gestiegene internationale Ausrichtung der polizeilichen Tätigkeit nicht nur auf konvergierende Vorstellungen über den Vollzug ihrer Aufgabe der Gefahrenabwehr bezieht, sondern auch die Organisation und Instrumente der nationalen Polizeien betrifft (ebenda: 157f). Diesbezüglich verweist Busch (ebenda: 158) auf strukturelle Angleichungsprozesse der Polizeien in Westeuropa und Nordamerika, die u. a. durch die zur Verfügung stehenden technischen Möglichkeiten und Methoden der Informationsübermittlung ausgelöst wurden. Der wichtigste Faktor des sich seit den 70er Jahren vollziehenden Bedeutungszuwachses des Bundeskriminalamts (BKA) ergibt sich aus dessen traditioneller Funktion als Nachrichtenzentrale (ebenda: 169). Die Stärke und Stellung der für die internationale Zusammenarbeit zuständigen poli-

---

8 Die Kriminalpolizeien wurden von den polizeilichen Basiseinheiten abgezogen und ihre unterste Organisationseinheit wurden die Polizeidirektionen (Busch 1995: 165). Die Landeskriminalämter (LKA), die bis dahin weitgehend administrativen Charakter hatten, wurden personell und sachlich verstärkt und wandelten sich zu Ermittlungsapparaten mit eigenem kriminalpolizeilichem Ermittlungspersonal. Sie erhielten Zuweisungs- und Koordinierungsbefugnisse gegenüber untergeordneten Kripo-Stellen. In den LKÄ konzentrierte sich eine Reihe von besonderen Ermittlungseinheiten (Drogenkriminalität, Staatsschutzdelikte, Waffenhandel und Falschgeld, Organisierte Kriminalität etc.), für die eigene Dezernate gebildet wurden. Mobile Einsatzkommandos (MEK) wurden dort angesiedelt und Aufgaben der Observation und verdeckten Ermittlung übernommen.

zeilichen Organisation innerhalb des nationalen Polizeisystems definiert, Busch (ebenda: 158) zufolge, mit, inwieweit von einer internationalen Ausrichtung der polizeilichen Tätigkeit gesprochen werden kann. Während die Professionalisierung und Umstrukturierung der 70er Jahre die gesamte Polizeiorganisation betraf, liegt der Schwerpunkt der Professionalisierung, der Entwicklung neuer Methoden und der Zuweisung neuer Ressourcen gegenwärtig auf spezialisierten Ermittlungsbereichen und Spezialdienststellen insbesondere für die Bekämpfung der »Organisierten Kriminalität« (ebenda: 171). Die polizeiliche Tätigkeit rückt in die Nähe von geheimdienstlichen Formen und Methoden, die in den 70er Jahren auf die Bekämpfung des Terrorismus und auf die politische Polizei beschränkt waren, derzeit aber auf alle Kriminalitätsbereiche ausgedehnt werden, die als besonders gefährlich gelten (ebenda). Prozesse der Internationalisierung und internationalen Angleichung spielen sich nicht in allen Bereichen der polizeilichen Tätigkeit gleich ab (ebenda: 243). Die ihren innerstaatlichen und lokalen Charakter behaltende Schutzpolizei ist in deutlich geringerem Ausmaß von den internationalen Annäherungstendenzen der Polizei betroffen. Die Prozesse der »intelligenten Zentralisierung« und der zunehmenden internationalen Zusammenarbeit vollziehen sich innerhalb der nationalen Polizeisysteme vorrangig in den »intelligenten Polizeien« (Kriminalpolizei, politische Polizei) (ebenda: 244). Gemeinsam ist den Polizeiinstitutionen auf europäischer Ebene das Bestreben, die primär reaktiven Handlungsformen durch überwiegend »proaktive Handlungsmuster« zu ersetzen (ebenda: 247). Die Polizei soll nicht mehr nur auf einzelne Straftaten oder konkrete Gefahrenlagen zu reagieren, sondern bereits im Vorfeld von Straftaten zu handeln. Sie erhält bzw. stellt sich die Aufgabe, »den« Terrorismus« und «die« organisierte Kriminalität zu bekämpfen. Bisher war die Überwachung des Vor- und Umfelds der Kriminalität weitgehend eine Domäne der politischen Polizeien und fand im Bereich der »gewöhnlichen« Kriminalitätsbereiche nur in begrenztem Maß und nur bei bestimmten Bevölkerungsgruppen Anwendung. Kontinuierlich beobachtet wurden beispielsweise Prostituierte oder Lokale, die als ständige Quelle von Gefahren und Problemen wahrgenommen wurden (ebenda: 248). Die mit der Computerisierung verbundene zentrale Speicherung und Verbreitung des polizeilichen Wissens veränderte die Handlungsformen der Polizei im Alltag und stellt für diese zudem einen Machtgewinn dar (ebenda: 248). Resultierend aus den reaktiven Polizeitätigkeiten beinhaltet das polizeiliche Wissen sowohl »harte Daten« aus Justizakten und anderen offiziellen Schriften, die infolge der Zentralisierung ihren Charakter verändern, als auch »weichen Daten«, d. h. Informationen aus nicht offiziellen, noch nicht bewiesenen Quellen in Form von Gerüchten, Informationen von Tippgebern, aus Telefonüberwachungen und Infiltrationen, die mit subjektiven Bewertungen oder Beigaben einhergehen (ebenda: 249f). Die Weiterentwicklung der polizeilichen Informationssysteme, welche eine systematische Informationsbeschaffung ermöglichen, geht mit einer auf personen- bzw. gruppenbezogenen statt an Ergebnissen orientierten Ermittlung einer. Der Begriff der »intelligenten Zentralisierung« charakterisiert die gegenwärtigen Veränderungen der Polizeigeschichte und die gestiegene Bedeutung des Faktors Information (ebenda: 252). Mit dem Aufbau von Informationssystemen und Intelligence-Einheiten hat sich die Wahrnehmung der polizeilichen Schwerpunkte verändert (ebenda: 253). Sowohl auf nationaler als auch auf internationaler Ebene stehen Vorfeldermittlungen, die Sammlung von Informationen und der Austausch zwischen den Fachbereichen im Mittelpunkt der polizeilichen Tätigkeit. Aufgrund der relativen Gleichläufigkeit der Reformprozesse der »intelligenten Zentralisierung« in den nationalen Polizeiorganisationen kann trotz bestehender Ungleichzeitigkeiten und Unterschiede von einem internationalen Prozess gesprochen werden (ebenda: 254). Die Anschlussstellen der internationalen Polizeikooperation bilden die Zentralstellen der nationalen Polizeien (z. B. BKA). Eine gemeinsame Bedrohungsanalyse und die Angleichung der polizeilichen Instrumente und Arbeitsweisen bilden die Basis für den dauerhaft funktionierenden internationalen Austausch und die grenzüberschreitender Kooperation der nationalen Polizeien.

Die Rechtshilfevorschriften als Norm der zwischenstaatlichen Polizeikooperation orientieren sich, Busch (ebenda: 293) zufolge, nach wie vor am reaktiven Handeln. Der bedeutende Teil des Suchens, Ermittelns Fahndens und Findens wird im internationalen Bereich in den Risikoraum des Undefinierten verwiesen (ebenda). Aber nur ein Teil der grenzüberschreitenden Zusammenarbeit wird im Rahmen der Rechtshilfe abgewickelt (ebenda: 195). An die Stelle des formellen Ersuchens treten vielfach kurzfristige Absprachen, die auf guten informellen Kontakten zwischen den zuständigen Polizeidienststellen der verschiedenen Länder basieren und auch eine operative Zusammenarbeit im Vorfeld des Verdachtes ermöglichen. Das Schengener Durchführungsabkommen bildet den Anfang einer rechtlichen und instrumentellen Entgrenzung der polizeilichen Zusammenarbeit, auch schon im Vorfeld der Straftaten. (ebenda: 321). Was zuvor praktisch wirksam erfolge, erhielt nun erstmals eine vertragliche Entsprechung. Aufgabenbestimmungen wie »vorbeugende Bekämpfung von Straftaten« bzw. »Bekämpfung zukünftiger Straftaten«, »Sicherheit der Staates« und »nationale Sicherheit« durchziehen das Vertragswerk wie ein roter Faden. Die internationale Polizeikooperation folgt formell einem zentralistischen Modell, nach dem die Übermittlung über Ersuche zwischen den Zentraldienststellen der Kriminalpolizeien abgewickelt soll (ebenda: 323). Wenn in Eilfällen der unmittelbare Dienstweg mit unteren bzw. lokalen Dienststellen benutzt wird, muss dies den Zentraldienststellen gemeldet werden. Das zentralistische Modell internationaler Polizeikooperation beruht auf der Annahme, dass die Zentraldienststellen über bessere Ressourcen verfügen und im Informationsaustausch mit ausländischen Stellen eine Vorrangstellung haben. Ungeachtet dessen erhalten und übermitteln nachgeordnete Polizeidienststellen in der Praxis Informationen. Formell davon ausgenommen ist der »Kleine Grenzverkehr«, der bereits bilateral in einer Reihe von Verwaltungsabkommen geregelt ist. Die europäische Zusammenarbeit der Polizei soll in Grenznähe durch die Errichtung direkter Kommunikationsverbindungen gestärkt werden (ebenda: 324). Die vertraglichen Bestimmungen haben in erster Linie symbolischen Wert, verleihen den Maßnahmen aber rechtlich Kontinuität und erweitern den Spielraum der Polizeien, den diese durch Absprachen über Verfahren, informellen Kontakte und Vereinbarungen ausbauen können (ebenda: 326). Polizistinnen betonen die Vorzüge der »praktischen«, »operativen« Zusammenarbeit und des direkten Informationsaustauschs, der zwar nicht kontrollierbarer, aber schneller, konkreter und erfolgversprechender ist (ebenda: 350). Das Schengener Abkommen sowie die Einführung des neuen Instrumentariums SIS (Schengener Informationssystem), das mit einer Verknüpfung und Verkürzung der Datenwege verbunden ist, haben den rechtlichen Rahmen beim grenzüberschreitenden Informationsaustausch und Handeln der Polizei erweitert (ebenda: 326). Dennoch sind die nationalen Regierungen nur begrenzt willens, formell auf staatliche Souveränität zu verzichten (ebenda: 351). Das Fehlen formeller vertraglicher Regelungen hat die internationale Kooperation der Polizeien in der Praxis nicht wesentlich beeinträchtigt. Das »gemeinsame Selbstverständnis« hat die Zusammenarbeit gestärkt. Die Handlungsspielräume der internationalen Zusammenarbeit bleiben aber auf die Exekutive beschränkt, eine schnelle Einigung auf den Mechanismus der Repression ist auf internationaler Ebene möglich, aber die Nationalität der Rechtskultur (Justiz) bleibt weiterhin bestehen (ebenda: 354).

Nun zu den institutionellen Rahmen, den organisationalen Bedingungen und dem idealtypischen professionellen Handeln im Bereich der Sozialen Arbeit.

Soziale Arbeit

Soziale Arbeit ist ein bedeutsamer Teilbereich der modernen Gesellschaft, der im Kontext des Ausbaus der staatlichen Wohlfahrtspflege seit dem 19. Jh. entstanden ist und sich zum Berufsfeld entwickelt hat. Das Handlungssystem der Sozialen Arbeit ist aus der Organisation und Verberuflichung alltagsweltlicher Hilfeleistungen bzw. der Ausdifferenzierung, Verrechtlichung und Institutionalisierung öffentlicher Hilfesysteme hervorgegangen (Bommes/Scherr 2000: 60). Als »organisierte Hilfe« stellt sie, Bommes/Scherr (2000: 13) zufolge, eine, wenn nicht die Form dar, in der die moderne Gesellschaft darauf reagiert, dass sie in vielfältiger Weise Hilfsbedürftigkeit erzeugt. Während die Soziale Arbeit historisch betrachtet in den Vereinigten Staaten sehr früh eine professionalistische Entwicklung genommen hat, war sie in Deutschland bis nach dem Zweiten Weltkrieg durch eine nicht-professionalistische Ideen- und Institutionengeschichte geprägt (Schütze 1992: 132). Die aus dem englischen »Social Work« abgeleitete Terminologie »Soziale Arbeit« dient seit den 90er Jahren als Sammelbezeichnung für die Fachrichtungen Sozialpädagogik und Sozialarbeit, welche sich in Deutschland als zwei getrennte Ausbildungsgänge, Berufszweige und Disziplinen entwickelt haben (Bommes/Scherr 2000: 16). Folgt man dem Konvergenz- oder Subsumptionsansatz der gegenwärtigen professionstheoretischen Fachdiskussion, kann aber auf eine formale und inhaltliche Differenzierung zwischen Sozialarbeit und Sozialpädagogik verzichtet werden. Der Konvergenzansatz berücksichtigt zwar die unterschiedlichen Wurzeln und ursprünglich verschiedenen Arbeitsfelder von Sozialarbeit und Sozialpädagogik, konstatiert aber einen Angleichungsprozess beider Fachbereiche.[9] Sozialhistorisch steht die Sozialarbeit in der Tradition der Armenfürsorge und bildete ihre disziplinäre Eigenständigkeit zunächst als Fürsorgewissenschaft aus (ebenda). Die Fachrichtung Sozialpädagogik dagegen ist im Kontext der Armenerziehung und vor dem disziplinären Hintergrund der Theorie und Praxis der Jugendhilfe entstanden. Sie geht aus den wachsenden staatlichen Bemühungen um eine, die familiale, berufliche und schulische Sozialisation ergänzende Erziehung von Kindern und Jugendlichen hervor, die als gefährdet galten (ebenda). Im Unterschied zum Konvergenzansatz fasst der Subsumptionsansatz Sozialarbeit und Sozialpädagogik bereits als Teil eines bzw. des als Soziale Arbeit bezeichneten, gesellschaftlichen Handlungssystems auf.

Die Entwicklung der Sozialen Arbeit vollzieht sich vor dem Hintergrund allgemeiner gesellschaftlicher Veränderungsprozesse und ist somit auch in den Prozess der fortschreitenden Arbeitsteilung und strukturellen Differenzierung der Gesellschaft einbezogen (Gildemeister 1993: 60). In der modernen Gesellschaft bildet sie ein heterogenes Feld von Arbeitsfeldern und Tätigkeitsbereichen, welches allgemein als Komplex der beruflichen Praxis von Sozialarbeiterinnen und Sozialpädagoginnen charakterisiert werden kann. Die professionellen sozialen Dienste und Hilfen werden, Gildemeister (1993: 58) zufolge, in vielen verschiedenen Formen angeboten und organisiert, wobei der Grad der Institutionalisierung in und zwischen den Arbeitsfeldern sehr stark variiert. Das Handlungsfeld der Sozialen Arbeit ist durch eine unüberschaubare Anzahl von Organisationen gekennzeichnet, die sich hinsichtlich der Vielfalt der Aufgabenstellungen, der rechtlichen Verfassung (staatliche Verwaltung, Verband, Verein, GmbH etc.), der Rekrutierung von finanziellen und Sachleistungen, der

---

9   Der Differenzansatz hält an den historischen Unterschieden zwischen Sozialarbeit und Sozialpädagogik fest. Er ordnet der Sozialpädagogik die Erziehungs- und Bildungsprozesse zu und versteht Sozialarbeit als Fürsorgetätigkeit im weitesten Sinne. Hierzu: Harmsen (2004), Mühlum (2001).

Höhe des Budgets sowie der Anzahl der hauptamtlich und ehrenamtlich beschäftigen Mitarbeiterinnen unterscheiden (Bommes/Scherr 2000: 149).

Das weite Spektrum der Organisationsformen und Verfahrensweisen Sozialer Arbeit reicht von vergleichsweise hochformalisierten kommunalen Behörden über die großen Wohlfahrtsverbände (den »Trägern« Sozialer Arbeit) bis hin zum lockeren Verbund verschiedener »autonomer« Projekte (Gildemeister 1993: 63).[10] Systematisch lassen sich drei Organisationsformen unterscheiden: erstens Soziale Arbeit als Teil der wohlfahrtsstaatlichen Leistungsverwaltung, zweitens Soziale Arbeit in eigenständigen Organisationen und drittens Soziale Arbeit als berufliche Tätigkeit im Rahmen von Organisationen der Wirtschaft, der Gesundheit, des Rechts oder der Erziehung (Bommes/Scherr 2000: 150ff). Sowohl in den behördlichen als auch in den verbandlichen Organisationen Sozialer Arbeit war zunächst eine allgemeine Tendenz zur Formalisierung und Bürokratisierung festzustellen, die sich beispielsweise in den Versuchen zeigte, die gesamte Organisation planvoll auf die Erreichung spezifischer Ziele auszurichten und Verfahrensformen zu entwickeln, die von den in ihr handelnden Personen und Repräsentantinnen unabhängig sind (Gildemeister 1993: 63f). Jedoch sind der Sozialen Arbeit als personenspezifischer Dienst- und Hilfeleistung bei der Formalisierung und Bürokratisierung immanente strukturelle Grenzen gesetzt, die nicht zuletzt auf der Unbestimmtheit der Organisationsziele und den Kontingenzen des Hilfeprozesses beruhen. Die in hohem Maße unbestimmten Aufgaben und Zielstellungen sozialarbeiterischen Handelns kommen, Gildemeister (1993: S.64) zufolge, besonders in den leerformelhaften Formulierungen wie »Hilfe zur Selbsthilfe«, »Fähigkeit zur selbständigen Lebensführung«, »Mündigkeit« etc. zum Ausdruck. Um den spezifischen Bedingungen der Sozialen Arbeit Rechnung zu tragen, haben sich zunehmend Organisationsformen herausgebildet, die durch eine Relativierung der bürokratischen Strukturmerkmale charakterisiert sind und »abweichende Bürokratien« darstellen (ebenda). Infolge der Bemühungen, die Berufspraxis stärker auf die Lebenswirklichkeit der Adressatinnen und Klientinnen abzustimmen, sind in der behördlichen Sozialarbeit ausgelagerte Organisationseinheiten wie Stadtteilzentren, Jugendtreffs und offene Beratungsstellen und in der »freien« oder verbandlichen Sozialarbeit vermehrt Projekte und Vereine entstanden (ebenda. S.64f).

Der Beruf der Sozialen Arbeit zeichnet sich, Heiner (2004: 155ff) zufolge, durch spezifische Merkmale des Auftrags, des Handlungstypus, des Aufgabenfeldes und Tätigkeitsspektrums sowie der Interventionsformen aus. Die Bestimmung der sozialarbeiterischen Praxis liegt in der Vermittlung zwischen Individuum und Gesellschaft, System und Lebenswelt, Kli-

---

10 Grundlage für diese Struktur bildet das auf den »Leitbildern« einer spezifischen Gesellschaftsordnung basierende und in der Sozialgesetzgebung verankerte Subsidiaritätsprinzip, d. h. das Prinzip der Nachrangigkeit öffentlicher Hilfeformen gegenüber freiwilliger Hilfe (Gildemeister 1993: 63).

entel und sozialer Umwelt. Ihre Zielsetzung besteht sowohl in der Förderung der autonomen Lebenspraxis als auch in der Herstellung gesellschaftlicher Normalität. Im beruflichen Alltag sind die Sozialarbeiterinnen und Sozialpädagoginnen permanent mit widersprüchlichen Erwartungen und Interessengegensätzen konfrontiert. Die intermediäre Funktion der Sozialen Arbeit verlangt von den Fachkräften ein Handeln im Spannungsfeld von gesellschaftlichen Anforderungen und individuellen Bedürfnissen bzw. Fähigkeiten sowie die Kompetenz des Austarierens von Selbstbestimmung und Fremdbestimmung, Hilfe und Kontrolle, Disziplinierung und Akzeptanz, Hilfegewährung und Hilfeverweigerung (ebenda: 155). Der Handlungsmodus der Sozialen Arbeit zeichnet sich neben den diversen Vermittlungsaktivitäten durch die Verschränkung von strategischem und verständigungsorientiertem Handeln aus (Hubbertz 2002, zitiert nach Heiner 2004: 156). Während das strategische Handeln der gezielten Durchsetzung der von der Fachkraft als notwendig erachteten Problemlösungen dient, bemüht sich das verständigungsorientierte Handeln um ein Einvernehmen auf der Grundlage empathischen Verstehens. Das professionelle sozialarbeiterische Handeln beruht auf der Kombination und Integration von kontrollierenden und disziplinierenden Interventionen mit entwicklungs- und verantwortungsfördernden Aktivitäten. Die Ausbalancierung zwischen der Personenorientierung und der Zielorientierung bildet die Grundlage der aufgabenorientierten Beziehungsarbeit der Sozialwesenbeschäftigten. Nach Heiner (ebenda: 157) ist das Verhältnis von strategischem und verständnisorientierten Handeln sowohl in den einzelnen Arbeitsfeldern und zwischen verschiedenen Adressatinnengruppen als auch in den verschiedenen Phasen des Hilfeprozesses unterschiedlich gewichtet. Die Angemessenheit ihrer Relation und Variation stellt einen wesentlichen Teil der Handlungskompetenz professioneller Sozialarbeiterinnen und Sozialpädagoginnen dar. Für das Berufsfeld der Sozialen Arbeit sind ein breites Aufgabenspektrum und die umfassende Zuständigkeit für alle Aspekte der komplexen Problemlagen der Klientel kennzeichnend. Das sozialarbeiterische Handeln orientiert sich an einer trifokalen Aufgabenstellung, die erstens die fallbezogene Unterstützung der Klientel zur Optimierung ihrer Lebensweise, zweitens die fallbezogene Veränderung ihrer Lebensbedingungen und drittens die fallunabhängige und -übergreifende Optimierung der sozialen Infrastruktur (z. B. durch Mitarbeit in fachpolitischen und sozialpolitischen Gremien) umfasst (ebenda). Hinsichtlich der Interventionsformen zeichnet sich die Soziale Arbeit durch einen ganzheitlichen Ansatz bzw. sozialökologisch, lebensweltlich, systemisch oder mehrperspektivisch orientierte Herangehensweisen und Maßnahmen aus (ebenda: 158). Die berufliche Praxis ist inhaltlich durch eine umfassende Problemwahrnehmung und Problembearbeitung und methodisch durch ein breites Repertoire an Interventionsmethoden und Interaktionsformen charakterisiert. Zudem zeichnet sich die Soziale Arbeit durch niedrigschwellige, dezentralisierte sowie alltags- und milieunahe Handlungskonzepte und Arbeitsweisen aus. Ihre ganzheitliche Ausrichtung und die sozialökologische Präsenz in der Lebenswelt der Klientel gehört von jeher zu den wesentlichen Grundzügen der Sozialarbeit und unterscheidet sie von anderen Humandienstleistungen und benachbarten Berufen im gleichen Feld (ebenda: 159f).

Allerdings ist das Prinzip der »Ganzheitlichkeit«, Heiner (ebenda: 160) zufolge, ein schwer umsetzbares Konzept dar, welches eine begründete Schwerpunktsetzung und ein konsekutives Abarbeiten der Probleme erfordert, zugleich aber auch die Fähigkeit zur »strukturierten Offenheit«, d. h. zur flexiblen Reaktion auf die beobachteten Fall- und Projektentwicklungen. Die Diversität der sozialarbeiterischen Aufgaben und Interventionsformen verlangt von den Fachkräften eine besondere Planungs-, Konzeptions- und Reflexionskompetenz, um die jeweils angemessene Form der Problembearbeitung auszuwählen und umzusetzen (ebenda). Zudem beinhaltet der berufliche Alltag von Sozialarbeiterinnen und Sozialpädagoginnen die Zusammenarbeit mit unterschiedlichen Interaktions- und Kooperationspartnerinnen, die ohne eine umfassende milieu-, schicht- und (berufs-)kulturenübergreifende kommunikative Kompetenz nicht zu bewältigen ist.

Vor dem Hintergrund der Vielfalt und Komplexität der sozialen Problemlagen der Klientel und der damit verbundenen Heterogenität der Zuständigkeits- und Handlungsbereiche von Sozialarbeiterinnen und Sozialpädagoginnen wird der Professionsstatus bzw. die Professionalisierung der Sozialen Arbeit vielfach infragegestellt. Nicht jede berufliche Tätigkeit zählt zu den Professionen, da diese gehobene Berufe mit akademischer Ausbildung, besserer finanzieller Vergütung und größerer Entscheidungsfreiheit in der beruflichen Praxis darstellen (ebenda: 15). Als typische Professionen gelten die Tätigkeiten von Geistlichen, Ärztinnen und Juristinnen, welche in der sozialhistorischen und soziologischen Professionstheorie dadurch charakterisiert werden, dass sie zentralwertbezogene Leistungen für die Gesellschaft erbringen und dabei einer besonderen Handlungslogik folgen, welche sie gegenüber anderen Berufen heraushebt (Dewe/Ferchhoff/Radke 1992: 7f). Die Debatte, in welcher Hinsicht Soziale Arbeit eine Profession sei, ist bis heute unentschieden (Schütze 1992: 132). Zu den grundlegenden Merkmalen und klassischen Kriterien einer Profession gehören nach Heiner (2004: 15f) erstens eine spezielle fachliche Expertise, d. h. die Fähigkeit, bestimmte Aufgaben auf der Grundlage von Spezialwissen und berufsspezifischer Handlungskompetenz zu erledigen, zweitens eine akademische Ausbildung, die zur kritischen Rezeption und eigenständigen Anwendung von wissenschaftlichem Wissen und zur Erarbeitung eigener Erkenntnisse befähigt, drittens eine abgegrenzte Kompetenzdomäne, d. h. ein Tätigkeits- und Aufgabenfeld, für das die Profession alleine zuständig ist und das sie nach ihren fachlichen Standards bearbeitet, viertens die Betreuung mit Aufgaben von grundlegender Bedeutung, deren Erledigung für die Gesellschaft insgesamt und für die einzelnen Mitglieder von zentraler, teilweise existentieller Bedeutung sind, fünftens eine weitgehende Autonomie der Profession bei der Frage nach der Regelung zentraler Fragen ihrer Entwicklung, meistens über berufsständische Organisationen, sechstens große (im Rahmen der professionellen Standards verbleibende) Entscheidungsspielräume der einzelnen Fachkräfte bei der Ausübung ihres Berufes, also der Unabhängigkeit von fachfremden Weisungen und den professionellen Standards widersprechenden administrativen oder politischen Vorgaben, sowie siebentens die Verpflichtung auf ein bestimmtes kodifiziertes Berufsethos, d. h. auf Prinzipien, die die Ausübung beruflicher Handlungen zum Wohl der Klientel und im Interesse des Gemeinwohls sichern. Der Beruf von Sozialarbeiterinnen und Sozialpädagoginnen wird in der wissenschaftlichen Diskussion zumeist nicht als Profession betrachtet und gilt, da nicht alle der genannten berufsstrukturellen Merkmale auf ihn zutreffen, nur als »halb« professionalisiert bzw. als »Semiprofession« oder auch »unvollendete Profession« (Gildemeister 1993: 68). Die Zuständigkeit für eine Vielzahl von Inklusions- und Exklusionsproblemen ihrer Klientel beispielsweise begründet eine breite und eher diffuse Wissensbasis (Bommes/Scherr 2000: 208). Soziale Arbeit kann sich nicht auf einen völlig eigenständigen, maßgeblich eigenproduzierten und eigenkontrollierten abgegrenzten höhersymbolischen Sinnbezirk zur Selbststeuerung und Reflexion ihrer Berufsarbeit zurückziehen (Schütze 1992: 146). Vor diesem Hintergrund fragt Schütze (1992: 132) nach der Möglichkeit einer nicht-expertokratischen Professionalität. Olk (1986, zitiert nach Heiner 2004: 24) spricht bezüglich der Sozialarbeit von einer »alternativen Professionalität«, deren Kern das besondere Mischungsverhältnis aus wohlfahrtsstaatlich bedingter, politischer und ökonomischer Abhängigkeit einerseits und der großen tätigkeitsbezogenen Autonomie im Umgang mit der Klientel andererseits bildet. Nach Schütze (1992a: 135) leidet die Debatte über die Professionalität der Sozialen Arbeit an der Unklarheit des zugrundegelegten Begriffs von Profession und Professionalität. Der Entwicklungsstand eines Berufes kann zum einen aus einer berufsstrukturellen Perspektive eingeschätzt werden, die primär den sozialen Status und die Selbstregulierungsfähigkeit des Berufes hinsichtlich Ausbildung, Berufszugang und Berufszuschnitt in den Blick nimmt, und zum anderen aus einer handlungs- und wirkungsorientierten Perspektive befunden werden, welche die Berufsvollzüge daraufhin taxiert, ob die Fachkräfte nach ihren beruflichen Standards und Maximen handeln dürfen und können und bei der Erledigung ihrer Aufgaben die angestrebten Resultate erzielen (Heiner 2004: 16). Unter berufsstrukturellen Beurteilungskriterien ist die Soziale Arbeit allenfalls eine Semiprofession, da ihre Autonomie in vielen Arbeitsfeldern durch Ausführungsvorgaben und -weisungen anderer (Juristinnen, Verwaltungsfachkräfte, Medizinerinnen) eingeschränkt wird und sie angesichts ihrer diffusen Allzuständigkeit über kein klar abgegrenztes Tätigkeitsfeld und keine abgegrenzte, eigenständige wissenschaftliche Kompetenzdomäne verfügt (ebenda: 19f). Das handlungs- und kompetenztheoretisch ausgerichtete Professionsverständnis konzentriert sich jedoch stärker auf die Analyse von Interaktionsprozessen und die Problemlösungskompetenz der Professionsmitglieder (ebenda: 20). Aus dieser Perspektive sieht Schütze (1984, zitiert nach Heiner 2004: 21) die Soziale Arbeit nicht als einen relativ ohnmächtigen, verwaltungsabhängigen Beruf an, sondern als Profession, welche einen wichtigen gesellschaftlichen Auftrag ausführt und dabei vor Schwierigkeiten und Paradoxien gestellt ist, wie sie für alle Professionen kennzeichnend sind. Der Nachweis der Professionalität bezieht sich in erster Linie auf die Expertise, d. h. auf das für die Bewältigung der beruflichen Aufgaben notwendige spezifische Wissen und Können, sowie das spezifische berufliche Selbstverständnis der Professionsmitglieder, und hängt nicht von dem an der Bezahlung, dem sozialen Ansehen, der unbestrittenen Kompetenzdomäne etc. ermessenen gesellschaftlichen Status des Berufes ab (ebenda: 155). Im Mittelpunkt steht die »Professionalität« als Handlungsmodus und weniger die »Profession« als Berufsstatus.

Aus interaktionistischer Sicht stellt die Profession einen, sowohl von der alltäglichen Laienwelt als auch von anderen Expertinnensinnwelten, relativ abgegrenzten Orientierungs- und Handlungsbereich dar, in dem wissenschaftlich und praktisch ausgebildete Berufsexpertinnen gesellschaftlich lizenzierte Dienstleistungen für ihnen per gesellschaftlichem Mandat anempfohlene Klientinnen vollbringen (Schütze 1992: 135). Dabei ist die Profession auf eine höhersymbolische Sinnwelt ausgerichtet, die sich in den modernen Gesellschaften auf eine spezifische Wissenschaftsdisziplin bezieht. Die Berufsexpertin schließt mit der Klientin einen stets prekären, immer wieder gefährdeten Vertrauenskontrakt, der auf der grundsätzlichen, professionsethisch verankerten Orientierung des beruflichen Handelns am Einzelwohl der Klientin beruht (ebenda: 136). Im Arbeitsverlauf wendet die Berufsexpertin besondere, wissenschaftlich fundierte Analyse- und Handlungsverfahren an, die in die alltägliche Lebenswelt der Klientin eingreifen und teilweise auch unangenehm oder gar schmerzhaft sein können. Die professionelle Bearbeitung der spezifischen Fall- und Projektdynamik besteht in der Übertragung der allgemeinen Gesichtspunkte aus der wissenschaftlich fundierten höhersymbolischen Sinnwelt der Profession in die singuläre »existenzweltliche« Lebenssituation der Klientin, welche durch komplexe »Rahmen-Merkmale« gekennzeichnet ist (ebenda). Bei der Anwendung der professionellen Analyse- und Handlungsverfahren auf die konkrete Fallproblematik kommt es immer wieder zu Paradoxien professionellen Handelns, d. h. zu Schwierigkeiten und Dilemmata im Arbeitsablauf, die nicht aufhebbar oder umgehbar sind (ebenda: 137). Die Abarbeitung an den Paradoxien professionellen Handelns geschieht häufig fehlerhaft in dem Sinne, dass die immanenten Antinomien nicht ausgehalten und ausgeblendet oder einseitig aufgelöst werden (ebenda: 138). Unter den Gesichtspunkten der interaktionistischen Professionstheorie gilt die Soziale Arbeit als »bescheidene Profession«, welche noch nicht den Grad an Autonomie erworben hat, der für andere Professionen kennzeichnend ist (ebenda: 147).

Sozialarbeiterinnen und Sozialpädagoginnen sind mehr als andere Professionelle den Handlungsrestriktionen der organisatorischen verwaltungsmäßigen, rechtlich-kontrollierenden und ökonomischen Zwänge ausgeliefert, welche ihre professionelle Entwicklung und Autonomie empfindlich behindern (ebenda). Ungeachtet dessen kann Soziale Arbeit aufgrund der empirisch beobachtbaren Phänomene professionellen Handelns sowie der Existenz universaler Schwierigkeiten und Kernprobleme als Profession klassifiziert werden (ebenda: 145), da Paradoxien professionellen Handelns nur in Berufsbereichen auftreten, die tatsächlich an den Werten und Regeln des professionellen Handelns und deren wissenschaftlichen Grundlagen orientiert sind (ebenda: 142), also zur Logik der professionell-orientierten Expertinnen-Berufsarbeit dazugehören (ebenda: 163). Hinsichtlich der Frage nach dem Professionsstatus Sozialer Arbeit sind, Schütze (ebenda: 135) zufolge, nicht nur die berufsethisch-normativen und experten-rationalen Aspekte professioneller Sinnwelten, sondern auch die problematischen Aspekte der professionalistischen Interessenvertretung und des professionellen Handelns zu berücksichtigen. Die professionelle, organisierte Hilfe unterliegt Kodifizierungen und Strukturbedingungen, die bei den Professionellen Konflikte hervorrufen und zu paradoxen Arbeitsaufträgen oder –bedingungen führen (Michel-Schwartze 2002: 34). In der alltäglichen sozialarbeiterischen Praxis sind die Berufsakteurinnen mit »hartnäckigen Dauerproblemen« konfrontiert, die zum Wesen professioneller Arbeit in einer modernen arbeitsteilig organisierten Gesellschaft gehören (Schütze 1992: 147). Die nicht lösbaren Paradoxien beruhen auf dem Umstand, dass professionelle Berufsarbeit nicht nach dem Modell kalkulierten zweckrationalen Planens und Implementierens funktioniert, sondern der hermeneutisch-kommunikativen bzw. interpretativ-dokumentarischen Logik folgt (ebenda: 163f). Jede Profession und jede Professionelle steht vor der Aufgabe, fortwährend paradoxe Leistungen zu erbringen (ebenda: 164). Zu den spezifischen Schwierigkeiten des professionellen Handelns von Sozialarbeiterinnen und Sozialpädagoginnen zählen erstens die Spannung zwischen den allgemeinen fachbezogenen Typenkategorien und Prozessabläufen und den konkret situierten, empirisch vorkommenden Fällen (ebenda: 147ff), zweitens das Prognostizieren der Fallentwicklung auf unsicherer empirischer Basis (ebenda: 149f), drittens der Konflikt zwischen abwartender Beobachtung der Falldynamik und sofortiger, eingreifender Intervention (S.150ff), viertens das die Professionellen-Klientinnen-Beziehung sowohl stabilisierende als auch gefährdende Verschweigen des professionellen Mehrwissens (S.152ff), fünftens der Zwiespalt zwischen den professionellen Ordnungs- und Sicherheitsgesichtspunkten und der Eingrenzung der Entscheidungsfreiheit der Klientin (S.156ff), sechstens der Gegensatz zwischen der professionellen Expertinnenspezialisierung und der biographischen Ganzheitlichkeit der Fallentwicklung (S.159f), sowie siebtens das pädagogische Grunddilemma zwischen Hilfeleistung und der Gefahr der Entwicklung oder Verstärkung der Hilflosigkeit und Unselbständigkeit der Klientin (S.160ff). Derartige Paradoxien wirken auch in anderen Professionen und bilden dort eine ständige Quelle von Problemen und Fehlertendenzen, sind, Gildemeister (1993: 70) zufolge, aber in der diffusen »Allzuständigkeit« des sozialarbeiterischen Handelns besonders schwer kontrollierbar.

Nach der empirischen Untersuchung von Heiner (2004: 162ff) sind für die Soziale Arbeit sechs berufliche Anforderungskomplexe charakteristisch und im Rahmen des professionellen Handelns von Sozialarbeiterinnen und Sozialpädagoginnen zu bewältigen. Dazu gehört erstens die reflektierte Parteilichkeit und hilfreiche Kontrolle als Vermittlung zwischen Individuum und Gesellschaft. Die Optimierung der Passung zwischen den Klientinnen und ihrer sozialen Umwelt verlangt die Fähigkeit, sich angemessen zwischen den Polen der bloßen Weitergabe gesellschaftlicher Anforderungen einerseits, und der uneingeschränkten Erfüllung individueller Bedürfnisse andererseits sowie zwischen kontrollierender Fremdbestimmung und Unterstützung der Selbstbestimmung zu positionieren (ebenda: 162f). Zum beruflichen Auftrag der Sozialwesen-Professionellen zählt zweitens die Entwicklung realisierbarer und herausfordernder Ziele angesichts ungewisser Erfolgsaussichten in unstrukturierten Tätigkeitsfeldern (ebenda: 163). Die Bewältigung der oftmals diffusen und komplexen Auftragslage und der Ergebnisunsicherheit des eigenen Handelns erfordert ein permanentes Austarieren zwischen Offenheit und Strukturierung, Überforderung und Unterforderung, sowie die Formulierung und Initiierung von Nah- und Fernzielen, Minimal- und Maximalzielen, Wirkungs- und Leistungszielen (ebenda: 163f). Die professionelle Sozialarbeit beinhaltet drittens eine aufgabenorientierte, partizipative Beziehungsgestaltung und begrenzte Hilfe in alltagsnahen Situationen (ebenda: 164). Dies setzt bei den Fachkräften im Umgang mit den Klientinnen ein angemessenes Verhältnis von Nähe und Distanz, Personen- und Zielorientierung sowie Entlastung und Unterstützung einerseits und Forderung und Aktivierung andererseits voraus. Zu den Grundkompetenzen von Sozialarbeiterinnen und Sozialpädagoginnen gehört viertens die multiprofessionelle Kooperation und Vermittlung von Dienstleistungen bei unklarem und/oder umstrittenen beruflichen Profil (ebenda: 165). Hier wird den Sozialwesen-Professionellen die Fähigkeit zur offen, konstruktiven und lösungsorientierten Auseinandersetzung und zur Aushandlung einer arbeitsteiligen Bearbeitung der vielfältigen Probleme der Klientel, gegebenenfalls unter fortdauernder eigener Fallverantwortung, abverlangt. Professionelle Soziale Arbeit gebietet fünftens die Weiterentwicklung der institutionellen und infrastrukturellen Rahmenbedingungen, die eine positive Entwicklung ihrer Klientel behindern (ebenda: 166). Die Fachkräfte müssen daher bereit und fähig sein, mit verschiedenen Institutionen und deren Vertreterinnen (z. B. der Politik, Justiz, Ärzteschaft, Polizei) in einen produktiven Austausch zu treten und zwischen Konsenssuche und Konfrontation Lobbyarbeit für ihre Klientel zu betreiben, ohne die direkte Klientinnenarbeit zu vernachlässigen (ebenda). Der sechste berufliche Anforderungskomplex der Sozialen Arbeit besteht in der Nutzung ganzheitlicher und mehrperspektivischer Deutungsmuster als Fundament entwicklungsoffener Problemlösungsansätze auf empirischer Basis. Dazu gehören ein grundsätzlich offenes, flexibles und aushandlungsorientiertes Vorgehen, die Entwicklung sehr komplexer Ursachen- und Zielvorstellungen, ganzheitliche, defizit- und ressourcenorientierte Problemanalysen und Interventionsplanungen, sowie eine kontinuierliche prozess- und ergebnisbezogene Reflexion des professionellen Handelns (ebenda: 166f). Neben der rationalen Analyse auf Grundlage wissenschaftlicher Erkenntnisse und der empirisch fundierten Evaluation des eigenen Vorgehens und seiner Konsequenzen trägt auch die erfahrungsbasierte Intuition zur Bewältigung der Komplexität bei (ebenda: 167). Der von den Sozialarbeiterinnen und Sozialpädagoginnen in der beruflichen Ausbildung und Praxis inkorporierte professionelle Habitus, den Heiner (ebenda: 18) als Mischung aus Berufsethos und Berufsroutine beschreibt, soll sowohl die Standeskontrolle durch Berufskollegen als auch die Selbstkontrolle der Professionsmitglieder gewährleisten, und garantieren, dass sich die berufliche Praxis in erster Linie am Wohl der Klientin orientiert.

Das Handlungsfeld der Sozialen Arbeit stellt eine gesellschaftliche Reaktion auf sozialstrukturelle Sachverhalte dar. Die von ihr erbrachten Hilfeleistungen sind weniger als Folge einer immer schon gegebenen ethischen Verpflichtung zur Hilfeleistung zu betrachten, sondern vielmehr als eine soziale Wahrnehmungs- und Handlungsweise, die auf spezifische soziale Problemstellungen Bezug nimmt (Bommes/Scherr 2000: 37). Während ein Problem im alltagsweltlichen Sinn eine Aufgabe oder Herausforderung beschreibt, die einer Lösung bedarf, subsumiert der Begriff des sozialen Problems ein Konglomerat unterschiedlichster Lebenslagen (Michel-Schwartze 2002: 43). Soziale Probleme sind, Gildemeister (1993: 59) zufolge, das Ergebnis gesellschaftlicher Definitions- und Aushandlungsprozesse und basieren auf der Wahrnehmung von Abweichungen von der »Normalität« gesellschaftlicher Lebenspraxis. Für die Definition eines sozialen Problems ist relevant, dass es auf gesellschaftlicher Ebene in quantitativ nennenswertem Ausmaß und über einen längeren Zeitraum hinweg beobachtet wird, ökonomische Auswirkungen hat und definierbar, d. h. plausibilisierbar und identifizierbar ist (Michel-Schwartze 2002: 44). Am gesellschaftlichen Definitionsprozess sozialer Probleme sind verschiedene Akteure mit unterschiedlichen Erwartungen und Zielen beteiligt (Sidler

1989, zitiert nach Michel-Schwartze 2002: 45).»fordernde Definitoren«, d. h. Betroffene oder deren »Anwälte«, die gesellschaftliche Hilfe erwirken wollen; »anbietende Definitoren« bzw. Problem-Expertinnen, z. B. Wissenschaftlerinnen oder große Wohlfahrtsverbände, die hoffen, ihre Problemlösungskompetenz wirkungsvoll einsetzen zu können; »nutznießende oder schmarotzende Definitoren«, die angesichts der Publizität des definierten Problems auf Profit spekulieren; sowie »entscheidende Definitoren« wie die staatliche Legislative und Exekutive, die beabsichtigen, gesellschaftlicher Dysfunktionalität entgegenzuwirken. Das Ziel der Sozialen Arbeit besteht in der Bearbeitung und Prävention sozialer Probleme, sowie der Förderung der gesellschaftlichen Teilhabe ihrer Klientinnen und Adressatinnen. Innerhalb dieses Rahmens verfügt die professionelle Sozialarbeit über eine gesellschaftliche Doppelrolle, da sie einerseits von den Inhalten und Formen der öffentlichen Thematisierung sozialer Probleme, sowie den daraus resultierenden und in den gesetzlichen und rechtlichen Grundlagen festgelegten Programmen und Ressourcen abhängig ist, zugleich aber auch selbst am Thematisierungs- und Problematisierungsprozess teilnimmt (Gildemeister 1993: 62). Die Hilfsbedürftigkeit und Hilfsansprüche der Klientel werden von der Sozialarbeit und ihren Organisationen ebenso festgelegt und (mit-)begründet. Das Handlungssystem der Sozialen Arbeit ist dadurch charakterisiert, dass sie ganz allgemein und zunächst auch in einem ganz unspezifischen Sinn mit der Beobachtung von Hilfsbedürftigkeit und ihrer Bearbeitung durch Hilfe befasst ist (Bommes/Scherr 2000: 59). In dieser spezifischen Perspektive werden Individuen und soziale Gruppen danach unterschieden, ob sie für Hilfe in Frage kommen oder nicht. Michel-Schwartze (2002: 122ff) differenziert vier Handlungsebenen der Fallentwicklung in der professionellen Sozialarbeit: die Informationssammlung, die Problemdefinition, die Intervention und die Evaluation.[11] Die Handlungsebene der Informationssammlung entspricht Michel-Schwartze (ebenda: 123) den als Anamnese bezeichneten Tätigkeiten der Wahrnehmung aller für den Hilfeprozess relevanten Daten. Sie ist das Ergebnis von spezifischen Selektions- und Interpretationsprozessen, beruht somit auf der selektiven Wahrnehmung und dem subjektiven Erleben des Sozialwesen-Professionellen und ist im Hinblick auf das ex- oder implizite Ziel der professionellen Hilfe bereits kanalisiert (ebenda). Bei der Handlungsebene der Problemdefinition geht es, idealisiert betrachtet, nicht um die expertokratische sozialpädagogische bzw. sozialarbeiterische Diagnose, sondern um deren Erarbeitung in einem gemeinsamen Aushandlungsprozess mit den Klientinnen (ebenda: 129). Die Problemdefinition basiert auf einem komplexen, mehrstufigen Verfahren, in

---

11 Zudem ordnet Michel-Schwartze (2002: 163ff) den verschiedenen Handlungsebenen der Fallarbeit implizite und explizite Handlungsprinzipien zu, deren Funktion in der Verhinderung bzw. Minimierung der Risiken im professionellen Handeln Sozialer Arbeit besteht.

dem die Problemaspekte sortiert, gewichtet und gewertet, das oder die relevanten Probleme definiert, in unterschiedliche Problemebenen und einzelne Auftragslagen differenziert, sowie individuelle und institutionelle Kompetenzen und Potentiale der Problembewältigung erfasst werden (ebenda: 129f). Auf der Ebene der sozialarbeiterischen bzw. sozialpädagogischen Intervention versucht der oder die Professionelle gemeinsam mit der Klientin die verschiedenen Ebenen der Fallproblematik zu bearbeiten (ebenda: 143), die dafür herangezogenen Maßnahmen und Handlungsverfahren an den Bedürfnissen und Ressourcen der Klientin auszurichten (ebenda: 146), und dabei das Selbsthilfepotential und das Selbstbestimmungsrecht der Klientin nicht durch Eingriffe in deren Autonomie oder Ausdehnung der Hilfen über das Notwendige hinaus zu vermindern oder zu zerstören. Der Interventionsprozess der Sozialen Arbeit verfolgt nicht das Ziel, die Hilflosigkeit der Klientel zu legitimieren oder zu verstärken, sondern soll Notlagen überbrücken und Probleme bewältigen helfen (ebenda: 150) und über das Errichten von »Schonräumen und Entlastungen«, die Unabhängigkeit der Klientin vom professionellen Hilfeprozess zu erreichen. Die Handlungsebene der Evaluation dient der retrospektiven Bewertung des sozialpädagogischen bzw. sozialarbeiterischen Interventionserfolges und erfolgt durch Formen und Maßnahmen der Selbst- und Fremdevaluation.

Die Soziale Arbeit ist ein gesellschaftlich konstruiertes Ensemble an theorie- und konzeptgeleiteten Instrumenten, welche der »Korrektur« jener Lebenslagen gilt, die als abweichend gelten, als defizitär eingeschätzt oder gar pathologisiert werden (Michel-Schwartze 2002, 74). Die sozialen Konstruktionen des Systems professioneller Hilfe beinhalten Problemdefinitionen und legen legitimierte Eingriffs- und Interventionsmöglichkeiten nahe. Aus sozialpädagogischer Sicht sind Klientinnen Menschen in Notlagen, die betreuende (An-)Leitung benötigen oder einer (Lern-)Hilfe bedürfen (ebenda: 79), und denen der Zugang zu den eigenen oder gesellschaftlichen Ressourcen durch professionelle Hilfe eröffnet werden muss (ebenda: 80). Die alltägliche Arbeitspraxis verlangt von den Sozialarbeiterinnen und Sozialpädagoginnen Entscheidungen, auf welche Problemlagen sie mit welchen Mitteln zu reagieren haben (Kulbach/Wohlfahrt 1994: 16). Der »sozialpädagogische Blick« fängt Anlässe für erforderliche Hilfeleistungen ein und befindet über Art und Ausmaß der notwendigen Interventionsmaßnahmen (Bommes/Scherr 2000: 32). Im Unterschied zur Hilfe im alltagsweltlichen, privaten Raum erfolgt die professionell gewährte Hilfe in programmierter Form, d. h. sie zielt auf »standardisierte Adressatinnen« und dient der Bearbeitung »typischer« Notlagen, und ist weniger auf individuelle Personen und ihre Lebenssituation ausgerichtet (Michel-Schwartze 2002: 26). Vor diesem Hintergrund geht Soziale Arbeit mit einer stereotypen Klassifizierung der als hilfsbedürftig wahrgenommen Personen einer. Klientinnen und Adressatinnen werden kategorisiert und »verwal-

tet«, ihre »Fallförmigkeit« wird definiert und Ansatzpunkte für sozialarbeiterische Maßnahmen und Vorgehensweisen bestimmt (ebenda: 31).
Nach Bommes/Scherr (2000: 107) fungiert die Soziale Arbeit als Inklu-
sionsvermittlung, Exklusionsvermeidung oder auch nur Exklusionsverwal-
tung. Die Zuschreibungen und Deutungen der Sozialarbeiterinnen können
Problemfälle und Lebensweisen normalisieren oder pathologisieren und
bisweilen zur faktischen Stigmatisierung ihrer Klientel führen. Im Handlungsfeld der Sozialen Arbeit können die Professionellen oftmals weder
von klaren Aufgabenstellungen noch von eindeutig definierbaren Problemlagen ausgehen und müssen teilweise unter Bedingungen großer Unge-
wissheit handeln (Heiner 2004: 25). Die konkrete Fall- und Projektarbeit
der Sozialarbeiterinnen und Sozialpädagoginnen beruht auf Deutungs- und
Handlungswissen, welches aus Theorien und Erklärungsmustern, stereoty-
pisierten Erfahrungen und Kategorisierungen besteht und als Orientie-
rungsgrundlage für die Arbeit dient (Michel-Schwartze 2002: 11). Typische sozialarbeiterische bzw. sozialpädagogische Deutungsmuster sind
z. B. Erklärungen, mit denen soziale Auffälligkeiten als Folge ungünstiger
sozialer Herkunft gedeutet werden (ebenda: 12). Das Deutungs- und Handlungswissen der Sozialwesenbeschäftigten besteht sowohl aus fachlichen
als auch alltagsweltlichen Wissensbeständen und enthält zahlreiche Deutungsmuster, die aus früheren Erfahrungen und Lernprozessen resultieren
und in der beruflichen Alltagspraxis zur Anwendung gelangen (ebenda:
12f). Im Studium der Sozialarbeit und Sozialpädagogik werden soziologische, pädagogische, psychologische etc. Erkenntnisse und Theorien vermittelt, welche die »professionellen« Denkmuster, Handlungsmaximen und
Arbeitsprinzipien der Sozialarbeiterinnen und Sozialpädagoginnen strukturieren. Dabei werden die bereits vorhandenen Deutungsmuster vom systematisiert vermittelten bzw. erworbenen fachwissenschaftlichen Deutungswissen formiert und überformt (ebenda: 21). Aufgrund des lebensweltlichen Inhalts der Sozialen Arbeit, der »diffusen Allzuständigkeit« in der
Lebenswelt der Klientel und der Transferierbarkeit der beruflichen Inhalte
in die eigene private Lebenswelt und vice versa korrespondiert das berufliche Wissen von Sozialarbeiterinnen und Sozialpädagoginnen eng mit ihrem Alltagswissen (ebenda: 18). In der beruflichen Praxis der Sozialwesen-Professionellen sind, Michel-Schwartze (ebenda) zufolge, Deutungsmuster daher von besonderer Relevanz. Die beruflichen Handlungs- und
Orientierungsschemata Sozialer Arbeit sind in erheblichem Maße von gesellschaftlichen Normierungen abhängig (Müller 2006: 15). Die im Sozialwesen Beschäftigten entwickeln ihre Problemsichtweise immer im Kontext einer konkreten gesellschaftlichen Situation, so dass der Problemzu-
sammenhang nicht ausschließlich durch das fachliche Berufswissen (vor-)-
definiert wird (ebenda: 218). Prozesse sozialen Wandels verändern die
wahrgenommenen Problemlagen und Aufgabenstellungen der Sozialarbeit

wie auch diese selbst (Gildemeister 1993: 65).[12] Die sozialarbeiterische Praxis unterliegt kollektiven Ausdeutungen und Anschauungen und ist beträchtlich durch gesellschaftliche Wertorientierungen geprägt (Müller 2006: 218). Aufgrund der Wertbezogenheit und Gesellschaftsabhängigkeit der Sozialen Arbeit wirken Deutungsmuster und elementare Schemata dort besonders eminent und wandeln sich angesichts ihrer Persistenz und Konsistenz nur sehr langsam.[13]

Deutungsmuster sind mehr oder weniger zeitstabile, in gewisser Weise stereotype Sichtweisen und Interpretationen von Mitgliedern einer sozialen Gruppe, die diese in und zu ihren alltäglichen Handlungs- und Interaktionsbereichen ausgebildet haben (Michel-Schwartze 2002: 12). Sie enthalten sowohl kognitives als auch emotionales Deutungswissen, welches im Rahmen einer gemeinsamen oder vergleichbaren (beruflichen) Lerngeschichte angelegt ist und in die individuellen Dispositionen der sozialen Akteurinnen»eingebaut« wird.[14] Auf diese Weise werden sie zur persönlichen Selbstverständlichkeit und zum Bestandteil der Identität und verfestigen sich innerhalb der sozialen Gruppe zu intersubjektiv geteilten und einander wechselseitig bestätigenden Gewissheiten. Deutungsmuster stellen feste Überzeugungen dar, mit denen Phänomene wahrgenommen und erklärt werden (ebenda). Sie sind nicht identisch mit Einstellungen und deshalb auch nicht direkt abfragbar, sondern bilden vielmehr darunterliegende Sinnstrukturen oder Grundmuster des Bewusstseins dar (ebenda: 17). Professionelles Alltagshandeln ist durchsetzt von Wahrnehmungsschemata und Handlungsroutinen, die auf kollektiven Deutungsmustern beruhen, und unter deren kaum bewussten Einsatz Probleme und Problemträgerinnen identifiziert, diagnostiziert und »behandelt« werden (ebenda: 19). Sie kommen auch und gerade dort zur Anwendung, wo auf Basis von

---

12 Sozialarbeit und Sozialpädagogik sind im Laufe historischer Entwicklungen und damit einhergehender gesellschaftlicher Veränderungen zu den heute vorfindbaren Formen gewachsen (Michel-Schwartze 2002: 37). In Ostdeutschland sind gegenwärtig noch Normorientierungen und Deutungsmuster zu finden, die durch die 40jährige Geschichte der DDR geprägt wurden. Der»eigensinnige« Charakter ostdeutscher Sozialarbeit kommt beispielsweise in einem paternalistischen bzw. maternalistischen Hilfegestus, sowie der Annahme von der Ordnung und Verwaltbarkeit des Sozialen als auch der Planbarkeit sozialer Prozesse zum Ausdruck (Müller 2006: 200). In der westdeutschen Konzeption stellt Soziale Arbeit eine personennahe soziale Dienstleistung dar, deren berufliche Handlungsabläufe wenig standardisiert und auch nur bedingt standardisierbar sind (Müller 2006: 15).

13 Dies zeigt die Fallstudie zum Berufswandel des Sozialwesens im Transformationsprozess in Ostdeutschland von Müller (2006) in besonders eindrücklicher und profunder Weise.

14 Deutungsmuster zeichnen sich durch die Bedeutungselemente Perspektivität, Plausibilität, Latenz und Reduktion von Komplexität sowie Kontinuität, Persistenz, Konsistenz, gesellschaftliche Vermitteltheit, relative Flexibilität und systematisch hierarchische Ordnung aus (Arnold 1991, zitiert nach Michel-Schwartze 2002: 12ff).

Annahmen und Hypothesen gehandelt wird. (ebenda: 19). Den Sozialarbeiterinnen und Sozialpädagoginnen dienen die gesellschaftlich konstruierten Deutungsmuster in der beruflichen Praxis als relevante Orientierungshilfe und liefern zugleich die Begründungen für das eingreifende Handeln des organisierten Hilfesystems (ebenda: 19f). Deutungsmuster erfüllen fünf Funktionen, die auch für die Situation der Sozialwesenbeschäftigten zutreffend sind: Sie dienen der Komplexitätsreduktion, der Erhöhung der Reaktionsgeschwindigkeit, der Verdeckung von Widersprüchen sowie der Erleichterung der Verständigung und Erlangung von Selbstbestätigung (ebenda: 20). Deutungsmuster tragen zur Überschaubarkeit des sozialarbeiterischen Berufsalltags und zur Vereinfachung von Entscheidungen und Beurteilungen bei. Sie gehen zum einen mit einem appellartigen Charakter zur Handlungsanleitung und zum anderen mit Effekten emotionaler Absicherung einher. Die Reduzierung komplexer Zusammenhänge auf routinisierte Grundmuster stellt eine »systematische Abkürzungsstrategie der Problemverarbeitung« dar und beschleunigt das Reagieren der Berufsakteurinnen. Deutungsmuster erleichtern die Orientierung in der Chaotik der wahrgenommenen Realität, erschweren allerdings auch differenziertere Überlegungen und Werturteile und verdecken die Widersprüchlichkeiten der existenten Situationen und Problematiken. Sie vereinfachen die Verständigung unter den Professionellen, ermöglichen gemeinsam erarbeitete Fallinterpretationen und Interventionspläne, und verhindern, dass die Zusammenarbeits- und Kooperationsprozesse konfliktreich und orientierungslos verlaufen. Die kollektive Erarbeitung und Abstimmung der Interpretationen verleiht Selbstbestätigung und vermittelt den Sozialarbeiterinnen und Sozialpädagoginnen das positive Gefühl, eine Situation oder Klientinnenproblematik »richtig« aufgeschlüsselt zu haben. Auf diese Weise werden die Berufsakteurinnen in ihrer Fachkompetenz bestärkt und erleben Gefühle des Verstandenwerdens und der Zugehörigkeit.

Die als professionelle Hilfstätigkeit definierte Sozialen Arbeit ist ein ambivalenter Prozess, der auf der einen Seite eine gewährende, professionell hilfemächtige und auf der anderen Seite eine empfangende und hilfebedürftige Partei impliziert. Die von den Sozialarbeiterinnen ausgeübte »Dienst-Leistung« beinhaltet sowohl Hilfe, Unterstützung und Motivierung als auch Kontrolle, Eingrenzung und Disziplinierung (ebenda: 23). Mitunter können die helfend-unterstützenden und repressiv-kontrollierenden Maßnahmen in der Sozialarbeit bis zur Austauschbarkeit verwischen (Gildemeister 1993: 61). Hilfe steht in der Sozialen Arbeit aber nicht einfach im Widerspruch zu Kontrolle, sondern schließt diese ein (Bommes/ Scherr 2000: 45).[15] In der Charakterisierung der Sozialwesen-Professio-

---

15 Die Infragestellung des tradierten Selbstverständnisses von Sozialen Arbeit als Hilfe, welches die kontrollierende Seite des organisierten Helfens ausklammert, bzw. die Wahrnehmung der Verstrickung in den Widerspruch von

nellen als »sanfte Kontrolleure« kommt deren ambivalente Auftragssituation, als Kontroll- und Herrschaftsinstrument des Staates bzw. der Gesellschaft einerseits, und als personenbezogene Hilfeleistung und Parteilichkeit für die Klientel andererseits, zum Ausdruck. Sozialarbeit ist grundlegend mit »Normalisierungsarbeit« bzw. der Herstellung gesellschaftlicher »Normalzustände« verbunden (Gildemeister 1993: 61f). In Arbeitsfeldern, in denen die Sozialarbeiterinnen und Sozialpädagoginnen mit tatsächlich oder potenziell »Devianten« befasst sind, sind sie explizit oder implizit beauftragt, zu rechts- und sozialkonformem Verhalten zu motivieren und »Hilfe« zur Anpassung an gesellschaftliche Regeln und Normen zu leisten (Bommes/Scherr 2000: 45). Dabei bezieht sich der Versuch der Normalisierung der Lebenslagen ihrer Adressatinnen auf Vorstellungen und Ansichten, die das Ergebnis gesellschaftlicher Definitionsprozesse und sozialarbeiterischer Normalitäts- und Akzeptanzkonzepte sind (Michel-Schwartze 2002: 32). Sozialarbeit und Sozialpädagogik sind personenbezogene Hilfeformen, die auf »individualisierend ansetzenden Maßnahmen« beruhen (Gildemeister 1993: 59). Sie sind durch die Erwartung und den Selbstanspruch gekennzeichnet, Hilfeleistungen für Individuen und soziale Gruppen zu erbringen, die in vielfältigen Formen an den sozialen Erwartungen scheitern und an den gesellschaftlich auferlegten Bedingungen leiden (Bommes/Scherr 2000: 32). Gildemeister (1992: 216) zufolge ist »die Solidarität mit den Leidenden, Ausgestoßenen, Problembeladenen« ein konstitutives Element des Tätigkeitsfeldes von Sozialarbeiterinnen und Sozialpädagoginnen. In ihrem Selbstverständnis zielt Soziale Arbeit darauf ab, Individuen zu einer eigenständigen, von zukünftigen Hilfeleistungen möglichst unabhängigen Lebensführung zu befähigen bzw. ihnen problematische Situationen erträglicher zu machen (Bommes/Scherr, 2000: 13). Die Chancen des Hilfeprozesses liegen in der Bereitschaft der Professionellen, vorübergehend die Verantwortung für die Lebenssituation ihrer Klientel zu übernehmen und damit Entlastungen zu schaffen, die zur Problemlösung notwendig sein könnten (Michel-Schwartze 2002: 79). Die Risiken bestehen in der Entmündigung und Entlassung aus der Verantwortung für die Situation und die Planung und Gestaltung des Hilfeprozesses, sowie der daraus resultierenden Gefahr des Erlernens von Hilflosigkeit und der Ausdehnung der Hilfeleistung über den notwendigen Umfang und Zeitrahmen hinaus (ebenda: 80).

Die in Form von Deutungsmustern und Wahrnehmungsschemata existierenden Klientelkonzepte bilden die Grundlage für die Entwicklung von Arbeitsroutinen und Handlungsmaximen der sozialarbeiterischen Praxis (ebenda: 88). Klientinnen können von den Akteurinnen Sozialer Arbeit als defizitäre, unmündige oder imperfekte Personen wahrgenommen werden, denen sozialpädagogische bzw. sozialarbeiterische Hilfe zuteil werden

---

Hilfe und Kontrolle gehören zum Standardrepertoire ihrer Reflexionstheorien (Bommes/Scherr 2002: 45).

muss, da sie ihre Angelegenheiten nicht aus eigener Kraft bewältigen können, oder aber als autonome Subjekte, die grundsätzlich über Fähigkeiten und Mittel zur Problemlösung selbst verfügen, deren Zugang zu den eigenen oder öffentlichen Ressourcen gegenwärtig blockiert ist, so dass Hilfe zur Selbsthilfe durch Beratung angezeigt ist (ebenda: 89). Die defizit- bzw. ressourcenorientierten Deutungsmuster der Berufsakteurinnen bestimmen sowohl den Umgang mit der Klientel als auch die sozialarbeiterischen Arbeitsformen und -prinzipien. Sie prägen die facettenreichen Formen der Sozialen Arbeit bis in die einzelnen Settings der helfenden Beziehung hinein. Bei der Defizitorientierung nehmen die Klientinnen einen inferioren Status ein, während den Sozialwesen-Professionellen die Expertinnenposition zukommt (ebenda: 89). In der ressourcenorientierten Arbeitsweise dagegen werden die Klientinnen als Expertinnen ihres eigenen Lebens betrachtet, denen die Sozialarbeiterinnen und Sozialpädagoginnen aus einer akzeptierenden Haltung heraus Hilfestellungen geben. Die Problemdefinition wird im Verständigungs- und Entwicklungsprozess der Professionellen-Klientel-Beziehung gemeinsam ausgehandelt, so dass die Definitionsmacht nicht, wie bei der defizitorientierten Sozialarbeitspraxis, beim Hilfesystem liegt, sondern von der Klientin mitbestimmt wird. (ebenda: 89f). Damit wirkt die Ressourcenorientierung auch einer Pathologisierung, Stigmatisierung und Klientifizierung der hilfeempfangenden Adressatinnen entgegen (ebenda S.90). Das für eine Einrichtung oder ein soziales Angebot »gültige« Bild der Klientel ist explizit in den Konzeptionen und Vereinbarungen von Trägern und implizit in den Perspektiven und Strategien der jeweiligen Organisationen und den dort beschäftigen Fachkräften zu finden (ebenda: 88).

Die in der empirischen Untersuchung von Heiner (2004) beobachteten unterschiedlichen sozialarbeiterischen Rollen- und Interventionskonzepte unterscheiden sich hinsichtlich der Stellung zur Klientel (Ressourcen-/Defizitorientierung, Nähe/Distanz), zum eigenen Angebot (Qualität und Wirksamkeit) und zur Bedeutung der Motivierungsarbeit. In der alltäglichen Sozialen Arbeit werden die Klientinnen von den Sozialarbeiterinnen und Sozialpädagoginnen unter ressourcen- oder defizitorientierten Gesichtspunkten betrachtet und das eigene Hilfsangebot als qualitativ und wirksam bzw. als fachlich adäquat, aber ineffektiv beurteilt. In Abhängigkeit von der Wahrnehmung der Klientel und der Einschätzung der geleisteten Sozialarbeit wird die Praxis der Sozialwesenbeschäftigten von Heiner (ebenda: 91) als Dominanz-, Aufopferungs-, Service- oder Passungsmodell klassifiziert und typisiert. Für den Typus des »Dominanzmodells« beruflichen Handelns ist kennzeichnend, dass die Fachkräfte ihr Angebot zwar als qualifiziert ansehen, zugleich aber auch als wirkungslos beurteilen (ebenda: 92). Die Klientel wird nicht für entwicklungsfähig und veränderungsbereit gehalten und für die Wirkungslosigkeit des organisierten Angebots verantwortlich gemacht. Entsprechend dem defizitorientierten

Klientelbild attribuieren die Sozialwesenbeschäftigten dieses Typus die Ursachen auf die Persönlichkeitsstruktur der Adressatinnen und schreiben den Klientinnen Eigenschaften wie Perspektivlosigkeit, Willenlosigkeit, Aggressivität oder Destruktivität zu (ebenda: 93). Die Interventionsvorstellungen der Fachkräfte sind durch eine Befürwortung der Dominanz charakterisiert, wobei diese weder als temporär, also als Übergangsstadium zu aushandlungsorientierteren Interaktionsformen angesehen wird, noch mit irgendwelchen positiven Zielsetzungen verknüpft ist (ebenda). Im Dominanzmodell sozialarbeiterischer Praxis werden Widerstände überwunden, Kontrolle ausgeübt, Regelverletzungen sanktioniert, Grenzen gesetzt und verteidigt, ohne dass die Machtdemonstrationen gegenüber den Adressatinnen mit irgendwelchen Entwicklungszielen verbunden sind (ebenda). Vor dem Hintergrund des wenig partizipativen Handlungskonzeptes gelingt es den Fachkräften nicht, gemeinsam mit den Klientinnen eine Zukunftsperspektive zu entwickeln, so dass sich das sozialarbeiterische Handeln als Durchgriff zum Schutz des sozialen Umfeldes und/oder im Interesse der Klientel selbst gestaltet. Der Typus des »Aufopferungsmodells« Sozialer Arbeit dagegen beruht auf einem ressourcenorientierten Klientelbild, bei dem die Motivation nicht als Bringschuld der Klientel, sondern als Aufgabe der Sozialarbeiterinnen und Sozialpädagoginnen begriffen wird. Trotz beobachteter Wirkungslosigkeit schätzen die Fachkräfte die Qualität des professionellen Hilfsangebots positiv ein. Die Beurteilung der Ineffektivität der Hilfeleistung beruht dabei auf undifferenzierten Zielvorstellungen, die weder zeitlich nach Nah- und Fernzielen, noch anforderungsbezogen nach Minimal- und Maximalzielen gestaffelt sind und eine entsprechende Variation der Interventionsplanung erlauben würden (ebenda: 92). Sich aufopfernde Sozialwesenbeschäftigte gehen von zu hohen Erwartungen sowie unrealistischen und überfordernden Zielvorgaben aus, und sind der Überzeugung, dass das Hilfesystem und/oder das politische System versagt. Um diese Lücke zu schließen, engagieren sie sich ihrer Selbstdarstellung nach beruflich so stark, dass sie an die Grenzen ihrer Belastbarkeit stoßen und nicht danach fragen, wie lange sie diese Selbstausbeutung betreiben können (S.101). Dagegen bezieht sich der Typus des »Servicemodells« auf Sozialarbeiterinnen und Sozialpädagoginnen, die sich eher als distanzierte Dienstleisterinnen darstellen, welche ihrer Klientel den Zugang zu bestimmten Angeboten vermitteln oder in deren Interesse anwaltschaftlich gegenüber anderen Institutionen tätig werden (ebenda: 151).[16] Sie betrachten ihre Arbeit als eine Art Serviceleistung, die der »Kunde« nutzen kann oder nicht, und arbeiten eher für als mit ihrer Klientel (ebenda). Die serviceorientierten Sozialwesenbeschäftigen verfügen zwar über ein ressourcenorientiertes Klientelbild, bewerten aber den Er-

---

16 Heiner (2004: 101) zufolge entspricht der in ihrer Untersuchung als »Serviceorientierung« gekennzeichnete Typ in vielen Punkten dem Typus der »Krisenmanagerin« in der Studie von Nagel (1997).

folg und die Qualität ihrer Intervention hinsichtlich der kompetenten Auswahl und Vermittlung sozialer Dienstleistungen und nicht anhand der Befähigung der Klientel zur produktiven Nutzung dieser Angebote auf Grundlage einer empathischen, unterstützenden Arbeitsbeziehung (ebenda: 102). Die Motivierung der Klientinnen gehört für sie nicht zum professionellen Aufgabenverständnis. So sind sie auch wenn die Klientinnen die angebotenen Leistungen nicht (ausreichend) nutzen, davon überzeugt, gute Arbeit getan zu haben. Die serviceorientierten Sozialarbeiterinnen und Sozialpädagoginnen sind im Gegensatz zu den dominanten nicht frustriert, enttäuscht oder äußern sich wütend oder enttäuscht über ihre Klientel (ebenda: 152). Die Serviceorientierung geht neben dem distanzierten Verhältnis zur Klientel auch mit einer mangelnden Reflexion der eigenen Machtposition und der damit verbundenen Kontrollaufgaben, sowie einer fehlenden Überprüfung der eigenen Wirksamkeit einher. Der Typus des »Passungsmodells« sozialarbeiterischer Praxis verbindet ein ressourcenorientiertes Klientinnbild mit einem entwicklungsorientierten Kontrollkonzept (ebenda). Im Rahmen eines stark aushandlungsorientierten Interventionskonzeptes setzen die diesem Modell zuzuordnenden Sozialarbeiterinnen und Sozialpädagoginnen ihre Kontrollformen variabel dosiert und als Mittel zielgerichteter Entwicklungsförderung einzelfallbezogen und situativ ein. Sie verfügen über ein klares Bewusstsein ihrer beruflichen Rolle und Verantwortung und tendieren dabei weder zur ungefilterten Weitergabe der gesellschaftlichen Anforderungen und Normalitätskonzepte an die Klientel, noch zur unreflektierten Parteilichkeit für die Klientinnen gegen alle gesellschaftlichen und sozialen Erwartungen (ebenda: 152f). Die Motivationsförderung und Beziehungsgestaltung zu ihren Klientinnen ist für das berufliche Aufgabenverständnis dieser Sozialwesen-Professionellen von zentraler Bedeutung. Sie nehmen die Klientel ressourcenorientiert wahr und bemühen sich Stärken zu entdecken, Fähigkeiten zu aktivieren und jene Interessen der Klientinnen aufzugreifen, die Ansatzpunkte für eine Kooperation bieten könnten (ebenda, S103). Die Fachkräfte sind nicht nur von der Qualität, sondern auch von der Wirksamkeit ihres Angebotes, d. h. ihrer Institution und ihrer eigenen Arbeit überzeugt, ohne jedoch Schwierigkeiten, Unsicherheiten und Niederlagen zu leugnen (ebenda). Sie bemühen sich, um eine individuumspezifische Intervention und überprüfen die Qualität ihrer Dienstleistung immer wieder auf der Grundlage kontinuierlicher Erkundungen des Möglichen und einer interventionsbezogenen Evaluation ihrer eigenen Arbeit (ebenda). Heiner (2004) verortet die Berufspraxis von Sozialarbeiterinnen und Sozialpädagoginnen auf einem Kontinuum zwischen professionell, semiprofessionell und unprofessionell. Während das Dominanz- und Aufopferungsmodell Sozialer Arbeit als unprofessionell zu beurteilen ist (ebenda: 150), wird die Serviceorientierung als semiprofessionell (ebenda: 151) und das Passungsmodell als professionell klassifiziert (ebenda: 152). Insgesamt betrachtet kann die Mehrheit der in die Untersuchung einbezogenen Sozialwesenbeschäftigten unter Zugrundelegung der entworfenen Typologie als professionell eingestuft werden (ebenda: 154).

Die spezifische Expertise Sozialer Arbeit drückt sich aber weniger in dem von der Professionstheorie stark fokussierten abgrenzbaren, eigenständigen, wissenschaftlich fundierten Wissensbereich als vielmehr in der spezifischen Perspektive aus, aus der die Wissensbestände anderer Disziplinen (wie Soziologie, Politologie, Pädagogik und Psychologie) zusammengestellt, interpretiert und genutzt werden (ebenda). Dies erfordert von den Sozialarbeiterinnen und Sozialpädagoginnen ein eigenständiges Aufgaben- und Rollenverständnis und ein basales Interventionsmodell, welches den fachlichen Standards einer ganzheitlichen, alltagsnahen, partizipativen, ressourcenorientierten und reflektierten Herangehensweise entspricht (ebenda). Interessanterweise kommt Heiner (2004) in ihrer Studie zu dem Ergebnis, dass die größten Kompetenzlücken der Sozialwesenbeschäftigten nicht im Bereich der Sachkompetenz bestehen, sondern in der Sozial- und Rollenkompetenz zu finden sind (ebenda). Die Fähigkeit zur aufgabenbezogenen Beziehungsgestaltung und dabei insbesondere die Kompetenz auf Grundlage eines ressourcenorientierten Klientinnenbildes Hilfe und Kontrolle durch eine entwicklungsorientierte und motivationsfördernde Handlungsperspektive verständnisvoll und zielführend zu verknüpfen, ist bei den Sozialarbeiterinnen und Sozialpädagoginnen gering ausgeprägt (ebenda).

Nach der Darstellung der institutionellen Rahmen, organisationalen Bedingungen und idealtypischen Praxisweisen von Polizistinnen und Sozialwesenprofessionellen geht es nun um die konkreten Veränderungs- und Entwicklungstendenzen, die im Verwaltungsfeld Prostitution und Menschenhandel zum Zweck der sexuellen Ausbeutung zu beobachten sind.

4.2 Wandlungsprozesse

Das Verwaltungsfeld Prostitution und Menschenhandel zum Zweck der sexuellen Ausbeutung ist sowohl auf inhaltlich-programmatischer als auch auf strukturell-prozessualer Ebene durch Wandlungen gekennzeichnet.

In der deutschen Prostitutionspolitik haben sich die Gesetzesgrundlagen zur staatlichen Reglementierung der Prostitution in der jüngsten Vergangenheit geändert. Die Einführung des »Gesetzes zur Regelung der Rechtsverhältnisse der Prostituierten« (ProstG) 2002 und des »Infektionsschutzgesetzes« (IfSG) 2001 kann zumindest auf rechtlicher Ebene als Paradigmenwechsel verstanden werden. Von Galen (2004: 1) zufolge markiert das Prostitutionsgesetz das »Ende einer Epoche«, die 1927 mit dem »Gesetz zur Bekämpfung der Geschlechtskrankheiten« begonnen hat. Das Prostitutionsgesetz beinhaltet die zivilrechtliche Abschaffung der Sittenwidrigkeit und legalisiert die sozialversicherungspflichtige Beschäftigung von Prostituierten. Zuvor war Prostitution zwar nicht verboten, galt aber als sitten- und sozialwidrige Tätigkeit und jedes Management, das über die reine Zimmervermietung hinausging, wurde als »Förderung der Prostitution« angesehen und war strafbar (ebenda: 2).

Das Prostitutionsgesetz stellt, von Galen (ebenda: 6) zufolge, den vorläufigen Endpunkt einer gesellschafts- und rechtspolitischen Entwicklung dar, die Ende der 70er Jahre begonnen und sich seit Anfang der 80er Jahre als »Hurenbewegung« bezeichnet hat. Prostituierte fingen an, öffentlich auf ihre rechtliche und soziale Diskriminierung aufmerksam zu machen und die Anerkennung der Prostitution als Beruf zu fordern. Unter dem Slogan »Frauen schaffen an, das Patriarchat kassiert ab« kritisierten sie den von Doppelmoral geprägten gesellschaftlichen Umgang mit der Prostitution. Diverse Hurenorganisationen gründeten sich und boten – mit Unterstützung staatlicher Fördermittel – sowohl Beratung zum Ausstieg als auch zum Einstieg und zur Arbeit in der Prostitution an. Die erste bundesdeutsche Selbsthilfegruppe und Interessenvertretung von Prostituierten ist der Berliner Verein »Hydra«, der 1985 den ersten Hurenkongress organisierte und bis heute öffentlich die Interessen der Prostituierten vertritt. 1996 ging die Hurenbewegung mit einem eigenen »Gesetzesentwurf zur rechtlichen und sozialen Gleichstellung von Prostituierten mit anderen Erwerbstätigen« an die Öffentlichkeit. Dieser forderte die Einordnung der Prostitution als Beruf, die Streichung des Werbeverbots, der Ermächtigungsgrundlage für den Erlass von Sperrgebietsverordnungen, sowie der strafrechtlichen Vorschriften, die der Verbesserung der Arbeitsbedingungen von Prostituierten entgegenstehen (ebenda: 7). Die Fraktion Bündnis 90/Die Grünen nahm den Entwurf der Hurenbewegung auf und brachte ihn mit geringfügigen Änderungen als »Entwurf eines Gesetzes zur Beseitigung der rechtlichen Diskriminierung von Prostituierten« in den Bundestag ein (ebenda: 9). Zur gleichen Zeit legte auch die Fraktion der SPD einen Gesetzesentwurf »zur Beseitigung der Benachteiligung der Prostituierten vor«, welcher sich allerdings auf die Abschaffung der Sittenwidrigkeit beschränkte. Beide wurden 1998 im Bundestag von der Mehrheit der Koalition aus CDU/CSU und FDP abgelehnt. In der folgenden Legislaturperiode begannen Bündnis 90/Die Grünen und die SPD trotz inhaltlicher Differenzen einen gemeinsamen Gesetzesentwurf zu erarbeiten. Ein zusätzliches Signal zur Reformierung der staatlichen Prostitutionspolitik setzte eine Entscheidung des Berliner Verwaltungsgerichts am 1.12.2000. In der Urteilsbegründung des prominenten Falls »Café Psst!« wird konstatiert, dass »Prostitution, die von Erwachsenen freiwillig und ohne kriminelle Begleiterscheinungen ausgeübt wird, nach den heute anerkannten sozialethischen Wertvorstellungen in unserer Gesellschaft im Sinne des Ordnungsrechts nicht (mehr) als sittenwidrig« angesehen werden kann (VG Berlin, NJW 2001: 983ff). Das 2001 in den Bundestag eingebrachte und gegen die Stimmen der CDU/CSU, sowie zwei Enthaltungen bei der PDS verabschiedete »Gesetz zur Verbesserung der rechtlichen und sozialen Situation der Prostituierten« (ProstG) stellt einen politischen Kompromiss dar und beruht auf einem minimalen gesellschaftlichen Konsens.

Mit der Reformierung der Prostitutionspolitik gerät die Frage nach deren administrativer Umsetzung in den Blick. Vor dem Hintergrund des neuen Infektionsschutzgesetzes wandelt sich die programmatische Arbeit der Gesundheitsämter von der »fürsorglichen« Kontrolle der Prostituierten zur aufklärenden Prävention. Die im Prostitutionsgesetz enthaltene Abschaffung des Strafrechtsparagraphen der »Förderung der Prostitution« impliziert für die Polizeiarbeit eine Verlagerung vom Schutz vor zum Schutz in der Prostitution. Und in der Sozialen Arbeit scheint die Vertretung eines grundsätzlich »akzeptierenden Arbeitsansatzes« angebracht. Inwieweit sich der veränderte Gesetzesrahmen auf die Verwaltungsebene auswirkt bzw. in die Praxis der Verwaltungsakteurinnen hineinwirkt, wird anhand der Rekonstruktion der beruflichen Habitusformationen im dritten Teil der Arbeit zeigen.

Vom inhaltlich veränderten Standpunkt der professionellen Sozialarbeit zur Prostitution einmal abgesehen, betont Staub-Bernasconi (1995) angesichts der langsamen Entstehung einer Weltgesellschaft und der damit einhergehenden Globalität der Probleme die Bedeutung der Sozialen Arbeit als »Menschenrechtsprofession«. Sowohl in der Gegenwart als auch in der Zukunft besteht der fachliche Auftrag der wert- und bedürfnisorientierten Disziplin und Profession darin, die Verletzung von Menschenrechten lokal, national und global zu erkennen und zu benennen. Mit Bezug auf die Beschlüsse der International Federation of Social Workers (IFSW) und der International Association of Schools of Social Work (IASSW) verweist Staub-Bernasconi (ebenda: 6ff) auf die Notwendigkeit eines weltweiten Bewusstseinsbildungsprozess über soziale Probleme, in dem die Soziale Arbeit als »Human Rights Profession« einen eigenbestimmten, selbstdefinierten Auftrag übernehmen und sich gemeinsam mit anderen Gruppierungen und Bewegungen, Regierungs- und Nichtregierungsorganisationen an der Minimierung von Menschenrechtsverletzungen beteiligen soll. So können die Akteurinnen professioneller Sozialarbeit ebenso wie die zivilgesellschaftlichen Organisationen einen »Resonanzboden« für gesellschaftliche Probleme bilden, wenn sie diese nicht nur wahrnehmen und identifizieren, sondern im Idealfall auch so überzeugend und einflussreich thematisieren, dass sie vom politisch-administrativen System aufgenommen und bearbeitet werden (Habermas 1993: 435).

Neben den Veränderungen auf der Policy-Ebene haben sich auch die Strukturen (Polity) und Prozesse (Politics) im Verwaltungsfeld Prostitution und Menschenhandel zu verändern begonnen. Mit den im Zuge des Globalisierungsprozesses entstandenen transnationalen Migrationsbewegungen und grenzüberschreitenden Prostitutionsszenen bildete sich auch zivilgesellschaftliche Organisationen heraus, die sich im internationalen, nationalen und lokalen Bereich den Thematiken Prostitution, Migration und Menschenhandel zum Zweck der sexuellen Ausbeutung widmen. Die politische Ausdifferenzierung der institutionellen Bearbeitung von Prostitution und Menschenhandel hat die Formen der öffentlichen Verwaltung verändert und den Handlungsdruck der staatlichen Organisationen verstärkt. Es sind Diskursarenen und Verhandlungsrunden entstanden, an denen sowohl staatliche Institutionen als auch zivilgesellschaftliche Akteure beteiligt sind und jeweils versuchen, auf die zukünftige Politikgestaltung und Verwaltungspraxis Einfluss zu nehmen. Die nationalen, internationalen und transnationalen zivilgesellschaftlichen Organisationen vertreten die Interessen von Migrantinnen, Prostituierten und Opfer von Menschenhandel und erhöhen deren Wahrnehmungs- und Durchsetzungschancen. Die thematisierten Probleme werden in organisationalen Strukturen bearbeitet, die sowohl durch Aspekte staatlicher Hegemonie als auch Momente demokratischer Verhandlungssysteme gekennzeichnet sind. Hinsichtlich der Bekämpfung des Menschenhandels zum Zweck der sexuellen Ausbeutung beispielsweise werden die Zusammenarbeit und der Austausch zwischen den staatlichen und nichtstaatlichen Akteuren z. T. durch gemeinsam erarbeitete Kooperationsverträge, z. T. aber auch durch von oben angeordnete Verwaltungserlasse geregelt.

Aber nicht nur die Zusammenarbeit und Konfliktregelung zwischen den staatlichen und zivilgesellschaftlichen Organisationen werden in neuen Interaktionsformen verhandelt. Auch für die divergierenden Ziele und Rationalitäten der funktional differenzierten staatlichen Verwaltungsinstitutionen werden angesichts der realen Problemverflechtung Wege der Überwindung und Vereinbarung gesucht. Mancherorts tauschen die beteiligten Akteurinnen ihre unterschiedlichen Perspektiven und Problemsichten in für die exekutive Verwaltungsebene neuen, heterarchischen, transdisziplinären Aushandlungsarenen aus und erarbeiten innovative Konzepte und lokale Verwaltungsmodelle zum institutionellen Umgang mit Prostitution und/oder Menschenhandel zum Zweck der sexuellen Ausbeutung.

Die Auseinandersetzungen und Verhandlungen zwischen den Verwaltungsbereichen sowie den staatlichen und nichtstaatlichen Organisationen bleiben nicht auf die nationale Ebene beschränkt. Wechselseitige Einflussnahme und Zusammenarbeit vollzieht sich auch zwischen den Akteuren unterschiedlicher nationaler Kontexte. Grenzüberschreitende Polizeikooperation beispielsweise bildet die Grundlage für die Bekämpfung der Organisierten Kriminalität und die Strafverfolgung im Bereich Menschenhandel zum Zweck der sexuellen Ausbeutung. Diesen Notwendigkeiten wird nicht nur durch die formellen Strukturen des Informationsaustauschs und der Rechtshilfe, sondern auch über informelle oder halbinformelle Kommunikationsstrukturen und -beziehungen Rechnung getragen. Neben der alltägliche Kooperationspraxis auf dem sogenannten »kleinen Dienstweg« institutionalisieren sich in Grenzgebieten auch gemeinsame Grenzkontrollen und Polizeistreifen, sowie sich bi- oder trinationalen Polizeidienststellen annähernde Formen des uneingeschränkten Informationsflusses und der operativen Zusammenarbeit.

Die Herausbildung europäischer Regierungs- und Verwaltungsstrukturen stellt einen zusätzlichen Bedingungsrahmen für die transnationale Verflechtung der Verwaltungsinstitutionen, wie auch die politische Ausdifferenzierung des Verwaltungsfeldes dar. So stellt die Europäische Union Ressourcen für zivilgesellschaftliche Organisationen bereit, die im Vergleich zu den staatlichen Institutionen schneller und flexibler auf (neue) Problemlagen reagieren (können). Aufgrund ihres advokatorischen Anliegens haben zivilgesellschaftliche Akteure einen unmittelbareren Zugang zu den Zielgruppen und verfügen oft über ein konkreteres Situations- und Problemwissen als die Mitarbeiterinnen der staatlicher Institutionen. Die Initiierung und Realisierung vieler sozialer Projekte im Bereich Prostitution und Menschenhandel wäre ohne die Förderung über europäische Programme und Fonds nicht möglich. Dazu gehören die Unterstützung nichtstaatlicher Aktivitäten und Organisationen, die in Regionen mit gering ausgeprägter Infrastruktur Hilfen für von Exklusion betroffene soziale Gruppen anbieten, und beispielsweise versuchen, eine minimale gesundheitliche Versorgung und Beratung der im deutsch-polnischen oder deutsch-tschechischen Grenzgebiet arbeitenden Prostituierten zu gewährleisten. Um den Europäisierungsprozess voranzutreiben, fördert die Europäische Union verstärkt grenzüberschreitende Initiativen und Projekte, an denen supranationale, nationale, regionale und kommunale Akteure beteiligt sind und interorganisationale Netzwerke knüpfen. Infolgedessen bildet sich eine Vielfalt an Akteurskonstellationen und organisationalen Beziehungsgeflechten heraus, die die europäischen Gestaltungs- und Entscheidungsprozesse mitprägen.

Die Untersuchung der »lebenden« Verwaltung

Der zweite Teil der Arbeit widmet sich der Darstellung der für die empirische Untersuchung der Verwaltungspraxis im Bereich Prostitution und Menschenhandel zum Zweck der sexuellen Ausbeutung herangezogenen Methode des theoriegenerierenden Experteninterviews. In Kapitel 5 werden die methodisch-methodologischen Grundlagen des Experteninterviews dargestellt sowie die besondere Bedeutung des Expertinnenwissens im Kontext der gesamtgesellschaftlichen Veränderungsprozesse von der modernen zur postmodernen Moderne diskutiert (Kapitel 5.1). Anschließend macht Kapitel 6 den Hintergrund und die methodische Vorgehensweise der Arbeit transparent.

5. Expertenwissen und Experteninterviews

Expertinnen können als Menschen verstanden werden, die ein besonderes Wissen über soziale Sachverhalte besitzen, und das Experteninterview als Methode, dieses zu erschließen (Gläser/Laudel 2004: 10). Experteninterviews rekonstruieren die Insider-Erfahrungen spezifischer Status- und Interessengruppen und repräsentieren ein funktionsbereichsspezifisches Akteurswissen, sowie die kollektiven Orientierungen der in einen bestimmten Kontext eingebetteten Handlungssubjekte. Damit gewähren sie exklusive Einblicke in die Strukturzusammenhänge und Wandlungsprozesse von Handlungssystemen, beispielsweise in die Entscheidungsstrukturen und Problemlösungen von Organisationen und Institutionen, und eröffnen den Zugriff auf implizite Regeln, die an der Schnittstelle zwischen mikro- und makrosoziologischer Analyse zu verorten sind (Liebold/Trinczek 2002).

Im gegenwärtigen wissenschaftlichen Diskurs wird der *Status des Experteninterviews* kontrovers diskutiert. Kassner/Wassermann (2002: 103) betrachten das von Meuser/Nagel (1991, 1994) entwickelte Experteninterview als theoretisch elaborierten Ansatz, bezweifeln aber deren Fundierung als eigenständiges methodisches Instrument und ordnen es dem problemzentrierten Interview zu. Liebold/Trinczek (2002) bezeichnen das Experteninterview als »eingeführte« Methode, auch wenn ihnen »die Spezifizierung des Verfahrens qua Verweis auf die Interviewpartnerin sowie deren spezifische Qualität (»Expertin«) ungewöhnlich erscheint. Bogner/ Menz (2001: 486) zufolge lässt sich das Experteninterview methodisch keinesfalls auf ein qualitatives Interview mit einer besonderen sozialen Gruppe reduzieren. Auch für Gläser/Laudel (2004: 11) hängt dessen Einordnung weniger vom Status der Interviewpartnerin oder einer bestimmten Form, d. h. leitfadengestützter Interviews ab, sondern vielmehr vom Untersuchungsziel, dem daraus abgeleiteten Zweck der Interviews und der sich daraus ergebenen Rolle der Interviewpartnerin. Lamnek (2005: 356) verweist auf die große Vielfalt, aber auch »Begriffsunschärfe« der unterschiedlichen Typen und Verfahren qualitativer Interviews, und führt in seiner Aufzählung ähnlicher, aber nicht identischer Interviewformen neben vielen anderen das problemzentrierte und das Experteninterview gesondert an.

Bogner/Menz (2001, 2002) kategorisieren in ihren systematisierenden Aufsätzen die von Meuser/Nagel entwickelte Form des theoriegenerierenden Experteninterview als besondere und eigenständige Methode. Sie begründen deren methodische Spezifität nicht mit dem spezifischen Forschungsgegenstand der »Expertin«, sondern akzentuieren das Interesse an einer spezifischen Wissenskonfiguration, »die auf kognitiver Ebene als Konglomerat subjektiver und inkonsistenter Sinnentwürfe und Erklärungsmuster (»Deutungswissen«) und auf sozialer Ebene als Handlungsdeterminante für andere (»Praxiswirksamkeit«) charakterisiert ist (Bogner/Menz 2001: 496). Kassner/Wassermann (2002: 101) selbst differenzieren zwischen eher auf methodischen Verfahrens- oder aber auf methodologischer Design-Begründung ausgerichteten Fundierungen qualitativer Forschungsansätze und führen typologisierend für ersteres die Methode des narrativen Interview und für letzteres die Methode des problemzentrierten Interview an. Das Experteninterview ist insofern mit dem problemzentrierten Interview vergleichbar, als dass es ebenso auf die »möglichst unvoreingenommene Erfassung individueller Handlungen, sowie subjektiver Wahrnehmungen und Verarbeitungsweisen gesellschaftlicher Realität« (Witzel 2000) und die Erforschung typischer Varianten und kollektiver Handlungsmuster (Lamnek 2005: 363-368, zum problemzentrierten Interview) abzielt. Im Unterschied zum problemzentrierten Interview ist die Form des theoriegenerierenden Experteninterviews aber nicht nur Teil eines methodenkombinierenden bzw. -integrierenden Untersuchungsdesigns, mit dessen Hilfe ein gesellschaftlicher Problembereich betrachtet und analysiert wird, sondern stellt ein spezifisches, für sich allein stehendes Forschungsinstrument dar.[1] Gemeinsam ist beiden Verfahren wiederum die enge Verknüpfung von (theoretischer) Deduktion und (empirischer) Induktion. Sowohl im problemzentrierten als auch im Experteninterview geht die Forscherin einerseits mit einem theoretischen Konzept ins Feld, bleibt aber andererseits die Dominanz der Konzeptgenerierung der Befragten erhalten (ebenda). Im Auswertungsprozess werden daher theoretische Konzepte, Kategorien und Vorstellungen sowohl generiert, als auch in Konfrontation mit der sozialen Realität plausibilisiert und modifiziert. Beide Interviewverfahren sind durch eine relativ offene Befragungsweise und den flexiblen Einsatz eines Interviewleitfadens gekennzeichnet. Im Unterschied zum problemzentrierten Interview nimmt die Interviewerin im Experteninterview die besondere, methodisch und methodologisch reflektierte Rolle einer »Quasi-Expertin« ein.

---

1   Unter Umständen können das explorative sowie das systematisierende Experteninterview dem Verfahren des problemzentrierten Interviews zugeordnet werden. Bogner/Menz (2001: 496) weisen darauf hin, dass die Frage nach der methodischen Besonderheit und Eigenständigkeit des Experteninterview nur für das theoriegenerierenden sinnvoll zu diskutieren ist.

Die für das Experteninterview zutreffende Differenziertheit und Differenzierbarkeit der Interaktionsstrategien, die das spezifische Selbstverständnis von Expertinnen antizipieren, markiert, Bogner/Menz (2001: 494) zufolge, die Grenze zu anderen Verfahren, die in ähnlicher Weise auf die Rekonstruktion subjektiver Handlungsorientierungen und impliziter Entscheidungsmaximen abzielen. Als leitfadenorientierte, d. h. halbstrukturierte Interviewmethode lässt sich die Eigenständigkeit und Besonderheit sowohl des problemzentrierten als auch des Experteninterviews aber eher über das Forschungsdesign als über die Präzisierung der Erhebungs- und Auswertungsmethode begründen, obgleich die Methode des Experteninterviews eine Reihe an methodischen und methodologischen Konkretisierungen des Forschungsprozesses (beispielsweise zur Auswahl der Befragten, zur Konstruktion und Anwendung des Erhebungsinstruments, zu den Auswertungsschritten) aufweist. Kennzeichnend für das theoriegenerierende Experteninterview ist vor allem der spezifische theoretische Begründungszusammenhang einer wissenssoziologisch ausgerichteten, akteursorientierten rekonstruktiven Wissens-Macht-Analyse.

In Anlehnung an die von Bogner/Menz (2001, 2002) vertretene Position sollen im Folgenden die methodologischen und methodischen Grundlagen des Experteninterviews expliziert werden. Hinsichtlich der erkenntnisleitenden Funktion des Experteninterviews lassen sich drei Formen unterscheiden: das explorative, das systematisierende und *das theoriegenerierende Experteninterview* (Bogner/Menz 2002: 37). Sowohl beim explorativen als auch beim systematisierenden Experteninterview steht das »Kontextwissen« der befragten Expertin im Vordergrund, geht es um die Informationen, die sie als Akteurin eines Handlungsfeldes über forschungsrelevante Gruppen, Sachverhalte oder Situationen liefern kann (Meuser/Nagel 1991: 445). In dem von Meuser/Nagel (1991, 1994) methodisch-methodologisch entwickelten theoriegenerierenden Experteninterview dagegen stellt die Expertin selbst die Zielgruppe der Untersuchung dar, sind die Strukturen und Strukturzusammenhänge des Expertinnenwissens und -handelns von zentralem Interesse. Hier zielt die Analyse auf die *Konzeptualisierung des »Betriebswissens«*, d. h. der impliziten Wissensbestände, Weltbilder und Routinen, welche die Expertinnen in ihrer Tätigkeit entwickeln und die für das Funktionieren von sozialen Systemen konstitutiv sind (Bogner/Menz 2002: 38).

Experteninterviews werden in verschiedenen Forschungsfeldern angewandt, wobei der spezifische Adressatinnenkreis aufgrund der Relativität des Expertinnen-Status vom jeweiligen Untersuchungsinteresse abhängig ist. Nach Meuser/Nagel (1991: 443) gilt als *Expertin*, wer Verantwortung für den Entwurf, die Implementierung oder die Kontrolle einer Problemlösung trägt, oder über einen privilegierten Zugang zu Informationen über Personengruppen oder Entscheidungen verfügt. In der Debatte um die methodologische Grundlegung des Experteninterviews identifizieren Bogner/Menz (2001: 481ff, 2002: 39ff) drei unterschiedliche Zugänge zur *Bestimmung des Expertinnenbegriffs*: den *voluntaristischen*, den *konstruktivistischen* und den *wissenssoziologischen*. Der voluntaristische Expertinnenbegriff beruht auf der Perspektive, dass jeder Mensch mit besonderen Informationen und Fähigkeiten zur Bewältigung des Alltagslebens ausgestattet und Expertin für die eigenen Bedeutungsinhalte ist (2001: 481f, 2002: 40f). Dieser aus einen grundlegend herrschaftskritischen und emanzipativem Verständnis resultierende und zu einer Ausweitung des Expertinnenbegriffs führende Entwurf einer diffusen Wissensasymmetrie erscheint weder aus methodischen noch aus theoretischen Gründen sinnreich (ebenda). Die konstruktivistische Bestimmung des Expertinnenbegriffs fokussiert die Mechanismen der Zuschreibung der Expertinnenrolle. Aus methodisch-relationaler Sicht ist der Expertinnenstatus demnach das »Konstrukt« eines bestimmten Untersuchungsinteresses und basiert auf der Zuschreibung der Forscherin bzw. anderer sozialer Akteurinnen, die an Aufklärung, Informationen und Faktenwissen über einen bestimmten Sachverhalt interessiert sind (Dies. 2001: 482). Somit betont die sozial-repräsentative Perspektive, dass das Expertentum keine personale Eigenschaft oder Fähigkeit darstellt, sondern Expertin ist, wer in der sozialen Realität als Expertin angesehen wird (Dies. 2002: S40f). Ungeachtet dessen bleibt aber zu berücksichtigen, dass die Expertinnenrolle auch auf einem »materiellen Subkontext«, »sozialen Ingredienzien« bzw. »gesellschaftlichen Parametern« wie beispielsweise der Angehörigkeit bestimmter Organisationen und Verbände oder dem Innehaben relevanter Positionen und Titel beruht (Dies. 2001: 482). Nach dem wissenssoziologischen Expertinnenbegriff profiliert sich die Expertin über die spezifische Struktur ihres Wissens (Dies. 2002: 41). Schütz (1972, zitiert nach Bogner/Menz, 2001: 483) ging ursprünglich davon aus, dass die Expertin als Wissenschaftlerin über ein sicheres, eindeutiges Wissen verfügt, das ihr jederzeit kommunikativ und reflexiv zugänglich ist. Sprondel (1979, zitiert nach Bogner/Menz, 2001) charakterisierte das Expertinnenwissen als »Sonderwissen«, welches komplex integrierte Wissensbestände umfasst und zudem konstitutiv auf die Ausübung eines Berufs bezogen ist. Die von Meuser/Nagel (1994, 1997) weitergeführte wissenssoziologische Perspektive kritisiert sowohl die berufsförmige Verengung des Expertinnenbegriffs als auch die Vorstellung der Explizitheit und Reflexivität des Expertenwissens. Daher sollen hier unter Expertinnen soziale Akteurinnen gefasst werden, die über relativ exklusive, explizite wie implizite Wissensbestände verfügen, die auf der Ausübung eines Berufs oder der Teilnahme an einer besonderen sozialen Welt oder Bewegung beruhen und auf die sich, Pfadenhauer (2002: 124) zufolge, Nicht-Expertinnen oder Forscherinnen im Hinblick auf bestimmte Fragen angewiesen sehen. Zudem ist entscheidend, dass sie für sozial relevante Problemlösungen verantwortlich sind und die Möglichkeit haben,

»strukturell bedeutsame soziale Beziehungen« zu konstituieren (Sprondel, 1979, zitiert nach Bogner/Menz, 2001: 483).

Nach Meuser/Nagel (1994: 180) ist das *Expertinnenwissen* an die Funktion gebunden, die eine Person innerhalb eines Sozialsystems erfüllt, nicht aber an die Bedingungen der formalen Qualifikation oder der offiziellen Funktion. Es beruht auf den Erfahrungen und Erkenntnissen, über die eine Akteurin aufgrund ihrer Zuständigkeiten, Aufgaben und Tätigkeiten in einem organisationalen oder institutionellen Kontext verfügt (Meuser/Nagel 1991: 444). Bogner/Menz (2001: 484) bestimmen drei Dimensionen des Expertinnenwissens, die quer zur traditionellen Unterscheidung von Alltags- und Expertinnenwissen liegen und mit dem Erkenntnisinteresse der unterschiedlichen Formen von Experteninterviews konvergieren. Ihnen zufolge lässt sich das Expertinnenwissen als *Konglomerat aus technischem, Prozess- und Deutungswissen* beschreiben, wobei sich die technischen Wissensinhalte auf die Operationen, Regelabläufe, fallspezifischen Anwendungsroutinen oder bürokratischen Strukturen des Kontext beziehen, das Prozesswissen Einblicke in die Handlungsabläufe, Interaktionsroutinen, organisationalen Konstellationen und in die vergangenen oder aktuellen Ereignisse im Handlungsfeld bietet, und das Deutungswissen die Sinnentwürfe, Interpretationen und Erklärungsmuster der Expertinnen beinhaltet (Dies. 2002: 43). Das Expertinnenwissen besteht also nicht nur aus systematisierten, reflexiv zugänglichen Fach- und Sonderwissen, sondern weist zu einem Großteil den Charakter von Praxis- und Handlungswissen auf, in das verschiedene, teilweise auch disparate Handlungsorientierungen und individuelle Entscheidungsregeln, kollektive Orientierungen und soziale Deutungsmuster einfließen (ebenda: 46). Es ist keinesfalls rational und logisch konsistent, sondern aufgrund seiner Komplexität und Heterogenität eher hybrid, fragmentarisch, widersprüchlich, und brüchig. Valverde (2003) unterscheidet zwischen alltags- bzw. lebensweltlichen »low-status-knowledge« und wissenschaftlichem »high-status-knowledge« und verortet das Expertinnenwissen dazwischen.

Sowohl in ihrem Handlungskontext als auch in der Interviewsituation sind die Expertinnen keineswegs nur als »Professionelle« oder »Berufsvertreterinnen« sondern ebenso als Person anwesend (Bogner/Menz 2001: 487). In der sozialen und wissenschaftlichen Praxis lässt sich daher zwischen der »Expertin« und der »Privatperson« bloß bedingt eine scharfe Trennlinie ziehen (Bogner/Menz 2002: 44f). Auch wenn soziale Akteurinnen als Repräsentantinnen einer Institution oder Organisation sprechen und deren Problemlösungen und Entscheidungen vertreten, sind sie lediglich theoretisch verkürzt als »Funktionsträgerinnen« zu betrachten. Der gesellschaftliche, soziale und (berufs-)biographische Hintergrund, die Gender-Verortung sowie andere soziale Zugehörigkeiten der Expertin können mitunter für die individuelle Gestaltung der institutionellen oder organisationalen Realität mitbestimmend sein. Froschauer/Lueger (2002: 225) differenzieren analytisch zwischen dem *subjektiven* Sinn der handlungs- und definitionsmächtigen Expertin, dem *objektiven*, z. B. in die Organisationsstruktur oder den Funktionskontext eingelassenen Sinn, und dem *praktischen Sinn des Expertinenwissens*, welcher durch die in einem konkreten sozialen Feld (sozialisatorisch) eingeübten Interpretations- und Handlungsweisen zum Ausdruck kommt und eine Brücke zwischen dem Weltverständnis der Akteurin (subjektiver Sinn) und der Welt bzw. dem Kontext (objektiver Sinn) schlägt. Vor diesem Hintergrund können Interviewpassagen mit biographischen oder privaten Themen für die Frage nach individuellen und kollektiven Sinnstrukturen, die faktisches Handeln mitkonstituieren, durchaus von Nutzen sein (Kassner/Wasserman 2002: 107).

Meuser/Nagel (1994: 183) verorten das Expertinnenwissen in Anlehnung an Giddens zwischen praktischem und diskursiven Bewusstsein: es ist kein vorreflexives Wissen auf der Ebene von Basisregeln aber auch kein Wissen, das der Expertin unmittelbar zugänglich ist. Verfügbar und präsent sind erinnerte Entscheidungsverläufe und offizielle Entscheidungskriterien, nicht aber die fundierende Logik des Entscheidens und der Routinen des Expertinnenhandelns (Meuser/Nagel 2004: 327). Daher müssen die impliziten Wissensbestände, das »*tacit knowlegde*« aus den Äußerungen der befragten Expertin im Auswertungsprozess analytisch und interpretativ rekonstruiert werden. Somit stellen die rekonstruktiv generierten Sichtweisen, Sinnstrukturen und Handlungsdispositionen der Expertin das Resultat der Abstraktions- und Systematisierungsleistungen der Forscherin dar.

Für das deutungswissenorientierte, theoriegenerierende Experteninterview ist das Expertinnenwissen nicht in erster Linie aufgrund seiner Exklusivität, sondern vielmehr vor dem Hintergrund seiner sozialen Relevanz, seiner »*Gestaltungsmacht*« von Interesse (Bogner/Menz 2001: 486). Die sozialen Akteurinnen werden nicht aufgrund ihrer spezifischen Zugriffsmöglichkeit auf bestimmtes Wissen befragt, sondern weil es in besonderem Ausmaß praxiswirksam wird, indem ihre Handlungsorientierungen, ihr Wissen und ihre Einschätzungen die Handlungsbedingungen anderer Akteurinnen in entscheidender Weise mitstrukturieren (ebenda). Für die Bestimmung gesellschaftlich relevanter Expertinnen ist auch entscheidend, dass ihr Wissen die Chance aufweist, in der Praxis in einem bestimmten organisationalen Funktionskontext hegemonial zu werden. Zum Expertinnenstatus gehört die Möglichkeit, die eigenen Handlungsorientierungen und Relevanzen zumindest partiell durchzusetzen (Bogner/Menz 2002: 46). Das heißt aber nicht, dass Expertinnen unbedingt auf der obersten Organisationsebene zu suchen sind, sondern durchaus auf der zweiten oder dritten Hierarchieebene, da Meuser/Nagel (1991: 443f) zufolge dort Entscheidungen vorbereitet und durchgesetzt werden und das meiste und detaillierteste Wissen über interne Ereignisse und Strukturen vorhanden ist. Mit Froschauer/Lueger (2002: 228) können drei *Typen von Expertisen* unterschieden werden, die durch eine zunehmende abstrahierende Distanzierung vom praktischen Handlungswissen gekennzeichnet sind: die feldinterne Handlungs- und Reflexionsexpertise sowie die externe Expertise. Die *feldinterne Handlungsexpertise* stellt ein Erfahrungswissen dar, das auf der Teilnahme an Aktivitäten in einem institutionellen, organisationalen oder sozialen Kontext beruht. Es ist als Beobachtung erster Ordnung zu klassifizieren und in die impliziten Wahrnehmungs-, Denk- und Handlungsschemata der Akteurinnen eingelagert. Da die Sedimentierung von Erfahrungen auf Subjektebene durch den lebensweltlichen Hintergrund und die subjektiven Relevanzstrukturen der Expertin geleitet wird, ist die feldinterne Handlungsexpertise durch eine extreme Heterogenität gekennzeichnet (ebenda). Die *feldinterne Reflexionsexpertise* dagegen basiert sowohl auf Primär- als auch Sekundärerfahrungen und bezieht sich über das Handlungswissen hinaus auf größere Zusammenhänge. Es entwickelt sich vor allem dort, wo Akteurinnen strukturell auf Beobachtungen zweiter Ordnung angewiesen sind und in ihren Interaktionen systematisch feldinterne und feldexterne Grenzen überschreiten, z. B. an organisationalen Schnittstellen arbeiten, aufmerksame Beobachterinnen des organisationalen Kontext sind und die verschiedenen Teilperspektiven zu einem Ganzen zusammenfügen (ebenda). Im Vergleich zur feldinternen Handlungsexpertise als konkretem Handlungswissen ist die feldinterne Reflexionsexpertise durch ein höheres Maß an Relationalität, Reflexivität und Abstraktion gekennzeichnet. Die *externe Expertise* stellt ein wissenschaftlich abstrahiertes und systematisch produziertes Reflexions- und Sonderwissen dar und lässt sich als fundiertes theoretisches Wissen beschreiben, das sich auf Sekundärerfahrungen und Beobachtungen zweiter Ordnung stützt, und den Gegenstandsbereich von verschiedenen Seiten und in den unterschiedlichsten intra- und interdisziplinären Facetten beleuchtet. Da die externe Expertise nicht auf praktischem Erfahrungs- und Handlungswissen basiert und nur mehr oder weniger gesellschaftlich verfügbares Wissen reproduziert, ist sie für das theoriegenerierende Experteninterview von geringer Bedeutung (ebenda).

An die verschiedenen Typen von Expertisen knüpfen sich, Froschauer/Lueger (ebenda: 230) zufolge, jeweils spezifische Anforderungen an den Erhebungs- und Interpretationsprozess, d. h. verschiedene Arten der Gesprächsführung und -auswertung an. Für das Erkenntnisinteresse des theoriegenerierenden Experteninterviews wählen Meuser/Nagel (1991, 1994, 2004) als *Erhebungsmethode* das offene Leitfadeninterview, da sie (1994: 183) davon ausgehen, dass standardisierte Erhebungsinstrumente das Expertinnenwissen nur auf der Ebene des diskursiven Bewusstseins erfassen würden, andererseits aber der Verzicht auf jegliche thematische Vorstrukturierung mit der Gefahr verbunden wäre, sich der Expertin als inkompetenter und nicht ernstzunehmender Gesprächspartnerin darzustellen. Eine zielgerichtete, aber offene Interviewgestaltung wird, Meuser/Nagel (1991:

448) zufolge, sowohl dem thematisch begrenzten Interesse der Forscherin an der Expertin als Repräsentantin einer Organisation oder Institution als auch dem Expertinnenstatus des Gegenübers gerecht. Die Orientierung am Leitfaden sichert die Themenkonzentration und Vergleichbarkeit der Expertinnenaussagen, während dessen flexible Handhabung der Expertin zugleich die Extemporierung seiner Sicht erlaubt (ebenda). Der relativ offen gehaltene Diskursverlauf eröffnet der Gesprächspartnerin einen Freiraum, verlangt ihm aber auch Strukturierungsleistungen ab, in denen die individuellen und institutionellen Organisationspraktiken, die Wahrnehmungs- und Handlungsmuster der sozialen Akteurinnen zum Ausdruck kommen (Froschauer/Lueger 2002: 230). Auf diese Weise soll das an Personen oder Kollektive gebundene Wissen der feldinternen Handlungsexpertise, die Situationsdefinition der Expertin, ihre Strukturierung des Gegenstandes sowie ihre Beurteilung (Meuser/Nagel, 1991: 442), im Interview aktiviert und abgerufen werden.

Nach Bogner/Menz (2001: 496) gibt es kein Ideal der Interviewführung im Sinne eines »One-best-way«, sondern eine Vielfalt unterschiedlicher, aber gleichwertiger Interviewstrategien, die in Abhängigkeit von der Kompetenz der Interviewerin, vom Forschungsinteresse und der situationsspezifischen Angemessenheit realisiert werden können. Die Komplexität des Expertinnenwissens steht verschiedenen, teilweise konkurrierenden Erschließungszugängen offen. Daher ließe sich jede untersuchungsleitende Fragestellung bzw. Art des fokussierten Expertinnenwissens mit einer spezifischen Erhebungs- und Interaktionsstrategie verbinden. Mit der Erarbeitung einer *Typologie der Interviewerinnenrollen* haben Bogner/Menz (ebenda: 488ff) wesentlich zur systematischen Reflexion der sozialen Situation und des komplexen Interaktionsgeschehens im Experteninterview beigetragen. Ihnen (ebenda: 495) zufolge kann die Interviewerin von der Expertin als Co-Expertin, Laiin, Autorität, Komplizin oder potenzielle Kritikerin wahrgenommen werden bzw. agieren. Diese Typisierung beruht auf der Berücksichtigung folgender Dimensionen: der der Interviewerin von der Expertin zugeschriebenen fachlichen Kompetenzen, der vermuteten Konvergenz bzw. Koinzidenz des normativen Hintergrunds, vor dem die konkrete Interaktion im Interview stattfindet, sowie der wahrgenommenen Handlungs- und Einflusspotentiale der Interviewerin bezüglich des Untersuchungsfeldes (ebenda: 488). Jede Interaktionskonstellation ist durch spezifische Merkmale der Kommunikationssituation gekennzeichnet, beruht auf unterschiedlichen (zugeschriebenen) Voraussetzungen auf Seiten der Interviewerin, ist mit einen bestimmten Interviewstil bzw. spezifischen Frageformen verbunden, und geht mit verschiedenen methodisch-methodologischen Vor- und Nachteilen einher (ebenda: 495).

Die für das Experteninterview bisher am häufigsten empfohlene Interviewerinnenrolle als *Co-Expertin*, also die Selbstdarstellung der Interviewerin als Gesprächspartnerin mit (gleichwertiger) Fachkompetenz, konstituiert eine symmetrische Interaktionssituation, in welcher die Interviewte mitunter zahlreiche Gegenfragen stellt. Die Interviewerin wird als Person wahrgenommen, die über Fachwissen verfügt und die Fachterminologie beherrscht. Angesichts ihres institutionellen Hintergrunds oder dem Tragen wissenschaftlicher Titel wird ihr vom Interviewten ebenfalls ein Expertinnenstatus zugeschrieben.[2] Die Interviewerin wird als gleichberechtigte Partnerin und Kollegin betrachtet, mit dem die Expertin Wissen und Informationen über das betreffende Fachgebiet austauschen kann (ebenda: 489). Infolgedessen entwickelt sich das Experteninterview zu einem dialogorientierten Gespräch, in dem von der Interviewerin permanent Nachfragen gestellt werden müssen und das durch einen schnellen Frage-Antwort-Wechsel, eine Art »Informationshandel« gekennzeichnet ist (ebenda: 495). Der beschriebene, idealtypische Verlauf eines Experteninterviews kommt dadurch zustande, dass die Befragte bei der Interviewerin einen gemeinsam geteilten Vorrat an Kenntnissen und Wissen voraussetzt, auf den zurückgegriffen werden kann, ohne diesen im Detail explizieren zu müssen (ebenda: 489). Einerseits zeichnet sich ein Interview zwischen Expertin und Co-Expertin durch ein hohes fachliches Niveau sowie Faktenreichtum aus, andererseits verbleibt es im professionellen Relevanzrahmen der Befragten und erhält einen »technizistischen Einschlag« (ebenda: 495), da auch die impliziten normativen und handlungspraktischen Voraussetzungen der eigenen Orientierungen, das Deutungswissen, von der Befragten als geteilt unterstellt werden und damit im Interview der Begründungspflicht entzogen sind (ebenda: 489). Vor diesem Hintergrund eignet sich die Interaktionskonstellation Expertin-Co-Expertin für fakten- und datenorientierte Erhebungen und lässt sich vor allem in explorativen oder systematisierenden Experteninterviews sinnvoll einsetzen (ebenda: 495).

Bogner/Menz (ebenda: 496) zufolge ist die Methode des theoriegenerierenden Experteninterviews als plural zu verstehen, da in Abhängigkeit von der gewählten Interviewstrategie jeweils nur ein bestimmter Ausschnitt des Expertinnenwissens (re-)konstruiert werden kann. Während sich für Untersuchungen, die auf technisches und Prozesswissen abzielen, die Interviewerinnenrolle der Komplizin anbietet, scheint für deutungswissenorientierte Erhebungen, entgegen den Empfehlungen in der Methoden-

---

2 Nach Bogner/Menz (2001: 489) basiert die der Interviewerin von der Befragten zugeschriebene Rolle der Co-Expertin nicht allein auf dem konkreten Kommunikationsverhalten der Forscherin im Interview, sondern auf bereits vorher bekannten Informationen und Eindrücken, wie der Kenntnis der fachlichen Qualifikationen, des professionellen Hintergrunds und der institutionellen Zugehörigkeit der Interviewerin. Zudem kann die Wahrnehmung der Interviewerin durch weitere Faktoren wie z. B. das Alter, die Geschlechtszugehörigkeit, die Ausstattung mit akademischen Titeln, Sprachkompetenzen etc, aber auch durch die Art der Selbstdarstellung und die Präsentation des Forschungsinteresses beeinflusst werden. Dazu auch Abels/Behrens (2002), Littig (2002).

literatur, auch die wechselseitig konstruierte Interaktionskonstellation Expertin-Laiin sachdienlich und gewinnbringend zu sein (ebenda: 495). Ein Experteninterview in der *Interaktionkonstellation Expertin-Komplizin* beruht im Kern auf der Annahme eines gemeinsamen normativen Hintergrunds zwischen Befragten und Fragenden. Dies ist eine sehr voraussetzungsreiche Rolleneinschätzung, die auf persönlicher Bekanntschaft, einem geteilten Erfahrungshintergrund (z. B. die Mitgliedschaft in einer Organisation) beruht oder über die Definition einer gemeinsamen Kontrahentin hergestellt wird (ebenda: 492, 495). Die Interviewerin wird als Vertrauensperson betrachtet, der – in Erwartung absoluter Ehrlichkeit und Diskretion – vertrauliche Informationen mitgeteilt, verdeckte Strategien erläutert und Geheimnisse anvertraut werden können (ebenda: 492). Somit erhält sie einen Einblick in die über die offiziellen Programmatiken oder Legitimationsmuster hinausgehenden realen Strategien und Handlungsorientierungen (ebenda). Die normativen Prämissen der Befragten bleiben in dieser Situation allerdings unexpliziert, da sie als geteilt vorausgesetzt und die stillschweigende Übereinkunft der Gemeinsamkeit zwischen Interviewerin und Befragter durch entsprechende Frageimpulse destruiert werden würde (ebenda).

Ein Experteninterview, in dem die *Interviewerin als Laiin*, d. h. als fachfremde Personen wahrgenommen wird, die im Vergleich zur Befragten folglich über ein geringeres Maß an Fachwissen verfügt und deren ein niedrigerer Status zuerkannt wird, ist demgegenüber durch eine stärkere Selbstläufigkeit der Expertinnendarstellung und einen höheren Explikations- und Detaillierungsgrad gekennzeichnet. In dieser Interaktionskonstellation kommt der Interviewerin primär die Rolle der Rezipientin zu, die erzählgenerierende Fragen sowie engagierte, aber »naive« Nachfragen stellt, während die Befragte »Monologe« führt, Gutmütigkeit demonstriert und der Interviewerin gegenüber tendenziell eine paternalistische Haltung einnimmt. (ebenda: 495). Die zugunsten der Expertin asymmetrisch konstruierte Interaktionskonstellation ist, vorausgesetzt die Interviewerin wird als »willkommene« Laiin betrachtet (ebenda: 490), mit einem hohen Maß an Vertrauen, für die Befragte mit einem Erzählzwang und für die Interviewerin mit Entlastung verbunden (ebenda: 495). Die Expertin agiert hier in erster Linie als didaktisch orientierte Vermittlerin ihrer Erfahrungen, Einstellungen und Wissensbestände und gewährt eine Einführung in die fachlichen Grundlagen des Untersuchungsgebiets und die sachlichen Voraussetzungen spezifischer Handlungsorientierungen (ebenda: 490). Als Nachteil der Interaktionskonstellation ist jedoch die geringe Steuerbarkeit des Gesprächs durch die Interviewerin anzuführen (ebenda: 495).

Möglicherweise können am Anfang eines Forschungsprozesses eine Selbstdarstellung und Gesprächsführung als »Laiin« und in dessen weiterem Verlauf als »Komplizin« oder »Co-Expertin« angemessen sein, um zunächst einen Einblick in die feldinternen Deutungs- und Handlungsmus-

ter zu erhalten, zugleich aber auch ein breites Spektrum des Expertinnenwissens abzudecken. Freilich bleibt zu berücksichtigen, dass die Interviewerin im Experteninterview weitgehend als »Projektionsfläche« für
vermeintliche Erwartungen und Erwartungserwartungen der Befragten
dient (ebenda: 493).[3] Diese sind für die Interviewerin nur bedingt beein-
flussbar. Abels/Behrens (2002: 186) weisen darauf hin, dass neben Alter,
professionellem Status und Erfahrungshintergrund das Geschlecht eine
wesentliche Bedingung sozialer Interaktion darstellt. Die Erfahrungsbe-
richte über geschlechtsspezifische Interaktionswirkungen verweisen sowohl auf negative als auch positive Diskriminierungseffekte. Einerseits
treten weiblichen Interviewern gegenüber Abwehrmechanismen, der sogenannte »Eisbergeffekt«, weniger häufig auf. Andererseits gestalten sich
Experteninterviews zwischen weiblichen Interviewern und männlichen
Befragten aber auch seltener als »partnerschaftlich diskursive Gespräche
unter Gleichen«, d. h. als Gespräche zwischen Experte und Co-Expertin.
Sie sind eher von paternalistischen oder profilierenden Handlungsmustern
der männlichen Befragten geprägt, was sich nicht unbedingt nachteilig auf
den Informations- und Erkenntnisgewinn auswirken muss, sondern auch
produktiv genutzt werden kann (ebenda). Die von Bogner/Menz (2001:
487ff) beschriebenen und systematisierten Interaktionskonstellationen, die
sich hinsichtlich der den Interviewerinnen zugeschriebenen Fachkompe-
tenzen, normativen Orientierungen und Machtpositionen unterscheiden,
stellen Extremfälle dar, die zu Idealtypen verdichtet wurden. In der Forschungspraxis treten sie erfahrungsgemäß selten in Reinform auf, sondern
erscheinen vielmehr in Kombinationen und Mischformen (ebenda: 493).
Zudem können die Interviewerinnenrollen im Verlauf des Interviews stabilisiert oder revidiert werden, entwickeln und verändert sich also situativ
und interaktiv.

Die spezifischen Situationsbedingungen und Kommunikationsdynami-
ken sind in der *Auswertung von Experteninterviews* mitzuberücksichtigen.
Dafür würde sich parallel zur inhaltlichen Textanalyse eine konversations-
analytische Betrachtung des Gesprächsverlaufs anbieten. Nach Meuser/
Nagel (1991: 453) erfüllt die Methode offener, leitfadenorientierter Experteninterviews sowohl die Bedingungen einer kommunikativen Datenerhe-
bung als auch einer nicht-standardisierten Auswertung. Die für das theoriegenerierende Experteninterview relevanten Wissensbestände der feldinternen Handlungsexpertise sind von den Befragten nur begrenzt explizier-
bar. Da hier weniger der manifeste Inhalt des Expertinnengesprächs von
Bedeutung ist, sondern die der beruflichen Praxis zugrundeliegenden Deutungsmuster zu rekonstruieren sind, müssen diese aus der Form der Wis-

---

3 Zu den im Experteninterview potenziell auftretenden Interaktionswirkungen
   Paternalismus-, Katharsis-, Eisberg-, Rückkopplungs- und Profilierungsef-
   fekt sowie deren geschlechtertheoretische Berücksichtigung und Prozessdy-
   namik Abels/Behrens (2002).

senspräsentation, d. h. der Ausdrucksgestalt der Darstellung erschlossen werden (Froschauer/Lueger 2002: 230). Zur Rekonstruktion des »Betriebswissens« der befragten Expertin muss das Datenmaterial zunächst in transkribierter Form vorliegen. Meuser/Nagel (1991: 455) schlagen in Abhängigkeit vom Erkenntnisinteresse und Diskursverlauf eine selektive oder vollständige, einfache, d. h. wortgetreue, *themenorientierte Transkription* der Daten vor.[4] An die Transkription schließt sich als erster Schritt zur Verdichtung des Textmaterials die *Paraphrasierung* an (ebenda: 456). Hierbei werden die Aussagen der Expertin, ihre Meinungen, Urteile, Beobachtungen und Deutungen, von der Forscherin möglichst textnah und in eigenen Worten wiedergegeben. Eine gute Paraphrase ist, Meuser/Nagel (ebenda: 457) zufolge, ausführlich und abkürzend zugleich, und zeichnet sich durch ein nicht-selektives Verhältnis zu den behandelten Themen und Inhalten aus. Die Paraphrasierung folgt der Chronologie des Gesprächsablaufs und sequenziert den Text in über- und untergeordnete Sinneinheiten. Dabei werden inhaltlich zusammenhängende Textpassagen identifiziert und voneinander abgegrenzt. Die Segmentierung des Textes in einzelne Sinnabschnitte orientiert sich an den von der Expertin oder Interviewerin vorgenommenen Themenwechsel und -verschiebungen. Im nächsten Schritt werden die paraphrasierten Textelemente mit *Überschriften* versehen, die möglichst textnah formuliert sind und bestenfalls die Terminologie der Interviewten aufgreifen. Je nach Komplexität der einzelnen Sinneinheiten können auch mehrere Überschriften verfasst werden. Anschließend werden Passagen, die gleiche oder ähnliche Themen behandeln, zusammengefasst und mit einer Hauptüberschrift versehen. Nach Meuser/ Nagel (ebenda: 454) ist das Zerreißen der Sequenzialität des Textes auch innerhalb von Passagen erlaubt und notwendig, da nicht die Logik des Einzelfalls Gegenstand der Auswertung ist, sondern die Analyse eines bestimmten Bereiches oder Wissensteils der Expertin.[5] Das Ziel dieses Auswertungsschritts besteht in der Erarbeitung einer thematischen Übersicht des Experteninterviews. Die dabei vorgenommenen Kondensierungen, Abstrahierungen und Typisierungen bleiben auf die Ebene des Interviews beschränkt. Erst im folgenden Schritt, dem *thematischer Vergleich*, geht die Auswertung über den Einzelfall hinaus. Auf Grundlage der erarbeiteten thematischen Übersichten der Einzelinterviews sollen nun vergleichbare Passagen aus verschiedenen Interviews zusammengestellt und deren Überschriften vereinheitlicht werden (ebenda: 460). Bei der Auflistung der

---

4 In der vorliegenden Arbeit wurden alle Experteninterviews vollständig transkribiert und dabei auch augenscheinliche Details wie längere Pausen oder besondere Stimmlagen in einem einfachen Notationssystem festgehalten.

5 Da die vorliegende Arbeit den beruflichen Habitus der Expertinnen untersucht, weicht die vorgenommene Auswertung des Datenmaterials teilweise von dem von Meuser/Nagel (1991) vorgeschlagenen Modell ab. Eine Beschreibung und Begründung der Auswertungsschritte der Untersuchung wird Gegenstand des folgenden Kapitels sein.

Textabschnitte sind sowohl Gemeinsamkeiten als auch Unterschiede, Abweichungen und Widersprüche herauszustellen und festzuhalten (ebenda: 461). Die sich herauskristallisierenden Kategorien sollen zwar analytisch, aber immer noch textnah und gegenstandsbezogen sein. Sie repräsentieren die Relevanzstrukturen des Expertinnenwissens und verweisen auf Ebenen und Dimensionen, die im nachfolgenden Auswertungsschritt, der *soziologischen Konzeptualisierung*, von Bedeutung sind. Hier werden die den Texten entnommenen Begriffe, Überschriften und empirischen Kategorien in soziologische übersetzt, um die Interpretation für allgemeinere disziplinäre Diskurse anschließbar zu machen (ebenda: 462). Das Ziel der soziologischen Konzeptualisierung besteht in der Systematisierung der Relevanzen, Typisierungen Verallgemeinerungen, und Deutungsmuster der Expertinnen. Dabei steht die Verknüpfung der empirischen Kategorien im Vordergrund, um auf Grundlage der empirischen Generalisierung Aussagen über die Strukturen des Expertinnenwissens treffen zu können. Im letzten Schritt, der *theoretischen Generalisierung,* werden die rekonstruierten Sinnzusammenhänge dann zu abstrahierenden Typologien und Theorien verknüpft. Wie Meuser/Nagel (ebenda: 465) betonen, ist die Angemessenheit der Verallgemeinerungen während des gesamten Auswertungsprozesses permanent durch ein Zurückgehen auf vorherige Auswertungsstufen zu kontrollieren, deren Fundierung rekursiv zu prüfen.

Kennzeichnend für das Auswertungsverfahren theoriegenerierender Experteninterviews ist, dass für die empirische Analyse ein »kategoriales Gerüst« als Bezugsrahmen vorausgesetzt wird (ebenda: 447). Das auf das »Betriebswissen« der Expertinnen ausgerichtete Forschungsinteresse ist mit einem objekttheoretischen Fragen- und Aussagenkomplex verbunden. Die thematischen Schwerpunkte des Interviewleidfadens stellen bereits Vorformulierungen der theorierelevanten Kategorien dar (ebenda: 454). Daher bilden die Forschungsresultate nicht nur Hypothesen über den untersuchten bereichsspezifischen Gegenstand, sondern fungieren auch als »Prüfinstanz für die Geltungsreichweite des zugrundeliegenden Erklärungsansatzes« (ebenda: 447). Die Methode erweist sich als hypothesenprüfend und hypothesengenerierend zugleich. Das theoriegenerierende Experteninterview analysiert die Strukturen und Strukturzusammenhänge des Expertinnenwissens und -handelns, wobei das Auswertungsziel in der Herausarbeitung des Überindividuell-Gemeinsamen, d. h. Aussagen über die gemeinsam geteilten Wissensbestände, Relevanzstrukturen, Wirklichkeitskonstruktionen und Interpretationen besteht (ebenda: 452). Nach Meuser/Nagel (ebenda: 447) sind die Wissens- und Handlungsstrukturen, Deutungsmuster und Prinzipien der Expertin im Auswertungsverfahren theoretisch zu generalisieren, und Aussagen über Eigenschaften, Konzepte und Kategorien zu treffen, die einen Geltungsanspruch auf homologe Handlungssysteme behaupten können bzw. den theoretisch behaupteten Anspruch bestätigen oder falsifizieren (ebenda: 447).

Mit der von Liebold/Trinczek (2002) als »geschlossene Offenheit« bezeichneten doppelten Ausrichtung nimmt das Experteninterview innerhalb des interpretativen Paradigmas eine Sonderstellung bzw. Zwischenposition ein. Einerseits soll die an den Prinzipien der Prozesshaftigkeit, Kommunikation und Flexibilität orientierte Erhebungsmethode Erkenntnischancen qualitativen Zuschnitts bieten, andererseits thematische Schwerpunktsetzungen helfen, das Datenmaterial vergleichend zu interpretieren und die Vielfalt der Informationen zu strukturieren bzw. in Typiken zu kondensieren, ohne »in standardisierter Manier lediglich vorab konzeptualisiertes Wissen zu überprüfen« (ebenda). Die Methode des theoriegenerierenden Experteninterviews zielt auf die »Entdeckung des Unbekannten« ab und verfolgt eine Theoriebildungsstrategie, die auf der Rekonstruktion und Interpretation der Wahrnehmungs-, Deutungs- und Handlungsmuster der Expertin basiert.

5.1 Expertenwissen im Kontext postmoderner Veränderungsprozesse

Vor dem Hintergrund der gesellschaftlichen Wandlungsprozesse haben Meuser/Nagel (2009) den Versuch unternommen, die Methode des Experteninterviews modernisierungstheoretisch und methodisch-methodologische auszuarbeiten und weiterzuführen. In ihrem Aufsatz »Experteninterviews und der Wandel der Wissensproduktion« sind sie der Bedeutung der postmodernen Veränderungen für das Expertinnenwissen, den Expertinnenstatus und das Expertinnenhandeln nachgegangen. Neben der zunehmenden Verwissenschaftlichung und Expertokratisierung der Gesellschaft verweisen sie auch auf die Pluralisierung und »Entzauberung« des Expertinnenwissens.

Der Wandels der Wissensproduktion reicht in die 60er bis 80er Jahre zurück und beginnt mit dem von Beck/Giddens/Lash (1996) beschriebenem und analysierten Sichtbarwerden der problematischen und ambivalenten Nebenfolgen des industriegesellschaftlichen Modernisierungsprozesses. In dessen Folge ist die Fortschrittslogik der modernen Gesellschaft, die Immer-weiter-Modernisierung, der Glaube an die Lösung der Probleme durch eine Steigerung der funktionalen Differenzierung, Verwissenschaftlichung und Disziplinarität zunehmend infrage gestellt und kritisiert worden (ebenda: 4). Das Reflexivwerden der Legitimitäts- und Plausibilitätsstrukturen der modernen Gesellschaft geht mit einer neuartigen, globalisierten Problemwahrnehmung einher und führte zu neuen Deutungsinstanzen, Wissensordnungen und Lebensformen (ebenda: 4f). Alternative soziale Bewegungen und zivilgesellschaftliche Akteure und Netzwerke bildeten sich heraus, die die gesellschaftlich produzierten Risiken und Unsicherheiten (Beck, 1986) öffentlich thematisierten und problematisierten.

Die mit der Heterogenisierung und Pluralisierung der gesellschaftlichen Akteure und Sichtweisen einhergehende »neue Unübersichtlichkeit« (Habermas, 1995) ist für das Expertinnenwissen und die Expertinnen, Meuser/ Nagel (2008: 5) zufolge, mit einem grundlegenden Dilemma verbunden. Einerseits wächst angesichts der Vervielfältigung und Relativierung der Wissensstrukturen die Nachfrage nach dem Deutungs- und Orientierungswissen von Expertinnen, andererseits ist das wissenschaftliche Expertinnenwissen aber in eine Geltungskrise geraten. Im Unterschied zur Moderne zeichnet es sich weder durch Eindeutigkeit, Universalität und Autonomie aus, noch ist es zwingend an die Berufsrolle der Expertin gebunden bzw. durch diese legitimiert. Die Wissensbestände und Expertinnenstandpunkte sind vielfältiger und uneindeutiger, umstrittener und kontroverser.

Für Knorr-Cetina (2000) zeigt sich der Übergang von der Industrie- zur Wissensgesellschaft darin, dass das professionelle Wissen kein Monopol der wissenschaftlichen Forschung mehr ist und Wissen an vielen Orten und in allen Bereichen der Gesellschaft produziert wird. Das Expertinnenwissen breitet sich immer weiter aus und dringt in alle gesellschaftlichen Sphären und Systeme ein. Die trennscharfe Unterscheidung von Insider- und Outsider-Wissen, Expertin und Laiin, sowie der ausschließliche Geltungsanspruch der Relevanzen des »Gebiets« oder der Disziplin der Expertin verflüssigen sich (Meuser/Nagel 2009: 38f). Die traditionell arbeitsteilig organisierte, d.h. betrieblich-berufliche bzw. sonstige funktionsbereichs-spezifische Wissensproduktion wird von neuen Relevanzen, Formen und Prozessen ergänzt. Während das Expertinnenwissen der Moderne, der Modus 1 der Wissensproduktion, von den kognitiven und sozialen Normen der Berufe und Disziplinen angeleitet und bestimmt wurde und relativ autonom war, findet die Wissensproduktion in der postmodernen Moderne in transdisziplinären Kontexten statt und ist anwendungsorientierter und vernetzter (Gibbons 1994). Der Modus 1 der Wissensproduktion wird nach Gibbons (1994) vom Modus 2 aber nicht abgelöst oder verabschiedet, sondern – angesichts der begrenzten Zielerfüllung und den neuartigen, vielfach globalisierten den Problemlagen und Innovationserfordernissen – weiterentwickelt, zugespitzt und transformiert. Die postmodernen Wissensstrukturen und -ordnungen entspringen disziplinären und transdisziplinären Kontexten, beruflichen und außerberuflichen Arrangements, hierarchischen Strukturen und heterarchischen Netzwerken«. Sie sind durch Vielfalt und Pluralität, aber auch Hybridität und Diffusität geprägt. Die verschiedenen Wissensbereiche und Expertinnenstandpunkte stehen nicht einfach nebeneinander, sondern sind diversifiziert und entgrenzt (Meuser/Nagel 2009: 36).

Durch die Etablierung neuer Deutungsinstanzen und kollektiver Akteure, wie die zivilgesellschaftlichen Organisationen und neuen sozialen Bewegungen, deren alternativen Relevanzen sowie Kommunikations- und Interaktionskulturen wird das Expertinnenwissen und die herkömmliche wissenschaftlich-disziplinäre Problemlösungsrationalität infrage gestellt und konkurrierenden Gegen-Expertisen aus andersartigen Wissensordnungen und Interessensphären ausgesetzt (Meuser/Nagel 2009: 40). Die Wissensproduktion bleibt nicht auf das wissenschaftsbasierte, abstrakte und disziplinäre Expertinnenwissen beschränkt, sondern muss auch das praktische und lokale Wissen der Ausführenden, Betroffenen und Laien, Gegenexpertinnen und alternativen Öffentlichkeiten berücksichtigen und integrieren (ebenda: 5). Entscheidungen können nicht einfach nach wissenschaftlich-rationalen Kriterien getroffen, sondern müssen diskursiv verhandelt werden. Der Prozess der Wissensgenerierung vollzieht sich in heterogenen Kommunikations- und Netzwerkstrukturen und dem universalen Geltungsanspruch des Expertinnenwissens tritt eine »Praxis der Pluralität« gegenüber. Für das konventionelle Expertinnenwissen und -handeln ist dies mit Schwierigkeiten, Spannungen, Problemen und Hindernissen verbunden. Die unterschiedlichen Sichtweisen und Positionen müssen diskutiert und die Problemlösungen und Strategien ausgehandelt werden. Vor diesem Hintergrund gestalten sich die Entscheidungen und Expertisen ergebnis- und zukunftsoffener, fragiler und temporärer. Die Verhandlungen können zu einem Konsens oder Kompromiss führen oder auch in die »Einigung auf Nicht-Einigung« münden.

Welsch (2002: 30) zufolge erfordert die unaufhebbare Disparität und Heterogenität der sozialen Sphären eine neue Art des Umgangs mit Pluralität, eine auf den radikalen und per ipso konflikthaften Pluralismus zugeschnittene Ethik, eine transversale Vernunft, die sowohl Grenzen der verschiedenen Rationalitätsformen aufzeigt und wahrt, als auch Übergänge und Auseinandersetzungen zwischen ihnen ermöglicht und vollzieht. In der postmodernen Moderne bleiben die Vielfältigkeiten, Gegensätzlichkeit und Ambivalenzen nicht auf die gesellschaftlichen Systeme und Organisationen beschränkt, sondern dringen auch in die einzelnen Subjekte ein. Die Frage und Aufgabe der Expertin besteht nun darin, die Pluralität wahrzunehmen und anzuerkennen, ihr Rechnung zu tragen und zu begegnen. Das Expertinnenwissen unterliegt, wie (Meuser/Nagel 2009: 50) herausstellen, einem verstärkten Durcharbeitungszwang. Die Auseinandersetzung mit den heterogenen Rationalitätsformen, Sinn- und Handlungsmustern, die »Praxis der Pluralität« ist für die Akteurinnen und Expertinnen anstrengend, mühsam und voraussetzungsreich. Die transdisziplinäre Arbeits- und Organisationspraxis hebt die Disparitäten der Wissenssphären und Funktionsbereiche nicht auf, bringt keine ganzheitlichen Deutungs-, Erklärungs- und Handlungsmuster hervor (Gibbons 1994). Sie kann die Engführungen und Grenzen der Fächer und Disziplinen nur in Bezug auf konkrete Situationen und Probleme relativieren. Die Kontingenz- und Ambivalenzbewältigung stellt also eine permanente, immer wieder neu zu realisierende Aufgabe dar. Für die Expertin ist sie mit Schwierigkeiten und Unsicherheiten verbunden, da sie – quasi außerhalb des eigenen disziplinären Wissens- und Selbstverständnisses – in einem Bereich bzw. Feld des Nicht-Wissens und des Nicht-Selbstverständlichen angegangen wird und kognitiver und sozialer Voraussetzungen, wie dem Bewusstsein der Kontingenz sowie Ambiguitätstoleranz und Reflexivität, Diskurs- und Netzwerkpraktiken bedarf.

Vor dem Hintergrund der gesellschaftlichen Veränderungs- und Wandlungsprozesse, der gesteigerten Komplexität und Pluralität in der postmodernen Moderne, revidieren Meuser/Nagel (2008: 10) ihre frühere Position, dass für die Generierung des Expertinnenwissens und -handeln nur die beruflichen und fachlichen Wissenssphären, d. h. die Expertinnen einzig als Funktionsträgerinnen relevant sind, und ihre nichtberuflichen Erfahrungsbestände, d.h. die Expertinnen als (Privat-)Person, für die Herstellungspraxis keine Rolle spielen. Angesichts der gesteigerten Anforderungen und Umstände der postmodernen Wissensproduktion können auch biographische Erfahrungen, milieuhafte Einbindungen und Motiviertheiten Einfluss auf die Gestaltung des beruflichen Aufgabenbereiches, d.h. auf die Expertise und das institutionelle bzw. organisationale Handeln der Expertinnen haben.

6. Hintergrund und Vorgehensweise

Forschungsprojekt und Graduiertenförderung

Die für die qualitative Verwaltungsstudie herangezogenen Experteninterviews resultieren zu einem Großteil aus meiner Mitarbeit im Forschungsprojekt »Die Verwaltung der Prostitution: Sachsen-Polen-Tschechische Republik« am Institut für Politikwissenschaft der Universität Leipzig. Dieses wurde 2004 bis 2006 vom Hochschul- und Wissenschaftsprogramm (HWP) des Bundeslandes Sachsen finanziert. Weitere Experteninterviews sind im Rahmen der Graduiertenförderung an der Universität Magdeburg in Sachsen-Anhalt erhoben worden. Für die Auswertung und Interpretation der Interviews war zum einen die Projektgruppe an der Universität Leipzig, insbesondere die damals am Lehrstuhl für Religionssoziologie des Theologischen Instituts beschäftigte Prof. Monika Wohlrab-Sahr, und zum anderen die von Fritz Schütze und Thomas Reim geleitete Forschungswerkstatt am Institut für Soziologie der Universität Magdeburg hilfreich und unterstützend.

Feldzugang und Auswahl der Interviewpartnerinnen

Der Zugang zum Feld, d.h. zu den Mitarbeiterinnen der Polizei, der Gesundheitsämter, Ordnungsämter, staatlichen und nichtstaatlichen Sozialprojekte etc. gestaltete sich einfacher und unproblematischer als ursprünglich erwartet. In den meisten Fällen genügte eine Anfrage mit Auskunft über das Forschungsprojekt und groben Angaben zu den Themendimensionen des geplanten Interviews. Die Mehrheit der kontaktierten Verwaltungsbeschäftigten erklärte sich auf dieser Grundlage zu einem Interview bereit und war auch mit deren Aufnahme einverstanden. Nur in wenigen Ausnahmefällen willigten die Befragten trotz Zusicherung der Anonymisierung nicht in die Aufnahme ein. Diese Gespräche wurden dann zwar geführt und protokolliert, konnten allerdings für die Rekonstruktion der beruflichen Habitusformationen keine Verwendung finden. Sowohl der Kontakt zu den Verwaltungsmitarbeiterinnen als auch die Experteninterviews sind in der Regel positiv verlaufen. Die Interviewerinnen sind offen und freundlich empfangen worden, die Gespräche waren von einer angenehmen Atmosphäre geprägt und die Interviewpartnerinnen zeigten sich kooperativ. Die institutionelle Anbindung und staatliche Finanzierung des Forschungsprojektes können den Zugang zum Feld erheblich erleichtert haben, da sich vor allem die staatlichen Verwaltungsbeschäftigten vor diesem Hintergrund möglicherweise mehr oder weniger zur »Mitarbeit« verpflichtet fühlten. Darüber hinaus schienen die Verwaltungsmitarbeiterinnen das Projekt aber auch aus beruflichem und professionellem Interesse und Engagement zu unterstützen und die Gelegenheit teilweise sogar gern zu nutzen, um sich als Expert/in darzustellen oder über die Klientel, die Arbeit oder die Probleme zu sprechen. Die Auswahl der Interviewpartnerinnen orientierte sich zum einen an der Existenz bzw. administrativen Reglementierung der lokalen Prostitutionsszene und zum anderen an der institutionellen oder organisationalen Zuständigkeit und Tätigkeit im Bereich Prostitution und Menschenhandel. In vielen Interviews verwiesen die Befragten selbst auf weitere relevante Interviewpartnerinnen und auch den Medien konnten Informationen und Hinweise auf potenzielle »Expertinnen« entnommen werden.

Interviewerhebung und Transkription

Für die Untersuchung der Verwaltungspraxis im Bereich Prostitution und Menschenhandel zum Zweck der sexuellen Ausbeutung wurden insgesamt 45 Experteninterviews in Deutschland (25), Polen (10) und der Tschechischen Republik (10) erhoben.[1] Die Befragung der staatlichen und zivilgesellschaftlichen Akteure fand auf Deutsch, Polnisch und Tschechisch, sowie in zwei Ausnahmefällen auch auf Englisch, statt.[2] Die Interviewerhe-

---

1   Ein Teil der Experteninterviews sind von Anne Dölemeyer geführt worden, die im Rahmen ihrer Mitarbeit im Projekt eine politikwissenschaftliche Diplomarbeit verfasst hat.

2   Die polnischen Interviews erhob Magdalena Strzep, eine Medizinstudentin aus Polen, die im Forschungsprojekt von Beginn an als hilfswissenschaftliche Mitarbeiterin mitgewirkt hat und zu den Prinzipien der qualitativen Interviewerhebung »geschult« wurde. Für die Untersuchung der Wahrnehmungs- und Handlungsmuster der Verwaltungsakteurinnen erschien die Erhebung über Native Speaker – bei dem nicht nur, aber besonders in Polen teilweise heiklen Thema Prostitution – sowohl in sprachlicher als auch sozialer Hinsicht sinnvoll. Nach der Aufnahme wurden die Interviews von der Interviewerin auf polnisch transkribiert und mit Hilfe der studentischen Übersetzerin für Tschechisch und Polnisch Iva Mäder übersetzt. Die Erhebung der Experteninterviews in der Tschechischen Republik übernahm meine Kollegin Dipl.-Pol. Bärbel Heide Uhl, die lange Zeit in Prag gelebt und gearbei-

bung ist zum Teil von zwei oder drei Interviewerinnen, zum Teil aber auch nur von einer Interviewerin durchgeführt worden. Als Grundlage diente ein thematischer Leitfaden, der auf die Einschätzung der Prostitutionsszene, die administrativen Maßnahmen und Interventionen und die Zusammenarbeit mit anderen Institutionen und Organisationen bezog und abhängig von der Einrichtung, der lokalen Situation sowie den national oder kommunal gültigen Gesetzen und Verordnungen spezifiziert wurde. Der Leitfaden hat den Interviewverlauf aber keinesfalls vorherbestimmt oder festgelegt, sondern wurde offen und flexibel gehandhabt, um den Verwaltungsakteurinnen Raum für die Darstellung der eigenen Relevanzen, Sinnstrukturen und Deutungsmuster zu geben. Daher wurde auch versucht, die von den Befragten eingebrachten Thematisierungen und Problematisierungen aufzunehmen und durch Nachfragen zu vertiefen. Von den 45 durchgeführten Experteninterviews sind 35 digital aufgenommen und 29 vollständig transkribiert worden. Die Interviewtranskriptionen sind einfach gehalten, berücksichtigen aber neben dem genauen Wortlaut auch unvollständig ausgesprochene Worte, kürzere und längere Sprechpausen, Betonungen und Lautstärkwechsel sowie auffällige verbale oder nonverbale Besonderheiten.

Auswertung der Experteninterviews

Die Auswertung der erhobenen Experteninterviews erfolgte nach den von Meuser/Nagel (1991) vorgeschlagenen Schritten der Paraphrasierung, der Thematischen Übersicht, des Thematischen Vergleichs, der Soziologischen Konzeptionalisierung und der Theoretischen Generalisierung. Daneben wurden aber auch inhaltlich und methodisch begründete Modifizierungen vorgenommen. Die wichtigste und zentralste ist die von der Forschungsfrage abgeleitete Analyse und Interpretation der Interviews als personen-, nicht objektbezogene Einzelfallrekonstruktionen. Denn die Untersuchung des beruflichen Habitus rekurriert auf die Wahrnehmungs- und Handlungsmuster der Subjekte und erst hiernach auf die allgemeinen Strukturen des Expertinnenwissens und -handelns. Im Auswertungsschritt des Thematischen Vergleichs sind demzufolge die Habitusformationen der Verwaltungsakteurinnen und die damit einhergehenden Dimensionen und Aspekte des administrativen Wissens und Handelns nebeneinander bzw. gegenübergestellt worden. Hinsichtlich des Forschungsinteresses und dem vorliegenden Untersuchungsdesign bot sich für die Auswertung der Experteninterviews zudem die Berücksichtigung formal-inhaltlicher konversationsanalytischer Gesichtspunkte an. Da sich das Experteninterview durch

tet hat. Transkribiert und übersetzt wurden die Interviews von der damals noch Diplom-Übersetzer(in) studierenden Iva Mäder, die neben Christian Prüfer forschungsrelevante tschechische Texte, Dokumente und Medienberichte ins Deutsche übertragen hat.

die offene und flexible, leitfadenorientierte Erhebungsweise zu einem Gespräch zwischen Interviewerin und Expertin gestaltet, ist es für die Frage nach den habituellen Wahrnehmungs- und Handlungsmustern relevant, wie die Befragte die von der Interviewerin hervorgebrachten Beschreibungs- oder Argumentationsaufgaben und -impulse wahrnimmt, inwieweit z. B. thematische Verschiebungen oder Fokussierungen vorgenommen oder welche neuen Inhalte und Gegenstände bzw. Sichtweisen und Standpunkte eingebracht werden. Die Auswertung der zu Beginn erhobenen Experteninterviews beruht auf der konversationsanalytisch erweiterten Paraphrasierung, der Bildung Thematischer Überschriften und Thematischer Vergleiche sowie der Soziologischen Konzeptionalisierung und Theoretischen Generalisierung.

Nachdem durch den kontrastiven Vergleich der ersten Interviews, mit grenzüberschreitend arbeitenden NGO-Akteuren, grundlegende empirische und theoretische Kategorien und Unterscheidungsdimensionen abstrahiert bzw. das theoretische Modell zum beruflichen Habitus der Verwaltungsakteurinnen entwickelt werden konnte, sind die Schritte der Texterschließung und Textverdichtung im weiteren Forschungsverlauf modifiziert worden. Anstatt der Paraphrasierung und Überschriftenbildung sind die Sinneinheiten und Sequenzen der Interviews in kleinteiligen, textnahen Stichpunkten bzw. offenen Kodes zusammengefasst und festgehalten worden. Von den 29 vollständig transkribierten Experteninterviews der Untersuchung wurden vier paraphrasiert und für 19 Interviews eine »Thematische Übersicht« erstellt. Die Thematischen Übersichten beinhalten die Kategorien erster und zweiter Ordnung in komprimierter, aber detaillierter Form. Daneben spiegeln sie die Struktur des Interviews, d. h. die Frage-Antwort-Aktivitäten bzw. inhaltlich-thematischen Impulse, Fokussierungen und Verschiebungen der Interviewerinnen und Expertinnen wider. Auf Grundlage der Thematischen Übersichten sind die personenbezogenen Einzelfallrekonstruktionen worden. Dafür wurden aus den 23 aufbereiteten, d.h. verdichteten Experteninterviews 12 Fälle ausgewählt, die sich – nach den Kriterien der Grounded Theory (Strauss 1994) – für die anschließenden minimal und maximal kontrastierenden Vergleiche besonders anboten. Da sich die Unterschiede und Differenzen in den herangezogenen Berufs- und Organisationsgruppen größer erwiesen als zwischen den untersuchten Ländern, ist nicht der national-verwaltungskulturelle sondern beruflich-individuelle Vergleich der Habitusformationen der Verwaltungsakteurinnen fokussiert und soziologisch konzeptualisiert bzw. theoretisch generalisiert worden.[3]

Die vorgenommenen Fallanalysen und Fallvergleiche beziehen sich auf fünf Handlungsbereiche im Verwaltungsfeld Prostitution und Menschenhandel, die grenzüberschreitend arbeitenden NGOs, die Polizei, das Ordnungsamt, das Gesundheitsamt und die Soziale Arbeit.

---

3 In der quantitativen Forschung würde man argumentieren, die Varianz innerhalb der Gruppe ist größer als die Varianz zwischen den Gruppen.

Der berufliche Habitus der Verwaltungsakteure

Im dritten Teil der Arbeit werden die Ergebnisse der analytisch-interpretativen Rekonstruktion der beruflichen Habitusformationen der sozialen Akteurinnen im Verwaltungsfeld Prostitution und Menschenhandel zum Zweck der sexuellen Ausbeutung dargestellt. Kapitel 7 zeigt die gesetzlichen Grundlagen und politischen Diskurse zum Thema Prostitution und Menschenhandel zum Zweck der sexuellen Ausbeutung in Deutschland, Polen und der Tschechischen Republik als Handlungsrahmen der Verwaltungsarbeit auf. Anschließend wird das in der Untersuchung generierte theoretische Modell (Kapitel 8.1) sowie die gegenstandsbezogenen Wahrnehmungs-, Denk- und Handlungsschemata der Verwaltungsmitarbeiterinnen in Form von Fallrekonstruktionen und berufsgruppenbezogenen Fallvergleichen (Kapitel 8.2) vorgestellt. Die Erklärung der im Verwaltungsfeld vorgefundenen individualisierten Verwaltungspraxis im Modus der Verwaltungsstrukturierung erfolgt in Kapitel 9. Zum Schluss bindet Kapitel 10 die Verwaltungspraxis im Bereich Prostitution und Menschenhandel zum Zweck der sexuellen Ausbeutung in den modernisierungstheoretischen Diskurs bzw. den Wandel des Verwaltungssystems von Government zu Governance ein.

7. Prostitutionspolitik in Deutschland, Polen und der Tschechischen Republik als Handlungsrahmen

Unter Prostitutionspolitik soll hier ein weiter Begriff verstanden werden, der neben dem legislativen Rahmen der Verwaltungspraxis, auch den politischen Diskurs und die gesellschaftliche Öffentlichkeit umfasst. Staatliche Verwaltungsinstitutionen sind als legale Herrschaftsformen an Recht und Gesetz gebunden und zeichnen sich, idealtypisch betrachtet, durch Sachlichkeit und Berechenbarkeit aus. Einerseits legt die Legislative den gesetzlichen Handlungsrahmen der exekutiven Verwaltung fest und bestimmt damit die Formen und Bedingungen der konkreten Verwaltungsarbeit maßgeblich mit. Andererseits haben aber auch öffentliche Diskurse und zivilgesellschaftliche Aktivitäten Einfluss auf die Inhalte, Zielsetzungen und Maßnahmen der politischen Programme und sind an der Konstitution der »Frames« der sich etablierenden Prostitutionsregime über Meinungsbildungs-, Interessenvertretungs- und Verhandlungsprozesse beteiligt.

Prostitution ist in fast jeder Kultur zu finden und sowohl in der Vergangenheit als auch der Gegenwart eine gesellschaftlich relevante Größe. Ihre soziale Wahrnehmung und Bewertung unterliegt einem starken Wandel und hängt von den zeitlichen und kulturellen Wert- und Moralvorstellungen einer Gesellschaft ab. Die spezifische Prostitutionspolitik eines Landes beruht auf dessen kulturellen, ideologischen und historischen Besonderheiten. Dodillet (2006) beispielsweise vergleicht die unterschiedlichen Prostitutionsregime Deutschlands und Schwedens und untersucht die Hintergründe deren gegensätzlicher politischer Standpunkte. Während in Schweden 1999 der Kauf sexueller Dienstleistungen gesetzlich verboten wurde, geht das in Deutschland 2002 inkraftgetretene Prostitutionsgesetz mit einer Legalisierung und Liberalisierung der Prostitution einher. Die Divergenz zwischen der prohibitiven Prostitutionspolitik Schwedens und dem reglementaristischen Modell Deutschlands führt Dodillet (ebenda) auf Unterschiede in den länderspezifischen Debatten und Traditionen zurück, und weist hierbei vor allem auf den unterschiedlichen Einfluss der jeweiligen Wohlfahrtstheorien, feministischen Ideen sowie der Bedeutung von Öffentlichkeit und Zivilgesellschaft hin.

Angesichts der historischen und kulturellen Hintergründe der länderspezifischen Prostitutionspolitiken scheint es schwierig, auf europäischer Ebene eine gemeinsame Linie zu finden (ebenda: 110). Die staatlichen Prostitutionsregime umfassen die gesamte Spannweite zwischen Prohibition und Legalisierung, und auch die Präsenz und der Einfluss der zivilgesellschaftlichen Öffentlichkeit variieren. Gegenwärtig können in Europa vier verschiedene Prostitutionspolitiken differenziert werden: das abolitionistische, das neoabolitionistische, das prohibitionistische und das reglementaristische Modell.[1] Von den in die Untersuchung einbezogenen Ländern vertreten sowohl Polen als auch die Tschechische Republik das abolitionistische Prinzip, wohingegen in Deutschland ein reglementaristisches Prostitutionsregime vorherrscht.

Tabelle 1: Vergleich der länderspezifischen Prostitutionspolitik

Prostitutions-politik	*Polen*	*Tschechische Republik*	*Deutschland*
Legislatives Modell	Abolitionistisch	Abolitionistisch (reglementaristischer Gesetzesentwurf)	Reglementaristisch
Frame	Ordnungspolitisch	Ordnungs- und sicherheitspolitisch	Ordnungs-, sicherheits-gesundheits- und sozialpolitisch
Verwaltungs-struktur	Zentralistisch	Zentralistisch	Dezentral-föderalistisch
Verwaltungs-praxis	Tolerierend bis repressiv	Repressiv (Outdoor), tolerierend (Indoor)	Tolerierend (überwiegend)
Diskurs	Marginal, tabuisiert	Rege, kontrovers	Existent, gespalten
Frame	Konservativ, religiös-moralisch fundiert	Pragmatisch, mit konservativ sozial-moralisch fundierter oppositioneller Kritik	Liberal, traditionell- und neo- feministisch fundiert

---

1   Die angeführten Gesetzesmodelle werden ausführlicher in Kapitel 3 beschrieben.

Thematisie-rung	Menschenhandel	Öffentliche Ordnung, Menschenhandel,	Menschenhandel und »Freierbestrafung«
	moralischer Diskurs	kriminologischer Diskurs dominiert	hegemonialer Opferdiskurs
NGOs	Aktiv, sich entwickelnd	Aktiv, sich entwickelnd	Aktiv, entwickelt
Aufgaben-bereich	HIV-Prävention, Menschenhandel	HIV-Prävention, Menschenhandel, Sozialarbeit	HIV-Prävention, Menschenhandel, Sozialarbeit, Hurenbewegung

Tschechische Republik

In der Tschechischen Republik ist Prostitution weder verboten, noch wird sie staatlich reguliert oder als Beruf anerkannt (Di Nicola/Orfano/Cauduro et al. 2005: 64ff). Im Rahmen des Tschechischen Strafgesetzes lassen sich in Zusammenhang mit der Prostitution Handlungen bzw. Tatbestände wie Kuppelei (§ 204)[2], Menschenhandel zum Zweck der sexuellen Ausbeutung (§ 246)[3], Bedrohung der Sittlichkeit (§ 205) oder der sittlichen Erziehung der Jugend (§ 217), Einschränkung (§ 231) bzw. Entzug (§ 232) der persönlichen Freiheit sowie Erpressung (§ 235) und Vergewaltigung (§ 241) verfolgen und bestrafen.[4] Ungeachtet dessen stellt die Prostitution an sich ein gesetzliches Vakuum dar und befindet sich rechtlich betrachtet in einem Graubereich.

---

2 Der Tatbestand der Kuppelei beinhaltet das Anstiften, den Zwang oder die Verführung von Personen in die Prostitution hinein, oder das Profitieren von der Prostitution anderer. Die Strafen können härter ausfallen, wenn Gewalt angewendet oder angedroht wurde, wenn Vorteil aus der Not oder Abhängigkeit der Person gezogen wurde oder wenn organisierte Kriminalität dabei eine Rolle spielt. Zudem ist eine Verschärfung des Strafmaßes bei Opfern unter 18 Jahren bzw. unter 15 Jahren (§ 204.4) vorgesehen.

3 Handel mit Personen zum Zweck sexueller Ausbeutung (§ 246): »Wer immer eine Person ins oder aus dem Ausland entführt, anwirbt oder transportiert, mit der Absicht, sie durch das Anbieten von sexuellen Diensten auszubeuten, sollte mit einem Freiheitsentzug von einem bis fünf Jahren bestraft werden.«

4 Quelle: »Vorschlag der Maßnahmen zur Lösung der mit der Prostitution verbundenen Probleme«, 1999 vom Tschechischen Innenministerium, siehe http://www.mvcr.cz/prevence/priority/prostituce2/index2html vom 13.11. 2004.

In der Tschechoslowakei, dem Vorgängerstaat der Tschechischen Republik, war Prostitution wie in den meisten sozialistischen Ländern illegal und fand eher verdeckt statt. Im Zuge des postsozialistischen Transformationsprozesses hat sich sowohl an der Grenze zu Deutschland und Österreich als auch in der Landeshauptstadt Prag das Angebot an sexuellen Dienstleistungen ungemein vergrößert. Die augenscheinlichen Prostitutionsszenen im tschechisch-deutschen bzw. tschechisch-österreichischen Grenzgebiet sind von den ausländischen Medien (plakativ) als »längster Straßenstrich« bzw. »größtes Freiluft-Bordell« Europas betitelt und dargestellt worden. Angesichts der als Störung der öffentlichen Ordnung wahrgenommenen Situation und der als stigmatisierend empfundenen Berichterstattung suchten insbesondere die Städte und Gemeinden im Grenzgebiet nach einer Handhabe gegen das massive Ausmaß der Straßenprostitution. Da die Tschechische Republik bis heute über keine gesetzliche Regelung der Prostitution verfügt und das (von vielen) erwünschte Prostitutionsgesetz bisher nicht verabschiedet werden konnte, haben einige Kommunen lokale Verordnungen erlassen, die die Prostitution an öffentlichen Plätzen verbieten bzw. bestimmte, meist außerhalb der Ortschaften liegende Zonen für die Straßenprostitution ausweisen. In Cheb, Usti nad Labem, Dubi und Plzen beispielsweise wird auf diesem Weg versucht, die (sichtbare) Prostitution zu verringern und die sogenannte öffentliche Ordnung herzustellen. Die eigenmächtig erlassenen Gemeindeverordnungen stellen in dem tendenziell zentralistischen Verwaltungssystem der Tschechischen Republik jedoch ein Spannungsmoment dar. Insbesondere der Erlass der Stadt Usti nad Labem ist vom Staat als zu weitgehend angesehen und vorübergehend außer Kraft gesetzt worden. Nach dem Grundsatzurteil des Verfassungsgerichts in Brno von 2007 dürfen die tschechischen Kommunen die Straßenprostitution nun aber selbst regulieren, um – wie es in der Urteilsbegründung heißt - die »Sitte und Moral« zu sichern und das »moralische Heranwachsen von Kindern und Jugendlichen« zu gewährleisten. Die Bürgermeister der betroffenen Gemeinden betrachten die Situation aber nach wie vor als ungelöst und sind sich einig: »Wir brauchen ein Gesetz«, eine allgemeine Regelung der Prostitution.[5]

Bereits 1997 hatten die Bürger der grenznahen Stadt Dubi eine Petition unterschrieben und die Regierung aufgefordert, die Straßenprostitution im Grenzgebiet einzuschränken und ein Gesetz zur Regulierung der Prostitution zu erlassen. Im Jahr 2000 haben Vertreterinnen von rund 25 tschechischen Kommunen erneut eine Erklärung verabschiedet, welche an die Regierung und das Parlament appelliert, die Rechtsgewalt der Gemeinden hinsichtlich der Regulierung der Straßenprostitution zu stärken, die Sanktionierung der Rechtsverstöße zu effektivieren, sowie die Prostitution voll-

---

5 Janzer, Till (9.03.2007).Verfassungsgericht erlaubt die Bekämpfung von Prostitution in Gemeinden, in: Radio Prag, siehe http://www.radio.cz/de/artikel/89177.

jähriger Personen grundsätzlich zu legalisieren und reglementieren. 1998 wurde in der Ministerialverwaltung in Prag eine inter-ministerielle bzw. cross-sektorale Arbeitsgruppe eingerichtet, die im Auftrag der Regierung die Situation der Prostitution in der Tschechischen Republik untersucht hat. In Kenntnisnahme der Situationsanalyse sollte das Innenministerium Maßnahmen zur Problemlösung vorschlagen und einen Gesetzesentwurf zur Regulierung der Prostitution ausarbeiten, der die konkreten Bedingungen für deren Ausübung und Kontrolle definiert.[6] Im Begleittext des Regierungsbeschlusses vom 15.11.2000 wird konstatiert, dass die staatliche Verwaltung ihre Haltung zur Prostitution dahingehend ändern muss, dass sie nicht nur die Probleme angeht, die durch Prostitution verursacht werden, sondern sich direkt dem Problem der Prostitution an sich stellen muss.[7] Der vom Innenministerium erarbeitete Gesetzesentwurf basiert auf einem staatlichen Reglementierungsmodell, nach welchem Prostituierte eine Lizenz erwerben müssen, sich regelmäßigen (wöchentlichen) Gesundheitsuntersuchungen zu unterziehen hätten und zur Steuerzahlung verpflichtet wären.

Im öffentlichen und politischen Raum wurde der Gesetzesentwurf rege diskutiert, und sowohl befürwortet als auch kritisiert. Beispielhaft soll hier ein Gesprächsforum im Tschechischen Rundfunk vom 17.05.2004 angeführt werden, an dem Karel Backovský, Mitarbeiter des Tschechischen Innenministeriums, Abteilung Sicherheitspolitik, und Josef Janecek, Abgeordneter der christlich-demokratischen Partei KDU-CSL und Mitglied des parlamentarischen Ausschusses für Sozialpolitik und Gesundheitswesen, teilgenommen haben.[8] Nach Argumentation des Ministerialbeamten des Innenministeriums reagiert der Gesetzesvorschlag auf den existierenden Handlungsbedarf und den Unmut mit der bisherigen Situation. Der Gesetzesentwurf wolle das Problem rational lösen, legale und illegale Prostitutionsformen definieren und Prostituierte vor Ausbeutung und Misshandlung schützen helfen. Er legt einen legalen Bereich für die Ausübung der Prostitution fest, in der Annahme dass ein völliges Verbot der Prostitution unrealistisch sei. Die Prostituierten sollten sich registrieren lassen und den Status als selbständig Tätige erhalten. Obwohl der Staat aus der Prostitutionstätigkeit Steuern einnehmen würde, betrachte er sich nicht als Zuhälter.

Der Abgeordnete der christlich-demokratischen Oppositionspartei, Josef Janecek, dagegen lehnt die Erfassung der Prostitution als selbständiges

---

6 Regierungsbeschluss »Zur Analyse der Probleme, die mit der Prostitution zusammenhängen, und der Bedingungen zur systematischen Lösung« vom 14.4.1999. Dieser beinhaltet den Auftrag des Innenministeriums, bis zum 31.10.1999 einen Gesetzesentwurf zur Regulierung der Prostitution vorzulegen.

7 Regierungsbeschluss zum Maßnahmeentwurf für die Lösung der Probleme, die mit Prostitution zusammenhängen, vom 15.11.2000.

8 Siehe www.kdz.cz/media/tisk.asp?page=311&IDC1=12212&IDR=132 vom 31.08.04, Zusammenfassung und Übersetzung von Christian Prüfer.

Gewerbe ab. Er befürchtet eine Erweiterung des Angebots und eine Zunahme der Prostitution. Seiner Meinung nach könne ein Prostitutionsgesetz die illegale Prostitution nicht unterdrücken. Vielmehr würde das organisierte Verbrechen durch die Legalisierung gestärkt. Vor allem hätte er moralische Bedenken, sähe den Staat als Zuhälter auftreten und am Missbrauch der sich prostituierenden Frauen verdienen. Zudem befürchte er eine Diskriminierung der Prostituierten und ist der Ansicht, dass deren Registrierung ihre gesellschaftliche Integration verhindere. Das Mitglied des parlamentarischen Ausschusses für Sozialpolitik und Gesundheitswesen fordert daher ein Verbot der Prostitution sowie höhere Straften und schärfere Polizeikontrollen.

Die Mehrzahl der sich am Gesprächsforum beteiligenden Rundfunkhörer befürwortete allerdings den Gesetzesentwurf. Nach Ansicht des renommierten Prager Sexologen Prof. Petr Weiss[9] haben die Tschechen im internationalen Maßstab die liberalste Haltung in sexuellen Fragen und sind im Vergleich zu Frankreich, Amerika oder Großbritannien am tolerantesten gegenüber außerehelichen Beziehungen, Schwangerschaftsabbrüchen, Pornografie, Prostitution etc Den Grund für die verhältnismäßig hohe Liberalität sieht der Sexualwissenschaftler im distanzierten Verhältnis der Tschechen zur Religion. Weiss zufolge sind religiöse Überzeugungen der wichtigste Faktor für eine konservative und restriktive Haltung gegenüber sexuellen Themen. Aufgrund ihres geringen Anteils an Gläubigen bezeichnet er die Tschechen als »das vermutlich säkularste Volk weltweit«.

Der Gesetzesentwurf zur Reglementierung der Prostitution wurde neben den Prostitutionsgegnern aber auch von Mitarbeiterinnen zivilgesellschaftlicher Organisationen (z. B. »Rozkos bez Rizika« oder »La Strada«) kritisiert, die sich für Prostituierte oder von Menschenhandel betroffene Frauen engagieren.[10] Diese warnen vor den negativen Folgen für die nichtregistrierten Prostituierten. Da der Gesetzesvorschlag Prostitution nur für EU-Bürger als legale Tätigkeit vorsieht, würden Frauen mit illegalem Aufenthaltsstatus weiterhin kriminalisiert und in noch stärkere Abhängigkeit von Zuhältern und Menschenhändlern getrieben. Da diese einen großen Teil der Prostituierten in der Tschechischen Republik ausmachen, brächte das Gesetz in der gegenwärtigen Form, nach Ansicht der nichtstaatlichen

---

9 Mitarbeiter des Sexualwissenschaftlichen Instituts der Karls-Universität Prag. Quelle: Radio Prag, siehe http://www.radio.cz/de/artikel/6764 vom 16. 06.2005.

10 Beide Organisationen sind in der Landeshauptstadt Prag angesiedelt. »Rozkos bez Rizika«, was übersetzt soviel wie »Lust ohne Risiko« bedeutet, setzt sich für den Schutz vor übertragbaren Sexualkrankheiten, insbesondere bei Prostituierten ein. »La Strada«, ursprünglich in Prag gegründet, nun aber auch in Warschau, Kiew, Minsk etc. vertreten, unterstützt Betroffene von Menschenhandel (zum Zweck der sexuellen Ausbeutung).

Organisationen, keine Verbesserung in der Bekämpfung der Organisierten Kriminalität, insbesondere des Menschenhandels.[11]

Trotz vielfacher Kritik kam es seit Entwurf des Prostitutionsgesetzes zu mehreren Gesetzesinitiativen, die sich im Parlament aber bisher nicht durchsetzen konnten. Ein grundsätzliches Problem der Verabschiedung eines die Prostitution reglementierenden Gesetzes besteht in der Gültigkeit der 1949er UN-Konvention gegen Frauen- und Kinderhandel und die Ausbeutung von Frauen durch Prostitution, welche die Tschechoslowakei 1957 gemeinsam mit anderen Ostblockstaaten unterzeichnet hat. Darin verpflichten sich die Signatarländer, die Prostitution als eine die Frauen demütigende Tätigkeit zu betrachten. Als Nachfolgestaat der Tschechoslowakei ist die Tschechische Republik an diesen völkerrechtlichen Vertrag gebunden und eine Legalisierung der Prostitution würde einen Verstoß gegen das internationale Dokument herbeiführen.

Zudem versuchen auch Vertreterinnen der amerikanischen Außenpolitik die Verabschiedung des Prostitutionsgesetzes zu verhindern und auf die Entwicklung der Prostitutionspolitik der Tschechischen Republik Einfluss zu nehmen.[12] John Miller, Experte zur Bekämpfung des Menschenhandels vom Außenministerium der Vereinigten Staaten, reiste persönlich nach Prag, um die tschechische Regierung und Verwaltung vor der Legalisierung der Prostitution zu warnen.[13] Er kam mit der Botschaft:»Der Staat dürfe nicht zum Zuhälter werden.« Die amerikanische Prostitutionspolitik basiert auf dem prohibitiven Modell und setzt Prostitution grundsätzlich mit der Ausbeutung von Frauen und Menschenhandel gleich. Nach Ansicht des amerikanischen Menschenhandels-Experten ist Prostitution kein normaler Beruf und darf nicht einmal, wie in der Tschechischen Republik, toleriert werden.

In den USA ist Prostitution, sowie die Inanspruchnahme sexueller Dienstleistungen, mit Ausnahme der Bundesstaaten Nevada und Rhode Island, strafbar. Das bedeutet aber nicht, dass es in den USA keine Prostitution gibt. Die gesetzlichen Vorschriften und deren praktische Anwendung unterscheiden sich von Bundesstaat zu Bundesstaat, teilweise sogar von Kommune zu Kommune. Die Handhabung reicht von strenger Verfolgung bis hin zu Duldung. Eine prominente Strategie im Kampf gegen die Prostitution ist das»denouncing«, das»An-den-Pranger-Stellen«, bei dem von den lokalen Polizeibehörden zur Abschreckung Fotos und Namen von

---

11 Schultheis, Silja (18.08.2005). Prostitution in Tschechien – bald ein ordentlicher Beruf?, Radio Prag, siehe http://www.radio.cz/de/artikel/69729.

12 Die Anti-Menschenhandels-Politik ist zu einem Instrument weltweiter Einflussnahme auf die Politik anderer Staaten geworden (Doña Carmen 2007: Das soziale Konstrukt Menschenhandel. Vortrag auf dem 31. Strafverteidigertag in Rostock (23.-25.03.2007), siehe http://www.donacarmen.de/wp-content/uploads/Rostock.pdf vom 8.08.2007.

13 Quelle: Tschechische Tageszeitung»Mladá fronta dnes« vom 28.08.2004, siehe http://www.mfdnes.newton.cz/tisk.asp?cache=959281.

Prostituierten und Freiern ins Internet gestellt oder in Zeitungen veröffentlicht werden. Jedoch lässt sich in der Prostitutionspolitik der Vereinigten Staaten ein Wandel beobachten, da nach Aussage des amerikanischen Experten für Menschenhandel zunehmend von der Kriminalisierung der Prostituierten abgesehen wird und verstärkt die Kunden sexueller Dienstleistungen pönalisiert und stigmatisiert werden.[14]

Interessanterweise plant auch die an der tschechisch-deutschen Grenze liegende Stadt Dubi gegenwärtig, ihre lokal gültige Sperrgebietsverordnung nicht nur mit Bußgeldern durchzusetzen, sondern auch Web-Kameras zu installieren, um die Prostitutionskunden »noch besser erfassen und veranschaulichen« zu können.[15] Zur gesetzlichen Absicherung des Projektes verhandelt die Stadt Dubi, nach Angaben von Radio Prag (25.07.2007), derzeit mit der tschechischen Datenschutzbehörde: »Es ist also nicht ausgeschlossen, dass man alsbald im Internet auch auf eine Webseite aus Dubi treffen wird, auf der man die Sex-Touristen in Bild und Ton vor ihrem Eintritt ins lustvolle Vergnügen beobachten kann.«

Die Tschechische Republik hat sich von einem Herkunftsland des Menschenhandels zu einem Transit- und Zielland für Frauen aus Russland, der Ukraine, Moldawien, Bulgarien, China und Vietnam sowie für Mitglieder der ethnischen Gruppe der Roma entwickelt.[16] Aus Sicht der amerikanischen Anti-Prostitutions- und Anti-Menschenhandelspolitik führe die Legalisierung der Prostitution zur Steigerung der Nachfrage und damit auch der Opferzahlen.

Da das Thema Prostitution und deren staatliche Regulierung in der Tschechischen Republik weiterhin im Zentrum öffentlicher Debatten steht und insbesondere in Zusammenhang mit der Bekämpfung des Menschenhandels zum Zweck der sexuellen Ausbeutung einen bedeutenden Platz auf der politischen Agenda einnimmt, legte das Tschechische Innenministerium 2004 erneut einen Gesetzesentwurf zur Reglementierung der Prostitution vor. Nach Angaben von Tatana Pesková, einer Mitarbeiterin der Abteilung Sicherheitspolitik des Innenministeriums, besteht das Ziel des Gesetzes vor allen in der »Trennung zwischen freiwilliger und unfreiwilliger Prostitution«, der »Festlegung rechtlicher Rahmenbedingungen für deren Ausübung« sowie der »Verringerung gesundheitlicher Risiken« und dem »Kampf gegen verschiedene Formen der mit der Prostitution verbun-

---

14 Darüber hinaus werden »ertappte« Prostitutionskunden zu spezielle Schulungs- und Erziehungsprogrammen verpflichtet.
15 Czech Radio 7, Radio Prague, abrufbar über http://www.radio.cz/de/artikel/93746.
16 National Strategy of Combating Trafficking in Human Beings for the Porpose of sexual Exploitation in the Czech Republic. Resolution of the Government of Czech Republic of 3.9.2003 No. 849.

denen Kriminalität, vor allem Menschenhandel«.[17] Als Grund für die Erarbeitung des Gesetzesvorschlags wird der »aktuelle, nicht zufrieden stellende Zustand im Bereich Prostitution und das Fehlen komplexer rechtlicher Regelungen« zur effektiven Lösung der mit der Prostitution einhergehenden Probleme (organisiertes Verbrechen, Gewaltverbrechen, Schutz der öffentlichen Ordnung, Gesundheitsrisiko usw.) angeführt. Von der tschechischen Regierung wurde der Gesetzesentwurf am 21.07. 2004 verabschiedet.[18] Allerdings versperrte das Abgeordnetenhaus der staatlichen Regulierung der Prostitution den Weg. Im Oktober 2005 lehnte das Parlament eine Gesetzesvorlage ab, welche die Aufkündigung internationaler Verträge in den Bereichen Menschenhandel und Prostitution vorsah. Vor allem die mitregierenden Christdemokraten stimmten gegen die Aufhebung der 1949er UN-Konvention, welche für die geplante gesetzliche Reglementierung der Prostitution notwendig gewesen wäre. Damit scheint die Gesetzesinitiative erneut gescheitert und die Prostitutionspolitik der tschechischen Republik weiterhin dem abolitionistischen Modell verhaftet.

Das geplante Prostitutionsgesetz war mit einem konzeptionellen Ansatz verbunden, der die Bedingungen für die Umsetzung der Reglementierung schaffen sollte und neben ordnungs- und sicherheitspolitischen auch gesundheitliche und sozial-präventive Maßnahmen vorsah. Das bisher existierende, infrastrukturelle Angebot an medizinischen Untersuchungs- und Behandlungsmöglichkeiten sowie sozialer Beratung steht in keinem Verhältnis zum quantitativen Ausmaß der Prostitution. Die lokale medizinische Versorgung von Personen mit sexuell übertragbaren Erkrankungen erfolgt durch Kreishygienestationen und Hospitäler sowie niedergelassene Ärzte. Das Angebot der staatlichen Gesundheitseinrichtungen kann freiwillig und anonym wahrgenommen werden, bestimmte Geschlechtskrankheiten müssen aber nach gesetzlicher Verordnung namentlich gemeldet werden. Die durch eine klassische Komm-Struktur gekennzeichneten Gesundheitsbehörden werden von den Prostituierten zum einen aus Gründen der schlechten Erreichbarkeit und zum anderen aus Sorge vor mangelnder Anonymität und damit verbundener erwarteter Diskriminierung nur selten aufgesucht. Im Rahmen des europäischen Umbrella-Projektes, einem Modellprogramm zur Gesundheitsprophylaxe im grenzüberschreitenden Raum, wurden im deutsch-tschechischen und österreichisch-tschechischen Grenzgebiet Streetwork-Projekte initiiert, die sich in den lokalen Prostitutionsszenen der HIV/AIDS/STD-Prävention widmeten. In der Landeshauptstadt Prag begegnet den Problematiken des erhöhten Prostitutionsaufkommens die zivilgesellschaftliche Organisation »Rozkos bez Rizika« (auf deutsch »Lust ohne Risiko«), die sich im Bereich der Gesundheitspräven-

---

17 Aus einem Brief des Tschechischen Innenministeriums vom 13.September 2004 an das Forschungsprojekt »Die Verwaltung der Prostitution« an der Universität Leipzig, übersetzt von Christian Prüfer.

18 Di Nicola/Orfano/Cauduro et al. 2005: 64ff.

tion engagiert, Untersuchungen auf sexuell übertragbare Krankheiten anbietet und darüber hinaus versucht, die sich prostituierenden Frauen über
die Teilnahme an kultureller Kleinprojekten, Rollenspielen oder durch spezielle Sprachtrainings für Migrantinnen zu empowern. Die dort ebenso an-
sässige, bekannte Organisation »La Strada« berät und betreut Opfer von
Menschenhandel und ist in ein grenzüberschreitendes Netzwerk nichtstaatlicher Organisationen integriert, die in den Herkunftsländern Präventions-
kampagnen durchführen und die betroffenen Frauen bei der Rückkehr in
ihre Heimat begleiten und unterstützen.

Zudem nahm »La Strada«, wie auch »Rozkos bez Rizika« und »Chari-
tas«, an dem Modellprojekt »Hilf den Opfern des Frauenhandels« teil,
welches das tschechische Innenministerium in Zusammenarbeit mit den
nichtstaatlichen Organisationen und der speziellen Polizeieinheit für Organisierte Kriminalität entwickelt hat. Somit verfügt die tschechische Republik über ein kooperatives Netzwerk staatlicher und zivilgesellschaftlicher
Institutionen und hat mit dem offiziellen Aktionsplan von 2003 die landes-
weite Bekämpfung des Menschenhandels zur sexuellen Ausbeutung intensiviert.

Polen

Auch die polnische Prostitutionspolitik beruht auf dem Abolitionsprinzip.
Sexuelle Dienstleistungen an sich sind zwar nicht verboten, werden aber
auch nicht als Erwerbstätigkeit anerkannt, und sind somit weder legal noch
illegal. Sie werden vom Staat durch keinerlei Gesetze oder Verordnungen
reguliert und befinden sich, wie in der Tschechischen Republik, in einer
rechtlichen Grauzone. Allerdings erklärt das polnische Strafgesetzbuch
Handlungen, die als Kuppelei (§ 203) oder Zuhälterei (§ 204) ausgelegt
werden können, zu Straftatbeständen. Demnach macht sich strafbar, wer
der Prostitution Vorschub zu leistet, materielle Gewinne aus der Prostitution einer anderen Person erzielt oder jemanden zur Prostitution nötigt. Darüber hinaus steht Menschenhandel (§ 253) unter Strafe.

In der sozialistischen Zeit wurde Prostitution in Polen weder von der
Regierung noch in der Öffentlichkeit thematisiert. Sie existierte trotz offiziellen Verbotes, wurde aber in ihrem vergleichsweise geringen Umfang
stillschweigend »toleriert«. Obwohl entgeltliche sexuelle Dienstleistungen
nicht verfolgt wurden, waren die sich prostituierenden Frauen informellen
und semi-formellen Sanktionen ausgesetzt, die von moralischer Verurteilung medizinischen Pflichtuntersuchungen und suggerierter »Kooperation«
mit der Polizei reichten (Nowak 1999). Sie wurden polizeilich registriert
und hinsichtlich der Einhaltung regelmäßiger Gesundheitsuntersuchungen
kontrolliert und überwacht. Da die Ausübung der sexuellen Dienstleistungen verdeckt stattfand, war sie für die Bevölkerung nicht sichtbar. Prostitution galt, wie auch Alkoholismus und Delinquenz, als pathologisches

Verhalten, nicht als Erwerbstätigkeit oder Art des Geldverdienens. Das Anbieten sexueller Dienstleistungen wurde primär als weibliches Fehlverhalten betrachtet und in keinen Zusammenhang mit der Existenz männlicher Nachfrage gestellt (ebenda). 1991 wurden die Sittenpolizei-Abteilungen aufgelöst und durch neue Dezernate ersetzt, deren Zuständigkeit allgemein im Bereich der sexuellen Straftaten liegt.

Mit dem 1990 einsetzenden Wandel des politischen, rechtlichen und wirtschaftlichen Systems änderte in Polen sich die allgemeine gesellschaftliche Situation. Die soziale Mobilität nahm zu, gesellschaftliche Unterschiede verstärkten sich und materialistische Wertesysteme konsumorientierte Lebensstile dominierten. Zudem waren eine Liberalisierung des Privatlebens, die Kommerzialisierung von Sexualität, eine Abnahme der effektiven sozialen Kontrollmechanismen, steigende Anonymität und ein Verschwinden der halb-formellen Sanktionen und Begrenzungen durch die staatlichen Institutionen zu beobachten (ebenda). Die gesellschaftlichen Transformationsprozesse gingen mit Veränderungen in der Sozialmoral und dem Alltagshandeln der polnischen Bevölkerung einher. Der soziale Wandel wirkte sich auch auf das Image und die Praxis der Prostitution aus. Sowohl das Ausmaß als auch die Formen der sexuellen Dienstleistungen veränderten sich. Die Zahl der sich prostituierenden Frauen stieg deutlich an und die Ausübung der Prostitution wurde stärker organisiert, fand über Gesellschaftsagenturen, Massagesalons und Nachtclubs etc. statt. Im Zuge des Transformationsprozesses sind im deutsch-polnischen Grenzgebiet, an den Fernverkehrsstraßen und in den Großstädten beträchtliche Prostitutionsszenen entstanden. Angesichts des wachsenden Marktes für sexuelle Dienstleistungen wiesen Politikerinnen, Polizistinnen, Staatsanwältinnen, Richterinnen und Sozialarbeiterinnen immer öfter auf die Notwendigkeit einer staatlichen Regelung der Prostitution hin.

Die Frage, ob der Staat zu einer Regulierung des Sex-Marktes übergehen soll oder nicht, ist auch Teil des öffentlichen Diskurses. Im Vergleich zur Debatte in der Tschechischen Republik nimmt die gesellschaftliche und politische Auseinandersetzung mit der Legalisierung der Prostitution in Polen aber einen deutlich geringeren Raum ein.

Die Befürworter argumentieren, dass eine legislative Regelung zu einer Verbesserung der Arbeitsbedingungen sowie der medizinischen Versorgung der sich prostituierenden Frauen führen würde. Sie könnten sich besser gegen betrügerische oder brutale Kunden und Arbeitgeber zur Wehr setzen, und für die Polizei wäre es leichter, den Bereich der sexuellen Dienstleistungen zu kontrollieren, worin zugegebenermaßen aber auch die Gefahr einer Rückkehr bzw. Beibehaltung der repressiven Behandlung der Prostituierten bestünde. Nach Ansicht der Gegner würde die Legalisierung keine Veränderungen herbeiführen und die Verpflichtung zur Steuerzahlung eine »Grauzone« erzeugen, die aber unter den Bedingungen der abolitionistischen Prostitutionspolitik indes schon existiert.

2001 schlug der national-konservative Abgeordnete Jan Rulewski von der »Wahlaktion Solidarität«[19] ein »Gesetz über die Ausübung gesellschaftlicher Dienstleistungen« vor.[20] Diesem zufolge sollten die Gemeinden die wirtschaftlichen Tätigkeiten der sogenannten Massagesalons, Nachtclubs und Begleitagenturen reglementieren, und damit vor allem »das Recht der Bürger und dessen Familien auf ein Leben in Ruhe und moralischer Ordnung« sichern. Die Gesellschaftsagenturen sollten sich in freistehenden unbewohnten Gebäuden befinden, die mindestens 150 Meter von Schulen, Kindergärten, religiösen und nationalen Gedenkstätten u. ä. entfernt sind. Deren Betreiber müssten straffrei sein und dürften keine Rückstände bei der Steuer- oder Sozialversicherungszahlung haben. Die Werbung für ihre Dienstleistungen in der Presse oder elektronischen Medien wäre verboten, und nur in Publikationen zugelassen, die ausschließlich die Interessenten erreichen. Zudem müssten sich die Betreiber gegen die Folgen der »gesellschaftlichen Kontakte« versichern, damit z. B. nicht die Krankenkassen die Behandlung von Geschlechtskrankheiten bezahlen müssten. Bezeichnenderweise enthält der Gesetzesvorschlag weder das Wort »Prostitution« noch den Ausdruck »sexuelle Kontakte«. Unter dem Ausüben gesellschaftlicher Dienstleistungen wird verstanden: das persönliche Knüpfen bzw. das Ermöglichen von Kontakten, die unbeständigen Charakter haben und von anderem als politischem, kulturellen, religiösen, sportlichen, ehelichen und wirtschaftlichem Ziel sind, und am Ort der wirtschaftlichen Tätigkeit oder außerhalb dieses Ortes mit Personen ausgeübt werden, die vom Unternehmer angestellt sind.[21] Die primär ordnungspolitische Orientierung des Reglementierungsvorschlags kommt in der Begründung bzw. Zieldefinition des konservativen Politikers zum Ausdruck: »Ich legalisiere nicht, sondern will die Tätigkeit der Gesellschaftsagenturen erschweren und die Ruhe der in der Nähe wohnenden Bürger gewährleisten«.

Auf einem anderen konzeptionellen Hintergrund beruht die Initiative der Jungen Sozialdemokraten, die 2004 vom Abgeordneten der Sozialdemokratischen Linken (SLD) und Vorsitzenden der legislativen Kommissi-

---

19 Auf polnisch: »Akcja Wyborcza Solidarnosc« (AWS). War ursprünglich ein Wahlbündnis, das 1996 auf Betreiben der erfolglos gewordenen Solidarnosc und Vertreterinnen von zahlreichen anderen Parteien gegründet wurde und nationalliberale, nationalkonservative und christlich-demokratische Kräfte vereinte ist seit 1997 eine Partei. 2001 begann die Partei zu zerfallen, wichtige Persönlichkeiten traten zu anderen Parteien über. Die umbenannte AWSP (Akcja Wyborcza Solidarnosc Prawicy, deutsch: Wahlaktion Solidarität der Rechten) schaffte nach den Wahlen von 2001 nicht einmal mehr den Einzug in den Sejm und ist seither nur noch auf lokaler Ebene aktiv.

20 Laudanski, Roman (09.2001). »Jasiu, zalegalizujesz?«, in: Polityka. Polityka (auf deutsch: Politik) ist wöchentlich erscheinendes polnisches Nachrichtenmagazin. Politisch wird das Magazin einem intellektuellen, sozialliberalen Profil zugeordnet. Es ist das auflagenstärkste Politikmagazin Polens.

21 Ebenda.

on, Ryszard Kalisz, im Parlament vorgetragen und unterstützt wurde.[22] Deren Gesetzesvorschlag zur Legalisierung der Prostitution sieht vor, dass Prostituierte einen normalen Arbeitsvertrag abschließen, in die Sozialversicherung einbezogen werden und sich regelmäßigen Gesundheitsuntersuchungen unterziehen müssen. Die Begleitagenturen, Clubs, Massagesalons und alle anderen bordellartigen Einrichtungen hätten monatlich Steuern an die Städte bzw. Gemeinden abzuführen. Nach Umfrage der Initiatoren unter den Betreibern der in Warschau angemeldeten Gesellschaftsagenturen, wären diese an der Legalisierung der Prostitution bzw. ihrer Geschäfte interessiert, da sie unter den gegenwärtigen rechtlichen Bedingungen permanent Angst vor Polizeirazzien, der Stadtverwaltung sowie konkurrierenden Unternehmern haben und jederzeit wegen Kuppelei und Zuhälterei angeklagt werden können. Mit der Legalisierung der Prostitution müsste auch das polnische Strafrecht geändert werden.

Wider die Reglementierungs- und Entkriminalisierungsinitiative der Sozialdemokraten tritt Lech Kaczynski, Mitbegründer der national-konservativen Partei »Recht und Gerechtigkeit«[23], ehemaliger Stadtpräsident von Warschau und gegenwärtiger Präsident der Polnischen Republik, als vehementer »Gegner der Legalisierung« auf. Seit 2003 bekämpfte er die Gesellschaftsagenturen in Warschau und profilierte sich damit, einige durch die Polizei und das Warschauer Stadtamt liquidiert zu haben. Seine Haltung zur Prostitution begründet er moralisch: »Die Mehrheit der Polen identifiziert sich mit christlichen Werten. In so einer Gesellschaft ist eine Billigung der Unzucht unmöglich«.[24]

Obwohl nach 1989 alle Restriktionen gegenüber Prostituierten aufgehoben wurden, ist die staatliche und gesellschaftliche Behandlung der Prostitution in Polen weiterhin durch Ambiguität und Ambivalenz gekennzeichnet. Einerseits werden die organisierten Formen sexueller Dienstleistungen von der Rechts- und Verwaltungspraxis weitgehend toleriert, andererseits wird Prostitution als soziale Pathologie betrachtet und mit Unterwelt, Schwarzmarkt und potenzieller Kriminalität assoziiert. Die sich prostituierenden Frauen gelten, wie Drogenabhängige und Homosexuelle, als HIV/Aids verbreitende Gruppe, die enorme soziale Kosten verursacht. Sie werden von der Öffentlichkeit missachtet und in ihren sozialen Rechten beschränkt. Dass einer Umfrage zufolge 80% der Männer und 50% der Frauen Prostitution akzeptieren, heißt nicht, dass Prostitution in Polen all-

---

22 Kotecka, Patrycja; Sulowski, Sebastian (16.02.2004). Kaczynski vs. Kalisz – ein Streit über Bordelle, in: Zycie Warszawy (deutsch »Warschauer Leben«, ist eine in Warschau erscheinende polnische Tageszeitung, die neben der »Trybuna Ludu« eine der wichtigsten Zeitschriften in der Volksrepublik Polen war). Recherchiert und ins Deutsche übersetzt von Magdalena Strzep, hilfswissenschaftliche Mitarbeiterin im Forschungsprojekt «Die Verwaltung der Prostitution: Sachsen-Polen-Tschechien« an der Universität Leipzig.
23 Auf polnisch: »Prawo i Sprawiedliwosc« (PiS).
24 Ebenda.

gemein akzeptiert ist. Die sozialen Reaktionen umfassen ein weites Meinungsspektrum, wobei die negativen Urteile dominieren (Nowak 1999). Hinsichtlich der Betrachtung entgeltlicher sexueller Dienstleistungen spielen die strengen Traditionen und das soziale Kontrollsystem der katholischen Kirche eine bedeutende Rolle. Obwohl das Gesetz die Ausübung der Prostitution toleriert, wird sie als unmoralisches Phänomen angesehen. Die Tatsache, dass Prostituierte in Polen nicht kriminalisiert werden, ist, nach Choluj (2006: 237), nicht mit ihrer Anerkennung in der Gesellschaft verbunden, sondern vielmehr mit der rechtlichen Nichtbeachtung dieses sozialen Phänomens. Auch von der Forschung und der Frauenbewegung wird das Thema Prostitution überwiegend gemieden. Prof. Zbigniew Izdebski von der Warschauer Universität ist einer der wenigen, der sich mit sexualwissenschaftlichen Fragen beschäftigt und u. a. Studien zur Prostitution und deren gesellschaftlicher Bewertung durchgeführt hat.

Choluj (2006: 237) charakterisiert die rethorische Frage des Politikers Andrzej Lepper[25] "Kann man eine Prostituierte überhaupt vergewaltigen?" als symptomatisch für den polnischen Prostitutionsdiskurs. Diese öffentliche Kommentierung der Nachricht, dass ein polnischer EU-Abgeordnete von einer Prostituierten wegen Vergewaltigung angezeigt wurde, verortet die Prostitution außerhalb jeglicher juridischer und moralischer Ordnung (ebenda). Nach durchschnittlicher Moralvorstellung sind die sich prostituierenden Frauen an ihrem Schicksal selber schuld, da sie sich für die berüchtigte Tätigkeit im Sexbereich entschieden haben (ebenda). Trotz der ablehnenden Haltung gegenüber der Prostitution ist diese in der polnischen Kultur erstaunlich omnipräsent: in der Umgangssprache[26], in Karikaturen, in Witzen und auch im politischen Milieu (ebenda: 241). Die polnische Schimpfkultur interpretiert Choluj als Gegenreaktion auf den strengen Sitten- und Moraldiskurs. Die häufige Anwendung des Schimpfwortes »kurwa« (Hure) scheint ihr bezeichnend für eine Gesellschaft, in der vor allem die weibliche Sexualität einer scharfen Kontrolle unterliegt, und entweder unter dem Deckmantel der Liebe auftritt oder als promiskuitives Verhalten verpönt wird (ebenda: 245).

Nach Ansicht einiger Expertinnen wird Prostitution in Polen aufgrund der stark vertretenen katholischen Werte niemals legalisiert werden (Di Nicola/Orfano/Cauduro et. al. 2005: 69). In einer nationalen Umfrage von 1994 erklärten 60% der Befragten, gegen die Legalisierung der Prostituti-

---

25 Vizemarschall des 2005 gewählten polnischen Parlaments
26 Das Wort »kurwa« (polnisch für Hure) hat außer der verletzenden Beleidigungsfunktion im Sinne von Judith Butlers, noch zwei andere: eine emphatische zur Unterstreichung der Aufregung oder des Ärgers, wie im Deutschen »Scheiße«, und die Funktion einer Unterbrechung. Dort hat es kaum eine inhaltliche Bedeutung, sondern fungiert als ein rhetorisches Komma, etwa wie nicht wahr, ne, gell im Deutschen (Chołuj 2006: 244).

on zu sein.[27] Obgleich sich ein Markt für sexuelle Dienstleistungen entwickelt hat, bleibt Prostitution ein Tabu und die damit verbundenen Probleme werden im öffentlichen Diskurs marginalisiert. Für manche Expertinnen scheint ein Wandel der Prostitutionspolitik derzeit auch angesichts der Nichtberücksichtigung der frauenrechtlichen Perspektive nicht absehbar. Ungeachtet dessen hat sich in den letzten Jahren die Haltung gegenüber Prostituierten etwas geändert.[28] Während sie in der Vergangenheit nur marginalisiert und stigmatisiert wurden, begannen sich einige Organisationen und Streetworker für deren Situation zu interessieren. Im Unterschied zur polnischen Gesellschaft betrachten sie die sich prostituierenden Frauen nicht als Personen, die»schädlich« für die Gesellschaft sind, sondern als soziale Gruppe, die sich in einer schwierigen sozialen Lage befindet. Die in mehreren polnischen Städten angesiedelte zivilgesellschaftliche Initiative»Tada« beispielsweise ist in der Prostitutionsszene unter der Aufgabenstellung der HIV/Aids-Prävention aktiv. Das Engagement und die Lobbyarbeit der nichtstaatlichen Organisationen wirkte sich auch auf das gesellschaftliche Wissen und die Denkweise über die Prostituierten aus. So begann sich die Öffentlichkeit zunehmend dafür zu interessieren, ob die Frauen zur Prostitution gezwungen werden und Opfer von Gewalt oder Menschenhandel sind oder nicht. Zudem geraten auch die Motive der Prostitutionstätigkeit in den Blick. Beispielsweise, dass sich die prostituierenden Frauen häufig dazu entscheiden, um ihre Familien ernähren und unterstützen zu können.[29] Mitunter wird auch herausgestellt, dass sexuelle Dienstleistungen eine kompensatorische Funktion erfüllen, indem sie der Befriedigung der Bedürfnisse der Männer dienen. Insgesamt betrachtet werden Prostituierte seltener als»Persona non grata« betrachtet bzw. öfter als arbeitende Frauen mit eigenen, spezifischen Problemen angesehen.

Dennoch scheint sich die polnische Gesellschaft von Ländern zu unterscheiden, in denen Prostitution hauptsächlich unter dem Aspekt der (Organisierten) Kriminalität und der Störung der öffentlichen Ordnung proble-

---

27 Sdaz OBOP 92/94, Opinie o prostytuccji i zalegalozowaniu domów publiczynch, Warzawa grudzien 1994, p.3.

28 Siehe Working Paper»Poland Conty Report« prepared by Warsaw University, Dezember 2005.

29 Nach Umfrage des größten Meinungsforschungsinstituts Polens »OBOP« gaben 2003 60 % der befragten Prostituierten an, aufgrund ihrer schwierigen finanziellen Situation als Prostituierte zu arbeiten. 17% entscheiden sich für diese Tätigkeiten, um auf leichte Weise Geld zu verdienen und Profit zu machen. 14% begründeten ihre Arbeit mit dem Willen, ihren Lebensstandard zu verbessern. 2,8% der befragten Frauen offenbarten, zur Prostitution gezwungen zu werden. Zwei Drittel der Befragten betrachteten ihre Prostitutionstätigkeit als vorübergehenden Job, um Geld für unterschiedliche Zwecke zu verdienen (34%) oder ihre gegenwärtigen finanziellen Probleme zu lösen (31%). Für ein Viertel der Prostituierten ist die Arbeit eine dauerhafte Tätigkeit, mit der sie Geld verdienen, um sich selbst und ihre Familien zu versorgen.

matisiert wird. Die Befürworter der Legalisierung selbst kontrastieren die religiös fundierte Ablehnung der Prostitution in der polnischen Gesellschaft mit der eher pragmatischen Haltung der benachbarten Tschechischen Republik oder der reglementaristischen Prostitutionspolitik in Deutschland und den Niederlanden. 2002 beispielsweise schrieben die polnischen Bischöfe dem Minister für Inneres und Verwaltung einen Brief, in dem sie die Prostitution als »immoralisches Phänomen« deklarierten und ihn aufforderten das offensichtliche Problem der »Road Prostitution« zu lösen.[30] Daraufhin begannen spezifische Polizeieinheiten die sich an den Fernverkehrsstraßen prostituierenden Frauen zu kontrollieren, und bei illegalem Aufenthaltsstatus festzunehmen und direkt in ihre Heimatländer abzuschieben. Deren Zuhälter dagegen, unter denen auch potenzielle Menschenhändler gewesen sein könnten, wurden nicht verhaftet.[31]

Dass Polen sowohl Herkunfts- als auch Transit- und Zielland des Menschenhandels ist, scheint in den letzten Jahren zunehmend realisiert worden zu sein. Die Medien beinhalteten zahlreiche Artikel und Darstellungen zu diesem Themenkomplex, die allerdings aus Expertinnensicht nicht immer als zuverlässig und aktuell einzustufen sind.[32] Gleichzeitig mit der Tschechischen Republik nimmt auch Polen an der Implementierung am UN Programm zur Prävention und Bekämpfung von Menschenhandel teil. Es wurde eine Reihe an Maßnahmen und Aktionen ergriffen. Die zivilgesellschaftliche Organisation »La Strada« hat sich als Anlaufstelle für Betroffene von Menschenhandel etabliert und unterstützt Frauen, die aus der Prostitution aussteigen. Mitarbeiterinnen staatlicher Institutionen nichtstaatlicher Organisationen und wissenschaftlicher Einrichtungen führten Schulungen und Trainingsmaßnahmen durch, um die Beamtinnen der Ordnungs-, Sicherheitsbehörden für die besonderen Herausforderungen und Problematiken im Bereich Prostitution und Menschenhandel zu sensibilisieren. Ungeachtet dessen scheinen die im Bereich der Prostitution begangenen Straftaten von der Öffentlichkeit primär als erhebliches ethisches und moralisches Problem und weniger unter dem Aspekt der Gefährdung der öffentlichen Sicherheit und Ordnung wahrgenommen zu werden.[33]

Deutschland

Im Gegensatz zum Abolitionismus der Polnischen und Tschechischen Republik basiert die Prostitutionspolitik in Deutschland auf einem reglementaristischen Modell. Prostitution wird staatlich reguliert und ist bei Einhaltung der gesetzlichen Regelungen erlaubt. Bis 2001 wurden Prosti-

---

30 Working Paper, »Poland Conty Report« prepared by Warsaw University, Dezember 2005, p.8.
31 Ebenda.
32 Ebenda, p. 9.
33 Ebenda.

tuierte nach dem »Gesetz zur Bekämpfung der Geschlechtskrankheiten« (GeschlKrG) gesundheitlich überwacht. Sie waren zu regelmäßigen medizinischen Untersuchungen verpflichtet und konnten den Gesundheitsämtern bei Nichteinhaltung des vorgegebenen Untersuchungsrhythmus polizeilich zugeführt werden. Bei der Anwendung des Geschlechtskrankheitengesetzes herrschte allerdings eine große regionale Varianz vor. Während es in den nördlichen Bundesländern zunehmend liberal gehandhabt und die »Untersuchungspflicht« in der Praxis abgeschwächt oder auch gar nicht mehr angewandt wurde, setzten es die südlichen Bundesländer weiterhin rigide und zu Ungunsten der Prostituierten durch. Das neue Infektionsschutzgesetz (IfSG) hat die Untersuchungspflicht rechtlich aufgehoben und durch ein freiwilliges, präventives Beratungs- und Untersuchungsangebot ersetzt. Mit dem 2002 inkraftgetretenen »Gesetz zur Regelung der Rechtsverhältnisse von Prostituierten« ist die Prostitution weiter legalisiert worden. Die Sittenwidrigkeit der Vereinbahrung zwischen Prostituierten und Kunden wurde abgeschafft und Prostitution als Tätigkeit anerkannt, für die der Zugang zur Kranken- und Sozialversicherung grundsätzlich möglich ist. Damit einhergehend wurde auch das Strafrecht liberalisiert. Nach altem Recht war jegliches Management von Prostitution, das über die reine Zimmervermietung hinausging, strafbar (von Galen 2004: 101). Gegenwärtig gilt die gewerbsmäßige Vermittlung der Prostitution nur noch als kriminelle Handlung, wenn damit die Einschränkung der persönlichen oder wirtschaftlichen Bewegungsfreiheit der Prostituierten verbunden ist. Zuvor konnten Bordellbetreiberinnen für die betriebliche Organisation der Prostitution und das Schaffen angenehmer Arbeitsbedingungen wegen Förderung der Prostitution und Zuhälterei strafrechtlich belangt werden. Die alte Gesetzeslage war von der Vorstellung geprägt, dass Prostitution eine sozial unwertige Tätigkeit sei und Frauen davor zu schützen seien, als Prostituierte zu arbeiten. Die Ausübung der Prostitution selbst galt als Übel. Nach dem Prostitutionsgesetz soll die freie Entscheidung zur Prostitution respektiert und die Rechte der sich prostituierende Person gewahrt werden (ebenda: 102). Damit ist ein rechtlicher Paradigmenwechsel vom »Schutz vor der Prostitution« zum »Schutz in der Prostitution« vollzogen worden. Da Prostitution vom Gesetz nun als Erwerbstätigkeit anerkannt wird, kann sie sowohl selbständig als auch im Rahmen eines abhängigen Beschäftigungsverhältnisses ausgeübt werden. Die Organisation und das Management sexueller Dienstleistungen sind grundsätzlich nicht mehr strafbar. Es sei denn gegen den Willen der sich prostituierenden Person wird durch Druck oder sonstige gezielte Einwirkung eine Abhängigkeit herbeigeführt oder aufrechterhalten. Nach dem Prostitutionsgesetz ist die Prostituierte auch auf Grundlage eines Arbeitsvertrages nicht zur Leistung verpflichtet. Vom Betreiber darf nur das Bereithalten, nicht aber die Durchführung der Prostitutionsausübung bestimmt werden. Rechtlich zulässige Arbeitsverträge können Ort und Zeit der Tätigkeit sowie weitere

Details der betrieblichen Eingliederung (z. B. Arbeitskleidung, Regeln der Zimmernutzung, einzuhaltende Hygienestandards sowie Preise, Abrechnungsmodus und Gehaltszahlung) enthalten (ebenda: 115f).

Die Vornahme der vereinbarten sexuellen Dienstleistung kann von den Prostituierten aber, sowohl dem Kunden als auch dem Arbeitgeber gegenüber, jederzeit verweigert werden.

Trotz der Legalisierungs- und Liberalisierungstendenzen in der rechtlichen Behandlung der Prostitution bestehen nach Ansicht einiger Rechtsexpertinnen Widersprüche zwischen der zivilrechtlichen (Neu)Regelung durch das Prostitutionsgesetz und den gültigen Vorschriften anderer Rechtsgebiete wie dem Strafrecht, dem Ordnungs- und Gewerberecht u. a. (Fischer, zitiert nach von Galen 2004: 128). Mit dem Prostitutionsgesetz hat der Gesetzgeber die rechtliche und soziale Benachteiligung von Prostituierten beenden wollen. Die Ausübung der Prostitution kann jedoch nach aktueller Rechtslage weiterhin, sowohl mit Verweis auf einen konkreten Gefährdungsgegenstand wie der sittlichen Gefährdung von Jugendlichen (§ 184e StGB) oder der Belästigung Dritter (§ 119 OWiG) als auch unter Zugrundelegung einer abstrakten Gefährdung (§§ 184d StGB, 120 OWiG), eingeschränkt werden.[34] Nach von Galen (2004: 123) muss sich das Prostitutionsgesetz auf die Anwendung dieser Vorschriften in einer Weise auswirken, dass der Maßstab, wann etwas als grob anstößig, belästigend oder sittlich gefährdend gilt, im Lichte des Prostitutionsgesetzes zu beurteilen ist. Von einer grundsätzlichen Gefährdung des »öffentlichen Anstands« durch die Prostitution kann nicht mehr ausgegangen werden, da sie nicht mehr als sittenwidrig betrachtet wird und zu dem, was »anständig« ist, dazugehört (ebenda: 126). Rechtliche Bedenken hinsichtlich der Reglementierung der Prostitution bestehen auch angesichts des allgemeinen Werbeverbots für entgeltliche sexuelle Handlungen, welches nach Rechtsprechung auch für die »verbrämte« Form wie etwa die Angabe des Vornamens mit Rufnummer gilt, sofern jeder verständigen Person hinreichend klar ist, dass für Prostitution geworben wird (ebenda: 129). Mit der »Abschaffung« der Sittenwidrigkeit und der damit verbundenen Anerkennung der Prostitution als grundrechtsgeschützter Beruf ist ein ausnahmsloses Werbeverbot, Galen (ebenda: 130) zufolge, nicht mehr zu rechtfertigen.[35] Die

---

34 Die Ermächtigungsgrundlage dafür ist Art. 297 des Einführungsgesetzes zum Strafgesetzbuch (EGStGB). Danach können die Behörden eines Bundeslandes die Ausübung der Prostitution in bestimmten Gebieten zum Schutz des öffentlichen Anstandes oder der Jugend durch Rechtsverordnung verbieten. Verstöße können als Ordnungswidrigkeit (§ 120 OWiG) oder als Straftat (§ 184d StGB) verfolgt werden. Freier sind von den Verboten nach Art. 297 EGStGB eigentlich nicht betroffen. Viele Kommunen untersagen jedoch in örtlichen Polizeiverordnungen, Prostituierte in Sperrbezirken anzusprechen.

35 Das Prostitutionsgesetz und seine Begründung vermeiden allerdings eine Aussage zur Anerkennung der Prostitution als Beruf. Nach Urteil des Bundesverfassungsgerichts (BVerfGE 7, 377, 397; BVerfGE 32, 1, 28; BVerfGE 7, 377, 397) ist als Beruf jede an sich erlaubte Tätigkeit geschützt, die auf

Berufsausübung kann zwar grundsätzlich durch Gesetz oder auf Grund eines Gesetzes geregelt werden, zu bedenken sei aber immer die Zumutbarkeit der einschränkenden Vorschriften und die Verhältnismäßigkeit der Sanktionierung.

Aufgrund der föderalistischen Struktur Deutschlands und der damit einhergehenden Autonomie der Bundesländer hat sich in der staatlichen Reglementierung der Prostitution ein inhomogener Rechtsrahmen herausgebildet. Besonders hervorzuheben ist die Tatsache, dass sich fünf der zwölf Bundesländer vorbehalten, sexuelle Dienstleistungen weiterhin als sittenwidrig zu betrachten und eine Auswirkung des Prostitutionsgesetzes auf das Gewerberecht zu verneinen. Entgegen den Empfehlungen des Bundes-Länder-Ausschusses für Gewerberecht wird Prostitutionsbetrieben in Bayern, Baden-Württemberg, Sachsen, Thüringen und Bremen die gewerberechtliche Anerkennung generell untersagt, was u. a. zur Folge hat, dass es dort keine legalen Arbeitsverhältnisse für Prostituierte gibt. Die deutsche Prostitutionspolitik ist also durch regionale Differenzen gekennzeichnet, die auf unterschiedliche Interpretationen des bestehenden »Gesetz zur Regelung der Rechtsverhältnisse der Prostituierten« zurückzuführen sind.

Da auch das Polizeirecht in die Obrigkeit der Länder fällt, sind hier ebenso spezifische Unterschiede in den Eingriffsbefugnissen der Ordnungs- und Polizeibehörden zu beobachten In einigen Bundesländern sind die besonderen Eingriffsmöglichkeiten allein an den Umstand geknüpft, dass an einem Ort Prostitution ausgeübt wird (ebenda: 189). Das Polizeigesetz des Freistaates Sachsen beispielsweise regelt die Identitätsfeststellung, die erkennungsdienstliche Behandlung sowie die Durchsuchung von Personen und Sachen im Zusammenhang mit der Prostitution und ermächtigt den Polizeivollzugsdienst darüber hinaus, an Orten der Prostitutionsausübung oder in deren unmittelbarer Nähe unter bestimmten Voraussetzungen personenbezogene Daten durch Anfertigung von Bild- und Tonaufnahmen oder -aufzeichnungen von Personen zu erheben (ebenda: 191). Die Gleichbehandlung der Orte, an denen sexuelle Dienstleistungen angeboten werden, mit Orten, die wegen des Verdachts der Planung oder Begehung von Straftaten einer besonderen Überwachungsmöglichkeit unterworfen sind, ist, von Galen (ebenda: 193) zufolge, mit der gesetzgeberischen Grundentscheidung für das Prostitutionsgesetz nicht zu vereinbaren. Der Umstand, dass ohne weitere Anhaltspunkte jederzeit Identitätsfeststellungs- und Durchsuchungsmaßnahmen durchgeführt werden dürfen, beeinträchtigt die Berufsausausübung von Prostituierten und stellt eine eklatante Ungleichbehandlung mit anderen Berufen dar (ebenda).

Im öffentlichen und politischen Diskurs ist der administrative Umgang mit der Prostitution an sich, sowohl vor als auch nach Inkrafttreten des Prostitutions- und Infektionsschutzgesetzes, eher randständig behandelt

---

Dauer angelegt ist, und der Schaffung und Erhaltung einer Lebensgrundlage dient.

worden. Vielmehr thematisiert und problematisiert wurden das Konstrukt und die Realität des Menschenhandels zum Zweck der sexuellen Ausbeutung, der unter dem Schlagwort »Zwangsprostitution« zur Zeit der Fußballweltmeisterschaft 2006 den Höhepunkt der medialen und gesellschaftlichen Aufmerksamkeit erreichte. Die überwiegend undifferenzierten und teilweise unrealistischen Darstellungen – in den Medien kursierte beispielsweise die »Nachricht«, dass zur WM 40.000 Zwangsprostituierte nach Deutschland geschleust werden sollen – führten allerdings auch dazu, dass besondere Aktionen, z. B. die von Vereinen, Fachberatungsstellen und Kirchen getragene Kampagne »Abpfiff – Schluss mit Zwangsprostitution«, zur Sensibilisierung der Prostitutionskunden im Besonderen und der gesellschaftlichen Öffentlichkeit im Allgemeinen durchgeführt und das Beratungsangebot für Betroffene zeitweise ausgeweitet wurde. Im Nachhinein konnten dann – trotz erhöhter Aufmerksamkeit und Intensivierung der polizeilichen Kontrollmaßnahmen – weder Anzeichen einer steigenden Nachfrage nach sexueller Dienstleistungen noch der temporären Zunahme des Menschenhandels zum Zweck sexueller Ausbeutung festgestellt werden. Unabhängig davon ging der vor und während der Fußballweltmeisterschaft hegemoniale öffentliche und politische Diskurs über «Zwangsprostitution« auch auf internationaler Ebene mit einer starken Kritik der deutschen Prostitutionspolitik einher. Sowohl aus dem neoabolitionistisch geprägten aus Frankreich als auch aus den prohibitionistisch agierenden USA und Schweden wurden Stimmen laut, dass die Legalisierung der Prostitution in Deutschland den Menschenhandel zum Zweck der sexuellen Ausbeutung fordere und begünstige.

In Zusammenhang mit der Debatte zur Bekämpfung des Menschenhandel etablierte sich in Deutschland Forderung, durch Erlass eines speziellen Gesetzes »Freier« von »Zwangsprostituierten« zu bestrafen, und so das Problem über die Nachfrage-Seite anzugehen. 2005 brachte die CDU/CSU-Fraktion und der Freistaat Bayern in den Bundesrat einen Gesetzesentwurf ein, nach welchem die Kunden sexueller Dienstleistungen, denen bekannt war, dass die von ihnen aufgesuchte Prostituierte von Menschenhandel betroffen ist und/oder zu ihrer Tätigkeit gezwungen wird, strafrechtlich verfolgt werden. Renzikowski (2006: 1) befürwortet diese rechtspolitische Initiative und sieht darin keinen Widerspruch zum bestehenden Prostitutionsgesetz, da es hierbei nicht um rechtliche Freiräume für selbstständig ausgeübte Prostitution sondern um den Schutz von Zwangsprostituierten geht. Seiner Meinung nach weist die rechtlichen Beurteilung der Prostitution einerseits und des Frauenhandels andererseits als gemeinsamen Schnittpunkt den Schutz der sexuellen Selbstbestimmung auf (ebenda: 2). Während die rechtliche Zurückhaltung gegenüber der freiwillig ausgeübten Prostitution, Renzikowski (ebenda) zufolge, Ausdruck eines freiheitlichen Rechtsverständnisses ist, nach dem die Aufgabe des Strafrechts nicht darin besteht, moralische Verhaltensstandards durchzusetzen oder Menschen vor den Folgen ihrer Lebensentscheidungen zu bewahren, die sie in freier Selbstverantwortung getroffen haben, ist aber gegenüber der Zwangsprostitution ein umfassender Strafrechtsschutz geboten. Im öffentlichen und politischen Diskurs blieb der populäre Vorschlag, Personen zu bestrafen, die bewusst entgeltliche sexuelle Leistungen von ausgebeuteten Prostituierten in Anspruch nehmen, nicht unumstritten. Aus der Praxis wird vielfach eingewendet, dass ein solches Gesetz in der Wirklichkeit an der mangelnden Nachweisbarkeit scheitern würde, da die Beschuldigten behaupten werden, sie hätten selbstverständlich angenommen, dass die betroffene Frau freiwillig in der Prostitution arbeite.»Wie soll diese Einlassung widerlegt werden können, wenn es selbst für Polizeibeamtinnen und Mitarbeiterinnen von Fachberatungsstellen häufig sehr schwierig ist, ein Opfer von Menschenhandel zu identifizieren, solange es sich nicht selbst zu erkennen gibt?« (ebenda: 3). Von der Mehrheit der feldinternen Verwaltungsakteurinnen wird der verfasste Straftatbestand nicht als geeignetes Mittel der Strafverfolgung betrachtet und dessen juristisch sachgerechte Umsetzung kaum für möglich gehalten. Außerdem befürchten die sozialen Organisationen, dass von den Freiern bei Verdacht auf Gewalt und Zwangsprostitution keine Hinweise mehr erfolgen würden, wenn diese mit einer Strafverfolgung rechnen müssen. Insgesamt wird der Forderung der Freierbestrafung ein eher symbolischer Gehalt beigemessen, der lediglich der moralischen Empörung Rechnung trägt und das gesellschaftliche Gewissen beruhigen soll.

Die Verwaltungspraxis im Bereich Prostitution und Menschenhandel zum Zweck der sexuellen Ausbeutung basiert auf den Aktivitäten staatlicher Institutionen wie auch zivilgesellschaftlicher Organisationen. Die staatliche Reglementierung der Prostitution ist durch ein freiwilliges, präventiv ausgerichtetes, kostenloses und anonymes Untersuchungsangebot der Gesundheitsämter, in den sogenannten Beratungsstellen für sexuell übertragbare Krankheiten, gekennzeichnet. Die Polizei, das Ordnung- und Gewerbeamt, einschließlich der Ausländerbehörde sowie die Steuerfahndung wiederum »verwalten« die Prostitution gemäß ihrer funktionalen Aufgaben. Darüber hinaus engagieren sich nichtstaatliche Vereine und Projekte in der gesundheitlichen Versorgung und psychosozialen Beratung von deutschen und migrierten, weiblichen und männlichen, erwachsenen und minderjährigen, freiwillig arbeitenden und ausgebeuteten, professionellen und Beschaffungsprostituierten. Auch die in den 80er Jahren entstandene Hurenbewegung, die sich für die gesellschaftliche Anerkennung der Prostitution als Beruf und gegen die rechtliche und soziale Benachteiligung von Prostituierten einsetzt, ist weiterhin aktiv und wird vor allem von der in der Landeshauptstadt Berlin angesiedelten Organisation »Hydra e.V.« repräsentiert. Für die Bekämpfung des Menschenhandels zum Zweck der sexuellen Ausbeutung in Deutschland ist kennzeichnend, dass eine relativ enge Zusammenarbeit zwischen den staatlichen Strafverfolgungsbehörden und den nichtstaatlichen sozialen Organisationen besteht. In nahezu jedem Bundesland existiert eine Fachberatungsstelle für Betroffene von Menschenhandel bzw. Migrantinnen in der Prostitution, die entweder auf Grundlage eines ministeriellen Erlasses oder einer Kooperationsvereinbahrung mit der Polizei zusammenwirkt, d. h. Frauen hinsichtlich ihrer Interessen berät und diese bei Bereitschaft zur Zeugenaussage vor Gericht im Vorfeld, während und nach dem Strafprozess begleitet und wenn notwendig die Rückkehr in deren Heimatländer organisiert. Diese institutionalisierte Form der Zusammenarbeit zwischen Strafverfolgungsbehörden und Opferberatungsstellen ist weder in Polen noch in der Tschechischen Republik in der Art vorzufinden.

8. Wahrnehmungs- und Handlungsmuster des Verwaltungspersonals

Die Verwaltungspraxis im Bereich Prostitution und Menschenhandel ist auf funktional differenzierte Aufgabenbereiche und Organisationsziele bezogen. Sie beruht auf unterschiedlichen Relevanzstrukturen und Perspektiven. Die organisationalen Rahmen der Verwaltungsinstitutionen und –organisationen gehen mit spezifischen Wirklichkeitskonstruktionen und Deutungsmustern einher, die hinsichtlich des Verwaltungsgegenstandes verschiedene Problemdefinitionen, soziale Kategorisierungen und Interventionspraktiken implizieren. Die institutionellen Rahmungen strukturieren und orientieren die Sichtweisen und Interpretationen der exekutiven Verwaltungsakteurinnen. Ihre Wissens- und Erfahrungsstrukturen, Wahrnehmungs-, Denk- und Handlungsschemata sind von den Bedeutungskulturen und Sinnbestimmungen des jeweiligen Verwaltungsbereiches geprägt.

Die empirische Untersuchung der organisationalen Bearbeitung der Prostitutions- und Menschenhandelsproblematik hat gezeigt, dass die beruflichen Habitusformationen der Verwaltungsakteurinnen nicht nur institutionell sondern auch individuell differieren. Den individuellen Wahrnehmungs- und Handlungsdispositionen kommt für die konkrete Umsetzung der Verwaltungsaufgaben und die Gestaltung der organisationalen Strukturen eine besondere Bedeutung und Erklärungskraft zu. Die Interpretationen und Deutungen des Verwaltungspersonals sind nicht einfach mit den Perspektiven und Bedeutungsrahmen der jeweiligen Verwaltungsorganisationen gleichzusetzen, sondern gehen über diese hinaus und stehen ihr mitunter sogar entgegen. Zwischen den institutionellen Sichtweisen und Vorgaben und der individuellen Betrachtung des Verwaltungsgegenstands können Spannungen, Widersprüche und Konflikte bestehen, die von den sozialen Akteurinnen ausbalanciert und bearbeitet werden müssen. Wie im Fall des sozial sensibilisierten Ordnungsamtmitarbeiters, dessen alltägliche Arbeitsaufgabe in der Durchsetzung der Sperrbezirksverordnung bzw. der Verdrängung der Straßenprostitution besteht, der die Prostituierten aber aus einer sozialarbeiterischen Perspektive wahrnimmt und ihnen angesichts ihrer Drogenabhängigkeit vielmehr helfen will. Die Relevanzstrukturen und Interpretationsmuster der Verwaltungsbeschäftigten beruhen auf den individuellen Strukturierungsleistungen und Verarbeitungsprozessen der pluralen, teilweise konfligierenden Deutungsmöglichkeiten des Arbeitsgegenstandes. Nicht nur aus der Eingebundenheit in einen bestimmten Verwaltungsbereich auch infolge beruflicher und gesellschaftlicher Sozialisationsprozesse entsteht ein Rahmen möglicher Wahrnehmungs-, Denk- und Handlungsweisen. Diese können die institutionellen Relevanzen oder rechtlichen Rahmungen in der alltäglichen Verwaltungspraxis mitunter überlagern. Wie im Fall der kontrollierenden Gesundheitsfürsorgerin, die ungeachtet des neuen präventionsorientierten Public Health-Ansatzes an ihrer alten überwachungsorientierten Basisposition festhält. Die beruflichen wie lebensweltlichen sozialen Orientierungen und Positionierungen der Verwaltungsakteurinnen werden im beruflichen Alltag handlungsleitend wirksam. Aus den individuellen Wahrnehmungs- und Handlungsweisen resultieren spezifische Modifikationen der organisationalen Verwaltungspraxis. Dies bedeutet nicht, dass die Arbeit in den Verwaltungsinstitutionen mit keinerlei kontextuellen oder situativen Vorgaben, Richtlinien oder Direktiven verbunden ist. Das alltägliche Berufshandeln vollzieht sich vor dem Hintergrund gesetzlicher Rahmenbedingungen und organisationaler Normen und Leitbilder. Aber innerhalb der institutionellen Rationalitäten und rechtlichen Verordnungen bestehen für die Verwaltungsbeschäftigten bei der Ausgestaltung der Berufsrollen erhebliche Handlungs- und Ermessensspielräume (vgl. Mayntz 1985).

Die Verwaltungspraxis im Bereich Prostitution und Menschenhandel ist zwar durch die organisationalen Aufgabenbeschreibungen und Handlungsziele institutionell vorstrukturiert, wird aber von den Wahrnehmungs- und Handlungsmustern der Verwaltungsakteurinnen konstruiert und bestimmt. Die in den staatlichen Institutionen und zivilgesellschaftlichen Organisationen vorgefundenen Varianzen können auf die Wahrnehmungs- und Handlungsdispositionen des Verwaltungspersonals, deren individuellen Relevanzen und Fokussierungen zurückgeführt werden. Die Bearbeitung komplexer Verwaltungsaufgaben ist notwendigerweise mit Handlungs- und Ermessensspielräumen verbunden. Problemlösungen können nicht bis ins Detail »vorprogrammiert« oder »gesteuert« werden (ebenda). Die Verwaltungsmitarbeiterinnen müssen die spezifischen Vorgehens- und Verfahrensweisen kontextuell konzipieren und situativ realisieren. Im Umgang mit den gesellschaftlich definierten und institutionell gerahmten Problemlagen (wie z. B. die Verbreitung sexuell übertragbarer Krankheiten, Störung der öffentlichen Ordnung oder Kriminalität und Gewalt) besteht für die sozialen Akteurinnen sowohl die Möglichkeit als auch die Notwendigkeit, die Verwaltungspraxis hinsichtlich der institutionellen Zielstellungen und unter den gegebenen Rahmenbedingungen individuell auszugestalten (ebenda).

Wie die Verwaltungsstrukturen und -prozesse von den beruflichen Habitusformationen des Verwaltungspersonals, deren sozialen Verortungen und Motivationen, berufsbiographischen Sozialisationsprozessen, personalen Fähigkeiten und Kompetenzen (z. B. Perspektivübernahme, Ambiguitätstoleranz und interkulturelle Sensibilität) generiert und spezifiziert werden, lässt sich an den Ergebnissen der vorliegenden verwaltungssoziologischen Studie empirisch aufzeigen. Die Wahrnehmungs- und Handlungsmuster der sozialen Akteurinnen bestimmten nicht nur die Anwendung der Rechtsvorschriften und die Umsetzung der Verwaltungsaufgaben, sondern auch die Entwicklung und Realisierung inhaltlich, prozessual und strukturell neuer Verwaltungspraktiken, wie den bereichsübergreifenden Austausch der Verwaltungsinstitutionen, die Verhandlung und Kooperation zwischen staatlichen und zivilgesellschaftlichen Akteuren, und die grenzüberschreitende Zusammenarbeit.

Auf Grundlage der Rekonstruktion und Analyse der beruflichen Habitusformationen der Verwaltungsbeschäftigten im Bereich Prostitution und Menschenhandel kann die Beziehung zwischen Verwaltungsakteur, Verwaltungsgegenstand und Verwaltungsorganisation konkretisiert und präzisiert werden. Die interpretative Untersuchung hebt auf akteurspezifischer Ebene die »kreative« Rolle des Verwaltungspersonals, und auf organisationaler Ebene die »produktiven«, d.h. über die exekutive Funktion hinausgehenden Aktivitäten der Verwaltung hervor. Anhand der kontrastiven Vergleiche innerhalb und zwischen den Institutionen und Berufsgruppen sind die zentralen Dimensionen und Kategorien der Verwaltungspraxis im Bereich Prostitution und Menschenhandel herausgearbeitet worden. Zu den bestimmenden Charakteristika des beruflichen Habitus gehören die Gegenstandsdefinition, Selbstdefinition und Umweltdefinition der Verwaltungsakteurinnen, die in den folgenden Kapiteln theoretisch (8.1) und empirisch verdeutlicht (8.2) werden.

8.1 Theoretisches Modell: Gegenstandsdefinition, Selbstdefinition, Umweltdefinition

Durch die einzelfallbezogene und fallvergleichende, interpretative Analyse der erhobenen Experteninterviews konnte das theoretisch sensibilisierende Konzept des beruflichen Habitus ausdifferenziert, d. h. drei Unterscheidungsdimensionen abstrahiert werden, auf denen die beruflichen Habitusformationen der Verwaltungsakteurinnen zu verorten sind. Dazu gehören die Gegenstandsdefinition, welche die spezifischen Wahrnehmungs- und Deutungsmuster der Verwaltungsbeschäftigten fasst, sowie die auf der Gegenstandsdefinition beruhende Selbstdefinition und Umweltdefinition, die sich auf die Handlungsmuster der Verwaltungsmitarbeiterinnen beziehen.

Abbildung 1: Theoretisches Modell: Beruflicher Habitus des
Verwaltungspersonals

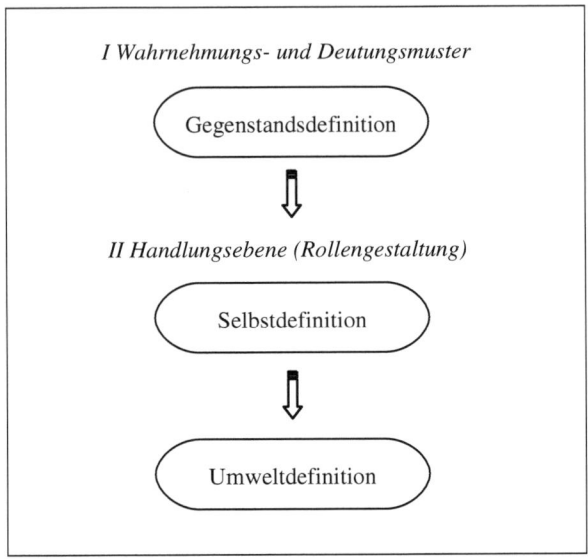

I Wahrnehmungs- und Deutungsmuster

Gegenstandsdefinition

II Handlungsebene (Rollengestaltung)

Selbstdefinition

Umweltdefinition

Unter *Gegenstandsdefinition* werden die Wahrnehmungs-, Deutungs- und
Interpretationsmuster verstanden, die die Verwaltungsbeschäftigten in
Konfrontation mit dem Prostitutionsfeld, deren Akteurinnen und spezifischen Regeln ausbilden. Die erfahrungsbasierten Wissensstrukturen beinhalten die Problembeschreibungen und Klassifizierungen, welche die Verwaltungsbeschäftigten in und durch die alltägliche Berufsarbeit vornehmen, also: Unter welchem Aspekt wird Prostitution wahrgenommen (z. B.
moralisch, gesundheitlich, sozial, ordnungs- oder strafrechtlich)? Was
wird problematisiert (z. B. sexuell übertragbare Krankheiten, Drogenabhängigkeit, Gewalt, öffentliche Ordnung, Zuhälterei und Menschenhandel)? Welche sozialen Gruppen werden zum Gegenstand der Problemdefinitionen (Prostituierte, Zuhälter, Prostitutionskunden, ethnische Gruppen,
Nationalitäten etc.)? Wie werden die Subjekte kategorisiert (als Opfer
und/oder Täterinnen) stigmatisiert?

Hierbei ist von Interesse, wie die sozialen Akteurinnen den Verwaltungsgegenstand Prostitution strukturieren und konstruieren; wie sie die
Prostitutionsszene angesichts ihres beruflichen und alltagsweltlichen Er-
fahrungshorizonts wahrnehmen und interpretieren; welche Deutungsrouti-
nen sie entwickeln; welches Expertinnenwissen und welche Diskurse sie
generieren und produzieren.

Die *Selbstdefinition* der Verwaltungsbeschäftigten beruht auf ihrer in-
dividuell und institutionell bedingten Gegenstandsdefinition. Vor dem
Hintergrund unterschiedlicher organisationaler Rahmen, institutioneller
Rationalitäten und beruflicher Sozialisationserfahrungen entwickeln die

sozialen Akteurinnen ein individuelles Selbstverständnis bzw. eine berufliche Identität. Sie fokussieren spezifische Arbeitsbereiche (z. B. Gesundheitsprävention, polizeiliche Ermittlungen, Soziale oder politische Arbeit), gestalten differente Arbeitsansätze (gesundheitliche Aufklärung und Untersuchung, Durchführung von Ordnungskontrollen oder Razzien, Streetwork, psychosoziale Beratung, Öffentlichkeitsarbeit) und entwickeln verschiedene Problemlösungsstrategien (Vorbereitung und Durchsetzung neuer Rechtsgrundlagen wie z. B. die»Freierklausel«, Entwicklung und Konzeptionisierung eines spezifischen institutionellen Angebots wie den Aufbau einer Beratungsstelle für Betroffene von Menschenhandel; verstärkte Problemsensibilisierung über Medienpräsenz etc.).

Im Rahmen der Selbstdefinition ist relevant, ob und wie die differenten Wahrnehmungs- und Deutungsmuster der sozialen Akteurinnen in der Verwaltungspraxis handlungsleitend wirksam werden; wie die Verwaltungsbeschäftigten die vorhandenen Handlungs- und Ermessensspielräume nutzen und ihre organisationalen Rollen individuell ausgestalten, auf welche Weise sie die spezifischen Schwierigkeiten und Paradoxien des Verwaltungsgegenstandes als auch ihres beruflichen Handelns bearbeiten; wie aus gleichen bzw. vergleichbaren rechtlichen und institutionellen Rahmenbedingungen unterschiedliche Verwaltungspraktiken und organisationale Arrangements hervorgehen, auf welche gesellschaftlichen, kulturellen, sozialen, oder beruflichen Hintergründe sich die konstruierten Verwaltungsstrukturen und -prozesse zurückzuführen lassen.

Die individuelle bzw. institutionelle Gegenstands- und Selbstdefinition der Verwaltungsbeschäftigten ist mit einer spezifischen *Umweltdefinition* verknüpft. Diese Dimension der Verwaltungspraxis betrifft die Beziehungen zu anderen staatlichen Institutionen, zivilgesellschaftlichen Organisationen und gesellschaftlichen Teilsystemen wie den Medien oder der politischen Verwaltung. Sie beinhaltet die Herstellung, Aufrechterhaltung und Gestaltung organisationaler Verbindungen und Netzwerke, und ist von den individuellen und institutionellen Relevanzstrukturen und Prinzipien der Verwaltungsakteurinnen geprägt. Die Außenbezüge der Verwaltungsorganisationen zeichnen sich durch Formen der Zusammenarbeit, selektiven Kontrolle und distanzierenden Abgrenzung aus, die mit den jeweiligen Gegenstands- und Selbstdefinitionen der Verwaltungsbeschäftigten übereinstimmen bzw. funktionalistisch nahe liegen.

Von besonderem Interesse sind hier aber die auf den individuellen Deutungsmustern der sozialen Akteurinnen basierenden, nicht erwartbaren Kooperationsformen, wie z. B. eine von Ordnungsamt ausgehende Zusammenarbeit mit sozialen Einrichtungen oder ein Arrangement zwischen staatlichen und zivilgesellschaftlichen Gesundheitsinstitutionen, das auf der Vereinbarung einer zweckorientierten Nichtanwendung bestehender Melde- und Behandlungsvorschriften beruht. In die Umweltdefinition gehen die sozialen Kompetenzen des Verwaltungspersonals z. B. zur Perspektivübernahme und reflexiven Auseinandersetzung mit differenten Organisationslogiken, zur kommunikativen Aushandlung bereichsübergreifender Problemlösungsmaßnahmen oder zur grenzüberschreitenden Zusammenarbeit ein.

Ambiguitätstoleranz und Aushandlungsbereitschaft, Reflexivität sowie transkulturelle Sensibilität sind Fähigkeiten, die für die Institutionalisierung innovativer Verwaltungspraktiken, wie die Kooperationsbeziehungen zwischen staatlichen und zivilgesellschaftlichen Akteuren oder auch transnationaler Netzwerkstrukturen von grundlegender Bedeutung sind, und das Gelingen oder Scheitern der Verwaltungsmodernisierung bestimmen.

Wie sich die Differenzen der beruflichen Habitusformationen hinsichtlich der abstrahierten Dimensionen und Kategorien bei den verschiedenen Akteurinnen und Akteursgruppen empirisch darstellen, soll anhand der folgenden Fallportraits und Fallvergleichen (8.2) aufgezeigt werden.

8.2 Fallportraits und kontrastive Vergleiche

Zivilgesellschaftliche Aktivitäten in grenzüberschreitenden Prostitutionsszenen

Im Zuge des postsozialistischen Transformationsprozesses und der Öffnung der Grenzen nach Osteuropa haben sich in den deutsch-tschechischen und deutsch-polnischen Grenzregionen augenscheinliche Prostitutionsszenen entwickelt. Der Grenzübertritt erfolgt in der Regel durch die Kunden aus Deutschland. Deren Nachfrage nach sexuellen Dienstleistungen trifft auf tschechischem bzw. polnischem Gebiet auf ein weitreichendes, verhältnismäßig preisgünstiges Angebot an Straßen- und Bordellprostitution bzw. Gesellschaftsagenturen und Nachtclubs. Die in der Prostitution arbeitenden Frauen stammen nicht nur aus Polen oder der Tschechischen bzw. Slowakischen Republik, sondern auch aus anderen mittel- und osteuropäischen Ländern wie Weißrussland, der Ukraine, Rumänien, Bulgarien etc. Darüber hinaus sind auch in Deutschland oder anderen Ländern Westeuropas viele osteuropäische Migrantinnen in der Sexarbeit tätig. Die Entwicklung der grenzüberschreitenden Prostitutionsszenen wird im Allgemeinen auf das sozioökonomische Wohlstandsgefälle zwischen den ost- und westeuropäischen Ländern zurückgeführt. In anderen, wirtschaftlich egalitäreren Regionen spielen aber auch unterschiedliche Rechtsgrundlagen und staatliche Reglementierungsmaßnahmen eine nicht unbedeutende Rolle.[1] Mitunter sind die Prostitutionskunden auch durch den im Nachbarland hö-

---

1 Europäisches Modellprogramm »Umbrella Network« (1996-2000). Durchführung und wissenschaftliche Begleitung durch SPI Forschung GmbH Berlin, siehe Veröffentlichungen von Leopold/Steffan (1995, 1997b).

heren Grad an Anonymität oder die Erwartung außeralltäglicher Erfahrungen und Erlebnisse motiviert.[2]

Öffentlich-politisch ist das deutlich gestiegene Prostitutionsaufkommen in den tendenziell dünn besiedelten, ländlich bis kleinstädtisch geprägten deutsch-tschechischen bzw. deutsch-polnischen Grenzregionen hinsichtlich verschiedener Aspekten problematisiert worden: als Verletzung der öffentlichen oder moralischen Ordnung, bezüglich der Verbreitung von HIV/Aids und anderen sexuell übertragbaren Krankheiten, und vor dem Hintergrund der Organisierten Kriminalität. Im stark religiös bzw. katholizistisch geprägten Polen wird die Prostitutionsrealität zudem als Zustand gesellschaftlicher Anomie und Pathologie interpretiert. Angesichts der Proteste in der regionalen Bevölkerung, der Thematisierung und Skandalisierung in den Medien und der verstärkten internationale Kritiken haben sich die grenzüberschreitenden Prostitutionsstrukturen zunehmend zur administrativen Herausforderung entwickelt. Auf europäischer Ebene gerieten sie vor allem unter gesundheits- und sozialpolitischen Gesichtspunkten in den Blick. Im Rahmen des »Umbrella-Network« wurden in verschiedenen europäischen Grenzregionen Modellprojekte initiiert, die in den grenzüberschreitenden den Drogen- und Prostitutionsszenen präventive Gesundheitsarbeit leisten und institutionelle Netzwerke aufbauen sollten. Die von der Europäischen Union, der WHO, den beteiligten Ländern und Bundesländern angeschobenen, binational konzipierten Streetwork-Projekte erhielten die Aufgabe, gesundheitsbewusste Verhaltensweisen zu fördern und der Infektion und Verbreitung von HIV/Aids, Hepatitis und anderer durch Sexualkontakt oder Drogengebrauch übertragbarer Krankheiten vorzubeugen. In diesem Zusammenhang wurden auch die Prostitutionsszenen im deutsch-polnischen und deutsch-tschechischen Grenzgebiet zum Gegenstands- und Arbeitsfeld zivilgesellschaftlicher Aktivitäten bzw. Organisationen.[3]

In die vorliegende Untersuchung der Verwaltungspraxis im Bereich Prostitution und Menschenhandel sind drei Projekte einbezogen worden, die nach Abschluss »Umbrella«-Programms als soziale Organisationen weiterexistierten. Mitarbeiterinnen dieser Projekte wurden in offenen, leitfadenorientierten Experteninterviews zu ihrem beruflichen Tätigkeitsfeld, ihren Erfahrungen und Arbeitsweisen befragt. Diese Expertinnengespräche wurden vollständig transkribiert und auf Einzelfallebene rekonstruiert und interpretiert. Da sich die einzelnen Organisationen, trotz gleichem Auftrag und gleicher Zielstellung, im Verlauf ihrer Arbeit ganz unterschiedlich entwickelt haben, sind sie einander als kontrastive Fälle gegenübergestellt und verglichen worden. Die Nachzeichnung und Analyse der Entwicklung

---

2 Hinweise hierzu finden sich in der Forschung zum Sex- bzw. Prostitutionstourismus bei Kleiber/Wilke (1995) sowie Cohen (2001).

3 Für die initiierten Modellprojekte war weder eine über die Anschubphase hinausgehende Steuerung noch dauerhafte Finanzierung vorgesehen.

und Entfaltung der jeweiligen Projekte hat vor allem die Wahrnehmungs-
und Handlungsspielräume der Mitarbeiterinnen und deren Auswirkungen
auf die konkrete Organisationspraxis verdeutlicht. Auf Grundlage der sich
offenbarenden empirischen und theoretischen Unterscheidungsdimensionen und -kategorien wurde der berufliche Habitus der in den zivilgesellschaftlichen Organisationen beschäftigten Akteurinnen analytisch-interpretativ herausgearbeitet und modellhaft abstrahiert.

Als differenzierende und typisierende Kategorien der Habitusformationen stellen sich vor allem die individuelle Wahrnehmung der Prostitutionsszene und die damit einhergehende Deutung der Problemlagen der Klientel
heraus. Die Problembeschreibungen der Mitarbeiterinnen reichen von der
Fokussierung der gesundheitlich-medizinischen Aspekte über den Gegenstand des Menschenhandels zum Zweck der sexuellen Ausbeutung bis hin
zum kommerziellen sexuellen Missbrauch von Kindern. Vor diesem Hintergrund zeigen sich ein unterschiedlicher Grad an emotionaler Betroffenheit bzw. professioneller Distanz, und die Realisierung einer überwiegend
sachlich-distanzierten bzw. emotional engagierten oder auch überengagier-
ten Gesundheits- und Sozialarbeit. Die in den grenzüberschreitenden Prostitutionsszenen arbeitenden Frauen werden von den sozialen Akteurinnen
unterschiedlich wahrgenommen, und entweder als überwiegend autonome
Handlungssubjekte oder aber primär als »Opfer« konstruiert. Im Rahmen
der unterschiedlichen Arbeitsansätze und organisationalen Handlungsbereiche kristallisieren sich deutliche Unterschiede in der Gestaltung der Beziehungen zu anderen Institutionen, wie z. B. der Polizei heraus. Das Verhältnis zwischen den zivilgesellschaftlichen Organisationen und den staatlichen Ordnungs- und Sicherheitsbehörden erstreckt sich von einer grundsätzlichen Abgrenzung und Distanzierung bis hin zur gezielten funktionalen Zusammenarbeit. Das Agieren in kriminellen Handlungsfeldern macht
die Kooperation mit den Organen der Ermittlung und Strafverfolgung zwar
erforderlich, andererseits kann sie das Vertrauensverhältnis zu den Klientinnen prinzipiell belasten und deren Schwellenangst erhöhen. Von den befragten Organisationsarbeiterinnen werden diese Spannungsmoment oder
mehr oder weniger umgangen in Form von Kooperationsvereinbarungen
institutionalisiert oder abhängig von der fokussierten Problemlage situativ
ausbalanciert. Auf unterschiedliche Weise wird von den zivilgesellschaftlichen Akteuren auch die Beziehung zu den Medien bearbeitet und umgesetzt. Während die einen – unter Berücksichtigung der systembedingten
Rationalitäten bzw. Interessen von Reportern und Journalisten – versuchen, sich dem Kontakt zu verschließen bzw. diesen zu kontrollieren und
selektieren, sind die anderen für Anfragen eher offen, in der Hoffung bzw.
mit der Intention, über ihre Öffentlichkeitsarbeit und Medienpräsenz die
gesellschaftliche Problemwahrnehmung und -sensibilisierung zu erreichen
bzw. zu stärken, und den Handlungsdruck auf Politik und Verwaltung zu
hervorzurufen bzw. zu erhöhen (unveröffentlichte Fallrekonstruktion). Im

kontrastiven Vergleich der befragten grenzüberschreitend agierenden Sozialarbeiterinnen stellen sich zudem Ungleichheiten in der individuellen transkulturellen Sensibilität und Kompetenz heraus, die sich bei der alltäglichen Organisationspraxis im grenzüberschreitenden Raum als nicht unbedeutend erweisen.

Den interkulturell interessierten und ambitionierten Akteurinnen gelingt der Aufbau eines binationalen institutionellen Netzwerkes, welches die Akzeptanz der »fremden« Organisation erhöht, und deren Arbeit bereichert und erleichtert. Wohingegen in der unveröffentlichten Fallrekonstrukton die transkulturellen Organisationsbeziehungen infolge undiplomatischer Aktionen nachhaltig belastet und die Akzeptanz und das Vertrauen der Akteurinnen wechselseitig gestört sind.

Nach der kurzen vergleichenden Darstellung der grundlegenden Unterscheidungsdimensionen und Kategorien der beruflichen Habitusformationen der in den grenzüberschreitenden Prostitutionsszenen arbeitenden zivilgesellschaftlichen Akteure werden im Folgenden die auf den Einzelfallrekonstruktionen basierenden Fallportraits der sachlich-distanzierten Gesundheitsarbeit und der emotional-engagierten Beratung der Opfer von Menschenhandel ausführlicher dargestellt.

Tabelle 2: Vergleich der NGO-Arbeit in den grenzüberschreitenden Prostitutionsszenen

	Fall 1 *Sachlich-distanzierte* *Gesundheitsarbeit*	**Fall 2** *Emotional-engagierte Beratung* *von Menschenhandel Betroffener*
Arbeits- auftrag	Gesundheitsprävention	Gesundheitsprävention
Problem- definition	Gesundheitsprävention	Menschenhandel zum Zweck der sexuellen Ausbeutung
Soziale Kategori- sierung	Prostituierte als autonome Handlungssubjekte	Balance zwischen Viktimisierung und Empowerment-Strategien
Verhältnis zur Klientel und zur Arbeit	Sachlich-distanziertes Engagement	Emotionales Engagement

Arbeits-ansatz	Gesundheitsprävention, gesundheitlich-sexuelle Aufklärung von Jugendlichen, Öffentlichkeitsarbeit, Aufbau binationaler Kooperationsstrukturen	Gesundheitsprävention, Beratung und Begleitung von Gewalt oder Menschenhandel betroffener Frauen, Prävention in den Herkunftsländern und Aufbau von Kooperationsstrukturen
Inter-kulturelle Kompetenz	Stark ausgeprägt	Ausgebildet
Beziehung zur Polizei	Gezielte Abgrenzung, keine Zusammenarbeit	Gezielte, funktionale Zusammenarbeit

Sachlich-distanzierte Gesundheitsförderung[4]

»Und Thema Gewalt (.) ist bei uns jetzt nicht das Hauptthema. Sondern bei uns ist das Hauptthema Gesundheit. Von uns (...) von unserer Seite wird jetzt nicht so nachgefragt, wie es-, ob sie Gewalterfahrungen haben, oder wie das ist (.), sondern (...) wenn die Frauen von sich aus drüber sprechen, dann gehen wir darauf ein. Aber wir fragen da jetzt nicht gezielt nach solchen Erfahrungen. So das (...) Sondern das ist halt wirklich (...) wir erklären gezielt Gesundheitspräventionsmaßnahmen. Das ist so unsere Aufgabe. Und alles andere gehen wir drauf ein, wenn es von den Frauen her kommt. Das ist so unser Prinzip.«

Das seit 10 Jahren bestehende, grenzüberschreitend arbeitende, deutsch-tschechische Gesundheitspräventionsprojekt basiert auf einem binationalen Netzwerk von staatlichen und nichtstaatlichen Organisationen und Trägern, und wird von einer mittleren deutschen Verwaltungsbehörde geleitet und koordiniert. Der bei Initiierung des Projektes von außen herangetragene gesundheitspolitische Arbeitsauftrag umfasst die Vorbeugung, Erkennung und Behandlung von HIV/AIDS und anderen sexuell übertragbaren Krankheiten (STD) in der grenznahen Prostitutionsszene. Das Projekt ist lokal auf der tschechischen Seite verortet, wo sich die Bordelle und Clubs befinden, die von den überwiegend deutschen Prostitutionskunden besucht werden. Die Organisationsarbeit wird durch zwei tschechische Sozialpädagoginnen, die den Hauptteil der Streetwork und Beratungsarbeit leisten,

---

4   Das Experteninterview fand 2004 zwischen der deutschen Leiterin des Projektes, einer der beiden tschechischen Streetworkerinnen und zwei Mitarbeiterinnen des Forschungsprojektes »Die Verwaltung der Prostitution: Sachsen-Polen-Tschechische Republik« statt.

der deutschen Projektkoordinatorin, die ebenfalls über eine Ausbildung zur Sozialarbeiterin verfügt, sowie einer deutschen Verwaltungskraft realisiert.

Wahrnehmung der Szene: Gefahrenparadigma vs. Normalisierung

Von den Mitarbeiterinnen der Organisation wird die Prostitutionsszene als grundsätzlich kriminelles Milieu charakterisiert, das mit Gefahren und Unberechenbarkeiten verbunden ist. Eine der beiden tschechischen Sozialpädagoginnen beispielsweise war schon privat Drohanrufen eines Zuhälters ausgesetzt. Daher halten die Projektakteurinnen trotz einer gewissen Routine und Vertrautheit mit dem Prostitutionsmilieu bei der Arbeit bestimmte Vorsichtsmaßnahmen ein. Die regelmäßig praktizierte Streetwork wird prinzipiell gemeinsam durchgeführt und bei Ausfall einer der beiden tschechischen Kolleginnen von der deutschen Organisationsleiterin begleitet:

»In Urlaubszeiten, zu denen-, wenn jetzt die Frau B. oder Frau C. in den Urlaub fahren, spring ich dabei ein. Weil wir da nicht immer so ganz weit ausfallen lassen wollen. Weil wir ja nur zu zweit gehen. Also das wäre ja einfach zu gefährlich, wenn eine alleine dann geht. Aber weil man sich doch immer wieder-, auch wenn man jetzt so lange schon in der Szene sind und auch das eine gewisse Vertrautheit da ist, das darf man halt nicht vergessen, dass wir uns natürlich in einem kriminellen Milieu aufhalten und da nie die Situation ganz einschätzen. (*zu Frau B. gewandt*) Ich denke du würdest jetzt auch theoretisch alleine keine Angst haben, auszufahren, aber ich denke halt, dass das einfach nicht nötig wäre. Also wir fahren eigentlich immer nur zu zweit.«

Ungeachtet der wahrgenommenen Gefahrenlage grenzen sich die Mitarbeiterinnen des Projektes bei der Darstellung der lokalen Prostitutionsszene ausdrücklich von alltagsweltlichen Vorstellungen und medial produzierten Bildern des Prostitutionsmilieus ab:

»Also es ist so, dass wir insgesamt von unserer Arbeitsweise her versuchen, so ein objektives Bild auch von der Grenzregion so rüberzubringen, oder auch von den Frauen, die hier arbeiten. Und wir können halt nicht 100% bestätigen, dass die Frauen, die hier arbeiten oder hier leben und in der Prostitution landen, dass das Frauen sind, die alle geschlagen, vergewaltigt und täglich eingesperrt sind. Wir haben natürlich Frauen, denen das passiert.«

und bemühen sich um Differenzierungen und Nuancierungen:

»Und ich kann natürlich nicht guten Gewissens sagen, die Frauen kommen freiwillig hierher. Aber ich kann auch nicht guten Gewissens sagen, die Frauen sind alle geraubt und werden täglich gezwungen das zu tun.«

Skandalisierende Medienberichte werden von den Mitarbeiterinnen der Organisation als pauschale Verurteilung und »Hetze gegen das Milieu« bewertet, und aufgrund der im Prostitutionsmilieu beobachteten unruhestiftenden Wirkung als kontraproduktiv abgelehnt. Die Projektbeschäftigten verfügen über kein generelles Feindbild der organisierenden Bordellbetreiberinnen und kategorisieren diese weder stereotyp als Verbrecher noch als Gegner oder Widersacher ihrer präventiven Gesundheitsarbeit. Sie charakterisieren die lokale Prostitutionsszene hinsichtlich Angebot und Nachfrage als »konservativ«, »solide« und »normal« und beschreiben die bordellartigen Einrichtungen und Clubs als teilweise »renovierte«, »schön hergerichtete«, teilweise »verschlissene«, »versiffte« »Wohnzimmeratmosphäre« für den »Normalbürger«.

Präsumtive Wissensbestände

Trotz ihres langen und beständigen Zugangs zur Szene ist das Wissen der Streetworkerinnen über die genauen Verhältnisse und Organisationsmuster der Prostitution eher begrenzt. Dies wird im Interview u. a. daran deutlich, dass der eigenaktive Versuch, die Strukturen und feldspezifischen Akteure zu beschreiben, mehr oder weniger misslingt. Die in die Darstellung selbst eingeführten Personen der Zuhälter und Bordellbesitzer können von den Projektmitarbeiterinnen weder durchgehend kongruent definiert noch in ihren Tätigkeiten unmissverständlich voneinander abgegrenzt werden. Ihre Einschätzung des Prostitutionsmilieus beruht auf den Beobachtungen bei der Aufsuchenden Arbeit und den Kontakten mit den Klientinnen,

»Also wir haben so eine Struktur, dass man (...) - also bis ins Detail erfassen wir die Situation natürlich auch nicht - aber wir erleben eher, dass die Frauen, wenn sie sich an die Regeln halten, die gegeben sind, innerhalb dieser Regeln relative Freiheiten haben. Das heißt also sie können schon immer wieder zu Zeiten aus dem Club raus und können das mit dem Bordellbesitzer ja auch besprechen, wenn sie herkommen und solche Termine wahrnehmen. Es gibt aber auch Clubs, wo das weniger möglich ist. Ja, es gibt so beide.«

resultiert aber zu einem Großteil aus Annahmen, Vermutungen und Schlussfolgerungen:

»Ja, ich denke schon, dass das so gehandhabt wird. Wobei wir das nur vermuten können, weil wir halt auch die Frauen nicht ausfragen danach. Und zwar nur die von sich erzählen oder was sie bekommen. Das wissen wir dann. Aber es sind hauptsächlich dann eigentlich Vermutungen.«

Ausblendungs- und Harmonisierungstendenzen

Nach Beobachtung und Erfahrung der Projektangestellten arbeiten häufig Frauen in der Prostitution bzw. werden für die Prostitution angeworben, die sich in einer wirtschaftlichen Notlage befinden und besondere finanzielle Verpflichtungen haben, z. B. ihre Familien versorgen müssen:

»Also das ist dann so eine Struktur, wo wir oft beobachten, dass sehr viele Verpflichtungen zu Hause haben, Kinder zu Hause, die versorgt werden müssen, also finanziell, oder Familie, Eltern, die auch noch Geld brauchen. Also das ist so eine Struktur, wo man oftmals beobachten, dass die Frauen, vielleicht auch nach diesen Gesichtspunkten auch ausgesucht werden, oder dann eher auch auf so etwas reinfallen. Das ist das, was man so generell also sagen kann.«

Obgleich die Projektakteurinnen Rekrutierungsmuster und Organisationsstrukturen beschreiben, die auf eine Ausnutzung der spezifischen Abhängigkeiten oder Hilflosigkeiten der sich prostituierenden Frauen, teilweise sogar Täuschungen hindeuten, stellt der Straftatbestand des Menschenhandel zum Zweck der sexuellen Ausbeutung ihrer Ansicht nach in der lokalen Prostitutionsszene eher ein »dramatischer Einzelfall« dar:

»Und das ist natürlich jetzt ein dramatischer Einzelfall, wenn die Frauen, die dann-, (...) wo die zum Beispiel auftauchen, die wirklich so- (…) ja, wo die viel hinter sich haben und tatsächlich auch geraubt worden sind und eingesperrt worden sind. Ich denke solche Frauen haben wir natürlich hier auch. Aber die meisten Frauen, die wir hier haben, sind mehr oder weniger gesagt, weil- (…) – wie ich es schon im Auto gesagt habe – die hier gelandet sind aus wirtschaftlicher Not heraus. Die gedacht haben, naiv oder vielleicht beschönigend: ›Das kriegen wir schon irgendwie hin und ich kann mir vielleicht auch die Männer aussuchen oder vielleicht muss ich gar nicht als Prostituierte arbeiten, vielleicht geht's als Tänzerin oder vielleicht- ja ist das so, dass ich tatsächlich in der Bäckerei arbeiten kann.‹ Und die dann hier sind, die sich verschuldet haben, die im Heimatland keine andere Möglichkeit haben. Die dann das, was ihnen hier bleibt-, also hier die Frauen wissen, dass ihnen hier eigentlich viel zu wenig bleibt, wie das, was sie hier arbeiten, dass das viel zu viel ist, was die dann abgeben müssen. Und (…) das ist das Problem, dass das aber- (…) Natürlich muss ich sagen, die Frauen sind eigentlich alle Opfer von Zwangsprostitution. Aber wenn ich die Frauen fragen würde, die würden sich selber nicht so- (…) Sondern die würden halt- Die geben sich selber dann die Schuld und sagen: ›Naja, ich bin ja eigentlich selber Schuld. Wäre ich halt nicht gekommen.‹ Oder schämen sich auch deswegen, dass sie in die Lage gekommen sind. Und würden-, wollen dann oftmals auch gar nicht aussteigen, weil sie dann die Annehmlichkeiten dieses Wohlstands dann auch zu schätzen gelernt haben.«

Ungeachtet dessen werden die von den Prostituierten akzeptierten Arbeitsbedingungen von den Streetworkerinnen als ausbeuterisch und »menschenunwürdig« wahrgenommen und beurteilt:

»Und natürlich die Umstände in den Clubs, die sind ja (…) teilweise wirklich menschenunwürdig. Wenn die Damen im gleichen Zimmer zu zweit leben und arbeiten, und keinen Freiraum haben, immer im Club sind, außer die Stunde in der Woche, wo sie vielleicht mal einkaufen gehen können. Das ist menschenunwürdig. Für die Frauen ist es wohl anders. Die Frauen erleben das dann auch als Normalität.«

Die zwischen der subjektiven Selbstwahrnehmung der Klientinnen und der berufsbezogenen Fremdperspektive der Organisationsmitarbeiterinnen bestehende Divergenz versuchen die sozialen Akteurinnen durch Perspektivübernahme und eine Akzentuierung der Selbstbestimmung der in der Prostitution arbeitenden Frauen aufzulösen und zu überwinden. Die Bewältigung ihres Arbeitsalltags in der Prostitutionsszene scheint daher mit tendenziellen Ausblendungs- und Harmonisierungsprozessen der Anzeichen von Zwangsverhältnissen einherzugehen. Indikatoren für ausbeuterische Strukturen, wie lange Arbeitszeiten, kaum Freizeit und eine verhältnismäßig geringe Entlohnung, werden in den Wahrnehmungsschemata der Streetworkerinnen zugunsten der Handlungs- und Entscheidungsspielräume der sich prostituierenden Frauen nivelliert und geglättet:

»Aber wenn die Frauen dann mal hier sind, dann hat man es eher so, dass sie sich irgendwann arrangieren.«

Kategorisierung der Prostituierten: als autonome Handlungssubjekte

Die von den Frauen aufgrund mangelnder Zukunftsperspektiven getroffene Entscheidung, in der Prostitution zu arbeiten bzw. wiederholt dorthin zurückzukehren, deuten sie als individuelle Wahl und Ausdruck einer selbstbestimmten Lebensgestaltung. Von den Organisationsmitarbeiterinnen werden die Klientinnen nicht als Opfer krimineller Handlungen, sondern primär als Opfer der sozioökonomischen Verhältnisse in ihren Herkunftsländern kategorisiert. D.h. sie labeln die sich prostituierenden Frauen, in Übereinstimmung mit deren subjektiver Selbstwahrnehmung, nicht als von Menschenhandel Betroffene. Das Inkaufnehmen der aus der Fremdperspektive als »unzumutbar« bewerteten Arbeitsbedingungen wird letztendlich als Ergebnis des Aushandlungsprozesses zwischen den Prostituieren und den Bordellbetreiberinnen betrachtet und akzeptiert:

»Das heißt also sie können schon immer wieder zu Zeiten aus dem Club raus und können das mit dem Bordellbesitzer ja auch besprechen, wenn sie herkommen und solche Termine wahrnehmen.«

Professionellen-Klientinnen-Beziehung: anwaltschaftlich-symmetrisch

Die den Klientinnen zugeschriebene Subjektautonomie kommt auch auf der Handlungsebene, d. h. in der alltäglichen Arbeitsweise zum Ausdruck. Die Projektakteurinnen vertreten das Konzept einer auf Freiwilligkeit basierenden Gesundheitsprävention und lehnen medizinische Pflichtuntersuchungen für Prostituierte grundsätzlich ab. Zum einen betrachten sie die Gesundheitsüberwachung von Prostituierten aufgrund der vermuteten Verschlechterung des Zugangs zur Prostitutionsszene als kontraproduktiv. Zum anderen ist die berufliche Praxis der Sozialpädagoginnen auf die Berücksichtigung und Stärkung der Selbstverantwortung ihrer Klientinnen ausgerichtet:

»Weil ich habe ein bisschen Angst, dass dann die Prostitution wird mehr versteckt. Und dass die Leute, wie zum Beispiel wir, die ganz guten Kontakt zur Szene haben, es ist dann nicht mehr möglich mit ihnen Kontakt zu haben. Ja das ist die eine Seite. Dann natürlich die Frauen kommen zu uns ganz freiwillig und möchten einen Test machen und möchten gesund sein. Sie möchten sich um ihre Gesundheit kümmern. Also ich denke, dass diese freiwillige Basis ist besser.«

Auch in Krankheitsfällen überlassen die Organisationsmitarbeiterinnen den sich prostituierenden Frauen die Entscheidung, wie sie mit dem Wissen ihrem Arbeitgeber gegenüber verfahren. Sie beraten die Klientinnen hinsichtlich möglicher Behandlungsweisen und -wege, und versuchen sie in einem gesundheitsbewussten Handeln zu fördern und zu unterstützen:

»Wenn eine Frau ein positives Ergebnis hat, dann informieren wir nur die Frau, und bereden mit der Frau die Möglichkeiten der Behandlung. Das ist das, was wir versuchen, dass es der Clubbetreiber nicht so mitbekommt. Wir überlassen das auch der Frau, wie sie gegenüber dem Bordellbesitzer mit der Krankheit umgeht. Also das ist der Weg: Die Frau soll eigentlich von uns signalisiert bekommen, dass wir auf ihrer Seite stehen«

Der berufliche Habitus der Projektakteurinnen ist durch eine Parteinahme für die Prostituierten und eine zurückhaltende, respektierende, gleichrangige Beziehungsgestaltung gekennzeichnet. Die Arbeit mit den Klientinnen bezieht sich primär auf die gesundheitlichen Aspekte der Prostitutionstätigkeit und orientiert sich hinsichtlich darüber hinausgehender Thematiken an der subjektiven Problemdefinition bzw. -artikulation der sich prostituierenden Frauen. Mögliche Gewalterfahrungen oder -probleme in der Sexarbeit werden von den Organisationsmitarbeiterinnen nicht von selbst angesprochen, sondern nur bei eigenaktiver Thematisierung der Klientinnen in die Beratungs- und Betreuungsarbeit einbezogen.

Arbeitsansatz: Gesundheitsprävention in der Prostitution

Der von außen definierte Arbeitsauftrag der HIV/Aids- und STD-Prävention wird also in Kontakt und Auseinandersetzung mit der lokalen Prostitutionsszene aufrechterhalten und zielgerichtet umgesetzt. Die in der Sexarbeit tätigen Frauen werden im Rahmen der praktizierten Streetwork über sexuell übertragbare Krankheiten und Schutzmöglichkeiten aufgeklärt, auf das medizinische Untersuchungsangebot der Beratungseinrichtung hingewiesen sowie mit Materialien wie Kondomen, Gleitgel etc. versorgt. Zudem zeichnen sich Überlegungen und Bemühungen ab, auch die Prostitutionskunden in die Präventionsarbeit einzubeziehen und für ein gesundheitsbewusstes Verhalten zu sensibilisieren. Allerdings wird die sogenannte »Freierarbeit« durch die Anonymität und die damit verbundene schwierige Erreichbarkeit der Kunden sexueller Dienstleistungen grundlegend erschwert:

»Die Freier sind ja nicht greifbar. Es gibt keinen Ort, wo ich Freier finde. Das ist eine anonyme Sache, selbst, wenn ich mich an die Grenze stelle und alle Männer anspreche, die über die Grenze fahren. Outen sich die nicht oder weisen das von sich, und ich weiß ja nicht, und das kann man ja schlecht einschätzen. Und es ist nicht gesagt, dass hier junge Männer, die über die Grenze fahren, dass die in den Puff fahren also. Das ist eben nicht greifbar und das macht es so schwierig. Wenn ich jetzt eben Prostituierte-, da gehe ich in Clubs und da hab ich halt meine Zielgruppe da. Aber die Freier, da finde ich die Zielgruppe nicht.«

Der Versuch der Streetworkerinnen, mit den Prostitutionskunden in den Clubs und Bordellen Kontakt aufzunehmen, erweist sich sowohl angesichts deren im prostitutiven Setting eingeschränkten Interesse an gesundheitlicher Aufklärung als auch wegen der potenziellen Beeinträchtigung des Prostitutionsgeschäftes als grundsätzlich problematisch. Darüber hinaus erleben die Projektakteurinnen die Aufklärung und Beratung der Prostitutionskunden als Rollenkonflikt, welcher aufgrund der auf die eigene Arbeit zurückgeführten Parteilichkeit für die Klientinnen mit inneren Ambivalenz- und Spannungsgefühlen verbunden ist:

»Und im Club da haben wir halt auch die Erfahrung gemacht, dass es-, dass sich die Freier nicht so ansprechen lassen. Die haben da andere Ziele und die wollen da nicht auf ihre Verantwortung angesprochen werden. Und das stört dann auch wieder das Geschäft. Also da haben wir auch Probleme ein bisschen, wenn wir das machen. Und wir haben natürlich mit unserer Rolle dann Probleme, wenn wir sowohl in Clubs die Prostituierten versorgen, als auch die Freier.«

Nach Ansicht der Mitarbeiterinnen der Organisation sollten daher die »Freierarbeit« und die Arbeit mit Prostituierten aufgrund der dominanten rollen- und geschlechtsspezifischen Strukturierung des Prostitutionsfeldes in unterschiedlichen Projekten realisiert und von männlichen bzw. weiblichen Akteuren übernommen werden:

»Also idealerweise wäre natürlich zwei Projekte. Eins, was mit Prostituierten arbeitet, und eins, das dann versucht, mit Freiern zu arbeiten. Aber so ein Freier-Projekt in der Szene, wenn es denn herumgeht, das ist die Frage, wie die dann halt auch vorankommen. Und beim Freier-Projekt wäre es zwangsweise, denke ich, notwendig, dass Männer mitarbeiten. Das ist dann wieder beim Prostituierten-Projekt weniger förderlich, wenn ich da Männer dabeihabe. Also das ist-, das wiederspricht sich ja dann auch.«

Normübertretungen im Rahmen sach- und problemorientierter Arbeit

Die präventive Gesundheitsarbeit des grenzüberschreitend agierenden Projektes ist durch eine generelle Zweck- bzw. Zielorientierung gekennzeichnet. Im Interesse einer effektiven Arbeitsweise werden von den Mitarbeiterinnen, sowohl bei der allgemeinen Organisationsarbeit als auch bei der gegenstandsbezogenen Arbeit in der Prostitutionsszene, auch unkonventionelle Problemlösungsstrategien ergriffen, hinderliche bürokratische Wege umgangen oder rechtliche Vorgaben übertreten. Um auch die Gesundheitsversorgung von Prostituierten zu sichern, die an das Beratungs- und Untersuchungseinrichtung des Projektes bzw. andere medizinische Institutionen infrastrukturell schlecht angebunden sind oder kaum die Möglichkeit haben, ihren Arbeitsort zu verlassen, haben die Streetworkerinnen beispielsweise eine Aktion durchgeführt, bei der eine Krankenschwester den Frauen, entgegen medizinrechtlicher Bestimmungen, vor Ort Blut abgenommen hat, welches durch den Transport mit einem normalen Auto ins Labor gebracht wurde:

»Das haben wir auch ein paar Mal gemacht. Für die Frauen, die eben dann nicht so weggekommen sind. Müssen mal wieder schauen, ob wir das vielleicht wieder wiederholen können. Aber da gibt es auch rechtliche Probleme. (…) Also das ist dann immer so eine Schwierigkeit.«

»Aber das-, dort sind einige Regelungen, die gesundheitlich-, oder Regelungen, die rechtlich-. Ja, aber wir machen es, wir haben das schon auch so gemacht.«

Andere normabweichende Handlungsmuster zeichnen sich in der Handhabung der spezifischen Regelungen bezüglich der binationalen Durchführung und Finanzierung der Projektarbeit ab. Die importierten Präventionsmaterialien oder Arbeitsmittel sind nach rechtlichen Maßgaben, entgegen der realen Praxis, vor dem öffentlichen Gebrauch behördlich anzumelden und zu registrieren:

»Und das sind aber nicht registrierte Kondome. Also wir müssten die dann hier registrieren lassen. Und das ist halt so eine halblegale Sache, wenn die jetzt streng wären. Wir nehmen dann eigentlich die Kondome immer für den Eigengebrauch mit, wenn wir offiziell die nicht-, eigentlich nicht verwenden dürfen. Und wir müssten die dann wieder auf offiziellem Weg anerkennen lassen und so eine Registriernummer haben. Und das ist halt so eine Sache, wo wir uns immer halblegal verhalten.«

Erweiterung des Arbeitsfeldes:
Gesundheitliche und sexuelle Aufklärung von Jugendlichen

Trotzdem der vorgegebene Auftrag der Gesundheitsprävention in der Prostitutionsszene in der alltäglichen Organisationspraxis orientierungsleitend wirkt, zeichnet sich sowohl auf der Wahrnehmungs- als auch auf der Handlungsebene eine Erweiterung bzw. Ergänzung des Arbeitsgegenstandes ab, die auf den beruflichen Thematiken und Zuständigkeiten der sozialen Akteurinnen beruht:

»Zum Beispiel wir machen ja auch – also unsere Hauptaufgabe ist ja die Prostitution, die Betreuung von den Prostituierten und die gesundheitliche Aufklärung, die Streetwork – aber wir, dadurch dass wir eben, die Frau E. früher schon sexuelle Aufklärung gemacht hat und ich bei der Regierung auch zuständig bin für sexuelle Aufklärung und Aidsprävention, haben wir halt doch noch den Schwerpunkt, dass wir zusammen Projekte machen, die so auf dieser Fachebene sind.«

Vor dem Hintergrund der tätigkeitsbezogenen Wissens- und Erfahrungsbestände der vorherigen und gegenwärtigen Organisationsleiterin wird der spezifische Gesundheitspräventionsansatz im Prostitutionsbereich auf die allgemeine gesundheitliche und sexuelle Aufklärung von Jugendlichen ausgedehnt. Angesichts des aus dem Kontakt mit anderen Bildungs- und Erziehungseinrichtungen resultierenden Wissen, dass viele der im Grenzgebiet wohnenden männlichen Jugendlichen als eine Art Initialisierungsritus im Nachbarland sexuelle Dienstleistungen in Anspruch nehmen, besteht das Ziel der Jugendarbeit in der frühzeitigen Aufklärung über sexuell übertragbare Krankheiten und einem nicht nur gesundheitlich sondern auch sozial sensibilisierten Sexualverhalten. Die Thematiken Prostitution und Sextourismus werden in die sexualpädagogische Arbeit einbezogen, um auf spezifische Gefahren der Prostitutionsszene hinzuweisen und auch auf sozialer Ebene präventiv tätig zu werden:

»Das man sagt: Gut, die Opfer von Menschenhandel oder die Mädchen von Heute sind halt auch die Opfer von Morgen. Und bei Jungs ist das genau das gleiche: Die Jungs von Heute sind die Freier von morgen. Und das ist halt so ein Punkt, wo man sagt, das ist einfach auch wichtig, früher auch anzufangen und aufklärend zu arbeiten. Und das ist dann das zweite Standbein, das wir immer wieder haben.«

Bilaterale und interorganisationale Netzwerkarbeit

Neben der gesundheitlichen Präventionsarbeit in der Prostitutionsszene und der Sexualpädagogik mit Jugendlichen stellt der Aufbau grenzüberschreitender Kooperationsstrukturen einen weiteren Schwerpunkt der Organisationspraxis dar. Die Mitarbeiterinnen des Projekts arbeiten sowohl mit deutschen als auch tschechischen staatlichen und nichtsstaatlichen Organisationen zusammen, die im Rahmen ihrer medizinischen oder sozialen Arbeit mit Geschlechtskrankheiten, Prostitution und/oder Menschenhandel zu tun haben. Die Kooperation mit anderen Institutionen stärkt die Anerkennung des Projektes und erhöht die Effizienz der Organisationsarbeit. Zum einen erleichtern die formellen und informellen Kontakte die alltägliche Praxis der Untersuchung, Beratung und Behandlung von Klientinnen sowie deren Betreuung oder Weitervermittlung an andere Einrichtungen, beispielsweise in Fällen, in den Frauen von Menschenhandel betroffenen sind. Zum anderen werden sie für die Veranstaltung von Fachtagungen und andere Formen der Öffentlichkeitsarbeit genutzt.

Nach Erfahrung der Projektmitarbeiterinnen hängt die Qualität der Kooperationsbeziehungen immer auch von individuellen »Rollenträgerinnen«, deren Bereitschaft, Offenheit und Engagement ab:

»I-1: Aber da ist die Kooperation gut?
G-1: Genau, also die ist-, war mal 2 Jahre nicht so gut, aber jetzt haben wir einen Leiterwechsel im Hygieneamt und da ist die Kooperation wieder sehr gut.«

Die sozialen Akteurinnen prägen und konstituieren die organisationalen Arbeitsstrukturen und -prozesse durch die individuelle Nutzung der existierenden Handlungsspielräume. Auf Grundlage informeller Arbeitsbeziehungen haben die Projektmitarbeiterinnen mit den Akteurinnen einer staatlichen Gesundheitsinstitution bemerkenswerte »Kompromisse« ausgehandelt, bei denen im Interesse einer wirksamen Problemlösung sogar institutionelle Regelungen und rechtliche Vorgaben umgangen bzw. übertreten werden. Die unkonventionelle Vereinbarung beinhaltet die Zusage der medizinischen Einrichtung, dass im Fall des Auftretens einer melde- und behandlungspflichtigen Geschlechtskrankheit bei Frau mit illegalem Aufenthaltsstatus zum einen nicht die Polizei informiert und zum anderen die stationäre Behandlung der Patientin entgegen den gesetzlichen Vorschriften auf das medizinisch Notwendigste begrenzt wird:

»G-2: Also wenn die Frau sich zum Beispiel Syphilis hat, sie müssen das melden. Ja und das ist jetzt ganz gut, dass wir Außenstelle von der Institution B. sind, dass wir die- haben die Frauen für uns und die melden das nicht der Polizei.

Wir haben einen Kompromiss dadrüber. Weil es ist natürlich, wenn die Frauen krank sind und die Polizei werden ihnen wegschicken. Dass wir sie nicht mehr haben-, behandeln. Und dann sie kommen, ich weiß es nicht, in einer Woche, durch anderen Grenzgebiet. Also wir haben einen Kompromiss gefunden, dass die behandeln die Frauen und die Frauen können hier bleiben und sie sind nicht bei Polizei. (…)

G-1: Eigentlich würde ja die kranke Frau als Ausländerin ausgewiesen werden. Ist ja so. (…) Und durch dass was wir hier-, ja dieser Kompromiss, dass die Frauen (…) - und das ist auch noch ein Kompromiss -normalerweise werden hier gemeldet, müssen zur Behandlung sechs Tage stationär untergebracht werden. Das ist hier sogar Pflicht. Und da macht auch die Institution B. sich den Kompromiss, dass die Frauen nur zwei Tage bleiben, bis die Medikamente angeschlagen haben und bleibt die Frage, ob sie sie vertragen und dann dürfen die (…) auf eigenes Risiko werden die wieder entlassen und verpflichten sich aber nach Informationen, dass die halt die Medikamente nehmen bzw. werden dann hier von den Kolleginnen weiter betreut und besucht. Und es wird halt kontrolliert in dem Sinne, oder betreut, dass die ihre Medikamente weiter nehmen und kommen sie auch immer wieder zur Ambulanz, dass das funktioniert.

I-1: Das klappt dann ganz gut.

G-1: Das klappt dann ganz gut und die Frauen haben halt dann ziemlich leichter. Erstmal haben sie hier das Vertrauensverhältnis, dass eben die Möglichkeit besteht, dass sie hier getestet werden und das dann nicht gleich die ganze Maschinerie in Gang gesetzt wird, wenn sie ein positives Ergebnis hat. Weil da die Angst von den Frauen natürlich schon immer noch da ist.«

Die informelle Absprache der illegitimen Handhabung ist nur vor dem Hintergrund einer grundsätzlichen zweck- und erfolgsorientierten Gesundheitsarbeit möglich, und wäre angesichts einer primär regelgeleiteten medizinischen Berufspraxis undenkbar. Sie erfordert die Berücksichtigung und das Verständnis für die spezifischen Bedingungen und Verhältnisse in der Prostitutionsszene, also die Integration der sozialen Perspektive in den medizinischen Rahmen. Aus rein medizinischer Sicht erschiene die Pflichtbehandlung geschlechtskranker Prostituierter angebracht und deren polizeiliche Meldung aufgrund rechtlicher Verordnungen folgerichtig. Angesichts einer um soziale Aspekte erweiterte, mehrdimensionale Situationsbetrachtung erweist sich der Zugang zur Zielgruppe allerdings als Grundvoraussetzung für die medizinische Arbeit. Da die sich prostituierenden Frauen über die institutionellen Komm-Strukturen kaum erreichbar sind, ist die medizinische Einrichtung auf die Arbeit von Streetworkern angewiesen, die den Kontakt zu den Prostituierten herstellen. Der Aufbau der Beziehung zur Prostitutionsszene und des Vertrauensverhältnisses zu den Prostituierten bedarf wiederum der unbedingten Zusicherung und Gewährleistung von Anonymität und Solidarität. Insbesondere Prostituierte mit illegalem Aufenthaltsstatus werden sich nicht medizinisch untersuchen lassen, wenn sie befürchten müssen, bei der Polizei gemeldet und abgeschoben zu werden. Zudem scheint es hinsichtlich der gesundheitlichen Nachhaltigkeit wenig zweckdienlich, erkrankte Personen auszuweisen, wenn aufgrund des Wissens- und Erfahrungshintergrunds der Expertinnen davon ausgegangen werden kann, dass diese höchstwahrscheinlich in das Land und in die Sexarbeit zurückkehren.

Für den Erfolg der primären und sekundären Gesundheitsprävention in der Prostitutionsszene, also die Vorbeugung und Behandlung von sexuell übertragbaren Krankheiten, sowie die Verhinderung ihrer Verbreitung, ist eine kooperative Zusammenarbeit und Verständigung der zuständigen Organisationen unerlässlich. Die wechselseitige Kommunikation und Abstimmung der jeweiligen Vorgehensweisen und Ziele verhindert die gegenseitige Behinderung der alltäglichen Arbeitspraxis, und führt zu intentionierten Synergieeffekten und Wirkungen, die ohnedem nicht oder nur unter erhöhtem Ressourceneinsatz zu realisieren sind.

Interkulturelle Verständigung

Die Netzwerkaktivitäten der Projektmitarbeiterinnen sind auch im Rahmen der interkulturellen Kommunikation und grenzüberschreitenden Interaktion von besonderer Bedeutung:

»Also das ist so ein-, ja wo wir immer wieder Zeit investieren, weil wir halt sagen, da ist insgesamt erst einmal dieser deutsch-tschechische Austausch wichtig. Und dadurch dass wir ja so wir deutsch-tschechisches Projekt sind, ist uns das halt wichtig, dass wir dort diese Kontakte nutzen. Weil wir haben halt ein Netzwerk aufgebaut nach Tschechien hin. Und da haben wir gesagt, da ist es ganz wichtig, einfach auch in der Zusammenarbeit zu fördern«

Vom Organisationspersonal werden regelmäßig und gezielt Veranstaltungen durchgeführt, zu denen sowohl Expertinnen aus Deutschland als auch aus der Tschechischen Republik und anderen Ländern eingeladen werden. Die Intention der themenspezifischen, arbeitsbezogenen Tagungen und Workshops besteht, neben einem wechselseitigen Wissens- und Erfahrungsaustausch auf der Fachebene, in der Begegnung der sozialen Akteurinnen. Die Teilnehmerinnen erhalten die Möglichkeit, Beziehungen aufbauen, auf deren Grundlage eine gemeinsame Zusammenarbeit stattfinden kann:

»Und da laden wir halt auch wieder so Kooperationspartner von uns ein und Leute die halt mit uns Kontakt haben. Und das ist halt so ein- sozusagen einfach versuchen auch auf dieser fachlichen Ebene, die Leute ein bisschen zusammenzubringen. Dass die in Kontakt kommen und das da einfach so ein Netzwerk, auch über die Grenze wächst. Das ist noch so ein- (…) das versuchen wir einfach mindestens einmal im Jahr irgendeine Veranstaltung auf die Beine zu stellen. Weil wir das als sehr wichtig ansehen. Weil wir halt auch immer wieder merken, weil wir sehen immer wieder, dass nicht (…) nicht einfach ist auch diese beiden Kulturen so zusammen zu bringen.«

In der bilateralen Kommunikation und Interaktion werden von der Projektleiterin Schwierigkeiten beobachtet. Die unterschiedlichen Mentalitäten der deutschen und tschechischen Expertinnen können zu interkulturellen Missverständnissen, Fehldeutungen und Abwertungen führen, und sich störend auf die grenzüberschreitende Zusammenarbeit auswirken. Zwischenstaatliche Kooperationsformen bedürfen sozialer Akteurinnen, die über die Fähigkeit verfügen, kultureller Unterschiede wahrzunehmen, zu akzeptieren und zu berücksichtigen. Der Erfolg des binationalen Gesundheitspräventionsprojektes beruht auf der interkulturellen Kompetenz und transkulturellen Sensibilität der vorhergehenden und aktuellen Organisationsleitung. Zum einen wurden die Mitarbeiterstellen zu Beginn gemischt und später mit Sozialarbeiterinnen aus dem Land besetzt, in dem die Präventionsarbeit schwerpunktmäßig praktiziert wird. Zum anderen wurde darauf geachtet, dass diese über bilinguale, d. h. tschechische und deutsche Sprachkenntnisse verfügen. Im Bewusstsein der nicht nur funktionalen, sondern auch sozialen und symbolischen Relevanz der Sprache für die interkulturelle Kommunikation und Interaktion ist auch die Projektkoordinatorin bemüht, die Landessprache ihrer Mitarbeiterinnen und Kooperationspartnerinnen zu erlernen bzw. zumindest tschechische Grundkenntnisse zu erwerben:

»Ich bin gerade am Lernen mit Tschechisch. Aber Ich komme nicht gut voran.«

Die gegenwärtigen Streetworkerinnen können sich, neben tschechisch und deutsch, auch auf Russisch verständigen, was sich angesichts der Gruppe der Prostituierten aus den ehemaligen GUS-Staaten als hilfreich erweist. Sowohl in der alltäglichen Aufklärung und Beratung der Klientinnen als auch in der organisationalen Netzwerkarbeit fungieren die tschechischen Akteurinnen als Sprach- und Kulturmittler. Sie fördern die Akzeptanz und das Vertrauen in das Projekt und erhöhen die Kooperationsbereitschaft der tschechischen Institutionen. Die transkulturell sensible Planung und Durchführung der Projektarbeit wirkt dem Eindruck eines dominanten, paternalistischen Entwicklungshilfe-Habitus der Initiatoren entgegen und signalisiert die Ambition einer gleichberechtigten, emanzipierten Zusammenarbeit:

»Es gibt genug Beispiele, wo so grenzüberschreitende Projekte einfach auch nicht so gut laufen. Ich denk da haben wir eigentlich ganz gut-(…) ich glaub hauptsächlich durch die, ja durch die beiden Tschechinnen, die wir halt hier haben. Die halt einfach diese Kontakte auch von Anfang an gut gepflegt haben nach Tschechien. Und wo auch nicht so leicht dieser Eindruck entstanden ist, dass wir als Deutsche kommen und (…) rüberkommen und sagen, ›Hallo, hier sind wir, wir wissen alles besser‹. Also das eigentlich wurde durch Euch ganz gut vermieden. Dass ihr einfach als Tschechinnen gekommen seid und wir zwar im Hintergrund natürlich dann das Geld da und (…) zur Verfügung gestellt haben, aber dass da dann ein bisschen sensibler damit umgegangen ist.

Sowohl zu Beginn der Projektarbeit als auch in deren weiteren Verlauf wurden die relevanten administrativen Institutionen und fachlichen Organisationen über die Existenz und die Ziele des grenzüberschreitend agierenden Gesundheitspräventionsprojektes informiert und wenn möglich in deren Arbeit miteinbezogen:

»Und der Herr F. (deutscher Bürgermeister) hat also 1997, wie wir angefangen haben, hat er die, seine tschechischen Amtskollegen eingeladen, zu einem Treffen nach Stadt G. Und bei dem Treffen hat er dann das Ansinnen vom Projekt bekannt gemacht. Dass praktisch deutsche Sozialarbeiter sich dem Problem jetzt annehmen und auf tschechischem Hoheitsgebiet tätig sind. Und haben wir da doch auch die Unterstützung von den tschechischen Bürgermeistern auch gehabt. Also das war so ganz gut. Auf offizieller Ebene haben wir immer versucht, dieja die Bürgermeister mit einzubeziehen, dass wir nicht, ja, dass einfach dann irgendjemanden auf der oberen Ebene, so gewusst hat: ›Aha die haben das und das Ziel und deswegen machen die das‹. Und ich denke das war ganz gut.«

Institutionalisierung des Projektes in der Prostitutionsszene

Vor der Umsetzung des Gesundheitspräventionsauftrags in der Prostitutionsszene war zunächst der Kontakt herzustellen und aufzubauen.

»Also natürlich die Kontakten- das, das hat ganz gedauert, die Kontakten zu (…). Und es war nicht so einfach, dass sie haben gesagt: ›Projekt A. ist geöffnet und alle sind einmal geladen.‹«

Die Projektakteurinnen mussten das Vertrauen der sich prostituierenden Frauen zu gewinnen, die vom Angebot des staatlichen Gesundheitssystems aufgrund infrastruktureller Probleme, der Untersuchungskosten sowie der Angst vor Stigmatisierung und mangelnder Anonymität kaum erreicht wurden. Auf Grundlage der langfristig und kontinuierlich praktizierten Aufsuchenden Arbeit ist es den Streetworkerinnen gelungen, das Projekt bzw. die Beratungs- und Untersuchungseinrichtung in der Prostitutionsszene bekanntzumachen und zu institutionalisieren. Auch die Club- und Bordellbetreiberinnen erkennen die Arbeit der Projektmitarbeiterinnen an und nehmen mitunter sogar eigenaktiv Kontakt auf, wenn sie den Wunsch haben, dass sich die bei ihnen arbeitenden Prostituierten gesundheitlich beraten und untersuchen lassen:

»Und manchmal rufen die tatsächlich an. Die rufen an oder kommen vorbei, die Clubbesitzer, und sagen: ›Wir haben hier geöffnet‹ und wir sollen vorbei kommen. Also das passiert auch, dass die sich bei uns melden, wenn irgendwo ein (...) braucht. Und die wollen dann, dass wir auch kommen und die Frauen beraten.«

Voraussetzung für den Szenezugang der Projektakteurinnen ist die Akzeptanz der feldspezifischen Regeln. Die Streetworkerinnen beachten die ökonomische Rationalität der Prostitution und nehmen bei der Aufsuchenden Arbeit selbstverständlich Rücksicht auf das Geschäftsinteresse der Prostituierten und Betreiber:

»Ja also, wir kommen zu dem, wir klingeln und wenn wir zum Beispiel-, wenn die Geschäft oder Kunden dort haben, dann jeder sagen, dass wir werden nicht stören und das wir möglich sollen später kommen. Oder das wir kommen nächsten Mal.«

Darüber hinaus beschränken die Organisationsmitarbeiterinnen ihre Beratung auf gesundheitliche Themen und versuchen nicht, die Klientinnen hinsichtlich ihrer Entscheidung, in der Prostitution zu arbeiten, zu beeinflussen bzw. für den Ausstieg aus der Prostitution zu werben:

»Was wir halt als Signale setzen wollen, dass wir, - wir müssen ja immer, um in die Szene ja auch, ja zu kommen und auch Zugang zu haben -, möchten wir eigentlich mit den Clubbetreibern auch kooperieren. Weil wenn wir die Regeln die dort herrschen, nicht akzeptieren, vielleicht Werbung machen für den Ausstieg oder auch hetzen gegen die Szene, dann würden wir nicht mehr rein können. Und das sind halt so Regeln, die wir als Kompromisslösung akzeptieren.«

Die für den ungehinderten Kontakt zur Prostitutionsszene erforderliche »kooperative« Haltung gegenüber den Bordellbetreiberinnen wird von den Streetworkerinnen als notwendiges Zugeständnis bzw. als »Kompromisslösung« betrachtet, die für die Realisierung der gesundheitlichen Präventionsarbeit eingegangen werden muss. Ungeachtet dessen nehmen sie sich als parteiisch wahr und verstehen ihre Tätigkeit als Arbeit für bzw. im Interesse der sich prostituierenden Frauen:

»Also das ist so der Weg jetzt. Die Frau soll eigentlich von uns signalisiert bekommen, dass wir auf ihrer Seite stehen. Und die Clubbetreiber brauchen aber wieder so das Gefühl, dass wir nicht offensichtlich gegen sie arbeiten.«

Die Projektmitarbeiterinnen stellen aber keinesfalls nur dominierte Akteurinnen des Prostitutionsfeldes dar, die bestimmte Prinzipien zu beachten haben, sondern stellen in ihrem Arbeitsbereich selbst auch Regeln auf. Sie betrachten die Gesetzmäßigkeiten der Prostitutionsszene nicht nur hinsichtlich der Prostituierten-Zuhälter-Beziehung sondern auch bezüglich des eigenen Verhältnisses zu den Clubbetreibern als Ergebnis von Aushandlungsprozessen. Mit der Definition des Gebotes, dass den Zuhältern und Bordellbetreiberinnen kein Zutritt zu den Beratungs- und Untersuchungsräumen der Einrichtung gewährt wird, treten die Akteurinnen des Projektes als aktive Mitgestalterinnen der szenischen Interaktionsordnung auf. Sie grenzen sich und ihre Arbeit nicht nur räumlich sondern auch symbolisch von den Organisatoren der Prostitution ab. Damit schaffen sie ihren Klientinnen örtliche, zeitliche und soziale Freiräume, die für eine wirkliche Beratungssituation unerlässlich sind, und die Gelegenheit zur Thematisierung verschiedener, auch über die gesundheitliche Thematik hinausgehender Probleme bieten.

Selektiv-distanziertes Verhältnis zu den Medien

Ebenso bedacht wie sich die Organisationsmitarbeiterinnen in der Prostitutionsszene bewegen, gestalten sie auch die Interaktion mit den Medien. Vor dem Hintergrund der wahrgenommen und reflektierten Interessendifferenz, sowie der unterschiedlichen Funktionslogiken und -rationalitäten medialer und sozialer Organisationen, grenzen sich die Projektakteurinnen in ihrer Arbeit bewusst von der Presse ab. Während Sozialer Arbeit auf einer grundlegenden Sach- und Problemorientierung beruht und auf ein dauerhaftes Problembewusstsein sowie auf langfristig wirksame Maßnahmen und nachhaltige Veränderungen ausgerichtet ist, verfolgen die Medienakteure das Ziel einer möglichst hohen situativen Aufmerksamkeit der Öffentlichkeit, die sie mitunter auch durch weniger differenzierte, teilweise skandalisierende und voyeuristische Darstellungsformen erreichen. In Antizipation einer Schlagzeilen-orientierten journalistischen Berichterstattung treten die Projektmitarbeiterinnen Pressevertreterinnen gegenüber reserviert und distanziert auf, und äußern sich gezielt sachlich-informativ. Medienwirksame bzw. -repräsentative Darstellungen, wie besonders drastische und extreme Einzelfallgeschichten, werden von den Mitarbeiterinnen der Organisation grundsätzlich nicht geschildert. Zudem erklären sie sich nur bei seriös erscheinenden und auch an der Arbeit des Projektes interessierten Reportern zu Interviews bereit. Auf diese Weise findet ein wechselseitiger Selektionsprozess statt, da einerseits die Projektmitarbeiterinnen entscheiden, ob und mit welchen Journalisten sie zusammenarbeiten, sich andererseits aber auch die auf Sensationsberichten erpichten Reporter von selbst zurückziehen oder die von den Projektakteurinnen vermittelten sachlichen Informationen übergehen und in ihren Artikeln auf spektakulärere, medienwirksamere Angaben und Hinweise zurückgreifen:

»G-1: Und wir sind auch mit Journalisten vorsichtiger. Also wir erleben das manchmal als sehr anstrengend. Also gerade wenn irgendwie wieder ein Medienbericht war, dann wird automatisch in einem Rundumschlag von auch überregio-

nalen Journalisten überall angerufen und werden Informationen gesucht. Und ich
merk halt dann so, wenn ich da erst mal mich so ein bisschen abgrenze und dann
auch so (...) ja nicht so medienrepräsentative Tatsachen sag, dass wir eine Arzt-
praxis haben und dass die Frauen auch kommen, dann distanzieren sie sich auch
wieder, weil ich halt nicht so Schlagzeilen auch bringe. Und das ist mir dann
auch ganz recht. Und manchmal hab ich dann also-, weil das-, ja, weil ich halt
denk: Das bringt uns, den Frauen, unserer Arbeit nichts, wenn so große Schlagzeilen gemacht werden mit Einzelschicksalen, die wir natürlich auch immer wieder haben, aber die ja auch nichts vorwärts bringen. Und wenn ich dann einen
Journalisten habe, der dann ein bisschen vielleicht sensibler oder hinter die Kulissen schaut- die interessieren sich dann auch mal mehr. Und dann hab ich- (...)
gibt es halt manchmal ganz sachliche Berichte, wo ich ganz zufrieden bin. Aber
so (...) ja ich bin manchmal ganz froh, wenn die nach dem ersten Anruf dann
merken, ja gut, so medienwirksame Berichte hab ich jetzt nicht, oder will ich
auch gar nicht haben. Und dann ja ist mir das ganz recht. Weil es halt sehr viel
Arbeitszeit bindet (...) der Kontakt auch oft mit den Journalisten. Und es ist immer wieder, wenn es um Prostitution geht, dass interessiert die Journalisten (...)
wirklich. Die waren da sehr interessiert und ja das bringt halt Leser, wenn ich da
so tolle Schlagzeilen habe.
I-1: Sex und Gewalt...
G-1: Genau, das ist (...) jetzt waren wir immer in den Anrufen und in den Recherchen mit drin, aber werden auch oft dann nicht so verwendet, weil wir uns
doch ja sehr sachlich geben und so (...) ja so Meldungen dann auch nicht zu bieten haben.«

Gezielte Abgrenzung zur Polizei

Auch das Verhältnis der Organisationsmitarbeiter zur Polizei ist durch eine
klare Abgrenzung und Distanzierung gekennzeichnet. Diese ist zum anderen durch das Bestreben der Aufrechterhaltung des Szenezugangs motiviert und beruht zum einen auf der sozialarbeiterischen Parteinahme für
die Prostituierten:

»I-1: Haben Sie Bezugspersonen bei der Polizei? Gibt es hier Polizisten, mit
denen sie öfter Kontakt haben?
G-2: Überhaupt nicht. Wir möchten nicht mit ihnen Kontakt haben, weil wir
müssen auf die Seite der Frauen stehen. Also und wenn wir werden mit der Polizei kooperieren, dann natürlich werden die Frauen nicht uns vertrauen.«

Im Unterschied zur Polizeiarbeit, die in der Verfolgung und Bekämpfung
jeglicher Form von Kriminalität besteht und grundsätzlich tat- bzw. täterorientiert ist, zeichnet sich die Praxis der Sozialen Arbeit durch eine prinzipielle Positionierung und Interessenvertretung ihrer Klientel aus. Während die Kenntnis über den illegalen Aufenthalt einer Prostituierten beispielsweise für die Arbeit des Gesundheitspräventionsprojektes mehr oder
weniger unerheblich bzw. nebensächlich ist, würde sie in jedem Fall ein

polizeiliches Eingreifen nach sich ziehen. Daher findet zwischen der sozialen Organisation und den lokalen Polizeibehörden auf informeller Ebene keine Kooperation statt. Projektinterne Informationen oder konkrete, für die kriminalistische Arbeit mitunter relevante Beobachtungen aus der Prostitutionsszene werden von den Organisationsmitarbeiterinnen grundsätzlich nicht an Polizeibeamtinnen weitergegeben. Nur bei offenkundigen Anzeichen schwerer Straftaten wird die Polizei pflichtgemäß informiert:

»Wenn man Kinder sieht, müssen wir das weitergeben. Aber so Sachen, die im nebulösen Bereich sind, da geben wir keine Informationen weiter, weil wir uns da nicht zum langen Arm der Polizei machen wollen. Sondern wir wollen eigentlich so das, diesen Status, den wir haben, auch so behalten in der Szene.«

Ansonsten distanzieren sich die Projektakteurinnen ausdrücklich von den polizeilichen Aktivitäten, insbesondere den regionalen Behörden, die ihre Razzien in der Prostitutionsszene vor allem hinsichtlich aufenthaltsrechtlicher Belange durchführen, während die höheren Polizeieinheiten mehr vor dem Hintergrund der Organisierten Kriminalität agieren. Ungeachtet dessen kommt es auf der formellen Ebene zu einer Zusammenarbeit zwischen dem Projekt und der Polizei. Diese wird von den Organisationsmitarbeiterinnen aufgrund der asymmetrischen Beziehungsgestaltung allerdings als diffizil empfunden, da sie zwar durch die angebrachte wechselseitige Unterstützung, aber nur einen einseitigen, von der Polizei ausgehenden Informationsaustausch charakterisiert ist:

»Weil das immer ein bisschen schwierig ist (...) die Zusammenarbeit, weil die schon auch immer wieder uns informieren. Da war doch vor einem halben Jahr mal so eine große Razzia im Grenzgebiet, wo die tschechische Geheimpolizei gemacht hat. Also da haben wir dann hinten nachher konnten wir die Zahlen dann haben und haben uns informiert. Aber das ist so halt wirklich auf der offiziellen Ebene, tauschen wir uns aus. Oder da haben sie mal eine tote Frau gefunden und da sind sie dann gekommen und wollten halt dass wir das Bild anschauen, damit wir da mithelfen die Frau zu identifizieren. Also solche Sachen machen wir natürlich dann schon. Aber nicht das wir Interna aus unserer Arbeit weitergeben. Das ist also eine Grenze, die wir dann haben.«

Im Bereich der Öffentlichkeitsarbeit hingegen kooperiert das Projekt mit der deutschen Grenzpolizei. Diese Form der Zusammenarbeit beruht aber in erster Linie auf dem Habitus eines bestimmten Polizeibeamten, deren Umgang mit der Thematik der grenzüberschreitenden Prostitution von den Organisationsmitarbeiterinnen als »sachlich-informativ« beschrieben und ausdrücklich positiv bewertet wird.

Ingesamt betrachtet ist der berufliche Habitus der Mitarbeiterinnen des Projektes durch einen sachlich-distanzierten, auf die Gesundheitsarbeit fokussierten Umgang mit der Prostitution und deren Akteurinnen gekennzeichnet:

»Und ich denk das wir teilweise ein bisschen (...) sachlicher und distanziert mit der Problematik umgehen und nicht so emotional engagiert da halt drüber sprechen. Das ist je nach dem wie man es halt haben will. Also ich denke, manche finden das jetzt wieder besser. (...) Das ist (...) unterschiedlich. Ich denke halt, dass das- (...) für mich ist das mehr Professionalität, wenn ich einfach sachlich distanziert damit umgehe. Aber gut (...) es gibt unterschiedliche Herangehensweisen.«

Gemäß dem sozialarbeiterischen Professionsverständnis ist die Arbeit der Projektbeschäftigten am Wohl der Klientinnen, hier der sich prostituierenden Frauen, orientiert, die als autonome, selbstbestimmte Subjekte wahrgenommen und behandelt, und keinesfalls viktimisiert werden. Besonders charakteristisch sind die Bemühungen der Projektkoordinatorin, um eine nicht nur symbolische sondern auch funktionale grenzüberschreitende Zusammenarbeit, sowie die Verknüpfung verschiedener Institutionen und Organisationen. Dies geschieht vor dem Hintergrund einer personalen transkulturellen Kompetenz und dem Ziel der binationalen Verständigung und Vernetzung der institutionellen und sozialen Akteure. Trotz der administrativen Rahmung der Projektorganisation zeichnet sich die Arbeitspraxis durch eine professionelle, primär problembezogene Orientierung und innovative, teilweise rechtsnormübertretende Strategien aus.

Emotional-engagierte Beratung für Opfer von Menschenhandel[5]

»Ja und auf der polnischen Seite geriet eine Frau in Panik. Sie wollte weggeholt werden. Und wir waren gar nicht darauf vorbereitet. Weil wir sind ja nur wegen der Gesundheitsprävention da rüber. Und haben gesagt: ›Mein Gott, was machen wir denn, wenn eine Frau mal Hilfe braucht. (...) Wir können ihr ja gar nicht weiterhelfen.‹ Und die Frau war nach einer Stunde, als wir dann wiederkamen, war sie weg. Und ward nie wieder gesehen. Der Zuhälter, denk ich mal, hat sie wo auch immer hin verbracht. Und da haben wir gesagt: ›So geht das nicht.‹ Wir können nicht sagen: ›Ja, wir wollen für Eure Gesundheit sorgen‹, und wenn es dann heftig wird, dann: ›Sorry, ist nicht unser Bier.‹ Geht nicht. Und dann haben wir die erste Beratungsstelle für Frauen, für Opfer von Menschenhandel eröffnet.«

---

5   Das Experteninterview wurde 2004 von einem Mitarbeiter und einer Mitarbeiterin des Forschungsprojektes mit einer in der Organisation tätigen Sozialarbeiterin geführt. Es fand in den Räumlichkeiten der Beratungsstelle statt. An dem Gespräch nahm zudem eine weitere Mitarbeiterin der sozialen Organisation teil, die aber nur zuhörte.

Die seit 14 Jahren bestehende und seit 7 Jahren als Beratungsstelle für Opfer von Menschenhandel und Zwangsprostitution fungierende zivilgesellschaftliche Organisation vertritt das Grundanliegen, Frauen in Notsituationen zu helfen und deren Lebenssituation zu verbessern. Die Organisationsmitarbeiterinnen beraten und begleiten Frauen, Prostituierte und Migrantinnen, die von Gewalt, Heiratshandel oder Menschenhandel betroffen sind und im deutsch-polnischen Grenzbereich leben und arbeiten. Die Organisationsarbeit wird von einem interkulturell zusammengesetzten Team geleistet und basiert auf der Vernetzung mit nationalen und internationalen Organisationen, Institutionen und Fachpersonen.

Wahrnehmung der Prostitution: als Erwerbsarbeit

Die in der Organisation arbeitende Sozialarbeiterin klassifiziert Prostitution zwar als »Arbeit wie jede andere«, stuft sie aber im Vergleich zu anderen, selbst starken Körpereinsatz erfordernden Tätigkeiten als schwieriger ein:

»Naja, ich meine Prostitution ist eine Arbeit wie jede andere und eine weitaus schwierigere als wenn man dann seinen ganzen Körper einsetzt, als wie der Mensch auf dem Bau, mein ich jetzt, ne?!«

In dieser Kategorisierung kommt allerdings weniger die Normalisierung eines sexuellen Dienstleistungsmarktes als die Akzeptanz der von den Klientinnen ausgeübten Sexarbeit zum Ausdruck. Von der Projektmitarbeiterin wird Prostitution in erster Linie als »Verdienstquelle« bzw. Form der Erwerbstätigkeit betrachtet, zu der sich deutsche Frauen, vor allem aber Migrantinnen aus Osteuropa, Lateinamerika, Afrika oder Asien aus ökonomischen Gründen und angesichts der existierenden wirtschaftlichen Ungleichheiten entschließen:

»Also die Palette ist unheimlich weit, ne. Aber mit Freuden und Spaß habe ich jedenfalls noch keine Frau gefunden. Die sagt: ›Oh das ist geil, dass ich anschaffe.‹ Also muss ich so sagen, ne. Die sehen natürlich alle das schnellere Geld.«

»Ne ich denke mal keine Frau schafft mit Freuden und Spaß an. Es sei denn sie ist Nymphomanin. Dann wäre das vielleicht eine Variante. Ich denke, sie arbeiten auch freiwillig, aus dem Druck heraus, wie sie in ihrer Heimat leben. Also dieses Wirtschaftsgefälle, solange das so senkrecht steht, als Schrägstrich, wird das immer so wieder enden. Ganz klar.«

In der Darstellung der Prostitutionstätigkeit unterscheidet die Sozialarbeiterin ausdrücklich zwischen der Situation der deutschen Frauen, die selbstbestimmt und legal in der Prostitution arbeiten können, und den Migrantinnen, die aufgrund ihres illegalen Aufenthaltsstatus von Zuhältern oder

Bordellbetreiberinnen abhängig sind und vor diesem Hintergrund deutlich schlechtere Arbeitsbedingungen in Kauf nehmen. Nach Ansicht der Projektakteurin hat sich die Lage der ausländischen Prostituierten mit Einführung des Prostitutionsgesetztes weiter verschlechtert. Die Solidarität zwischen den deutschen und den migrierten Prostituierten hat abgenommen und ist zunehmend einem Konkurrenzverhältnis gewichen:

»Jetzt sind die Frauen ja, die ausländischen Frauen, doppeltem Druck ausgesetzt, ne. Weil die Deutsche darf ja jetzt. Vorher haben sie ja irgendwo in einem Boot gesessen, ne. So und jetzt kann die Deutsche sagen: ›So hör zu, wenn du nicht das machst, was ich will‹, is' Konkurrenzverhalten, ist ja ganz klar ›dann zeig ich dich an‹«.

Aus diesem Grund ergreift die Mitarbeiterin der Organisation Partei für die Migrantinnen und plädiert für eine Legalisierung der Prostitutiontätigkeit von Ausländerinnen bzw. Nicht-EU-Bürgerinnen:

»Also so ganz richtig ist das nicht, ne. Wir hoffen, dass es irgendwann auch möglich ist, dass ausländische Frauen hier anschaffen können, wenn sie es denn wollen, zu ihren Bedingungen.«

Der Statusunterschied zwischen den einheimischen und ausländischen Frauen wird von der Projektakteurin auch in Bezug auf die polnische Prostitutionsszene thematisiert. Dort differenziert sie zwischen den »selbstbewussten« polnischen Prostituierten, die ihre sexuellen Dienstleistungen eigenständig und selbstorganisiert anbieten, und der Gruppe der Migrantinnen, die angesichts ihres illegalen Aufenthalts und der damit verbundenen Abhängigkeit dem Druck und den Forderungen der Zuhälter in verstärktem Maß ausgesetzt sind:

»Heute arbeiten wir noch mit Frauen zusammen seit über sechs, sieben Jahren schon auf der Straße stehen, die teilweise auch alleine anschaffen. Ohne Betreiber oder ohne Beschützer. Manche Frauen von ihnen sind so selbstständig, dass sie einen Taxifahrer mieten, der sie hinbringt und auch wieder zurückbringt. Und der kriegt dann eine Provision davon, sagen wir mal 30%. Na oder die machen einen festen Preis aus: ›Das kannste haben. Alles andere ist meine Sache.‹ Aber das sind, wie gesagt, selbstbewusste polnische Frauen, die ja auch nichts zu verlieren haben als solches. Die als, im Gegensatz zu ausländischen Frauen.«

Vor dem Hintergrund ihrer im Prostitutionsfeld erworbenen Erfahrungen und dem langjährigen Kontakt mit den Prostituierten

»Und dies alles in Erfahrung zu bringen, natürlich Jahre Vertrauen hab ich gebraucht, Jahre (…).«

beschreibt die Sozialarbeiterin eine Art kollektive Verlaufskurve der von Menschenhandel zum Zweck der sexuellen Ausbeutung betroffenen Frauen. Als allgemeines bzw. strukturelles Verlaufskurvenpotential führt sie die sozialen, ökonomischen und kulturellen Lebens- und Arbeitsbedingungen in den Herkunftsländern der Prostituierten an, und stellt, aus einer Haltung der verstehenden Perspektivübernahme, die unterentwickelte Infrastruktur in den ländlichen Regionen Osteuropas und das Streben der Frauen nach einem anderen Lebensstil als nachvollziehbare Motive der Arbeitsmigration dar:

»Zum Beispiel gerade jetzt in (...) Dörfer rein fährt, ne. Man muss sich so vorstellen, dass russische Dörfer oft 200-300 km entfernt liegen, bis das andere Dorf kommt. So und in diesem Dorf gibt es nichts weiter wie LPG. So, und wenn jetzt eine Frau einen anderen Lebensanspruch hat. Die sagt: ›Ich versauer' doch hier nicht auf der LPG. Was soll ich hier? Ich gehe ja hier kaputt. Ne, ich möchte was anderes erleben. Ich bin jung. Ich bin schön. Ich möchte was erleben und nicht den Dorftrampel dort heiraten, der für mich bestimmt wäre.‹ Dann geht sie natürlich von zu Hause weg. So und was bleibt, sind die Arbeitsagenturen auf der russischen Seite in der nächst größeren Stadt. Und die, die machen dann den Rest dazu.«

Neben dem sozioökonomischen Hintergrund und den begrenzten Verdienstmöglichkeiten in den Heimatländern der Prostituierten

»Es gibt ja auch wirklich in den Herkunftsländern gibt es ja nur zwei Möglichkeiten, richtig Geld zu verdienen. Und das geht nur auf die kriminelle Schiene: Autohandel, Waffenhandel, Organhandel oder Prostitution. Und da die Frau ja eher dazu neigt, nicht gerade im Waffenhandel tätig zu sein, gibt's auch, aber jede Frau hat ja auch Angst um ihr Leben, weil jeder weiß auch, dass wenn ich mich darauf einlasse mit der Mafia, das auch eine Gefahr für mein Leben birgt, ne. Also was macht sie, geht sie anschaffen.«

verweist die Organisationsmitarbeiterin aber auch auf familiäre bzw. biographische Schwierigkeiten der Migrantinnen:

»Natürlich sehen sie ihr eigenes Elend, der Alte säuft zu Hause, der Vater, verprügelt vielleicht noch die Mutter. So da bleibt dir weiter übrig, als zu sagen ›so die Armut ist (...) so jetzt muss ich weg hier, so und jetzt gehe ich nach Deutschland.‹«

Die Kumulation der verschiedenen Faktoren wie die Nachfrage sexueller Dienstleistungen in den Zielländern, das Geschäftsinteresses der Arbeitsagenturbetreiber, Zuhälter und Bordellbesitzer, die idealisierten Vorstellungen vom Leben in Westeuropa, der Migrationswille der Frauen in den Herkunftsländern sowie deren Verschuldung für Vermittlungsauflagen,

Visagebühren und Reisekosten führen zu einer Aufschichtung und Verdichtung der Verlaufskurvenbedingungen:

»So, und der deutsche Betreiber oder Zuhälter, fährt dort hin zu dieser Agentur und sagt: ›Hier, hör mal zu, ich brauch drei Mädchen‹, ne. Sagt der Arbeitsvermittler: ›Da lass mir erst mal was rüberwachsen‹, ne. Also da kostet es schon. Also der bezahlt, oder? Jetzt kommt die junge Frau, die (flüsternd). ›Oh, Arbeit in Deutschland! Oh, was kann ich denn da machen?‹ ›Du kannst (in 'ner Bar) arbeiten, du kannst (auf 'm Markt) arbeiten.‹ ›Au ja!‹ So und: ›Nirgendwo kann es ja schlimmer sein, als zu Hause.‹ So reden sich die Mädels das ja ein. Ist ja so. Ja dann sagt der Vermittler, ›Ja, dann lass erst mal was rüber wachsen.‹ So, jetzt fährt die wieder nach Hause und sammelt von überall Geld her, was sie auftreiben kann, nur um nach Deutschland zu kommen. So und dieser Vermittler, sagen wir mal, der hat 300 Euro gegeben oder Dollar und die muss auch 300 Dollar geben. Hat er schon 600 gewonnen. Dann muss sie ihre Papiere bezahlen. So also, kommt sie schon erst mal auf 900 Dollar, ne. So und der Zuhälter oder der Betreiber wird dann nicht sagen: ›So, ich sponsor dir das.‹ ›Das will ich schön von dir wiederhaben.‹ So, und jetzt sagt der Arbeitsvermittler: ›Du kannst kommen, deine Arbeitspapiere sind fertig. Mensch, Du wirst sogar von deinem neuen Arbeitgeber abgeholt.‹ ›Oh, das ist ja toll. Mann das ist (…).‹ Der kommt, lädt sie ins Auto ein, nimmt ihr den Pass weg, unter dem Vorwand, bei mir ist er sicher, falls du ihn verlierst, haben wir richtig Ärger. Und sie gibt ihn auch freiwillig. So und dann geht das Prozedere los.«

Infolge der skrupellos profitorientierten kriminellen Praktiken der in den Menschenhandel involvierten Täterinnen kommt es zur Grenzüberschreitung, d. h. zum Wirksamwerden des schemenhaft skizzierten Verlaufskurvenpotentials. Den migrierten Frauen wird die Möglichkeit zur Steuerung und Kontrolle ihrer Situation genommen. Sie geraten in eine Lage relativer Handlungsunfähigkeit, werden von den Zuhältern physisch oder psychisch unter Druck gesetzt, erleiden Gewalt, Pressionen und Nötigung:

»Dann wird sie irgendwo rein gesteckt, wenn sie nicht willig ist, wird sie vielleicht noch vergewaltigt, ›zugeritten‹, wie man in dem Jargon sagt, im Zuhälterjargon, und wird gezwungen zur Prostitution. So, das ist klar. […] So, und die ist gezwungen alles zu machen, was der Freier will. Und da fängt eigentlich das Problem an. Die kann dann nicht mehr weg, weil der Pass weg ist. Also entweder findet es sich, oder sie werden so gequält, dass sie sich irgendwann einfügen müssen. So und das ist erst mal die Situation der Frauen.«

Kategorisierung der Prostituierten:
zwischen Selbstbestimmung und Viktimisierung

Ungeachtet dieser kollektiven Verlaufskurven-Darstellung nimmt die Projektmitarbeiterin die Situation der sich prostituierenden Frauen differenziert und nuanciert wahr. Sie reproduziert nicht das medial vermittelte schematische und polarisierende Bild, alle Prostituierten mit Migrationshintergrund wären von Menschenhandel betroffen und würden zur Prostitution gezwungen. Auch bei Migrantinnen unterscheidet die Sozialarbeiterin Frauen, die sich freiwillig prostituieren, aber unter anderen Umständen und Bedingungen arbeiten wollen, von Frauen, die sich in totalen Abhängigkeiten und Zwangslagen befinden:

»Dann gibt es natürlich auch Frauen, die sagen: ›Ja, ich will anschaffen in Deutschland. Ich habe kein Problem damit.‹ Aber die haben Probleme mit den Rahmenbedingungen, wie die arbeiten müssen. Zum Beispiel in Polen, muss jede Frau jeden Freier nehmen, egal wie widerlich der ist und was er von ihr will. So ist es in Polen. Er zahlt für eine Stunde, und da kann er sich aussuchen, was er will. Während auf deutscher Seite wieder gesagt, ne: ›Also ich- (...) Nicht nur 'ne Nummer schieben, o.k., aber wenn du jetzt noch SM-Spielchen haben willst, dann kostet das erst mal richtig.‹, ne. Und das ist in Polen aber nicht.«

Die ausländischen Prostituierten werden von ihr weder stereotyp als Opfer kategorisiert noch wird ihnen jegliche Entscheidungsmöglichkeit oder -fähigkeit abgesprochen. In der Beschreibung der Situation der Migrantinnen wird deutlich, dass die Projektakteurin die Perspektive der Klientinnen übernimmt und ein grundlegend verständnisvolles und empathisches Verhältnis zu ihnen hat:

»Ja, na sicherlich schicken sie dann das Geld, wenn sie denn überhaupt was kriegen, das darf man auch nicht vergessen, ne. Nehmen wir mal an, wenn sie 30% von dem bekommt, was sie hier verdient, ist das für die Frau, für die ausländische Frau unheimlich viel Geld. Aber, natürlich haben sie auch hier ihre Auslagen. Ja, und das ist Leben ist natürlich teuer und es bleibt nicht sehr viel übrig. Aber das bisschen Geld, was sei noch haben, was sie ihren Familien schicken, davon leben da drüben, wie die Made im Speck. Das ist einfach so, ne. Also ein Brot, ich weiß nicht was da jetzt zurzeit ein Brot kostet, naja im Gegensatz zu uns (...) ein Pfennigartikel, ne. Na, da wollen die Familien natürlich, dass die in Deutschland verbleibt. Weil sie dann auch nicht mehr raus mit ihrer Geschichte, wie es wirklich ist. Die schwindelt ja dann ihren Eltern irgendetwas vor. Und dann lebt man mit dieser Lüge, jeden Tag die Angst aufgegriffen zu werden.«

Trotz der Erklärung der allgemeinen Hintergründe und Ablaufprozesse sowie der Kategorisierung verschiedener Prostituierten-Gruppen verliert die Sozialarbeiterin keineswegs den Blick für die Vielfalt und Individualität der Problemlagen und Lebensgeschichten ihrer Klientinnen:

»So wir haben viele Frauen gesprochen, die gesagt haben: ›Ich würde ja nach Hause fahren, ich dürfte ja auch nach Hause fahren, aber es kostet soviel Geld ein neues Visum zu beschaffen. Das Geld hab ich einfach nicht. Also bleib ich gleich illegal in dem Bordell.‹ Es aber gibt auch Frauen, die sagen ›Ich möchte nach Hause, aber der Betreiber lässt mich nicht, weil ich zu viel Geld einbringe.‹

Also unterschiedlicher. Die Palette ist unheimlich breit. Und jede Frau hat ihr eigenes Schicksal, jede Frau, egal ob die zusammen irgendwo aufgewachsen sind
oder auch nicht, ne.«

Die sich andeutende fallspezifische Betrachtungsweise lässt eine Übertragung auf die Handlungsebene, d. h. eine prinzipiell einzelfallorientierte
Beratungs- und Betreuungspraxis der Organisationsmitarbeiterin vermuten.

Interkulturelle Sensibilität

Vor dem Hintergrund des Kontakts zu den größtenteils migrierten Prostituierten werden von der Projektakteurin soziale und kulturelle Unterschiede
beobachtet und thematisiert. In Form einer kontrastiven Gegensatzanordnung führt sie beispielsweise die ausgeprägte Familienorientierung der osteuropäischen Kulturangehörigen an, um das Motiv der Frauen, mit der
Prostitution Geld zu verdienen, um ihre Familien zu ernähren und zu unterstützen, besonders hervorzuheben und verständlich zu machen:

»Und man darf ruhig glauben, wenn man sagt, die Frauen erleiden so viel Leid,
nur wegen der Familie jetzt, ne. Weil die Familie steht an erster Stelle in den
Ostländern. Die haben einen ganz anderen Stellenwert, die Familie, als bei uns,
ne. Bei uns z. B. zieht die 18-jährige irgendwann raus und ist froh, wenn sie ihre
Mutter mal, vielleicht ein Mal im Monat sieht. Und bei russischen Familien sind
fast jedes Wochenende, nicht wahr? (spricht ihre Kollegin an, die sagt: ›Jeden
Tag‹) Jeden Tag, genau, ne. Und dass sind so die Unterschiede. Wenn meine
Mutter jeden Tag auf der Matte stehen würde, dass würde mich wahnsinnig machen, ne. Weil ich hab ja mein eigenes Leben, ne. Aber da ist es eben familiär
fürchterlich eingebunden, schon fast gefährlich für meine Begriffe. Und ich meine gefährlich dazu, eingesch (.) …, mit eigenen Bestimmungen, mit eigenen Gesetzen, die man eben in der Familie hat. (Husten) Aber im Endeffekt muss man
das ja so akzeptieren, wie's dann halt so ist. Also da steht auch bei diesen ausländischen Frauen die Familie an erster Stelle.«

Die interkulturelle Sensibilität der Sozialarbeiterin zeigt sich auch in der
Wahrnehmung der Professionellen-Klientel-Beziehung bzw. der Perspektivübernahme der Migrantinnen in der Beratungs- und Betreuungssitua-
tion. Sie reflektiert diesbezüglich nicht nur die Bedeutung der gemeinsamen Sprache, sondern auch die Relevanz des kollektiv geteilten kulturellen Hintergrunds für das Vertrauensverhältnis zwischen Beraterin und ihrer Klientin:

»Und dann haben wir die erste Beratungsstelle für Frauen, für Opfer von Menschenhandel eröffnet. Dann bist du eingestiegen, ne (zur anwesenden Mitarbeiterin) und eine andere Kollegin, die nicht mehr bei uns ist. Und damit ging es dann
natürlich super los. Wenn wir Frauen hatten, weil Frau D. (die anwesende Mitar-

beiterin) spricht ja ihre Muttersprache. Ist natürlich ein ganz anderes Feeling für die Frauen jetzt. Wenn also jemand aus meiner Heimat: ›Der versteht mich, in welcher Not ich lebe‹ und und und, ne. Und da hat sich natürlich alles super angegangen.«

Arbeitsgrundsatz: Hilfe für Frauen in Gewaltsituationen

In der Darstellung des kulturell unterschiedlich stark ausgeprägten Familiensinns scheint der von der Sozialarbeiterin grundsätzlich vertretene frauenorientierte Arbeitsansatz durch, den sie von der, bei ihrer vorherigen beruflichen Tätigkeit im Frauenhaus erfahrenen und kritisch hinterfragten, familienorientierten Arbeitsweise abgrenzt:

»Deswegen ist Organisation C. auch unser Dachverband geworden. Weil die im Sinne der Frau arbeiten. Nicht so sehr familienorientiert, sag ich mal. Was das Frauenhaus anbelangt, das ist ne ganz andere Schiene, ne. Was jetzt im Sinne der Migration aber- laufen die oft mit unserer Schiene. Weil wir haben unsere eigenen Vorstellungen, ne. So wir waren ja früher ein autonomer Verein. Ja was heißt autonom. Autonom ist man, wenn man finanziell unabhängig ist, sag ich mal. Autonom waren wir nie. Aber wir waren in unseren Entscheidungen autonom. Wir haben entschieden für Frauen zu arbeiten. Wir haben entschieden, dass die Frau überhaupt nicht zurück muss zu ihrem Ehemann, nur weil das Jugendamt dafür befindet. Weil der sieht ja so nett aus und hat so ein netten Anzug angehabt. Also diese Schiene jetzt, ne. So und jetzt ist (…) arbeitet das Frauenhaus ein bisschen familienorientierter. Wenn da unten (…) dann wird der Frau angeraten doch bitte mal zurückzugehen: ›Weil Familie ist doch wichtig‹. Und wir sagen: ›Die Frau ist wichtig‹. Das sind eben Parallelen, wo wir nicht ganz mitgehen.«

Für die Sozialarbeiterin sind der Schutz und die Hilfe für von Gewalt betroffene Frauen nicht nur orientierungsleitendes Arbeitsprinzip sondern auch -motiv, welches sie problemlos von der beruflichen Praxis im Frauenhaus auf die Tätigkeit und den Kontakt mit der Prostitutionsszene überträgt:

»A: Dieses Frauenhaus haben wir geführt bis 1998. Während dieser Zeit hatten wir schon die ersten Kontakte mit Prostituierten, die den (…) also Umland von Stadt R. im Haus gezwungen wurden zur Prostitution, bei Jugendlichen. Die haben wir dann da rausgeholt und
I-1: Polnische oder Deutsche?
B: Deutsche Frauen und Mädchen. Eigentlich keine Frauen, sondern Mädchen. Und hatten somit die ersten Berührungspunkte, sag ich mal, damit. Weil für uns war es kein Problem, wenn wir sagen Frauen die Gewalt erleben, egal in welcher Form, denen wird geholfen. Dafür sind wir da. Haben wir auch gemacht, getan.«

Arbeitsauftrag: Gesundheitsprävention in der Prostitutionsszene

Im Rahmen eines EU-Projektes zur HIV/Aids- und STD-Prävention in den grenzüberschreitenden Drogen- und Prostitutionsszenen übernimmt sie die Aufgabe, im Prostitutionsfeld der deutsch-polnischen Grenzregion gesundheitspräventiv tätig zu werden. Ihre anfängliche Skepsis und Unsicherheit aufgrund der fehlenden Spezialisierung in diesem Arbeitsbereich überwindet die Organisationsmitarbeiterin durch eine einführende Weiterbildung, in welcher den Teilnehmern und Teilnehmerinnen die notwendigen professionellen Grundlagen, wie spezifische Herangehensweisen, aber auch potenzielle Gefahren und feldinterne Besonderheiten vermittelt werden. Trotzdem sie ihre eigene Haltung als nonnormativ und akzeptierend beschreibt, verweist sie auf anfängliche Schwierigkeiten und Problemen im Umgang mit der Prostitution bzw. dem Szenevokabular:

»War anfänglich ziemlich schwierig, muss man sagen. ›Wo fängste an?‹ Glücklicherweise konnten wir gleich mit einer Weiterbildung beginnen. Natürlich gehörte auch dazu, das Termini zu bedienen, der Frauen. (…) Und ich-, wir haben uns beide angeguckt (…), teilweise mit Lächeln. Die Toleranz war ja da. Aber krieg das mal mit dir hin, wenn du dieses Wort ›Ficken‹ mal ausgesprochen hast. So wenn du elternlich ganz anders erzogen bist, dann (…).«

In der Beschreibung der ersten Erkundungen der Prostitutionsszene und dem Versuch, Kontakt zu den Prostituierten aufzunehmen, kommen die immanenten Unsicherheiten und Schwierigkeiten feldexterner Akteurinnen, z. B. die uneindeutigen Erkennungs- und Kategorisierungsmerkmale der sich prostituierenden Frauen, zum Ausdruck. Hier verweist die Projektakteurin auf von ihr hervorgerufene krisenhafte Interaktionssituationen, in denen sie Frauen auf der Straße als Prostituierte angesprochen hat, die gar keine sexuellen Dienstleistungen anboten oder dies nicht zu erkennen geben wollten. Vor dem Hintergrund der gesellschaftlichen Nichtanerkennung, in Polen sogar Pathologisierung und Missachtung, der Sexarbeit fungiert die nicht zutreffende Zuschreibung der Prostitutionstätigkeit als soziale Beleidigung und Diskreditierung. Um die Subjektautonomie der potenziellen Klientinnen anzuerkennen und gemäß dem professionellen Habitus eines Sozialarbeiters deren Handlungs- und Entscheidungsspielraum zu wahren, haben die Projektakteurinnen die Strategie entwickelt, sich den Frauen behutsam, fragend zu nähern und ihre gesundheitliche Aufklärung und Beratung unaufdringlich anzubieten:

»Natürlich haben wir in jedem jungen Mädchen-, weil polnische Prostituierte und polnische Frauen haben dass gleiche Outfit, ne. Also unterscheidet sich nicht sehr. Und dann haben wir natürlich in den Anfängen, immer so: ›Das könnte eine sein. Und das könnte eine sein.‹ Und da haben wir angefangen mit dem Straßenstrich, ne. Und natürlich da auch unsere Erfahrung gemacht. Und Frauen vor den

Kopf geprellt, weil wir einfach dachten, die steht da und da schafft die auch an. War klar. War ja nicht immer so. Und sind einfach rangetreten an die Frauen und haben einfach nur gefragt, ob sie auf der Straße arbeiten. Einfach nur die Frage gestellt. Sie hätte ›Nein‹ sagen können. Haben ihr damit den Weg offen gelassen auch zu sagen ›Nee, (…) nicht.‹, oder so, ne?!«

Infolge der regelmäßig durchgeführten Streetwork konnten die Organisationsmitarbeiterinnen den Kontakt zu den Prostituierten aufbauen und deren Vertrauen gewinnen. Der als Vorarbeit zum eigentlichen Arbeitsauftrag betrachteten Beziehungsarbeit folgte die Aufnahme der Gesundheitsprävention, welche von der Sozialarbeiterin in einem Kopf- und einem Körperaspekt dimensioniert wird. Demnach sollen die Prostituierten nicht nur mit Präventionsmaterialien versorgt und medizinisch aufgeklärt, sondern auch von der Notwendigkeit einer sicheren Arbeitsweise überzeugt werden und deren Erfordernis als Bedürfnis internalisieren:

»Ja und dann ist ja die Kontinuität eingetreten und langsam haben die Frauen dann, die auf der Straße standen, zu uns Vertrauen gefasst und wir konnten dann anfangen mit der Gesundheitsprävention, das war ja unser Ansatz, ne, also Gesundheitsprävention im Rahmen der HIV und Aids und andere geschlechtsübertragende Geschlechtskrankheiten. Und haben uns gedacht, ›Naja der Kopf gehört ja nun auch dazu, ne. Es ist ja nicht nur der Körper als Menschliches, sondern auch der Kopf.‹ Ja, nun fing erst mal an, bevor wir überhaupt in die gesamte Prävention einsteigen konnten, erst mal ein Vertrauensverhältnis aufzubauen.«

Zur Umsetzung der gesundheitlichen Aufklärungs- und Beratungsarbeit wurden die sich auf der Straße prostituierenden Frauen beispielsweise auf einem Parkplatz versammelt, und deren Zuhälter von den Projektakteurinnen zunehmend bewusst und aktiv ausgeschlossen, um auch andere Thematiken als Safer Sex ansprechen zu können. Orientierungsleitend für diese Handlungsweise ist wieder das Verständnis der beruflichen Tätigkeit als »Arbeit für die Frauen«:

»Die Zuhälter oder Beschützer, wie sie sie ja immer nennen, die haben dann sehr bald mitgekriegt, dass dann es nicht nur um Gesundheitspräventionen geht. Und teilweise haben die mit zugehört. Und dann haben wir sie weggeschickt. Haben gesagt: ›Das ist ne Frauensache, Geht euch nichts an. Macht, dass ihr wegkommt!‹ Und die haben ja dann auch gesehen, was wir ins unsrer Koffern haben, wir haben Infomaterial drinnen gehabt, wir haben Kondome drinnen gehabt. Ja und so hat sich das alles so entwickelt.«

Verlagerung des Arbeitsschwerpunkts:
Beratung für Opfer von Menschenhandel

Ungeachtet des vordefinierten gesundheitspolitischen Arbeitsauftrags registriert die Sozialarbeiterin im Kontakt mit der Prostitutionsszene darüber hinausgehende Problemlagen und wird situativ mit der Problematik Menschenhandel konfrontiert. In Reaktion auf die veränderte Problemwahrnehmung bzw. -fokussierung verschiebt sich auch der Arbeitsansatz der Streetworkerinnen von der Gesundheitsprävention zur Krisenintervention bzw. zur sozialen Beratung und Betreuung der Prostituierten. Um adäquate Maßnahmen ergreifen zu können und neue Problemlösungsstrategien zu entwickeln, gründen die Projektakteurinnen eine Beratungsstelle für von Menschenhandel betroffene Frauen und richten Schutzwohnungen ein:

» Und da haben wir gesagt: ›So geht das nicht.‹ Wir können nicht sagen: ›Ja, wir wollen für eure Gesundheit sorgen.‹ Und wenn es dann heftig wird, dann: ›Sorry, ist nicht unser Bier.‹ Geht nicht. Und dann haben wir die erste Beratungsstelle für Frauen, für Opfer von Menschenhandel eröffnet. […] Und da hat sich natürlich alles super angegangen. Aber wir dachten so: ›Was machen wir mit den Frauen, die jetzt nun bei uns sind und Hilfe brauchen? Ja wir können die ja gut beraten, aber wenn wir ihnen keine Perspektiven bieten können, was machen wir denn dann? Tja, wir brauchen Schutzwohnungen.‹ So und dann ging das immer so weiter, ne. `97 haben wir die erste Schutzwohnung eröffnet und `97 war die Beratungsstelle da.«

Die Schwerpunkte ihrer beruflichen Tätigkeit bestehen infolgedessen in der Aufnahme und Unterbringung sowie Beratung und Betreuung von Migrantinnen, die von Menschenhandel betroffen sind und aus der Prostitution aussteigen wollen. Den rechtlichen Hintergrund der Organisationsarbeit bildet ein ministerieller Erlass, der den Opfern eine vierwöchige Bedenkzeit gewährt, in der sie sich für oder gegen eine polizeiliche Aussage entscheiden kann, und währenddessen von den Mitarbeiterinnen einer Fachberatungsstelle betreut und begleitet werden können. Bei Bereitschaft zur Aussage sowie zur Mitwirkung am Gerichtsprozess erhalten die Frauen befristete Aufenthaltsgenehmigung. Nach Erfahrung der Sozialarbeiterin vertrauen sich die von Menschenhandel betroffenen Frauen den Mitarbeiterinnen der Beratungsstelle nur aus und sind zu einer polizeilichen Aussage bereit, wenn ihnen Sicherheiten und Zukunftsperspektiven geboten werden:

»Keine Frau erzählt, dass sie gequält oder gezwungen wird, wenn sie nicht für sich einen Ausweg finden wird. Und wir können den nicht bieten. Wir können keine Perspektiven bieten. Wir können nicht sagen ›Hör zu, wir bringen dich jetzt zurück in die Heimat und da besorgen wir dir einen Job und sonst dergleichen.‹«

Angesichts dieses Problemhintergrunds erweitern die Projektakteurinnen ihr Arbeitsfeld und beginnen ein institutionelles Netzwerk aufzubauen. Sie nehmen Verbindungen mit zivilgesellschaftlichen Organisationen in den Herkunftsländern der Klientinnen auf, um eine sichere Rückkehr der Frauen zu gewährleisten und deren soziale Reintegration in der Heimat zu unterstützen:

>>Also wurde dann für uns zur Aufgabe, dass wir Projekte finden in den Herkunftsländern. Soziale Projekte, die sich für Frauen engagieren und die die praktisch von uns übernehmen in ihre Obhut. So dass sie ein neues soziales Umfeld haben können und auch wieder neu ins Leben zurückfinden können.<<

Aufgrund des in der Organisationspraxis wahrgenommenen Handlungsbedarfs wird der Arbeitsgegenstand des Projektes von der ursprünglich vorgegebenen Aufgabe der Gesundheitsprävention durch die sozialen Akteurinnen in eine soziale Interventions- und Präventionspraxis transponiert. Die Organisationsmitarbeiterinnen beraten und begleiten die von Menschenhandel betroffenen Klientinnen vor, während und nach der Gerichtsverhandlung und/oder organisieren deren Rückkehr in das Heimatland. Zudem leiten sie dort Reintegrationshilfen ein, vermitteln aber auch notwendige Vorsichtsmaßnahmen für einen sichereren Migrationsprozess und die mögliche Wiederaufnahme der Prostitutionstätigkeit. Ziel dieser sozialen Präventionsstrategie ist der Schutz und die Stärkung der Selbstbestimmung und -kontrolle der Frauen über sich und ihre Arbeit, sowie die Aufrechterhaltung eigenaktiver Ausstiegsmöglichkeiten:

>>Aber wenn sie sich dann wieder nochmal entschließen nach Deutschland zu gehen, dann wissen sie worauf sie aufpassen müssen. Zum Beispiel, dass sie ihre Dokumente kopieren müssen, dass sie ihre Ledigkeit- (...) wenn sie nun dann in Deutschland heiraten wollen, ihre Ledigkeitsbescheinigung brauchen. All diese Dinge. Wird ihnen ja vermittelt von uns aus, ne: >Also hör zu, wenn du dich nochmal entschließt in Deutschland-. Schütze dich Triff Vorkehrungen, dass du zu jeder Zeit und Stunde auch wieder aussteigen kannst, ohne Probleme<, ne. Ja und so ist unsere Arbeit halt entstanden, ne.<<

Organisationale Praxis: Gesundheitliche und eigenaktive soziale Beratung

Trotz der tolerierenden Arbeitshaltung beschränkt die Sozialarbeiterin die Streetwork nicht nur auf gesundheitliche Themen, indem sie sich bemüht, die Prostituierten von der Wahrnehmung der vorhandenen Untersuchungsangebote zu überzeugen und hierfür an deren Eigenverantwortung für ihren Körper oder gar deren Mutterrolle zu appellieren, sondern versucht auch, die längerfristige Zukunftsplanung und Lebensperspektive der sich prostituierenden Frauen anzusprechen bzw. mit den Klientinnen in den Blick zu nehmen:

>>Da kann es durchaus möglich sein, dass Frauen erst überzeugt werden müssen, dass ihr Körper wichtig ist, dass das ihr Kapital ist und vor allem dann, wenn sie Kinder haben, über die (...). >Was machst du denn, wenn du jetzt krank bist?

Hast ein Kind. Was soll denn aus dem Kind werden? Also schütze dich bitte!‹, ne oder: ›Gehe bei den geringsten Anzeichen zum Arzt! Nicht, dass du ernsthaft krank wirst und dann ist dein Kind ganz alleine‹, oder so. Und über diese Schiene versuchen wir es immer. Oder einfach mal nachzufragen ›Wie stellst du dir das vor? Du kannst ja nicht ewig anschaffen. Irgendwann wirst du ja auch mal älter. Wie lang würdest du das machen? Was würdest du hinterher tun?‹ Und das sind alles solche Gespräche, die wir gerne machen wollen.«

An dieser Stelle deutet sich noch einmal an, dass die Projektmitarbeiterin, vor dem Hintergrund ihres Wissens und ihrer Erfahrungen in der Szene, Prostitution nicht als berufliche Tätigkeit sondern als behelfsmäßige, temporäre »Verdienstquelle« betrachtet, und ihre Arbeitsweise eher durch einen tolerierenden als akzeptierenden Ansatz gekennzeichnet ist. In Form einer Gegensatzanordnung beschreibt sie Veränderungen hinsichtlich ihrer Klientinnen, während sich früher eher ältere Frauen mit abgeschlossener Berufsausbildung auf dem Straßenstrich arbeiteten, bieten heute vermehrt junge Frauen sexuelle Dienstleistungen an, die teilweise sogar ihre schulische Ausbildung für die Migration abgebrochen und nach Einschätzung der Sozialarbeiterin kaum Berufschancen haben. Angesichts der beruflichen Perspektivlosigkeit der Klientinnen sieht sie sich in der Rolle einer Art »Seelsorgerin«, die für die Prostituierten da ist, ihnen zuhört, sie annimmt, tröstet und unterstützt:

»Natürlich haben die Frauen auch ihre Träume. Die wollen Kosmetikerin werden, die wollen im gehobenen Dienst sein. Dann war es auch so, dass sagen wir mal 94, 95, 96, 97 die Frauen alle noch abgeschlossene Berufe hatten. Waren ja alle älter, waren ja keine 17-, 18-jährigen dabei. Aber jetzt ist es ja so, dass die die Schule schon teilweise abgebrochen haben, um nach Deutschland zu gehen. Und haben natürlich keine Berufschancen mehr. Und wenn sie mich jetzt wirklich (…) belügen sie uns auch, aber wir nehmen das erst mal so hin. Es ist uns eigentlich egal ob sie uns belügen oder nicht. Wir sind wenigsten jemand der zuhört. Selbst wenn sie ihre Träume sich schön lügen, ne. Aber sie müssen ja Träume haben, sonst sind können sie irgendwie die Sachen gar nicht durchstehen.«

Professionelle Distanz trotz emotionalem Engagement

Ungeachtet ihrer Anteilnahme ist sich die Organisationsmitarbeiterin der Notwendigkeit bzw. Voraussetzung einer gewissen emotionalen Distanz für die professionelle Ausübung Sozialer Arbeit bewusst. Hinsichtlich der Problematik »Kinderprostitution« verweist sie auf ihre eigenen, individuellen Grenzen und beschreibt diese selbstreflexiv als einen Bereich, in dem sie wegen mangelndem Abstand beruflich nicht tätig sein könnte. Im Gegensatz dazu stellt die Jugendprostitution ein Feld dar, in dem die Streetworkerin die gefühlsmäßige Distanz aus individuellem Selbstschutz und mit Hilfe des harmonisierenden argumentativen Deutungsmuster, sexuelle

Erfahrungen und Aktivitäten wären bei Jugendlichen zumindest im Kontakt mit Gleichaltrigen entwicklungspsychologisch »normal«, wahrt:

»So ich will jetzt nicht sagen-, will es jetzt auch nicht runterspielen, um Himmels willen, aber für mein Befinden jetzt, um mich auch ruhiger zu stellen und eine Distanz dazu zu kriegen, sag ich mir ›Na gut, ich hab noch kein 16-jähriges Mädchen erlebt, dass noch keinen Freund hatte.‹, ne. So. Also ist Sexualität nicht so sehr unbekannt. Aber wenn es um 12-jährige oder 11-jährige Kinder gehen würde, um kleine Jungs. Oh, da weiß ich nicht was ich machen würde. Oh, oh, da würde ich ganz große Probleme kriegen. Nämlich genau für mich jetzt, ne. Also da wüsste ich nicht, wie ich mir eine Distanz dazu schaffen soll. Gott sei Dank ist es noch nicht passiert. Ich hoffe, es passiert auch nicht. Ich verschließ aber auch nicht die Augen. Das kann ich jetzt auch nicht sagen, ne. Aber ich würde sofort zu meiner Chefin sagen: ›Meine, hier muss ich raus. Hier darf ich nicht weiter arbeiten.‹ Weil da kann ich nicht mehr mitgehen. Hier ist meine Toleranzgrenze am Ende. Und das wäre ja im Sinne der Sozialarbeit. Und nur um meinen Job zu behalten (...).«

Beziehung zu den Klientinnen: elterlich-autoritativ

Der berufliche Habitus der Sozialarbeiterin ist durch Perspektivübernahme, Empathie und Toleranz gekennzeichnet, und kann als fürsorglich-erzieherisch charakterisiert werden. Unabhängig von der emotionalen Zuwendung wird von den durch das Projekt betreuten, in Schutzwohnungen untergebrachten Klientinnen gefordert, bestimmte sicherheitsbedingte Vorschriften einzuhalten, und die und richtige Balance zwischen Freiheit und Regelbeachtung zu finden. Trotz kleinerer auftretender Schwierigkeiten und Konflikte zwischen den Mitarbeiterinnen der Organisation und deren überwiegend jungen Frauen ist die Darstellung der Sozialarbeiterin keinesfalls durch ein Beschwerde-Handlungsschema bestimmt, sondern vielmehr von Verständnis und Nachsicht geprägt. Im Zentrum der Beratungs- und Betreuungsarbeit stehen die Klientinnen, deren Bedürfnisse und die Ermöglichung einer selbstbestimmten Lebensführung:

»Natürlich haben wir da auch unsere Problemchen damit, ne. Aber das ist normal. Das sind junge Mädels. Die wollen was erleben (Husten). O.k., sie haben Angst, aber sie sind auch nicht bereit wie im Gefängnis hier zu leben. Und wir sind ja kein Gefängnis. Die können ja auch abhauen, wenn sie wollen. Aber sie tun es in der Regel nicht. Aber sie müssen sich auch an Regeln halten, wenn sie dann andere Mädels damit in Gefahr bringen, z. B. die Adresse nicht rausgeben oder so, ne. Das passiert ja immer wieder mal. So dann lernen sie hier Leute kennen und dann wissen die auch bald wo sie wohnen. Das macht natürlich unsere Arbeit ein bisschen schwieriger, ne. Aber im Endeffekt ist die Frau erstmal wichtig, und wir müssen sehen, dass sie wieder versucht, ins neue Leben zu finden.«

Aufbau eines institutionellen Netzwerkes

Mit der Verlagerung des Schwerpunkts der Projektarbeit von der Gesundheitsprävention zur Beratung und Betreuung von Menschenhandel betroffener Frauen ging der Aufbau eines grenzüberschreitenden institutionellen Netzwerkes mit zivilgesellschaftlichen und staatlichen Organisationen einher. Neben sozialen Projekten in den Herkunftsländern der Klientinnen beruht die Organisationspraxis auf der Zusammenarbeit mit der Polizei, den Ausländerbehörden sowie den Sozial- und Gesundheitsämtern. Die Kooperationsbeziehungen werden von der Projektmitarbeiterin als hilfreich und unterstützend beschrieben und sehr positiv evaluiert:

»Wir haben da schon eine super Zusammenarbeit mit den Institutionen, mit den Vereinen aus den Herkunftsländern von den Frauen. Es läuft also gut, ne.«

Gezielte, funktionale Zusammenarbeit mit der Polizei

Vor allem die funktionale Zusammenarbeit mit den Organisationen der Polizei ist für das Arbeitsfeld der Fachberatungsstelle von besonderer Relevanz. Diesbezüglich berichtet die Projektmitarbeiterin von durchweg guten Erfahrungen und bringt anhand mehrerer Belegerzählungen zum Ausdruck, dass die Kooperationsbeziehungen zwischen den Mitarbeiterinnen der Polizei und des Projektes von gegenseitiger Anerkennung und Unterstützung geprägt sind:

»Wir arbeiten zum Beispiel mit dem BGS sehr gut zusammen. Wenn es da Problem gibt rufen die uns an. Und auch mit dem Zoll. Und alles was mit der Polizei zusammenhängt, ne. Zum Beispiel nur eine kleine Erleichterung war immer, damals war ja Polen noch nicht EU und wenn die Grenze voll war, dann haben wir ja mitunter zwei Stunden gestanden, oder so. Da wurde uns einfach erlaubt vorzudrängeln. Wir konnten vorzeitig abgefertigt werden, so dass keine Wartezeit mehr entstanden sind. Und ich finde, du das ist ne ganz wichtige Zusammenarbeit, ne. Und das galt fürs ganze Bundesland C., egal wo wir rüber gefahren sind. So und das war das eine. Und das zweite, dass BGS uns anrief und sagte: ›Mensch wir haben hier eine Frau, die ist völlig fertig, können wir die mal eine Nacht bei euch unterbringen?‹ So in diesem Stil jetzt, ne. Also wir wurden gefragt, sagen wir mal so. Eine Frau war 3 Tage lang auf einem Parkplatz, weil der Mann inhaftiert wurde. Und die wartete immer noch, dass der Mann zurückkommt, der kam aber nicht. So und dann hat das BGS, soviel zum Thema Sensibilisierung ne, da hat es den BGS-Menschen überhaupt nicht gefallen, dass die da ganz allein auf der Autobahn da rumlief und uns gebeten die Frau doch unterzubringen und die Sache zu klären.«

Auch die von der Organisation bei der Polizei durchgeführten Sensibilisierungs- und Trainingsmaßnahmen werden als erfolgreich gewertet. Die bei polizeilichen Razzien aufgegriffenen und an die Beratungsstelle weitervermittelten Prostituierten sind nach Beobachtung der Sozialarbeiterin keinen Stigmatisierungen oder Diskriminierungen durch die Beamtinnen ausgesetzt:

»Also wir merken, wenn Polizei auf uns zukommt und uns Frauen bringen, ne, wie sie auch zu den Frauen stehen. Ganz einfach sich positionieren und sagen ›O.k., sie hat da gearbeitet, aber deswegen ist sie immer noch keine schlechte Frau.‹ Also die benehmen sich anständig den Frauen gegenüber. Das ist das was wir bemerken.«

Ungeachtet dessen wird auf einen Entwicklungsprozess verwiesen, in dem die sozialen Akteurinnen zuvor die unterschiedlichen, mitunter gegensätzlichen Interessen und institutionellen Rationalitäten reflektieren und ausbalancieren mussten. Die Aushandlung der bestehenden Kooperationsvereinbahrung wird von der Projektmitarbeiterin als »Gratwanderung«, als »Treffen in der Mitte«, als Kompromissfindung beschrieben, da die differenten Organisationslogiken letzten Endes nicht auflösbar, sondern nur vermittelbar sind:

»Tja, und mit den Institutionen haben wir sehr gute Erfahrungen, mit dem LKA, BKA. Das war natürlich auch eine Gradwanderung, sagen wir mal so, in den Anfängen, ne. Weil wir mussten ja auch erst mal abstecken, wie weit wir mit unseren Interessen mit, und wie weit wir mit ihren Interessen mitgehen können, ne. Weil wir sind (…) arbeiten frauenorientiert und die arbeiten täterorientiert. Und das ist natürlich ganz was anderes. So also haben wir (…) miteinander gefunden. ›O.k., ihr wollt dieses und wir wollen das. Und wir treffen uns in der Mitte.‹ Beides ist wichtig, ne. Natürlich sind wir auch daran interessiert, dass Täter gefasst werden, aber oft sind ja Frauen, die Opfer sind, auch Täter geworden, um eben nicht mehr Opfer sein zu wollen. Das gibt's ja auch, ne.«

Selektiv-distanzierte Beziehung zu den Medien

Das Verhältnis der Projektakteurinnen zu den Medien ist durch vorsichtige Skepsis und eine tendenziell distanzierte Haltung gekennzeichnet. Die Zusammenarbeit mit Pressevertreterinnen beruht auf einer selektiven Praxis, d. h. ist an die Bedingung eines seriösen, nicht voyeuristischen Journalismus gebunden, und wird von den Organisationsmitarbeiterinnen bewusst kontrolliert. Es werden bestimmte Regeln festgelegt bzw. Absprachen getroffen, die auf die Interessen ausgerichtet sind und auf dem Einverständnis der Klientinnen beruhen:

»Wir arbeiten auch mit Medien zusammen. Aber da sind wir sehr vorsichtig, ne. Weil ja das ja oft auf die voyeuristische Schiene läuft. Wo wir merken, ›o.k., das ist ein seriöser Sender‹, da machen wir das mit. Und wird aber auch (…) ganz klar abgesprochen, wie die sich den Frauen gegenüber zu verhalten haben, wie wir- Und ohne die Zustimmung der Frauen passiert gar nichts. Und das kommt, Gott sei Dank, sehr selten vor, dass die Frauen dann Zustimmung sagen.«

Insgesamt betrachtet zeichnet sich der berufliche Habitus der interviewten Projektakteurin durch emotional-engagierte Wahrnehmungs- und Handlungsmuster in Bezug auf die von Menschenhandel zum Zweck der sexuellen Ausbeutung betroffenen Prostituierten aus. Die Beratungs- und Betreuungspraxis basiert auf einem autonomen Klientelbild und begegnet der primären Viktimisierung der migrierten Frauen mit psychosozialer Unterstützung und Empowerment-Strategien. In der individuellen, fallorientierten Arbeitsweise der Organisationsmitarbeiterin sowie dem Verweis auf die Notwendigkeit einer gewissen gefühlsmäßigen Distanz zum Arbeitsfeld kommt die Verinnerlichung professioneller sozialarbeiterischer Prinzipien und Maximen zum Ausdruck. Die Beziehung zu den ausländischen Klientinnen ist durch eine interkulturelle Kompetenz und Sensibilität geprägt, die allerdings auf einer allgemeineren, gesamtgesellschaftlichen Ebene an ihre Grenzen stößt. Das strukturelle Ungleichgewicht in der Fremdsprachenkompetenz der unterschiedlichen nationalen Akteure beispielsweise wird von der Projektakteurin als selbstverständlich hingenommen

»Also ich sehe es ja, wenn ich jetzt selber rüber fahre, dass der Deutsche und der Pole zusammen an einen Dings steht, ne , an einem Häuschen, aber ich sehe sie lachen und alles, also. Ich meine in der Zeit lernen ja die Polen auch deutsch. Das ist ja auch nicht-, die sprechen viel besser deutsch, als unsere Polizisten polnisch. Das merkt man ja schon, wenn man in eine Kontrolle mal gerät.«

und nicht als Ausdruck einer kulturellen Hegemonie gedeutet bzw. als Anzeichen subtiler Machtverhältnisse, als Zusammenspiel von dominantem und dominiertem Habitus reflektiert:

»Ja, wobei die ausländischen Menschen doch schneller bereit sind die deutsche Sprache zu lernen, als die Deutschen, ausländisch zu lernen. Wenn man überlegt, ich arbeite seit `94 mit auf der polnischen Seite, was ich kann sind zwei Worte polnisch, mehr ist das nicht. Mir wurde es ja auch immer leicht gemacht. Wenn ich jetzt in Polen leben würde, wäre es vielleicht was anderes. Da muss ich ja dann irgendwie, aber ansonsten habe ich noch keine Veranlassung gesehen polnisch zu lernen.«

In der alltäglichen organisationalen Arbeitspraxis wirkt sich diese Disposition aber keineswegs negativ aus. Das Projekt ist Teil eines funktionierenden grenzüberschreitenden institutionellen Netzwerkes, und auch alle sonstigen Kooperationsbeziehungen sind von wechselseitigen Perspektivübernahmen und gleichberechtigten Aushandlungsprozessen getragen.

Praxis der Polizei

Der Auftrag der Polizeibehörden besteht in der Aufrechterhaltung der inneren Sicherheit und öffentlichen Ordnung. Im Verwaltungsbereich Prostitution und Menschenhandel zum Zweck der sexuellen Ausbeutung nimmt die Polizei Ordnungs- und Sicherheitsaufgaben, aber auch Personenschutzfunktionen wahr. Die Bearbeitung und Ermittlung der Straftaten Ausbeutung von Prostituierten (§180a StGB), Zuhälterei (§181a StGB) und Menschenhandel zum Zweck der sexuellen Ausbeutung (§ 232 StGB) erfolgt meist in Zusammenhang mit der Waffen- und Drogenkriminalität in den sogenannten Rotlichtabteilungen oder spezialisierten Dezernaten für Organisierte Kriminalität. Die beschränkten zeitlichen und personellen Ressourcen der Polizeibehörden verlangen – implizite oder explizite – Entscheidungen hinsichtlich der organisationalen Schwerpunkte, und bewirken in der alltäglichen Praxis bei den leitenden wie exekutiven Polizeibeamtinnen problemfokussierende bzw. -defokussierende Arbeits- und Vorgehensweisen:

»P: Wie gesagt, das Problem ist immer, man kann sich also nicht ausschließlich nur um diese Thematik kümmern. Und wenn ich jetzt, ich sag's mal, ne andere größere Geschichte habe, denn denn liegt das also völlig am Boden. Ich hab also zwei Mitarbeiter, die sich da äh vornehmlich drum kümmern sollen, aber wenn andere Sachen anstehen (.) bleibt das eben, bleibt das eben dann ganz einfach liegen.«

Da die Kriminalität im Bereich Prostitution und Menschenhandel überwiegend zu den Dunkelfelddelikten zählt, erfordert deren Aufklärung und Verfolgung spezifische Wissens- und Erfahrungsbestände hinsichtlich der kriminellen Handlungen und Strukturen in der Prostitutionsszene, besondere kriminalpolizeiliche Fähigkeiten, Kenntnisse und Methoden sowie eine gewisse Sensibilisierung für die soziale Situation und Perspektiven der Opfer. Die an den beruflichen Habitus, die Wahrnehmungs-, Denk- und Handlungsmuster der Polizeibeamtinnen gebundenen Kompetenzen und Fachkenntnisse bestimmen die Gestaltung der konkreten Regulierungs- und Ermittlungsaktivitäten maßgeblich mit. Angesichts der mehr oder weniger allgemeinen Arbeits- und Organisationsziele, der fehlenden Durchführungsbestimmungen und Verwaltungsrichtlinien verfügen die Mitarbeiterinnen der Polizei in der alltäglichen Arbeit über erhebliche Wahrnehmungs- und Handlungsspielräume:

»P: Das ist eben jedem selber überlassen, wie er das macht. Und da sagt eben keiner, das machste so oder das machste so.«

Aus den differenten beruflichen Habitusformationen, die in der folgenden vergleichenden Übersicht und den detaillierteren Fallportraits zum Ausdruck kommen, gehen daher unterschiedliche Reglementierungsmodelle und lokale Verwaltungspraktiken hervor.

Zu den zentralen Differenzierungskategorien der Polizeiarbeit gehören die unterschiedlichen Wahrnehmungen des Verwaltungsgegenstands Prostitution, unter ordnungsrechtlichen oder strafrechtlichen, moralischen oder amoralischen, ökonomischen oder sozialen Aspekten, die Bewertung und Charakterisierung der verschiedenen Prostitutionssegmente, beispielsweise der Straßenprostitution als anstößig, der Bordellprostitution dagegen als legitim, sowie die spezifischen Problemdefinitionen und sozialen Kategorisierungen der Verwaltungsadressatinnen. Während die Prostitution vom »Ordnungshüter« als Störung der öffentlichen Ordnung und hinsichtlich ordnungsrechtlicher Verstöße thematisiert wird, fokussiert sie der »Polizeibeamte mit Schutzhabitus« als Feld krimineller Handlungen, u. a. der Ausbeutung der Prostituierten. Die Prostituierten können von den Mitarbeiterinnen der Polizei sowohl als Täterinnen sanktioniert, als auch als potenzielle Opfer geschützt werden. Der berufliche Habitus der untersuchten Polizeibeamten unterscheidet sich hinsichtlich der Rationalität und Neutralität der beruflichen Wahrnehmungs- und Handlungsmuster. Die Polizeiakteurinnen nutzten die vorhandenen Handlungsspielräume und Ressourcen in der alltäglichen Organisationspraxis zur Anwendung und Intensivierung der repressiven Verdrängungstaktiken oder aber zur Durchführung regelmäßiger polizeilicher Routinekontrollen im Rotlichtmilieu. Mit der grundsätzlichen Sanktionsorientierung bzw. Schutzhaltung gegenüber den Prostituierten geht auch die Bereitschaft bzw. die Motivation und das Engagement einher, mit anderen staatlichen und zivilgesellschaftlichen Organisationen oder Vereinigungen, wie z. B. den Fachberatungsstellen für Opfer von Menschenhandel oder den Bürgerinitiativen gegen die öffentlich sichtbare Prostitution, zusammenzuarbeiten.

Tabelle 3: Vergleich der beruflichen Habitusformationen der Polizeibeamten

	Fall 1 *Bürgerlicher Ordnungshüter*	Fall 2 *Polizist mit Schutzhabitus*
Soziale Rahmung	Ordnungsrechtliche Perspektive	Strafrechtliche Perspektive mit Sensibilität für soziale Problematiken
Problem-definition	Störung der öffentlichen Ordnung (Outdoor), »antiquierte« Rechtssituation der gewerberechtlichen Sittenwidrigkeit (Indoor)	Menschenhandel, Klientelbeziehung: Misstrauensverhältnis und fehlende Aussagebereitschaft »illegaler« Prostituierter

Soziale Katgorisierung	Stigmatisierung der Straßenprostituierten und deren Kunden, Sexualisierung der Bordellprostituierten	Ethnisierung ausländischer Prostituierter
Subjektkonstruktion	Straßenprostituierte und Kunden als »Täterinnen«	»Illegale« Prostituierte als »Täterinnen« und »Opfer«, Tendenz zur Viktimisierung
Arbeitsansatz	Durchsetzung des Ordnungsrechts: Verdrängung der Straßenprostitution, Kontrolle strafrechtlicher Aspekte bei konkreten Hinweisen, Entwicklung neuer Instrumente zur Reglementierung der Outdoor-Prostitution, lokal-politische Aktivitäten: Initiierung einer Bürgervereinigung	Routinekontrollen in der Prostitutionsszene, Verfolgung strafrechtlich relevanter Delikte, »liberale« Umsetzung des Ordnungsrechts, Ausbalancierung von Kriminalitätsbekämpfung und Opferschutz
Problemlösungsstrategie	Repressiver »Innovator«: traditionelles, repressives Regulierungskonzept, aber innovative Verwaltungspraxis kommunalpolitischer Aktivitäten	»Traditionalist« mit sozialinnovativen Tendenzen: Kooperation mit nichtstaatlichen Institutionen
Umweltbeziehung:	Gezielte, funktionale Zusammenarbeit mit Ordnungsamt und Staatsanwaltschaft, Distanzierung zu sozialen und gesundheitlichen Einrichtungen, Selektiv-manipulative Nutzung der Medien und Bürgerinnen	Gezielte, funktionale Zusammenarbeit mit Ordnungsamt, bei konkreten Anlässen Zusammenarbeit mit NGO, grenzüberschreitende Zusammenarbeit mit ausländischer Polizei: formelle und informelle Beziehungen

Bürgerlicher Ordnungshüter[6]

»Und diese Veränderung der Straßenprostitution hin zu einem belastenden Umweltfaktor- Also dort wurde kopuliert in Hauseingängen, auf Hinterhöfen. Kondome wurden dort weggeworfen, die benutzten. Dort sind Spritzen gefunden worden. Massenweise. Und wenn man sich das Gebiet ansieht, dann ist das gehobenes Wohnambiente geworden. Diese Gründerzeithäuser sind fast alle saniert worden, so dass auch eine entsprechende Klientel dort wohnt. Und die wehren sich natürlich gegen die Zustände. Die sagen: Also ich will nicht dieses proletarische Wohnen, wo sich keiner um den anderen schert. Sagen wir mal, bestimmte Zustände als normal hingenommen werden, weil die scheinbar unveränderbar sind. Die sagen: Wir haben Treppenhäuser, da sind Granitaufzüge drin, da ist alles Glas. Ich möchte das Ambiente haben. Ich möchte nicht vollgepöbelt werden und meine Frau soll nicht von einem sogenannten Freier auf der Straße draußen angequatscht werden. Das wollen wir nicht.«

Wahrnehmung der Prostitution: zwischen Akzeptanz und Ablehnung

Die Wahrnehmungsmuster des befragten Kriminalpolizisten sind durch eine grundsätzlich tolerierende, liberalistische und amoralische Haltung zur Prostitution gekennzeichnet. Er befürwortet die mit dem Prostitutionsgesetz einhergehende Legalisierung der Prostitution, deren Regelungen aber nur für zivil-, straf- und sozialrechtliche Belange verbindlich sind, und kritisiert sowohl die Gesetzeslage als auch die Rechtspraxis als uneinheitlich und konfus:

»Also die ganzen Behörden, die damit zu tun haben, mit einer legalen oder einer illegalen Tätigkeit, sind sich hier nicht einig. Und aus diesem Grund gibt es diesen Wirrwarr.«

Aus seinem tendenziell rationalistischen Standpunkt lehnt er die in einigen Bundesländern, trotz Prostitutionsgesetz, im Gewerberecht weiter bestehende Klassifizierung der Prostitution als sittenwidrige Tätigkeit ab:

»Das sind alles Vorstellungen, die überhaupt nicht praktiziert werden im Moment. Die aber wirklich eine entscheidende Rolle spielen, wenn das ›Gewerbe‹ sag ich mal auch zu einem vernünftigen Gewerbe machen will. Wir müssen ja auch nicht rummoralisieren und all so ein Zeug. Das ist längst überlebt. Also ich meine wer diese perversen Fernsehprogramme und die Zeitung sieht, der muss

---

6   Das dieser Fallanalyse zugrundeliegende Experteninterview wurde im Januar 2005 zwischen einem Kriminalpolizisten einer deutschen Großstadt und zwei Mitarbeiterinnen des Forschungsprojektes geführt. Der für das Aufgabengebiet Prostitution und Rauschgift zuständige Polizeibeamte kann auf eine langjährige Berufspraxis in der Prostitutionsszene zurückblicken.

denjenigen, die eine Prostitution machen, die die Öffentlichkeit überhaupt nicht beeinträchtigt, die muss man nicht kriminalisieren. Das ist nur legitim.«

Für die als veraltet und paradox bewertete Rechtslage wird vom Polizeibeamten beispielhaft die für bordellartige Einrichtungen nach Gaststättenrecht vorgeschriebene räumliche Trennung von Gaststättenbetrieb und Zimmervermietung angeführt:

»Das heißt, die mussten das Haus verlassen, um in die Gastronomie zu gehen. Also das ist alles sicherlich eine leicht antiquierte Betrachtungsweise. Das ist auch nicht mehr zeitgemäß. Aber das ist hier bauliche Vorschrift und an den baulichen Vorschriften macht sich das Gewerbe fest und das zeigt auch die Absurdität, mit der wir teilweise hier rumwerken. Das habe ich schon gesagt, Bundesland A. hat die veraltete Ansicht der Sittenwidrigkeit, deshalb gewerbliche Anmeldung untersagt.«

Ungeachtet der prinzipiellen Akzeptanz sexueller Dienstleistungen differieren die Bewertungsschemata des Kriminalpolizisten in Abhängigkeit vom jeweiligen Prostitutionssegment. Während die nicht-öffentliche Wohnungsprostitution mehr oder weniger geduldet und die Bordellprostitution sogar als Wirtschaftsfaktor respektiert und geschätzt wird,

»Das heißt die Bordelle, die sind hier nicht ausgelastet. Es boomt, wenn man überhaupt davon sprechen kann, eher die Prostitution, die nach dem Bestellsystem fungiert.«

wird die sichtbare Straßenprostitution drogenabhängiger Frauen als inakzeptabel und unzumutbar beurteilt.

Problematisierung der Prostitution: als Störung der öffentlichen Ordnung

Der Polizeibeamte nimmt den Verwaltungsgegenstand Prostitution vorwiegend aus einer ordnungsrechtlichen Perspektive und weniger unter strafrechtlichen Gesichtspunkten wahr. Demnach wird Prostitution nicht hinsichtlich möglicher Straftaten wie Zuhälterei oder Menschenhandel zum Zweck der sexuellen Ausbeutung problematisiert, sondern als Störung der öffentlichen Ordnung und in Anbetracht von Verstößen gegen die Sperrgebietsverordnung thematisiert. Innerhalb dieses sozialen Rahmens stellt die öffentliche Sichtbarkeit der Prostitution das Hauptproblem dar, und die Straßenprostitution rückt ins Zentrum polizeilicher Interventionsstrategien. Vom Kriminalpolizisten wird sie als »belastender Umweltfaktor« charakterisiert, der im Widerspruch zu einem »gehobenen Wohnambiente« steht. Die fokussierte Problemdefinition beruht auf der Perspektivübernahme und Interessenvertretung der oberen Gesellschaftsschicht. Die Situationsdarstellung ist durch die Gegensatzanordnung von bürgerlichem und proletarischem Wohnen strukturiert. In der stigmatisierenden Distinktion von der unteren Gesellschaftsschicht kommt die eigene soziale Positionierung des Polizeibeamten zum Ausdruck. Die vom Kriminalpolizisten in der Berufsrolle vorgenommene Wahrnehmung und Auslegung des Verwaltungsgegenstandes orientiert sich selektiv an den Anliegen und Bedürfnissen der sozialen Oberschicht. Die auf die Straßenprostitution ausgerichteten polizeilichen Aktivitäten werden als Durchsetzung allgemeiner Bürgerinteressen legitimiert, wobei in den Wahrnehmungsschemata des Beamten nicht alle Stadtbewohner bzw. Gesellschaftsmitglieder gleichermaßen in die soziale Kategorie »Bürger« eingeschlossen sind.

Kategorisierung der Prostituierten: Stigmatisierung und Sexualisierung

Neben der Wahrnehmung und Deutung sexueller Dienstleistungen zeichnen sich auch in der Bewertung der Prostituierten deutliche Unterschiede hinsichtlich des Prostitutions-Settings ab. Die in der Straßenprostitutionszene arbeiten Frauen werden in den Beschreibungen des Polizeibeamten stark abgewertet und stigmatisiert. Die despektierliche Darstellung der Straßenprostituierten kommt im folgenden Interviewausschnitt beispielhaft zum Ausdruck:

»Wir haben also aus einer gedeckten Beobachtung heraus genau gesehen, wo wird sie angesprochen, die Prostituierte, wie verschieden sie ja grundsätzlich von den anderen Frauen, die dort wohnen, sind. Also erstmal haben die ja alles am Leib, was sie besitzen. Dann haben sie meistens so Plastikbeutel dabei., so geschmackvolle Umhängetaschen (*ironisch*), Plateauschuhe. Und sehen schmutzig aus. Also ungepflegt und liederlich. Also runtergekommen halt.«

Die in der Bordellprostitution tätigen Frauen dagegen etikettiert der Kriminalpolizist, wenn auch aus der Fremdperspektive der Prostitutionskunden formuliert, zumindest als »Sahnehäubchen«, was aus Sicht des männlichen Verwaltungsakteurs – trotz des sexistisch und rassistisch diskriminierenden Grundtons – eine positive soziale Klassifizierung und Bewertung darstellt:

»Also, ich meine, wir hatten im Bordell A. mal zehn Schwarzafrikaner rausgeholt und sogar während unserer Maßnahme krabbelte dort ein alter Herr rein von über 70 Jahren und der war eben ganz wild auf diese dunkelhäutigen Frauen. Das sind so die ›Sahnehäubchen‹ dort. Und als die nicht mehr da waren, dann hatten die keinen Zulauf mehr, also da weiß man schon solche Sachen bringen Punkte in der Szene.«

Kategorisierung der Kunden: soziale Degradierung
vs. Toleranz als Konsumenten

Die differente Wahrnehmung der verschiedenen Prostitutionsformen spiegelt sich auch in der Kategorisierung der jeweiligen Kunden-Gruppen wider. Einhergehend mit der selektiven Problematisierung der Straßenprostitution bleibt auch die Stigmatisierung und Diskreditierung der Prostitutionskunden auf diese Szene beschränkt. Die abfällige evozierende und etikettierende, Charakterisierung der Straßenprostitutionskunden als ausbeuterische, perverse »Landeier« stellt neben der offensichtlichen Stigmatisierung auch eine Verzerrung der gesellschaftlichen Realität dar, da die sexuellen Dienstleistungen der Straßenprostituierten höchstwahrscheinlich nicht nur von externen Besuchern sondern auch von den Stadtbewohnern selbst nachgefragt werden:

»Und dann die sogenannten Freier, die ja vornehmlich aus dem Umland kommen, es sind sehr, sehr viele, die hier aus Kleinstadt C. und Kleinstadt D., solche Landeier, die hier denken sie können hier billig partizipieren. Die können ja alle hier in die Bordelle gehen. Die Dinger wären rappelvoll, wenn die hier alle gehen würden. Aber nee, man will an dem Elend partizipieren und man will sichtlich auch wenig bezahlen. Und sehr wenig bezahlen. Oder man hat exzentrische Wünsche. Das kann natürlich auch sein.«

Die in dem Interviewausschnitt zum Ausdruck kommende Degradierung der Straßenprostitutionskunden ist mit einer indirekten Kritik an der Nichtnutzung des gehobeneren, weniger öffentlichen sexuellen Dienstleistungsangebots in den Bordellen und Nachclubs verbunden. In den Wahrnehmungs- und Bewertungsschemata des Kriminalpolizisten stellt die Bordellprostitution die einzig legitime und anerkannte Form der Prostitution dar. Seine Deutungsmuster scheinen neben der latenten Berücksichtigung der unternehmerischen Interessen der Bordellbetreiberinnen auch auf der Wahrung eines »sauberen« öffentlichen Stadtbildes zu beruhen:

»Die (*Anmerkung: Prostitutionskunden*) wollen stadtnah pimpern. Die wollen stadtnah aus dem Bahnhof rausfallen, dann wollen die in ein Bordell rein, dann wollen die unten in den Zug steigen und in ihr Dorf fahren oder so. Und diese Entwicklung hat man immer verhindert. Mit Recht. Wir haben zu kämpfen mit der offenen Drogenszene, die wir nicht zulassen wollen, um den Bahnhof herum. Und es gibt ja auch bundesweit immer wieder die Beispiele, wo der Bahnhof durch die hohe Virulenz der Leute, die zu verschleiernde Geschäftigkeit immer Angriffspunkt für solche Subkulturen-. Und das ist hier in Stadt A. eigentlich nicht zugelassen worden. Und deswegen sind wir eigentlich ganz froh, dass wir hier eine relative Ordnung haben.«

Die vom Polizeibeamten konstruierten sozialen Kategorisierungen der Adressatinnen seines Verwaltungshandelns entspringen weniger dem beruflichen Wahrnehmungsrahmen als grundlegender gesellschaftlicher Vorurteile und Distinktionsstrategien, und sind eher als affektiv-wertend denn als sachlich-rational zu charakterisieren.

Subjektkonstruktion: Prostituierte und Prostitutionskunden im öffentlichen Raum als »Täterinnen«

In den Wahrnehmungs- und Interpretationsmustern des Kriminalpolizisten geraten sowohl die sich auf der Straße prostituierenden Frauen als auch dren Kunden als »Täterinnen« in den Blick. Die für die direkte Verwaltungspraxis relevante Täterinnen-Klassifizierung bezieht sich auf den in der Stadtverordnung festgelegten Sperrbezirk. Während das einmalige Übertreten der Sperrgebietsverordnung noch eine Ordnungswidrigkeit darstellt, können wiederholte Zuwiderhandlungen auch strafrechtlich verfolgt werden. Die nachfolgende Äußerung über einen Fall, in dem gegen eine auf der Straße arbeitende Beschaffungsprostituierte mehrere ordnungsrechtliche Verfahren eingeleitet wurden, verdeutlicht noch einmal die tendenziell affektiv motivierte, repressive bzw. kriminalisierende Wahrnehmung und Handlungsorientierung des Verwaltungsakteurs:

»Wir hätten uns ja mal gefreut, wenn die (*Anmerkung: Prostituierte*) mal vier Wochen weg gewesen wäre. Im Kerker. Um der vier Wochen mal zu geben, um von der Droge zu kommen. Oder vier Wochen mal das Nachdenken anzuregen. Vielleicht auch-, vielleicht ist das eine Illusion, vielleicht mal der weiblichen Würde Genüge zu tun. In Situationen, wo sie sich mal mit anderen Unbedarften unterhalten kann.«

Die Situationsbewertung und -analyse des Polizisten ist von einer grundlegenden Simplifizierung und Naivität hinsichtlich der Thematiken Drogenabhängigkeit und Drogenkonsum im Gefängnis geprägt, die auch seiner Ausblendung der sozialen Problematik der Beschaffungsprostitution auf dem Straßenstrich zugrundeliegen. Die Beschreibung des Verhältnisses zu den auf der Straße arbeitenden Prostituierten ist mehr durch Beschwerden und Vorwürfe als durch eine potenzielle Schutz-Haltung des Kriminalbeamten geprägt:

»Aber wir können jetzt nicht davon ausgehen, dass sie gewaltsam da abgezockt werden. Im Gegenteil aggressiv sind sie immer gegen Polizei geworden, wenn sie von uns festgenommen wurden, oder kontrolliert wurden. Und im Prinzip hätten sie immer die Chance gehabt, sich von denen zu trennen und zu sagen: ›Hier, der nutzt mich aus.‹«

Selbstverständnis und Rollengestaltung: als Ordnungshüter

Sowohl die Deutungsmuster als auch die Handlungsschemata des sozialen Akteurs verweisen auf eine individuelle Selbstdefinition und Rollenkonzeption als »Ordnungshüter«.

»Also ich sag mal so, es gibt in Stadt A. die Form, dass wir Straßenprostitution haben, die durch polizeiliche Maßnahmen im weitesten Sinne befriedet werden soll, beziehungsweise verdrängt werden soll. Wir sind sicherlich ein ganzes Stück weit davon entfernt die aus Stadt A. zu verbannen oder abzuschaffen oder wie auch immer.«

In der Beschreibung der polizeilichen Aufgaben führt der Kriminalpolizist die Durchsetzung des Ordnungsrechts vor der, partiell legitimatorisch angeführten, Kontrolle und Verfolgung von Straftatbeständen in der Prostitutionsszene an:

»Und wir sind als Polizei dazu angehalten letztlich auch diese Stadtordnung durchzusetzen, also diese Sperrbezirksordnung durchzusetzen, beziehungsweise zu kontrollieren. Wir haben auch die Aufgabe, die Wohnungsprostitution aus diesem Bereich herauszuhalten. Das heißt, wir machen so kleine Stubendurchgänge. Wir machen Kontrollen in den Bordellen, in den Wohnungen, die ganz unterschiedlicher Couleur, zu ganz unterschiedlichen Zwecken angemietet wurden. Und wir sind natürlich hinter Schleusungskriminalität und hinter Zuhälterkriminalität her. Weil das ja die Dinge sind, die letztlich auch die Prostitution in einen Bereich belasten, wo es um Zwang, um Ausbeutung, um Ausnutzung, um Gewaltstraftaten geht oder um Rauschgiftdelikte, Abhängigmachung von Personen zum Zwecke der Ausübung der Prostitution und davon dann zu partizipieren. Das sind so Sachen, die interessieren uns. Die stellen in Stadt A. aber eigentlich kein Problem dar, erstaunlicherweise. Die Entwicklung hat es gebracht, dass es nicht bloß von uns als solches nicht erkannt wurde, sondern dass es eben einfach nicht so vorhanden ist, wie man sich das landläufig vorstellt.«

Die konkrete Verwaltungspraxis des Polizeibeamten ist primär auf die Abschaffung der Straßenprostitution ausgerichtet. Die intensive repressive Vorgehensweise in diesem Bereich erstreckt sich von konstruierten Hilfsmitteln wie Verkehrsänderungen und baulichen Maßnahmen, über die Anwendung der Scheinfreier-Strategie zur gezielten strafrechtlichen Verfolgung der Straßenprostituierten, bis hin zur Ausnutzung subtiler, mikrosozialer Sanktionsmechanismen durch Zusendung kompromittierender Bußgeldbescheide an die Prostitutionskunden. Hieran wird die Motivation des sozialen Akteurs deutlich, bestimmte Gesetze und Verordnungen anzuwenden, und neue Taktiken und Methoden zur Verdrängung der Straßenprostitution zu entwickeln und auszuprobieren.

»Vorher haben wir versucht mit baulichen Maßnahmen dem Problem dort zu begegnen, indem wir die Mittelinsel dort durchgezogen haben in der Stadt, um den Freiern dieses kurze Kreisen nicht mehr zu ermöglichen. Das haben wir mal kontrolliert, da hatten wir 37 Verstöße gegen dieses Wendeverbot. Und alle 37 waren Anwohner, die einen Parkplatz suchten. Wir haben schöne Sachen dort gemacht. Und da war uns die mit den Scheinfreiern-, das waren alles junge Kollegen von uns, junge Kerle und die guckten runter und sagten: ›Und? ‹ Und der hat gesagt: ›Was ist der Preis?‹ Und da hat die auf Französisch gesagt ›20 Euro‹ oder so, wie auch immer. Und dann hat er die eingeladen und dann haben wir die hierher gefahren in die Direktion und haben die erkennungsdienstlich behandelt, bzw. die Personalien festgestellt, nach 120 Ordnungswidrigkeitsgesetz, und haben dann eine Ordnungswidrigkeitsanzeige geschrieben, und beim wiederholten Anfall in der Stadt, beim zweiten Anfall mit der Staatsanwaltschaft abgesprochen, ne Strafrechtsanzeige gemacht per 180 oder 180a des Strafgesetzbuch. So, das führte eigentlich nie zu Verurteilungen, weil für die Gerichtsbarkeit für solche Frauen ist in Stadt H., und was weiß denn Stadt H. was hier los ist? Die wissen wie hoch die Bäume sind dort in Bundesland H. aber die wissen nicht, was hier los ist in der C-Straße. Können die auch gar nicht wissen. Hier ist ja nie ein Richter dagewesen. Das heißt also, die Urteile, die sonst Bundesland-A-weit nie zu erwarten waren oder die auch nicht von der Polizei initiiert waren, die kamen auch nicht zustande. [...] Das ist dort alles nichts geworden. Keiner hat dort Haftstrafen bekommen. Im Gegenteil man hat denen Bußgelder auferlegt und Geldforderungen, also Strafbefehle, und da haben wir gesagt: ›Also nee, das kann es ja wohl nicht sein.‹ Weil das heißt ja, die müssen sich ja wieder prostituieren, um das Geld zu erlangen, was sie wieder in die Ordnungsstrafe oder den Bußgeldbescheid legen müssen. Insofern biss sich die Katze in den Schwanz. Und da haben wir uns als Polizei erstmal mit den Scheinfreiern, erstmal die Sache-, die haben wir 12-mal durchgeführt. Damit wir eine Basis haben für eine Analyse, um zu sagen: ›Die Situation ist so, und die kann nicht bereinigt werden durch polizeiliche Maßnahmen der repressiven Art. Sondern wir müssen einfach hier mal ein bisschen weiterdenken und neue Wege gehen.‹«

Angesichts des geringen Erfolges der angewandten Verdrängungsversuche erkundet der Kriminalpolizist alternative, verwaltungsorganisatorische Regelungen und Lösungswege, wie z. B. das »Kölner Modell« mit einem ausgelagerten Straßenstrichbereich oder die Einführung der sogenannten »Freierklausel« in die Stadtverordnung:

»Es gibt in der öffentlichen Diskussion natürlich 1000 Meinungen. (...) Es prallt alles aufeinander. Dort sich zu positionieren im Sinne einer vernünftigen Stadtpolitik war unser Ziel. Und aus dem Grund haben wir uns mit verschiedenen Lösungen beschäftigt. Also sowohl das Kölner Modell, mit diesem komischen Zaun, der da ringsrum um so ein Gebiet gezogen ist, wo die dann in solche Parkboxen mit den Autos reinfahren können-. Und da ist unser Standpunkt, und vor allen Dingen auch meiner: Das wird hier in Stadt E. auf keinen Fall gemacht. Weil damit wäre die Stadt ja Zuhälter und müsste sich auch um die Folgeprobleme kümmern, die damit entstehen. Das heißt, wir schaffen hier Bedingungen und müssen dann auch saubermachen und müssen Ordnung halten und dann auch noch die Gesundheitspolitik durchsetzen und all solches Zeug. Das wollen wir nicht. Das wurde dann auch nicht favorisiert. Die andere Geschichte, wie man das in Mannheim gemacht hat, dass man die Polizeiverordnung in der Stadtverordnung geändert hat-. Und da gibt es nun ein paar Probleme, die müssen unbedingt berücksichtigt wird, damit das nicht in die Hose geht, wie man so schön sagt, damit das Bestand hat.«

Die Beurteilung der verschiedenen Verwaltungsmodelle und der individuelle Standpunkt des Polizeibeamten entspringen der reduktionistischen Wahrnehmung der Straßenprostitution als ein gesellschaftliches Ord nungs-, Umwelt- und Bürgerproblem. Die individuelle Nichtauseinandersetzung mit den sozialen und gesundheitlichen Problematiken der Beschaffungsprostitution führt zur Ablehnung des integrativen, verwaltungsbereichsübergreifenden Problemlösungsansatzes des Kölner Modells. Seine grundsätzliche Nichtakzeptanz der öffentlich sichtbaren Prostitutionsformen verbirgt der Kriminalpolizist argumentativ hinter dem moralischen Diskursfragment, der Staat dürfe sich nicht zum Zuhälter machen, welches allerdings seiner dargelegten Toleranz und Akzeptanz der gehobeneren, nicht-öffentlichen Prostitution in Bordellen und Clubs widerspricht.

Kontrolle strafrechtlicher Aspekte angesichts augenscheinlicher Verdachtsmomente

Vor dem Hintergrund des übergeordneten ordnungsrechtlichen Wahrnehmungsrahmens des Kriminalpolizisten werden die strafrechtlich relevanten Delikte im Bereich der Prostitution in der Regel offenkundiger und evidenter Hinweise und Verdachtsmomente verfolgt Das Vorkommen von Verbotenem und Kriminellem scheint für das Eingreifen des Kriminalpolizisten nicht auszureichen. Zu den darüber hinaus notwendigen Bedingungen und Antrieben zählen neben internen Informationen und Tipps aus der Prostitutionsszene, faktische Anhaltspunkte und Indizien der Polizei. Als Anlass für konkrete kriminalpolizeiliche Aktivitäten im nichtöffentlichen Prostitutionsbereich schildert der Verwaltungsakteur folgende Beispielsituation:

»Also Stadt X.-Polizei ruft hier an und sagt: ›Wir haben einen heißen Tipp aus der Szene. Bei euch kommen jetzt 10 Schwarzafrikanerinnen zu euch in einem LKW und die sollen mal 14 Tage anschaffen und die werden hier eingeschleust.‹ Das sind Hinweise, die geben uns in jedem Fall Anlass zum Handeln. Und die sind dann auch verifiziert. Und das ist das Niveau, auf dem sich solche Untersuchungen bewegen.«

Die individuellen Wahrnehmungsmuster des sozialen Akteurs scheinen durch eine tendenzielle Harmonisierung und Ausblendung bestimmter Problematiken und Straftaten in der Prostitutionsszene gekennzeichnet zu sein. Während der Kriminalpolizist tatsächliche empirische Situationen in Anekdotenform beschreibt, verneint er gleichzeitig die Bedeutung von Menschenhandel zum Zweck der sexuellen Ausbeutung in einer allgemeinen Aussageform. In Kontrast zu dem geschilderten Fall kriminalpolizeilichen Eingreifens relativiert der Verwaltungsbeamte die generelle Relevanz der strafrechtlichen Verstöße im Bereich der Prostitution:

»Das wird es im Einzelfall geben, aber das entzieht sich jetzt unserer Kenntnis. Das ist ja kein gläserner Bereich. Wir müssen das auch mal so sehen, das ist ein klitzekleines Aufgabengebiet der Polizei in der Stadt, also wirklich ein kleines Aufgabengebiet, sodass vieles da sicherlich auch unter der Decke ist, wo wir sagen: Das hat bis jetzt keine Rolle gespielt, und wo kein Kläger ist, ist auch kein Richter.«

Die hier zum Ausdruck gebrachte Handlungsmaxime »Wo kein Kläger, da kein Richter« ist in einem Bereich, der von Expertinnen als Dunkelfeld mit »Hol-Kriminalität« betrachtet wird, und in dem polizeiliche Routinekontrollen unerlässlich sind, hochgradig problematisch. Vor diesem Hintergrund ist die einseitige, auf die öffentlich sichtbaren Prostitutionsbereiche fokussierte Verwaltungspraxis des Kriminalpolizisten tendenziell als Verletzung der Rollenanforderungen der kriminalistischen Polizeiarbeit einzuschätzen.

Kommunalpolitisch-aktiver Beamter mit unkonventionellen, manipulativen Methoden

Der polizeiliche Verwaltungsakteur fühlt sich in erster Linie dazu berufen, »bürgerliche« Wertvorstellungen und Interessen zu vertreten, und sich in seinem Amt für ein problemfreies, makelloses Stadtbild bzw. Stadtimage einzusetzen. Aus dieser Motivlage heraus entwickelt er gezielte Maßnahmen und Instrumente zur Verdrängung der lokalen Straßenprostitutionsszene. Zur Durchsetzung seiner Ordnungsvorstellung bringt er sich ferner auf kommunalpolitischer Ebene ein, und ist Mitinitiator einer Bürgervereinigung:

»Da hat sich eine Bürgerinitiative gebildet, wo die Polizei auch von Anfang an aktiv dabei war. Weil wir gesagt haben, wenn wir was verändern wollen, dann ist das hier in unser aller Sinne. Wir sind ja nicht bloß da, um irgendwelchen Leuten hinterher zu jagen, sondern wir wollen ja auch irgendwelche Effekte erzielen.‹ Und da sind wir so übereingekommen, dass wir gesagt haben wenn wir zusammen versuchen, die Sache hier zu forcieren, finden wir vielleicht auch Wege und Mittel, die in anderen Städten schon zu Erfolg geführt haben und können die auch viel besser durchsetzen, wenn Druck gemacht wird auf die Verwaltung, im Prinzip auf die Gesetzgeber, auf die Stadt.«

Das Verwaltungshandeln des Polizisten ist von der intentionalen Verfolgung seines selbstentworfenen Handlungsziels geprägt, und demzufolge durch eine grundsätzliche Zweck- und Zielorientierung gekennzeichnet. Bei der Umsetzung seines Handlungsplans geht der Verwaltungsbeamte erstaunlich unkonventionell vor, und wird über das erwartbare Maß hinaus aktiv. Er setzt neue Mittel zur Reglementierung der Prostitution durch und erwirkt eine Erweiterung seines rechtlichen Handlungsrahmens. Unter der Initiative und dem Einfluss des sozialen Akteurs wird in der Stadtverordnung eine »Freierklausel« eingeführt, auf deren Grundlage nicht mehr nur die Prostituierten, sondern auch deren Kunden für das Übertreten der Sperrgebietsverordnung ordnungsrechtlich belangt werden können. Zu diesem Zweck wendet der Kriminalpolizist mitunter stark indoktrinierende und manipulative Methoden an. In einer von ihm durchgeführten Bürgerumfrage beispielsweise sendet er »Alarmsignale« aus, die den Anwohnerinnen suggerieren, von der Straßenprostitution ginge eine potenzielle Gefahr für sie aus.[7] Durch die Hervorbringung bzw. Verstärkung der Unsicherheiten und Ängste der Bürger instrumentalisiert der Beamte die Adressatinnen seines Verwaltungshandelns zur künstlichen Schaffung der für die anvisierte Gesetzesänderung verwaltungsrechtlich notwendigen »Kläger«:

Saarbrücken hatte das (*Anmerkung: Einführung einer »Freierklausel«*) gemacht. Da hat es eine Verwaltungsgerichtsentscheidung gegeben durch eine Beschwerde eines betroffenen Herrn, der dort, was weiß ich mit 50, 70, 100 Euro sanktioniert wurde wegen seines Ansprechens einer Prostituierten Und da hat man das ganze gekippt, weil die haben dann verlangt, die Verwaltungsrichter: Na, nun zeigen Sie uns doch mal bitte die Gefährdungsanalyse, die dem zugrunde liegen muss, wenn Sie eine Gesetzlichkeit verändern. Und das hatten die vergessen. Also habe ich folgendes gemacht, ich habe gesagt: Entschuldigung, aber wir sind hier ja ein ganzes Kommissariat, die wechselseitig mit dem Problem zu tun haben und haben wir eine Bürgerumfrage gemacht. Die haben wir mit dem Ordnungsamt zusammen gemacht. Und zwar haben wir 350 oder 400 Briefe verschickt. Die sahen so aus. (sucht die Briefe heraus) Die haben wir praktisch ausgeteilt. ›Polizei und Bürger – mit Sicherheit gute Partner‹ Und da haben wir einen Rückschein

---

7 Überschrift der Umfrage: Polizei und Bürger - mit Sicherheit gute Partner. Eine gemeinsame Aktion der Bürgerinitiative Stadtteil C., des Ordnungsamtes und der Polizei der Stadt A., Wie sicher fühlen sie sich im Stadtteil C.?, Fragedimensionen: Wie gerne wohnen Sie in ihrem Stadtteil, Welches sind die dringendsten Probleme in Ihrem Stadtteil? Wie hoch schätze Sie die Wahrscheinlichkeit Ihrer persönlichen Gefährdung in Bezug auf folgende Straftaten und Handlungen in Ihrer Wohngegend ein (Opfer eines Diebstahls, eines Wohnungseinbruchs, eines Sexualdeliktes zu werden, angebettelt, durch Freier angesprochen und belästigt zu werden, dass Ihr Kind durch Prostituierte oder Freier belästigt wird, durch Rauschgifthandel und Rauschgiftkonsumenten gefährdet zu werden, gesundheitlich gefährdet zu werden durch herumliegende Spritzen und benutzte Kondome? etc.

reingemacht und dort haben wir sagen wir mal Fragen gestellt, die uns letztlich in die Lage versetzen, wenn sie zurückgesendet werden, eine Analyse zu machen und zu sagen: Das lassen wir jetzt mal auf einem Haufen liegen, wenn es zu einer Verwaltungsgerichtsentscheidung käme, dann würden wir das Papier vorlegen. Das ist dann nicht anonymisiert. Die Leute haben unterschrieben dafür bzw. ob leserlich oder nicht, es wird deutlich, dass es nicht von der Polizei initiiert ist, und selbst ausgefüllt wurde. Und dann kann man sagen: ›Jawohl die Situation war so. Die Bürger haben sich eindeutig geäußert zu diesen Fragen.‹ Und aus diesen Gründen haben wir das gemacht.«

Zur Dynamisierung des lokalpolitischen Prozesses erweitert der Kriminalpolizist seinen Umweltbezug, indem er sich neben der Instrumentalisierung der Bürger auch die Medien zunutze und deren Funktionslogiken macht:

»Dann haben wir die Polizeiverordnung massiv angekündigt, indem wir die einschlägigen Medien genutzt haben, Polemik zu machen: ›Die Frauen sind krank und man holt sich da alle möglichen Krankheiten‹. Und immer wieder: ›die bösen Freier‹ und ›jetzt wird gegen die vorgegangen‹. Das haben wir immer mal so in verschiedenen Zeitungen dort initiiert. Bild-Zeitung – wunderbar. Alles gebracht. Das ist ja für die-, das sind so die Themen, da kommen die alle drauf. Dann haben wir das-, ich habe dann Pressetermine gemacht, das im Fernsehsender A. vorgestellt. Ich habe dann Fernsehsender A, Fernsehsender B, alles was so da war, haben wir so ein bisschen gemacht, und haben versucht das Bewusstsein zu schärfen. Erstmal, dass der Bürger dagegen was unternehmen will. Als zweites, was er unternehmen will. Damit das Sinn macht. Damit die Leute dahinter stehen.«

In den gezielten Versuchen, die soziale Umwelt strategisch-taktisch zu manipulieren und kontrollieren bzw. zweckdienlich zu konstruieren und disponieren, dokumentiert sich ein individuelles Handlungsmuster, welches über ein normal erwartbares, normativ gesteuertes, rationales Verwaltungshandeln hinausgeht.

Arbeitsbündnis mit dem Ordnungsamt vs. Abgrenzung
von den sozialen Institutionen

Die nachhaltigen und intensivierten repressiven Maßnahmen zur Verdrängung der Straßenprostitution realisiert der Kriminalbeamte auf der Grundlage intentional gestalteter kooperativer Arrangements bzw. Arbeitsbündnisse mit anderen Verwaltungsorganisationen. Dazu gehört vor allem die gezielte und auf internen Vereinbarungen beruhende Zusammenarbeit mit dem Ordnungsamt und der Staatsanwaltschaft, welche die Ausgestaltung der bei der Rechtsanwendung verbleibenden Ermessensspielräume vorstrukturieren und institutionalisieren:

»Da wird dann gesagt: ›Meine Gute, Platzverweis nicht eingehalten. Personalien mal Vorzeigen. Ausweis. Jetzt gibt es eine Anzeige nach Ordnungswidrigkeits-recht.‹ Und erst zwei Anzeigen nach Ordnungswidrigkeitsrecht, und erst zwei Anzeigen nach Ordnungswidrigkeitsrecht, also der zweite Verstoß rechtfertigt die Anzeige. Das ist hier eine interne Absprache mit der Staatsanwaltschaft. Das ist eine Ermessensfrage. Wobei ich sagen muss, es weiß jeder worum es geht in der Ecke, und es ist auch nicht so, dass die an einem Tag hier fünf Maßnahmen kriegen. Das ist ja normales Beschlusszeug.«

Das Verhältnis des Polizeibeamten zu den sozialen und gesundheitlichen Verwaltungseinrichtungen im Bereich der Prostitution ist dagegen als distanziert zu beschreiben. Es basiert auf einer kritischen Infragestellung und tendenziellen Haltung der Nichtanerkennung, die auf der individuelle Aus-blendung und Auseinandersetzung mit der über das äußere Erscheinungs-bild hinausgehenden, psychosozialen Problematik des Drogengebrauchs und der Beschaffungsprostitution zurückgeht.

»Und das Gesundheitsamt hat dort Streetworker eingesetzt, die sich um die rauschgiftabhängigen Mädchen und jungen Frauen kümmerten. So es eben dort überhaupt Sinn macht. Die ziehen sich dann immer auf die Argumentation zu-rück, die Prostituierten: ›Wir müssen dort hingehen, weil dort Streetworker sind.‹ ›Wir müssen dort hingehen, weil dort das Café X ist‹, also die kirchliche Einrich-tung, die dort immer den ein Obdach gewähren, wenn es draußen regnet oder so. Das führt eigentlich dazu, dass wir eben so ein bisschen, sagen wir mal, in Dis-sens sind mit denen. Aber das ist eben so. Sie haben eben auch ihren Anspruch an ihre Tätigkeit.«

Sowohl die individuelle soziale Repräsentation als auch die institutionelle Interaktion mit den nicht-repressiven Verwaltungsorganisationen sind von der potenziellen Missachtung, dem Unverständnis des Polizisten sowie den nichtbearbeiteten Konflikten gekennzeichnet:

»So, das wäre jetzt die verschärfte Gangart. Das muss man jetzt gucken, inwie-weit man- (...) Da tut sich jetzt ein bisschen das Gesundheitsamt schwer, weil sie das absegnen müssen. Das ist auch nicht einfach, die vielen Ämter hier zu begei-stern für so eine glasklare Durchsetzung von so einer Geschichte.«

Hybridität und Irrationalität des Expertinnenwissens- und -handelns

Da die Handlungsziele des Polizeibeamten in erster Linie an den Wert-maßstäben der sozialen Oberschicht ausgerichtet sind, und dessen spezifi-sche Verfahrensweisen zum Teil fragwürdig und bedenklich erscheinen, lässt sich die von ihm realisierte Verwaltungspraxis kaum als rein sachlich, rational und neutral bzw. vernunftorientiert, vorurteilslos und unparteiisch charakterisieren. Sein fachliches Wissen und die ebenso umfassenden wie präzisen Kenntnisse des Akteurs über die gesetzlichen Grundlagen,

Rechtspraktiken und verwaltungsorganisatorischen Lösungen zur Reglementierung der Prostitution vermischen sich mit alltagsweltlichen Vorstellungen und gesellschaftliche Diskriminierungen und Stigmatisierungen.

Die Wahrnehmung und Bearbeitung des Verwaltungsgegenstands Prostitution durch den sozialen Akteur basiert auf einer fundamentalen Hybridität, die zwischen der Akzeptanz der (Bordell-)Prostitution als gesellschaftlicher Erscheinungsform und der liberalistisch begründeten Achtung der Privatsphäre der Bürger einerseits, und den repressiven ordnungsrechtlichen Handlungsmustern bzw. der Null-Toleranz-Politik in Bezug auf die öffentlich sichtbare Form der Straßenprostitution andererseits divergiert. Der berufliche Habitus des Polizeibeamten ist durch eine auf die äußere Kontrolle beschränkte Ordnungsvorstellung (Verdrängung der Straßenprostitution) und die Anwendung nichtsachlicher Ordnungsinstrumente (gezielte Beschämung der Prostitutionskunden und Einsatz subtiler, psychosozialer Sanktionsmechanismen in Form offenkundiger Briefe) sowie die Unkenntnis und die Fehleinschätzung der Problematik Beschaffungsprostitution gekennzeichnet. Damit ist bei dem Kriminalpolizisten weder hinsichtlich der Ordnungs- und Kontrollvorstellung noch bezüglich der Einordnung und Beurteilung der Klientel eine vollständige Professionalität ersichtlich.

Polizist mit Schutzhabitus[8]

»Das ist auch eben des Schwere. Bauen sie mal zu so 'n Opfern dann wieder – nenn wir sie ruhig Opfer, jetzt in dem Falle sind sie ja Opfer – äh bauen sie mal da ein Vertrauensverhältnis auf. Das ist echt schwer also. Muss ich sagen.«

Wahrnehmung der Prostitution: unter strafrechtlichen Gesichtspunkten

In den Wahrnehmungsdispositionen des Polizisten gerät die Prostitution primär unter strafrechtlicher Perspektive in den Blick. Seine individuelle Wahrnehmung und Bewertung der Prostitution, wie auch der sich prostituierenden Frauen ist als rational und wertneutral zu charakterisieren, und unterscheidet sich nicht hinsichtlich der verschiedenen Prostitutionsformen und -segmente. Die Rollenbeschreibung des sozialen Akteurs bezieht sich ausschließlich auf die Bearbeitung bzw. Verfolgung von Straftaten, die im Bereich der Prostitution vorkommen bzw. mit der Prostitution in Zusammenhang stehen. Als zentrale Arbeitsaufgabe betrachtet der Polizeibeamte die kontinuierliche und sorgfältige Beobachtung der Strukturen, Akteurin-

---

8   Der Fallanalyse liegt ein Experteninterview zugrunde, dass von zwei Mitarbeiterinnen des Forschungsprojektes im Februar 2005 mit einem Kriminalpolizisten geführt wurde, der in einer deutschen Kleinstadt für die Aufgabenbereiche Drogen und Rotlicht zuständig ist, und über eine mehrjährige Berufserfahrung in der Prostitutionsszene verfügt.

nen und Veränderungen in der Prostitutionsszene, sowie die darauf auf-
bauende Erstellung eines Lagebildes zur aktuellen lokalen Situation:

»Was bewegt sich eigentlich in Stadt B.? Und vor allen Dingen wer? Welche
Einrichtungen? Die Zusammenhänge äh: Wer betreibt welche Wohnung? Und
vor allen Dingen auch äh die Zusammenhänge, äh: Wie kommen die Prostituierten nach Stadt B.? Und äh wie erfolgt die Weitervermittlung?«

Die Wahrnehmungs- und Handlungsmuster des Polizisten zeichnen sich
durch eine sachlich- kriminalistische Orientierung aus, und beruhen auf einem kontrollorientierten, tendenziell präventiven Umgang mit dem Verwaltungsgegenstand Prostitution. Der Polizeibeamte hat Zugang zu den
Räumlichkeiten der lokalen Indoor-Prostitution und ist den Prostituierten
als polizeilicher Kontaktbeamter bekannt.

Beziehung zu den Prostituierten: (kritisch)-sympathisierend

Sein Verhältnis zu den Prostituierten ist durch eine weithin amoralische
Haltung und einen respektvoll-höflichen Umgang gekennzeichnet. Die Beziehungen zu den Klientinnen scheinen einerseits von Ansätzen sozialer
Perspektivübernahme geprägt, basieren andererseits aber auch auf einer
grundsätzlichen Skepsis bzw. der kritisch-professionellen Distanz des Polizisten:

»Denn man merkt's auch, wenn man mit den Mädels spricht. Die (.) lamentieren
eigentlich sehr viel, ne- Dass kaum Kohle reinkommt, und verdienen ja nichts.
Ich mein, sicher äh is es auch teilweise, (1) wie soll ich mich ausdrücken, ne Äußerung der Form, sie wissen, ich bin Polizist, es könnt ja sein, dass ich dann mit
'm Finanzamt red, ne. Also werden sie ihre Einnahmen so niedrig wie möglich
halten. Aber man merkt des auch an der-, wenn man bei solchen Kontrollen unterwegs is, äh fff da gibt's Wohnungen, da klingelt das Telefon vielleicht zwei,
drei Mal, aber (.) manche da klingelt's Telefon nie, wenn wir da da sind. Die sitzen 'n ganzen Tag rum die Mädels, rauchen und trinken oder was weiß ich, oder
kucken Fernsehen und irgendwelche Spiele machen und das war' s dann. Also is
echt, teilweise nicht ganz einfach der Job für sie.«

Ethnische Kategorisierung der Klientinnen

Dessen ungeachtet sind die Wahrnehmungsmuster des sozialen Akteurs,
wie das folgende Zitat zeigt, von ethnischen Kategorisierungen und Stereotypisierungen der sich prostituierenden Frauen durchzogen:

»Grade die Südländerinnen, die werden ja direkt aggressiv! Hja, na was wir da
schon erlebt haben! Die äh, die Asiaten, die haben uns gern. Die wollen uns dann
immer so ein bisschen einwickeln, ne. Das geht bis hin zu Heiratsanträgen. Hm!

(1) Das geht bis dahin, dass wir auf einmal-. Ich: ›äh, sag mal was machst denn du mit mir?‹ - ›Ah da, massieren und so, du Polizist, ich heiraten Polizei.‹ Ich sag: ›Bist du verheiratet?‹ – ›Ja, Taxifahren. Ah, kein guter Mann.‹

Diese sind aber nur auf der Deutungsebene vorzufinden, und scheinen nicht handlungsleitend wirksam zu werden.

Wahrnehmung der migrierten Prostituierten: als Opfer

Migrierte Prostituierte mit illegalem Aufenthaltsstatus nehmen in den Deutungsmustern des Polizisten eine ambivalente Position ein. Sie werden sowohl unter Opfer- als auch Täter-Aspekten wahrgenommen:

»In dem Moment sind sie ja Täter und Opfer zur gleichen Zeit. Sind Täter: illegaler Aufenthalt und Opfer: in Sachen Prostitution!«

Insgesamt betrachtet überwiegt aber deren soziale Kategorisierung als Opfer und die darauf bezogene grundsätzliche (männliche) Schutz-Haltung des Polizeibeamten.

Problematisierung des Aussageverhaltens der Klientinnen

Hinsichtlich seiner polizeilichen Ermittlungsarbeit problematisiert der soziale Akteur das starke Misstrauen der ausländischen Prostituierten gegenüber der Institution und den Mitarbeiterinnen der Polizei. Die aus den Befürchtungen und Bedenken, oder aber auch einem Desinteresse an der Zusammenarbeit mit der Polizei resultierende, mangelnde Aussagebereitschaft der Migrantinnen schränkt die Möglichkeit des polizeilichen Agierens gewaltig ein:

»Also es ist ganz schwer, dort wirklich jemand zu finden, der sagt: ›Also, jawohl ich werde mit Gewalt-, ich werde genötigt dazu.‹ Weil wir haben schon Mädel hier sitzen gesehen, die haben blaue Flecken am Arm gehabt. Äh: ›Da hab ich mich gestoßen!‹ Was, was- was sollen wir da ermitteln dann. Wenn selbst das Opfer schon nichts sagt. Ich kann halt niemanden zwingen dazu, mir zu sagen: ›Der hat mich…‹ Geht ja nicht, ne.«

Sicher sind die da unter Druck. Ich mein wir setzen da noch bisschen nach, sag ich mal, wenn man des Gefühl hat oder des Gespür hat, dass da wirklich Gewalt und Erpressung oder was dabei ist. Ne. Dann muss man da schon nachhaken. Aber solange äh die die - ich nenn sie jetzt mal die Opfer- nicht von sich aus sagen, dass da Gewalt da ist, und vor allen Dingen Angaben machen, kann man doch nicht ermitteln! Wo, in welche Richtung überhaupt, ne! Es ist schade, das ist echt. Also auch irgendeine Form von Angst! Also (.) ist schade drum.«

In der Schilderung der problematischen und diffizilen Klientelbeziehungen deuten sich persönliche Auseinandersetzungs- und Bearbeitungsprozesse an, die durch Verständnis- und Erklärungsversuche sowie Ansätze sozialer Perspektivübernahme gekennzeichnet sind:

»Äh ich hab eher das Gefühl die haben erst mal-, empfinden die vielleicht sogar Hass uns gegenüber. Wir nehmen sie ja aus ihrem Umfeld und vor allen Dingen wir nehmen ihnen ja ihre Einnahmequelle weg auf einmal! Und da sind wir die Bösen. Ist ganz klar. Und die sagen nix. 100 Prozent«

»Denn man muss sich auch mal überlegen äh wie sie zu Geld kommen und was bei ihnen in der Heimat äh erforderlich ist, um Geld zu verdienen.«

Integration von Kriminalitätsbekämpfung und Opferschutz

Ungeachtet des konfliktbeladenen Verhältnisses bleiben die beruflichen Wahrnehmungs- und Handlungsschemata des Verwaltungsbeamten von einem (positiv) viktimisierenden Deutungsrahmen dominiert, und dessen alltägliche Arbeitsweise von anhaltenden Anstrengungen und Bemühungen um eine umsichtige und protektive Behandlung der sich prostituierenden Frauen geprägt. In Anbetracht seiner Aufklärung und Sensibilisierung für die Thematik Menschenhandel zum Zweck der sexuellen Ausbeutung schildert der Polizist ernsthafte und nachhaltige Bestrebungen zur Vereinbarung von Kriminalitätsbekämpfung und Opferschutz. Dies wird beispielsweise an der im Arbeitsalltag beschriebenen Handlungsweise nach dem Aufgreifen von Migrantinnen mit illegalem Aufenthaltsstatus deutlich:

»Auf alle Fälle versuchen wir von denen ja zu hören: Warum sind sie denn überhaupt hier? Denn als äh-, Ich hab das eigentlich noch nie, ich sag mal vergessen, immer zu fragen. Ja selbst bei Leuten, die richtig-, auch bei deutschen Frauen, wird oft die Frage gestellt. Oder überhaupt ob irgendwie Gewalt dabei ist und so.«

Arbeitsansatz: Routinekontrollen in der Prostitutionsszene

Die Verwaltungspraktiken des Polizeibeamten sind primär an der Verfolgung strafrechtlich relevanter Delikte orientiert, und zeichnen sich durch regelmäßige Routinekontrollen im Rotlichtmilieu aus. In den polizeilichen Aktivitäten berücksichtigt der Polizist, wie sich in folgendem Interviewauszug andeutet, auch die Realität der internationalisierten Prostitutionsszene mit:

»Ja, wir haben Ermittlungen geführt äh im Bereich illegalen Aufenthalt, Verdacht Menschenhandel, Förderung der Prostitution. Und jetzt als Begleiterscheinung haben wir natürlich solche Dinge wie Nötigung, Erpressung, Körperverletzung. Haben wir natürlich auch schon einige Dinge gehabt.«

Kooperative Zusammenarbeit mit nichtstaatlichen Organisationen

Er steht in Verbindung mit zivilgesellschaftlichen Organisationen, die in der Prostitutionsszene in den Problembereichen Ausbeutung und Gewalt sowie Frauenhandel und Prostitution von Minderjährigen aktiv sind. An diese vermittelt der Polizeibeamte auch Klientinnen zur Beratung und Betreuung weiter, die Opfer von Gewalt oder Menschenhandel zum Zweck der sexuellen Ausbeutung geworden sind. Der Kontakt zu den nichtstaatlichen Organisationen beruht auf der grundsätzlichen Bereitschaft bzw. Einsicht in den Bedarf und den Nutzen einer kooperativen Zusammenarbeit:

»Ich hab ja als äh (.) Staat nur die Möglichkeit, die irgendwo hinzutun. Wir haben Interesse daran, dass sie hierbleibt. Jetzt müssen wir irgendwas finden. Das heißt also, ich brauch jemand, der die betreut, der also die Betreuung übernimmt. Ich kann das Mädchen nicht in B-Stadt betreuen. Ich kann's auch nicht mit zu mir nehmen. Das ist klar. Das macht niemand. Das geht nicht. Also (.) wird dann der Kontakt von uns aus dorthin gesucht. Und (.) es war wohl in dem Fall auch damals so, dass wir die angerufen haben und gesagt haben: ›Hör mal zu, könnt ihr uns da mal helfen und so.‹ Und dann is ja klar, das machen die gern. Das gan-, is auch ihre Aufgabe. Und haben das eigentlich, ist nicht mal übertrieben, wirklich mit Hingabe getan.«

Die Wahrnehmungs- und Handlungsmuster des Polizisten zeichnen sich durch eine weitgehende Toleranz und Akzeptanz der Arbeit der sozialen Organisationen aus. Ungeachtet dessen zeichnen sich in den institutionsbzw. organisationsübergreifenden Beziehungen system- bzw. funktionsbedingte Spannungsmomente und Kontroversen ab, die von dem befragten Polizeibeamten in Anbetracht seiner individuell ausgeprägten sozialen Motivation und Kompetenz kommunikativ bearbeitet und ausbalanciert werden.

Konfliktpunkte in der Zusammenarbeit und deren Bearbeitung

Die Art und der Umgang mit Informationen stellen in einer speziellen Fallkonstellation, in der es um die Bearbeitung der Thematik Kinderprostitution geht, die besonderen Konfliktpunkte zwischen der Polizei und den zivilgesellschaftlichen Akteurinnen dar. Zum einen wird von dem Polizisten die von der sozialen Organisation betriebene Form der Öffentlichkeitsarbeit als kontraproduktiv und problemverschärfend kritisiert und abgelehnt. Zum anderen werden die bei der Polizeibehörde eingehenden Hinweise und Informationen für die kriminalistische Arbeit als unbrauchbar bzw. unzweckmäßig charakterisiert.

In der individuellen Bewertung und Erklärung der »Informationspolitik« der NGO-Akteure zeichnen sich bei dem Polizisten Bemühungen um Perspektivübernahme und Ansätze zur Reflexion system- bzw. organisationsexterner Rationalitäten ab. Dies sind Fähigkeiten und Kompetenzen, die für den Aufbau institutioneller Netzwerke und die Aushandlungsprozesse in transdisziplinären Arenen von besonderer Relevanz sind. Der Versuch der zivilgesellschaftlichen Akteure, die gesellschaftliche Öffentlichkeit für das Problem der Kinderprostitution zu sensibilisieren und die relevanten Institutionen zum Handeln zu bewegen, trägt aus Sicht der Polizeibeamten, angesichts der medialen, skandalisierenden Berichterstattung, nichts zum Schutz oder zur Hilfe für die Opfer bei und führe nur zu einer gesteigerten Aufmerksamkeit bei den potenziellen Tätern:

»Es ist unbestritten, dass es das gibt! Das ist aber auch in Region S. unbestritten. Also sind wir uns einig. Das (.) brauchen wir nicht zu diskutieren, das gibt's. Aber äh die Art und Weise und die Form, wie's gemacht wird, äh (*räuspert sich*) geht meiner Meinung nach an der Realität völlig vorbei. Denn erstens alleine schon durch dieses Aufbauschen, äh wir wollen uns ja nicht über die Hintergründe, warum so was gemacht wird, nicht unterhalten, aber alleine durch die Form dieser Arbeit erreich ich ja fast das Gegenteil von dem, was ich eigentlich erreichen will. Denn, wir hatten 's vorhin schon angedeutet, denn wenn ich ständig von irgendeinem engen Raum (.) äh Signale aussende oder zu diesem Raum, dass das eine Hochburg von äh sexuellem Missbrauch von Kindern ist und dass es dort so wunderschöne, und dass es alles Mögliche, und diese Vielzahl, dann machen wir ja Leute aufmerksam aus der pädophilen Szene. Die pilgern dort in Schwärmen dann hin.«

»Ist schade drum, muss ich echt sagen. Also (.) wir hatten uns vorhin schon mal unterhalten. Manchmal denk ich immer (.) als wenn durch die Art den Opfern eigentlich gar nicht geholfen wird. Da wird mehr geschadet, ne.«

Für den gewaltigen medialen Diskurs macht er allerdings nicht die Mitarbeiterinnen der sozialen Organisation allein verantwortlich, sondern bedenkt auch die auf den Mechanismen und Funktionslogiken des Mediensystems beruhende, vielfach »unseriöse« Darstellungs- und Vorgehensweise der Reporter mit. In der Übertragung der Medienproblematik auf die eigene Berufspraxis kommt zudem die selektiven und distanzierten bzw. kontrollierenden Wahrnehmungs- und Handlungsdispositionen des Polizisten im Umgang mit Journalisten zum Ausdruck:

»Die Informationspolitik, die ist mit Sicherheit nicht in Ordnung. Das- (.) sie dient der Sache gar nicht! Aber das Schlimme ist eben mh, dass es halt sicher seriöse und unseriöse (.) Darstellungen gibt, ne. Das, ähm (2) man merkt das dann schon, wenn ma ähm (1) ich sag mal, wenn man dann (.) von übergeordneten Dienststellen mh (1) jemand angepriesen kriegt, sagt: ›Pass auf, da melden sie sich mal, der Kollege, der hat Interesse da dran, mal 'ne Reportage zu machen, aber der ist sehr seriös und- (.) Na dann. Vor allen Dingen (1) er hält sich auch an Dinge äh, die abgesprochen werden. Der Mensch kommt, der sagt, ich hab das und das vor, und am Ende, wenn er sein Produkt fertig hat, wird das vorgestellt, den Betroffenen, die sagen: ›Äh, so kann man das nicht machen. Das ist nicht in Ordnung. Also so haben wir das gar nicht ausgemacht!‹ Dann ist es erledigt das Ding oder man sagt: ›Jawohl, so kann man das-. Da steh ich dazu.‹ Dann wird das erst veröffentlicht.‹ Das, sag ich mal, ist eine faire Arbeitsweise und das is in Ordnung. Und dann kommt auch irgendwie, ich sag mal, zumindest mit allen beteiligten Personen ein abgestimmtes Bild. Aber hier is es ja so, dass teilweise Bilder dargestellt werden, die erstens mal, sei es eh nicht abgestimmt, ist klar, (.) und zum andern, äh hfff ob ich da jetzt oder ob andere meinetwegen sagen: ›Ne, das gibt's nicht! Das ist Quatsch.‹«

Die Streitigkeiten und Divergenzen zwischen den Polizeibehörden und der nichtstaatlichen Organisation nehmen in dem begrenzten Durchblick und Verständnis der sozialen Akteurinnen für die Möglichkeiten und Bedingungen der polizeilichen Ermittlungsarbeit ihren Anfang. Die Beschwerdehandlungsschemata des Polizisten hinsichtlich der Zusammenarbeit mit den Streetworkern beziehen sich im Wesentlichen auf die Masse an unspezifischen bzw. undetaillierten Informationen und Hinweisen, auf dessen Grundlage keine erfolgreichen Ermittlungen geführt oder Strafverfahren eingeleitet werden können:

»Und es ist auch oftmals so, äh im Verhältnis zu der Menge an Informationen, die kam (.) diese Menge an Kennzeichen, ne. Wenn man sich überlegt, was am Ende wirklich an Verfahren erstmal überhaupt eröffnet wurde und aufgrund der kaum vorhandenen oder überhaupt nicht vorhandenen Beweislage (.) wieder eingestellt wurden.«

Angesichts dieser Situation versucht der Polizist mit den Mitarbeiterinnen der zivilgesellschaftlichen Organisation zu kommunizieren und hinsichtlich des gemeinsamen Interesses an einer effizienten Ermittlungsarbeit auf deren Informationspraxis Einfluss zu nehmen. Der Austausch und die Verständigung zwischen den sozialen Akteurinnen münden erfolgreich in der Absprache einer Übermittlung von konkreteren und detaillierteren Hinweisen, die den Verwaltungsbeamten in die Lage versetzen, tätig zu werden bzw. polizeiliche Ermittlungen durchzuführen:

»Naja, ich sag mal so, ich hab (.) das, denk ich, doch ganz gut in Griff gekriegt. […] Ne, also ich sag mal (.) Verbil- Verwicklung-, sicher es gab Ungereimtheiten, wo ich (mal sagen will)-, aber ich musste immer wieder- oder habe von mir aus trotzdem gesucht den Kontakt. Ich hab immer versucht darauf hinzuwirken, dass die Informationen, sag mal, in der Qualität sich verändern, ne. […] In der Regel war es so, wir haben Informationen erhalten, äh-ä das sind also keine polizeilichen Erkenntnisse, ne. Haben wir so ein Fax gekriegt zum Beispiel. (*blättert*) wir gehen mal ganz hier hinter! Und da merken wir schon einfach so, ne, war ja nicht, so absolut zu- äh zufällig aufgemacht, ne. So. Kann ich gucken, was ich will. Das ist die Ausgangsinformation äh (*liest vor*): ›Anbei mehrere Kennzeichen und Kennzeichenfragmente und Infos von vergangenen (.) von vergangenen Freitag aus der Szene‹. Gut. O.k. So, jetzt hab ich zum Beispiel einen dunkelorangeroten Audi, äh Renault, Kennzeichen XY. (2) Hmm. Dann hab ich das nächste Kennzeichen: XYZ. Das ist ein schwarzer BMW. Jetzt kommt auch mal ein Kennzeischen – hat sich später herausgestellt, dass es falsch ist, aber es macht nichts, da kamen wenigstens Buchstaben äh und Zahlen. Aber was will ich da damit machen? Es gibt so viel XYZ. Und wie gesagt und da hab ich dann aber versucht immer drauf hinzuwirken, es soll doch mal irgendwie ein bisschen mehr Information, (das es besser), dass man was damit anfangen kann. Und jetzt, wenn man jetzt die <u>Daten</u> vergleicht, wann was gekommen ist, merkt man auf einmal – sagen wir das war der 2.12. (*blättert*) 11.12. und so weiter und so fort, 18.12., ne. Und nachdem ich dann gesagt hatte, Leute wir-wir müssen besser Informationen (.) äh, wenn ihr schon ein Auto seht, dann sagt des komplette Kennzeichen, wenn's geht Personenbeschreibung oder was wo war, ne. So. Und jetzt krieg ich auf einmal <u>solche</u> Informationen: 20.10 Uhr, 20.15 Uhr, 20.25 Uhr. Qualität ganz andere, ne. Kann man was damit anfangen.«

Die alltägliche Berufspraxis des Polizisten ist durch die grundsätzliche Prüfung aller eingehenden Anhaltspunkte und Angaben sowie die Einleitung kriminalistischer Ermittlungsverfahren angesichts sich verdichtender Verdachtsmomente und Vermutungen gekennzeichnet.

»Da wird natürlich versucht zu klären, wer ist der Nutzer des Fahrzeuges (.) und äh gibt's Hinweise darauf hin, dass er schon in der Richtung aufgefallen ist, oder gibt's überhaupt Hinweise, dass in der Richtung mit dem Mensch irgendwas nicht stimmt, ne. Das wird gemacht auf jeden Fall. Es gibt durchaus dann äh zum Beispiel-; Sie haben mich vorhin gefragt, nach- ob wir noch Fälle haben. Wir haben im Moment einen Hinweis (.) äh zu dem wir im Jahre 2000, (.) ich glaub 2000 war's, ein Verfahren hatten, was <u>eingestellt</u> worden ist, ne. Und dieser <u>gleiche</u> Mensch, taucht jetzt mit nem anderen Auto auf. (*blättert*) Hier ist es. Muss ich mal schauen, dass ich nichts Falsches sag, ich mein, wenn man was sagt, dann soll's richtig sein wenigstens, ne. (*blättert*) 2000, hm. Auf alle Fälle ist gegen den ein Verfahren gelaufen, eingestellt nach 170, also keine Straftat, weil er sagt das, das Opfer sagt das, ist klar, Beweismittel ist immer, ist ganz schlecht, ne. Aber jetzt hat es doch einen ganz anderen Stellenwert die Information. Wenn der gleiche Mensch, zwar mit 'n andern Auto, aber <u>wieder</u> dort auftaucht. Das werden wir dann natürlich offensiv und auch angehen. Oder wenn ich hier was hab zum Beispiel. E-Firma, ein Firmenauto, da muss ich natürlich an der zuständigen, im zuständigen Bereich, hier ist es S-Stadt konkret, äh dann ermitteln: Wer nutzt das Auto und was ist es für ein Kerl, ne. Äh, mehr ist ja nicht möglich! Ich kann in der Bundesrepublik ja nicht irgendjemand verfolgen gegen den nichts vorliegt, ne. Das heißt aber-, wenn das erledigt ist, dann ist es erledigt. Dann werden die fristgerecht auch die Unterlagen wieder vernichtet, wenn nichts da ist. Ich kann nicht sammeln. (.) Kommt ja dann der Kollege vom Datenschutz und sagt: ›Eh, was ist denn hier los?‹. Das geht ja beim besten Willen nicht, ne.

Manchmal sagt man ja auch scherzhaft, dass der Datenschutz der Täterschutz ist, teilweise, ne.«

Im Ergebnis der Auseinandersetzung und infolge der Kooperation mit den in der Prostitutionsszene arbeitenden zivilgesellschaftlichen Akteuren ist es in dem Dunkelfeldbereich Kinderprostitution zu einer Verbesserung der polizeilichen Untersuchung und Verfolgung von Straftaten gekommen. Ungeachtet dessen sind der kriminalistischen Arbeit Grenzen gesetzt, wozu die von dem Polizisten thematisierten Datenschutzbestimmungen gehören. Diese Schranken sind auch von den Mitarbeiterinnen anderer Organisationen im Interesse einer konstruktiven Zusammenarbeit zu erkennen und zu akzeptieren, damit die aus dem Unverständnis resultierenden wechselseitigen Anklagen und Beschwerdehandlungsschemata die transdisziplinären Beziehungen unzweckmäßig belasten und destruieren.

Funktionale Zusammenarbeit mit dem Ordnungsamt

Hinsichtlich des Ordnungsrechts sind die beruflichen Handlungsmuster des Verwaltungsbeamten durch eine pragmatische, verhältnismäßig tolerante bzw. liberale Durchsetzung der Sperrgebietsverordnung gekennzeichnet. Die Praktiken des Polizisten sind, wie folgende Aussage über die Vorgehensweise in einem Fall von Wohnungsprostitution im Sperrbezirk deutlich macht, mehr auf das Ergebnis der Verwaltungsmaßnahme, also der Einhaltung und Befolgung der Rechtsnorm selbst, als an der strikten Beachtung und Erfüllung der Verfahrensweise ausgerichtet:

»Die bezahlen das (*Anmerkung: Bußgeld*). In der Regel. Oder es war bis jetzt so, dass sie reagiert haben. Und haben auch wirklich zugemacht. Haben eine neue Wohnung gesucht. Damit war das erledigt.«

Die Zusammenarbeit mit den Mitarbeiterinnen des Ordnungsamtes besteht aus gemeinsamen Routinekontrollen im Rotlichtmilieu und ist durch eine eindeutige Aufgabenteilung gekennzeichnet, nach der das Ordnungsamt für die gewerberechtlichen Belange und die Polizei für strafrechtliche Angelegenheiten zuständig ist:

»Die Zusammenarbeit mit dem Ordnungsamt-, also sie auf ihrer Strecke, ihren Teil, also Arbeitserlaubnis so die Dinge, und ich auf meiner Strecke, sprich der illegale Aufenthalt, der ja da äh (heraus)klingt bei manchen. Wir haben das aber so gemacht, dass wir die Kontrollen gemeinsam durchführen. Erstens mal: es spart nen Haufen Zeit, muss man echt sagen. Und äh, wir sind dann auch immer (.) mindestens zwei Mann oder drei Mann je nachdem. Denn in so 'm Gewerbe kann man nicht alleine rumgehen. Ist klar! Hat ich schon mal erwähnt. (*räuspert sich*) Und da äh (.) organisieren wir bzw. äh sprechen uns ab, zu bestimmten Kontrollen. Also mir machen konkrete Termine aus miteinander. Also (.) die

Termine unter uns natürlich. Logisch, ne. Wir werden da natürlich nicht dort sagen, dass die Kontrollen sind. Und die machen wir dann auch zu den unmöglichsten Zeiten, sag ich mal. Tagsüber, abends, je nachdem. Immer mit der Zielstellung, dass dort (.) ähm nach (.) dem Gewerberecht alles in Ordnung geht oder die Strecke (.) illegaler Aufenthalt (.), Reisepässe alles in Ordnung sind so.«

Die Gemeinschaftsarbeit zwischen Ordnungsamt und Polizei leitet sich aber in erster Linie aus funktionellen, d. h. praktischen und zweckdienlichen Gründen ab, und stellt kein intentional verfolgtes, repressives Abkommen bzw. Arrangement der Ordnungs- und Kontrollbehörden dar.

Grenzüberschreitende Zusammenarbeit: Eigeninitiative und Handlungsanlass

Demgegenüber geht die grenzüberschreitende Zusammenarbeit zwischen den deutschen und tschechischen Polizeibehörden auf das Interesse und Bestreben des Polizisten an einem binationalen Erfahrungs- und Informationsaustausch zurück. Nach Erzählung des Verwaltungsakteurs ist der erste Kontakt zu den Polizeiorganisationen des Nachbarlandes unter dem wesentlichem Einfluss seines individuellen Tatendranges und seiner Kommunikationsfreudigkeit zustandegekommen:

»Da holen wir mal etwas weiter aus: Und zwar, die Zusammenarbeit, die ist eigentlich mehr oder weniger auf meine Initiative hin entstanden. Und zwar (.) schon vor Jahren (.) wurde ich mal eingeladen (.) von Organisation A zu einer Beratung über mehrere Tage in V-Stadt. […] Äh zu dieser Sache haben wir uns getroffen. Und im Vorfeld, da ich auch ein sehr kontaktfreudiger Mensch bin, hab ich meinen Chef gefragt. Also ich hab da auf jeden Fall Interesse (.) daran, da mit meinen tscheshischen Kollegen da hier (.) zusammenzuarbeiten. Weil wir ja diese äh die Informationen aus Tschechien schon hatten (.) durch Organisation A (.) Immer und diese ständischen Informationen. Es waren ja teilweise sehr viele damals. (*räuspert sich*) Und (.) er hat mir das grüne Lischt gegeben. Und da hab ich dann einfach (.) gemerkt, da sind doch Kollegen von der Polizei in H-Stadt mit bei der Beratung. Und da hab ich die dann angesprochen Wir sind zu deren Direktor gegangen und der sagt: ›Selbstverständlich könnt ihr miteinander!‹, und das war eigentlich der Anfang!«

Als grundsätzliche Einflussfaktoren bzw. potenzielle Hindernisse und Hemmnisse institutioneller grenzüberschreitender Kontaktformen führt der Polizeibeamte argumentativ zum einen die Unsicherheit über die (rechtlichen) Möglichkeiten und Bedingungen, und zum anderen die Bereitwilligkeit und Motivation der Akteurinnen selbst an:

»Denn Sie wissen sicher wie das ist, wenn äh Länder aufeinander stoßen. Äh es gibt große politische Umwälzungen. Manche wissen nicht so richtig, wie soll äh Die einen, die dürfen, und die andern, die wollen, und die einen können und die andern nicht und-. Aber äh wir haben Anführungsstriche die Genehmigung von unseren PD-Leitern gehabt. Und da haben wir miteinander die ersten Kontakte geknüpft. Sehr sporadisch muss ich dazusagen. Das hat (.) teilweise Wochen, Monate gedauert eh wir überhaupt was voneinander gehört haben.«

Die transnationale Polizeizusammenarbeit findet in einem gesetzlich fest-gelegten Rahmen statt, der den Leitfaden für die Regelung bestimmter Angelegenheiten bzw. den Ablauf bestimmter Vorgänge bildet. Alle über den reinen Informationsaustausch hinausgehenden grenzüberschreitenden polizeilichen Maßnahmen und Aktivitäten sind nach rechtlicher Vorgabe nur auf dem formellen Dienstweg über die vorgeordneten Polizeibehörden gestattet, d. h. über das Verfahren der offiziellen Amtshilfe zu dirigieren und organisieren. Hier findet der individuelle Handlungsspielraum der Verwaltungsakteurinnen hinsichtlich der transnationalen Zusammenarbeit seine normativen bzw. rechtlichen Grenzen, was aber nicht ausschließt, dass diese in der alltäglichen Polizeiarbeit im Sinne eines effizienteren Ablaufs überschritten werden:

»Also es ist alles, es ist schlicht und ergreifend alles möglich eigentlich, was wir äh im gesetzlichen Rahmen, im gesetzlich möglichen Rahmen machen. Wir haben- (.) allerdings ist es so, muss man dazu natürlich auch sagen, es kann nicht so sein, dass ich jetzt nach Tschechien rüber fahr oder die kommen zu uns rüber und ich sag: ›Hier, was ist denn mal mein Vorgang? Nimm mal mit‹ und so. Äh, das ist auf keinen Fall so. Äh dann äh wenn es darum geht, jetzt zum Beispiel Beweismittel oder was auszutauschen, ist ganz logisch, geht das nur auf dem Wege der Amtshilfe.«

Von informellen Beziehungen zu tatsächlicher Zusammenarbeit

Zu Beginn der binationalen Expertenbeziehungen ergibt sich die grenzüberschreitende Kommunikation und Interaktion zwischen den Polizeibeamtinnen nur vereinzelt bzw. »sporadisch«, und verbleibt mehr oder weniger auf der informellen Ebene. Angesichts eines spezifischen Handlungsanlass und -drucks, infolge der Thematisierung und medialen Skandalisierung spezifischer sozialer wie Problemlagen und krimineller Missstände in der grenzüberschreitenden Prostitutionsszene durch eine zivilgesellschaftliche Organisation, wird von der Ministerialverwaltung die Gründung einer binationalen Polizeiarbeitsgruppe angeregt:

»Und jetzt äh (2) war das, ich sag mal vor zwei Jahren, drei Jahren (*überlegt, flüsternd*) also auch schon Jahre her (*räuspert sich*) äh gabes doch diese, diese ganz massive (1) äh Veröffentlichung von Organisation A. ne. Also da sind die ja auf einmal schlagartisch in die Presse überall hin und (.) äh. […] Und da ging das dann los. Äh da spielt dann das Innenministerium eine Rolle oder Ministerium des Innern eine Rolle. Äh (1) von dort aus ein Mitarbeiter hat ja eine Beratung anberaumt in Stadt B. und kam auf die Idee doch eine <u>Arbeitsgruppe</u> zu bilden. Da gab es aber schon Absprachen, die ich natürlich nicht kenn. Irgendwie auf Ministerebene oder wie auch immer ne. Und äh jetzt wurde der Vorschlag dort in der Runde unterbreitet, eine Arbeitsgruppe äh mit den Tschechen zu bilden und ich soll dann deren (.) Arbeitsgruppenleiter machen.«

Transnationale Sensibilität

Der Vorschlag, den befragten Polizeibeamten zum Leiter der binationalen Arbeitsgruppe zu ernennen, wird von diesem grundsätzlich und bestimmt abgelehnt. In der Begründung des Polizisten kommen dessen individuelle Wahrnehmungs- und Handlungskompetenzen in Bereich der transnationalen Zusammenarbeit bzw. seine Sensitivität für nationalstaatliche Empfindsamkeiten und Spannungsmomente zum Ausdruck:

»Na sag ich: ›Also, ich seh das gar nicht ein! Warum soll ich das tun?‹ Ich sag: ›Wir reden hier über Dinge, die in Tschechien passieren! Und da ist es doch ein Minimum, dass die Kollegen in Tschechien äh schon von selber auf die Idee kommen oder was zu tun. Ich unterstütz die gern. Ich mein, wenn das denn so wäre, ich mache auch meinetwegen Stellvertreter. Aber der Leiter sollte doch mindestens der Mensch aus der Tschechischen Republik sein. Es ist ja <u>ihr</u> Territorium. Denn ich lass mir doch auch nicht gern gefallen, äh wenn mir einer vorschreibt, was ich in meinem Garten zu tun hab. Des möcht ich dann schon selber bestimmen.‹ Äh, die haben das eigentlich denn auch akzeptiert und da war der dann so, ich sag mal, zufrieden: ›Ja das machen wir. Ja, du hast natürlich recht, und-und-und.‹«

Unabhängig davon nimmt der an der grenzüberschreitenden Zusammenarbeit interessierte Polizeibeamte den Kontakt zu einem tschechischen Kollegen auf, und verabredet mit diesen ein persönliches Treffen, auf das, in regelmäßigen Abständen, weitere folgen. Im Zuge dessen werden die transnationalen Beziehungen intensiviert und vertieft bzw. institutionalisiert, so dass auf Grundlage des fortgeschrittenen Entwicklungsstandes der grenzüberschreitenden Verbindungen auch konkrete Formen fallbezogener Zusammenarbeit möglich sind und realisiert werden:

»Jedenfalls äh wurden aber dann Kontakte geknüpft und dann haben wir ganz einfach äh gemeinsam-, äh ich hab dann den angerufen den, den Beamten R. ne, und weil man mit dem gut deutsch reden konnte und ich hab gleich gesagt: ›Wir müssen uns mal treffen!‹ und so. Da ging das dann klar, und von <u>da an</u> haben wir uns eigentlich mehr oder weniger selber organisiert. [...] Wie gesagt wir haben uns hier äh an der Grenze in A-Stadt aber auch in B-Stadt getroffen, und da hat sich dann die Zusammenarbeit so entwickelt in der Form, dass wir jetzt eigentlich (.) äh schon auch direkt <u>Fälle</u> bearbeiten. Muss man dazusagen. (1) Äh, wir (1) haben elektronische Kontakte, also sprich äh Telefon, auch per Email verkehren wir, dass wir dann auch auf dem Wege kooperieren miteinnander. Und äh (.)

dann das die normale polizeiliche Arbeit, sprich wenn Hinweise aus Tschechien kommen, äh dass wir dann die Möglichkeit, die wir haben, wie zum Beispiel Kennzeichen überprüfen und so ne Dinge machen wir, und dann um den Mensch rum ermitteln, was zu ermitteln ist, wenn möglich und wenn erforderlich. So ist die Zusammenarbeit eigentlich äh ziemlich gut.«

Legitimatorische Außendarstellung vs. alltägliche Verwaltungsrealität

Trotz der positiven Evaluation der grenzüberschreitenden Zusammenarbeit distanziert sich der befragte Polizist von der offiziellen Bezeichnung und Kategorisierung der existierenden Polizeikooperation als binationale Arbeitsgruppe. Im Gegensatz zur öffentlichen politischen Darstellung klassifiziert der Polizeibeamte die grenzüberschreitende kollegiale Zusammenarbeit als kooperative, aber funktional begrenzte Beziehung, und nicht als örtliche, tätigkeitsbedingte oder organisatorische kollektive Einheit. An dieser Stelle kommen funktional bedingte Differenzen zwischen der symbolisch aufgeladenen, legitimatorischen Außendarstellung der Ministerialverwaltung und der realen, alltagspraktischen Arbeitsebene der exekutiven Verwaltung zum Ausdruck:

»Na, ich muss ehrlich sagen, ich wehr mich da immer gegen den Begriff ›Gruppe‹. Äh äh diese Arbeitsgruppe, das ist, ich weiß nicht warum, ich kann das nur so vorstellen, das ist politisch gewollt! Denn Massenmedien sprechen von einer Arbeitsgruppe äh-äh im Bereich Bundesland A und B und Tschechien. Also wenn-wenn sie uns meinen, die wir da miteinander wirklich die Arbeit machen, äh da sind wir nichts weiter als Kollegen, die miteinander verkehren! Denn eine Arbeitsgruppe ist doch mit Sicherheit territorial auf (.) äh, äh, ich sag mal auf ein (.) Gebäude, auf einen Arbeitsraum konzentriert. Das heißt also eine Arbeitsgruppe muss mindestens in irgendeinem Gebäude gemeinsam zusammenarbeiten. Und müssen ständich in Kontakt sein. Denn was machen wir? Wir treffen uns. Mir sprechen uns ab und tauschen Informationen aus. Das ist doch nicht in dem Sinne, wie es vielleicht politisch gewollt ist, eine Arbeitsgruppe! Das ist genauso wie was die Kollegen gesagt haben, äh de facto existiert diese Arbeitsgruppe, die auch zu der Beratung dort ständig von dem Kollegen vom Ministerium von Tschechien da hier da, da zur Sprache kam, äh mh das- (.) Sicher will man das so nennen, aber Arbeitsgruppe sind wir auf keinen Fall, also ich seh das nicht so. Wir arbeiten sehr gut zusammen, keine Frage. Die Arbeit wird auch gemacht! Aber halt äh nicht unter dem Begriff Arbeitsgruppe.«

Sprachkenntnisse und kulturelle Hegemonie

Die Potentialität transnationaler institutioneller Kooperationen bzw. die Chancen grenzüberschreitenden Kommunikation und Interaktion beruht auf den Sprachenkenntnissen der sozialen Akteurinnen. In diesem Fall steht und fällt sie mit den Deutschkenntnissen eines tschechischen Polizeibeamten, der in erster Linie aufgrund seiner Sprachkompetenz in die spe-

zielle Ermittlungsgruppe für Straftaten im Rotlichtmilieu integriert wurde.
Der Mangel an den für die binationale Zusammenarbeit der Verwaltungsorganisationen grundlegenden Fremdsprachenkenntnissen wird von dem
befragten Polizeibeamten aber genauso wenig thematisiert, wie die Tatsache, dass die über das Englische hinausgehenden Sprachkompetenzen, also
die Möglichkeit zur Verständigung in der Landessprache der Kooperationspartnerinnen wenn, dann in der Regel nur einseitig bei den tschechischen oder polnischen Kolleginnen vorhanden sind. Dies deutet auf ein
Nichtbewusstsein der tendenziell asymmetrischen Züge des grenzüberschreitenden Verwaltungsarrangements und der unterschwellig national-
kulturellen Hegemonie der institutionellen und sozialen Akteursbeziehungen hin.

Insgesamt betrachtet zeichnet sich der berufliche Habitus des Polizisten
durch eine strafrechtliche Orientierung und kriminalistische Rahmung aus.
Seine alltägliche Berufspraxis beruht auf einer professionellen polizeilichen Ermittlungsarbeit und regelmäßigen Routinekontrollen im Rotlichtmilieu. Die individuellen Wahrnehmungs- und Handlungsmuster des Polizisten sind vor allem durch die Integration von sachorientierter Kriminalitätsbekämpfung und personenbezogenem Opferschutz geprägt. Das Verhältnis zu den Klientinnen basiert auf einer toleranten, überwiegend amoralischen, tendenziell verständnisvollen und akzeptierende Grundhaltung
sowie der grundlegenden Schutz-Disposition. Die Kommunikations- und
Reflexionsfähigkeiten des sozialen Akteurs wirken sich sowohl im Hinblick auf die Zusammenarbeit mit zivilgesellschaftlichen Organisationen
als auch in der grenzüberschreitenden Polizeikooperation positiv aus und
erhöhen die Effizienz der konkreten Ermittlungs- und Organisationsarbeit.

Praxis des Ordnungsamts

Die Ordnungsbehörde hat, wie die Polizei, die Aufgabe, Gefahren für die
öffentliche Sicherheit und Ordnung abzuwehren. Ihre Hauptaufgabe liegt
in der Ermittlung, Verfolgung und Ahndung von Ordnungswidrigkeiten.
Unter öffentliche Ordnung wird die Gesamtheit der ungeschriebenen Regeln verstanden, deren Befolgung nach den jeweils herrschenden sozialen
und ethischen Anschauungen als unerlässliche Voraussetzung eines geord-
neten menschlichen Zusammenlebens angesehen wird. Angesichts dieses
allgemeinen und unbestimmten Begriffsverständnisses steht die öffentliche
Ordnung in engem Zusammenhang mit den Vorstellungen von Anstand,
Sitte und Moral bzw. deren sozialer Konstruktion und gesellschaftlicher
Definition. Hinsichtlich des Verwaltungsgegenstands Prostitution bezieht
sich die Arbeit des Ordnungsamtes auf die Verhinderung und Sanktionierung grob anstößiger oder belästigender Handlungen (§119 OWiG), vor allem der zu bestimmten Zeiten oder an bestimmten Orten rechtlich verbote-

nen Ausübung der Prostitution, sowie das allgemeine Werbeverbot für Prostitution (§120 OWiG). Darüber hinaus sind die Ordnungsbehörden meist auch für die Kontrolle des Melderechts, des Ausländerrechts und des Gewerberechts zuständig.

In der Untersuchung der ordnungsamtlichen Praxis zeigen sich große Unterschiede bei der Umsetzung und Ausgestaltung der organisationalen Aufgaben. Das Ordnungsrecht kann wie im Fall des »sozial sensiblen Ordnungsbeamten« primär als dienstliche Anordnung und Pflicht oder wie im Fall des »ordnungshütenden Sozialakteurs« als persönliches Anliegen und Bestreben realisiert werden und dementsprechend mit liberalen Modifizierungen oder verstärktem repressiven Engagement einhergehen. Dies hängt im Wesentlichen vom beruflichen Habitus, den Wahrnehmungs-, Denk- und Handlungsschemata der Verwaltungsakteurinnen ab, die durch unterschiedliche Gegenstands-, Selbst- und Umweltdefinitionen gekennzeichnet sind. Als zentrale Differenzierungskategorien der ordnungsrechtlichen Praxis erweisen sich die individuelle Wahrnehmung und Rahmung der Prostitution (rechtlich, sozial, moralisch etc.), die daraus resultierenden Distanzierungen und Rollenkonflikte, die soziale Kategorisierung der Verwaltungsadressatinnen, insbesondere der Prostituierten als hilfsbedürftige oder gesetzeswidrig handelnde Subjekte, das berufliche Selbstverständnis, d. h. die Rollenkonzeption als Sozialarbeiterin bzw. Ordnungshüterin und Ermittlerin, sowie die eigenaktive Umsetzung der individuellen Handlungsorientierung durch die Zusammenarbeit und Unterstützung der in der Prostitutionsszene agierenden sozialen Organisationen bzw. eigenmächtige Erkundungen zur Forcierung der repressiven Verdrängungspolitik.

Tabelle 4: Vergleich der ordnungsamtlichen Praxis:Repression als Anordnung vs. Anliegen

	Fall 1 *Sozial sensibler Ordnungshüter*	**Fall 2** *Ordnungshütender Sozialakteur*
Soziale Rahmung	Institutionell ordnungsrechtliche, aber individuell soziale Perspektive	Institutionell soziale, aber individuell ordnungs- und strafrechtliche Perspektive
Problemdefinition	Drogenabhängigkeit der Straßenprostituierten, ungleiche Reglementierung von Prostituierten und Kunden	Störung der öffentlichen Ruhe und Ordnung in Wohngebieten, kriminelles Umfeld der Prostitution

Soziale Kategorisierung	Viktimisierung der Beschaffungsprostituierten, Stigmatisierung und Konstruktion der Kunden als »Täter«	Viktimisierung der Prostitutionskunden, Konstruktion der Prostituierten als autonome Handlungssubjekte (ohne Hilfebedarf)
Arbeitsansatz	Liberale Umsetzung des ordnungsamtlichen Auftrags, Versuch der Ausbalancierung des Interessengegensatzes zwischen verdrängenden und betreuenden Verwaltungspraktiken, »Mittelweg«	Verdrängung der Prostitution aus den Wohngebieten, »verdeckte Ermittlung« in der Prostitutionsszene, konsequent rigide Vorgehensweise
Problemlösungsstrategie	»Vermittlerrolle«: »sozialer Innovator«	Ausnutzung der rechtlichen Handlungsspielräume, Anwendung unkonventioneller Methoden, Ziellorientierung statt Verfahrenslegalität
Umweltbeziehung	Funktionale Zusammenarbeit mit Polizei, gezielte Kooperation mit sozialer Einrichtung durch individuellen Akteur (institutionell dominiert: Abgrenzung)	Eigenaktive Zusammenarbeit mit Ordnungsamt, Polizei und Staatsanwaltschaft, Anlassbezogene Zusammenarbeit mit sozialen Institutionen

Sozial sensibler Ordnungshüter[9]

»Ich hab da sowieso eine andere Auffassung, als ich eigentlich die Aufgabe habe. (leise) Weil (2) ich müsste eigentlich mehr auf der Streetworker-Seite arbeiten, von der Einstellung her. Aber ich bin halt beim Ordnungsamt, nicht auf dem Sozialamt. Und ich hab die Aufgabe. Das ist vielleicht auch manchmal ganz gut, weil man dann sogar ein bisschen anders denkt. (leise)«

---

9 Das der Fallrekonstruktion zugrunde liegende Experteninterview wurde am 18.1.2005 mit dem Mitarbeiter des Ordnungsamtes einer Großstadt geführt. Bei dem Gespräch waren neben dem Ordnungsbeamten drei Mitarbeiterinnen des Forschungsprojektes anwesend, von denen eine nur zuhörte und keine Fragen stellte.

Wahrnehmung der Prostitution: als naturalistisch, gegeben, traditionell

Der befragte Ordnungsamtmitarbeiter nimmt den Kauf und Verkauf sexueller Dienstleistungen als naturalistisch bzw. grundsätzlich gegeben wahr:

»Das ist halt so (.) da brauch' man es auch nicht (.) besonders klug machen wollen und sagen: ›Das geht nicht.‹ Der Bedarf ist da und solange der Bedarf da ist, wird es das auch geben.«

An die Möglichkeit der Abschaffung oder totalen Verdrängung der Prostitution glaubt er nicht, und verweist stattdessen auf die unkontrollierbaren Informationsstrukturen und eine gewisse geschichtliche Tradition des städtischen Straßenstrichs:

»Wir versuchen den Straßenstrich D-Straße ganz einzudämmen. Was nicht passieren würde, was nie passieren würde, glaub ich. Erstens wird er ja auch im Internet ordentlich angekündigt, ordentlich präsentiert. Und zweitens ist der äh Straßenstrich D-Straße, den gibt es seit 1800 und noch was. Also in der D-Straße ist schon das erste Hotel der Stadt E. entstanden.«

Veränderung vom »Hausfrauenstrich« zum »Drogenstrich«

Vor dem Hintergrund seiner eigenen beruflichen Erfahrungen beschreibt der Verwaltungsakteur die Wandlungsprozesse der lokalen Straßenprostitution in der jüngsten Vergangenheit. Ihm zufolge hat sich die zuvor mehr oder weniger unauffällige, vorhersehbare und »geregelte« Straßenprostitutionsszene zu einem prekären und neuralgischen »Drogenstrich« entwickelt:

»Früher, ganz früher war das der Hausfrauenstrich. Also 98/99 war das der Hausfrauenstrich. Da sind eigentlich die Hausfrauen früh um 10 Uhr dort hingekommen und haben sich nebenbei ein bisschen Geld verdient. Und wenn dann abends Feierabend und die Männer kamen nach Hause, so 15/16 Uhr, war dort Ruhe. Dann waren die Hausfrauen weg. Das hat sich dann derartig verschoben, weil wir dann dort waren. Da haben die Hausfrauen sich dann zurückgezogen. Sind wahrscheinlich in Häuser jetzt gegangen (.) Wohnungen. Wo genau, das kann man nicht nachvollziehen. Und das wollen wir auch gar nicht, weil das gar nicht unsere Aufgaben ist. Und dann haben sich die sogenannten ›jungen Mädchen‹ dort breit gemacht. Die haben die auch ein bisschen verdrängt. Und na jetzt ist es ein reiner Drogenstrich, muss man so sagen.«

Problematisierung der Beschaffungsprostitution

Die Problemlage wird hinsichtlich ihres quantitativen Ausmaßes relativiert und der lokale Straßenstrich von der Situation in anderen Großstädten abgegrenzt. Dafür akzentuiert der befragte Ordnungsamtmitarbeiter den sozialen Problemhintergrund, der in der Drogenabhängigkeit der sich dort prostituierenden Frauen besteht:

»Nun kann man natürlich unseren Straßenstrich mit dem Hamburger und mit dem Münchner und mit dem Frankfurter oder Berliner überhaupt nicht vergleichen. Wenn dort (.) dort sind täglich zwischen 50 und 100 Frauen unterwegs. Bei uns sind es täglich, im Moment von 5 bis 10 Frauen täglich (.) den ganzen Tag. Also man kann nicht immer sagen Frauen. Das sind fast alles Mädchen. Die älteste ist 36. Das ist auch die Einzige, die nicht drogenabhängig ist. Alle anderen, die sind so zwischen 18, 26. Und die sind alle drogenabhängig. Und das ist eigentlich auch das Problem bei uns.«

Individuelle vs. institutionelle Wahrnehmung des Verwaltungsgegenstandes

Die Straßenprostitution gerät bei dem sozialen Akteur also, entgegen seiner institutionell vorgegebenen Rahmung, in erster Linie aus einer sozialen Perspektive in den Blick. Im Mittelpunkt steht nicht die öffentliche Ordnung, sondern die psychosoziale Lage der drogenabhängigen Prostituierten, die er vor diesem Hintergrund auch weniger als Täterinnen denn als hilfsbedürftige Subjekte wahrnimmt. Deren Viktimisierung und Infantilisierung kommt auch darin zum Ausdruck, dass er die erwachsenen Frauen angesichts ihrer Drogensucht und Prostitutionstätigkeit als »Mädchen« kategorisiert.

Prostitution im Sperrbezirk: »*Eigentlich ist es ja keine Straftat*«

Die verbotene Ausübung der Prostitution im Sperrgebiet wird von dem Verwaltungsbeamten, unabhängig von der Gesetzeslage, auch nicht als wirkliche Straftat oder Verbrechen sondern mehr als Bagatelldelikt bzw. Vergehen bewertet:

»Weil Prostitution als solches (.) gibt nicht viel. Auch wenn es steht bis zehn Jahren, kann du aber (.) wenn wir dann mal ganz ehrlich sind, eigentlich ist es ja keine Straftat, wenn man es mal so richtig sieht. Aber eben die ganzen anderen Umstände, Drogen, Diebstahl, und und und. Nur auf Grund dessen, werden die dann meistens (.) verurteilt. Und da passiert (.) da kommt es dann meistens zwischen einem Viertel und halben Jahr, aber mehr ist bis jetzt eigentlich nie raus gekommen. Ich kenne jetzt eine Prostituierte, die sitzt jetzt bis 2007. Da ist dann schon mehr vorgekommen. Ansonsten wegen der Prostitution alleine, würde die nie so viel kriegen. Also die Richter, die können das schon einordnen. Die meisten, sagen wir es einmal (.) Dass es eigentlich, naja (.) arme Leute sind, wenn man es so will.«

Infantilisierung der drogenabhängigen Frauen vs. Bürgerbeschwerden

Während der Ordnungsamtmitarbeiter die drogenabhängigen Straßenprostituierten als zeitweise unzurechnungsfähig beurteilt und tendenziell verteidigt, entschuldigen die Anwohner deren Gegenwart und Verhaltensweisen keineswegs. Sie fühlen sich gestört und versuchen etwas gegen die als belastend empfundene Situation zu unternehmen, indem sie beim Ordnungsamt Beschweren einreichen und die Durchsetzung der Sperrbezirksverordnung fordern:

»Das sehen aber viele anders. Die Bewohner dort, die sehen das halt anders. Es ist ja auch ein bisschen- (.) Obwohl die ja nicht aussehen, wie eine richtige Prostituierte. Die sind ja normal angezogen (.) in der Regel. Wenn sie nicht gerade so-, na sich so daneben benehmen würden, weil sie wieder Stoff brauchen. Die benehmen sich ja meistens dann daneben, wenn sie wieder Stoff brauchen. Und dann wissen sie ja nicht mehr, was-, was mit ihnen los ist. Dann können sie ja nicht mehr klar denken. Wenn die Stoff haben oder wenn die gerade was zu sich genommen haben, da sind sie ja relativ normal. Da schweben die zwar im siebten Himmel, aber dann können die aber auch klar denken (.) relativ klar denken. Während die, wenn die-, wenn die wieder Stoff brauchen, und da kommen sie ja immer bloß auf die D-Straße, da schaukeln die ja fast rum. Da denkste ja, die sind besoffen oder ähnliches. Und nur deshalb werden die eigentlich auch durch die Bevölkerung wahrgenommen. Nicht wegen-, weil die besonders aufreizend angezogen sind oder was. Das ist da nicht so. Die sind ganz normal angezogen. Würdest du als Außenstehender nicht erkennen. Wenn du dann nicht dann ein bisschen beobachtest.«

Begrenzte Wirksamkeit der repressiven Verwaltungsmaßnahmen:
»Hartnäckige Freier«

Die repressiven Verwaltungsmaßnahmen scheinen aber nur begrenzt wirksam zu sein. Der Mitarbeiter des Ordnungsamtes unterscheidet hier beispielsweise zwischen Straßenprostitutionskunden, die die Gefahr einer ordnungsrechtlichen Belangung bis zu einem gewissen Grad abschreckt, und den »hartnäckigen Freiern«, die sich auch durch das Ansprechverbot und die Auferlegung von Bußgeldern nicht davon abhalten lassen, im Sperrbezirk sexuelle Handlungen gegen Entgelt zu vereinbaren bzw. mit den Prostituierten Kontakt aufzunehmen. Diese sogenannten Stammkunden verfügen nach Aussage des Verwaltungsmitarbeiters, trotz Verstoß gegen die Polizeiverordnung, über keinerlei Schuldbewusstsein. Sie kritisieren teilweise sogar die Verdrängungsaktivitäten der Stadtverwaltung, die den Prostituierten in ihren Augen die Verdienstmöglichkeiten nehmen. Der in seiner Position unsichere und mit seinem Auftrag unglückliche Ordnungsbeamte setzt sich mit dieser Kritik ernsthaft auseinander, gibt aber die Vorwürfe an die Kunden der Beschaffungsprostituierten zurück und

lässt als einzig sinnvolles und adäquates Ziel den Drogenentzug und die
Therapie der abhängigen Frauen gelten:

»Ich will mal so sagen, es gibt Freier, die sind seit 20 Jahren dort (.) seit 20 Jahren. Und die fühlen sich als Sozialarbeiter. (*ironisch*) Ja, ja (.) Der hat sich bei
mir beschwert, wieso wir ihn ständig verfolgen. Er ist ja schließlich besser als
wir (.) weil er den Mädchen Geld beschafft. Ich sag: ›So kann man es natürlich
auch sehen. Ich kann aber auch davon ausgehen, dass Sie die Mädchen erst recht
in den Ruin treiben, weil Sie nämlich die Möglichkeit den Mädchen geben, dass
die wieder zu ihren Drogen kommen‹. Ich sag: ›Sie müssten eigentlich dafür arbeiten, dass die <u>von</u> der Droge kommen‹, sag ich, ›<u>darum</u> geht es ja eigentlich‹.
Und (.) seit Juni, seitdem wir den Paragraphen 3 der Polizeiverordnung haben,
›Ansprechverbot‹, äh ist das weniger geworden. Aber die Stammfreier, die <u>hart-
näckigen</u> Freier, die kriegt man nicht los. Kriegt man nicht los, auch nicht (.)
auch nicht durch, durch ein Bußgeld durchs Ordnungsamt. (*leise*) Die bezahlen
das trotzdem, denn dann- (.) Die haben alle auch bisher bezahlt, wo es rechts-
kräftig gewesen ist. Hat noch keiner nicht bezahlt.«

*Stigmatisierung der Straßenprostitutionskunden und Kategorisierung als
Täterinnen*

Im Gegensatz zu der Beziehung zu den drogenabhängigen Prostituierten
ist das Verhältnis zu deren Kunden durch weitaus weniger Toleranz und
Verständnis gekennzeichnet. Die Darstellungen des Verwaltungsakteurs
sind nicht nur durch Beschwerdehandlungsschemata sondern auch durch
offensichtliche Stigmatisierungen gekennzeichnet:

»Man braucht sich nicht drüber zu unterhalten (.) über die Männer, die auf der
D-Straße dort dem Geschäften nachgehen. Dass das, naja für meine Begriffe,
›Schweine‹ sind. Brauchen wir gar nicht drüber zu diskutieren. Aber es ist halt
so. Damit muss man leben.«

In seinen Deutungsmustern stellen sie die eigentlichen Täter dar. Vor diesem Hintergrund wird von dem sozialen Akteur auch die lokale Einführung des Ansprechverbots, die sogenannte Freierklausel, stark befürwortet
und vertreten:

»Wir sind ja froh, dass wir das schon durchgekriegt haben. Es gibt ja nicht allzu
Städte, die das machen. Gibt, glaube ich, 5 Städte innerhalb der Bundesrepublik,
die das Ansprechverbot haben. Und (2) Amerika macht das ja anders. Ich nehme
das eigentlich nicht immer als Beispiel, Amerika, weil es da viele Sachen gibt,
wo man sich da kein Beispiel nehmen sollte (*lachen*), aber die gehen generell gegen die Freier vor. Nicht gegen die Prostituierten. Die gehen zwar auch gegen
die Prostituierten, aber ihr <u>Hauptfeind</u>, wenn man es mal so vorsichtig ausdrücken soll, ist der Freier, nicht die Prostituierte. Nachdem bei uns ja, der Haupt-
feind, nehmen Sie das nicht so wirklich, äh äh die Prostituierte ist.«

Trotzdem die Beziehungen des Ordnungsamtes auch zu den im Sperrgebiet agierenden Prostituierten problembeladen und gespannt sind, werden vor allem die Konflikte mit den Prostitutionskunden hervorgehoben und negativ beurteilt. Für die Auseinandersetzungen und Schwierigkeiten mit den drogenabhängigen Prostituierten findet der Ordnungsamtmitarbeiter dagegen Entschuldigungen und Beschönigungen.

I: Und diese Freierklausel wurde eingeführt, um die Kontrollen effektiver zu machen oder von beiden Seiten dann was machen zu können?

O: Das ist nur, um gegen die Freier was unternehmen können, weil die sind ja immer als lachender Dritter, kamen die sich immer vor. Gegen die konntest du nichts machen. Und die kamen immer wieder und die haben dich äh beschimpft noch und nöcher. Also was wir uns schon manchmal für-, von den Freiern sagen lassen mussten, das ist schon extrem. ›Verbrecher‹, ›Stasi‹, (2) Alles Mögliche also haben wir uns von denen anhören müssen. Obwohl die ja eigentlich die diejenigen sind und nicht wir. Während die Prostituierten zu 70 Prozent eigentlich das akzeptieren, dass wir da sind, muss ich sagen. Die akzeptieren es und wissen ja eigentlich auch, dass die was Verbotenes machen, aber die sind eben halt so weit, dass die gar nicht anders können. Und das ist auch das Problem.

So scheinen seine ordnungsrechtlich begründeten, repressiven Verwaltungspraktiken stärker an der Belangung der Prostitutionskunden als an dem Vorgehen gegen die sich prostituierenden Frauen orientiert und motiviert.

Normalisierung der Straßenprostitution: keine strafrechtlich relevanten Erscheinungen

Auf die Interviewerinnenfrage nach kriminellen Strukturen bzw. Straftaten wie Zuhälterei oder Menschenhandel zum Zweck der sexuellen Ausbeutung stellt der Verwaltungsakteur die ihm vertraute Straßenprostitutionsszene, abgesehen von der Drogenthematik, als unproblematisch dar. Seinem Wissen nach ist der städtische Straßenstrich frei von »organisierten Strukturen« und »bösen Zuhältern«. Umsichtiger weise beschränkt er seine Aussage auf den für ihn zugänglichen und überschaubaren Bereich der Outdoor-Prostitution. Hinsichtlich der Zuhälterei-Problematik verweist der Mitarbeiter des Ordnungsamtes auf die Anwesenheit der »Betreuer« bzw. ebenfalls drogenabhängigen Freunde der Beschaffungsprostituierten. Mit dieser Kategorisierung interpretiert er deren Verhältnis als rein private, strafrechtlich irrelevante Angelegenheit und schreibt den Begleitern der Frauen primär eine Schutzfunktion zu:

»Gibt es bei uns, Gott sei Dank, nicht. (*leise*). Da rede ich aber nur von der Straßenprostitution. (*lauter*) Was in den Häusern passiert, (.) das kann ich nicht hier nachvollziehen. In der Stadt E. gibt es, Gott sei Dank, überhaupt keine Ausländer

(.) bei der Straßenprostitution. Es gibt auch kein organisiertes Verbrechen in dem Sinne wie (.) wie die ›bösen Zuhälter‹, oder Ähnliches. Das gibt's eher- Das gibt's hier nicht. Die haben zwar alle so (.) oder viele von den Mädchen haben hier so einen (.) Betreuer, sagen wir es mal, (.) einen Freund, der immer ein bisschen aufpasst. Der ist aber meistens drogenabhängig. Und da schaffen die für den auch noch mit an. Das ist (.) da müssen sie also sozusagen doppelt arbeiten. Aber der passt dann bloß so ein bisschen auf, auf die (.) in welches Auto, die einsteigen. Merkt sich dann das Kennzeichen, dass wenn irgendwann mal was ist, das der dann reagieren kann.«

Beziehung zu den Adressatinnen des Verwaltungshandelns: positiv

Interessanterweise sind die Interaktionsbeziehungen der sich prostituierenden Frauen zu den Mitarbeiterinnen des Ordnungsamts auch durch positive Bezüge und vertrauensvolle Momente gekennzeichnet. Nach Darstellung des befragten Verwaltungsakteurs wenden sich die Prostituierten in Gewaltsituationen oder Bedrängnis mitunter an die Vertreterinnen der tendenziell repressiv auftretenden Verwaltungsorganisation, und suchen dort Hilfe und Schutz:

»Da kommt die auch zu uns, wenn es mal Übergriffe gibt oder irgendwas (.) einer bedroht sie, da wissen sie genau, wo das Ordnungsamt ist. Das ist erstmal auch positiv. Da wissen sie nämlich dann können wir eventuell auch helfen, aber meistens müssen sie sich dann sowieso eine Strafanzeige stellen, die bei der Polizei gegen die (.) Person. Ja (.)«

Das Verhältnis zwischen den Verwaltungsadressatinnen und den Verwaltungsakteurinnen beruht also nicht nur auf negativen Erwartungen, Spannungen und wechselseitigen Ausschließungen, sondern beinhaltet auch ein gewisses Maß an Vertrauen in das Rechtempfinden und die Gewissenhaftigkeit der lokalen Ordnungsamtmitarbeiter.

Diffuse Kategorisierung »Schwulenstrich«

Im Zusammenhang mit der Vereinbarung sexueller Dienstleistungen verweist der befragte Verwaltungsakteur auf verschiedene, im Rahmen des beruflichen Handelns beobachtete öffentliche Szenen bzw. Treffpunkte von Homosexuellen, die er diffus und spekulativ als »Schwulenstrich« kategorisiert:

»Es gibt noch ein (.) Phänomen (.) der Stadt E., was sicher mit dem Drogenstrich nichts weiter zu tun hat, (.) der Schwulenstrich (.) Der wird immer stärker. Wir hatten eine Zeit lang (.) das ist natürlich auch kompliziert, ein Schwulenstrich, äh als Schwulenstrich dann auch zu (.) zu erkennen. Weil dort trifft ja sehr-, also zu 60 Prozent nicht zu, das äh das die gegen Bezahlung das machen (.) die Schwulen. Die treffen sich und (.) ma- machen's ohne Geld. Und (.) so vielleicht 40

Prozent in der F-Straße dort ist der (.) und (2) im Moment ist dort nichts mehr, weil (.) wir dort (2) äh auch verstärkt gewesen sind. [...] Da sind wir auch. Ja, das machen wir auch mit. Aber dort machen wir-, dort haben wir ja äh Anfang des vorigen Jahres, ne April, April bis Juni, haben wir dort verstärkt auch Platzverweise erteilt.«

Die Ungenauigkeit und Unsicherheit in der Einschätzung der libidinösen Zusammenkünfte deutet auf ein sowohl theoretisch wie praktisch begrenztes Spezialwissen über Prostitution, Sexualität und Alternativkulturen hin:

»Und nun kann man sich natürlich streiten. Kann man sich wirklich streiten: Ist das Prostitution, wenn du gegen freiwillig das machst? Das kannst du dann dort erst einmal gar nicht beweisen. Du kannst aber dann, wenn die Sperrbezirksverordnung dann nicht greift, aber nach dem Paragraph 183a Strafgesetzbuch ›Erregung öffentlichen Ärgernisses‹ (.) kannst du sofort eingreifen. Wir haben dort nichts gemacht am D-Denkmal. Dort gab es keine Beschwerden. Ja, wer soll sich denn dort beschweren? Dort, ist ja eigentlich nie was gemacht worden. Wir haben es bloß beobachtet. Und (.) aber, wie gerade im L-Park, oder E-Straße, da gab es halt Beschwerden. Und dort haben wir etwas machen müssen. Und da (.) ganz gleich, ob wir das nun nach der Sperrbezirksverordnung oder nach dem Strafgesetzbuch, oder nach dem Ordnungswidrigkeitsgesetz, ist ja auch ›Erregung öffentlichen Ärgernisses‹ (.) gibt es ja dann auch.«

Trotz der primär alltagweltlichen Wissensbestände und der grundlegenden Unwissenheit, Unerfahrenheit und Ahnungslosigkeit sind die Wahrnehmungs- und Handlungsmuster des Ordnungsamtakteurs aber von keinerlei offensichtlichen bzw. praktisch relevanten Vorurteilen oder Stigmatisierungen durchzogen, sondern vielmehr durch Toleranz bzw. Duldung und ein gewisses Maß an Liberalität gekennzeichnet:

»Mir doch egal, ob da einer schwul ist oder nicht schwul ist. Bitte, solange wie sie sich nicht in der Öffentlichkeit präsentieren, solange ist mir das da ›wurscht‹. Und wenn sie es natürlich in der Öffentlichkeit präsentieren, gibt es halt ein Gesetz ›Erregung öffentlichen Ärgernisses‹, Paragraph 183a Strafgesetzbuch, macht man sich strafbar. Und das ist halt so. Wenn du so (.) ist ja auch nicht angenehm, wenn man dort sitzt, der Haltestelle gegenüber und wo sich dann zwei Männer gegenüberstehen, die sich dort befriedigen. Und das in der Öffentlichkeit. Muss man glaube ich, nicht machen.«

»Wir gehen-, wir reagieren sowieso nur nach Beschwerden«

Auf die Interviewerinnenfrage nach dem konkreten Anlass der ordnungs- bzw. strafrechtlichen Interventionen wird die administrative Praxis nicht auf die Aufrechterhaltung der öffentlichen Ordnung an sich zurückgeführt, sondern mit dem Eingehen konkreter Bürgerbeschwerden begründet bzw. legitimiert:

»Da gab es Beschwerden. Wir gehen-, wir reagieren sowieso nur nach Beschwerden. Freiwillig gehen wir da nicht hin. Aber es gibt noch, es gibt noch einen interessanten Schwulenstrich (.) E-Denkmal (.) Parkplatz E-Denkmal. Weil, aber dort (.) das machen sie dort im Auto. Treffen sich dort Leute im Auto. Wir haben 2000 rum, 2001, haben wir nachts Kontrollen gemacht auf Friedhöfen, weil es dort immer Randale gab. Grabschändung, und und und. Haben wir nachts dort Kontrollen gemacht auf dem Friedhof. Da haben wir uns gewundert was nachts, fast um eins, so viele Autos auf dem Parkplatz stehen. Kein Mensch weiß warum dort Autos stehen. Bis wir dann mal geguckt haben, ins Auto geguckt oder mehr beobachtet haben, dass da Leute drinnen saßen. Und immer Männer oder Frauen zusammen. Also zwei Frauen oder zwei Männer. Da haben wir das dann mitgekriegt, dass dort eigentlich ein Autostrich ist, für die Schwulen.«

Die Anwendung repressiver Verwaltungsmaßnahmen beruht in keiner Weise auf den sozialen Moralvorstellungen und Wertorientierungen des befragten Ordnungsamtsakteurs, sondern stets auf imperativen Handlungsbedingungen und -situationen. Auch im Hinblick auf die Ausübung der verbotenen Prostitution ist das Eingreifen des Verwaltungsbeamten nicht als prinzipielle Durchsetzung der geltenden Sperrbezirksverordnung sondern vielmehr als unumgängliche Reaktion auf die Einwände und Proteste der Anwohner zu charakterisieren:

»Ja, wir haben bis 1998 überhaupt nichts gemacht. Da ist das gelaufen. Da gab es keine Beschwerden. Und dann gab es aber immer mehr Beschwerden durch die Bevölkerung, weil es ja auch größer geworden ist, weil die Mädchen ja auch (.) auffälliger geworden sind, durch ihre Drogensucht. Und da gab es eine richtige Bürgervereinigung, die sich dort gegründet hat, gegen den Drogenstrich. Und die richtig (.) aggressiv gegen die Stadt gewettert hat. Und da musstest du zwangsläufig dort was machen.«

Gemäßigte Reglementierung der Prostitution im Sperrgebiet

Vor diesem Hintergrund wird die geltende Sperrgebietsverordnung von dem Ordnungsbeamten eher nüchtern und gelassen umgesetzt und deren Übertretung verhältnismäßig behutsam und bedächtig sanktioniert. Die sich dort prostituierenden Frauen erhalten von dem Verwaltungsakteur erst dann einen Platzverweis, wenn die Anzeichen relativ eindeutig sind und die zielgerichtete Kontaktaufnahme mit potenziellen Kunden, das sogenannte Kobern, über eine längere Zeit beobachtet worden ist. Angesichts der im nachstehenden Interviewausschnitt thematisierten, gegenseitigen Bekanntheit von Ordnungsbeamtinnen und Prostituierten werden die Frauen teilweise auch schon im Vorhinein gewarnt bzw. ermahnt, die Prostitutionstätigkeit abzubrechen und den Straßenstrich zu verlassen. Dieser Hinweis wird von den Prostituierten, nach Darstellung des Verwaltungsakteurs, in der Regel befolgt, wobei der Effekt aber nur von vorübergehender

Dauer ist und von der situativen Präsenz des Ordnungsamtes oder der Polizei abhängt. Dass der befragte Akteur den Prostituierten eigentlich nicht übel will, und weder daran orientiert ist, sie arglistig zu erwischen, noch ihnen in irgendeiner Weise zu schaden, zeigt sich nicht zuletzt darin, dass er bei den örtlichen Kontrollen vorsorglich seine Autotür verschließt, um – im Gegensatz zur Scheinfreierstrategie – nicht versehentlich mit einem potenziellen Kunden verwechselt zu werden:

»Wenn ich natürlich Frau X, Y ständig auf der D-Straße sehe und die schon fünf Mal eingestiegen ist, und wir sie auch schon (.) erwischt haben, dann gehe ich davon aus, dass sie auf der D-Straße ist, um weiter Geld zu verdienen. Da kann ich erst einmal grundsätzlich davon ausgehen. Aber das (.) das macht erst einmal für uns nichts, wenn die auf der D-Straße sind und (.) aber wenn die dann mit den Freiern Kontakt nimmt, also mit den Autos Kontakt aufnimmt (.) und das sieht man ja auch, wenn die dann nickt und der nickt (.) und die geht dann hin, macht ein Gespräch, dann greifen wir zu. Basta (.) Und nicht anders. Und außerdem, wir haben jetzt eine uns bekannte, die ständig da ist. Dass wir da eher sagen: ›Hier gehen Sie lieber, bevor wir Ihnen einen Platzverweis erteilen‹. Das ist schon so. Und (.) oft ist es ja auch so, wenn die uns sehen, da gehen die erst einmal. Meistens, sagen wir es mal, ist es so. Es gibt wenige, die dann nicht gehen. Die sagen: ›Na jetzt sind die Dummen vom Ordnungsamt da. Da gehen wir erst einmal‹. (lachen) Da verschwinden die. Und dann, wenn es dann Ruhe ist, dann verschwinden wir ja auch. Und das kriegen die aber auch schnell mit, obwohl die eigentlich nicht viel mitkriegen, aber das kriegen sie dann mit, dass dann keiner vom Ordnungsamt da ist. Und dann kommen die wieder und dann klappt das irgendwann mal. Das ist klar. Da brauchen wir uns auch nichts vormachen, dass die so viel Respekt haben, dass sie überhaupt nicht wiederkommen. Das ist klar. Aber, das -(.) Wir kennen sie ja auch alle mit dem Namen. Wir kennen sie ja. Die kennen uns genauso. Das ist klar, wenn du 4, 5 Jahre dort täglich bist, da bist du dann bekannt. Und trotzdem passiert es, dass sie in dein Auto einsteigen. (lachen) ›Ach du Scheiße‹, sagen sie dann. Wenn du dann mit einem anderen Auto mal da bist, da (.) und stehst dann an der (.) an der Straße, da steigen sie schnell ein. Ich mach, wenn ich schon immer dort hin fahre (.) und meistens fahre ich alleine hin, und wenn, da mache ich schon immer die Tür zu, damit gar keiner einsteigen kann. Ja, das passiert.«

Anpassung der Sanktionsmaßnahmen an Adressatinnen des Verwaltungshandelns

Der Durchsetzung der Sperrbezirksverordnung liegen in Abhängigkeit von der Adressatinnengruppe unterschiedliche Verwaltungsmaßnahmen und Strategien zugrunde. Im Rahmen einer formalen Gegensatzanordnung differenziert der soziale Akteur diesbezüglich deutlich zwischen den, »klar denkenden« und einsichtigen Gelegenheitsprostituierten des früheren »Hausfrauenstrichs« und den zeitweise unzurechnungsfähigen, drogenabhängigen Frauen der gegenwärtigen Straßenprostitutionsszene. Während die »Hausfrauen« durch Verhängung von Platzverweisen oder Aufenthaltsverboten erfolgreich zu reglementieren waren, erweist sich diese »sanfte« Form der Sanktionierung bei den Beschaffungsprostituierten als unzureichend und ineffektiv. Daher haben die Verwaltungsinstitutionen die Ahndung der ordnungswidrigen Handlung verstärkt bzw. intensiviert, und leiten bei mehrmaligen Verstößen auch Strafverfahren ein:

»Und da es '98/99 viele Beschwerden gab, durch die Bevölkerung, da war es noch relativ stark (.) da wurde eine Sondergruppe geschaffen beim Ordnungsamt, um die Mädchen wieder dort zu vertreiben. Das wurde im Rahmen von Platzverweisen gemacht. Da zog das noch. Indem man so ein Platzverweis den Prostituierten gegeben hat, ohne dass man sie finanziell belangt hat. Und da sind die gegangen. Das aber waren so die (.) die Hausfrauen. Das waren die, die noch klar denken konnten, muss ich mal so sagen. Bei den Jetzigen, die können ja fast alle nicht mehr so richtig denken. Die sind, also die meisten, sagen wir mal 70 Prozent von denen (.) Mädchen, die dort sind, die wissen überhaupt nicht, was wir denen erzählen. Das ist das Problem. Die sind meistens schon so weit unter Droge, dass die nicht mehr (.), dass sie aufnehmen können, was wir denen erklären zu versuchen, sagen wir mal so. Und da hilft auch kein Platzverweis mehr. Also, da musst du wirklich (.), um die Aufgabe, die wir haben, zu erfüllen, musst du dort mit (.) ja mit Platzverweisen zwar arbeiten. Du musst aber das dann auch weiter verfolgen. Und das wird verfolgt, indem es dann zur Polizei geht. Dort wird entweder eine Ordnungswidrigkeitsanzeige gemacht (.) Paragraph 120 –O-. Oder, wenn die mehrmals eingetragen worden sind, dann ist es schon eine Straftat. Dann (.) Beharrlichkeit. Und das ist dann eine Straftat. Weil es mit Vorsatz ist. (.) Und damit wird ein Strafverfahren eingeleitet.«

Die der verschärften Vorgehensweise zugrundeliegende, in Bezug auf die drogenabhängigen Klientinnen unangemessene und unrealistische Verantwortungszuschreibung für das eigene Handeln wird dabei weder von dem »sozial sensiblen« Mitarbeiter, geschweige denn von den anderen Akteurinnen des Ordnungsamtes oder der Polizei vollends berücksichtigt bzw. reflektiert.

Nutzung individueller Ermessensspielräume bei der Erteilung von Platzverweisen

Früher wurde den im Sperrgebiet arbeitenden Prostituierten vom Ordnungsamt ein Aufenthaltsverbot erteilt, welches bei Nichteinhaltung mit der Verhängung eines »Zwangsgeldes« einherging. Mit Bedacht auf die geringen Erfolgsaussichten von den drogenabhängigen Frauen Geldstrafen einzufordern, erhalten diese heute einen Platzverweis, gegen dessen Verstoß sie in Polizeigewahrsam genommen werden können. Bei der Erteilung der Platzverweise nutzt der Ordnungsbeamte die ihm gegebenen Handlungsspielräume und legt den Zeitraum individuell, d. h. von Fall zu

Fall fest. Während die von ihm aufgrund seiner Erfahrung als »hartnäckig« kategorisierten Prostituierten längerfristige Platzverweise von drei Tagen erhalten, kommen die »weniger Hartnäckigen« mit einem Tag davon. Vor dem Hintergrund des als unliebsame Aufgabe empfundenen Verwaltungs- auftrags rechtfertigt der Ordnungsbeamte die Reglementierung der dro- genabhängigen Frauen mit Platzverweisen im Vergleich zu einer Sanktio- nierung mit Geldstrafen als zweckmäßiger und verträglicher:

»Wir haben die allererste Zeit mit Aufenthaltsverboten gearbeitet. Und als wir damals hier die -, (.) Hausfrauenstrich hatten, haben wir mit Aufenthaltsverboten bis zu einem Monat, damals zählte das noch einen Monat, haben wir damit gear- beitet. Wenn du ein Aufenthaltsverbot (.) aushändigst musst du auch gleichzeitig ein Zwangsgeld antragen. Zwangsgeld setzt voraus, so damals 250 DM, jetzt so etwa 125 Euro, dass du, wenn du die wieder antriffst, dann das Zwangsgeld fest- setzt. ›Greif mal einer nackigen Frau in die Tasche!‹ Deshalb haben wir das mit den Platz-, Aufenthaltsverboten nicht mehr angewandt. Weil das du nie-, (.) du kannst das Zwangsgeld nie eintreiben. Du kriegst das nie. Und eh du das dann eintreibst, ist der Aufenthaltsverbot hinfällig. Und damit hast du ja eigentlich das, was du damit erreichen wolltest, nicht erreicht. Und deshalb (.) die Zwangs- (.) das Zwangsmittel Aufenthaltsverbot, nicht. Während dem (.) Platzverweise, du willst eigentlich bloß erreichen, dass die Mädchen, die Frau (.), das die von der Straße verschwindet. Deshalb Platzverweise. Und dann kriegt meistens, zwi- schen einem und drei Tagen. Die meisten fragen dann: ›Wieso macht ihr drei Tage, die Polizei macht fast nur immer einen Tag!‹ Und wir machen drei Tage. Manchmal (.) Meistens. Das kommt ja immer auf die Prostituierte drauf an. Die ›Hartnäckigen‹, die kriegen drei Tage, die ›weniger Hartnäckigen‹, die kriegen einen Tag. Weil bei der weiß man, da ist sie verschwunden. Und bei der Hartnä- ckigen, da weißt du ganz genau, die (.) in 10 Minuten wieder da. Und damit du eben den Antrag hast. Dss ist immer noch besser als dass du Zwangsgeld-, also wenn du dann auch noch Geld von ihr verlangst.«

Kategorisierung der Verwaltungspraxis: Verdrängen vs. Betreuen

Die auf die Prostitution ausgerichtete Verwaltungsarbeit strukturiert der Akteur anhand des Gegensatzes von repressiv-verdrängenden und sozial- betreuenden Aktivitäten bzw. Organisationen, und klassifiziert diese als »gut« bzw. »böse«:

»Also Polizei und wir, wir haben den sogenannten-, die sogenannte Aufgabe: verdrängen, verdrängen (2). Das Straßenstrichverbot-. Äh so die in dem Niveau zu halten, wie nur möglich. Die Streetworker haben die Aufgabe, die Mädchen zu betreuen. Denn ihre Betreuung ist in so weit, die können das sicher genauer erklären, aber kann es erstmal so ganz grob fassen, die von der Droge abzubrin- gen. Äh ihre Hauptaufgabe ist aber im Moment, den Mädchen mit Kondome, mit ordentlichen Spritzen und (2) manchmal auch ein bisschen was zu essen zu ge- ben (.) zu verteilen. Das ist denen ihre vorrangige Aufgabe. Die sind direkt, die haben ja auch ein Büro unmittelbar in der D-Straße, in der R-Straße. Und (.) die haben da ne richtige Sprechstunde für die Mädchen und versuchen denen zu helfen.«

Rollenkonflikt: Individuelle Orientierung vs. institutionelle Zugehörigkeit

Angesichts seiner individuellen Motivation und Orientierung ordnet sich der Mitarbeiter des Ordnungsamtes, entgegen seines institutionellen Auftrags, der sozialen Seite zu und sieht sich selbst eher als Sozialarbeiter. Die von ihm alltäglich ausgeübte Berufspraxis beruht auf einer ausgeprägten Rollendistanz, und ist durch den offen thematisierten Konflikt zwischen amtlichem Auftrag und persönlicher Position gekennzeichnet. Dieses Dilemma versucht der Ordnungsamtmitarbeiter dadurch zu bearbeiten, dass er in die institutionell vorgegebene Verwaltungsaufgabe der Durchsetzung der Sperrgebietsverordnung naive Betreuungs- und Beratungselemente integriert:

»Also ich hab die ersten Jahre regelmäßig mit den Mädchen gesprochen. Regelmäßig denen erklärt, was sie eigentlich anders machen können. Dass sie zum Beispiel, na dann in ein Haus (*Anmerkung: Indoor-Prostitution*) gehen können, wenn sie es unbedingt machen müssen. Muss ja auch betreut werden. Wo sie auch dann sich regelmäßig ärztlich betreuen lassen müssen. Aber die sind gar nicht in der Lage das nachzuvollziehen. Und aus dem Grund ist es kompliziert. Das auch denen zu erklären, dass sie sich dem Entzug stellen sollen. Das ist immer das Problem. Am Anfang sagen sie ja, wenn man so was (.) Und dann macht man ein Termin aus. Es gibt ja dort auch Gute. (.) Die Kirche ist ja auch dort sehr rege, arbeitet sehr rege, die A-Kirche, also die A-Stiftung dort, um den Mädchen zu helfen. Und mit dem Herrn B., der ja da der führende Mensch ist, mit dem haben wir auch engen Kontakt. Also wir versuchen die Mädchen dann oft dorthin zu bringen. Aber wenn du die nicht bei der Hand nimmst und gleich dorthin gehst, den nächsten Tag kommen die dann nicht. Hab mal mit mehreren Mädchen dort Termin ausgemacht, dass wir uns treffen und dann, dass ich die dort hinbringe und so (.) zu einer Betreuungsstelle und den nächsten Tag war sie nicht da. Das ist so eine Sache. Vielleicht war es ihr zu weit, zu weit zu fahren.«

An der Beschreibung der individuellen Ausgestaltung der organisationalen Rolle wird deutlich, dass dem Ordnungsbeamten zur Umsetzung des präferierten sozialarbeiterischen Ansatzes aber nicht nur der institutionelle Rahmen, sondern auch die professionelle Kompetenz eines Sozialarbeiters fehlt, denn der Versuch, drogenabhängige Straßenprostituierte zum Ausweichen in die Bordellprostitution zu überreden, stellt eine illusorische und fachlich wie methodisch inkompetente Problemlösungsstrategie dar.

*Wahrnehmung der begrenzten Wirksamkeit der repressiven Maßnah*men

Dessen ungeachtet nimmt der Verwaltungsakteur die eingeschränkte Zweckmäßigkeit und den kurzfristigen Nutzeffekt der permanenten Verdrängungsaktivitäten wahr. An einem Fallbeispiel schildert er sogar die Kontraproduktivität der konsequenten Durchsetzung der Sperrgebietsverordnung, die seiner beruflichen Beobachtung und Erfahrung nach nur das Ausweichen auf andere, kriminelle Formen zur Finanzierung der Drogensucht wie z. B. Raub- und Diebstahlsdelikte zur Folge hat:

»Wenn sie jetzt auf der D-Straße kein Geld verdienen, dann brauchen sie Geld. Also reißen sie einer alten Frau die Tasche aus der Hand. Das sind ja noch solche Sachen, die dann zusätzlich dazu kommen. Das beste Beispiel: Wir haben mal sonnabends zwei Mädchen verfolgt und (.) die haben das gemerkt, dass wir da waren und (.) was haben sie gemacht, sie sind in den F-Park und haben dort eine alte Frau überfallen. Ja, ja das ist dann die Reaktion. Aber (3) du (.) hast ja eine Aufgabe zu erfüllen und (.) wenn die Beschwerden nicht wären, hätten wir es sicher nicht so weit kommen lassen (*leise*).«

Favorisierung innovativer, integrativer Lösungsmodelle:

Vor diesem Hintergrund werden von dem Ordnungsbeamten alternative Verwaltungsmodelle zur Regulierung der Prostitution vorgezogen und befürwortet. Im Rahmen des Interviews stellt er mehrere Male eigenaktiv das sogenannte »Kölner Modell« heraus:

»Unsere Stadtväter wollen nicht, dass man ein Bereich schafft, wo-, wie zum Beispiel Köln. Die haben so etwas. Die haben eine Straße geschaffen oder ein ›U‹ geschaffen, wo das Auto reinfahren kann, dann wieder raus fahren kann. Und die sogenannten Mädchen dann dort (.) ›beglücken‹ (.) in Anführungsstrichen. Aber Stadt E. will das nicht. Wir hatten das schon mal vorgeschlagen, das auch hier zu schaffen. Das ist aber von der Politik abgelehnt worden. Somit arbeiten wir nach der Sperrbezirksverordnung.«

Dieses von einer kirchlichen Einrichtung initiierte Projekt beruht auf der Einführung eines legalen Straßenstrichbereichs, und ist durch die örtliche Präsenz staatlicher und zivilgesellschaftlicher Organisationen gekennzeichnet. Nach Expertinnenmeinungen finden in dem von der Polizei sowie den städtischen Ordnungs-, Sozial- und Gesundheitsämtern kontrollierten und betreuten Areal keine gewalttätigen Übergriffe auf die Prostituierten mehr statt, die überwiegend drogenkranken Frauen finden dort leichter Zugang zu Hilfs- und Beratungsangeboten, und es hat eine Verlagerung der zuvor im Sperrbezirk angesiedelte öffentliche Prostitutionsszene dorthin stattgefunden. In der Auseinandersetzung und Diskussion über alternative Strategien im Umgang mit der lokalen Drogen- und Prostitu-

tionsproblematik in der Stadt E. ist der befragte Ordnungsbeamte, neben
den sozialen Akteurinnen, der einzige, der für eine Übertragung dieses tolerierenden bzw. kanalisierenden, integrativen Konzeptes plädiert. Die
Vertreterinnen der Ordnungs- und Sicherheitsbehörden haben primär die
Wahrung der öffentlichen Ordnung und eines »makellosen« Stadtimages
im Blick und sind der sozialen Perspektive und Lösung gegenüber unauf-
geschlossen. Da das innovative Modell vor diesem Hintergrund von einflussreichen Akteurinnen als nicht sinnvoll und erfolgversprechend wahrgenommen und bewertet wird, bleibt die städtische Verwaltungspolitik
weiterhin an den traditionell repressiven Verdrängungsstrategien ausgerichtet, und eine engere, bereichsübergreifende Zusammenarbeit aller mit
der Problematik befassten Verwaltungsorganisationen kommt, zum Be-
dauern des sozial sensiblen Ordnungsbeamten, nicht zustande:

I: Sie haben vorhin gesagt, so dass Sie dieses ›Kölner Modell‹ vertreten würden.
Also gab es noch andere Institutionen in der Stadt E., die auch dafür gewesen
wären?
O: Die Streetworker. Auf alle Fälle. Ja. Aber ich war im Ordnungsamt so gut wie
der Einzige, der das vertreten hat. Und dann noch viele über mir finden, die mehr
zu sagen haben-, ist das nicht durchgesetzt worden. Wobei ich nach wie vor, das
so als sicher eine günstigere Variante halte. Da das Kölner Modell sagt ja, dass
da ein geschlossener Bereich ist, wo du reinfahren kannst und auch auf der anderen Seite wieder raus fahren kannst. Da sind wie solche Nischen, wo du mit deinem Auto, du dann rein fahren kannst und hinter der Nische ist so ein, wie so ein
Wirtschaftsbereich, wo die Prostituierten dann reingehen können, sich auch dort
hinsetzten können, Kaffee trinken können. Da gibt es auch Toiletten, da gibt es
auch hygienische Anlagen. Alles äh- Das äh das wäre so eine Sache, wo sie auch
unter Kontrolle sind. Und da ist ein Betreuer vom Jugend- und Sozialamt. Da ist
die Kirche dort mit vertreten. Da ist die Polizei und das Ordnungsamt vertreten.
Also (.) richtig unter Kontrolle. So wenn du es willst, ein offenes Haus. Und (.)
das will man aber hier nicht. (leise) Ich könnte mir gerade vorstellen, dort im
Bahnhofsbereich, B-Straße da hinten raus, wo das Gelände ja sowieso- (.), könnte man das durchaus einrichten. Dort gibt es dann auch äh Schuppen, die du mit
nutzen könntest. Aber (.) das ist nicht gewollt. (leise) Ich find das eigentlich
nicht verkehrt, aber (.) da rennst du dir-, da rennst du gegen die Wand.

Ausbalancierung zwischen verdrängenden und betreuenden
Verwaltungspraktiken

Angesichts seiner subjektiven Orientierung und Motivation versucht der
Verwaltungsangestellte im Rahmen seiner alltäglichen Berufsarbeit dennoch, den Interessengegensatz zwischen den repressiven und sozialen
Verwaltungsaktivitäten auszubalancieren. Die individuelle Ausgestaltung
seiner organisationalen Rolle beschreibt der Ordnungsamtmitarbeiter
selbst als »Mittelweg«, und thematisiert diesbezüglich die für den einzel-

nen Akteur in der Verwaltungspraxis verbleibenden und nutzbaren Handlungs- und Ermessensspielräume:

»Man muss davon ausgehen, wir haben die eindeutige Aufgabe, den Straßenstrich zu verdrängen, den Straßenstrich, so niedrig wie möglich zu halten. Und das ist unsere Aufgabe. Da gibt es ja nun-, Viele Wege führen nach Rom, sagt man ja immer. Man kann das durch einen Mittelweg machen: Man kann versuchen mit den Mädchen zu reden. Man kann versuchen mit anderen (*Anmerkung: gemeint sind soziale Einrichtungen*) noch zusammenzuarbeiten. Man kann seine Aufgabe auch so sehen: ›Mädchen, du hast hier nichts zu suchen, entweder weg, oder (.) oder, du kriegst einen Platzverweis‹.

In seinen eigenen beruflichen Handlungsmustern zeichnen sich starke Tendenzen ab, die repressiven Verwaltungsmaßnahmen zu relativieren und soziale Handlungsansätze zu integrieren.

Kooperatives Arrangement mit sozialen Organisationen

Dies wirkt sich auch auf die Wahrnehmung und Gestaltung der beruflichen Beziehungen zu den anderen Verwaltungsinstitutionen aus. Während die institutionell naheliegende, funktionale Zusammenarbeit mit der Polizei von dem sozialen Akteur persönlich distanziert betrachtet und kritisch bewertet wird, ist seine spezifische Verwaltungspraxis durch ein selbst initiiertes kooperatives Beziehungsarrangement mit den lokalen sozialen Einrichtungen gekennzeichnet, zu denen die Mitarbeiterinnen des Ordnungsamts und der Polizei im Allgemeinen in einem distanzierten und konfliktbeladenen Verhältnis stehen. Alltagspraktische Beispiele für die Umsetzung der kooperativen Zusammenarbeit schildert der Ordnungsamtmitarbeiter in folgendem Interviewausschnitt:

»Das geht dann soweit, wenn die jemanden suchen, die sie unbedingt sprechen wollen, dass die die Stadt anrufen und sagen: ›Herr E., haben Sie die und die gesehen? Wenn die, wenn Sie die antreffen, die sollen sofort zu uns kommen. Am besten können Sie sie gleich herbringen.‹ So weit geht das. Also es ist nicht so, dass wir äh, dass wir nur hier äh böse und immer nur Platzverweise erteilen, wenn wir was genau wissen. Und wenn die jetzt auf der D-Straße sind, die Streetworker, reden mit den Mädchen, dann verziehen wir uns. Oder haben zumindest meine Leute die Aufgabe dann, sich zu verziehen. Denn solange sie ja mit den Streetworkern äh zusammen sind, machen sie ja auch-, äh gehen sie ja auch der Prostitution nicht nach. Also kommen sie ja auch ein Stückchen wieder weg. Und so versuchen wir das schon ein bisschen zu kontaktieren. Da gibt es natürlich unterschiedliche äh äh Menschen, die machen das ganz eng, die arbeiten ganz eng mit denen zusammen. Die Anderen sagen: ›Nee, die sind ja eben nicht kontraproduktiv gegenüber uns.‹, also-, Aber in der Regel, machen wir das schon, dass wir da zusammen arbeiten können (*leise*). Das ist kein Problem.«

Hier werden hier abschließend noch einmal die differenten Verwaltungspraktiken der einzelnen Ordnungsbeamten hinsichtlich der Anwendung bzw. Umsetzung der lokalen Sperrbezirksverordnung deutlich.

Individuelle Rollenkonzeption: »Vermittler«

Die interpretative Sicht des befragten Ordnungsamtmitarbeiters auf den Verwaltungsgegenstand Prostitution beruht auf einer primär sozialen Perspektive und ist durch eine latente Sympathisierung und Positionierung für die sich prostituierenden Frauen gekennzeichnet. Seine tendenziell paternalistische Haltung den drogenabhängigen Straßenprostituierten gegenüber verbindet sich mit einer grundsätzlichen Abwertung und Stigmatisierung ihrer Kunden. Das individuelle Selbstverständnis des sozialen Akteurs ist durch die Zuordnung zu den sozialen Organisationen und Aktivitäten geprägt, die aber im Gegensatz zu einer institutionellen Zugehörigkeit zum Ordnungsamt steht. Um die aus der Rollendistanz ausgeübten ordnungsrechtlichen Eingriffe und Interventionen zu legitimieren, weist der Verwaltungsbeamte auf seine institutionelle »Aufgabe« bzw. den von außen herangetragenen »Auftrag« hin und versucht die Verantwortung für das berufliche Handeln auf die Bürgerbeschwerden als imperativen Handlungsanlass zu verschieben. Angesichts des subjektiven Rollenkonflikts zwischen amtlichem Auftrag und persönlicher Sichtweise sind die beruflichen Wahrnehmungs- und Handlungsschemata des Ordnungsbeamten durch Bemühungen der Ausbalancierung, Vermittlung und Überwindung des Interessengegensatzes zwischen den verdrängenden und betreuenden Verwaltungsaufgaben und -institutionen gekennzeichnet. Die von ihm realisierte bereichsübergreifende, interdisziplinäre Zusammenarbeit mit den städtischen Sozialbehörden, und die individuelle Favorisierung alternativer Problemlösungsstrategien zur Regulierung der Drogen- und Prostitutionsszene beruhen auf untypischen Wissensbeständen und Orientierungsmustern, und unterscheiden sich deutlich von der für einen Ordnungsamtmitarbeiter idealtypisch erwartbaren Rollengestaltung.

Ordungshütender Sozialakteur[10]

»Unsere Aufgabe, unsere Aufgabe besteht darin, Prostitution von den Plattensiedlungen wegzukriegen, also den Plattenbauten und Wohnhäusern. Wir haben kein Rezept dafür, was diese Agenturen oder diese Prostituierten weiter machen sollen. Das ist nicht unsere Aufgabe. Wir haben, würde ich sagen, eine Verwaltungsaufgabe mit dem Ziel, dass die anderen Bürger ruhig

---

10 Das der Fallrekonstruktion zugrundeliegende Experteninterview wurde im April 2005 mit dem Mitarbeiter eines staatlichen »Hilfsteam für Opfer von Gewaltverbrechen« in einer polnischen Großstadt erhoben. Bei dem von einer polnischen Projektmitarbeiterin geführten Gespräch waren zudem zwei deutsche Projektmitarbeiterinnen zugegen. Das Interview ist zunächst polnisch transkribiert und anschließend ins Deutsche übersetzt worden.

an ihrem Wohnort leben können. Denn Gesellschaftsagenturen stören ein-
deutig, und unsere Aufgabe ist es, diese Agenturen von den Plattensiedlun-
gen zu entfernen.«

Wahrnehmung der Prostitution: Naturalisierung und Ökonomisierung

Der befragte Mitarbeiter eines staatlichen »Hilfsteam für Opfer von Gewaltverbrechen« nimmt die Prostitution als ein naturgegebenes Phänomen
wahr, das auf den ökonomischen Marktmechanismen von Angebot und
Nachfrage beruht:

»Es gäbe keine Prostitution, wenn es keine Freier gäbe. Wenn es Nachfrage gibt,
gibt es Angebot, ja? Also macht der Kampf mit der Prostitution als solcher natürlich keinen Sinn. Denn es gab sie, es gibt sie und es wird sie geben. Die Prostituierten haben sogar ihren Schutzheiligen. Man kann nicht mit einer Erscheinung
kämpfen, die man eintausend, einige Tausend Jahre auf die eine oder andere
Weise bekämpft hat. Man kann aber diese Erscheinung auf irgendeine Weise mi-
nimalisieren, kanalisieren. Man kann es versuchen, solche Situationen herbeizu-
führen, wie es sie z. B. in Hamburg gibt oder oder oder. Sei es in Den Haag oder
in Rotterdam, wo es ausgewiesene Viertel gibt, ja, Straßen, wo es Lokale gibt, in
denen Prostituierte arbeiten. Sie zahlen Steuern, werden medizinisch untersucht,
behandelt. Der Freier trägt kein besonderes Risiko. Sie stören dort auch niemanden. Es ist so zu sagen ihr Gebiet. Sie zahlen Steuern. Es ist ganz anders ver-
packt. Dieselbe Tätigkeit, nicht, und doch so anders.«

Vor diesem Hintergrund plädiert er für einen pragmatischen Umgang mit
sexuellen Dienstleistungen, und vertritt das reglementaristische Modell,
nach dem die Prostitution in bestimmten Gebieten erlaubt ist, die sich prostituierenden Personen Steuern zahlen und regelmäßig medizinisch untersucht werden, und die kriminellen Begleiterscheinungen des Rotlichtmilieus aber bekämpft werden. Angesichts der religiös bedingten, gesellschaftlichen Verurteilung der Prostitution in Polen glaubt der Verwaltungsbeamte nicht an eine Legalisierung sexueller Dienstleistungen in na-
her Zukunft. Die vorliegende abolitionistische Rechtssituation, nach der
zwar nicht die Prostitution an sich, jedoch jegliche Form des Profitierens
aus der Prostitution unter Strafe steht, wird von ihm als Nichtlösung betrachtet. Dies wird daran deutlich, dass er die schwedische Regelung der
Freierbestrafung zwar bemängelt, aber als Lösungsversuch immerhin ansatzweise positiv bewertet:

»Hier in Polen, denke ich, ist das nicht durchzuführen, aus dem Grund, wegen
der Charakteristik unseres Landes. Ich denke, dass das hier zumindest jetzt sich
nicht durchsetzen könnte, aber man darüber nachdenken, vielleicht könnte man
irgendwann in der Zukunft etwas nach dem Modell machen, nach dem Modell
z. B. von Deutschland oder Holland. Die Schweden haben ein anderes, für mich

etwas unverständliches Modell, das darauf basiert, dass der Freier der Prostituierten bestraft wird, nicht die Prostituierte selbst. Das hat, diese, diese Idee hat viele Nachteile, aber sie haben halt so eine Lösung dafür.«

Toleranz, aber nicht Akzeptanz: Reglementierung der Prostitution als »kleineres Übel«

Der für ihn sinnvoll, aber unter den gegenwärtigen gesellschaftspolitischen Bedingungen als unrealistisch erscheinende Problemlösungsansatz besteht in der Legalisierung und Reglementierung der Prostitution. Diese Haltung beruht, wie der folgende Interviewausschnitt zeigt, weniger auf einer grundsätzlichen Akzeptanz sexueller Dienstleistungen, sondern vielmehr auf der als notwendig erachteten, strategischen Toleranz ihrer gesellschaftlichen Existenz.

»Ja, es wird diskutiert darüber, ob man es legalisieren oder nicht legalisieren soll. Aber diese Diskussionen führen normalerweise zu nichts. Die einen sind dafür, die anderen dagegen. Man kann sagen, dass die linken Parteien für die Legalisierung sind, die rechten Parteien dagegen. Ich repräsentiere die rechten Parteien, denke aber, dass die Legalisierung von Prostitution gar nicht so schlecht wäre, so scheint es mir. Es ist, ich wiederhole, Prostitution gab es, gibt es und es wird sie geben. Man muss zwischen dem einem und dem anderen Übel wählen, zwischen dem kleineren und größeren Übel. Es ist so ein Handeln, sagen wir, in einem gewissen Zustand. Es ist ein Handeln im Zustand einer ›höheren Notwendigkeit‹. Denn wenn die Prostitution legalisiert wird, dann wird der Staat tatsächlich zum Luden, wird von den Steuern profitieren. Das ist eine Tatsache. Aber dann wird es diese Pathologie nicht geben, wie die organisierten Verbrechergruppen, Drogen und vieles andere, nicht? Denn es ist klar, sie hat einen Job, sie ist eingestellt, sie arbeitet und es sieht dann ganz-, Sie ist vor allem versichert und dann sieht es ganz anders aus. Es ist sozusagen die Wahl des kleineren Übels. Aber das ist meine persönliche Meinung.«

Der befragte Verwaltungsbeamte vertritt zwar grundsätzlich die von ihm als rechts klassifizierte Diskursposition, dass ein die Prostitution reglementierender Staat die Rolle des Zuhälters übernimmt, spricht sich aber aus pragmatischen Gründen und aus der Überzeugung, dass eine administrative Regulierung dem kriminellen Umfeld des Rotlichtmilieus entgegenwirken würde, dennoch für den, den linken Parteien zugeordneten politischen Standpunkt der Legalisierung sexueller Dienstleistungen aus.

Fokussierung und Problematisierung der öffentlichen Ordnung

Im Gegensatz zu seinem institutionellen Hintergrund, der Mitarbeit in einer staatlichen Hilfsorganisation für Kriminalitätsopfer, nimmt der soziale Akteur die Prostitution primär im Hinblick auf die Erhaltung bzw. Wieder-

herstellung der öffentlichen Ordnung wahr. Seine individuellen Deutungsmuster sind weniger von der sozialen Perspektive seines organisationalen
Arbeitsbezugs als von einer ordnungspolitischen Rahmung und Problematisierung geprägt. Im Zentrum seiner Wahrnehmung stehen nicht die individuellen und potenziellen Opfer und Klientinnen, sondern die kriminoge-
nen Strukturen und die von der Nachbarschaft der sogenannten Gesellschaftsagenturen empfundene Beeinträchtigung und Störung:

»Wir beschäftigen uns nicht mit den Agenturen, die in freistehenden Häusern
sind, d. h. dort, wo das Haus einem privaten Eigentümer gehört, irgendwo abseits
steht, niemanden stört, damit beschäftigen wir uns nicht, nur mit solchen, die in
Plattensiedelungen sind. Außerdem muss man daran denken, dass es die Personen, die mit diesen Lokalen direkt in Nachbarschaft stehen, sehr stört. Die jungen Frauen, die in der Nachbarschaft wohnen, werden oft von den Freiern ange-
macht, denn sie werden als junge Frauen von dort behandelt. Außerdem bringen
es die Kunden der Agentur oft durcheinander und statt mit der Klingel der Agentur zu klingeln, klingeln sie bei den Nachbarn. Außerdem gibt es Lärm, Schreie,
Schlägereien und die Menschen wollen einfach nur Ruhe, das sind also Voraussetzungen dafür, dass die Agentur von dort beseitigt wird.«

Thematisierung des kriminellen Umfelds der Prostitution

Die Deutungsmuster des Verwaltungsbeamten sind zwar vom allgemeinen
polnischen Diskurs geprägt, der schon die Prostitution an sich als gesellschaftliche Pathologie klassifiziert, fokussieren aber schwerpunktmäßig
die mit der Prostitution einhergehende Kriminalität. Neben der strafrechtlich verbotenen Kuppelei und Zuhälterei verweist er auf die für die lokale
Prostitutionsszene typischen Schutzgeldforderungen sowie die Diebstähle
und Erpressungen von Prostitutionskunden:

»Jede Gesellschaftsagentur hat ihren Betreuer, also Leute aus der Stadt, also hier
in Stadt S. gibt es einige Verbrechergruppen. Ich spreche von organisierten
Gruppen natürlich, die bedienen, die bedienen in Anführungszeichen, sie betreu-
en Agenturen, d. h. sie nehmen Schutzgelder. Diese Schutzgelder nehmen sie in
bar, also in Geld oder in natura. Das sieht so aus, dass sie mindestens einmal in
der Woche in die Agentur kommen, suchen sich junge Frauen aus, die, die, die,
die-. Außerdem natürlich nehmen sie auch Geld, eine bestimmte Geldsumme
und es geht nicht, dass die Agentur nicht zahlt. Vielmehr noch, die jungen Frau-
en aus den Agenturen befreunden sich oft mit diesen Verbrechern und machen
sie selber auf Kunden aufmerksam. Wenn ein Kunde in eine Agentur geht, manchmal in Anzug, er muss doch dieses Sakko irgendwo aufhängen, manchmal
kann man es, wenn er im Bad ist und das Vorgehen sieht so aus, wenn der Freier
kommt, nimmt er sein Sakko ab, geht ins Bad, um zu duschen. In guten Agenturen gibt es die Regel, dass man den Freier nicht bestiehlt, wirklich. Wenn der
Kunde sein Sakko aufgehängt hat, selbst wenn er im Portemonnaie, ich weiß
nicht, Tausend Dollar hatte, dann wird ihm keiner das Geld stehlen. Wir spre-

chen natürlich von guten Agenturen, nicht solchen Spelunken. Er wird die Tausend Dollar weiter haben, aber dafür wird man wissen, dass es Herr Jan Kowalski ist, der Direktor von irgendeiner Firma ist, dass Herr Kowalski eine Ehefrau und zwei Kinder hat und in M-Stadt wohnt in irgendeiner schönen Villa, nicht? Schon haben wir Informationen. Also wofür soll man diese Tausend Dollar stehlen, wenn man diese Informationen weitergeben kann, an Leute, wenn man die Kreditkartennummern geben, wenn man die Schlüssel geben kann, die dann usw. Und viele verschiedene Sachen, z. B. man kann ihn mit einer versteckten Kamera filmen und das wird oft gemacht in Agenturen, Fotos oder ein komprimierender Film. Kurz gesagt hier ist die Zusammenarbeit zwischen den Agenturen und dem Verbrechermilieu groß.«

Prostitutionskunden als potenzielle Opfer krimineller Handlungen

Interessanterweise nimmt der Verwaltungsbeamte, vor dem Hintergrund der mit der Prostitution in Zusammenhang stehenden Kriminalität, in erster Linie die Prostitutionskunden, und weniger die Prostituierten selbst, als potenzielle Opfer wahr:

»Wir haben der Polizei vorgeschlagen, dass die Polizei solche Erkundungen unter den Freiern macht, d.h., dass sie eine Freier-Datenbank führt. Man sagt, dass es die Verletzung ihrer persönlichen Freiheit wäre, dass man es nicht machen darf, weil jeder das Recht hat zu solchem sexuellen Verhalten, wenn es nicht die gesetzlich bestimmten Grenzen überschreitet. Aber man vergisst dabei, dass der Freier selbst ein Opfer sein kann. Oft ist er ein Opfer von z. B. Verbrechern, die eine gegebene Agentur betreuen. Also kann es sein, dass er für solche Zwecke ausgenutzt wird, ausgenutzt. Die Agenturkunden wollen nicht kooperieren und wollen nicht darüber reden, sie wollen sich in keiner Weise damit identifizieren, allein schon deshalb, weil Agenturkunden meist verheiratete Männer sind, die auf dem Nachhauseweg z. B. auf dem Weg dort vorbeischauen, Männer die auf Reisen sind, Geschäftsreisen und es ist nicht in ihrem Interesse, darüber zu sprechen, dass sie Agenturen besuchen.«

Angesichts seines Bestrebens, die Prostitutionsszene zu erkunden und detaillierte Informationen zu sammeln, gehören die Kunden der sexuellen Dienstleistungen für ihn zum Kreis der Personen, die über die spezifischen Strukturen und Verhältnisse Auskunft geben können. Deren Recht bzw. Wunsch nach Anonymität scheint für den staatlichen Verwaltungsakteur diesbezüglich eher von untergeordneter Bedeutung.

Konstruktion der Prostituierten als nicht hilfsbedürftige, autonome
Handlungssubjekte

Den sich prostituierenden Frauen schreibt der Sozialbeamte eine aktive Rolle zu, und stellt sie überwiegend als Subjekte dar, die sich für diese Arbeit bewusst entscheiden und diese zum Teil auch selbständig ausüben. Er betrachtet die Prostituierten keineswegs als homogene Gruppe, sondern ordnet sie verschiedenen Kategorien zu, die sich im Hinblick auf das Prostitutionssegment, den Arbeitsumfang und ihre spezifische Lebenssituation unterscheiden. Die auf einem internen Szenewissen beruhende Typologie differenziert zum einen zwischen den Berufsprostituierten auf der einen, und den nur Teilzeit in den Agenturen arbeitenden Schülerinnen und Studentinnen sowie Hausfrauen und Müttern auf der anderen Seite, wobei der Verwaltungsbeamte bei den Berufsprostituierten noch einmal zwischen den gut verdienenden »Luxusmädchen« und den weniger gut bezahlten Prostituierten der einfacheren Agenturen und Clubs unterscheidet. In Abgrenzung zu den in den Agenturen beschäftigen Frauen führt er die sich selbständig organisierenden Wohnungsprostituierten an, die ihre Einnahmen weder mit Zuhältern noch irgendwelchen Schutzgelderpressern teilen. Diese als »Singles« bezeichneten Prostituierten werden von dem Akteur als jung, gebildet und selbstsicher klassifiziert. Darüber hinaus verweist er noch auf die »besondere Gruppe« der drogenabhängigen, obdachlosen bzw. älteren Straßenprostituierten. An seiner bekundeten Verwunderung, dass auch ein »Markt« für die sexuellen Dienstleistungen dieser Prostituierten existiert, deutet sich eine gewisse Abwertung und Stigmatisierung dieser Personengruppen an, sowie die grundsätzliche Vorstellung und Überzeugung, sich prostituierende Frauen hätten jung und schön zu sein. Auf die sozialen Problemlagen der drogenabhängigen, obdachlosen bzw. älteren Frauen geht der Mitarbeiter der staatlichen Opferberatung in keiner Weise ein:

»Also folgendermaßen, diese Kategorie der Prostitution muss man in einige Segmente unterteilen: Es gibt sogenannte Berufsprostituierte, also diejenigen, die von Montag bis Sonntag arbeiten, also sieben Tage die Woche, die entweder nur tagsüber oder nur über Nacht arbeiten, in der Wohnung, für die die einzige Einkommensquelle die Prostitution ist. Das ist, sagen wir, die eine Kategorie. Diese erste Kategorie kann man noch unterteilen in die Luxusmädchen und die, die, sagen wir, schlechteren. Die Luxusmädchen arbeiten in der Regel in eleganten Agenturen, die nicht in Plattenbauten sind. Wiederum die, ich würde sagen, die Preiswerteren gibt es hauptsächlich auf dem Gebiet der Innenstadt von Stadt S. in alten Häusern und in Wohnblöcken. Dann gibt es noch die Kategorie von jungen Frauen, die dazu verdienen. Es sind-, sie verdienen in den Agenturen dazu, es sind Studentinnen, Gymnasiastinnen, es sind Hausfrauen, Mütter, Ehefrauen, die meistens von irgendwo außerhalb von zwei-, dreimal in der Woche kommen, oft am Wochenende, arbeiten einige Stunden in der Agentur. Am Wohnort weiß natürlich niemand davon. Auf diese Weise verdienen sie was dazu. Es gibt eine weitere Kategorie, der sogenannten Singles, also Mädchen, die sich alleine organisieren, d. h. alleine organisieren in dem Sinne, dass sie arbeiten, selten einzeln, meistens zu zweit, zu dritt, mieten sie eine Wohnung, geben bekannt, dass sie Freier empfangen. Dabei empfangen sie die Freier auf eine recht seltsame Art und Weise, denn es ist nicht so, dass sie am Telefon ihre Adresse geben, sondern sie sagen, dass es z. B. sagen wir wie: ›Hier die A-Straße, die nah an der Kirche, ok? Wenn Sie um 15 Uhr da sind, dann kommt jemand Sie abholen.‹ Sie machen es deshalb so, sie zahlen nämlich keine Schutzgelder, sie lohnen sich für niemanden und in diesem Zusammenhang versuchen sie, wachsam zu sein, damit nicht zufällig Leute von organisierten Verbrechergruppen auf sie stoßen, um Schutzgeld von ihnen zu erschwindeln. Das Geld also, was sie verdienen, was sie von den Freiern nehmen, das ist alles auf die Hand, so wie ihre Kolleginnen die Hälfte oder weniger davon haben, so haben sie hier hundert Prozent, in der Regel sind das tatsächlich viel jüngere Frauen, wesentlich gebildeter und wesentlich selbstsicherer. Übrigens empfangen sie, sie versuchen denjenigen, die in der Innenstadt arbeiten, nicht in den Weg zu kommen, sie arbeiten etwas weiter weg von der Innenstadt, von der Innenstadt. Ach ja, es gibt auch noch eine Kategorie von Prostituierten, die eine, eine, eine sehr besondere Gruppe sind, Drogenabhängige, es gibt Obdachlose, die sich prostituieren, um Geld zu bekommen, entweder für Drogen oder Alkohol oder fürs Essen. Und es ist wohl einzigartig, so was trifft man wohl auf der ganzen Welt nicht, es gibt so eine Stelle in Stadt S., nicht weit von hier übrigens, der Pigalle genannt wird, wo man Frauen, im sehr späten Balzac-Alter antreffen kann, es sind also Frauen ab 50 aufwärts, ältere Frauen, oft zahnlos, sehr ungepflegt, abgearbeitet, die ihre Dienstleistungen anbieten, meistens bieten sie diese Dienstleistungen an benachbarten, an benachbarten Toren, man kann diese Frauen in der Regel in den Abendstunden antreffen, d. h. nach Einbruch der Dunkelheit, so drück ich das aus, nach Einbruch der Dunkelheit und man staune, sie haben auch Freier. Es ist so eine Einteilung.«

Im Verlauf des Interviews ergänzt der soziale Akteur die von ihm eingeführte Typologie um eine weitere Kategorie,»junge Frauen, die ›Sponsoring‹ betreiben«, d. h. ihren Lebensunterhalt durch die Beziehung ›zu einem oder mehreren Männer finanzieren. Im Gegensatz zu der Fremdkategorisierung des Beamten nehmen sich diese Frauen selbst aber nicht als Prostituierte wahr:

»So habe ich fast vergessen, eine gewisse Kategorie zu erwähnen, die jetzt verbreitet ist, sogenannte junge Frauen, die Sponsoring betreiben. So behaupten die jungen Frauen, die Sponsoring betreiben, dass sie keine Prostituierte sind, sondern, dass sie einen Sponsor haben, einen, zwei, manchmal drei und ihnen- und sie verstehen nicht, dass Sponsoring eigentlich Prostitution ist, nur eine sehr elegante, nicht wahr? Denn sie behauptet, dass wenn sie mit dem Freier nicht ins Bett geht, sondern verschiedene Sachen macht, z. B. geht manchmal ins Kino, oder erscheint irgendwo, dann ist es keine Prostitution. Im Gegenteil, das ist Prostitution. Sponsoring betreiben sehr viele Frauen aus der Oberschule, Studentinnen. In der Regel verdienen sie mit Sponsoring ziemlich viel Geld. Nur sprechen wir hier von bedeutenden Summen. Ein Kunde zahlt im Monat mindestens, minimal zwei, drei Tausend Zloty, also das ist minimal. Wenn sie zwei oder drei solcher Kunden hat, dann verdient sie ziemlich gutes Geld. Sie wird aber nicht, sage ich mal, ausgebeutet auf die gleiche Weise wie eine traditionelle Prostituierte, die von diesen Freiern täglich mindestens fünf, sieben hat, nicht wahr?«

Die Deutungsmuster des befragten Verwaltungsbeamten weisen kaum Ansätze zur Viktimisierung der sich prostituierenden Frauen auf. Seiner
Wahrnehmung und Interpretation nach befindet sich der Mehrheit der Prostituierten nicht in einer existentiellen Armuts- oder Zwangssituation. Um
diesen Standpunkt vertreten und untermauern zu können, muss er einige,
von ihm selbst eingeführte, relativierende Kategorien, wie z. B. die »dazu-
verdienenden Gelegenheitsprostituierten« davon ausnehmen, und sieht
über andere, wie die der obdachlosen oder drogenkranken Frauen sogar
ganz hinweg. Bei der Einschätzung der Situation scheint sich der Sozialbeamte nicht wirklich in die Lage der Frauen hineinzuversetzen bzw. die Situation aus deren Perspektive zu betrachten. Beispielsweise lässt er außer
Acht, dass eine abgeschlossene Berufsausbildung alleine den Frauen, angesichts hoher Arbeitslosenquoten, geringer Verdienstmöglichkeiten und
einer schlechten Wirtschaftslage, den eigenen bzw. den Lebensunterhalt
ihrer Familien nicht sichert:

»Früher haben Prostitution nur Frauen betrieben, die wirklich in einer schwierigen Lebenssituation waren. Jetzt behauptet ein Teil der Feministinnen, dass
Frauen zur Prostitution gezwungen werden, nicht. Es ist die schwierige Lebenssituation. Das ist Schwachsinn. Prostitution betreiben gar nicht arme Frauen.
Gut, ein Teil doch, das sind genau die, die, wie ich sagte, übers Wochenende
oder zwei-, dreimal in der Woche dazuverdienen. Aber grundsätzlich prostituieren sich die Frauen, die normalerweise woanders arbeiten könnten. Es prostituieren sich Frauen, die irgendwelche konkrete Berufe haben, nicht Frauen, die z. B.
für eine Operation für ihr Kind sammeln, sammeln für, ich weiß nicht, fürs Essen, denn es gibt kein Essen. Das sind schon marginale Situationen.«

In das individuelle Opfer-Bild des Sozialakteurs bzw. die für das Verwaltungshandeln relevante Gruppe fallen die Prostituierten nur vor dem Hintergrund ihrer »finanziellen Verluste«, d. h. aufgrund ihrer an die Zuhälter,
»Kuppler« und organisierten Banden abgetretenen Einnahmen. Andererseits betrachtet er die sich prostituierenden Frauen, wie hinsichtlich der potenziellen Viktimisierung der Kunden deutlich wurde, auch als Kompli-
zinnen der Täterinnen. So oder so scheint für den sozialen Akteur, im
Kontrast zu der aufgrund seiner beruflichen Tätigkeit in einer Hilfseinrichtung erwartbaren Basisposition, weniger die Prostituierte als individuelle
Person bzw. Klientin mit möglichem rechtlichen und/oder psychosozialen
Beratungs- und Betreuungsbedarf, als die die Prostitution umgebenden
Organisations- und Kriminalitätsstrukturen im Mittelpunkt zu stehen:

»Mit der Prostitution als solche, mit dieser Erscheinung, beschäftigen wir uns
deshalb, weil eine Pathologie, die die Prostitution umgibt sehr sehr, wirklich sehr
groß ist. Von den Dienstleistungen der Prostituierten, das wissen Sie sicherlich,
denn Sie beschäftigen sich mit dem Thema, profitieren sehr viele andere Personen. Es sind Luden, Zuhälter, Kuppler und schließlich auch organisierte Verbre-

chergruppen, die sogenannte Schutzgelder für den sogennanten Schutz erschwindeln. Mit einem Wort, alle profitieren von den Dienstleistungen einer Prostituierten, d. h. den Dienstleistungen, von ihrer Arbeit, und sie selbst verdient in Wirklichkeit nicht viel. Sofern die Prostituierten in Stadt S. in Abhängigkeit von ihrer Kategorie, unsere Prostituierte verdient ab, brutto, vielleicht anders, der Preis für ein einstündiges Treffen mit der Prostituierten, das ist ein Betrag von 80 bis 200 Zloty, in Abhängigkeit von, sagen wir, von ihrer Veranlagung und der Art des Lokals, dann hat die junge Frau von dieser Summe de facto 50 Prozent, nicht selten weniger. Also verdient so eine junge Frau pro Freier von 40 bis 100 Zloty, wovon sie noch einen Teil für Kosten abziehen muss, hohe Unterhaltungskosten und den Rest nimmt der Besitzer weg, der das mit den Übrigen teilt, darunter also auch mit den Verbrechern, die Geld erschwindeln.«

Auch wenn professionelle Sozialarbeiterinnen nicht nur die individuellen Lebenslagen ihrer Klientinnen sondern auch die sie prägenden allgemeinen Sozialstrukturen berücksichtigen müssen, um sich parteiisch für deren Veränderung einsetzen zu können, erinnern die Wahrnehmungs- und Handlungsschemata des befragten Verwaltungsakteurs mehr an den Berufshabitus eines Ordnungsbeamten oder Polizisten, als den eines Beraters oder Sozialwesen-Beschäftigen.

Ausblendung des Menschenhandels zum Zweck der sexuellen Ausbeutung

Die Deutungsmuster des Beamten sind, über die soziale Konstruktion der Prostituierten als nicht hilfe- oder schutzbedürftige Subjekte hinaus, durch die Harmonisierung der Menschenhandelsproblematik gekennzeichnet. Ungeachtet seiner institutionellen Zuständigkeit für Opfer von Gewaltverbrechen blendet er die unter Umständen von Menschenhandel betroffenen Prostituierten weitestgehend aus seinem Wahrnehmungshorizont aus. Zum einen verschiebt er das Problem geographisch an die Grenzgebiete, und damit außerhalb seines unmittelbaren Arbeitsfeldes. Zum anderen scheint sich seine Opfer-Kategorisierung auf polnische Frauen zu beschränken, die hinsichtlich eines Arbeitsangebotes im Ausland getäuscht worden sind. Auf die in Polen in der Prostitution arbeitenden Migrantinnen geht der Mitarbeiter des Hilfsteams für Opfer von Gewaltverbrechen überhaupt nicht weiter ein:

»Kurz gesagt hier ist die Zusammenarbeit zwischen den Agenturen und dem Verbrechermilieu groß, ist groß. Es kommt aber hier nicht zu einer solchen Situation über die Sie fragen, wie der Frauenhandel, nicht in Stadt S., nicht in Stadt S., in Polen durchaus, kommt es vor, d. h. es kommt in kleinen Ortschaften vor, vor allem in den Agenturen, die irgendwo an Straßen liegen, das sind irgendwelche Gasthäuser, irgendwelche Go-Go Clubs, dann ja, in Stadt S. nicht, gerade dieses Problem gibt es nicht. Obwohl meine Landsfrau, Landsfrau, denn sie ist eine Slowakin und ich bin auch Halb-Slowake, Frau A. von der Organisation A., ich denke, dass sie Ihnen viel zu dem Thema sagen würde, denn sie beschäftigt sich auch mit diesem Thema, also u. a. Frauenhandel und Prostitution, ich denke, Sie könnten mit ihr darüber sprechen. In Stadt S. aber gibt es dieses Problem nicht. Es kommt eher was anderes vor, also diese sogenannten Reisen um angeblich zu arbeiten als Kellnerin nach Deutschland oder nach Holland, nach Italien, nicht? Nachher stellt sich heraus, dass die jungen Frauen de facto in irgendein Bordell kommen und kommt nicht bei, bei der Arbeitsstelle an, zu der sie gefahren sind, stimmt's?«

Obgleich er an einer anderen Interviewstelle, hinsichtlich der Frage nach der lokalen Situation, auf die vielen ausländischen Prostituierte in der Stadt verweist, geraten die nach Darstellung des Befragten vorwiegend aus Bulgarien, Rumänien, der Ukraine und Weißrussland stammenden jungen Frauen nicht als eventuell von Menschenhandel Betroffene in den Blick, und bieten dem Mitarbeiter der staatlichen Hilfsteams für Opfer von Gewaltverbrechen daher keinen Handlungsanlass.

Rollenkonzeption: Stellvertretender Ordnungshüter

Das Ziel seiner alltäglichen Verwaltungspraxis ist vielmehr auf die Entfernung der Prostitution aus den städtischen Wohngebieten und die gewerbliche Registrierung der illegalen Gesellschaftsagenturen ausgerichtet. Trotz der institutionellen Aufgabe, sich um Opfer von Gewaltverbrechen zu kümmern, steht das Thema Gewalt in Zusammenhang mit der Prostitution nicht in dem Wahrnehmungs- und Handlungsfokus des Sozialbeamten. Ihm scheint es mehr um die Sichtbarkeit und die Störfaktoren des Phänomens, als um die mit der Prostitution möglicherweise einhergehende, physische oder psychische Gewalt zu gehen. Die von dem Verwaltungsakteur wie selbstverständlich angetriebene und forcierte Verdrängung der Gesellschaftsagenturen und Prostituierten aus den städtischen Wohngebieten erweist sich vor seinem sozialen Organisationshintergrund, auch ohne das thematisierte Bewusstsein und die Inkaufnahme, den Betroffenen keine Alternativen bieten zu können, als äußerst fragwürdig. Zudem wird hieran deutlich, dass die Ordnungsvorstellungen des Befragten auf das Augenscheinliche und Offenkundige bzw. das Erkennbare und Gewisse beschränkt bleiben. Denn die außerhalb der dicht besiedelten Wohnstrukturen, abseits gelegenen, unauffälligen und verdeckten Etablissements sind für das berufliche Handeln des Sozialbeamten nach eigenem Bekunden irrelevant. Er kommt auch gar nicht auf die Idee, sich über die uneinsichtigen Arbeitsbedingungen und Lebenslagen der dort arbeitenden Prostituierten Gedanken zu machen.

Eigenmächtiger »Kampf« gegen die Prostitution in den Wohngebieten

In Anbetracht der von ihm wahrgenommenen und im Interview mehrmals thematisierten Untätigkeit, Unfähigkeit und Uninteressiertheit der Ordnungs- und Sicherheitsbehörden geht der soziale Akteur die ordnungs- und strafrechtlich relevanten Problemaspekte der Prostitution selbst an. Die sozialen Gesichtspunkte geraten dabei völlig aus dem Blickfeld. Sein eigenaktives, nichtautorisiertes Vorgehen legitimiert er durch die Darstellung des Unvermögens und Versagens der Strafverfolgungsorgane:

»Witzig an der Sache ist, dass diese, dieses Gewerbe völlig illegal ist. Denn man darf so ein Gewerbe nicht in einem Wohnblock ausüben, genauso darf man es nicht in einem Haus. Aber es wird dennoch gemacht Und aus unbekannten Gründen gelingt es weder der Polizei noch der Staatsanwaltschaft, Beweismaterial zu sammeln, das ausreichend für die Schließung eines solchen Gewerbes ist.«

»Ich weiß nicht, warum das Gesetz hier so ganz hilflos und schwach ist.«

Die durchgeführten Aktivitäten und angewandten Strategien werden von dem Verwaltungsbeamten selbst mit Metaphern des Kampfes und des Krieges gerahmt:

»Unsere Handlungen, die wir unternommen haben im Zusammenhang mit-, die wir im Zusammenhang mit diesem Kampf, vielleicht nicht mit der Prostitution, sondern mit der Abschaffung von Gesellschaftsagenturen, also der Prostituierten aus Plattensiedlungen, sie hat angefangen gewisse, gewisse Erfolge zu zeigen. Denn tatsächlich fangen nun die Agenturen an, sich zu registrieren. Sie haben damit angefangen, aus diesen Plattensiedlungen zu flüchten. Es ist Tatsache, dass es sehr langsam geschieht. Es ist nicht irgendwie sonderlich effektiv, aber man sieht, dass es langsam, langsam zu funktionieren beginnt.«

Fälle, in denen von der Prostitution profitierende Personen von den Justizbehörden wegen Kuppelei oder Zuhälterei angeklagt und verurteilt werden, beschreibt und bewertet er als Reaktion bzw. Erfolg des »Schwertes der Gerechtigkeit«:

»Es ergibt sich die Möglichkeit zur Bestrafung, d. h. Bestrafung zu einer 5-jährigen Freiheitsstrafe. Natürlich nicht die Prostituierte. Prostitution an sich wird nicht bestraft. Bestraft wird, bestraft wird Kuppelei und Zuhälterei. Also all diejenigen, die sich an der Arbeit der Prostituierten selbst bereichern. Und das Schwert ist gegen sie gerichtet, welches, das Schwert der Gerechtigkeit, ich nenne es so pathetisch. Aber in nur sehr wenigen, sehr selten, sehr selten passiert es, dass die Personen verurteilt werden, von denen ich rede, eigentlich sehr selten.«

In der alltäglichen Berufspraxis des Sozialbeamten scheint es nicht primär um das zu gehen, um was es angesichts seiner organisationalen Zuständigkeit und Zugehörigkeit eigentlich gehen soll, denn seine Wahrnehmungs- und Handlungsmuster sind nicht auf die Prostituierten als potenzielle Opfer von Gewaltverbrechen, sondern in erster Linie auf die Strukturen der Prostitution an sich ausgerichtet.

Pragmatismus und Aktionismus: Detektiv- und Ermittlerrolle

Die Handlungsstrategie des Verwaltungsmitarbeiters besteht darin, möglichst viele und detaillierte Informationen über die städtische Prostitutionsszene zu sammeln, und diese zur Verfolgung der Vermieter und Betreiber der Gesellschaftsagenturen einzusetzen bzw. verwenden zu lassen. Für seine Erkundungen und Recherchen nimmt er sowohl Kontakt zu den Prostituierten und den in der Nachbarschaft der Gesellschaftsagenturen wohnenden Bürgern, als auch mit der Polizei und anderen Institutionen der Stadtverwaltung auf:

»Die Informationen kommen oft aus den Gesprächen mit den, direkt, mit den Prostituierten selbst, aber auch aus den Gesprächen mit Personen, die, die kennen oder Personen, die in der Nachbarschaft der Gesellschaftsagenturen wohnen, Gespräche mit der Polizei, den städtischen Ordnungshütern, städtischen Ordnungshütern, die jetzt sehr oft Gesellschaftsagenturen kontrollieren, d.h. sie schauen bei denen vorbei. Um es kurz zu sagen, wir sammeln Informationen eigentlich überall dort, wo man sie sammeln kann, wo es möglich ist.«

Angesichts der begrenzten Wirksamkeit der von den Ordnungs- und Polizeibeamtinnen angewandten Verfahrensweisen übernimmt der soziale Akteur deren Rolle und operiert wie verdeckter Ermittler. Er versucht die Strukturen der Prostitutionsszene ethnographisch auszukundschaften und deren Akteurinnen zu kategorisieren:

»Welche Methoden wir anwenden? Ich rufe einfach an, frage, rede, frage nach Details. Versuche, glaubwürdig zu sein. Ich kenne bestens die meisten Agenturen und Preise. Aber was habe ich davon? Dieses Wissen hat keine Verwendung, dieses Wissen hat quasi keine Verwendung. Dieses Wissen sollte man verwenden, und man verwendet es, denn Papier z. B wird zur einer Anzeige über ein Verbrechen verwendet, aber nicht gegen die jungen Frauen, die dort arbeiten, niemals gegen die jungen Frauen, die da arbeiten, sondern gegen diejenigen, die Profit daraus ziehen, also gegen die Zuhälter, die Kuppler und die Luden. Ein Zuhälter ist jemand, der die Wohnung vermietet oder Anzeigen macht, z. B. solche (*zeigt Beispiele*). Ein Kuppler ist derjenige, der-, ein Kuppler sucht den Freier für sein Mädchen, er vermittelt in dem Geschäft. Und der Lude zieht daraus Profit. Er hat einige junge Frauen und jede dieser jungen Frauen arbeitet für ihn. Einfach zu beweisen, sehr einfach, aber es gibt ein schreckliches Desinteresse und keinen Willen hauptsächlich, nicht mal seitens der Polizei, sondern seitens der Staatsanwaltschaft. Die Staatsanwälte generieren quasi, sie produzieren weitere Einstellungen der Verfahren und wir, wenn es eingestellt wird, legen Beschwerde ein. Aber ich sage, dass die Beschwerden wieder im Papierkorb landen und so immer wieder.«

In vermehrt anklingenden Beschwerdehandlungsschemata kritisiert der Verwaltungsbeamte, zum einen dass die von ihm eigenmächtig gesammelten Informationen und Wissensbestände keine weitere Verwendung finden und die eingeleiteten Strafverfahren von der Staatsanwaltschaft wieder eingestellt werden, und zum anderen, dass die Strafverfolgungsorgane, seiner Ansicht nach, die mit der Prostitution verbundenen Delikte nicht ambitioniert genug bekämpfen und sich vielmehr auf andere Kriminalitätsbereiche konzentrieren:

»Die Polizei und die Staatsanwaltschaft würden am liebsten, wenn sie nicht müssen, nichts machen. Es herrscht große Trägheit, ich weiß nicht, warum es so geschieht, aber es ist so, ist so. Es sei denn es geht um schwerwiegende Verbrechen, solche wie Mord, wie räuberische Erpressung, wie Geldwäsche, dann wirklich, Drogen, dann ist das Engagement der Verfolgungsorgane groß, wiederum in solchen für sie kleineren (Fällen), da gibt es kein Engagement.«

Ergebnisorientierung: Zielerreichung geht vor Verfahrenslegalität

Hierbei lässt der soziale Akteur völlig außer Acht, dass er ohne jeglichen polizeilichen oder sonstigen Auftrag eruiert und recherchiert und auf Methoden zurückgreift, für die er nicht legitimiert ist:

»In Polen ist das Gesetz, insbesondere das die Ermittlungen betreffende, sehr kompliziert. Denn es reicht nicht, dass ich in der Agentur unter der Nummer anrufe und mich erkundige, welche Dienstleistung für wieviel, nicht, in welcher Zeit. Ich habe bereits eine solche Information. Der Staatsanwalt oder Polizist sammelt seine Informationen nicht auf diese Weise, sondern er sammelt sie anders. In seiner Dienstkleidung geht er zu der Adresse und fragt: ›Guten Tag, ist hier eine Gesellschaftsagentur‹. ›Nein, Herr Beamter, hier gibt es keine Gesellschaftsagentur‹. Ja? Und der Staatsanwalt erlaubt es nicht, normale, einfache Überprüfungen selbst auszuführen.«

Im Interesse der Wirksamkeit und Effektivität seines Handelns wendet der Verwaltungsbeamte auch das Mittel der polizeilichen Provokation an und übertritt bei seinen Ermittlungen, wie beispielsweise im nachstehenden Fall der Verfolgung pädosexueller Straftäter deutlich wird, mitunter die gesetzlichen festgelegten Rahmenbedingungen:

»Manchmal kontaktieren wir Organisationen, die sich um Kinder kümmern, Opfer von sexuellen Verfolgungen, ja? Hier haben wir quasi einige Male zum Aufdecken von Pädophilie beigetragen. Kurz gesagt, wir sind selber auf die Internetseiten gegangen und haben verfolgt, verfolgt die Pädophilen. Auch unter Anwendung von Provokation, obwohl sie so verboten ist. Aber das ist die einzige Methode, um an Informationen zu kommen. Genau, genau heute haben wir erfahren, dass gegen zwei Pädophile Vorwürfe erhoben worden sind«

Dies geschieht aus der persönlichen Überzeugung heraus, dass der Zweck die Mittel heiligt, und das Handlungsresultat letztendlich über der Rechtmäßigkeit des Verfahrens steht:

Es ist also so, das Besorgen von Informationen auf illegalem Wege führt zu legalen Schritten. Das ist etwas krank, aber der Staatsanwalt oder Polizist werden keine illegalen Sachen machen, um Informationen zu erhalten, die eine bestimmte Folge bewirken können.«

Auch im Bereich der Prostitution plädiert der Akteur für eine weite Auslegung der Ermittlungsbestimmungen und erkundigt sich diesbezüglich sogar eigenaktiv beim Justizministerium. Er hält die Ausnutzung der rechtlichen Handlungsspielräume, im Interesse der Zielerreichung, für unerlässlich, und macht diese zum Beurteilungskriterium der »Kreativität« und des »Arbeitswillens« der Verwaltungsbeschäftigten:

»Es ist eine Frage der Kreativität, des Willens, des Arbeitswillens. Kurz gesagt, das was ich am Anfang erwähnt habe. Es gibt eine Konvention zur Bekämpfung von Frauenhandel und Prostitution und diese Konvention-, außerdem haben wir uns an das Justizministerium mit der Bitte um Interpretation gewandt, ob man die Polizeiprovokation anwenden darf, denn die Konvention spricht von Provokation und das Ministerium hat bei der Interpretation dieser Konvention festgestellt, dass man tatsächlich Polizeiprovokation anwenden darf, aber es wird trotzdem weiterhin nicht gemacht.«

Selbstverständnis: unkonventioneller Beamter

Sich selbst klassifiziert der Befragte als untypischen und unkonventionellen Beamten, welcher der Formalität und Aktenmäßigkeit der Verwaltungsarbeit nichts abgewinnen kann und lieber »schnell« und »wirkungsvoll« vorgeht:

»Obwohl ich formell ein Beamter bin, ich hasse Papierkram, ich mache nichts auf dem Papier, sondern erledige alles telefonisch, und das ist am wirkungsvollsten, wenn man etwas erledigen muss, dann kann man es schneller machen, schneller telefonisch als das auf dem Papierweg zu erledigen.«

In Abgrenzung vom typisch negativen Beamtinnenhabitus illustriert der Verwaltungsakteur, anhand der folgenden Fallschilderung, in welcher er für eine Klientin, eine Mutter mit Kind, spontan eine vorübergehende Unterkunft organisieren muss, seine grundsätzlich ergebnis- und wirkungsorientierte Handlungsweise:

»Ich hatte mal so eine Situation, Freitagnachmittag, Winter, eine Russin von ihrem polnischen Mann von Zuhause rausgeschmissen und was, sie stand auf einmal auf der Straße, im Schnee, mit einem kleinen Kind, das auch noch Fieber hatte und man musste ihr eine Unterkunft besorgen. Das war schrecklich schwer, ihr eine Unterkunft zu besorgen hier in Stadt S., Stadt S., mitten in Europa, Mist, ein Land in der EU. Aber man kann für eine Frau keine Unterkunft besorgen, nicht? Indem ich nicht allzu schöne, aber wirksame Methoden angewandt habe, habe ich für sie eine Unterkunft gefunden. In der einen wollten sie nicht wegen Bezirkszuständigkeiten. In der zweiten, weil sie eine Russin ist. In der dritten, weil irgendetwas anderes. Als ich also eine solche Frau Feministin fragte, ich frage sie: ›Was soll ich denn machen mit dieser Frau?‹ ›Mein Herr, ich kann sie hier nicht aufnehmen, denn leider haben wir kein Platz hier‹. Also sage ich zu ihr: ›Wissen Sie was, was geht mich eigentlich das Weib und ihr Balg an. Wissen Sie, ich fahre sie zum Hauptbahnhof. Dort wohnen so viele Leute auf diesem Hauptbahnhof. Dann soll sie mit dem Kind dort auch wohnen.‹ ›Mein Herr, wie können Sie eine Frau Weib nennen, wie können Sie zu ihrem Kind Balg sagen.‹ ›Sehen Sie, das tut Ihnen weh, dass ich eine Frau Weib nenne oder ihr Kind Balg. Aber es tut Ihnen nicht weh, dass Menschen nirgendwo wohnen können. Das nicht, nur wie man sie nennt, Nomenklatur. Mich, meine verehrte Frau, geht die Nomenklatur nichts an, nur dass sie nirgendwo wohnen können, genau andersrum, also interessieren uns ganz andere Sachen‹. Ich sage: ›Gnädige Frau, wenn ich dieser Mutter so 100 Zloty hinwerfen würde, ok? Hier nimm, kauf dir und dem Kind was zu essen, ja? Nicht schön gemacht, aber wirkungsvoll. Besser als das Köpfchen zu streicheln und zu sagen, es wird gut, und ins warme Zuhause zu gehen und jemanden im Schnee zurück zu lassen, nicht wahr?‹ Also es gibt Leute, die Beamte sind, sie denken als ob sie Klappen vor den Augen hätten und nur damit alles in den Papieren stimmt. Es fehlt diese Übertragung, Übertragung. Das ist eine Arbeit, die man leben muss, die man mögen muss. Man kann eine Arbeit dieser Art für andere Menschen, vor allem für geschädigte Personen, man kann sie nicht machen, wenn man sie nicht mag, wenn man das nicht lebt, denn sonst ist man einfach ein Beamter. Ein Beamter versteht solche Sachen nicht. Ein Beamter ist zum Stempeln da und das war's.«

Der befragte Verwaltungsbeamte stellt sich als Person dar, die ihre Tätigkeit mit »Leib und Seele« ausübt, und sein Ziel auch mit unkonventionellen Methoden erreicht. Angesichts aufkommender Schwierigkeiten und Hindernisse nimmt er sich nicht als hilflos wahr, sondern versucht das Problem mit allen erdenklichen Mitteln und Wegen anzugehen, wobei seine Interventionsformen nicht als professionelles Hilfehandeln einzuordnen sind.

Handlungsspielräume und »Law-and-Order«-Politik

Während der Sozialbeamte selbst für eine harte Linie bzw. konsequent repressive Vorgehensweise gegen die existierenden Prostitutionsbetriebe plädiert, verweist er auf eine unterschiedliche Handhabung in den einzelnen Verwaltungsbezirken, die er auf Nachfrage der Interviewerin auf die jeweilige Zuständigkeit der Vorgesetzten zurückführt:

»Z: Allein durch das tägliche Plagen, das darin besteht, dass die Polizei oder die städtischen Ordnungshüter in die Agentur gehen, so täglich, Tag für Tag. Tag für Tag müsste man Situationen hervorrufen, dass die Besitzer dieser Agenturen, also die Luden, na, sie müssten von dort fliehen. Das würde die Freier aufscheuchen. Aber es ist so, in dem einem Viertel macht man es so, in dem anderen leider nicht.

I: Wovon hängen die Unterschiede in diesen Vierteln ab?

Z: Von ihren Vorgesetzten. Von den Vorgesetzten der Beamten. Von der Gleichrangigkeit der Werte. Ich wiederhole es: Es fehlt die ganze Zeit so ein Giuliani, der, der nimmt-, alle recht diktatorisch hält. Kurz halten. Das braucht man, um Gesetze zu vollziehen. Ja, man muss sehr entschlossen sein. Denn gleich werden Liberale unterschiedlicher Couleur ihr Haupt erheben, verschiedene Demokraten, die sagen, dass in einem demokratischen Staat nichts mit Gewalt gemacht werden darf, dass alles demokratisch sein muss. Was bedeutet demokratisch? Heißt das, es soll Anarchie geben? Muss ich, nur weil es eine Demokratie ist, Schreie, Lärm, Gelächter und den Gestank von Urin von anderen auf dem Treppenhaus respektieren, nur weil es eine Demokratie ist? Habe ich etwa, weil es eine Demokratie ist, das Recht, das Recht im Aufzug zu pinkeln? So wie es dort geschieht, wo es Gesellschaftsagenturen gibt. Wenn eine Demokratie so aussehen soll, dann möchte ich, bitte schön, nach Kuba. Denn eine Demokratie kann nicht darin bestehen, dass jeder das machen kann, was er will. Also muss man gewisse Sachen vollstrecken, in einer sehr sehr entschlossenen Art und Weise. «

Vor diesem Hintergrund werden der Einfluss bzw. die Handlungsspielräume der leitenden Beamtinnen auf die Anwendung und Umsetzung der Gesetze von dem sozialen Akteur in scharfem Maße kritisiert. Zudem expliziert er in diesem Zusammenhang selbstläufig seine eigenen Vorstellungen politischer Führung und führt den ehemaligen, für seine »Law-and-Order«-Politik bzw. Nulltoleranzstrategie bekannten New Yorker Bürgermeister Giuliani als ideales Vorbild. In Anbetracht der von ihm wahrgenommenen und fokussierten städtischen Ordnungsprobleme stellt er die liberale Demokratie grundsätzlich in Frage, und hält ein konsequentes Durchgreifen und eine entsprechende Rechtsauslegung für die wirkungsvollere Politik. Die politische Richtung scheint dem Verwaltungsbeamten diesbezüglich fast irrelevant, da er sowohl auf ein sozialistisch geführtes Land als auch auf einen rechtskonservativen Politiker verweist.

Insgesamt betrachtet sind die Wahrnehmungs- und Handlungsmuster des befragten Sozialbeamten primär von einer ordnungs- und strafrechtlichen Orientierung geprägt. Trotzdem er in einer staatlichen Hilfseinrichtung für Opfer von Gewaltverbrechen stehen nicht die von Ausbeutung, Gewalt oder Menschenhandel betroffenen Prostituierten als potenzielle Klientinnen im Zentrum seiner Berufspraxis, sondern vielmehr die allgemeinen Bürgerinteressen. Vor dem Hintergrund der Problematisierung der Störung der öffentlichen Ruhe und Ordnung zielen seine administrativen Handlungsstrategien in erster Linie auf die Verdrängung der in den Wohngebieten angesiedelten Gesellschaftsagenturen ab. Auf diese Weise werden die sich prostituierenden Frauen indirekt eher zur Zielscheibe seiner Repressionsversuche als zum Gegenstand sozialer Beratungs- und Betreuungsaktivitäten. Hinsichtlich der Prostitutionsproblematik übernimmt der soziale Akteur in der alltäglichen Verwaltungspraxis in keiner Weise die Rolle eines Sozialarbeiters, sondern geht vielmehr wie ein Polizist bzw. verdeckter Ermittler vor. Die von ihm angestrebte Bekämpfung der mit der Prostitution einhergehenden Kriminalität geht mit einem die Prostitutionskunden potenziell viktimisierenden Deutungsmuster einher. Die Prostituierten selbst geraten diesbezüglich eher als Komplizen bzw. Mittäter der Verbrecher in den Blick. Seine eigenmächtigen Erkundungs- und Ermittlungsaktivitäten in der Prostitutionsszene sind durch die Anwendung unkonventioneller Methoden gekennzeichnet. Im Gegensatz zur Rollenkonzeption eines idealtypischen Beamten ist der berufliche Habitus des Verwaltungsakteurs durch eine ausgeprägte Wirkungs- und Zielorientierung gekennzeichnet. Im Interesse der Effektivität bzw. als Mittel zum Zweck ist für den Befragten auch die Übertretung rechtlicher Rahmenbedingungen legitim.

Praxis des Gesundheitsamts

Der Auftrag des Gesundheitsamtes besteht in der Überwachung und Kontrolle der öffentlichen Gesundheit. Hinsichtlich des Verwaltungsgegenstands Prostitution haben die Gesundheitsbehörden die Aufgabe, die Verbreitung der sexuell übertragbaren Krankheiten (STDs) und HIV/Aids zu verhindern. Während dies in der Vergangenheit, d. h. unter dem gesetzlichen Rahmen des Geschlechtskrankheiten- bzw. Bundesseuchenschutzgesetzes, durch die Forderung regelmäßiger medizinischer Pflichtuntersuchungen versucht wurde, steht mit dem neuen Infektionsschutzgesetz seit 2001 die Prävention und Aufklärung der Prostituierten im Vordergrund. Die an den staatlichen Gesundheitsämtern angesiedelten Beratungsstellen für sexuell übertragbare Krankheiten bieten den weiblichen und männlichen Prostituierten nun freiwillige, kostenlose und anonyme Untersuchungen an, und klären sie über die verschiedenen Krankheiten, deren Übertragung und vorbeugende Schutzmaßnahmen auf. Ungeachtet dessen ist die gegenwärtige Verwaltungspraxis der Gesundheitsämter teilweise weiterhin durch die alte hegemoniale Kontrollorientierung, aber auch von der neuen, tendenziell egalitären Beratungsbeziehung zwischen den Verwaltungsakteurinnen und deren Klientinnen geprägt.

Die Differenzen in der alltäglichen Organisationspraxis beruhen auf den spezifischen beruflichen Habitusformationen der Mitarbeiterinnen, also deren medizinischen oder gesundheitlich-sozialarbeiterischen sozialen Rahmen, den fokussierten Problemdefinitionen der fehlenden Kontrollmöglichkeiten oder der Zunahme an sozialen Problemlagen sowie den vorgenommenen sozialen Kategorisierungen und Klassifizierungen der Klientinnen als unselbstständige, infantile oder gesundheitsbewusste, professionelle Prostituierte. Vor den unterschiedlichen beruflichen Erfahrungs- und Sozialisationshintergründen des Verwaltungspersonals wird auch die alltägliche Organisationsarbeit divergierend arrangiert und strukturiert. Das Verhältnis zu den Prostituierten ist von matriarchalischen Beziehungsmustern und einer Mischung aus Fürsorge und Kritik oder hierarchiefreien, autonomiewahrenden und respektierenden Basispositionen bestimmt. Die heterogene Gestaltung der Klientinnenbeziehungen beruht auf den jeweiligen Selbstverständnissen und Identitäten der Verwaltungsakteurinnen als traditionelle Gesundheitsfürsorgerinnen oder professionelle Sozialarbeiterinnen. Während die schwerpunktmäßige medizinische Untersuchung der Prostituierten in der Verwaltungseinrichtung mit einer Beschränkung auf die traditionellen Komm-Strukturen einhergeht, führt die sozialpädagogische Fokussierung der Aufklärung und Beratung der Klientel zu einer Erweiterung und Ergänzung des institutionellen Angebots durch Formen aufsuchender Arbeit. Gemeinsam ist den Arbeitsweisen der Gesundheitsamtbeschäftigten die strikte Abgrenzung von der Eingriffsverwaltung, d.n Ordnungs-, Sicherheits- und Finanzbehörden. Die organisationalen Beziehungen der aufklärenden Sozialarbeiterin zeichnen sich darüber hinaus noch durch die Zusammenarbeit und Vernetzung mit anderen in der Prostitutionsszene agierenden Sozialorganisationen aus.

Tabelle 5: Vergleich der Gesundheitsamtspraxis

	Fall 1 *Kontrollierende* *Gesundheitsfürsorgerin*	**Fall 2** *Aufklärende* *Sozialarbeiterin*
Soziale Rahmung	Medizinische Perspektive	Gesundheitliche und sozialarbeiterische Perspektive
Problem-definition	Aufhebung der Untersuchungspflicht, Wegbleiben der Klientinnen, Unsicherheit über Gesundheitssituation der Prostituierten	Zunahme an sozialen Problemfällen, steigender Bedarf an Einzelfallbetreuungen
Soziale Kategorisierung	Infantilisierung und latente Stigmatisierung der Prostituierten	Professionelle Sexarbeiterinnen mit kurzfristiger Lebensperspektive

Klientel-beziehung	Matriarchalisches Beziehungsschema, Ambivalenz zwischen Fürsorge und affektiver Kritik	Gleichberechtigtes Verhältnis, Wahrung der Subjektautonomie, Wechselseitig positive Beziehung
Arbeits-ansatz	Medizinische Untersuchung und Behandlung, Arbeit in der Komm-Struktur	Gesundheitliche Aufklärung und Prävention sowie Sozialarbeit Aufsuchende Arbeit
Problem-lösungs-strategie	Kontrollhandlung bzw. Großzügigkeit des Angebots, Ausblendung sozialer Problematiken	Freiwilligkeit der Untersuchung, aber didaktische Erinnerung Soziale Unterstützung und Vermittlung an andere Institutionen Hilfe zur Selbsthilfe
Umwelt-beziehung	Abgrenzung zur Polizei, kaum Zusammenarbeit mit anderen Institutionen	Distanzierung von Polizei und Ordnungsamt Institutionalisierte Kooperation mit sozialen Einrichtungen

Kontrollierende Gesundheitsfürsorgerin[11]

»Denn so richtig als Sozialarbeiter, so in dem Sinne, sehe ich mich auch nicht. Weil ich mehr fast medizinische Belange mache. Wie gesagt, die Sprechstunden hier. Das kann man beurteilen. Wir können, wir wissen wann es Syphilis ist, oder so. (…) Das ist alles, weil man das alles von Anfang an gelernt hat. Ich habe zu DDR-Zeiten in der Hautabteilung gearbeitet als Fürsorgerin und da war da so Geschlechtskrankenversorgung, und da hat man eigentlich alles-, also da (…) da macht mir keiner mehr was vor.«
»Also die Anonymität, das ist gut und schön. Wir haben im Prinzip-, bis jetzt war das nicht so wichtig. Sie haben alle ihren Arbeitsnamen, aber die haben-, die laufen, alle unter dem Arbeitsnamen auf dem Ausweis. Und die kriegen ja ihren sogenannten ›Bockschein‹ in Anführungsstrichen. Das ist ihr Ausweis. Ist jetzt auch nicht mehr Pflicht, aber wir geben trotzdem allen einen mit, denn so sind sie kontrollierbar.«

Wahrnehmung der Prostitution: medizinische Rahmung

Die befragte Mitarbeitern einer am Gesundheitsamt angesiedelten Beratungsstelle für sexuell übertragbare Krankheiten nimmt den Verwaltungsgegenstand Prostitution aus einer rein medizinischen Perspektive wahr:

---

11 Das der Fallrekonstruktion zugrundeliegende Experteninterview mit der Mitarbeiterin einer am Gesundheitsamt angesiedelten Beratungsstelle für sexuell übertragbare Krankheiten ist im Oktober 2004 von zwei Mitarbeiterinnen des Forschungsprojekts erhoben worden.

»Uns interessiert, dass sie gesund sind, wenn sie arbeiten. Mehr ist da nicht, also. Das ist eigentlich nur unsere Aufgabe.«

Geschlechtskrankheiten werden von ihr als grundsätzliches »Berufsrisiko« der Prostitutionstätigkeit betrachtet und bezeichnet. Angesichts ihrer Ausbildung als Krankenpflegerin und Gesundheitsfürsorgerin sowie der langjährigen Berufspraxis in einer Abteilung für Haut- und Geschlechtskrankheiten fühlt sie sich in der Beurteilung und Behandlung sexuell übertragbarer Krankheiten, nach eigenen Aussagen, sicher und kompetent.

Ausblendung und Harmonisierung gravierender sozialer Probleme

Die mit der Prostitution verbundenen sozialen oder kriminellen Problematiken dagegen werden von der Verwaltungsbeschäftigten, unbeachtet ihrer Weiterbildung zur Sozialarbeiterin, sowohl auf der Wahrnehmungs- als auch auf der Handlungsebene, mehr oder weniger ausgeblendet. Trotzdem sich im Interview ein Potential an kritischen Themen, wie Gewalt, Menschenhandel, Minderjährigenprostitution, Verschuldung etc. andeutet, die Befragte also diesbezüglich über ein konkretes Erfahrungs- und Problemwissen verfügt, verbirgt und kaschiert sie dieses durch ihre grundlegend harmonisierende Situationsdarstellung. Zum einen wird die lokale Prostitutionsszene von der Akteurin bagatellisierend als klein und »provinziell« klassifiziert, obgleich sie die Zahl der in der Stadt arbeitenden Prostituierten selbst auf immerhin 500 schätzt:

»So ein bisschen Straßenstrich gibt es hier, es gibt zwei. Aber da ist es so, das kann man gar nicht als Straßenstrich bezeichnen. Da stehen halt zwei, drei da oder so. Also das ist alles nicht- (...) Ein größeres Bordell gibt es im Prinzip auch nicht in Stadt A. Das ist also-, Wir sind schon so ein bisschen provinziell hier. Das ist schon (...). Das ist vielleicht gut so. Aber na einen, sogar mehrere Clubs gibt's. Na gut, die sind auch ein bisschen größer und ein bisschen besser, aber das ist auch alles. Ansonsten hauptsächlich Wohnungen. Es sind eigentlich hauptsächlich Wohnungen.

Zum anderen spielt sie die ihr begegnenden Anzeichen von Gewaltübergriffen, Heirats- oder Menschenhandel, wie auch Fälle von Amtsmissbrauch beständig herunter bzw. versucht sie aus ihrem Wahrnehmungs- und Handlungsfeld zu verdrängen:

»Also auch die Thailänder oder so, das würden die nie sagen, dass sie Opfer von irgendwelchen (...), also das würde nie einer sagen. Also ich hab auch keine, die irgendwie (...) die sind eigentlich (...), sind alle lieb und nett. [...] Aber die fügen sich letztlich in ihr Schicksal. Ich meine, die müssen ja eine ganze Menge ernähren, die müssen zu Hause ernähren, die müssen ihren deutschen Mann ernähren, den sie überhaupt nicht (...), mit dem sie gar nicht zusammenleben. Also es ist schon bisschen -. Die haben das (…), so einfach ist das nicht, aber die sind immer gut gelaunt und immer freundlich und erzählen immer. (…) […] Ne, also so in der Richtung ist das ja eigentlich auch noch gar nicht, muss ich sagen. So Gewalt, oder so, das haben wir eigentlich nicht. Das ist schon mal gewesen, dass eine mal irgendwo ganz blau war. Aber das sind Ausnahmen, wirklich. (…) Sehr selten, oder so. Aber im großen Teil, geht das eigentlich.«

Vor diesem Hintergrund lassen sich auch die das gesamte Interview kennzeichnenden, auffallend vielen Redeabbrüche und Nichtausformulierungen sowie das frappant leise und häufig unverständliche Sprechen der Verwaltungsmitarbeiterin erklären. Die nichtbewussten Ausblendungs- und Harmonisierungsstrategien der Befragten scheinen angesichts des psychisch belastenden Arbeitsfeldes eine individuelle Beruhigungs- und Entlastungsfunktion zu erfüllen.

»G: Wird ja auch öfters ausgewechselt (…) Polizei. Da hat man ja schon die tollsten Sachen erlebt. Wir haben ja schon in den ganzen Jahren da auch (unverständlich). Der eine hat sich zu sehr an die Damen gemacht, ja. (unverständlich) Und die werden-, die bleiben auch alle in dem Bereich. Und dann wird ausgesucht. Das ist alles schon-. Das haben wir alles schon durchgemacht, ja.
I: Darf ich vielleicht noch mal nachfragen? Solche Sachen mit der Polizei, wenn da jemand zu engen Kontakt hat irgendwie, versucht der irgendwie Geld zu erpressen, oder-?
G: Nee, der denkt, dass er gleich kostenfrei hinkommt. (lacht) Das ist vielleicht so, dass (…) sich in den Breiten dann ein bisschen mehr-, ja. Das hat man alles so erlebt im Laufe der vielen Jahre (…) solche Sachen. Aber die sind dann doch etwas (angetan von denen). Ja. Das ist meistens-, das bleibt auch ganz oft. Na gut, die haben auch so ein bisschen lockeres Verhältnis zu denen. Oder die sagen auch gleich ›Du‹ zu denen. Oder die Prostis sagen auch ›Och, der Dieter‹ oder was weiß ich, ›der war da‹ und dann- Na Herrgott, das ist eben- (…) Wir kennen sie ja auch die ganzen Jahre und (unverständlich). Naja, gut. Aber wie gesagt, das interessiert uns nicht, was die machen. Das ist (…) das nicht unser Ding.«

Denn dass die soziale Akteurin erfahrungsgemäß um die potenzielle Gefährdung ihrer Klientinnen weiß, zeigt sich nicht zuletzt daran, dass sie, von dem Fehlverhalten einzelner Polizisten abgesehen, anhand eines konkreten Beispiels auf die allgemeine Schutzaufgabe der Polizei für die Prostituierten verweist:

»Das Dezernat Prostitution das gab es schon immer. Das gab es schon, schon von Anfang an. Und die- (…). Naja von einer Seite ist das auch nicht schlecht, wenn da auch nicht die Prostituierten diese Probleme haben. Ich hat jetzt mal jemanden, der - (…). Gut, die machen ja nun alle illegal, und da sind ja auch aus dem Ostblock irgendwelche Leute. Und ich hatte da so einen Freier, der hier dann was hatte, und wo sie eben dann gesagt hat: ›Und wenn du dann nicht umsonst, dann tu ich dich dort und dort hin melden‹, und so. Und der hat die eben echt bedroht. Und da kann man eben diese Leute da anrufen und die kümmern sich dann auch gleich. Die gehen dann auch nach (…). Dafür ist es eigentlich ganz gut, dass es das gibt. Ja, sie kümmern sich dann darum, wer- (…). Die verteilen dann auch, wenn sie ihre Kontrollen machen, in den Bordell-, also in den Wohnungen und so, verteilen die auch ihre Visitenkarten und sagen, wenn irgendetwas ist, können die dort anrufen. Und das geht auch ganz gut. Das klappt eigentlich auch. Das ist eigentlich ganz in Ordnung, dass sie irgendwie einen Ansprechpartner haben, wenn mal irgendwas ist, wo sie gar nicht- (…) Das ist schon ganz wichtig. Dazu ist es eigentlich gut.«

Problematisierung des Wegfalls der Untersuchungspflicht

Hinsichtlich ihrer eigenen institutionellen Aufgabe problematisiert und kritisiert die Gesundheitsamtmitarbeiterin die mit der Einführung des neuen Infektionsschutzgesetzes verbundene Abschaffung der Untersuchungspflicht für Prostituierte. In ihrer alltäglichen Verwaltungspraxis beobachtet sie, unter den veränderten rechtlichen Rahmenbedingungen, einen Wegfall an Klientinnen und den Anstieg von Krankheiten unter den Prostituierten. Nach Darstellung der sozialen Akteurin sucht die Hälfte der sich prostituierenden Frauen das Gesundheitsamt auch freiwillig weiterhin regelmäßig auf, während die anderen das Angebot der Beratungsstelle für sexuell übertragbare Krankheiten nur noch bei Beschwerden in Anspruch nehmen:

»Aber durch dieses neue Gesetz ist das jetzt ein bisschen (…) abgerutscht. Und viele glauben, da nicht mehr kommen zu müssen. Gibt viel Krankheiten. Die kommen jetzt eigentlich nur noch wenn sie Beschwerden haben. Ein großer Teil, also so 200 oder so kommen noch regelmäßig. Aber wie gesagt, die Anderen kommen nur, wenn irgendwo was ist. Hausbesuche machen wir jetzt auch recht wenig, weil wir jetzt ganz wenig Personal sind.«

Die Unsicherheit und Unwissenheit über den Gesundheitszustand und Verbleib der in der Prostitutionsszene arbeitenden Frauen und Männer scheint die Verwaltungsbeschäftigte subjektiv zu belasten:

»Man ist sich ja gar nicht mehr sicher, wer wo ist und wer gesund ist.«

Dennoch werden die rückläufigen Klientinnenzahlen von ihr nicht durch eine eigenaktive und gezielte Kontaktaufnahme der Prostituierten aufgefangen und kompensiert. Die nicht stattfindende Intensivierung der aufsuchenden Arbeit begründet und legitimiert sie mit dem geringen Personalbestand, obgleich die Streetwork-Methode in anderen Beratungsstellen mit vergleichbaren personellen Ressourcen selbstverständlich angewandt und umgesetzt wird. Das individuelle Kernproblem der Verwaltungsakteurin besteht in der Aufhebung der gesundheitlichen Untersuchungspflicht, auf die sie zuvor als Handlungsgrundlage und Legitimierung wahrgenommen und nicht hinterfragt hat:

»Und dann war ja die Gesetzgebung, war ja da noch ein bisschen anders. Die mussten ja dann alle regelmäßig zur Untersuchung kommen. Alle 14 Tage. War ja das Gesetz so. Und da ging's-, War es für uns nicht so sehr schlecht. Da hatte man eine Handhabe, auch die Hausbesuche zu machen. Konnte man sagen: ›Also wer hier arbeitet, der muss kommen. Lasst euch alle untersuchen, dass ihr alle gesund seid.‹ Und das war eigentlich ganz günstig.«

»Da konnte man jetzt sagen: ›Also hier die und die, die sind alle neu. Die haben alle noch keinen Ausweis. Und also, die möchten alle mal kommen.‹ Naja, dann kamen die eben auch. Aber das ist ja nun vorbei, durch das Gesetz. Das ist- (...) Da kann man nur sagen: ›Also, seid mal so nett, lasst euch mal untersuchen. Das ist besser. Ihr kriegt alles umsonst. Das ist alles bestens. Und kommt mal und lasst euch mal das alles machen.‹«

Nichtvollzug des Paradigmenwechsels der öffentlichen Gesundheitsarbeit

Mit der Ablösung des alten »Gesetz zur Bekämpfung von Geschlechtskrankheiten« vom neuen »Infektionsschutzgesetz« hat das Gesundheitsamt seine Kontrollfunktion verloren. Das primäre Ziel der Arbeit beschränkt sich nicht auf die Untersuchung und Behandlung von sexuell übertragbaren Krankheiten sondern besteht in der gesundheitlichen Aufklärung und Prävention in den »Risikogruppen«. Vor diesem Hintergrund hat der Kontakt zu den Adressatinnen auf den Grundsätzen der Freiwilligkeit und Anonymität zu beruhen. Für die befragte Verwaltungsakteurin geht die Gesetzesänderung mit der Notwendigkeit der Neudefinition und Neugestaltung ihres Verhältnisses zu den Prostituierten sowie ihres gesamten beruflichen Selbstverständnisses einher. Da ihr dies aufgrund der inkorporierten, routinierten Wahrnehmungs-, Denk- und Handlungsschemata in der alltäglichen Berufspraxis nur bedingt gelingt, schreibt sie die Schuld für die rückläufigen Klientelzahlen allein den Prostituierten zu, ohne sie auch nur ansatzweise auf die nachlassende aufsuchenden Arbeit zurückzuführen. Um ihr Festhalten an der der Komm-Struktur der Beratungsstelle zu legitimieren, verweist die Gesundheitsamtmitarbeiterin auf die Großzügigkeit und Kostenlosigkeit des medizinischen Untersuchungs- und Behandlungsangebots an, welches ihrer Ansicht nach als ausreichend werbewirksame, beziehungsstiftende und -erhaltene Strategie funktionieren müsste:

»Ja, wir sind eben in der Stadt und da sind wir großzügig. Und wir können unsere Apotheke selber aufschreiben. Und können das alles, im Prinzip die ganzen Medikamente, aufschreiben. Brauchen die auch nicht bezahlen. Weil sie ja auch nichts haben. Wenn was reinkommt, geht's auch ganz schnell wieder raus. Naja.

Es ist schon großzügig von der ganzen Sache her. Das Land zahlt die ganzen Blutuntersuchungen. Das bezahlt alles die Stadtkasse (...). Das ist schon- (...) Ich meine, wer nicht kommt, ist eigentlich selber schuld. Über solche Angebote sollte man eigentlich, müsste man eigentlich froh sein.«

Kolonisierung und Privatisierung der Klientelbeziehungen

Im Verlauf der langen Berufspraxis der Verwaltungsakteurin hat sich eine tendenzielle Privatisierung und Informalisierung der Beziehungen zu den Prostituierten vollzogen, vor deren Hintergrund sie das Verhältnis zu ihrer Stammklientel als nah, vertraut, persönlich, fast privat beschreibt:

»Es kommen die, die in den 10 Jahren oder 12, 13 Jahren, die wir hier sind, die uns eigentlich schon ein bisschen ans Herz gewachsen sind. Die eben Jahre lang, mit denen man eigentlich ein nettes Verhältnis hat. So, die kommen eigentlich ganz gerne und die kommen (...) und viele wollen auch kommen, obwohl sie wissen, sie brauchen gar nicht mehr. Und es kommen-, die bringen dann immer wieder mal Neue mit, oder so.«

»Ja man kennt ja auch viele dann nach der Zeit, und das ist dann ja auch einfach so ganz nett, egal. Manche kommen auch einfach nur zum unterhalten, oder bloß mal so oder erzählen was sie gerade (...) oder ob sie nun mal gerade den Ausstieg geschafft haben oder noch nicht. Naja, wie das eben so ist.«

Der Prozess der Informalisierung der Klientelbeziehungen scheint, wie am Beispiel des Umgangs mit den Migrantinnen in der Prostitution deutlich wird, die individuellen Ausblendungs- und Harmonisierungsstrategien der Gesundheitsamtmitarbeiterin zu unterstützen. Ihre naive und euphemistische Beschreibung und Kategorisierung der Thailänderinnen als »liebe«, »nette«, »niedliche«, »friedliche« »dankbare« Klientinnen, die sich in Anbetracht der ökonomischen Notwendigkeiten »letztendlich in ihr Schicksal fügen«, geht mit einer Verdrängung der komplexen sozialen und kriminellen Problemfelder des Prostitutionsmilieus einher. Diese unprofessionelle, vorbewusste psychische Distanzierungs- und Entlastungsstrategie kann als Anzeichen ihrer Kolonisierung in der Beratungseinrichtung gedeutet werden.

Ambivalenz zwischen Sympathisierung und Beschwerden

Das Verhältnis der befragten Verwaltungsakteurin zu ihren Klientinnen beruht zudem auf einer grundlegenden Spannung und Ambivalenz. Einerseits ist sie den Prostituierten zugewandt und steht ihnen hilfsbereit, fürsorglich und sympathisierend gegenüber. Andererseits kommen in dem Interview wiederholt latente Stigmatisierungen der sich prostituierenden Frauen und eine affektive Beschwerdehandlungsschemata zum Ausdruck:

Viele tun-, oder wenn sie mal einen Tripper haben, oder so (…) Manche, die sind da völlig-, als ob die-, Letztlich (…) ist das ja letztlich ihr Risiko. Ich meine, die tun ja so, als ob sie- (…). Manche sind ja ganz-, Die fallen ja da aus allen Wolken, wenn sie das haben. Aber letztlich müssen sie damit rechnen, dass sie- (…). Das ist Berufsrisiko. *(lacht)* Naja, aber wie gesagt, das kriegen wir alles immer in die Reihe. Das ist alles kein Problem.

Von der Mitarbeiterin des Gesundheitsamtes werden die Prostituierten, ungeachtet der grundsätzlichen Toleranz, als naiv, nachlässig und kurzsichtig dargestellt und kritisiert:

»Man muss die ja fast verprügeln, um zu sagen: ›Gehen Sie zur Hepatitis-Impfung. Die kriegen sie umsonst. Sind 150 Euro, die Sie einsparen‹. Da gehen sie einmal hin und dann war es das. Dann haben-, jetzt haben wir 50 Euro erstmal raus bei der ersten Spritze. Jetzt haben wir 50 Euro Fenster fürs Fenster rausgeschmissen. War ja alles umsonst. Dann gehen die nicht wieder. Die sind doch viele so unzuverlässig. Das man die dann (…), die möchte man noch hinprügeln, damit sie gehen, aber (…).«

»Viele machen das ja nebenbei. Die haben einen anderen Job und sind darüber versichert. Aber ein Großteil ist sozusagen nicht versichert. Und da können sie auch nichts machen. Da können sie auch nicht- (…). Ist ganz schlimm (…). An manchen Tagen haben sie ja Geld. Aber an manchen Tagen sind sie gar nichts. Ne und das ist es. Aber, es gibt-. Die leben eben von heute (…) bis morgen. Das ist eben so. Da kann man auch nichts dran ändern.«

Ihre Klientelbeziehungen sind durch eine spezifische Mischung aus Sympathie und Toleranz einesteils, sowie unterschwelliger Abwertungen und Ressentiments anderenteils geprägt. Im Gegensatz zum sozialarbeiterischen Professionsethos betrachtet sie die Prostituierten auch nicht als autonome Handlungssubjekte, die bei angemessener psychosozialer Unterstützung in der Lage wären, ihre Probleme zu lösen, und über genügend individuelle Ressourcen verfügen, um sich beispielsweise aus ihrer Verschuldungssituation zu befreien, oder den Wunsch, die Prostitutionstätigkeit aufzugeben, in die Tat umzusetzen:

»Und ich mein, es sind schon mal welche, wo wir auch gesagt haben, dass- Die hat eben auch keine Wohnung. Da haben wir uns eben auch gekümmert. Aber letztlich haben wir alle unsere Angebote, waren beim Arbeitsamt, haben uns überall mit gekümmert und alles eben-, Und auch nicht wiedergekommen und (…) Naja, damit muss man eben rechnen, dass eben so etwas (*unverständlich*). Naja, gut. Aber, also es ist eigentlich ganz wenig Aussteigerberatung, Schuldnerberatung (…). Das ist alles-, spielt alles keine Rolle. Die sind alle verschuldet. Das ist klar. Aber die fragen keine Beratung in dem Sinne, in dem Sinne nicht. Ist eben so. Das stört die dann schon gar nicht mehr (…). Sind viele, die-, auch ältere, also ältere Men-, Leute, wo man denkt: ›Oh Gott.‹ Aber irgendwie geht's doch.«

Matriarchalisches Beziehungsmuster und Infantilisierung der Prostituierten

Anstatt die Gesundheitsfürsorgerin und Sozialarbeiterin versucht, ihre Klientinnen auch sozial zu beraten, zu unterstützen und zu empowern, kategorisiert und behandelt sie diese tendenziell wie »Kinder« bzw. unselbständige, naive und hilfsbedürftige Subjekte:

»Dann kriegen sie dann immer (…) Kondome kriegt jeder dann geschenkt. Als Anreiz, wenn sie wiederkommen. Und dann dürfen sie in die große Kondom-Dose fassen, wenn sie hier fertig sind. Wie ein Bonbon. Naja, aber (unverständlich). Gibt es auch Bunte drinnen. Also es ist nicht so-. Das machen sie immer ganz gerne. Das ist auch wieder als Anreiz. Naja (…) und wenn so Weihnachten ist, dann haben wir halt immer irgendwelche kleine Geschenke. Da sind sie ja wie die Kinder. Die haben ja sonst immer kaum jemand. Da machen wir jedes Jahr Präsente und da fragt schon jeder, ob sie wieder Weihnachten was kriegen. Oder wenn eine Geburtstag hat und der kommt gerade, kriegt er auch was und so (…) Das machen wir schon. Kommen ja immer. Sind wie die Kinder. Da freuen sie sich immer und dann machen wir das schon, solche Sachen.«

Die Interaktion zwischen der Verwaltungsakteurin und den in der Prostitution arbeitenden Frauen und Männern ist durch ein matriarchalisches, mütterlich-autoritäres Beziehungsmuster gekennzeichnet, welches asymmetrische und hierarchische Züge aufweist:

»Und die kriegen ja ihren sogenannten ›Bockschein‹ in Anführungsstrichen. Das ist ihr Ausweis. Ist jetzt auch nicht mehr Pflicht. Aber wir geben trotzdem allen einen mit. Denn so sind sie kontrollierbar. Da haben sie eben ihren Namen stehen, Maria, oder was weiß ich, das Geburtsdatum drauf und haben dann den Stempel und Unterschrift vom Arzt. Damit sie sehen, die waren beim Gesundheitsamt, das ist alles in Ordnung.«

So erscheint es der Mitarbeiterin des Gesundheitsamtes weder bedenklich, dass sie die zur Zeit der Pflichtuntersuchung eingeführten Ausweise der Prostituierten weiterhin führt, noch dass diese nach wie vor der Polizei kontrolliert werden, obgleich mit dem neuen Gesetz die Möglichkeit der polizeilichen »Zuführung« bzw. Durchsetzung der Untersuchung aufgehoben wurde und demzufolge die Gesundheit der Prostituierten in keiner Weise mehr in den Aufgabenbereich der Polizei fällt:

»Früher hat auch die Polizei, hat immer die Ausweise kontrolliert und hat geguckt: ›Die war lange nicht da‹, oder so. Aber das ist wie gesagt-. Na, die gucken es jetzt auch noch an, aber da passiert nichts mehr. Die können nur Empfehlungen geben, dass sie mal vorbeikommen können.«

Aufgabenwahrnehmung: Beschränkung auf das Medizinische

Für die befragte Verwaltungsakteurin besteht ihre individuelle wie institutionelle Aufgabe in der Untersuchung und Behandlung sexuell übertragbarer Krankheiten. Die sozialen Thematiken und Problematiken der Prostituierten klammert sie in der alltäglichen Arbeitspraxis weitestgehend aus. Ihre Fokussierung auf die rein medizinischen Belange zeigt sich auch in der begrenzten Wahrnehmung und Sensibilisierung für die sozialen Aspekte der Arbeitsmigration und des Menschenhandels zum Zweck der sexuellen Ausbeutung. So stellen Prostituierte mit illegalem Aufenthaltsstatus für die Mitarbeiterin der Beratungsstelle weder eine besondere Zielgruppe noch einen speziellen Handlungsanlass dar:

»Denn die können ja, im Prinzip genauso kommen. Ne, das kann ja jeder. Und sie wissen ja auch, dass es uns nicht stört wenn sie hier bloß einmal kommen oder so. Kann ja jeder kommen und bei uns- Also,(…) wir haben ja eigentlich in den in den ganzen Jahren (relativ) nen Bekanntheitsgrad. Also da weiß auch jeder, der hierher kommt, unproblematisch ist, oder so, dass jeder sein Medikament kriegt, wenn irgendetwas ist. Also da find man schon immer nen Weg. Aber das würde ich nie als als Spezielles als Tragisches sehen. Zumal auch wenig sind bei uns. {…}.So n paar Ausländer (…) die spielen keine Rolle«.

Das bedeutet nicht, dass sie keine Ahnung oder Vorstellung von den Ängsten und Befürchtungen der illegal arbeitenden, deutschen wie ausländischen Prostituierten hat, oder ihre Berufspraxis nicht an der Wahrung der Interessen der Klientel orientiert ist, wie sich beispielsweise an dem Einhalten der »Schweigepflicht« und dem Aufbau eines grundsätzlichen Vertrauensverhältnisses zeigt:

»Bloß ich hab auch gesagt, die brauchen auch keine Ängste haben, oder irgendwie das man sagt, man meldet sie – wir haben ja noch nicht mal richtigen Kontakt – indem dass man sagt: ›Hier, die und die arbeiten illegal‹, oder so. Das macht man ja nicht. Das-, man muss denen dann auch das deutlich rüberbringen, dass man eigentlich nur- (…) dass sie da keine Angst haben, dass sie da irgendwo hingemeldet werden, oder so. Dass das auch hier bleibt und da sich da keiner ausdrückt, oder (…). Das ist selbstverständlich. {…} Da brauchen sie auch keine Angst zu haben. Das interessiert uns auch nicht, ob die legal sind, ob die illegal sind. (…) Das interessiert uns nicht. Uns interessiert, dass sie gesund sind, wenn sie arbeiten. Mehr ist da nicht. Also, das ist eigentlich nur unsere Aufgabe.«

Nur beziehen sich die Handlungspraktiken der Verwaltungsakteurin primär auf die medizinischen Problematiken, ohne die darüber hinausgehenden, die Gesundheits- und Lebenssituation der Prostituierten beeinflussenden Bedingungen mit einzubeziehen und in Zusammenarbeit mit anderen Institutionen systematisch zu bearbeiten. Auch am Umgang mit minderjährigen Prostituierten kommt die für den beruflichen Alltag charakteristische Beschränkung auf das Medizinische zum Ausdruck. Vor dem Hintergrund ihrer resignativen Haltung nichts an der gesellschaftlichen Realität der Minderjährigenprostitution ändern zu können, spielt sie die Altersproblematik der jungen Klientinnen tendenziell herunter, und scheint nur in unübergehbaren Extremfällen zu intervenieren und das Jugendamt zu kontaktieren. Die pragmatische Toleranz der jugendlichen Prostituierten begründet und legitimiert die Verwaltungsbeschäftigte mit der Niedrigschwelligkeit des Beratungs- und Untersuchungsangebots, und führt zur subjektiven Beruhigung die institutionelle Aufgabe der Einrichtung an, dass die Prostituierten gesund sind, sich regelmäßig medizinisch untersuchen und im Bedarfsfall behandeln zu lassen. An den im Interview gebrauchten »harten Schnitten« und Formulierungen wie z. B. »Die kommt alleine klar«, wird deutlich, wie sich die Gesundheitsamtmitarbeiterin eine individuelle Distanz zu den sozial prekären Wirklichkeiten schafft, mit denen sie in ihrem Arbeitsfeld alltäglich konfrontiert wird. Ihre Abgrenzungsleistungen und Verdrängungsmechanismen zeichnen sich in dem folgenden Interviewausschnitt nicht nur an den vielen Redeabbrüchen und Pausen ab, sondern auch in der paläologischen Figur der verkürzten Wunschdarstellung, der sogenannten Freudschen Fehlleistung, »Da haben die sich auch am Anfang ein paar Jahre jünger (gemeint: älter) gemacht« zum Ausdruck:

»Wenn die Ihnen jetzt sagen, sie sind- (...) sagen ihnen ein anderes Geburtsdatum. Dann ist das okay. Sie können den Ausweis nicht mehr verlangen. Sie können ja nichts mehr verlangen. Das steht ihnen ja nicht zu. Wenn sie ein anderes Geburtsdatum kriegen, naja gut. Wir haben jetzt schon mal- (...) Gott, wenn sie den Anschein machen, dass sie eben 18 sind, ist okay. Aber (...) gut. (unverständlich) Wenn sie nen recht jungen Eindruck machen, dann sagen wir schonoder so (...) Aber im Prinzip haben wir da keinen Einfluss. Wenn man sagt: ›Nee‹, dann gehen sie sowieso dorthin. Und so weiß man wenigstens, sie sind gesund. Aber so ist es eben. Können wir eben nichts machen. Da war die Mutter und die hatte dann die Tochter mit dorthin genommen. Und die war auch noch recht jung. Da kam dann eben der Zuhälter an und hat eben gesagt: ›Hier, die hat dort unterschrieben, dass sie eben- (...)‹. Hat dann eben ihren Arbeitsschein gehabt. Und hat dann die Mutter auch gesagt: ›Naja, es ist wenigstens gesund. Und wäre auch so gegangen. Auch ohne Ausweis und ohne Untersuchung und so‹. Aber da können sie im Prinzip nichts mehr machen. Weil sie keine Handhabe haben (...) deren Ausweis (...). Weil es ja ein anonymes Angebot ist, was sie (...). Und legen dann Wert auf Anonymität. Bis auf manchmal so im Nachhinein, haben wir dann immer noch mal Prostituierte, wo wir dann (...) die dann später (...) nach paar Jahren dann (...) merkt man, dass man vorher ein ganz anderes Geburtsdatum (...). Da haben die sich auch am Anfang ein paar Jahre jünger gemacht oder so. Naja gut, dann war es eh vorbei. Aber das passiert eben. Die kommt alleine klar. Also, wenn die aussieht wie vierzehn oder, das ist schon

klar, dass man da irgendwie (…). Das geht dann nicht. Aber wer so einen Anschein macht, dass er- (…). Naja viele machen ja gleich-. Die haben ja auch alle
keine Lehre. (…) Können gar nichts anfangen dabei. (…) Ich denke, das machen
sie nur fürs Geld (…).

Die Ausblendungs- und Harmonisierungsstrategien der über das Medizinische hinausgehenden, von der Verwaltungsakteurin konzeptionell nicht
bearbeitbaren, sozialen Probleme dienen ihr als wesentlicher Schutzme-
chanismus vor einer allzu starken emotionalen Beanspruchung und Über-
lastung.

Arbeitspraxis: Medizinische Kontrolle statt Gesundheitsprävention

Hinsichtlich der Gesundheitsarbeit sind die beruflichen Handlungsschemata der Mitarbeiterin der Beratungsstelle für sexuell übertragbare Krankheiten, im Gegensatz zum neuen Paradigma des Infektionsschutzgesetzes,
mehr an einer Ausübung einer medizinischen Kontrolle als an der freiwilligen und anonymen Präventionspraxis orientiert:

»Naja, man würde die Gesundheit, es wäre besser für die (…). Für die Prostituierten wäre es von der Sache besser, weil man einen größeren Teil besuchen
könnte. Man wäre sicher der größte Teil ist gesund. Jetzt sind viele, die überhaupt nicht kommen. […] Und da wäre es eigentlich (…) von der Seite ist es
besser, wenn man das einfach mal ein bisschen so Druck hat und sagt, gut, da
sind sie alle untersucht. Andere Seite ist das, ist jeder für sich selber verantwortlich und letztlich auch die Freier (…). Die denken sich: ›Was soll's, die eine Sache dann‹. Aber so von der Sache her, dass man sagt, es (…) der größte Teil ist
eben, wenn man untersucht und es eben okay. Das war eigentlich von der Sache
her, das bessere dann. Als auf dieses ewige Großzügige, Freiwillige (…), was
jetzt alle sagen. Naja, aber da ist man aber sicher noch so vom (…) vom alten
Schlag. Das war eben vorher viel anders und aber es war nicht schlecht, muss ich
sagen. Das war schon so, dass (…) konnten alle behandelt werden. Man will (…)
Aber jetzt ist ja ein Großteil-, Man ist sich ja gar nicht mehr sicher, wer wo ist
und wer gesund ist.«

Dies zeigt sich u. a. darin, dass sich die von ihr beschriebenen Verwaltungsaktivitäten im Wesentlichen auf die medizinische Untersuchung und
Behandlung der Klientinnen beziehen und, von der Verteilung von Kondomen abgesehen, keine gezielten Aufklärungspraktiken und Präventions-
strategien zur Sprache kommen:

»I: Und wenn man hier zum ersten Mal hierher kommt, kommt man dann erst zu
so einer Beratung?
G: Ja, kommt erst zu mir. Dann nehme ich die Karte ab. Dann rede ich mit ihnen.
Frag sie was sie, wo sie macht. Was sie macht und wo sie arbeitet. Klär das alles
ab. Was alles anliegt, was alles sein muss. Dann kriegt die Karte die Chefin. Die

redet mit ihr dann noch mal. Und dann geht sie mit ihr ins Untersuchungszimmer. Und dann wird die Untersuchung gemacht, und so. Und wenn die kommen, melden sie sich an, erst einmal bei mir. Dann frag ich, ob irgendetwas ist, ob was passiert ist, ob Kondom kaputt, oder irgendetwas passiert ist, oder was so los ist. Die kommen mit allem, was sie für Sorgen haben und Problemen (…) können sie zu mir kommen. Ich rede mit denen, schreibe was in die Karte rein, je nachdem was ist. Die Ärztin macht dann das Medizinische. Und vielleicht auch zur Psychologin manchmal extra noch, zusätzlich noch (…) nen Allgemeinmediziner hat eben so nicht so ne Ausbildung, die macht ganz gute Beratung, und die macht's dann eigentlich auch ganz gut. Also von der Seite ist das hier alles ganz gut abgedeckt.«

Berufliches Selbstverständnis: Gesundheitsfürsorgerin »vom alten Schlag«

Die berufliche Identität der als Krankenschwester und Gesundheitsfürsorgerin ausgebildeten und zur Sozialarbeiterin weiterqualifizierten Akteurin besteht, nach Selbstaussage, in der Position einer Arzthelferin und –stellvertreterin:

»Ich hab ne Sonderstellung hier (…) mehr in der Sprechstunde mit. Weil ich eigentlich von Haus aus Krankenschwester bin. Dann habe ich Fürsorgerin gelernt. Das war zu DDR-Zeiten so. Und nach der Wende dann noch mal eine Sozialarbeiter-Ausbildung gemacht. Und dadurch, dass wir hier alles bringen (*lacht*), machen wir im Prinzip auch, wenn die Chefin nicht da ist, Abstriche mit, wir machen auch die HIV-Blutabnahmen. Wir machen alles mit denen. Wie gesagt, hier kann jeder jedes. […] Wenn eben die Chefin nicht da ist, geht das alles hier genauso weiter als ob sie da wäre. Und ab und zu, wenn es so läuft-, Und sie ist auch ganz zufrieden, dass es so ist. Und ich denke (…) bis jetzt, hat das eigentlich immer ganz gut funktioniert.«

In der konkreten Verwaltungspraxis des Gesundheitsamtes übernimmt sie, ungeachtet ihrer Umschulung im Bereich Sozialwesen, die Berufsrolle der Gesundheitsfürsorgerin. Trotz der Verflechtung der gesundheitlichen und sozialen Problemlagen bei der Klientel sind ihre beruflichen Handlungsmuster durch die Fokussierung des medizinisch-gesundheitlichen Bereiches gekennzeichnet, während Ansätze zur sozialarbeiterischen Beratung und Betreuung im alltäglichen Verwaltungshandeln nur marginal erkennbar sind.

Deprofessionalisierungstendenzen

Für die individuelle Ausgestaltung der Organisationsrolle und die Realisierung ihres Arbeitsbogens strebt sie die gesundheitlichen Pflichtuntersuchungen für Prostituierte nach wie vor als rechtliche Handlungsgrundlage an, und kann den gegenwärtigen Paradigmenwechsel in der Aufgabe des Gesundheitsamtes, weder kognitiv noch handlungspraktisch, gänzlich nachvollziehen:

»So von der Sache her hat für uns nichts geändert.«

»Also im Prinzip läuft das hier alles jetzt auch noch so ähnlich. Nur durch die neue Gesetzgebung ist ungefähr die Hälfte nicht mehr da. Jedenfalls nicht bei uns. Aber arbeitet schon noch, aber kommt eben nicht mehr.«

Die Verwaltungsakteurin zieht sich, unter den aktuellen gesetzlichen Rahmenbedingungen der freiwilligen Gesundheitsuntersuchungen, vielmehr aus der Vor-Ort-Arbeit zurück, und richtet sich, unter legitimatorischem Verweis auf die verschlechterte Personalsituation, in der Komm-Struktur der Beratungsstelle ein:

I: Sie haben vorhin davon gesprochen irgendwie, dass Stellen abgebaut wurden, oder einfach ausgelaufen sind. Und eigentlich nach dem neuen Gesetz ist ja, ist wenn die Untersuchungspflicht nicht mehr besteht, eigentlich mehr aufsuchende Arbeit notwendig (…)
GA: Ja (…), kann man eigentlich zu Zeit nicht machen, weil wir- (…). Es ist schlimm. Wir waren früher, wie gesagt, fünf Sozialarbeiter. Das sind wir immer noch (…) Waren viel unterwegs. Wir haben wirklich viel geholfen. Ja und jetzt (…) Die eine-. sind (…) so nach und nach ist jeder weggegangen, ist in Rente gegangen. Und da hatten wir jetzt (…) ist jetzt wirklich der letzte, die eine Kollegin ist jetzt vorigen Monat in Rente gegangen. Und (…) also ich bin von der alten Abteilung, von der STD-Abteilung noch und die Schwester ist noch da. Die Anderen sind alle weg. Und es- (…). Der Dr. C., der ist Berater auch mit hier, der ist von der AIDS-Beratung, und unsere Chefin. Dann hatte sie noch einen, noch einen Mann dazu und der ist aber weggegangen. Also sind zwei dort noch, und hier zweie. Und für den einen, der weggegangen ist, der ist auch fort (…) jetzt kommt jetzt noch eine Kollegin. […] Die (Anmerkung: neu anfangende Sozialarbeiterin) soll eben danach ziemlich oft mit rausgehen und so Hausbesuche machen. Die soll also dann (…) also macht dort Prävention mit oder so. Und ich mein, in unserem Alter muss man das vielleicht dann nicht mehr ganz so machen. Aber die sollte mal gehen mit (…) und so. Naja die ist-, für die ist das ja (…) im Prinzip auch erstmal alles Neuland. Die hatte ja mit dem Thema noch nichts zu tun. Aber ich denke, die soll dann Einiges machen. Die soll dann auch raus. Am Anfang gehe ich dann schon mal mit und so, damit sie auch die Richtigen kennenlernt, aber dann soll sie alles alleine machen.«

Angesichts des Festhaltens an der alten Kontrollpraxis deuten sich bei der Mitarbeiterin des Gesundheitsamtes, unter dem veränderten Gesetzesrahmen, Deprofessionalisierungstendenzen und der Beginn einer beruflichen Verlaufskurvendynamik an. Das Versagen des inkorporierten einfachen Kontroll- und Hilfeschemas führt zu einer von der sozialen Akteurin weder reflektierten noch bearbeiteten emotionalen Involviertheit, und mündet in einer Verstrickung in die Fehlertendenzen bei der Arbeit. Vor diesem Hintergrund ist auch ihre widersprüchliches, teilweise frustriertes Verhältnis zu ihren Klientinnen wie auch zu ihrer aktuellen Berufstätigkeit zu betrachten und zu erklären.

Arbeitsroutine und Innovationsbarriere

Aus der tendenziellen Resignation der Verwaltungsakteurin sowie ihrer langen Berufstätigkeit und routinierten Arbeitsweise resultiert eine latente Resistenz bzw. Verschlossenheit gegenüber neuen, innovativen Methoden und Praktiken, wie z. B. der »Freierarbeit«:

I: Haben sie irgendwelche Spezialprogramme für »Freier«?
GA: Nee, das ist-, wollen wir immer schon machen. Aber wir hatten, haben's noch nicht gemacht. Aber wir haben einen Kollegen, der würde das, macht das auch irgendwann mal. Bis jetzt war es eben immer so eine Sache mit der Zeit. Aber das ist auch nicht so üblich (…). Es outet sich ja kaum einer, dass es ist. Ich meine, wenn dann mal jemand zum HIV-Test kommt, dann kriegt mal es schon raus, aber- Weil ja die Beratung vorne weg ist, ne (…) Dann kommt schon mancher, war schon dort. Aber wie gesagt, so sehr bereitwillig sagen die das nie, dass sie dorthin gehen. Das ist mehr so (…).

Ferner scheint der ins Leben gerufene lokale, bereichsübergreifende administrative Arbeitskreis von ihr kaum als besondere Gelegenheit und Chance zum interdisziplinären Austausch sowie zur Erarbeitung neuer Problemlösungsstrategien wahrgenommen und bewertet zu werden. Ihrer diffusen Beschreibung zufolge erfüllen die Arbeitstreffen der verschiedenen Verwaltungsorganisationen vielmehr eine formelle Informationsfunktion, als dass sie von den Verwaltungsbeschäftigten aktiv als effektive, konstruktiv-gestaltende Aufgabe und Tätigkeit genutzt zu werden:

»Wir haben so einen Arbeitskreis. Da treffen wir uns einmal halbjährlich. Da ist eben dieses Ordnungsamt dabei, das Arbeitsamt mit dabei, die Drogenfahndung ist mit dabei. […] So ne, so halbjährlich trifft man sich da einmal. Und tut eben so eben das (…). Wir hatten jetzt auch gedacht, durch diese Einwirkungen, durch diese EU-Grenzeröffnung, dass da viel los ist, dass da viele rüberkommen oder so, aber das hat sich nicht bestätigt. Also es ist fast gar nicht zu merken, dass es jetzt überhaupt so (…). Und da hat man eben so ein Arbeitskreis und da spricht man halt über Probleme. Aber das man mit jemanden zusammen das macht, und das ist so -, das ist auch je nach Sachlage. Das ist eben (…) Das machen wir dann (…) .[…] Wir haben den eigentlich gebildet wegen der EU-Erweiterung, jetzt. Das war eigentlich das, das war eigentlich das Hauptanliegen. Weil wir gedacht haben, möchten wir uns vorher noch mal zusammensetzen, und mit den ganzen Leuten-(…). Und wie gesagt, wir haben jetzt das zweite Mal, und aber wie gesagt, da ist nichts groß passiert was uns - (…). Wir dachten, da ist ein riesen Ansturm, die kommen alle hierher oder so. Da ist überhaupt nichts zu merken (…). Ja so was macht man dann (...) so ne Arbeitskreise. Das ist schon ganz-(…). Da weiß man so ein bisschen was Sache ist.«

Aber auch die Bedeutung des interinstitutionellen Erfahrungsaustauschs über die Situation in der lokale Prostitutionsszene scheint von der Mitarbeiterin des Gesundheitsamtes weitgehend relativiert zu werden.

Keine institutionenübergreifenden Kooperationsformen

Ihre berufliche und organisationale Aufgabe grenzt die befragte Verwaltungsakteurin stark von den Arbeitsbereichen anderer Einrichtungen und Institutionen ab. Sie institutionalisiert keine Beziehungen zu anderen Verwaltungsorganisationen bzw. entwickelt Vernetzungsgedanken, um eine soziale Arena für die Interessen und Bedürfnisse ihrer Klientel aufzubauen. Die Gestaltung der kaum vorhandenen Umweltbeziehungen ist durch die für soziale und gesundheitliche Organisationen typische Distanzierung von den Institutionen der Ordnungs- und Sicherheitsverwaltung gekennzeichnet. So stellt die Nichtweitergabe von Daten und Informationen auch für die befragte Gesundheitsamtmitarbeiterin ein zentrales Prinzip dar, welches die Niedrigschwelligkeit der behördlichen Beratungseinrichtung gewährleistet.

Ingesamt betrachtet ist der berufliche Habitus der befragten Gesundheitsamtbeschäftigten, sowohl auf der Wahrnehmungs- als auch auf der Handlungsebene, durch eine Fokussierung und Beschränkung auf die medizinischen Aspekte der Prostitution geprägt. Die undurchsichtigen sozialen und kriminellen Problemfelder des Rotlichtmilieus werden von ihr frappant heruntergespielt und ausgeblendet. Aufgrund ihres langjährigen medizinischen Erfahrungswissens fühlt sich die Verwaltungsakteurin im Umgang mit gesundheitlichen Themen sicher, da sie es hier mit etwas Eindeutigem und Konkretem zu tun hat und auf routinierte Handlungsabläufe zurückgreifen kann. Angesichts ihrer tendenziellen Ausblendung und Harmonisierung der diffuseren, weniger greifbaren sozialen Phänomene hat sie, trotz ihrer Ausbildung und Tätigkeit im sozialen Bereich, keine darauf bezogenen, konkreten Handlungskonzepte entwickeln können. Infolgedessen agiert sie in der Beratungsstelle des Gesundheitsamtes mehr wie eine stationäre Krankenschwester als eine aufsuchende Arbeit betreibende Sozialwesen-Professionelle. Die Interaktion zwischen der Verwaltungsakteurin und ihren Klientinnen ist durch ein matriarchalisches Beziehungsmuster gekennzeichnet, welches nur in positiven Beziehungsgeflechten wie z. B. der Stammklientel nicht aber in Bezug auf neue Klientinnen oder besonders problematische Zielgruppen funktioniert. Trotz Aufhebung der gesetzlichen Untersuchungspflicht für Prostituierte bleibt die Mitarbeiterin des Gesundheitsamtes dem alten Paradigma der Kontrollpraxis verhaftet, und zieht sich aufgrund ihrer individuellen Schwierigkeiten, das Verhältnis zu ihren Klientinnen unter den Bedingungen der Freiwilligkeit und Gleichberechtigung neu zu gestalten, mehr oder weniger aus der Vor-Ort-Arbeit zurück. Vor diesem Hintergrund hat die Effektivität der öffentlichen Gesundheitsarbeit deutlich abgenommen, da ein Großteil der Klientinnen von der befragten Verwaltungsakteurin mehr nicht erreicht wird und eine stärkere Verbreitung sexuell übertragbarer Krankheiten zu befürchten ist. In Bezug auf die Mitarbeiterin der Beratungsstelle zeichnen sich Deprofessionalisierungstendenzen und der Beginn einer beruflichen Verlaufskurve ab, die u. a. in den affektiven Beschwerden über ihre Klientel und der nicht reflektierten Frustration über ihre gegenwärtige beruflichen Tätigkeit zum Ausdruck kommen.

Aufklärende Sozialarbeiterin[12]

»Also es heißt wirklich Prävention vor Ort. Es ist egal, wo wir die Frauen erreichen, ob hier oder da. Also sie haben hier natürlich die Möglichkeit zu untersuchen, zu impfen, Blut abzunehmen, also diese Dinge zu tun. Aber Schwerpunkt ist wirklich die, die Vor-Ort-Arbeit. Also diese- (…). Frau B. hat auch nen Koffer mit all den nötigen Materialien, angefangen von, von dem Holzpenis, den man für Neueinsteigerinnen als Übungsmaterial verwendet- wie verwende ich richtig ein Kondom-, Gleitgel ist da drin, da sind Informationsbroschüren drin (…) also verschiedene Dinge, die sie wirklich vor Ort braucht. Also sie macht die Arbeit, die sie hier am Schreibtisch machen kann, vor Ort. (…) Und noch eins, was ich jetzt so im Zusammenhang mit der statistischen Bearbeitung in den letzten Jahren gemerkt habe: Diese Vor-Ort-Arbeit-, da nimmt die Zahl der Begleitungen und Einzelfallbetreuungen zu. Das ist sicher. Es ist nur eine Person, die die Arbeit macht. Das ist was sehr, sehr Zeitaufwendiges. Sicher, die Beschaffungsprostituierten, also, die auf dem Drogenstrich arbeiten, sind auch diejenigen, die die meisten Probleme haben. Aller Art. Gesundheitliche, vielleicht Obdachlosigkeit, Gerichtsgeschichten, all solche Dinge. Und da wird eben diese Sozialarbeit zunehmend nachgefragt. Also allgemeine Sozialarbeit.«

---

12 Das der Fallrekonstruktion zugrunde liegende Experteninterview wurde im April 2005 erhoben. Zwei Mitarbeiterinnen des Forschungsprojektes befragten die Sozialarbeiterin (B1) und die Ärztin (B2) einer am Gesundheitsamt angesiedelten Beratungsstelle für sexuell übertragbare Krankheiten.

Wahrnehmung der Prostitution: gesundheitliche und soziale Rahmung

Die in der Beratungsstelle für sexuell übertragbare Krankheiten tätige Verwaltungsakteurin nimmt die Prostitution nicht nur unter den institutionell vorgegebenen medizinischen Aspekten, sondern auch aus ihrer beruflich bedingten sozialen Sichtweise wahr:

»Ja, das Aufgabengebiet gestaltet sich einmal in der Beratung innerhalb des Gesundheitsamtes, wenn Frauen das hier wahrnehmen wollen, und ansonsten vor Ort. Das heißt also, ich suche alle Frauen, die sich in Stadt A., sofern es bekannt ist, prostituieren, in ihrem Etablissement auf und berate sie vor Ort. Zu STDs, also zu Geschlechtskrankheiten, zu Safer Sex, zu Gefahren, zu sozialen Problemen, sofern welche anstehen, ja.«

Sie steht sowohl der Prostitution an sich als auch den sich prostituierenden Frauen akzeptierend gegenüber und erkennt die Prostitution als normale Arbeit bzw. Berufstätigkeit an. In der alltäglichen Berufspraxis übernimmt die Sozialarbeiterin die Perspektive ihrer Klientinnen und fühlt sich in deren Situationen und Bedürfnisse ein. Sie beschränkt ihre Arbeit nicht auf gesundheitliche Thematiken, sondern geht auch auf den Bedarf an sozialer Beratung und Kommunikation ein:

B2: Also ich denke bei einigen Frauen ist es auch wichtig, sie wissen, dass sie mit der Frau B. oder, wenn sie denn hierher kommen, auch hier an der Beratungsstelle- über ihr (…) ihren Beruf, über ihre Profession reden können. Das, das können sie nicht mit jedem. Mit den Freiern geht's nicht oder nicht unbedingt. Das sind Kunden. Die (….) Problematik ist die, viele machen es ja wirklich, wirklich anonym. Da weiß nicht die Familie, nicht der Freund, niemand Bescheid. Und, und, und. Und sie wollen auch nicht entdeckt werden. Und es gibt aber Probleme, wie bei jedem arbeitenden Menschen, es gibt einfach Dinge, über die man sich mal austauschen möchte, die man am besten bewältigen kann, wenn man mit jemandem drüber redet. Und das wird wirklich dankend angenommen. Da ist jemand, der weiß, was ich tue, vor dem muss ich mich nicht verstecken. Das ist ein akzeptierender Arbeitseinsatz, äh -ansatz, den wir haben. Und insofern ist auch wirklich ein Bedarf da. (…). Da geht's auch nicht immer nur um gesundheitliche Dinge. Sicher ist das unser Hauptanliegen, ne. Auch die soziale Problematik.

B1: Ja, aber- Ich zwinge es ja keinem weiter auf. Dadurch dass ich der einzige Ansprechpartner bin, kommt natürlich alles zum Tragen. Also was an Problemen ist. Wo sollen sie sonst hingehen?

B2: Da kann Frau B. auch nicht sagen: ›Jetzt Stopp. Hier (*lacht*), hier ist meine Aufgabe zuende.‹ Für die Prostituierten, die ihre Tätigkeit oft sogar vor ihrem privatem Umfeld geheim halten, fungiert die Mitarbeiterin des Gesundheitsamtes daher auch als wichtiger Austausch- und Ansprechpartner für die Bewältigung ihrer beruflichen und alltäglichen Probleme.

Differenzierung der Klientel: Beschaffungsprostituierte vs.
»fest Etablierte«

Hinsichtlich der von ihr betreuten Klientel unterscheidet sie zwischen den auf der Straße arbeiten, drogenabhängigen Beschaffungsprostituierten, deren Lebenssituation von sehr komplexen Problemlagen und akuten Nöten gekennzeichnet ist, und den »fest Etablierten«, d. h. den in Wohnungen, Bordellen und Clubs arbeitenden Frauen, die auch ohne intensive Hilfe in der Lage sind, ihre Probleme mehr oder weniger selbständig zu lösen.

Problematisierung: Zunahme an Einzelfallbetreuungen und Begleitungen

Unabhängig davon, dass der Beratungs- und Betreuungsbedarf bei den drogenabhängigen Frauen deutlich höher ist, beobachtet und problematisiert die Sozialarbeiterin aber eine allgemeine Zunahme an sozialen Problemfällen unter den Prostituierten. Der damit einhergehende steigende Bedarf an Einzelfallbetreuungen stellt, angesichts der alleinigen personellen Zuständigkeit für das gesamte Stadtgebiet, eine enorme Herausforderung und systematische Belastung dar. Diese wird von der Verwaltungsakteurin durch Prioritätensetzungen und selektive Entscheidungen bearbeitet und kompensiert. Besonders schwierige Fälle beispielsweise erfahren eine intensivere Betreuung und Begleitung wie Klientinnen, bei denen »nur« routinemäßig die Erneuerung ihres gesundheitlichen Präventionswissens und die Erinnerung an die regelmäßigen medizinischen Untersuchungen anstehen:

»Ja, also es ist so, dass die Frauen manchmal warten, und enttäuscht und entsetzt sind, dass ich längere Zeit sie nicht aufsuche. Aber das ist - ich mache das allein, bis vor zwei Jahren waren wir zu zweit, und allein − über das ganze Stadtgebiet verteilt sind die Etablissements − ist nicht zu schaffen. So dass ich also da, wo (…) Problemfälle sind, die häufiger kontaktiere, als dass ich andere so oft aufsuche wie eben diese, und manchmal ein Viertel-, halbes Jahr in einer Wohnung gar nicht war, ne. Und dann ist natürlich: ›Wir haben schon gedacht…‹, und ne. Und das ist gleichzeitig die Erinnerung, mal die Prävention aufzufrischen und gleichzeitig die Erinnerung, doch mal wieder, ja, könnte mal die Untersuchung wieder gebrauchen.«

Kategorisierung der Klientinnen: als professionell arbeitende Prostituierte

Von den Mitarbeiterinnen des Gesundheitsamtes werden die Klientinnen aber nicht als Hauptbetroffenengruppe von sexuell übertragbaren Krankheiten klassifiziert:

B2: Also, die Frauen, die hierher kommen, sind ähm (…) keine Hauptbetroffenengruppe für sexuell übertragbare Infektionen. Das ist das, was wir untersuchen. Mehr können wir nicht aussagen. Aber da hat sich schon vor dem Infektionsschutzgesetz nicht gezeigt, dass das ne Gruppe ist, die besonders risikobehaf-

tet ist, und auch jetzt nicht. Obwohl, die EU-Erweiterung-, und in Osteuropa spielen ja die sexuell übertragbaren Infektionen sich in ner anderen Größenordnung ab. Und es wird immer wieder auch gesagt, auch von der (...) vom Robert-Koch-Institut in Berlin, also dass das Auswirkungen haben wird auf diese hiesige Epidemiologie. Aber im Moment können wir das noch nicht bestätigen. (...) Andererseits wird auch immer wieder gesagt, die ungeschützten Sexualkontakte innerhalb der Prostitution nehmen zu (...), aber zahlenmäßig kann ich es nicht untermauern.
B1: Kann man auch nicht.
B2: Aber immer unter der Voraussetzung, es ist echt ein kleiner Teil, die hierher kommen und sich untersuchen lassen.

Vor dem Hintergrund ihres feldinternen Erfahrungswissens konstruiert die Sozialarbeiterin ihre Klientinnen vielmehr als risiko- und verantwortungsbewusste, professionell arbeitende Prostituierte, die angesichts ihrer vielfach heimlich ausgeübten Tätigkeit in besonderem Maße darauf angewiesen sind, sich selbst und ihr familiales Umfeld durch Safer Sex-Praktiken zu schützen:

»Zumal, wie Frau Dr. A. schon sagte, viele ihre Identität verschweigen, wenn sie morgens aus dem Hause gehen, bis abends. Niemand weiß, was sie macht. Ne, also (...) was angegeben wird, sind ja vielfältige Berufe, wo man also (...) nicht unbedingt der Ehemann kommt und abholt oder guckt, ne, oder sie besucht. Und mit dieser Identität, mit der sie da leben, haben sie ja aber ne Verantwortung der Familie gegenüber. Das heißt also, wenn sie in dem Job sind und würden nicht professionell arbeiten und der Mann ist zum Beispiel ein treuer Ehemann und die Frau würde ne Krankheit mitbringen: Wo kommt sie her? Dann wäre plötzlich-. Also von daher denke ich schon, dass viele ihrer Verantwortung bewusst sind, und also sagen: ›Hier, das ist mein Job Das mache ich professionell, ich will ja nichts mitnehmen, was mir widerfahren könnte.‹«

Professionelle kritische Distanz: Thematisierung der »Kurzsichtigkeit« der Klientinnen

Ungeachtet der positiven Bewertung des Gesundheitsschutzverhaltens der Prostituierten stehen die befragten Verwaltungsakteurinnen ihren Klientinnen hinsichtlich sozialer und ökonomischer Aspekte aber auch in einer kritischen Haltung gegenüber, und verweisen auf die für diese Gruppe charakteristische begrenzte Zukunftsplanung und ungenügende soziale Absicherung:

B2: Also, in dem Bereich sind wenige, die langfristig denken. Also sie denken auch, so empfinde ich das zumindest: ›Ich mache das nur kurz. Und für diese kurze Zeit, die sie für sich erstmal so planen, extra Rente, extra Krankenversicherung, extra Steuern, Arbeitslosenversicherung, also das zu zahlen, da bleibt mir ja nur noch fünfzig Prozent übrig! Und wenn, will ich das Geld-, ich werd' jetzt nicht krank, ich werd' jetzt nicht-, ich will das Cash einstreichen.‹ B1: Es ist ja auch so, ne private Versicherung ist ja nicht billig. Und wenn man das jeden Monat, also Kranken- und Rentenversicherung, etc., dann sind das vielleicht fünfhundert Euro oder sechshundert Euro. So, und wenn ich dann ausrechne, ich muss auch noch Miete bezahlen, bei meinem (…) Vermieter. Und leben will ich auch noch, denn ich arbeite ja eigentlich, um meine Familie-, oder das Haus abzubezahlen, bleibt unterm Strich manchmal fast nichts. Geht nicht. Also die denken da wirklich nicht weiter. Und sie können da auch keine Inspiration bringen, dass man sagt: ›Sie müssen ne Vorsorge fürs Alter‹. ›Ach, was weiß ich denn, wie alt ich werde‹. Und ne, dieses.«

Gestaltung der Klientelbeziehungen: Wahrung der Subjektautonomie der Prostituierten

Aber selbst in zutiefst prekären Lebenssituationen und Problemlagen werden die sich prostituierenden Frauen von der Sozialarbeiterin als »selbstständige Menschen«, als autonome Handlungssubjekte wahrgenommen, die über ihr Leben und das ihnen unterbreitete Hilfsangebot selbst entscheiden. Die Anerkennung und Berücksichtigung der Selbstverantwortung und Subjektautonomie der Klientinnen kommt im Interview u. a. in der Darstellung der Betreuung der Beschaffungsprostituierten zum Ausdruck:

»Und es ist nicht so, dass man sagt: ›Ich begleite Dich jetzt‹. Sondern immer unter der Fragestellung – sie sind ja ein selbständiger Mensch – ›Benötigst Du Hilfe? Soll man Dich begleiten? Wer soll Dich begleiten?‹ Es ist ja nicht gesagt, dass-, selbst wenn ich das Gespräch führe, dass ich ihn begleiten muss. Sondern es gibt ja auch noch das A-Amt, die also auch noch sie betreuen können. Und wenn sie möchten, dann sagt man: ›O.k., ich begleite Dich‹, ne.«

Soziale Begleitung als Hilfe zur selbständigen Lebensführung

Die über das Medizinische hinausgehende Beratungs- und Betreuungsarbeit wird von der Akteurin des Gesundheitsamtes als soziale Unterstützung bzw. Hilfe zur Selbsthilfe verstanden und gestaltet. Sie glaubt an die individuellen personalen Ressourcen ihrer Klientinnen, d. h. deren Fähigkeit mit professioneller Hilfe wieder in ein eigenständiges, selbstbestimmtes Leben zurückzufinden:

»Also ich hatte jetzt ne Klientin, ne, die hatte keine Zähne. Also so gut wie keine. Hat jetzt ne Prothese bekommen. Trägt die. Wunderbar. Ist glücklich, ne. Also-, aber sie alleine würde es nicht schaffen. Sie würde nicht da hinkommen, wieder in der Gesellschaft ne Stellung zu finden, die ihr vorher abhanden gekommen ist, aufgrund dessen wenn man zahnlos ist, ne. Stigmatisierung! Wunderbar jetzt. Fühlt sich wohl. Also von daher. Das sind so Sachen, ne. Und da muss man also- (...) Und es ist ja auch ne Hilfe auch wieder klarzukommen, etwas besser klarzukommen im Leben.«

Wie an folgendem Beispiel einer institutionenübergreifend gestalteten Einzelfallbetreuung deutlich wird, zielen die sozialarbeiterischen Unterstützungs- und Hilfsmaßnahmen der Verwaltungsakteurin auf die Aktivierung und Stärkung des Eigenpotentials der sich prostituierenden Frauen, auf deren Mitbestimmung und Mitgestaltung ihres gesellschaftlichen Partizipations- und Integrationsprozesses. Dabei liegen dem individuellen Hilfeplan realistische Erwartungen bzw. das Bestreben »kleiner Fortschritte« zugrunde, die etappenweise zum definierten Fernziel führen, deren Nahziele aber nicht überfordern und von den Klientinnen zu bewältigen sind:

B1: Ein Beispiel. Zum (...) Jahresende, da war ne enge Zusammenarbeit mit dem Sozialamt. Also eine (...) äh, Beschaffungsprostituierte, ne junge Frau, die die Frau B. auch über die Straßensozialarbeit kennengelernt hat, war wohnungslos. Und in diesem Zeitraum ist eben ne Beschaffung ner Wohnung, Einrichtung der Wohnung ne, erfolgt. Gemeinsam mit dem Jugendamt und, und Sozialamt. Aber dass man diese Frau-, Sie können das im Prinzip auch als Ausstiegshilfe aus der Prostitution bezeichnen, dass sie erstmal von der Obdachlosigkeit weg in die eigene Wohnung und (...) und das verschafft ja auch dieser Frau ein gehöriges Maß an Selbständigkeit, also für ne eigene Wohnung Verantwortung tragen zu müssen. Aber diesen, diesen Weg zu ebnen, also das schaffen viele nicht.
B2: schaffen sie alleine nicht
B1: Das ist jetzt auch ein Beispiel, wo Sie haben also, Zusammenarbeit Jugendamt, Sozialamt <u>mit</u> der jungen Frau. Also die Wege die sie selber gehen konnte, das <u>muss</u> sie natürlich auch selber machen, ne. Und die Einrichtung dieser Wohnung-, und jetzt wohnt sie da drin. Und das ist schon ein gewaltiger Fortschritt. Also von dem einen Stadium in das nächste Stadium. Damit ist das Drogenproblem noch nicht gelöst, aber (...) es ist ein Schritt, möglicherweise, dahin.

Beziehung zur Klientel: positiv und symmetrisch

Das Verhältnis zwischen der Sozialarbeiterin und den sich prostituierenden Frauen zeichnet sich durch eine positive Wechselseitigkeit sowie gleichberechtigte, symmetrische Beziehungsmuster aus. Die von ihr betreuten Prostituierten scheinen sich von in keiner Weise kontrolliert zu fühlen, sondern nehmen das Angebot an gesundheitlicher Aufklärung und sozialer Beratung gerne an:

»Also wie gesagt, ich sagte ja vorhin, die sagen: ›Wo waren Sie denn solange?‹ Also die möchten eigentlich den Kontakt. Selbst wenn's nur ist, dass man also mal Kondomwissen vertieft, Gleitgel gibt, ne – also es gibt immer ein paar Kondome und Gleitgel – dass man (...). Dann haben sie meistens immer Fragen, die anstehen. Sei es zum Arbeitslosengeld, zum Arbeitslosengeld oder zu irgendwelchen Problemfällen. Das hat zwar auch dort zugenommen, aber nicht so, dass ich jetzt Begleitung oder irgendetwas arrangieren muss, sondern nur das Gespräch erstmal.«

Selbst bei neuen Klientinnen, die ihr als Vertreterin einer staatlichen Verwaltungsinstitution zunächst mit Vorbehalten und Misstrauen gegenüberstehen, gelingt es der Sozialarbeiterin, durch die Gestaltung hierarchiefreier und selbstbestimmter Interaktionsformen, eine nachhaltige Akzeptanz- und Vertrauensbeziehung aufzubauen:

»Insbesondere die Frauen, die also (…) anfangs so'n bisschen (…) widerwillig dem Ganzen gegenüber stehen, weil ein Amt ist immer-, ne, also Stadt A. ist immer so'n bisschen- (…), die sind diejenigen, also die dann nachher am meisten das Gespräch suchen. Also die sich richtig freuen, wenn man dann kommt. Also ich hab so'n junges Mädchen, war ich in dieser Woche jetzt, nach langer Zeit, die war richtig froh. Die hatte nen (…) hatte natürlich auch ne Veränderung in ihrer Persönlichkeit, war auch mal drogenabhängig und so und da konnte man nun aufbauen. Da war sie so erleichtert, dass sie mal jemanden hat, mit dem sie darüber reden kann, dass es ihr besser geht. Ne, also von daher (…).«

Gesundheitspolitik: Freiwilligkeit statt Kontrolle

Die Verwaltungspraxis des Gesundheitsamtes beruht, nicht erst seit Einführung des neuen Infektionsschutzgesetzes, auf dem Grundprinzip der Freiwilligkeit. Eine Untersuchungspflicht für Prostituierte ist von der Beratungsstelle für sexuell übertragbare Krankheiten zu keiner Zeit angewandt oder umgesetzt worden. Nach Erkundung und Auseinandersetzung mit der Arbeitsweise anderer Einrichtungen haben sich die sozialen Akteurinnen bewusst dazu entschlossen, die gesetzlichen Handlungsspielräume zum Aufbau eines freiwilligen Untersuchungsangebots zu nutzen:

»Es ist so: Die Untersuchungspflicht vor dem Infektionsschutzgesetz basierte ja auf dieser gesetzlichen Grundlage ›Gesetz zur Verhütung und Bekämpfung von Geschlechtskrankheiten‹, war aber als solches eher verwaschen formuliert. Es war nie klar formuliert, also, dass Prostituierte zur Untersuchung kommen müssen. Aber man konnte es so auslegen. Und das wurde eben in den einzelnen Bundesländern sehr verschieden ausgelegt. Und die Beratungsstelle hat sich ja hier Ende der Neunziger, Anfang Einundneunzig gegründet, und das ist klar, man musste sich am Anfang hier erst einmal orientieren: Wie läuft die Arbeit? Wie bauen wir diese Beratungsstelle auf? Was für Schwerpunkte werden gesetzt? Aber schon relativ zeitig-, es war schon Mitte der Neunziger Jahre auch bekannt, dass das neue Infektionsschutzgesetz in Arbeit ist und eben die Zusammenarbeit mit anderen Beratungsstelle-, Also, ich will mal sagen, es gab ein direktes Nord-Süd-Gefälle, ja? Also im Norden wesentlich liberaler als in den südlichen Bundesländern und die einzelnen Beratungsstellen in den verschiedenen Bundesländern verfassen ja auch Jahresberichte über ihre Arbeit beziehungsweise waren Hospitationen möglich, dass die Sozialarbeiter in die verschiedenen Beratungsstellen geguckt haben; und diese Erfahrungen, die gesammelt werden konnten, durch Jahresberichte von Beratungsstellen, durch die persönlichen Kontakte, Fortbildungen, haben uns dann veranlasst, zur Mitte der Neunziger Jahre die Untersuchungspflicht abzuschaffen und ein anonymes Angebot aufzubauen. Das haben wir nicht hier alleine erfunden. Das ist natürlich in Zusammenarbeit mit unserem Amtsleiter. Was sich dann wirklich auch sehr positiv gestaltet hat. Die gesetzliche Grundlage dazu bestand. Es war ja schon in dem alten Gesetz nicht vorgeschrieben, die Zielgruppe der Prostituierten untersuchen zu müssen. Und so haben wir das Mitte der Neunziger aufgebaut. Und in diesem Zusammenhang wurde eigentlich auch die Straßensozialarbeit auch ausgeweitet. Ne, also peu a peu mehr auf die Straße und hier diese Anwesenheit in der Beratungsstelle weniger.«

Daher können und konnten sich die in der Prostitution arbeitenden Frauen beim Gesundheitsamt aus eigenem Antrieb auf Geschlechtskrankheiten testen lassen:

»So mit Abschaffung der Untersuchungspflicht ist es ja klar, dass-, dass sie nicht kommen müssen. Und das ist auch immer unser erster Satz, dass unser Angebot ein anonymes, freiwilliges ist, dass es keine (…) äh (…) Pflicht in irgendeiner Art und Weise gibt. Und, und damit wird der Frau ja auch sofort signalisiert: Das, was ich tue, was ich in Anspruch nehme, tue ich aus freien Stücken.«

Um die Klientinnen auch ohne Untersuchungspflicht zu erreichen, ist das stationäre Angebot der Beratungsstelle durch Streetwork-Aktivitäten ergänzt worden.

Arbeitsansatz: Gesundheitsprävention durch Aufsuchende Arbeit

So sucht die befragte Sozialarbeiterin die sich prostituierenden Frauen an ihrem Arbeitsplatz, d. h. in der Wohnung oder auf der Straße auf, um sie über gesundheitliche Schutzmaßnahmen aufzuklären und das Untersuchungsangebots der Beratungsstelle zu unterbreiten. Bei den Stammklientinnen zielt die »Vor-Ort-Arbeit« auf eine Erneuerung und Aktualisierung des vorhandenen Präventionswissens sowie die Erinnerung an eine Wiederholung des Gesundheitschecks ab. Die dem Streetwork-Kontakt folgende Inanspruchnahme der medizinischen Untersuchung im Gesundheitsamt wird von der Verwaltungsakteurin als positives Resultat ihrer Aufsuchenden Arbeit betrachtet und bewertet:

»Ja, also für mich ist es ja schon ein Erfolg, wenn ich da erreiche, dass diejenige hierher kommt, da ist also zumindest erstmal der Wille da: ›Ich lass mich untersuchen‹, ne. Und wenn man's dann hinkriegt, dass sie bei-, entweder durch mein erneutes Aufsuchen irgendwann, sie wieder dran erinnert wird, und sie kommt hierher, dann ist es doch ein Erfolg.«

Abbau der »Schwellenangst« durch Wahrung der Anonymität

Um die Niedrigschwelligkeit der Beratungsstelle für sexuell übertragbare Krankheiten zu gewährleisten und die Nutzung der Gesundheitsuntersuchung zu fördern, wird den Prostituierten von den Mitarbeiterinnen des Gesundheitsamtes »absolute« Anonymität zugesagt und deren Kontakt zur Verwaltungsinstitution üblicherweise über fiktive Namen organisiert:

»Also, muss man auch noch mal klar sagen, unser Angebot ist, mh, absolut anonym. Also die Frauen-, gerade wenn es ne regelmäßige Betreuung ist, müssen wir sie natürlich ansprechen. Und das erfolgt in erster Linie über Künstlernamen. Ne, also die geben sich irgendeinen Namen und mit diesen Namen führen wir natürlich auch ne (…) Kartei, ja?! Das- (…). Also, Lieschen Müller, geboren dann und dann. (…) Ähm (…) weil, wenn sie zur Diagnostik kommen, ist es natürlich klar, dass ich die Untersuchungsdaten einer Person zuordnen muss. Oder wenn die Frau B die Frau (…) antrifft, muss sie sie ja irgendwie ansprechen. Also das ist absolut anonym […] Ne, also das ist ne Sache, die auch einen ganz niedrigschwelligen Zugang in die Beratungsstelle ermöglicht. Weil wir werden ja trotzdem als Amt gesehen. Obwohl unser Arbeitsansatz einer ist -, also, Prävention, und es geht ja um die Gesundheitsvorsorge bei den Frauen-. Und (...) äh (...) das -. Wir werden trotzdem als Amt wahrgenommen. Und um diese Schwellenangst abzubauen, um diese Schwellenangst abzubauen, ist eben dieses Angebot anonym. Und für die Frauen heißt das: Wir sehen keine Chipkarte, keinen Ausweis, gar nichts, ne. Also das heißt auch, die fühlen sich hier sicher in Bezug auf ihre persönlichen Daten. (…) Also es gibt ne Patientendatei. Das ist klar. Das brauchen wir für die Arbeit. Aber immer mit nem Künstlernamen.«

Zugang zur Prostitutionsszene als Grundvoraussetzung der Arbeit

Die alltägliche Arbeitsweise der Beratungseinrichtung basiert auf dem erarbeiteten Zugang zur Klientel und die Integration in die städtische Prostitutionsszene aus. Von der befragten Sozialarbeiterin werden sowohl die in den Wohnungen als auch die in den Clubs und auf der Straße arbeitenden Frauen erreicht:

I: Also, Sie müssen ja immer alleine irgendwohin. Ist das ein Problem?
B: Eigentlich nicht. Für mich nicht. Aber sicherlich auch, weil (…) die Frauen einerseits über viele Jahre mich kennen. Und wenn ne neue Frau kommt, die wird-, der wird schon gesagt, also-. Wir hatten jetzt mal zu tun, ich war immer blondhaarig und jetzt kam ich dunkelhaarig, und da sagt eine: ›Da kommt ne Blonde.‹ ›Nee, sag ich, die ist jetzt dunkel‹ (*allgemeines Lachen*). Also, so was. Das sind aber so Nettigkeiten. Ansonsten hören die schon, da kommt eine, so und so aussehend, vom Gesundheitsamt. Und, wenn ich manchmal komme, die macht die Tür auf, ich denke: ›Die haste noch nie gesehen.‹ Aber die lässt mich rein. […] Ja, aber das spricht sich rum. Also von daher, die wissen, dass jemand kommt.«

Angesichts des geteilten Interesses an der Gesundheit der Prostituierten hat die Verwaltungsakteurin auch freien Zutritt zu den Bordellen und Clubs:

»Ansonsten betrete ich das Bordell wie jedes andere Etablissement. Beim Etablissement muss ich klingeln. Beim Bordell ist es offen. Und suche dann die Frauen in ihren einzelnen Räumen auf. Wird auch nicht behindert. Eher gern gesehen, weil (…) ja, der Bordellbetreiber natürlich in seinem Denken ist: ›Ah, wenn die kommen, dann sind die Frauen auch alle gesund‹, so nach dem Motto. ›Das ist ein sauberes Haus‹, so nach dem Motto, ne! […] Ja, da kann man dann immer sagen: ›Die vom Gesundheitsamt, die kommen zu uns. Die kommen. Da gibt's überhaupt keine Probleme.‹«

In einem der lokalen Bordelle, in welches die Betreiber sogar ein extra Untersuchungszimmer integriert haben, bieten die Mitarbeiterinnen des Gesundheitsamtes eine monatliche medizinische Sprechstunde an:

»Die haben ein Arztzimmer dort bei dem Bau des Hauses schon geplant gehabt und das ist da auch eingerichtet worden. Und da bieten wir eine Sprechstunde an. Aber auch immer-, da wird nur ausgerufen: ›Der Arzt ist da‹, und die Frauen kommen oder sie kommen nicht. Also das ist wirklich ein Vor-Ort-Untersuchungsangebot, aber mit, mit Sprechzimmer, mit Untersuchungsstuhl und alle Utensilien, die man braucht, quasi, sind auch vorhanden.«

Nach eigener Einschätzung sind der Sozialarbeiterin die zentralen Anlaufpunkte des Prostitutionsmilieus bekannt. Trotzdem ist sie fortwährend darum bemüht, über ihre Klientinnen oder durch eigenaktive Erkundungen weitere Informationen zu erhalten und neue Kontakte zu schließen, um hinsichtlich der aktuellen Entwicklung auf dem Laufenden zu bleiben:

»Vorzugsweise weiß ich die Etablissements in Stadt A. Wenn mir was nicht bekannt ist, ist es die Mundpropaganda, dass Frauen, die in dem Job tätig sind, es mir sagen. Oder aber dass ich mir in dem Falle die Medien zunutze mache und über Zeitungsannoncen neue Etablissements erschließe.«

Erreichen von Migrantinnen: Gesundheitsprävention durch kommunikativen Austausch

Im Rahmen der Aufsuchenden Arbeit werden von der Mitarbeiterin des Gesundheitsamtes nicht nur deutsche sondern auch ausländische Prostituierte erreicht. Im Kontakt mit den Migrantinnen verlässt sie sich aber keineswegs auf fremdsprachige Aufklärungsmaterialien, sondern setzt trotz der vorhandenen Sprachbarrieren auf den direkten kommunikativen Austausch mit ihren Klientinnen:

»Also es gibt zu HIV-Flyer in mehreren Sprachen, aber die werden selten wahrgenommen. Die Frauen die hier sind, können sich fast, fast alle über, ja, gebrochenes Deutsch verständigen, oder aber im Englischen. […] Es ist schwierig. Die Materialien-, sicher gibt es auch Frauen, die wenig deutsch können, und, und die Informationen, die man gibt, nicht so aufnehmen wie ne Deutschsprachige oder deutsch sprechende Frauen (…). Mit den Materialien erreichen sie nicht allzu viel. Also die Bundeszentrale für gesundheitliche Aufklärung hat Materialien entwickelt, die auch so Piktogramme haben, also mit ner bildlichen Darstellung, um natürlich auch die Frauen zu erreichen, die überhaupt nicht lesen können, ne. Und (…) auch so, das Lesen von Informationen ist schwierig. Also Sprechen hat ne unheimliche-, (…) also nen unheimlichen Wert. Also es steht an absolut allererster Stelle. Und viel kann man in dem Bereich wirklich machen, also zeigen mit Händen und Füßen. Also wie ein Kondom richtig angewendet wird, was Gleitgel ist, welches-, dass man da zeigt das Wort, das soll fettfrei sein, wenn sie das selber kaufen. Und dann ein bisschen, wenn die Hände wo-, wohin zeigen, und und und (…) also das geht relativ gut.«

Dabei ist sie sich sowohl der sprachbedingten Grenzen der gesundheitlichen Aufklärung und Informationsvermittlung als auch der beschränkten Wirkung und Kenntnisnahme schriftlicher Materialien bewusst und entscheidet sich vor diesem Wissens- und Erfahrungshintergrund pragmatisch für die aus ihrer Sicht effektivere face-to-face-Kommunikation mit den Prostituierten:

»Sie können das sicher nicht erklären, das ist ne Syphilis und vor ner Syphilis schützt man sich so, und HIV-. Also, eben diese Detailinformation, das funktioniert nicht. Aber das (…) das interessiert in dem Detail vielleicht auch nicht. Es interessiert Krankheit,Gesundheit, wie kann ich mich schützen, ne. Und am Ende müssen sie das auch, diese Basisdinge auch immer mal wiederholen. Und (…) das geht einigermaßen. Sicher würde man sich das anders vorstellen, wenn man-, und anders auch beraten, wenn man alles versteht. Aber man kann es wirklich auf das absolut Wesentliche, mit Händen, Füßen und ein paar Worten, also Sex wird schon verstanden. Und die Frauen brauchen ja auch ein Mindestvokabular für ihre Kunden. Und insofern (…) geht's. Es ist nicht hundertprozentig befriedigend, das ist klar, aber es geht.«

Akzeptierender Arbeitsansatz: Rücksicht auf Prostitutionstätigkeit der Klientinnen

Die alltägliche Berufspraxis der Sozialarbeiterin ist durch eine grundlegende Akzeptanz der Prostitution geprägt. Sie hat weder gegenüber den sich prostituierenden Frauen noch den die sexuellen Dienstleistungen in Anspruch nehmenden Kunden merkliche Vorbehalte oder Ressentiments. Bei der Streetwork achtet sie beflissentlich darauf, die Arbeit ihrer Klientinnen nicht zu stören, und stellt ihr institutionelles Anliegen der Gesundheitsvorsorge situativ hinter die Verdienstmöglichkeiten der Prostituierten zurück:

»Wenn die Frau B. in den Wohnungen in Stadt B. ist, so diese Wohnungsprostitution, äh (...) steht so ziemlich an erster Stelle: Wenn da ein Kunde kommt, zieht sich Frau B. auch zurück. Um das Geschäft auch nicht irgendwie für die Frauen zu belasten durch ihre Anwesenheit, also dass das Geschäft nicht irgendwie zustande kommt. Das ist ja für die Frauen bares Geld, um das es geht.«

Zudem scheint sie auch keine Berührungsängste oder Probleme zu haben, zufällige Begegnungen mit Prostitutionskunden zur gezielten Gesundheitsprävention und zur Appellierung an Safer Sex-Praktiken zu nutzen:

»Bei der Vor-Ort-Arbeit, also wenn die Frau B vor Ort mal (...) wenn sich das ergibt, ne, also gerade. Frau B. hat mir schon berichtet, dass sie auf der Straße ab und an auch selbst angesprochen wird. Und das ist natürlich ein guter Zugriff für sie, da zu sagen, ich bin die und die Person (...) und dann natürlich ne Botschaft auch zu vermitteln.«

Orientierung an den Bedürfnissen der Klientel:
Gesundheits- und Sozialarbeit

Im Arbeitsalltag bleibt die Beratungspraxis der Verwaltungsakteurin nicht in jedem Fall auf den institutionell fokussierten medizinischen Themenbereich beschränkt. Bei Bedarf und auf Wunsch geht sie auch auf die sozialen Angelegenheiten und Fragen der Prostituierten ein. Die von der Sozialarbeiterin realisierte Beratungs- und Betreuungspraxis basiert auf einem ganzheitlichen Wahrnehmungs- und Deutungsrahmen, der über den begrenzten Institutionenhorizont des Gesundheitsamtes hinausgeht. Ihre beruflichen Handlungsmuster sind durch eine Orientierung an den individuellen Problemlagen und den Lebenssituationen ihrer Klientinnen gekennzeichnet. Sie bietet den Prostituierten sowohl gesundheitliche als auch soziale Beratung und Begleitung an, vermittelt ihnen im Bedarfsfall andere institutionelle Hilfen oder übernimmt deren Betreuung, abhängig von der Einschätzung ihrer eigenen beruflichen Ressourcen und Kompetenzen, selbst:

»Ne, ich maße mir natürlich nicht an, dann zu sagen: ›Ja das kriegen wir hin‹, und- ja ne. Soweit wie ich gehen kann. Und ansonsten vermittle ich. Also ist klar. Ich kann nicht alles wissen. Ich weiß so und so nicht alles, aber dass ich dann sage: ›Wissen Sie, ich kann das für Sie erledigen. Ich hör mich mal um, sage Ihnen dann Bescheid und, wo Sie sich hinwenden können.‹«

Institutionenübergreifende Kooperation und Bündelung der Kompetenzen

Angesichts ihres beruflich bedingten, auf die multiaspektuellen Problemlagen der Klientel ausgerichteten Wahrnehmungs- und Handlungsrahmens greift die Verwaltungsakteurin im ihrer Arbeit auf andere Institutionen und Organisationen wie z. B. das Sozialamt oder Jugendamt zurück. Die systematische Zusammenarbeit mit diesen Einrichtungen dient der Organisation und Koordination angemessener Einzelfallhilfen. Das institutionelle Netzwerk ermöglicht der Mitarbeiterin des Gesundheitsamtes, ihren Klientinnen die notwenigen sozialen Unterstützungsleistungen und professionellen Hilfen zukommen zu lassen. In der Kooperation mit dem Jugendamt geht es beispielsweise um drogenabhängige junge Frauen, die sich zur Finanzierung ihres Drogenkonsums auf dem Straßenstrich prostituieren. Mit den dort beschäftigten Sozialarbeiterinnen geht die Mitarbeiterin des Gesundheitsamtes gemeinsam auf Streetwork, um vor Ort Gesundheitspräventionsarbeit zu leisten und die Beschaffungsprostituierten auf das niedrigschwellige Angebot ihrer und anderer Beratungsstelle hinzuweisen. Der von den Verwaltungsakteurinnen selbst thematisierte Vorteil der interinstitutionellen Zusammenarbeit besteht in der Ergänzung und Multiplikation der beruflichen Fähigkeiten und Kompetenzen. So verfügt die Mitarbeiterin des Gesundheitsamtes angesichts ihres Ausbildungshintergrunds im Gegensatz zu den Sozialarbeiterinnen des Jugendamtes über ein medizinisches Basiswissen, welches in der Beurteilung der gesundheitlichen Probleme der drogenabhängigen Prostituierten des öfteren hilfreich und vorteilhaft ist:

I: Gibt's da noch andere Behörden, mit denen Sie da zusammenarbeiten?
B1: Ja. Wenn Probleme da sind. Also (…) das kommt immer auf die Problematik der einzelnen Frau oder des einzelnen (…) ja des einzelnen jungen Mädchens drauf an. Ansonsten dem Jugendamt, ist es also ne Vereinbarung, dass wir zusammen Streetwork machen. Das trägt sich auch gut. Eben, wie gesagt, wenn die Frauen gesundheitliche Probleme haben. Jugendamt äh (…) ist etwas-, nicht hilflos, aber die haben gar keine Grundkenntnisse. Ich hab ne gewisse Vorbildung Ähm, von daher kann ich drauf gucken und sagen, also das müsste unbedingt ein Hausarzt sehen oder-. Ja und von daher is also (…) ne gute Sache, diese Zusammenarbeit.
B2: Das ist aber auch ein Glücksfall, also Frau B. ist ja von der Ausbildung her gelernte Krankenschwester, später dann Fürsorgerin und dann halt dieses Sozialpädagogikstudium, insofern sind da-, also das ist ein Glücksumstand, dass das so ist (…) dass man da wirklich dieses Basiswissen (…) äh ne (…) durch die Berufsausbildung oder den beruflichen Werdegang, auch hat.

Neben der Streetwork bietet die Gesundheitsamtakteurin den auf der Straße arbeitenden Beschaffungsprostituierten in der szenenahen Beratungsstelle für drogenabhängige Mädchen und junge Frauen eine wöchentliche Sprechstunde an:

»Und das wird also von den jungen Frauen-, die wissen also am Mittwochnachmittag bin ich da. Es kann natürlich sein, dass an dem ganzen Mittwoch ich da vier, fünf Stunden bin und keiner kommt. Aber das ist nun mal Sozialarbeit. Aber es kann auch sein, dass fünf bis zehn kommen. Für jeden brauchen sie ne gewisse Zeit, weil dann plötzlich-, ich habe da nen extra Raum, in dem ich dann

(…) äh (…) mir die Klientin angucke, die dann plötzlich noch mit andern Problemen kommen, die sie dann vielleicht dem Jugendamt gar nicht erzählt haben oder <u>auch</u> erzählt haben, vielleicht noch mal mich hören wollen, ob das also korrekt ist, was die-, oder (…) ob das identisch ist, ne. Also dass man auch-, Ist zeitaufwendig und von daher (…) wenn's angenommen wird. Ja, ist ne gute Sache. Äh (…) bringt was und es hilft den jungen Frauen.«

Doch auch hier bleibt die Beratung nicht auf das Gesundheitliche begrenzt, da von den Klientinnen gezielt auch andere, soziale Probleme angesprochen und nachgefragt werden. Trotz des zeitaufwendigen und arbeitsintensiven Angebots wird die Vor-Ort-Beratung der drogenabhängigen Prostituierten von der Sozialarbeiterin als positiv und hinsichtlich der Bedürfnisse der Klientinnen als sinnvoll erachtet.

Charakteristische Abgrenzung von Polizei, Ordnungsamt und Finanzamt

Dagegen ist die Beziehung zur den Ordnungs-, Sicherheits- und Finanzbehörden durch eine strikte Abgrenzung und Distanzierung gekennzeichnet. Die grundsätzlichen Nichtweitergabe von Informationen und Daten dient zum einen der Wahrung des niedrigschwelligen Untersuchungs- und Beratungsangebots, und geht zum anderen auf die Parteinahme und den Schutz der Interessen der sich prostituierenden Frauen zurück. Neben der ärztlichen Schweigepflicht bietet den Mitarbeiterinnen des Gesundheitsamtes auch die aus der Anonymität der Klientinnen resultierende Nichtexistenz personaler Daten eine geeignete Legitimationsgrundlage:

»Und wir kriegen auch immer mal Anfragen. Das hat jetzt in den letzten Jahren nachgelassen. ›Kennen Sie die und die?‹ Und da können wir uns wirklich wunderbar- Es besteht ja zum einen ärztliche Schweigepflicht. Das ist klar. Aber diese Anonymität also (…) macht es echt nicht möglich. ›Wir kennen die nicht‹«

Insgesamt betrachtet ist der berufliche Habitus der befragten Gesundheitsamtmitarbeiterin durch die Wahrnehmungs- und Handlungsschemata einer professionellen Sozialarbeiterin geprägt. Sie nimmt die Problemlagen ihrer Klientinnen ganzheitlich, also vor dem Hintergrund ihrer gesamten Lebens- und Arbeitssituation wahr, und beschränkt ihre beratenden und begleitenden Aktivitäten nicht nur auf die institutionell vorgegebenen Gesundheitsaspekte. Die Verwaltungsakteurin orientiert sich in ihrer Berufspraxis an den individuellen Bedürfnissen der sich prostituierenden Frauen, und kategorisiert die drogenabhängigen Prostituierten als Klientelgruppe mit besonderem Bedarf an allgemeiner Sozialarbeit. Die notwendigen Einzelfallbetreuungen versucht sie in Kooperation mit anderen Verwaltungsinstitutionen und sozialen Einrichtungen zu realisieren, und den Klientinnen über ihr soziales bzw. organisationales Netzwerk angemessene Hilfen zukommen zu lassen. Angesichts der begrenzten zeitlichen und personellen Ressourcen sieht sich die Verwaltungsakteurin dazu gezwungen, ihren Berufsalltag durch bewusste Schwerpunktsetzungen und Fokussierungen zu strukturieren und zu gestalten. Die Gesundheitsvorsorge bildet, trotz aller sozialarbeiterischen Unterstützungsmaßnahmen, den Mittelpunkt ihrer Berufs- und Verwaltungspraxis. Dafür sucht die Mitarbeiterin der Beratungsstelle für sexuell übertragbare Krankheiten die Prostituierten an ihren verschiedenen Arbeitsplätzen, in der Wohnung, auf der Straße und im Bordell auf, klärt sie über gesundheitliche Schutzmaßnahmen auf, und weist sie auf das kostenlose und anonyme Untersuchungsangebot des Gesundheitsamtes hin. Ihre beruflichen Wahrnehmungs- und Handlungsmuster zeichnen sich durch eine »pädagogische« Basisposition aus. Die Erneuerung des Präventionswissens und das Erinnern bzw. Appellieren an die regelmäßigen Gesundheitsuntersuchungen sind fest im Berufshandeln verankert, und werden von ihr als gebotene Normalität, und nicht etwa als Zumutung oder Belastung, empfunden. Die Verwaltungsakteurin kategorisiert die von ihr betreuten Klientinnen als überwiegend verantwortungsbewusste, professionell arbeitende Prostituierte und nimmt sie unabhängig von ihrer Lebenssituation als selbständige, autonome Subjekte wahr. Hinsichtlich ihrer eigenen beruflichen Identität versteht sie sich selbst als Sozialarbeiterin mit medizinischem Basiswissen. In tendenziell egalitär gestalteten Beziehungen bieten sie den Klientinnen Hilfe und Unterstützung für eine selbstbestimmte Lebensführung an und versucht deren individuellen Ressourcen und Potentiale zu stärken und zu aktivieren. Dank der nachhaltigen und kontinuierlichen Streetwork-Praxis ist die Mitarbeiterin des Gesundheitsamtes fest in die städtische Prostitutionsszene integriert, hat Zugang zu den öffentlichen wie nichtöffentlichen Prostitutionssegmenten. Sie hält sowohl in einem lokalen Bordell als auch einer szenenahen Kontakt- und Beratungsstelle für drogenabhängige Straßenprostituierte eine regelmäßige Sprechstunde ab. Im Gegensatz zu dem Netzwerk an sozialen Institutionen und Organisationen, auf das die Verwaltungsakteurin in ihrer Gesundheits- und Sozialarbeit zurückgreift, sind die Beziehungen zu den Ordnungs-, Sicherheits- und Finanzbehörden durch die für soziale und gesundheitliche Einrichtungen charakteristische Abgrenzung und Distanzierung geprägt, welche zum einen der Niedrigschwelligkeit und der Effizient der Beratungsstelle dienen, und zum anderen auf einer grundsätzlichen Parteinahme und dem Schutz der Klientinneninteressen beruhen.

Praxis der Sozialen Arbeit

Der Auftrag der Sozialen Arbeit besteht in der Vermittlung zwischen Individuum und Gesellschaft, System und Lebenswelt, Klientel und sozialer Umwelt. Ihre Zielsetzung besteht sowohl in der Förderung der autonomen Lebenspraxis der Klientel als auch in der Herstellung gesellschaftlicher Normalität. Hinsichtlich des Verwaltungsgegenstands Prostitution und

Menschenhandel unterstützen die Berufsakteurinnen ihre Klientinnen und Klientinnengruppen im Rahmen staatlich wie zivilgesellschaftlich organisierter Sozialer Arbeit. Sie versuchen ihre Klientel in den verschiedenen Prostitutionssegmenten, auf der Straße, in den Wohnungen, in den Bordellen und Clubs, zu erreichen, durch niedrigschwellige Angebote zu unterstützen, sowie psychosozial zu beraten und zu betreuen. Ein besonderes Arbeitsfeld stellt die Beratung und Begleitung von Klientinnen dar, die von Menschenhandel zum Zweck der sexuellen Ausbeutung betroffenen sind. Hier haben sich eigens dafür spezialisierte Fachberatungsstellen entwickelt, die durch die für soziale Arbeitsbereiche eher untypische Zusammenarbeit mit den Strafverfolgungsbehörden gekennzeichnet sind. Trotzdem der Beruf der Sozialen Arbeit auf gemeinsamen kulturellen Wahrnehmungs- und Handlungsweisen basiert, zeichnen sich hier, wie auch in den anderen Berufsbereichen, deutliche Unterschiede in den Deutungsmustern und Interventionsformen der sozialen Akteurinnen, in der sozialen Rahmung der Prostitution, der konkreten Problemdefinition und sozialen Kategorisierung der Klientinnen ab. Gemäß der professionellen Orientierung, die Klientinnen nicht nur zu unterstützen, sondern sich auch für die Veränderung ihrer sozialen Lebenslagen und die ihnen zugrundeliegenden gesellschaftlichen Verhältnisse einzusetzen, wird das Thema Prostitution von den Sozialarbeiterinnen aus der sozialen wie sozialpolitischen Perspektive in den Blick genommen. Für einen kontrastiven Vergleich lassen sich die untersuchten Verwaltungsbeschäftigten angesichts ihrer grundsätzlich verschiedenen Haltung zur Prostitution heranziehen, denn während die eine, hier als traditionell-feministisch bezeichnete Sozialarbeiterin tendenziell die abolitionistische Position vertritt, also Prostitution als Ausbeutung betrachtet, sich aber für die Verbesserung der rechtlichen und sozialen Situation der Prostituierten einsetzt, zeichnet sich die andere, neo-feministische Sozialarbeiterin durch eine emanzipatorische Basisposition aus, d. h. sie erkennt Prostitution als Beruf an und befürwortet damit nicht nur die gesellschaftliche Anerkennung der Prostituierten sondern auch der Prostitution an sich. Vor diesem Hintergrund sind auch die unterschiedlichen sozialen Konstruktionen der Klientinnen zu verstehen. Obgleich die traditionell-feministische Sozialarbeiterin in einem relativ weiten Spektrum des Prostitutionsszene abeitet, also einerseits mit Frauen, die in den offiziellen Bordellen und Clubs arbeiten und dort über relativ große Handlungsspielräume verfügen, andererseits aber auch mit Betroffenen von Menschenhandel, neigt sie zu einer allgemeinen Viktimisierung der Prostituierten. Demgegenüber kategorisiert die in dem verhältnismäßig prekären Feld der Beschaffungsprostitution agierende, neo-feministische Sozialarbeiterin ihre Klientinnen keinesfalls als Opfer oder handlungsunfähige Subjekte, sondern differenziert die unterschiedlichen Lebenslagen- und Situationen der auf der Straße arbeitenden jungen Frauen und verweist auf individuelle soziale und biographische Entwicklungsmöglichkeiten. Die Klientinnenbeziehungen beider Sozialarbeiterinnen sind durch Parteinahme und Solidarisierung geprägt, wobei die Arbeit der traditionell-feministischen Akteurin eher auf einer pragmatischen Toleranz der Prostitution ihrer Klientinnen beruht und durch Ausstiegsmotivationen gekennzeichnet ist, wohingegen die neo-feministische Verwaltungsangestellte die Prostitutionstätigkeit ihrer Klientinnen nicht nur toleriert, sondern auch respektiert. Ihre Beratung ist anstelle von latent hierarchischen Beratungs- und Hilfsaktivitäten durch empathisch egalitäre Aushandlungsbemühungen geprägt. Auch die organisationalen Umweltbeziehungen der sozialen Akteurinnen weisen Unterschiede auf. Die traditionell-feministische Sozialarbeiterin ist Teil einer transdisziplinären sozialen Arena, in der sowohl staatliche als auch zivilgesellschaftliche Institutionen gemeinsam an einem progressiven, normalisierenden Regulierungsmodell arbeiten und fachübergreifend die Probleme und Lösungsmöglichkeiten im Bereich Prostitution und Menschenhandel diskutieren, aushandeln und evaluieren. Dagegen ist es der neo-feministischen Akteurin, angesichts des lokal hegemonial repressiven Verwaltungsmodells nur möglich mit den sozialen und gesundheitlichen Organisationen zusammenzuarbeiten und die funktional und personenbedingten Konflikte mit den Ordnungs- und Sicherheitsbehörden auszuhalten und individuelle kooperative Arrangements mit einzelnen, für die sozialen Problematiken aufgeschlossenen Mitarbeiterinnen zu nutzen.

Tabelle 6: Vergleich der Berufspraxis in der Sozialen Arbeit

	Fall 1 *Traditionell-feministische* *Sozialarbeiterin*	**Fall 2** *Neo-feministische* *Sozialarbeiterin*
Soziale Rahmung	Sozial und politisch, abolitionistische Perspektive	Biographisch, sozial und politisch, emanzipatorische Perspektive
Problemdefinition	Gestaltung des Prostitutionsgesetzes, Diskriminierung der Prostituierten, Prostitution als belastende Tätigkeit	Drogenabhängigkeit und Gewalterfahrungen der Klientinnen, Versagen institutioneller Hilfesysteme repressive Verwaltungspolitik
Soziale Kategorisierung	Tendenzielle Viktimisierung der Klientinnen	Differenzierung der Prostituierten

Klientel-beziehung	Parteinahme und Solidarisierung, pragmatische Toleranz, aber kritische Hinterfragung der Prostitution latent hierarchische Hilfe und Beeinflussung	Parteinahme und Solidarisierung, Akzeptanz und Respekt vor der Prostitutionstätigkeit empathische Beratung und Aushandlung
Arbeits-ansatz	Lobbyarbeit; Aufsuchende Sozialarbeit und Gesundheitsprävention (im öffentlichen Auftrag) Psychosoziale Beratung und Begleitung Ausstiegshilfe und -motivation Hilfe für Betroffene von Menschenhandel Netzwerkarbeit	Streetwork, Szenenahe Sozialarbeit und Gesundheitsprävention, Psychosoziale Beratung und Begleitung, Biographie- und ressourcenorientierte Fallarbeit Weitervermittlung an andere Institutionen, Netzwerkarbeit
Problem-lösungs-strategie	Progressives Reglementierungsmodell	Niedrigschwellige, lebensweltorientierte Sozialarbeit zur Anbindung an andere Hilfeinstitutionen
Umwelt-beziehung	Teil einer Sozialen Arena: Fachübergreifende Diskussion und Aushandlung von Problemlösungen mit Sicherheits-, Ordnungs- und Finanzbehörden sowie Club- und Bordellbetreiberinnen	Kooperation mit sozialen und gesundheitlichen Organisationen Konflikte mit Polizei und Ordnungsamt

Traditionell-feministische Sozialarbeiterin[13]

»*Ziel der Beratung is, also der Frau ein selbstbestimmtes (.) glückliches Leben (.) zu (geben), also äh weiß ich nich'. (1) Natürlich sagen wir auch-, äh wir überreden die Frauen nicht zum Ausstieg (.) aber wir sagen schon äh, äh, dass das nicht unbedingt die Tätigkeit is', die sie bis zu ihrem Lebensende machen sollte, ne? (1) Bieten dann immer wieder unsere Hilfe an. Mhm (.), das kommt von alleine. Frauen, die ich schon jahrelang kenne, die sagen dann: ›Ich hab kein Bock mehr. Kannste mir helfen? Also was*

---

13 Das der Fallrekonstruktion zugrunde liegende Experteninterview mit der Mitarbeiterin einer nichtstaatlichen Beratungsstelle für Prostituierte und Opfer von Menschenhandel ist 2005 von einer Mitarbeiterin des Forschungsprojekts erhoben worden.

kann ich denn mal machen?‹. Wir finden 'ne Lösung. […] Und das hängt aber mit unserer auch Beratung zusammen und oftmals auch sagen: ›Mensch, wenn's irgendwie geht, versuch das jetzt noch zu schaffen. Jetzt hast du noch Chancen (.) Umschulungen zu machen oder nen Schulabschluss zu machen oder vielleicht nen tollen Job zu kriegen. Wenn man erst mal älter is, 20 Jahre erstmal in der Prostitution verbracht, ist das schwieriger.‹ Und deswegen überlegen sie sich das dann schon auch.«

Wahrnehmung der Prostitution: *»kein Beruf wie jeder andere«*

Die befragte Mitarbeiterin einer nichtstaatlichen Beratungsstelle für Prostituierte und Opfer von Menschenhandel grenzt die Prostitution rigoros von anderen Berufen ab, und betrachtet sie als Tätigkeit, die die Ausübenden auf Dauer psychisch und physisch schädigt:

»Also ich finde nicht, dass es nen Beruf is wie jeder andere, ne? Das is schon, dass dieser Beruf, wenn man den über nen langen Zeitraum ausübt, die Seele und den Körper kaputt macht *(hustet mehrmals)*.«

Beziehung zu den Prostituierten: *Parteinahme und starkes Engagement*

Sie steht der Prostitutionstätigkeit ihrer Klientinnen kritisch bzw. mit einer Haltung der pragmatischen Toleranz gegenüber. Unabhängig davon ergreift sie aber Partei für die sich prostituierenden Frauen und setzt sich aktiv und engagiert für die Verbesserung ihrer rechtlichen und sozialen Situation respektive den Abbau ihrer gesellschaftlichen Benachteiligung und Diskriminierung ein:

»Also meiner Meinung nach, müsste das Prostitutionsgesetz noch n bisschen verbessert werden. Also dass es noch äh überschaubarer und äh sicherer wird auch. Jetzt auch äh äh im Umgang damit. Dass also diese ganzen anderen Nebengesetze, die das berührt und, und die praktisch kollidieren, dass das abgeschafft wird. Da sehe ich also Handlungsbedarf. Und ich äh würde das ganze auch äh so einfach wie möglich machen, so. Aber das is so wirklich so auch n bisschen sehr schwierig, so. Man kann das halt nicht so einfach in ne Schublade mit anderen Berufen stecken. Also das würde ich mir noch wünschen, dass die Frauen also auch noch in dieser Richtung mehr bekommen. Und vor allem auch dass die Gesellschaft damit auch anders umgeht. Also ich finde nicht, dass es nen Beruf is wie jeder andere, ne? Das is schon-, dass dieser Beruf, wenn man den über nen langen Zeitraum ausübt, die Seele und den Körper kaputt macht *(hustet mehrmals)*. Aber wenn man sich dazu entschlossen hat, das zu machen, soll man das wenigstens in guten, vernünftigen Umgebung tun können. Und äh nicht da also auch noch in, in da äh äh wirklichen Kaschemmen oder im Untergrund oder so, weil man Angst haben muss, dass man ständig verfolgt wird, na? (.) Und je mehr Transparenz herrscht äh, äh und je mehr Akzeptanz, umso besser äh äh geht's den Frauen jetzt nämlich auch.«

Zudem ist der sozialen Akteurin die spezifische Klientelgruppe der von Menschenhandel betroffenen Migrantinnen in der Prostitution ein besonderes Anliegen:

»Ich würd mir natürlich auch wünschen, dass es weniger Opfer von Menschenhandel gibt, ne? Dass man solche Bedingungen findet also, dass man diesen Menschen, die da diesen Handel betreiben, möglichst das Handwerk legen kann. Also ja, so mittlerweile wird im Menschenhandel mehr Geld verdient als mit Drogen. Ja.(.) Also das würde ich mir wünschen. (.) Aber wie gesagt, also wenn irgendwo Tätigkeiten legal sind und äh, äh, dann kann man auch solchen Dingen besser begegnen. (2)«

Wahrnehmung der Prostitutionskunden: als Co-Agenten im Kampf gegen Menschenhandel

Innerhalb des öffentlich-politischen Diskurses zur Menschenhandelsthematik vertritt die Mitarbeiterin der nichtstaatlichen Beratungsstelle aber keineswegs die zeitweilig populäre Position und Forderung, dass zur Bekämpfung des Menschenhandel zum Zweck der sexuellen Ausbeutung ein neuer Strafrechtsparagraph eingeführt werden sollte, um die Männer, die sexuelle Dienstleistungen von Frauen in Anspruch nehmen, die Opfer von Menschenhandel geworden sind, zu verfolgen, und so das Problem über die Nachfrageseite anzugehen. Vor dem Hintergrund ihrer beruflichen Wissens- und Erfahrungsbestände setzt die soziale Akteurin, wie ein Großteil der feldinternen Handlungsakteurinnen, vielmehr auf die Aufklärung und Sensibilisierung der Prostitutionskunden, da diese angesichts ihres Zugangs zu den offenen und geschlossenen Teilen der Prostitutionsszene bisweilen auch Hinweise und Verdachtsmeldungen zu potenziellen Menschenhandelsopfern an die Beratungsstellen oder die Polizei weiterleiten und davon bei einer drohenden strafrechtlichen Verfolgung höchstwahrscheinlich absehen würden:

»Ja also, ich mein es gibt jetzt Bestimmungen von Bundesland F., also von der Innenministerin, die das also einführen will für (.) Männer, die Opfer von Menschenhandel aufsuchen. Das ist ne heftige Diskussion und das ist-. Also wir, mit der Beratungsstelle für Menschenhandel, vertreten den Standpunkt, also, dass das also nicht geht. Also ähm im Gegenteil, das kann die Sache nur verschlimmern. Und äh wir äh setzen da eher auf Aufklärung, also dass man Freier sensibilisiert, und (.) Kriterien sagt, woran sie das erkennen können usw. Dass man ihnen die Möglichkeit gibt, mhm sich eben an die Beratungsstellen oder die Polizei zu wenden. Aber wenn's, wenn's strafbar wird, sagt ja überhaupt kein Schwein mehr was. (1) Abgesehen davon also, es diskutieren Leute, die keine Ahnung davon haben. Jetzt stellen sie sich mal vor, Opfer von Menschenhandel gibt es ja nicht nur in, in abgeschlossenen, verborgenen Bordellen oder sonst was. Also Opfer von Menschenhandel kann auch eine Frau sein, die in einem ganz normalen, legalen Bordell arbeitet. Wenn sie gefälschte Papiere hat und wenn sie äh sich nicht offenbart hat, den andern, und die andern haben es auch nicht unbedingt gemerkt. Und jetzt kommt nen Freier rein und der geht mit dieser Frau und die sagt nichts und da kommt ne Razzia und dann stellen die fest, die is mit m Freier da. Also wie soll das denn funktionieren? Also das is völlig-, das is völliger Schwachsinn. Und äh, lässt sich überhaupt nicht durchsetzen. Ich halte das für äh absoluten Quatsch.«

Problematisierung: dissonante Rechtslage und uneinheitliche Umsetzung des Prostitutionsgesetzes

Bezüglich ihres alltäglichen Arbeitsfeldes thematisiert und problematisiert die Sozialarbeiterin im Interview mehrfach die staatliche Regulierung und den gesellschaftlichen Umgang mit der Prostitution und verweist nachdrücklich auf die unstimmige und widersprüchliche Rechtssituation nach Inkrafttreten des Prostitutionsgesetzes sowie die daraus resultierenden differenten Verfahrensweisen der zuständigen Behörden und Ämter. Die Nichtanpassung und Nichtkonkretisierung der verschiedenen, die Prostitution reglementierenden Gesetze und Verordnungen, wie das Straf- und Ordnungswidrigkeitenrecht, die Gewerbe- und Gaststättenverordnung, das Steuerrecht, das Ausländergesetz etc., produzieren strukturell bedingte Handlungsspielräumen, die zu unterschiedlichen Verwaltungspraktiken führen und abhängig vom jeweiligen politischen, sozialen oder moralischen Standpunkt verschieden ausgestaltet werden, so dass einerseits gleichbleibende oder sogar verstärkt repressive, andererseits aber auch liberalisierte administrative Handlungsweisen zu beobachten sind:

»Das Prostitutionsgesetz selbst ist nicht ausgereift genug. Sind so viele Dinge nicht äh berührt worden oder nicht äh berücksichtigt worden, was eigentlich hätte sein müssen. Wo's jetzt im Moment auch kollidiert. Das Gaststättengesetz, das, das Ausländerrecht, das sind diese ganzen anderen Nebengesetze, die alle damit äh äh zusammenhängen. Und äh das fehlt. Und sodass dadurch auch ne sehr unterschiedliche Handhabung durch die Behörden in den einzelnen Bundesländern äh passiert. Bundesland F. sagt zum Beispiel: ›Nein, wir sehen durch die Abschaffung des § 184 Förderung der Prostitution, das heißt für uns noch lange nicht, dass jetzt die Bordellbetreiber Arbeitsverträge abschließen dürfen. Wir verfolgen weiterhin gnadenlos das‹. Stadt T. oder Bundsland T. sagt: ›Ja, natürlich können Arbeitsverträge abgeschlossen werden. Je mehr, umso besser. Umso mehr ähm sind die Frauen sozial abgesichert usw.‹ Und wie gesagt, so, so unterschiedlich wird das gehandhabt.«

Abhängige Beschäftigungsverhältnisse »treiben die Frauen erst recht in die Prostitution«

Gleichwohl sich die befragte Akteurin selbst im Interesse ihrer Klientinnen für eine tolerante und liberale Handhabung der Prostitution ausspricht, steht sie der durch das Prostitutionsgesetz ermöglichten Anstellung von Prostituierten ambivalent und skeptisch gegenüber. Zum einen befürchtet sie, das durch das eingeschränkte Weisungsrecht des Arbeitgebers markierte Recht auf sexuelle Selbstbestimmung der Frauen wandle sich im konkreten abhängigen Beschäftigungsverhältnis zum »Recht auf dem Papier«. Zum anderen erscheinen ihr die rechtlichen Rahmenbedingungen und Schutzvorkehrungen für die Prostituierten aus betriebswirtschaftlicher Perspektive heikel und unpraktikabel:

»Und vor allen Dingen, ich seh das äh so auch-, ähm dann treibt man praktisch die Frauen erst recht in die Prostitution, wenn man das so handhaben möchte. Ähm, äh heißt ja ausdrücklich im Prostitutionsgesetz, dass die sexuelle Selbstbestimmung nicht berührt ist, ne? Und (.) wenn äh äh ne Frau selbständig tätig ist in äh ja (.) solchen Clubs und jetzt sagt: ›Nee, den Freier mag ich jetzt nicht.‹, mhm ›Ja, der sagt mir nicht zu.‹ oder wie auch immer, oder ›Der will nen Service haben, den bin ich nicht bereit zu bringen‹, dann hat sie das Recht zu. Bei ner abhängigen Beschäftigung hat sie zwar auch das Recht auf'm Papier, würde aber zu absoluten Problemen führen. Denn wie soll äh äh nen Clubbetreiber, also jetzt ohne Partei für die zu ergreifen, wie soll nen Clubbetreiber ne Frau jeden Monat auszahlen, die sagt: ›Nee das passt mir nicht, und das passt mir nicht, und das passt mir nicht.‹, sozusagen den ganzen Tag sagt: ›Ich bin hier anwesend und das war's. Und du zahl mir mal die 1500 im Monat.‹«

An dieser eigendynamischen Positionierung und selbstläufigen Argumentation kommen aber nicht nur die Besorgnis und Fürsorge ihren Klientinnen gegenüber zum Ausdruck, sondern auch ihre grundlegende Disposition, die Prostitution als nicht legitime bzw. erwünschte Form der Erwerbsarbeit zu betrachten und die sich prostituierenden Frauen daher aus dieser Tätigkeit zu »befreiien«.

Soziale Konstruktion der Prostituierten als »Opfer«

In den individuellen Wahrnehmungs- und Handlungsmustern der Mitarbeiterin der Beratungsstelle zeichnen sich, neben der sozialen und politischen Sympathisierung mit den Prostituierten, auch latente Viktimisierungstendenzen ab. So kategorisiert sie beispielsweise Migrantinnen in der Prostitution, unabhängig von deren eigener Selbstwahrnehmung und –beschreibung, als Opfer und bietet ihnen wiederholt Hilfe und Unterstützung an.

M: Mhm, also Opfer von Menschenhandel (.), mhm, bisher hatten wir, glaub ich, über 100 hier in der Beratungsstelle bei uns. Aber nicht allein aus Stadt T. Sondern wir bekommen auch aus, aus anderen Städten aus Bundesland F. Frauen. In der Clubprostitution (.) habe ich im Moment ungefähr 40 Frauen, die neu sind. Das sind meine Einschätzungen. Also die outen sich ja nich immer. 10 davon sind Opfer von Menschenhandel.
I: Ähm, sagen die Ihnen das, oder-?

M: Nein, ich merk das an den Unterhaltungen. Manche sagen das auch, ne? Also is durchaus so. (.) Ich bin auch schon in nen Club gekommen, da hat mich dann die Geschäftsführerin angerufen, ob ich nicht kommen könnte. Hat das aber am Telefon nicht gesagt, warum. Hat erst n bisschen rumgedruckst, weil sie auch ne bisschen Angst hat. Ähm also jetzt nicht vor, vor irgendwelchen Zuhältern, sondern dass die Polizei dann Theater macht. Was dann aber auch nicht der Fall war. Die Angst konnte ich ihr aber auch Gott sei dank nehmen. Dann hab ich die Frau persönlich da rausgenommen, ne? Das war also ganz klar. Also die hat sich mir dann danach auch offenbart. (1) Dass sie halt verkauft worden ist. Dass der Typ äh, äh der sie da gehandelt hat, ihr äh den Pass weggenommen hat usw. Also die sagen das dann schon. Und (.) ich (.) bemerke natürlich bei Frauen (.) an ihrem Verhalten, ob sie das gern machen oder nicht. Oder ich seh das auch ähm also an ihrem Zustand, ob sie geschlagen worden sind oder wie auch immer. Geh damit immer sehr vorsichtig um. Und sag also immer wieder, also dass sie Hilfe jeglicher Art, äh äh in jeglicher Form von mir bekommen kann. Und äh manchmal nicht sofort, aber oftmals (.) zwei, drei Tage später is es so, dass die Frauen dann auch von alleine kommen.

Die tendenzielle Viktimisierung und Opfer-Kategorisierung ihrer Klientinnen erschöpft sich aber nicht in der wünschens- und anerkennenswerten Sensibilisierung für die soziale Realität des Frauenhandels, sondern zeigt sich ausdrücklich in der prinzipiellen Empfehlung und Ermunterung der Frauen, die Prostitutionstätigkeit aufzugeben.

Soziale Beratung mit Motivation zum Ausstieg aus der Prostitution

Die Beratungs- und Betreuungspraxis der befragten Sozialarbeiterin ist keineswegs auf das neofeministische Empowerment und die Emanzipation der Prostituierten als sexuelle Dienstleisterinnen ausgerichtet, denn im Gegensatz zur Hurenbewegung geht es ihr nicht um die gesellschaftliche Anerkennung der Prostitution als Beruf, sondern »nur« um die soziale und rechtliche Gleichstellung der in der Prostitution arbeitenden Frauen. In ihrem beruflichen Habitus scheinen sich vielmehr die traditionellen feministischen und abolitionistischen Ideen und Zielrichtungen abzuzeichnen, und der Schutz der Klientinnen in bzw. idealerweise sogar vor der Prostitution im Vordergrund zu stehen. Das weitläufig definierte, interne Arbeits- und Organisationsziel der Beratungseinrichtung, den Klientinnen eine selbstbestimmte Lebensführung zu ermöglichen, wird von der sozialen Akteurin als Ausstieg aus der Prostitution ausgelegt und interpretiert. Auf Grundlage ihrer individuellen Deutungsmuster orientiert sie sich in der Beratungsarbeit und der Beziehung zu ihren Klientinnen, auch unabhängig von deren selbstthematisierten Bedürfnissen bzw. eigenaktiven Nachfragen, an dem langfristigen Ziel der Aufgabe der Prostitutionstätigkeit.

Ausstiegshilfe in Zusammenarbeit mit staatlichen Institutionen

Um die Frauen bei ihrem Ausstieg aus der Prostitution zu unterstützen, greift die Mitarbeiterin der Beratungsstelle auf institutionelle Netzwerkbeziehungen bzw. konkrete, für die Problematik sensibilisierte Ansprechpartnerinnen beim Arbeits- und Sozialamt zurück. Im Unterschied zur allgemeinen Verwaltungsablauf werden die Klientinnen den Sachbearbeitern nicht nach dem Anfangsbuchstaben ihres Nachnamens zugeteilt, sondern von speziell für sie zuständigen Verwaltungsakteurinnen betreut. Nach der Darstellung der Sozialarbeiterin, die die Frauen auf ihren Amtswegen begleitet, vermeiden diese in der Interaktion mit den Verwaltungsadressatinnen unliebsame Nachfragen und beschämende Reaktionen, so dass die Kooperation mit den Behörden und Ämtern sehr positiv bewertet wird:

»Also die Sachbearbeiter wissen, äh wenn wir anrufen, da handelt sich's tendenziell um ne Prostituierte. Und dann stellen die auch gar keine blöden Fragen mehr bei den Frauen dann, ne: ›Wovon ham sie denn vorher gelebt?‹, und ›Ach, und-‹, wird halt gar nicht mehr gefragt. Das is also der Vorteil. Die Frauen müssen sich da nich immer wieder-, alles wieder von vorne erzählen. Wir begleiten sie dann, und dann (.) kommt das nicht vor. Also das is also schon'n ziemlicher Erfolg, den wir in Stadt T. haben.«

Gesundheitsprävention in der Prostitutionsszene im öffentlichen Auftrag

Neben der sozialen Beratung und Begleitung von Prostituierten und der Hilfe für Opfer von Menschenhandel erstreckt sich die Organisationspraxis der Beratungsstelle auch auf die präventive Gesundheitsarbeit in der Prostitutionsszene. Die kommunale Verwaltung hat die im neuen Infektionsschutzgesetz vorgesehene zielgruppenspezifische Gesundheitsprävention an die nichtstaatliche Organisation übertragen und fördert deren Realisierung mit staatlichen Mitteln. Die sich prostituierenden Frauen werden von den dort beschäftigten Sozialarbeiterinnen, sowohl im Rahmen der alltäglichen Beratungsgespräche als auch in gezielt durchgeführten Sonderaktionen, über sexuell übertragbare Krankheiten aufgeklärt. Zur Berücksichtigung des großen Anteils an Migrantinnen in der Prostitution sind die unter den Frauen verteilten Informationsmaterialien, in Abhängigkeit der Herkunftsländer der Klientinnen, in verschiedene Sprachen übersetzt worden:

»Also dass wir Frauen-, also 'nen Flyer is dabei, mhm, da sind alle Geschlechtskrankheiten aufgeführt. Und in regelmäßigen Abständen verteilen wir das auch an die Frauen. Auch in mehr Sprachen. Also wir haben das in acht Sprachen übersetzt. Machen auch zweimal im Jahr, also zu Weihnachten und Ostern, noch mal ne extra Aktion, wo wir dann auch Kondome verteilen. Ja und wie gesagt so zwischendurch klär ich die Frauen auf, sag ihnen, was die Möglichkeiten-, sag auch immer wieder: ›Passt auf, lasst Euch nicht überreden, ohne Gummi was zu machen.‹«

Die befragte Beratungsstellenmitarbeiterin appelliert bei der aufsuchenden Sozialarbeit wiederholt an regelmäßige Gesundheitsuntersuchungen und Safer Sex-Praktiken, informiert die Prostituierten über die verschiedenen Möglichkeiten zur medizinischen Untersuchung und weist dabei auch auf das Angebot des Gesundheitsamtes an HIV/Aids-Tests und Hepatitis-Impfungen hin:

»Zweimal im Jahr ne gezielte Beratung. Also dass wir sagen, jetzt is die Aktion mal wieder fällig, also ne neue. Und dann gehen wir rum. Teilen uns das auf, ne Kollegin und ich, und dann besuchen alle Clubs, die Bordell-Straße, verteilen diese Informationsschrift. Je nachdem, wir informieren dann auch über irgendwelche Neuerungen, oder fragen-. Im Moment es gibt ja (Nennung einer spezifischen Krankheit). Stadt T. hatte jetzt insgesamt vier Fälle schon. Also (die Krankheit) das is ja ne Folge von bestimmten verschleppten STDs, ne? Und ähm, da hab ich Weihnachten oder Ostern, das weiß ich jetzt gar nicht mehr, noch mal also außer in unserer Gesundheitsbroschüre, da hab ich noch mal drauf hingewiesen, dass sie das machen sollten, dass äh also Möglichkeiten gibt, dass das Institut in Stadt R. also so Untersuchungen für sechs Euro vornimmt, also usw. usf., also dass man das nem Arzt sagen kann und so. Haben dann auch einige Frauen-, also bei Untersuchungen auch festgestellt worden.«

Politische Arbeit in administrativen Fachgruppen

Einen besonderen Schwerpunkt in der Organisationspraxis bilden die politische Arbeit und die institutionen- und organisationenübergreifenden Kommunikations- und Kooperationszusammenhänge. Die Mitarbeiterinnen der Beratungsstelle setzen sich auf gesellschaftlicher und politischer Ebene nachhaltig für die sozialrechtliche Gleichstellung von Prostituierten ein. Sie engagieren sich in verschiedenen Arbeitskreisen und Fachgremien und agieren beraterisch, wegweisend und zielsetzend in den Ausschüssen, die an der Entwicklung und Umsetzung des Prostitutionsgesetzes beteiligt waren bzw. sind. Zudem wurde auch der Kontakt zu den zentralen Akteurinnen der Prostitutionsszene, den Club- und Bordellbetreiberinnen sowie den Prostituierten gesucht, um sie über die konkreten Bedingungen und Bestimmungen der neuen Gesetzeslage zu informieren und zu diskutieren:

»Äh hinzugekommen is ja eben äh, eben das Prostitutionsgesetz, was am 1.01. 2002 in Kraft getreten ist, dass wir auch äh hinsichtlich dieses, der Umsetzung dieses Gesetzes äh beraten. (.) Wir sind dann sehr früh (.) mit dem Behörden in Stadt T. in Kontakt gekommen, Kontakte bestanden vorher auch schon, und auch sehr (.) gut eigentlich, und haben uns also zusammengesetzt und haben einen Arbeitskreis Prostitution in Stadt T. ins Leben gerufen. Zunächst bestand der nur aus den beiden Beratungsstellen A und B, Polizei, Ausländerbehörde (2) Ordnungsamt. Und (.) das wurden dann, je mehr wir feststellten, was das Gesetz so alles beinhaltet, welche Bereiche da alle äh äh noch mit in Berührung kommen, wurde es dann erweitert äh auf das Finanzamt. Ja dann haben wir dann auch nen großen Runden Tisch gehabt, gemeinsam mit Bordellbetreibern und –betreiberinnen, mit Frauen in der Prostitution. Wir haben Fachtagungen im vergangenen Jahr äh äh ausgeführt, zum, zur Umsetzung des Prostitutionsgesetzes. Ja, und, und, und. So ist das entstanden, so dass man also sagen kann, eigentlich, so für den Bereich Stadt T. äh ist die Umsetzung, meines Erachtens nach äh äh, hat, hat gut funktioniert. Und wir haben das (.) relativ gut geregelt hier.«

Integratives Verwaltungsmodell: Zusammenarbeit der öffentlichen Akteure

Die Umweltbeziehungen der lokalen staatlichen wie zivilgesellschaftlichen Organisationen sind durch institutionalisierte Formen der problem- und sachorientierten Beratung und Auseinandersetzung geprägt. In regelmäßig stattfindenden Runden Tischen haben die sozialen bzw. organisationalen Akteure die Möglichkeit, ihre Sichtweisen darzustellen, sich über ihre Auffassungen und Ansichten auszutauschen und gemeinsam Lösungen zu erarbeiten. Die interviewte Sozialarbeiterin hebt diesbezüglich besonders die Tatsache hervor, dass die exekutiven Verwaltungsorganisationen in die kommunalpolitischen Entscheidungen, d.die Konzipierung und Konkretisierung der jeweiligen Maßnahmen einbezogen werden:

»Also City-Konferenz äh is ja nicht nur für Prostitution. Sondern City-Konferenz findet regelmäßig statt. Ähm äh vor allem federführend vom Sozialdezernat äh wird das durchgeführt. Und da kommen dann halt aus den ganzen Projekten, die sich mit Sozialarbeit beschäftigen, kommen dann die Leute dahin. Aber auch von der Polizei. Von allem. Und äh (.) dann wird dann halt darüber diskutiert, was, was passieren soll. Und da is natürlich auch über äh Prostitution gesprochen worden, über äh-, und den Stadtteil A., wo-, da is ja Sperrbezirk und über die C-Straße, über das Projekt am Straßenstrich usw., usf. Wurde dort diskutiert. Aber das is-, wird, wie gesagt, regelmäßig eingeladen. Und können wir vortragen, was wir vorzutragen haben. Positiv wie negativ. Das is- wie gesagt, das hängt einfach damit zusammen, dass in Stadt T. solche Sachen gut gelöst sind. Und nicht einfach von oben herab irgendwas entschieden wird, und wir müssen dann äh sehen, dass wir das äh irgendwie umgesetzt kriegen, wie das in Stadt F. oder in andern Städten is.«

Konstruktive Diskussionsforen: Aushandlung von Problemlösungen

Sie bewertet den Austausch zwischen den staatlichen und nichtstaatlichen Akteuren insgesamt als sehr positiv, verweist aber auch auf kontroverse Erörterungen und strittige Debatten, die dann letztendlich zu einem gegenseitigen Einvernehmen und Übereinkommen, zu der Einigung und Entwicklung konkreter Problemlösungen geführt haben:

I: Wie läuft die Zusammenarbeit, aus ihrer Sicht, mit den städtischen Behörden?

M: Sehr gut. Ja. Also ich bin sehr zufrieden damit. Aber bis jetzt konnten wir immer (.) ne Lösung finden. Also wir haben uns auch schon gestritten, haben uns gefetzt, aber (.) wir haben immer Lösungen gefunden.

Lokale Verwaltungskulturen

Auf die Interviewerinnenfrage nach der Handhabung bzw. Umsetzung des Prostitutionsgesetzes im gesamten Bundesland beschreibt die Sozialarbeiterin ausgeprägte regionale Differenzen In Gegensatzanordnung zum progressiven, integrativen und normalisierenden kommunalen Verwaltungsmodell führt sie administrative Verfahrensweisen an, die hinsichtlich der staatlichen Reglementierung der Prostitution von toleranter Ignoranz bis zu repressiver Kontrolle reichen. Die differenten Verwaltungspraktiken führt sie aber nicht nur auf unterschiedliche Haltungen und Standpunkte hin, sondern berücksichtigt auch die ortsspezifischen Prostitutionsstrukturen, die beispielsweise mit einem unterschiedlichen Ausmaß an kriminellen Problematiken wie Menschenhandel, Zuhälterei und andere Formen organisierten Verbrechens einhergehen:

I: Wie ist das denn im gesamten Bundesland? Würden Sie sagen, dass is ähnlich wie in Stadt T.?

M: Nein, das ist auch unterschiedlich. Na ähm, es gibt manchmal Städte, denen is das völlig gleichgültig und die machen gar nichts. Und dann gibt es Städte, die auch schon, weiß ich, in Bundesland X., also von Klientinnen, also Stadt X, Stadt Y und so, ja, die sind teilweise schon nen bisschen anders. (1) Also vor kurzem hatte ich mit-, war 'ne Frau, also die hatten sie schon mehrmals heimgesucht, und-. Aber das is-, manchmal auch-, oder in Stadt Z, sieht's auch'n bisschen anders-. Aber nun is ja natürlichStadt Z, also da kann ich so wiederum die Polizei teilweise so'n bisschen verstehen. In in Stadt Z war immer schon so'n bisschen so ne (.) na wie soll man sagen, so ne Struktur von Zuhältern ähm, und gerade auch von ausländischen Zuhältern. Und dass die da manchmal anders handeln müssen als hier vielleicht unsere, is auch klar. (.) in Stadt Z is ne Hochburg von Menschenhandel auch gewesen. (*leise*) Also, ich meine, da hat's schon einige gefährliche (Vorfälle), auch Bandenkriege gegeben, zwischen unterschiedlichen Grüppchen (.) Türken und, und nordafrikanischen Gangs (.) innerhalb der Türsteherszene, die natürlich dann auch die Prostitution in der Hand und Waffen und die Drogen kontrolliert haben. Also da äh-, und insofern hat die Polizei da-, muss da sicherlich schon anders vorgehen als hier bei uns.

Insgesamt betrachtet zeichnet sich der berufliche Habitus der befragten Mitarbeitern der Beratungsstelle für Prostituierte und Opfer von Menschenhandel durch eine traditionell-feministische Basisposition aus. Sie toleriert zwar die Prostitutionstätigkeit ihrer Klientinnen, betrachtet aber die Arbeit in der Prostitution nicht als Beruf oder sexuelle Dienstleistung, sondern als gesundheitlich und psychisch beeinträchtigende und schädigende Tätigkeit. Ungeachtet dessen solidarisiert sie sich mit den Prostituierten und setzt sich mit starkem Engagement für die Entkriminalisierung der Prostitution ein, um gegen die soziale und rechtliche Marginalisierung der in der Prostitution arbeitenden Menschen zu kämpfen. Die kontinuierliche und engagierte Lobbyarbeit der Sozialarbeiterin und ihre Befürwortung der Legalisierung der Prostitution zielt primär auf den Schutz, die Sicherheit und Autonomie ihrer Klientinnen ab. Vor diesem Hintergrund ist auch ihre kritische Infragestellung der durch das Prostitutionsgesetz ermöglichten Ausübung der Prostitution in einem abhängigen Beschäftigungsverhältnis zu verstehen, welches aus ihrer Sicht eine potenzielle Gefahr für die Frauen darstellt und sie in der Prostitutionstätigkeit hält. Die von der Beratungseinrichtung allgemein formulierte Intention, den Klientinnen zu helfen, ein gesundes, selbstbestimmtes, eigenverantwortliches Leben zu führen, angstfrei und ohne finanzielle und emotionale Abhängigkeiten, wird von der interviewten Mitarbeiterin individuell ausgedeutet und interpretiert. Das grundlegende und langfristige Ziel ihrer aufsuchenden Sozialarbeit besteht in der Motivation und der Unterstützung der Frauen beim Ausstieg aus der Prostitution. Sie nimmt die Prostituierten tendenziell als Opfer wahr und versucht daher nicht, sie in ihrer Prostitutionstätigkeit zu empowern oder zu emanzipieren, sondern den Übergang in ein »bürgerliches« Leben zu fördern. Zu diesem Zweck arbeitet sie mit verschiedenen Ämtern zusammen und begleitet die ausstiegswilligen Frauen bei ihren Behördengängen. Um die allgemeinen sozialen und politischen Ziele zu erreichen, kooperiert die Beratungsstellenmitarbeiterin mit einer Reihe an staatlichen Institutionen und zivilgesellschaftlichen Organisationen und nimmt an fachübergreifenden Arbeitsgruppen und Gremien teil. Besonders bemerkenswert ist die Tatsache, dass sie als Vertreterin einer sozialen Organisation mit den Akteurinnen der Ordnungs- und Sicherheitsbehörden ganz selbstverständlich und vorbehaltlos zusammenarbeitet und diese vor dem Hintergrund des gemeinsamen Zieles, der Bekämpfung des Menschenhandels zum Zweck der sexuellen Ausbeutung, als Partnerinnen wahrnimmt. Die zivilgesellschaftliche Beratungseinrichtung ist Teil einer lokalen Aushandlungsarena, in der unter Partizipation aller exekutiven Verwaltungsakteurinnen neue Problemlösungen und Reglementierungsstrategien entwickelt und diskutiert werden. Ein zentrales Ergebnis dieser interdisziplinären Auseinandersetzung in Bezug auf die öffentliche Verwaltungspraxis im Bereich Prostitution ist die Erarbeitung konkreter Richtlinien zur Umsetzung des Prostitutionsgesetzes und die Weiterführung der von den sozialen Akteurinnen wahrgenommenen Gesetzesintention der Normalisierung der Prostitution. Der gemeinsam getroffene, innovative Beschluss zur gewerberechtlichen Reglementierung der Prostitutionsbetriebe wird von allen Beteiligten getragen und positiv evaluiert. Im Hinblick auf die befragte Sozialarbeiterin erscheint interessant, wie ihre traditionell feministische, tendenzielle Anti-Prostitutions-Disposition mit der Überzeugung vom progressiven, normalisierenden regionalen Verwaltungsmodell einhergeht.

Neo-feministische Sozialarbeiterin[14]

»Und wir (.) hätten natürlich gerne, dass da eine Solidarisierung passiert.
Aber es (.) geht nicht. [...] Also bei Frauen, die äh sagen wir mal in Bordellen arbeiten, ja, unter ganz anderen Umständen, oder in Wohnungen und so
weiter, ähm (.) ist es wahrscheinlich eher mal möglich auch so eine politische Arbeit zu machen, ja. So ein bisschen zu kämpfen für den Stand der
Prostituierten. Aber das geht mit Drogenabhängigen momentan noch nicht.
Und das war natürlich auch mal so ein Ziel, ne. Das wäre natürlich fatal in
Zusammenhang mit der Anbindung am Amt bei der Stadt A (lacht) sowas zu
fördern. Also, da müsste man gucken. Auf jeden Fall würden wir da in großen Zwiespalt kommen. Aber was wir natürlich auch noch mal vorhatten,
und das macht sich für so eine Einrichtung ganz gut, die Sensibilisierung
von vielen Bereichen. Also das was sie-, zum Beispiel Verwaltungskultur-,
wie geht man dann mit solchen (.) Menschen um, ja. Das zu fördern.«

Wahrnehmung der Prostitution: als Sexarbeit

Die in einem staatlichen Streetwork-Projekt für Mädchen und junge Frauen mit Sucht-, Gewalt- und Prostitutionserfahrungen angestellte Sozialarbeiterin nimmt das Thema Prostitution sowohl unter biographisch-sozialen als auch politisch-feministischen Gesichtspunkten wahr. Sie ist persönlich für die Anerkennung der Prostitution als Beruf und steht der Sexarbeit ihrer Klientinnen uneingeschränkt akzeptierend und respektierend gegenüber. Im Interview beschreibt und bewertet die Verwaltungsakteurin die Prostitutionstätigkeit der drogenabhängigen Frauen positiv als gewaltfreie, Andere nicht gefährdende oder verletzende und prinzipiell legale Form von Beschaffungsaktivität:

»Also zum Beispiel ist da vielleicht gut zu wissen, Prostitution (.) als eine Möglichkeit Geld zu beschaffen für Drogenkonsum wird äh zum Teil begründet damit: ›Ich will nicht äh Menschen berauben. Ich will nicht aus dem Kaufhaus Dinge entwenden. Sondern ich gehe anschaffen. Also da, das mache ich dann praktisch. Ich gebe meinen Körper her.‹ Also eine (.) nach Innen gerichtete (.) Form der Beschaffung.«

---

14 Das der Fallrekonstruktion zugrunde liegende Experteninterview wurde im Februar 2005 von zwei Mitarbeiterinnen des Forschungsprojektes erhoben. Die befragte Sozialarbeiterin ist eine von zwei Mitarbeiterinnen, die im Rahmen eines staatlich organisierten Streetwork-Pojekt ein szenenahe Beratungsstelle für drogenkonsumierende, von Gewalt betroffene und in der Straßenprostitution arbeitende Mädchen und junge Frauen aufgebaut haben.

Vor dem Hintergrund der grundsätzlichen Wertschätzung und Auffassung der Prostitution als sexuelle Dienstleistung sind auch die Motivation und Intention zu verstehen, sich für und mit den Prostituierten politisch zu engagieren:

»Was auch so schön wäre, mit Prostituierten auf politischer Ebene zu arbeiten. Also mal in der Stadt aufzulaufen und zu sagen: ›So und so sind unsere Bedürfnisse. Wir werden hier auf dem Arbeitsamt und dort und dort einfach nur schlecht behandelt. Und es gibt doch dieses Gesetz und da muss was passieren.‹«

Auch wenn die politische Dimension der Sozialen Arbeit in der Beschaffungsprostitutionsszene aufgrund der spezifischen Bedingungen und Kontexte, wie den besonderen Schwierigkeiten und Problemlagen der Klientinnengruppe, der institutionellen Einbindung in die staatliche Verwaltung und des repressiven lokalen Reglementierungsmodells in der Praxis an ihre Grenzen stößt, hält die Mitarbeiterin des Streetwork-Projekts an ihren feministisch-emanzipatorischen Bestrebungen und Zielen fest:

Problematisierung: Biographische Erfahrungen der Klientinnen

Angesichts ihrer ausgeprägten sozialarbeiterischen Professionalität, die in der Orientierung an den Bedürfnissen ihrer Klientinnen zum Ausdruck kommt, fokussiert und problematisiert sie in der alltäglichen Berufspraxis aber vielmehr die biographischen Erfahrungen und Hintergründe der drogenabhängigen Prostituierten. Die Verwaltungsakteurin verfügt über ein Wissen und Verständnis für die Lebensgeschichten und Entwicklungsprozesse ihrer Klientinnen. Sie erkennt bzw. identifiziert typische Erfahrungsmuster und Biographieverläufe in der Sozialisation der Mädchen und Frauen und verweist im Interview auf Gewalt- und Missbrauchserlebnisse im familialen Umfeld sowie misslungene und nachteilige Kontakte mit staatlichen Hilfeeinrichtungen und anderen Institutionen:

»Also das sind vorwiegend Frauen, die über 18-jährig sind und so. Die größere Gruppe ist so 19 bis, naja sagen wir mal, 24, 25, ne. Also das ist so die Hauptgruppe. Ja (.) Was wäre noch zur Struktur zu sagen. Also sehr viele Drogenkonsumentinnen, äh (…) ja, mit ganz vielen schlimmen Erfahrungen, natürlich auch, äh (..) die Knast-Erfahrungen, Psychiatrie-Erfahrungen, Jugendhilfe-, – also Jugendhilfe-Erfahrungen sind nicht immer schlimme Erfahrungen, aber speziell bei denen (.) sind sie oft (.) nicht äh (.) hilfreich gewesen, sagen wir mal so, ja. Das ist ja nicht nur so, sondern das ist ja- (.) man darf das ja nicht vergessen, das ist ja eine relativ kleine Gruppe. Also wir haben jährlich etwa so 150,(.) 120 bis 150 Klientinnen, ne. Und davon wieder eine kleinere Menge, wo das dann nicht so gute Erfahrungen gibt. Was natürlich oft auch sich durch die ganze Biographie zieht. Gewalterfahrungen im häuslichen Milieu schon, im äh familiären Milieu, äh also eigentlich damit groß geworden. Und das setzt sich dann halt irgendwie fort. Also dass man schon immer Ähnlichkeiten finden kann (.) in äh der Sozialisation und auch in, in (.) Erfahrungsbereichen, die (.) dann (.) später (.) auch stattgefunden haben. (*leise*) Ja. (2)«

Geschlechterbezogener Deutungsrahmen

Die berufliche Perspektive der Mitarbeiterin der Beratungsstelle ist durch einen augenscheinlichen Gender-Bezug geprägt, d. h. sie nimmt die Problemlagen ihrer Klientel vor einem geschlechtsspezifischen Deutungs- und Interpretationsrahmen wahr. So typisiert sie beispielsweise die Prostitutionstätigkeit der von ihr betreuten Drogenkonsumentinnen als »nach Innen gerichtete Form der Beschaffung«, verortet sie also in den geschlechtlich konotierten symbolischen Gegensatzpaaren von Aktivität und Passivität bzw. Aggression und Autoaggression und bringt sie mit anderen Arten »weiblich«-assoziierter Bewältigungsstrategien wie Selbstverletzungen in Zusammenhang. Darüber hinaus expliziert die Sozialarbeiterin im Interview weitere typische Probleme und Schwierigkeiten der Klientelgruppe vor dem Hintergrund der geschlechtsspezifischen Interpretationsfolie »weibliche Bedürfnisse«, Schwierigkeiten und Themen wie z. B. ungewollte Schwangerschaften, Verlust der Kinder, fürsorglich-aufopfernde Rollenmuster etc.:

»Dann geht es natürlich sehr viel um weibliche Bedürfnisse, ja. Ahm sind ja-, Also zum Beispiel ist da vielleicht gut zu wissen, Prostitution (.) als eine Möglichkeit Geld zu beschaffen für Drogenkonsum [...] Also eine (.) nach Innen gerichtete (.) Form der Beschaffung. Ja. (1) Oftmals auch äh (.) naja viele Dinge, die einfach selbstzerrstörerisch sind. Dann äh also Schneiden ist auch so'n Ding wie (.) sich äh Mädchen und Frauen, also wie die Dinge bewältigen, ja. Oder auch natürlich ungehemmter Substanzmissbrauch. (.) äh Schuldgefühle, Schamgefühle. (.), Kinder sind auch noch so ein Them-. Also es gibt viele, sagen wir mal ein Fünftel bis ein Viertel, die (.) Kinder haben und wo fast keine ihre Kinder noch hat. Also von einem bis fünf, sechs Kinder. Oftmals ungewollte Schwangerschaften, weil kein Kondom beim Anschaffen benutzt. Oder was wir natürlich auch schon oft hatten, von den Mädchen, die nicht in der Prostitution sind, äh (1) vom äh (1) Täter, Familienangehörige oder auch nicht Familienangehörige. In der Regel Familienangehörige. Ähw (*einatmend*) was sind denn noch so weibliche Themen. Also weibliche Themen wie die, die Fürsorgefunktion, ja. Also auf die sie früher in der Familie, also wo sie schon sehr früh drauf orientiert wurden. Die natürlich auch jetzt übernommen wird. Wo sie sich auch oft selbst vernachlässigen. Und dann da auch wieder den Blick darauf zu lenken, für sich selbst zu sorgen, das ist ganz schwierig. Aber auch so ein typisch weibliches Thema. Schuld, Scham. Ja. Also vielleicht mal so ausschnittweise. (2)«

Wahrnehmung der Prostituierten: individuell und differenziert

Die in der Prostitution arbeitenden, von Gewalt oder Drogenabhängigkeit betroffenen Mädchen und Frauen werden von der Verwaltungsakteurin als individuelle Personen wahrgenommen und differenziert kategorisiert. Sie unterscheidet ihre Klientel u. a. nach Alter, sozialen und biographischen Vorerfahrungen, Tiefe und Komplexität ihrer Problemlagen sowie vorhandenen familialen und psychischen Ressourcen:

»Ja, also wir gucken dann auch immer, welche Ressourcen sind da im familiären Setting überhaupt noch da. Und können wir die irgendwie nutzen. Es ist ja häufig so, dass überhaupt keine Verbindung mehr da ist. Manchmal ist es noch so, dass die (.) ja, stark konfliktbeladen sind, aber (.) irgendwie doch da. Ja, dass man da gucken kann, ja, was kann man hier machen.«

Abhängig davon definiert sie die Nah- und Fernziele der sozialpädagogischen Beratung und Betreuung, so dass der Schwerpunkt der Sozialen Arbeit in der niedrigschwelligen Versorgung und psychosozialen Stabilisierung, aber darüber hinausgehend und darauf aufbauend auch in der sozialen und biographischen Beratung und Begleitung besteht:

»Man muss immer gucken, wo das möglich ist auch wieder andere Einrichtungen einzubeziehen, dass wir von dem niedrigschwelligen Hilfeeinsatz immer wieder ein Stück nach oben kommen. Es geht natürlich nicht bei allen Klientinnen. Oftmals geht es da einfach nur ums Überleben (.), also, dass wir die ein kleines bisschen stabilisieren können, also dass sie überleben. Und Ziel ist natürlich einfach leben lernen und nicht nur (.) überleben.«

Der berufliche Wahrnehmungs- und Handlungsfokus der Streetworkerin liegt stets auf der sozialen und psychischen Stärkung der Klientinnen und zeichnet sich durch eine biographieorientierte Perspektive aus:

»Oft ist es ja so, dass der Blick in die Zukunft gar nicht da ist, ne. Der ist einfach zu. Es gibt keine Bilder. Ähm (1) das äh, also da braucht man oft nur die Biographie zu nehmen, mal zu gucken: ›Warum ist das so?‹ Dann weiß man das oft. Beziehungsweise wo bestimmte Fähigkeiten entwickelt wurden in der Kindheit und Jugend, wenn sie möglicherweise auch später in Drogenkonsum, Prostitution reingerutscht sind und nicht ganz so früh Gewalterfahrungen gemacht haben, dann sind es einfach die Erlebnisse der letzten Jahre dann, die so kompakt das erstmal nicht ermöglichen. Das muss man natürlich erstmal öffnen wieder. Also ein Ziel vor Augen haben. Ein Bild, wie kann das aussehen, was kann so als nächstes passieren, äh ja. Um da wieder ein bisschen Selbstwert zu schaffen.«

Klientelbeziehungen: akzeptierend und respektierend, empathisch und symmetrisch

Ihr Verhältnis zu den Klientinnen ist nicht nur durch Toleranz und Akzeptanz, sondern auch vom Respekt vor dem Phänomen Prostitution und der Arbeit der drogenabhängigen Mädchen und Frauen geprägt. Die Sozialarbeiterin denkt und fühlt sich in die Lebenswelt der Beschaffungsprostituierten ein:

»Also das ist ja ein ganz große Konkurrenz da, ne. Und da gibt es mal für drei Tage eine Zweckfreundschaft, weil man sich gerade gefunden hat. Und am dritten Tag da äh, weiß ich, beklaut man sich oder äh erzählt eben naja so Szeneklatsch. Der ja auch dann auch heftig ist. Der auch ziemlich verletzend ist. Und äh sieht sich nicht mehr, ne. Oder weiß ich, die eine geht eben gut weg hier auf dem Strich und die andere eben nicht. Und dann kommen natürlich ganz starke Konkurrenzgefühle auf. Oder die eine ist eben schneller beim Auto als die andere. (*lacht*) Also das ist jetzt nicht so belagert hier. Das darf man sich nicht so vorstellen. Für jemanden, der sich nicht so auskennt, der sieht praktisch nichts, also oftmals nichts. Ja, und so kommt so was zu Stande. Und jeder braucht irgendwie sein Geld. Aus irgendeinem Grund, ne. Und wenn es aus Beschaffungsgründen ist und da äh ja der Entzug langsam einsetzt und ich brauche jetzt unbedingt ganz schnell Geld, dann potenzieren sich natürlich solche Konkurrenzgefühle nochmal, wenn da irgendwas im Weg steht. Oder auch solche Sachen: ›Ich weiß genau, die schafft ohne Kondom an.‹ Und äh, dann hört man von der anderen: ›Ich weiß aber genau, die schafft doch nur ohne Kondome an. Und das gibt es gar nicht. Für so wenig Geld immer. Die drückt die Preise runter‹. Also das ist so ein gegenseitiges Beschuldigen. Mit irgendwelchen Sachen. Was dann nun am Ende dran ist? Wir denken, dass sehr viele ohne Kondome arbeiten. Natürlich auch aus dem Zwang heraus: ›Entweder Du steigst jetzt in mein Auto für 20 Euro und ohne Kondom oder du bleibst halt draußen‹. Und wenn der Druck zu groß ist, dann nimmt man natürlich solche Dinge in Kauf, ja. Logischerweise. Lässt sich im Preis drücken und Gesundheit ist-: ›Naja, wird schon nichts passieren‹, und so. Und da is-, da passieren dann solche Sachen.

und achtet bei der Streetwork gezielt darauf, die Arbeit der Klientinnen nicht zu stören oder zu behindern:

»Man muss ja immer sehen, dass sie also hier ihr, ihr Geld (.) beschaffen. Und dass man (.) ja dann auch aufpassen muss, dass man das auch zulässt. Und dann nicht einfach (.) mit Hilfe zutextet, ja. (*lachend*) Also da muss man eine entsprechende Sensibilität auch mitbringen.«

Die beruflichen Interaktionsmuster der Sozialarbeiterin sind neben der Fähigkeit zur Perspektivübernahme durch eine gleichberechtigte, hierarchiefreie Beziehungsgestaltung gekennzeichnet. In der sozialen Beratung und Begleitung orientiert sie sich an den Anliegen und Bedürfnissen sowie den

individuellen Ressourcen und Kräften der Mädchen und Frauen, und berücksichtigt deren Einverständnisse und eigenen Entscheidungen als notwendige Voraussetzung des institutionalisierten Hilfeprozesses. Sie handelt die spezifischen Problemlösungsschritte mit den Klientinnen gemeinsam aus, um zu verhindern, dass - wie in der folgenden negativen Fallerzählung - Maßnahmen eingeleitet werden, zu der die Betroffenen selbst
noch gar nicht bereit sind und die ihre Situation dadurch nur weiter eska-
lieren lassen:

»Meine Aufgabe ist es ja sie so zu stärken, dass sie dann selber in der Lage ist,
entweder sich zu entziehen oder das möglicherweise anzuzeigen, ne. Das ist äh
(.) eine große Schwierigkeit. Es kann passieren, was wir jetzt zum Beispiel hatten, eine Klientin wurde in einer anderen Einrichtung überredet, eine Anzeige zu
machen wegen einer Vergewaltigung. Das ist natürlich eine ganz schlimme Situation. Weil wenn man nicht richtig aufgeklärt ist, was da alles passiert, ja, dann
äh-. Also die Klientin, der das passiert ist, also ich begleite die grad jetzt, die, die
fällt immer wieder, ja. Und zwar in unsägliche Tiefen. Und schneidet sich. Und
konsumiert dann wieder Drogen. Und, also die ist absolut suizidal dann auch.
Und einfach nur, weil sie nicht richtig aufgeklärt wurde. Die hätte mit Sicherheit
dann keine Anzeige gemacht, ne.«

Empowerment statt Viktimisierung

Ihre alltägliche Berufspraxis zeichnet sich durch eine wirklich akzeptierende Haltung und offensichtliche Empowerment-Strategien aus und weist
keinerlei Viktimisierungstendenzen oder gezielte Einflussnahmen und Motivationen zum Ausstieg aus der Prostitution auf. Trotz der ausgeprägten
professionellen Distanz der befragten Sozialarbeiterin kommen in den
konkreten Falldarstellungen ihr Einfühlungsvermögen, ihr Mitempfinden
und ihre persönliche Anteilnahme am Leid der Klientinnen zum Ausdruck.

Arbeitsansatz: Aufsuchende Arbeit und niedrigschwellige Beratung

Der sozialarbeiterische Arbeitsansatz beruht auf der Unterbreitung eines
niedrigschwelligen lebensweltnahen Beratungs- und Betreuungsangebotes.
Dazu sucht sie die sich prostituierenden Drogenkonsumentinnen an ihrem
Arbeitsplatz auf, gibt Präventionsmaterialien wie Kondome, Gleitgel und
sterile Spritzen aus und berät sie zu praktischen, szene-relevanten Themen
wie Safer Sex, Safer Use und Safer Work:

»Ja, also vom Angebot sieht es-, also unser hauptsächliches Arbeitsfel- äh Arbeit
ist natürlich die aufsuchende Arbeit, Streetwork, ne. [...] Und wir äh (...) machen das also so: Wir gehen raus mit einem Koffer, den kann ich nachher ja noch
mal zeigen. Da haben wir so verschiedene Sachen drin, also steriles Spritzbe-
steck, Kondome, Gleitgel, was wir also ausgeben können bzw. Spritzen auch tau-

schen können, also unsaubere gegen sterile. Ähm dann machen wir auch so Kurzberatungen vor Ort. Also zu allen möglichen Problemen, die da gerade Thema sind. Und ähm speziell Informationen zu Safer Sex, zu Safer Use und Safer Work. Dann (.) also Safer Use, wie konsumiere ich Drogen und schädige mich dabei am wenigsten, ne. Und Safer Work, wie arbeite ich also auf dem Straßenstrich und äh kann mich (.) weitestgehend äh vor (.) Gewalt schützen, zum Beispiel, ja. (.) wie, wie sollte ich mich also da verhalten. Das ist so dieser-, diese Safer Work-Informationen, (.) die da gemacht werden.«

Die Sozialarbeiterin erreicht ihre Klientinnen aber nicht nur durch Streetwork in der Straßenprostitutionsszene, sondern ist auch in verschiedenen Institutionen wie Krankenhäusern, Entgiftungsstationen und der Justizvollzugsanstalt präsent, um, wie sie selbst sagt, die »Brücke zum Hilfesystem« aufrechtzuerhalten:

»Ja, wir gehen auch in Krankenhäuser, in Entgiftungsstationen. Wir gehen in die JVA. Ja eigentlich an alle möglichen Orte, wo es einfach nötig ist, um (.) die äh, diese Brücke zum Hilfesystem auch immer aufrechtzuerhalten, na. Das ist dann natürlich ein großer Vorteil von so einem flexiblen Arbeitsansatz wie Streetwork. Dass es uns also immer möglich ist, ähm (.) äh zu reagieren.«

Vor Ort nimmt sie den Kontakt zu den drogenabhängigen Prostituierten auf, informiert sie über das Angebot der szenenahen Beratungseinrichtung, ohne ihnen Hilfe aufzudrängen oder zu oktroyieren.

»Dann, dann gucken wir auf der Straße. Also erstens-, also das Erste ist natürlich immer die Kontaktaufnahme. Also wir gehen auf die Leute zu und sprechen die an und sagen: ›Hallo, wir sind hier Straßensozialarbeiterinnen und heißen so und so. (.) Und wir bieten an, wenn du Unterstützung und Hilfe brauchst. Du kannst auch zu uns kommen, wir haben eine Kontakt- und Beratungsstelle. Du kannst bei uns Spritzen tauschen. Können wir auch hier machen. Du kannst Kondome bekommen, wenn du hier anschaffen gehst, solltest du drauf achten da, da da‹. Äh diese ganzen Sachen. Und dann kommen wir entweder ins Gespräch oder sie sagen: ›Ne, ja später, ich hab gerade wichtiges zu tun‹. Und gibt ganz wenig, die es wirklich erstmal total ablehnen, die sagen: ›Damit habe ich nichts zu tun.‹ Obwohl natürlich für uns klar ist, wenn sie fünf Runden gelaufen sind, dass sie nicht spazieren gehen. Und äh (.) äh (.) ja. Dann muss man das dann auch so lassen, ne.«

Sie verteilt bei der Streetwork Informations- und Präventionsmaterialien aus, lädt die Klientinnen zur Kontaktzeit in die Beratungsstelle ein oder vereinbart Termine zur Klärung besonderer Probleme oder Erledigung bestimmter Aufgaben:

»Ja dann geben wir Informationsmaterialien aus. Das bietet sich natürlich an, gerade wenn keine Zeit ist. ›Ja guck da mal rein. Und wenn du-, das ist ganz wichtig für dich, scheint mir, weil ich dieses ich das und das beobachtet habe, oder das und das mein Eindruck ist, oder vielleicht interessiert es dich‹. Ja. Äh und wir planen natürlich auch, wenn das möglich ist. Also dann zum Beispiel solche Sachen wie: ›Ja, da kommst du halt dann und dann vorbei und dann können wir deine Probleme besprechen‹. Oder es wird mal ein Termin unterwegs ausgemacht, wo wir schon Kontakte haben, die längerfristig schon laufen und das endlich gemacht werden muss. Und so weiter. (2)«

Szenenahe Kontaktstelle: Grundversorgung, Beratung und Einzelfallhilfe

In der szenenahen Beratungseinrichtung besteht für die Prostituierten die Möglichkeit, grundlegende Bedürfnisse wie Ausruhen, Essen und Trinken, Körperhygiene oder Wäschewaschen zufrieden zu stellen, in ihrer konkreten Lebenssituation oder hinsichtlich spezifischer Probleme beraten und unterstützt zu werden. Die Mitarbeiterinnen begleiten die Frauen zu anderen Institutionen und Einrichtungen, vermitteln sie bei Bedarf an andere soziale Organisationen weiter oder übernehmen die Einzelfallbetreuung selbst. Dabei erkennt die befragte Verwaltungsakteurin die professionellen Grenzen und Kompetenzen des sozialarbeiterischen Handelns an, verwechselt ihre Beratung und Begleitung keinesfalls mit einer therapeutischen Behandlung und versucht, die Klientinnen im Bedarfsfall an spezialisierte Einrichtungen zu vermitteln:

»Äh was haben wir noch? Ach ja, Einzelfallhilfe wäre vielleicht nochmal-. Also wenn sich jemand (.) nicht woanders anbinden lässt, mit seiner umfassenden Problematik, ja, und seinen Defiziten ähm (.) die Dinge selbst momentan regeln zu können, dann bieten wir auch Einzelfallhilfe an. Also das heißt sozusagen Persönlichkeit stärken, Lernen, Konflikte anzusprechen. Äh zu gucken, wo liegen Probleme, die wir mhm schneller regeln können, wo sind welche, die tiefer in der Persönlichkeit liegen, wo muss man da wiederum andere Einrichtungen anbinden, die dafür natürlich besser geeignet sind diese Probleme klären zu können. Wir machen hier ja keine Therapie. Also, das ist äh ganz klar eine Grenze. Und äh ja da bieten wir auch das an. Und das ist auch eigentlich ganz gut, läuft auch ganz gut. Äh ist aber natürlich sehr, sehr zeitintensiv, ne. Und das läuft aber eben dann richtig darauf hinaus: ›Ich will was verändern‹. Also erst mal stabilisieren hier. Das ist dann das, was wir hier machen. Und dann Veränderungsschritte einleiten, wo es dann eben wirklich raus von hier geht, ne.«

Biographieorientierte Beratung und Begleitung der Klientinnen

In der längerfristigen, intensiven Beratung und Begleitung der drogenabhängigen Prostituierten schließt die Sozialarbeiterin an deren individuellen Problemkonstellationen und Lebensgeschichten an, versucht sie als Person zu stärken, ihnen biographische Perspektiven zu eröffnen und Veränderungen in ihrer Lebenssituation zu unterstützen. Doch schätzt sie die Möglichkeiten und Schwierigkeiten, aufgrund ihres sozialarbeiterischen Fach- und

Erfahrungswissens realistisch ein, und lässt sich von negativen Entwicklungen bzw. Rückschritten im Hilfe- und Begleitungsprozess nicht beirren oder irritieren:

»Zieht sich oft auch lange hin. (.) Also kann durchaus auch mal zwei, drei Jahre äh dauern, mal mit Unterbrechungen auch. Wir leben hier ja auch mit vielen Rückfällen, also nicht nur im Drogenkonsum, sondern auch: ›Ich will aussteigen aus der Prostitution‹. Das gelingt kurz (.) durch, was weiß ich, mal Therapieantritte oder mal Haft oder tatsächlich mal vielleicht die finanziellen Möglichkeiten, die auszuschöpfen sind, zu regeln. Und dann trotzdem (.) eigentlich wieder dort ankommen durch verschiedene Umstände.«

Engagement und Identifizierung mit der Arbeit

Für die Mitarbeiterin der Beratungseinrichtung für Mädchen und junge Frauen mit Sucht, Gewalt- und Prostitutionserfahrungen ist die Arbeit nicht nur eine Position, die sie bekleidet oder eine Aufgabe, die sie erfüllt, sondern ein Wirken, mit dem sie sich identifiziert, eine Tätigkeit, für die sie sich stark engagiert und als ganze Person einbringt:

»Wir sind ja zwei Kolleginnen, die das hier auch mit sehr viel (.) Enthusiasmus machen. Und dann gibt es aber immer mal solche Sachen, wo vom Arbeitgeber irgendwelche Dinge verändert werden, wo nicht sichtbar Gründe vorliegen und wo Mitarbeiter ausgetauscht werden. Das ist natürlich auch eine Einschränkung, wenn dann jemand reinkommt, gibt es ja auch immer Verluste von der Arbeitsqualität, wenn auch jemand hier her kommt, dessen Interesse das nicht ist. Also das wäre, das ist natürlich immer die günstige Variante, wenn Erfordernisse und äh (.) Interessen in Übereinstimmung sind.«

Geschlechtshomogenes Arbeitskonzept

Angesichts der spezifischen Probleme und Erlebnisse der Klientinnengruppe wie vor allen männliche Gewalt und dem grundsätzlichen Bestreben weiblicher Solidarisierung und feministischer Politik haben die Sozialarbeiterinnen für die Beratungsstelle gezielt ein geschlechtshomogenes Konzept entwickelt und realisiert. Vor dem Hintergrund ihrer beruflichen Tätigkeiten und Erfahrungen in anderen Kontexten bewerten sie diese Entscheidung und Gestaltung rückblickend positiv:

»Natürlich ja weil wir auch gesagt haben: ›O.k. viele Probleme entstehen auch durch männliche Gewalt oder Probleme können nicht angesprochen werden aufgrund von männlicher Dominanz.‹ Und daher äh also auch so eine (.) Entscheidung. Und eben dann auch die Bedürfnisse dann mal zu hören: ›Oh, ich würde so gerne mal…‹ und äh, und dann geht das wieder unter so in, in der-, im Geschlechtsgemenge. Ja. Und das war also eine gute Entscheidung. Es sind ja nicht alle, es ist nicht für alle nötig, dass sie in so einem geschützten Raum sein müssen, aber die, die hierher kommen, die wissen das auch schon (.) sehr zu schätzen. Also die bewegen sich hier auch einfach anders. Also ich habe ja auch vorher in so gemischtgeschlechtlichen Konzepten gearbeitet und äh (.) merk das auch. Die ziehen sich hier auch mal aus. Die schminken sich hier. Die äh-, weiß ich nicht. Also auch über diese Dinge, worüber sie sprechen, sind einfach andere, also-, oder auch andere. Natürlich spielen die Dinge, äh wie bei jedem anderen Mensch in schwieriger Problem-, äh, äh Lebenslage wie Geld und äh also Schulden und Wohnen und Schwierigkeiten mit der Polizei äh, das spielt auch natürlich gleichermaßen eine Rolle. Aber diese besonderen Bedürfnisse haben hier nochmal einen anderen Stellenwert bekommen. Und das ist eigentlich äh daher ein sehr guter (.) Erfolg. Also, dass wir sagen können: ›Ja, das war also richtig, das so zu machen‹. Ja.

In der alltäglichen Praxis ist das Konzept der geschlechtshomogenen Arbeit, aus der grundlegenden Ausrichtung an den Bedürfnissen und Wünschen der Klientinnen und der kritischen Selbstreflexivität der Sozialarbeiterin heraus, leicht modifiziert, aber grundsätzlich aufrechterhalten worden. Sie versucht in ihrem beruflichen Handeln, die Balance zwischen dem fachlich fundierten und begründeten Basiskonzept und den allgemeinen wie auch individuellen Interessen der Klientinnen zu halten und deren »Schutz« durch eine räumliche Abgrenzung und Trennung der in Ausnahmefällen anwesenden männlichen Besucher zu gewährleisten:

»Wir arbeiten ja geschlechtshomogen. Also kommen nur Mädchen und Frauen her. Und äh (.) also falls mal ein Mann mitkommt, den platzieren wir irgendwo dort. Weil es gibt ja doch verschiedene Abhängigkeiten, die darf man nicht vernachlässigen, ja. Ähm (.) also wenn das irgendwie möglich ist, ne. Also aber suchen nicht den Kontakt, wenn hier mehrere Mädchen und Frauen sind, dann irgendwie: ›Ja, setz dich mit hierher‹, oder so was. Das versuchen wir schon (.) äh auszuschließen, ne. Aber wenn jemand kommt. Wir, wir haben anfänglich, haben wir das so gemacht, dass wir gesagt haben: ›Naja, eigentlich wollen wir hier gar keine Männer drinnen haben‹. So. Und haben aber gemerkt, dass das nicht so gut ist. Und wenn jemand wirklich das Bedürfnis hat, mit seinem Freund oder was das eben nun gerade ist, hierher zu kommen, dann haben wir gesagt ›Okay, wir machen das. Wir müssen das nur trennen dann.‹ Ja, also räumlich irgendwie, so dass die Anderen nicht in Schwierigkeiten kommen.«

Problemlösungsansatz: »Leben Lernen, nicht nur Überleben«

Der Problemlösungsansatz der Sozialarbeiterin bezüglich der spezifischen Klientinnengruppe der Beschaffungsprostituierten besteht darin, von der niedrigschwelligen Beratung und Stabilisierung zu einer weiterführenden sozialen und biographischen Beratung und Begleitung überzugehen, und die Klientinnen zu unterstützen, ein selbstbestimmtes, glückliches Leben, frei von Abhängigkeiten führen zu können. Angesichts der damit verbundenen Aufgaben stellt sie ihre eigenen Handlungsmotivationen und Ambitionen zu einem sozialpolitischen Engagements im Sinne der Hurenbewegung zurück. Ungeachtet dessen ergreift sie Partei für ihre Klientinnen und die Prostituierten im Allgemeinen und kritisiert im Interview die Behandlung der Prostituierten durch die staatlichen Institutionen und die negativen Auswirkungen der Kriminalisierung und Sanktionierung.

Kritik der traditionell repressiven Reglementierung der Prostitution

Trotzdem die Streetworkerin die repressive lokale Prostitutionspolitik vor ihrem professionellen Wissens- und Erfahrungshintergrund und in Vertretung der Interessen ihrer Klientinnen grundsätzlich ablehnt, bewertet sie die typisch paradoxe Koexistenz verdrängender und betreuender Verwaltungsaktivitäten im ersten Ansatz diplomatisch positiv, obwohl sie eigentlich die alternative Möglichkeit eines tolerierten Straßenprostitutionsbereichs vertritt:

»Naja, es gibt ja von der Stadt eine Sperrgebietsverordnung. Das wissen Sie ja sicherlich. Das verbietet zum Beispiel die Straßenprostitution. Und deshalb sind alle Mädchen und Frauen, die hier anschaffen, ja von vorne herein kriminalisiert. So. Ähm kriegen das natürlich praktisch zu spüren, über Platzverweise, also über, weiß ich, natürlich ständigen Kontakt mit Polizei und Ordnungsamt, ja. Und die entsprechend verbundenen, damit verbundenen Ängste auch, immer wieder entdeckt zu werden, immer mal wieder was drauf zu kriegen. Und äh-, ja. Das wird ja auch bei beharrlicher Zuwiderhandlung (.) immer dann auch (.) als Straftat behandelt. Das ist die eine Seite. Ja genau. Und die andere Seite ist die Hilfeseite. Ähm dass man beides, ähm dass beides nebeneinander stehen kann, ist ja eigentlich was ganz Positives, ne. Ähm besser wäre, wenn das wie in Köln wäre, wenn ein Straßenstrich wäre, ein tolerierter Straßenstrich, der äh einfach, ich denke mal, überall seine Existenzberechtigung hat. Das ist bei uns nicht so und wird möglicherweise auch nicht passieren.«

So kommt es, dass sie vor der Beantwortung der folgenden Interviewerinnenfrage noch einmal von selbst auf die fehlende Nachhaltigkeit des traditionellen Regulierungsmodells zu sprechen kommt und stellt es im Verlauf ihrer argumentativen Auseinandersetzung gänzlich infragestellt:

»Äh natürlich ist es ja total blöd und bringt eigentlich gar nichts, weil die Mädchen und Frauen gehen ja sowieso Anschaffen, ne, irgendwie. Also die müssen ja irgendwoher ihr Geld besorgen. Und wenn die sich entschieden haben und keine andere Möglichkeit sehen, kommen die also immer wieder hier runter. Das heißt also, es kommen immer wieder diese Platzverweise oder dann eben eine Verhandlung oder dann mal Knast und dann sind sie wieder hier. Also sozusagen die Langzeitwirkung von diesen Maßnahmen ist ja nicht gegeben. Und äh ich würde meinen, dass man da auch nicht (.) aber auch nicht über Alternativen nachdenkt.«

Die kommunalpolitische Haltung der tendenziellen »Null-Toleranz« und das Bestreben, das soziale unerwünschte Problem der Beschaffungsprostitution im Interesse des Stadtimages zu verdecken, werden von der Streetworkerin auffallend vorsichtig und nur andeutungsweise dargestellt:

»Also letztendlich wurde sich dazu entschieden, da zu arbeiten, ne. Das war aber auch ein (.) langer (.) Weg. Weil eigentlich, wollte man ja- also, das müsste jetzt auf jeden Fall anonymisiert werden- war ja klar: Prostitution will man in der Stadt nicht haben. Ja. Also keine sichtbare Prostitution. Und äh, wenn dann noch äh (.) eine Einrichtung danach arbeitet, dann heißt das ja, man bekennt sich dazu, dass Prostitution ein sichtbares Problem ist und dass man eigentlich eine Hilfe anbieten muss. Aber natürlich ist im Nachhinein das äh-, die Entscheidung dennoch gefallen. Und, ich mein, das kann man ja durchaus (.) als positiv (.) bewerten, ne.«

Immanente Kernprobleme und Ausnutzung der Handlungsspielräume

Darin drückt die Tendenz bzw. der Wunsch der Informantin aus, die situative Unvereinbarkeit und Unversöhnlichkeit der Perspektiven nicht bis in letzter Konsequenz zu reflektieren. Dies zeigt sich auch an anderen Interviewstellen, in denen die systematisch bedingten Konflikte, Paradoxien und Antinomien zwischen dem hoheitsstaatlichen Kontrollverhalten der administrativen Verwaltung und der professionellen advokatorischen Sozialarbeit immanent zum Thema werden. Die Handlungsmaxime und der strategische Umgang der Sozialarbeiterin besteht darin, sich ihre berufsethisch ausgerichtete alltägliche Arbeit im staatlichen Verwaltungsrahmen von so wenig Restriktionen wie möglich begrenzen zu lassen und ihre Handlungsspielräume so weit auszuschöpfen, dass sie mitunter selbst in Gefahr gerät, in ein rechtliches Kontrollverfahren verwickelt zu werden. Ihr Ausloten und Abstecken der Möglichkeiten und Grenzen des sozialarbeiterischen Handelns in administrativen Zusammenhängen zeigt sich sowohl am Beispiel der gerichtlichen Aussageverweigerung als auch in der Kritik der Arbeit anderer staatlicher Hilfeinstitutionen zum Ausdruck. Hinsichtlich der Frage nach der Autonomie und der institutionellen Begrenzung angesichts der amtlichen Anbindung des Projektes verweist die Streetworkerin auf relativ freie Arbeitsbedingungen, geht aber ausführlicher auf die Problematik ein, dass sie bei professioneller Wahrnehmung ihrer sozialarbeiterischen Aufgabe in der Beratungsstelle für Mädchen und Frauen mit Sucht-, Gewalt- und Prostitutionserfahrungen in einem gesetzlich und verwaltungsorganisatorisch unsicheren und undefinierten Rahmen agiert, wenn es z. B. um Fälle von Kindeswohlgefährdungen geht:

»Also inhaltlich werden wir relativ wenig begrenzt. Es gibt immer mal Sachen, wie zum Beispiel wenn Thema ist Kindeswohlgefährdung, ne. Äh Kindeswohlgefährdung damit hat ja der Allgemeine Sozialdienst relativ viel zu tun. Und äh ist ja da auch immer im Handlungszwang. Und da (.) beispielsweise zu erarbeiten, also unsern Standpunkt vom Sachgebiet zu erarbeiten, also das passiert zu wenig, ja. Da zu sagen: ›Wir stehen zur Kindeswohlgefährdung im Rahmen der gesetzlichen Notwendigkeit so und so.‹ Weil jede Minderjährige, die anschaffen geht, die Drogen konsumiert, die Gewalt erfährt, das ist ja praktisch unser Klientel (*lacht*), die müsste ich eigentlich gleich zum ASD schleppen. Das macht natürlich keinen Sinn, weil die ja eigentlich schon durch ganz viel Hilfen oftmals schon gefallen sind. Vieles angeleiert wurde, oftmals nicht bedarfsgerecht. Ähm das betrifft jetzt nicht nur die Stadt A. Also wir haben jetzt auch welche aus dem Umland, wo es noch viel, viel schwieriger ist, zu handhaben. Also die viel-, die richtig kontraproduktiv da ja auch arbeiten mit diesen Betroffenen. Und da (*langgezogen*) ist schon manchmal schwierig, ja, (.) zu arbeiten (.) mit solchen Sachen im Hintergrund. [...] Also das wäre zum Beispiel-, das ist was, wo wir momentan ein bisschen Druck haben, ja. Also da irgendwas in Übereinstimmung zu bringen, (.) dass es keine (.) Schwierigkeiten gibt, ne. Und äh (.) das gestaltet sich aber schwierig. (.) Also sehr schwierig. (.) Mhm, (1) [...] Unser (.) Anliegen ist aber, äh dass weil sie eben viel (.) äh (.) Erfahrungen gemacht haben, die nicht besonders hilfreich waren für ihre weitere Entwicklung, da langsam ranzugehen. Also zu gucken, dass sie wieder Vertrauen gewinnen. Und natürlich dann auch zu sehen, dass sie auch wieder in andere Hilfen reinkommen.«

Eine grundlegende Schwierigkeit der Sozialen Arbeit in Feldern, die mit strafrechtlich relevanten Aktivitäten und Erfahrungen verbunden sind, besteht in der Wahrung der Schweigepflicht gegenüber den Klientinnen. Die befragte Verwaltungsakteurin beschreibt diesbezüglich ernsthafte Konflikte in der Aufrechterhaltung der zum Arbeitsbündnis gehörenden Geheimhaltung der Klientinnen-Informationen in Situationen gerichtlicher Vorladung und Befragung:

»Also ich habe ja erst mal habe eine Schweigepflicht. Alles was mir anvertraut wird, unterliegt der Schweigepflicht. Es sei denn, ich werde von der Klientin entbunden davon oder per Gerichtsbeschluss. Ähm dann bin ich nur verpflichtet, wie jeder Bürger der Bundesrepublik, bei Gefahr für Leib und Leben eine Straftat anzuzeigen. Ja. Und das ist Gott sei Dank noch nicht vorgekommen. Es gibt so Grenzsituationen. Das hatten wir auch schon. Wo wir ganz stark am Überlegen sind.«

Das Abwägen und Ermessen bei Kenntnissen über Straftatbestände, im Interesse der Vertrauensbeziehung und zum Schutz der Klientinnen, zu schweigen oder einzugreifen und Anzeige zu erstatten, ist von den Sozialarbeiterinnen individuell und in Aushandlung mit dem eigenen Gewissen fallspezifisch zu entscheiden. Die systematisch bedingte Unsicherheit und Gefährdung der Arbeitssituation besteht hier zum einen darin, dass der Beruf der Sozialen Arbeit formal nicht ausdrücklich durch die gesetzliche Schweigepflicht geschützt ist, und zum anderen, dass die sozialen Akteurinnen in die hierarchische Organisations- und Befehlsstruktur des Verwaltungssystems eingebunden sind und den Entscheidungen der übergeordneten Behörden wie auch. des direkten Vorgesetzten Folge zu leisten haben:

»Wir versuchen gerade mit dem Rechtsamt da Kontakt aufzunehmen, weil offensichtlich niemand das Problem so richtig erkennt. (.) Ähm wir erfahren natürlich viele Dinge in einem Beratungsgespräch von Straftaten, die an den Klientinnen-, also zum Beispiel Gewalterfahrung. Die eine wird regelmäßig vergewaltigt zum Beispiel. Von ihrem Vater. So. Das ist natürlich auch so eine Grenzsituation. Wie geht man damit um? Ja. Wenn ich das anzeige (1) äh (1) sind natürlich äh so zwei Sachen. Ist äh die eine Sache gefährdet, also Widerwillen der Klientin, die sagt: ›Ne, das will ich nicht, das die hier darüber sprechen‹. Meine Aufgabe ist es ja, sie so zu stärken, dass sie dann selber in der Lage ist, entweder sich zu entziehen oder das möglicherweise anzuzeigen, ne. Das ist äh (.) eine große Schwierigkeit. Es kann passieren, was wir jetzt zum Beispiel hatten, eine Klientin wurde in einer anderen Einrichtung überredet, eine Anzeige zu machen wegen einer Vergewaltigung. [...] Dann kommt dazu, dass die wussten, die ist hier in Beratung. So. Der gegnerische Anwalt hat natürlich die Aufgabe, seinen Mandanten rauszuhauen, ob er nun Täter war oder nicht. Da geht es dann darum das Strafmaß gering zu halten oder freizusprechen. So, äh ich werde vorgeladen. Das ist meiner Kollegin schon passiert. Wir sind jetzt auch alle beide wieder zu einem anderen Prozess vorgeladen, äh wo meine Schweigepflicht wieder aufgehoben werden kann. Durch den Richter. Per Beschluss. Äh (.) das heißt eigentlich, dass unsere ganze Beratung in Gefahr ist. Also wenn klar ist-, also ich müsste eigentlich jetzt aus momentaner Sicht sagen: ›Erzähl mir bitte nichts, weil es kann nämlich sein, falls es mal irgendwie zum Prozess kommt (lacht), kann ja auch in anderen Zusammenhängen sein, kann es sein, dass ich das dann sagen muss.‹ Ja. Ich habe natürlich den Vorteil, wir führen keine Akten, dass ich viele Dinge (.) auch nicht mehr weiß. Wenn man aber über zwei Stunden verhört wird, dann ist man einfach in einer ganz blöden Situation, ne. Also nur zu sagen: ›Ich weiß nicht mehr. Keine Ahnung. Da kann ich mich nicht mehr erinnern.‹ Äh ist ja nicht stimmig am Ende. Und äh das gefährdet eigentlich momentan unsere Einrichtung. Das sind solche Sachen, ne, die für unsere Arbeit also plötzlich, also das ist noch nicht so lange so, also wo unsere Arbeit einfach gefährdet ist. So. Wo aber unserer Meinung nach, der Arbeitgeber eine Pflicht hat, da zu gucken, entweder Aussagegenehmigungen nicht zu erteilen, und diese Situation hier zu schützen, und diese Möglichkeit zu schützen, oder ja zumindest einen Rechtsbeistand äh mit (.) ja zu empfehlen. Das ist so ein Bereich zum Beispiel, wo wir uns schon eingeschränkt fühlen. Also wo wir grad sehr, sehr unsicher sind. Da gibt es aber jetzt einen Termin beim Rechtsamt. Und hoffe ich, dass das-, dass die so fit sind und damit umgehen können und auch nachvollziehen können, was da passiert. (leise) Das ist, ja, wäre eine Einschränkung.«

Die anhand dieser Fallerzählung beschriebene grundlegende Problematik verdeutlicht einmal mehr die primäre Orientierung der Sozialarbeiterin an den Bedürfnissen der Klientinnen und ihre professionsethische Handlungsmaxime der advokatorischen Vertretung ihrer Interessen.

Selbstinitiierte Zusammenarbeit mit dem Gesundheitsamt

In der Gestaltung der alltäglichen Beratungs- und Betreuungsarbeit zeigt sich die Ausrichtung an den spezifischen Problemlagen der drogenabhängigen Mädchen und Frauen auch in der eigenaktiven Erweiterung der Sozialarbeit um gesundheitlich-medizinische Aspekte. Die Sozialarbeiterin kooperiert mit dem Gesundheitsamt bzw. der dort angesiedelten Beratungsstelle für STDs und HIV/Aids, d. h. organisiert in ihrer szenenahen Kontaktstelle ein regelmäßiges gesundheitliches Beratungsangebot und geht mit einer Mitarbeiterin des Gesundheitsamtes im Straßenprostitutionsbereich gemeinsam auf Streetwork:

»Dann haben wir 14-tägig ein medizinisches Beratungsangebot, also nur Beratungsangebot, wo diese Frau vom Gesundheitsamt, von der ich vorhin gesprochen habe, hierher kommt und äh für äh Mädchen und Frauen. Also natürlich sind wir da im Speziellen daran interessiert, die auch in der Prostitution arbeiten, hier anzubinden. Und dass da Kontakte entstehen dass sie möglicherweise dann auch regelmäßig zu Untersuchungen ähm ins Gesundheitsamt gehen. Und auch andere ärztliche Kontakte dann wahrnehmen. Weil Gesundheit oft nicht Priorität ist. Also das steht irgendwo ganz weit hinten.«

Zum organisationalen Netzwerk der Beratungseinrichtung gehören darüber hinaus die Zusammenarbeit mit einer spezialisierten Frauenberatungsstelle und einer nichtstaatlichen Drogenberatungsstelle, die sie zur Erreichung und Erweiterung des Klientinnenkreises aufsuchen und nutzen:

»Ähm dann haben wir mit einer Drogenberatungsstelle (.) eine Kooperationsvereinbarung. Die Alternative in der D-Straße, wo wir-. Also das ändert sich immer mal wieder, wie wir das gerade handhaben. Momentan ist das so, dass wir in regelmäßigen Abständen dort hingehen, abends, und äh (.) auch dort auch Kontaktpflege also zu Klientinnen betreiben, ne. Oder manchmal auch Kontakte aufnehmen, wenn sie neu sind für uns. Und dann einfach das Angebot hier unterbreiten.«

Fundamentale Konflikte mit den Ordnungs- und Sicherheitsbehörden

Die Beziehungen zu den Sicherheits- und Ordnungsinstitutionen dagegen sind durch grundlegende Konflikte und die Nichtanerkennung der Sozialen Arbeit mit den drogenabhängigen Prostituierten geprägt. Während die Sozialarbeiterin beim Ordnungsamt zumindest einen Akteur benennen kann, der die Notwendigkeit und Sinnhaftigkeit der Beratungs- und Betreuungspraxis des Straßensozialarbeitsprojektes würdigt und akzeptiert, und bei der Durchsetzung des Ordnungswidrigkeitsrechts gezielt darauf achtet, die Arbeit der Streetworkerinnen nicht zu behindern bzw. durch informelles Nichteingreifen und vereinzelte »Hilfsaktionen« sogar zu unterstützen, ist das Verhältnis zur Polizei durch den institutionell gerahmten, antagonistischen Interessengegensatz zwischen Betreuen und Verdrängen negativ geprägt, und scheint auch von der grundsätzlich perspektivübernahme- und aushandlungsfähigen Sozialarbeiterin nicht gelöst oder ausbalanciert werden zu können. Die szenenahe Kontakt- und Beratungsstelle wird von den Mitarbeiterinnen der Polizei, aus der Fremdperspektive, als Förderung der Prostitution im Sperrgebiet und damit als kontraproduktiv in Bezug auf den funktionalen Arbeitsauftrag wahrgenommen und abgelehnt:

»Also wir wissen voneinander, Ordnungsamt und Polizei, und wir. Und zumindest mit dem Ordnungsamt gibt es da eine (.) ganz gute Übereinkunft, dass äh (.) wenn wir gerade an den Mädchen dran sind, ne, also dann sehen die von dem Zugriff ab, in dem Moment. Wenn die sehen, da ist gerade eine, die ist schon wieder da und wir sprechen gerade oder machen gerade Spritzentausch, dann lassen die uns auch in Ruhe, ne. Und das ist natürlich äh schön. Also sozusagen kann das Beides auch gleichermaßen äh nebeneinander existieren. Das ist bei der Polizei manchmal anders, ne. Also die gehen, ich glaube äh (.) die finden das sinnlos und blöd, so: ›Sozialarbeit, das hat ja sowieso keinen Zweck‹. Das ist so die Sichtweise, unseres Eindruckes nach, und auch (.) zum Teil dem Hören nach. (atmet ein). Aber mit dem Ordnungsamt geht das. Also das Ordnungsamt hat auch selbst schon Mädchen und Frauen hierher gebracht und gesagt: ›Hier, macht mal was mit ihr, die sieht ja ganz furchtbar aus‹. Oder die rufen mal an: ›Dort ist jetzt gerade eine, die ist kurz vorm Umkippen, könnt ihr mal…‹. Und das finde ich eigentlich total gut. Also da ist jetzt auch nicht jeder gleich jetzt beim Ordnungsamt. Es gibt da eben auch Mitarbeiter, die da auch irgendwie eine soziale Ader haben. Die trotzdem natürlich auch ihren Auftrag verfolgen, die Sperrgebietsverordnung umzusetzen und seit neusten dieses Ansprechverbot zur Anbahnung der Prostitution und gleichzeitig aber auch diese Hilfe anerkennen, ja. Und das finde ich (.) ganz praktisch. Also unter den gegebenen Möglichkeiten (.) äh (.) in Ordnung.«

Geschlossene, segregierte lokale Verwaltungskultur

Im Verlauf der Beantwortung der Interviewerinnenfrage nach dem Austausch mit anderen staatlichen und zivilgesellschaftlichen Organisationen deutet die befragte Sozialarbeiterin eine tendenziell geschlossene, d. h. disziplinenbegrenzte lokale Verwaltungskultur an, in der kaum bereichsübergreifende Informations- und Auseinandersetzungsprozesse stattfinden, die zu alternativen Problemlösungen und nicht nur für die Akteurinnen der betreuenden Verwaltungsseite zu effektiveren und nachhaltigeren Regulierungsformen der Straßenprostitution führen könnten:

»Da fragt die Verwaltung immer mal an. Manchmal wollen die einen Sachstand haben, aber nicht so oft. Es kommt vor. Wir schreiben Jahresberichte, die werden auch weiter gegeben. Mhm ja, es kommt zum Beispiel mal: ›Wie sieht das gerade mit dem Ansprechverbot aus? Welche Wirkungen hat das?‹ Oder: ›Wie ist die Situation hier? Wie groß ist die Problematik? Wie schätzt ihr das ein?‹ Aber das ist jetzt nicht so, dass das jetzt so eine (.) regelmäßige (.) Kultur wäre. Wäre, glaube ich, ganz gut.

Weil man dann, glaube auch, über das äh Sachgebiet hinaus damit arbeiten könnte und dann vielleicht noch mal viel eher dieses ursprüngliche Ziel verfolgt werden könnte, da ähm auf breiter Ebene noch mal zu sensibilisieren und äh Verständnis zu schaffen. Und dann auch Bedarfe noch mal anders zu berücksichtigen.«

Ingesamt betrachtet zeichnet sich der berufliche Habitus der amtlich beschäftigten Sozialarbeiterin durch einen professionellen Umgang mit der Problematik der Beschaffungsprostitution und ihren von Drogenabhängigkeit, Gewalt und Prostitutionserfahrungen betroffenen Klientinnen aus. Ihre alltägliche Arbeit kann als mustergültiger Fall niedrigschwelliger Sozialarbeit in einem schwierigen Feld betrachtet werden. Sie erreicht ihre Klientinnen durch aufsuchende Arbeit und wendet eine Reihe professioneller Hilfsmöglichkeiten der Beratung und Begleitung an. Die Ansprache vielfältiger Themen und Perspektiven sowie die Verwendung unterschiedlicher Sprachstile im Interview verweisen auf ein umfangreiches professionelles und berufliches Expertinnenwissen der Verwaltungsakteurin sowie gesprächspartner- und ressourcenorientierte, kooperationsstiftende Beziehungs- und Interaktionsmuster. Ihre berufsbezogenen Handlungsorientierungen und –ziele bestehen im Empowerment ihrer Klientinnen und werden mit viel Enthusiasmus und großem Engagement verfolgt. Dafür nutzt die Mitarbeiterin des staatlichen Straßensozialarbeitprojektes ihre individuellen und organisationalen Handlungsspielräume weitestgehend aus und nimmt im Interesse ihrer Klientinnen mitunter auch die Gefahr eigener rechtlicher Schwierigkeiten in Kauf. In einer gleichberechtigten, nicht viktimisierenden Beratungs- und Betreuungsarbeit geht die soziale Akteurin auf die individuellen Bedürfnisse und Problemlagen der Klientinnen ein und versucht an deren sozialen und biographischen Ressourcen anzuknüpfen. Sie verfügt über eine ausgeprägte Fähigkeit zur Perspektivübernahme und Empathie, so dass sie sich problemlos in die Lebenswelt ihrer Klientinnen aber auch in die Situationen anderer Bezugsgruppen wie z. B. die Eltern oder die Anwohner des Sperrgebietes hineinversetzen kann. Bezüglich der Prostitution vertritt sie die neo-feministische Position der emanzipatorischen Hurenbewegung und würde ihre Berufspraxis gern mit politischen Aktivitäten füllen, um für die Anerkennung der Prostitution als Beruf und gegen die gesellschaftliche Benachteiligung und Diskriminierung der Prostituierten kämpfen. Angesichts ihrer professionellen sozialarbeiterischen Wahrnehmungs- und Handlungsschemata richtet sie ihre alltägliche Arbeit aber an den primären Bedürfnissen ihrer spezifischen Klientinnengruppe aus, stellt ihre sozialpolitischen Bestrebungen zurück und verwendet ihre Zeit und Energie auf die Umsetzung eines lebensweltnahen, bedarfsgerechten Beratungs- und Betreuungsangebots. In der Kontakt- und

Beratungsstelle arbeitet die Sozialarbeiterin mit den Klientinnen schrittweise an der Lösung ihrer Probleme und versucht sie auf ihrem Weg, in eine selbstbestimmtes, autonomes Leben zu begleiten und zu unterstützen, ohne die Schuld für auftretende Rückschritte den Mädchen und Frauen oder sich selbst zuzuschreiben, sondern in Bezug auf deren Lebensgeschichten und biographischen Entwicklungsprozesse zu erklären. Vor dem Hintergrund ihrer vielfältigen beruflichen Erfahrungen und Wissensbestände hat sie ein geschlechtshomogenes Arbeitskonzept realisiert, welches ihrer Beobachtung und Ansicht nach in besonderem Maße auf die Bedürfnisse und Problemlagen der Mädchen und Frauen mit Drogen-, Gewalt- und Prostitutionserfahrungen zugeschnitten ist. Zur sozialarbeiterischen Begleitung und Unterstützung bezieht die Akteurin weitere, spezialisierte Organisationen wie die Frauen- oder Drogenberatungsstelle mit ein, vermittelt die Klientinnen an diese weiter oder übernimmt die Einzelfallhilfe im Bedarfsfall auch selbst. Ungeachtet dessen, dass sie die Effektivität und Nachhaltigkeit ihrer Arbeit durch die Kooperation mit anderen Institutionen steigert, gelingt es ihr aber aufgrund der Segregation der verschiedenen Verwaltungsbereiche dennoch nicht, eine lokale soziale Arena für die Prostituierten aufzubauen und in Auseinandersetzung mit den anderen Berufsdisziplinen alternative Regulierungsformen auszuhandeln. So ist sie gezwungen, ihre professionelle Sozialarbeit unter den Bedingungen und Beschränkungen der paradoxen traditionellen Reglementierung der Prostitution zu realisieren.

8.3 Berufliche Habitusformationen im Verwaltungsfeld

Die Wahrnehmungs- und Handlungsmuster der Verwaltungsbeschäftigten im Bereich Prostitution und Menschenhandel zum Zweck der sexuellen Ausbeutung stehen in engen Zusammenhang mit den Aufgaben und Funktionen der Institutionen und Organisationen. Jede berufliche und organisationale Tätigkeit des Verwaltungsfeldes impliziert eine bestimmte »Grammatik« des administrativen Wahrnehmens und Handelns. Ungeachtet der dargestellten individuellen Unterschiede in den Habitusformationen der sozialen Akteurinnen sind in der Verwaltungspraxis auch berufs- und organisationskulturelle Gemeinsamkeiten auszumachen.

Tabelle 7: Vergleich der idealtypischen Berufs- und Organisationskulturen

	Polizei	*Ordnungs-amt*	*Finanzamt*	*Gesund-heitsamt*	*Soziale Einrichtung*
Aufgabe	Bekämpfung der Kriminalität	Kontrolle der öffentlichen Ordnung	Steuer-eintreibung	Gesunheits-kontrolle und -präven-tion	Verbesse-rung der sozialen Lage
Handlungs-grundlage	Gesetz, Verordnung	Gesetz, Verordnung	Gesetz, Verordnung	Berufsethos	Berufsethos
Orientie-rung	Struktur-orientiert	Struktur-orientiert	Struktur-orientiert	Klientel-orientiert	Klientel-orientiert
Kategori-sierung Prostituierte	Opfer/ Täterin	Täterin	Besser-Verdienerin	Krankheits-(über-)-trägerin	Hilfe-bedürftige
Intervention	Kontrollen, Razzien	Erhebung von Bußgeldern	Steuer fahndungen	Gesunheits-beratung und -unter-suchung	Soziale Beratung und Begleitung

Die Handlungssysteme und Wertesysteme der Mitarbeiterinnen der Polizeibehörden und Ordnungsämter beziehen sich auf die Aufrechterhaltung der öffentlichen Sicherheit und Ordnung und die Bekämpfung der kriminellen Strukturen in der Prostitutionsszene. Die Gesundheitsämter haben die Aufgabe, die öffentliche Gesundheit zu gewährleisten und die die Verbreitung sexuell übertragbarer Krankheiten zu verhindern. Die Akteurinnen der staatlich oder zivilgesellschaftlich organisierten Sozialen Arbeit beraten und unterstützen ihre Klientinnen, d. h. die Prostituierten in schwierigen Lebenslagen. Die konkrete Verwaltungsarbeit wird aber nicht nur von den formellen Aufgaben und Zuständigkeiten, Gesetzen und Verordnungen, sondern auch vom beruflichen Habitus und Ethos der Verwaltungsakteurinnen bestimmt. In professionalisierten Arbeits- und Berufsgruppen wie den Sozialarbeiterinnen ist das Berufsethos im Vergleich zu den Polizisten beispielsweise ausgeprägter und wird von allen Berufsmitgliedern uneingeschränkt geteilt. Daher richtet sich die Organisationspraxis der Leistungsverwaltung, den Gesundheitsämtern, Jugendämtern, staatlichen und nichtstaatlichen Sozialeinrichtungen, an Personen, d. h. den Bedürfnissen und Interessen ihrer Klientel aus, während die Institutionenkultur der Eingriffsverwaltung, wie der Polizei, den Ordnungs- und Finanzämtern strukturorientiert ist, was nicht ausschließt, dass die Arbeit einzelner Akteurinnen durch einen stärkeren Klientelbezug und ethisch-morali-

sche Werte gekennzeichnet ist. Allerdings überwiegen in den Wahrneh-
mungs- und Handlungsmustern der Ordnungs- und Sicherheitsbeamtinnen
typischerweise die kontrollierenden und reglementierende Handlungsorientierungen, wohingegen die berufliche Praxis der Gesundheits- und
Sozialakteurinnen vom Handlungsschema Beratung und Hilfe geprägt ist.
Organisationen sind, Goffman (1973) zufolge, Einrichtungen, in denen
Annahmen über Identitäten geschaffen werden. Solche Subjektkonstruktionen lassen sich auch im Verwaltungsfeld Prostitution und Menschenhandel finden. Vor dem Hintergrund der sozialen Rahmen der verschiedenen Institutionen und Organisationen geraten die Prostituierten als Störer
der öffentlichen Ordnung, kriminelle Personen, Opfer von Ausbeutung
und Gewalt, Krankheits(über-)trägerinnen oder säumige Steuerzahlerinnen
in den Wahrnehmungs- und Handlungsfokus des Verwaltungspersonals.
Die aus den organisationalen Kontexten resultierenden Problemdefinitionen und Subjektbilder gehen mit unterschiedlichen Interventionsstrategien,
wie z. B. der Erteilung von Bußgeldern, gesundheitliche Aufklärung, Steu-
erfahndungen, oder niedrigschwellige Betreuungsangebote einher.

In der alltäglichen administrativen Arbeit werden die Berufs- und Organisationskulturen, die Subjektkonstruktionen und Reglementierungsmaßnahmen von den Verwaltungsakteurinnen nicht nur reproduziert, sondern auch modifiziert. Die Verwaltungsarbeit ist einerseits in organisationale Strukturen eingebettet, wird aber andererseits von den beruflichen
Habitusformationen der Verwaltungsbeschäftigten bestimmt. Die Wahr-
nehmungs-, Denk- und Handlungsmuster divergieren nicht nur zwischen
sondern auch innerhalb der Verwaltungsbereiche. Sie basieren auf Wissensbeständen und Erfahrungszusammenhängen, die innerhalb und außerhalb der Berufe und Institutionen liegen und sozialisatorisch erworben und
inkorporiert worden. Abhängig vom beruflichen Habitus der Verwaltungsmitarbeiterinnen zeichnen sich die grenzüberschreitenden zivilgesellschaftlichen Aktivitäten durch sachlich-distanzierte, gesundheitsbezogene
Arbeitsweisen, emotional-engagierte Beratungen von Menschenhandel Betroffener sowie emotional-überengagierte, weitläufige Sozialarbeitsprakti-
ken aus. Im Rahmen der Polizeiarbeit sind in der Prostitutionsszene bürgerliche Ordnungshüterinnen und Polizistinnen mit Schutzhabitus aktiv.
Die Aufgaben des Ordnungsamtes werden sowohl von sozial sensiblen
Ordnungshüterinnen als auch ordnungshütenden Sozialakteurinnen umgesetzt. Die Praxis des Gesundheitsamtes bestimmen kontrollierende
Gesundheitsfürsorgerinnen und aufklärende Sozialarbeiterinnen. Und die
Soziale Arbeit wird von traditionell feministischen wie auch neofeministi-
schen Akteurinnen geleistet.

Auf die Frage, wie die individualisierte Verwaltungspraxis im Bereich
Prostitution und Menschenhandel zu erklären ist, und welche Bedeutung
der von den sozialen Akteurinnen vorgenommenen Verwaltungsstrukturierung im Hinblick auf die gesellschaftlichen und administrativen Wand-

lungs- und Modernisierungsprozesse zukommt, soll im nächsten und übernächsten Kapitel eingegangen werden.

9. Erklärungsmodell: Individualisierte Verwaltungspraxis im Modus der Verwaltungsstrukturierung

Die Verwaltungspraxis im Bereich Prostitution und Menschenhandel zum Zweck der sexuellen Ausbeutung unterliegt der Prozess- und Fallarbeitslogik. Das Verwaltungspersonal kann die komplexe, problembezogene Arbeit nicht durch standardisierte Vorgehens- und Verfahrensweisen bewerkstelligen. Es muss die administrativen Aufgaben situations- und kontextspezifisch interpretieren und realisieren. Die bestehenden Gesetze und Verordnungen beispielsweise werden von den sozialen Akteurinnen nicht einfach im Sinne der juristischen Subsumptionslogik auf einen Sachverhalt angewandt, sondern prozess- und fallbezogen ausgelegt und konkretisiert. Daraus resultieren für das Verwaltungspersonal Wahrnehmungs- und Handlungsspielräume (Mayntz, 1985), die sich angesichts der unbestimmten Rechtsbegriffe, fehlenden Durchführungsbestimmungen und widersprüchlichen Gesetzeslage im Verwaltungsfeld Prostitution und Menschenhandel als erheblich erweisen. Zudem ist die Verwaltungsarbeit durch grundlegende Schwierigkeiten und Ambivalenzen (Schütze, 2000) geprägt, die von den Verwaltungsbeschäftigten in der alltäglichen Organisationspraxis zu bearbeiten und auszubalancieren sind. Die Probleme und Dilemmata resultieren erstens aus dem spezifischen Verwaltungsgegenstand, zweitens aus den jeweiligen Berufs- und Tätigkeitsfeldern und drittens aus den allgemeinen, funktional differenzierten Verwaltungsstrukturen und der damit einhergehenden Notwendigkeit, die unterschiedlichen Institutionslogiken und Organisationsrationalitäten der Verwaltungseinrichtungen zu vereinbaren und zu koordinieren.

Der Umgang mit den Herausforderungen und Schwierigkeiten wie auch die Rechtsauslegung und -konkretisierung vollziehen sich vor dem Hintergrund des beruflichen Habitus, den Wahrnehmungs-, Denk- und Handlungsschemata, der erlernten Prozess- und Fallarbeitslogik sowie den personalen und sozialen Kompetenzen des Verwaltungspersonals. Infolgedessen differieren die administrativen Praktiken nicht nur zwischen verschiedenen Institutionen und Organisationen, sondern auch auf der individuellen, akteurspezifischen Ebene. Die Bearbeitung der spezifischen Probleme bildet die Grundlage des beruflichen bzw. professionellen Handelns der sozialen Akteurinnen und ist Bestandteil der individuellen Ausgestaltung der organisationalen Rolle. Wie sich in der Analyse der Verwaltungspraxis im Bereich Prostitution und Menschenhandel zum Zweck der sexuellen Ausbeutung gezeigt hat, findet im Rahmen der Gegenstandsdefinition die Auseinandersetzung mit den Schwierigkeiten des Verwaltungsgegenstandes, dessen Klandestinität, Heterogenität und Pluralität statt. Die Selbstdefinition beruht auf der Bewältigung der Probleme und Widersprüche der Berufs- und Tätigkeitsfelder, wie den doppelwertigen Verwaltungsaufgaben, ambivalenten Adressatinnenbeziehungen und beschränkten Eingriffsmöglichkeiten. Und in der Umweltdefinition schlägt sich die »Lösung« der Schwierigkeiten und Hindernisse der funktionalen Differenzierung des Verwaltungsfeldes, der Konfliktlinien und gegenseitigen Abhängigkeiten nieder.[1]

In der Absicht ein Erklärungsmodell zu entwickeln und den Gehalt der empirischen Untersuchung auf einer höheren theoretischen Ebene zu abstrahieren, werden im Folgenden werden die Probleme und Dilemmata des Verwaltungsgegenstandes (A), der Berufs- und Tätigkeitsbereiche (B) und der funktionalen Differenzierung (C) konkretisiert und systematisiert und hinsichtlich ihrer theoretischen und empirischen Bedeutung und Auswirkung auf die Verwaltungspraxis im Bereich Prostitution und Menschenhandel bestimmt.

A) Schwierigkeiten des Verwaltungsgegenstands

Die Schwierigkeiten des Verwaltungsgegenstands beziehen sich auf die rechtliche und soziale Unbestimmtheit der Prostitution, die Heterogenität und Klandestinität der Prostitutionsszene, die pluralen Wahrnehmungs- und Deutungsmuster, die Hybridität des Verwaltungswissens und die prekären und belastenden Inhalte und Problematiken. Sie evozieren die Möglichkeiten und Notwendigkeiten der individuellen Strukturierung und Auseinandersetzung mit dem Thema Prostitution und Menschenhandel, d. h. die individuelle Vornahme der Gegenstandsdefinition, die die soziale Rahmung, die Aufgaben- und Problembeschreibung sowie die Kategorisierung der Verwaltungsadressatinnen und Klientinnen umfasst.

---

1   Die Trennung der Bearbeitung der Schwierigkeiten des Verwaltungsgegenstandes, der Verwaltungstätigkeiten und der funktionalen Differenzierung des Verwaltungsfeldes im Rahmen der Gegenstands-, Selbst- und Umweltdefinition stellt nur eine theoretische dar. Die konkrete Verwaltungspraxis ist durch die Verflechtung der beruflichen Wahrnehmungs- und Handlungsdimensionen geprägt. Daher werden in der Diskussion der Auswirkungen der spezifischen Probleme und Dilemmata die Dimensionen und Aspekte der Gegenstands-, Selbst- und Umweltdefinitionen nicht isoliert betrachtet, sondern der praktischen Logik entsprechend miteinander verknüpft.

Rechtliche und soziale Unbestimmtheit der Prostitution

Der Verwaltungsgegenstand Prostitution ist sowohl aus rechtlicher als auch sozialer Perspektive schwer zu fassen. Zum einen ist die Prostitution gesetzlich nicht definiert und zum anderen lässt sie sich als soziales Phänomen nicht eindeutig abgrenzen. Dies zeigt sich beispielsweise in der weitläufigen alltagsweltlichen Begriffsverwendung, die durch eine inhaltliche Vermengung von Prostitution und Promiskuität gekennzeichnet war und ist.[2] Im Allgemeinen wird unter Prostitution das Angebot, die Vereinbarung und die Vornahme sexueller Handlungen gegen Entgelt verstanden. Die Differenzen und Grenzen sind jedoch sowohl hinsichtlich der sich prostituierenden Personen als auch bezüglich der »prostitutiven Intimkommunikation« (Ahlemeyer, 1996) fließend. Bei den Akteurinnen, die nach den allgemeinen Kriterien als Prostituierte bezeichneten werden können bzw. könnten, reicht das Spektrum von Frauen und Männern, die ihre sexuellen Dienstleistungen haupt- oder nebenberuflich, nur gelegentlich oder gar einmalig anbieten. Während ein Teil der Prostituierten den Lebensunterhalt mit der Sexarbeit verdient, nehmen andere Subjekte sexuelle Handlungen – ausgesprochen oder unausgesprochen – für einzelne materielle oder immaterielle Gegenleistungen wie Geschenke, Reisen oder Karrieremöglichkeiten vor, so dass der Übergang zwischen »geschäftlicher« und »privater« Sexualität mitunter verschwimmt. Auch bei den in der Prostitutionsszene angebotenen und nachgefragten Dienstleistungen liegt eine Bandbreite von körperbezogenen Handlungen bis hin zu sozialer Unterhaltung und Entertainment vor, die im Rahmen des Begleitservice beispielsweise Sex einschließen können, aber nicht zwingend müssen.

Die rechtliche und soziale Unbestimmtheit der Prostitution wirkt sich auf deren administrative Regulierung und Reglementierung aus. Von den Verwaltungsakteurinnen muss in der alltäglichen Berufs- und Organisationspraxis entschieden werden, inwieweit die prostitutiven Aktivitäten und Umstände von öffentlichem oder privatem Belang sind bzw. wann und wie sie zum Gegenstand des Verwaltungshandelns werden. Eine Frage, die beispielsweise im Hinblick auf die Zuhälterei für das Verwaltungspersonal nicht immer einfach zu beantworten und zu handhaben ist. Da die rechtlichen und sozialen Kennzeichen wie Ausbeutung oder persönliche, wirtschaftliche Abhängigkeit gesetzlich nicht weiter definiert sind, hängt es neben dem feldinternen Wissen von den Auslegungen und Interpretationen der Polizeibeamtinnen oder Sozialarbeiterinnen ab, inwieweit sie die Prostituierten als von Zuhälterei betroffen wahrnehmen und beschreiben. Ob, welche und wie die Gesetze und Verordnungen im Bereich Prostitution und Menschenhandel in der Verwaltungspraxis von den sozialen Akteurinnen angewandt und konkretisiert werden, hängt von der individuellen so-

---

2   Als Beispiel kann der gesellschaftliche und administrative Umgang mit der Prostitution in der DDR herangezogen werden (siehe Kapitel 3).

zialen Rahmung des Verwaltungsgegenstandes ab. Denn auch bei identischen rechtlichen und institutionellen Handlungsrahmen sind diesbezüglich beträchtliche Differenzen zu beobachten. Während z. B. auf der Grundlage der ordnungspolitischen Perspektive des polizeilichen Ordnungshüters vor allem die öffentlich sichtbare Prostitutionsszene in den administrativen Wahrnehmungs- und Handlungsfokus gerät, die Prostituierten und Kunden als Störer der öffentlichen Ordnung klassifiziert werden und die Zielscheibe der Anwendung des Ordnungswidrigkeitsrechts darstellen, stehen unter der strafrechtlichen Rahmung von Polizistinnen mit Schutzhabitus die nichtöffentlichen Prostitutionsbereiche im Vordergrund und sind Gegenstand nachhaltiger Bemühungen der Konkretisierung von Strafrechtsparagraphen, die sich der Verletzung der körperlichen Unversehrtheit, sexuellen Selbstbestimmung oder Freiheit von Personen, d. h. der potenziellen Gefährdung der Prostituierten widmen. Doch nicht nur die rechtliche und soziale Unbestimmtheit, auch die Klandestinität der Prostitution bedingt die Wahrnehmungs- und Handlungsspielräume des Verwaltungspersonals bzw. die Bedeutung der akteursvermittelten Berufs- und Organisationsarbeit.

Klandestinität der Prostitutionsszene

Infolge der gesellschaftliche Stigmatisierung und Marginalisierung der Prostituierten und der staatlichen Reglementierung und Kriminalisierung der Prostitution findet das Geschäft mit den sexuellen Dienstleistungen überwiegend verdeckt statt. Die Prostitutionsszene hat sich zu einem spezifischen (sub-)kulturellen Milieu mit eigenen Regeln und Bestimmungen entwickelt und ist für »Outsider« nicht ohne weiteres offen und erkennbar. Sie wird, wie Ahlemeyer (1996) schreibt, über symbolische Verweise und örtlich, zeitlich sowie semantisch orientierende Strukturen gerahmt und identifiziert.[3] Für die Verwaltungsakteurinnen stellt die klandestine Erscheinungsform der Prostitution ein grundlegendes Hindernis dar. Sie geht zum einen mit *Zugangs- und Kontaktschwierigkeiten* und zum anderen mit *begrenzten Informationen und unsicheren Wissensbeständen* einher. Angesichts dessen bestehen Schwierigkeiten in der Einschätzung und Charakterisierung der szeneinternen Handlungen, Bedingungen und Akteurinnen. Fragen wie: In welchen Bereichen findet Prostitution statt? In welchem Umfang und welchen Formen treten kriminelle Handlungen auf? Sind die Prostituierten Opfer von Menschenhandel? etc. können weder von den

---

3 Zu den orientierungsleitenden und selektierenden Organisationsstrukturen des Prostitutionsmilieus gehören die verschiedenen lokalen Settings, (z. B. Straße, Wohnung, Bar etc.), der zeitliche Rahmen, besonders die Abend- und Nachtstunden, semantische Informationen (z. B. über Zeitungsannoncen), symbolische Verweise (rotes Dämmerlicht, rote Herzen etc.) sowie körperlich vermittelte Zeichen, wie Kleidung und Accessoires der Prostituierten oder bestimmte Arten des Gehens oder Stehens (Ahlemeyer 1996: 52f).

staatlichen noch von den zivilgesellschaftlichen Verwaltungsakteurinnen eindeutig und sicher beantwortet werden. Die administrative Arbeit ist durch Annahmen und Vermutungen, Ungewissheiten und Unklarheiten gekennzeichnet. Vor diesem Hintergrund erweisen sich die *Situationsbeschreibungen und Problemdefinitionen* der sozialen Akteurinnen nicht nur als außerordentlich *vage*, sondern auch *heterogen* und *konträr*. Die grenzüberschreitenden Prostitutionsszenen beispielsweise werden abhängig vom Verwaltungspersonal als Feld von Ausbeutung, Gewalt und Menschenhandel skandalisiert, problematisiert oder relativierend normalisiert. Die Mitarbeiterinnen der öffentlichen Institutionen und Organisationen müssen, den Gegenstand Prostitution und Menschenhandel zum Zweck der sexuellen Ausbeutung in und für die administrative Praxis definieren, strukturieren und interpretieren. Dabei ist ihnen die Unklarheit und Diffusität der Expertise mal mehr mal weniger bewusst und wird in der Gegenstandsdarstellung teilweise thematisiert und reflektiert teilweise nicht. Die Informations- und Zugangsschwierigkeiten werden von den Verwaltungsbeschäftigten unterschiedlich bearbeitet und kompensiert. Im Bereich der Gesundheits- und Polizeiarbeit beispielsweise finden akteursabhängig keine oder intensive Bemühungen der Kontaktherstellung und -aufrechterhaltung in Form von Routinekontrollen und aufsuchender Arbeit in der Prostitutionsszene statt.

Der Einfluss der Wahrnehmungs-, Denk- und Handlungsschemata, der individuellen Rollengestaltung und Reflexion durch die Verwaltungsakteurinnen wird neben der Unbestimmtheit und Klandestinität auch durch die Heterogenität der Prostitution und die Pluralität der Deutungs- und Interpretationsmuster hervorgerufen bzw. verstärkt.

Heterogenität des Prostitutionsfeldes

Die Prostitutionsszene ist ein weites und vielschichtiges Feld mit Binnendifferenzierungen, Zwischenformen und Übergängen (Domentat, 2003; Helfferich/Fischer/Kavemann et al. 2007). Weit, weil sie sich über öffentliche und »private« bzw. offene und geschlossene Segmente erstreckt und stationäre wie mobile, tayloristisch- und dienstleistungsorientierte Formen (Ahlemeyer 1996) aufweist, und vielschichtig, weil sie mit extrem heterogenen Arbeitsbedingungen und Lebensstilen verbunden ist. Prostitution wird vor dem Hintergrund unterschiedlicher Motivationsgründe, Selbstverständnisse und Identitäten angeboten und findet, sozial und rechtlich betrachtet, in verschiedenen Kontexten statt: in hellen, freiwilligen, legalen Rahmen, über graue, halblegale, von besonderen Notlagen und Abhängigkeiten bzw. Ausbeutung und latenter Gewalt gekennzeichneten Bereichen, bis hin zu illegalen, unfreiwilligen und gewaltförmigen Räumen (Helfferich/Fischer/Kavemann et al. 2007).[4] Auch in dieser Unterteilung sind weitere Differenzierungen, Detaillierungen und Relativierungen, z. B. hinsichtlich des Dunkelfeldes der Prostitution notwendig. Migrantinnen beispielsweise, die ohne Aufenthaltserlaubnis aber nach Abwägungen ihrer realen Berufs- und Verdienstmöglichkeiten aus eigenem Entschluss in der Sexarbeit tätig sind, befinden sich zwar unter rechtlichen Gesichtspunkten in der Illegalität, müssen aber nicht auch unter sozialen Aspekten von eingeschränkten Handlungsmöglichkeiten im Sinne von Gewalt, Zwang oder Ausbeutung betroffen sein.

Die Heterogenität des Prostitutionsfeldes und die damit einhergehende Vielfalt an Lebenslagen und Problemsituationen stellt für die Verwaltungspraxis eine grundlegende Herausforderung bzw. Schwierigkeit dar. Die Komplexität der gesellschaftlichen bzw. prostitutiven Wirklichkeit muss von den Verwaltungsakteurinnen verarbeitet, d. h. geordnet und strukturiert werden. Dieser Prozess mündet vielfach in *Vereinfachungen* und *Verallgemeinerungen, Ausblendungen* und *Fokussierungen* spezifischer Bedingungen und Bereiche der Prostitutionsszene. Die von den sozialen Akteurinnen vorgenommenen, *komplexitätsreduzierenden Repräsentationen* des Verwaltungsgegenstandes spiegeln in den Situationsbeschreibungen, Problemdefinitionen und Subjektkonstruktionen der Verwaltungsadressatinnen und Klientinnen wider. Prostituierte mit Migrationshintergrund z. B. werden unter den Polizeibeamtinnen entweder als tendenzielle Täterinnen im Hinblick auf Verstöße gegen das Arbeits- und Aufenthaltsrecht (oder als potenzielle Opfer von Menschenhandel zum Zweck der sexuellen Ausbeutung, mitunter aber auch als beides in einem kategorisiert. Im Unterschied zu dem doppeldeutigen, ambivalenten Subjektbild beruhen die reinen Täterinnen- bzw. Opfer-Kategorien auf der Überformung der kongruenten und der Ausblendung der kontradiktorischen Dimensionen und Aspekte. Die divergierenden Klassifikationen gehen auch mit unterschiedlichen sozialen Perspektiven und Deutungsmustern des Verwaltungsgegenstandes, in diesem Fall dem ordnungspolitisch-repressiven bzw. kriminalpolizeilich-viktimologischen Framing einher.

---

4 In den illegalen Dunkelbereichen kann nicht in jedem Fall von Prostitution gesprochen werden. Prostitution stellt grundsätzlich ein »freiwilliges« bzw. selbstbestimmtes Angebot dar. Unter gewalt- oder zwangsförmigen Bedingungen handelt es sich nicht um sexuelle Dienstleistungen, sondern um Straftaten gegen die sexuelle Selbstbestimmung, die körperliche Unversehrtheit, die persönliche Freiheit etc. Der häufig verwendete Begriff der »Zwangsprostitution« ist in den meisten Fällen unpassend und sollte je nach Zusammenhang durch andere Kategorien wie Armutsprostitution oder Menschenhandel zum Zweck der sexuellen Ausbeutung konkretisiert und präzisiert werden.

Pluralität der Wahrnehmungs- und Deutungsmuster

Zum Thema Prostitution und Menschenhandel zum Zweck der sexuellen Ausbeutung existiert eine V*ielfalt an sozialen und kulturellen Deutungsmustern, feministischen Basispositionen und politischen Standpunkten.* Die verschiedenen Diskurse und Diskursstränge basieren auf heterogenen Konstruktionen der Prostituierten, der Prostitutionskunden sowie der Prostitution an sich, die sich auch in den Wahrnehmungs- und Interpretationsmustern der exekutiven Verwaltungsakteurinnen wieder finden lassen. Häufig sind sie durch vereinfachende Dichotomisierungen oder Stereotypisierungen geprägt. Von den Akteurinnen der Sozialen Arbeit beispielsweise wird die Prostitution entweder als Ausbeutung oder als berufliche Tätigkeit betrachtet und die sich prostituierenden Frauen als unterdrückte Opfer oder selbstbestimmte Sexarbeiterinnen kategorisiert. Die Wahrnehmungs-, Denk- und Bewertungsmuster der Verwaltungsbeschäftigten entspringen dabei weniger ihrer konkreten beruflichen Erfahrungswirklichkeit als allgemeinen sozialen und politischen Deutungsmustern, hier der traditionell-feministischen, abolitionistischen bzw. neo-feministisch, emanzipatorisch-liberalen Diskursposition. Der administrativen Gegenstand Prostitution und Menschenhandel wird also nicht nur vor dem institutionellen Hintergrund und dem jeweiligen Berufs- und Organisationswissen, sondern auch unter anderen gesellschaftlichen, funktionalen, ethisch-moralischen, politischen oder kulturellen Sichtweisen wahrgenommen und interpretiert. Die Verwaltungspraktiken des sozial sensiblen Ordnungshüters und des ordnungshütenden Sozialakteurs beispielsweise sind mehr vor den individuell favorisierten, alternativen funktionalen Perspektiven der Sozial- bzw. Ordnungs- und Polizeiarbeit als den vorgegebenen organisationalen Deutungs- und Handlungsrahmen bestimmt. Denn während der berufliche Habitus des angestellten Ordnungsamtmitarbeiters im Widerspruch zur offiziellen Verwaltungsaufgabe den Prostituierten gegenüber durch Hilfeambitionen und Prosozialität gekennzeichnet ist, sind die wahrnehmungs- und handlungsleitenden Orientierungen des in der Sozialorganisation beschäftigten Verwaltungsakteurs durch ordnungspolitische Deutungsmuster sowie Kontroll- und Repressionsbestrebungen geprägt. Die pluralen Wahrnehmungs- und Deutungsmuster im Bereich Prostitution und Menschenhandel zum Zweck der sexuellen Ausbeutung bilden die Grundlage individuell, organisational und regional unterschiedlicher Regulierungs- und Reglementierungsformen. Sie wirken sich auch auf die Rationalität und Neutralität des Verwaltungshandelns aus. In der Person des »bürgerlichen Ordnungshüters« kommt z. B. zum Ausdruck, wie die sozialräumliche Positionierung und Identifizierung der Verwaltungsakteurinnen die administrativen Praktiken beeinflussen kann. Auf der Grundlage der Interessenvertretung und der Perspektivübernahme der gesellschaftlichen Oberschicht verdrängt er die in den bürgerlichen Stadtteilen angesiedelte Straßenprostitution mit verstärktem Arbeitseinsatz und -aufwand, während die »gehobeneren« Bordelle und Nachtclubs weitgehend toleriert werden und aus den polizeilichen Kontrollen und Interventionen mehr oder weniger herausfallen.

Hybridität des Verwaltungswissens

Die Verwaltungsbeschäftigten verfügen über heterogene Wissensstrukturen und - individuell wie institutionell - unterschiedlich umfangreiche und profunde Fachkenntnisse zu den sozialen, rechtlichen, kriminologischen oder gesundheitlichen Aspekten und Problematiken von Prostitution, Migration und Menschenhandel zum Zweck der sexuellen Ausbeutung. Das »Expertinnenwissen« ist nicht nur durch die berufsbezogenen Erfahrungen und Bezüge, sondern - wie gerade hinsichtlich der Problematik der pluralen Wahrnehmungs- und Deutungsmuster thematisiert - auch von den öffentlichen Diskursen, gesellschaftlichen Normen und Werten, lebensweltlichen Vorstellungen und sozialen Stereotypen geprägt. Es setzt sich aus wissenschaftlichen bzw. fachlichen Wissensbeständen, dem sogenannten »High-Status-Knowledge«, und *alltagsweltlichen Sinn- und Wissensstrukturen*, dem sogenannten »*Low-Status-Knowledge*«, zusammen und kann daher als *hybride* bezeichnet werden (vgl. Valverde, 2003). In die beruflichen Wahrnehmungs- und Handlungsmuster der Verwaltungsakteurinnen fließen dem diskursiven Bewusstsein unzugängliche, d. h. unreflektierte, motivationale Vorstellungen und Ansichten über Normalität und Anstößigkeit, öffentliche Ordnung oder Unordnung, Sitte und Moral mit ein (vgl. Valverde, 2003). Die sozialen Kategorisierungen des ordnungspolitisch engagierten, bürgerlichen Polizeibeamten z. B. gehen über die rechtlichrationale Wahrnehmung der im Sperrgebiet arbeitenden Straßenprostituierten als Übertreterinnen des Ordnungsrechts hinaus und beruhen auf deren allgemeiner sozialen Abwertung und Stigmatisierung als Gesellschaftsmitglieder und Geschlechtspersonen. Im Kontrast dazu werden die illegal in den Bordellen und Nachtclubs arbeitenden ausländischen Prostituierten von dem Kriminalpolizisten »positiv« diskriminiert und sexualisiert, anstatt unter dem professionellen, kriminologischen Aspekten als potenzielle Opfer von Menschenhandel in den Blick zu geraten. Auch die Beurteilungs- und Bewertungsschemata einiger Mitarbeiterinnen der Steuerfahndung beschränken sich nicht auf die institutionenrelevante Einschätzung des Arbeitseinkommens, sondern nehmen auch auf alltagsweltlichnormative Ansichten und Auffassungen über die rollenkonforme bzw. –abweichenden Lebensgestaltung der Prostituierten Bezug. Die *Moralisierungs-, Normalisierungs- und Stigmatisierungsprozesse* der Verwaltungsakteurinnen differieren sowohl zwischen als auch innerhalb der verschiedenen Berufs- und Organisationsbereiche im Bereich Prostitution und Menschenhandel. Sie sind zum einen bei Akteurinnen und in Berufsgruppen mit einer profilierteren Klientelorientierung bzw. einem höheren Professionalisierungsgrad, und zum anderen bei Personen und in Regionen mit aktiven transdisziplinären Austausch- und Kooperationsbeziehungen deutlich geringer ausgeprägt. Dies zeigt sich u. a. in den berufsbezogen tolerierenderen Sichtweisen und Kategorisierungen der Mitarbeiterinnen der Gesundheits- und Sozialorganisationen sowie den aufgeklärteren Haltungen einzelner fürsorglicher bzw. vermittelnder Polizei- und Ordnungsbeamtinnen. In den feldinternen Handlungsexpertisen kommen das spezifische »Set« an Wissen und »Wahrheiten« (Valverde, 2003), die sozialen Deutungsmuster, Kategorisierungen und Typisierungen zum Ausdruck, die den alltäglichen, routinierten Praktiken der Polizistinnen, Ordnungsamtmitarbeiterinnen, Sozialwesenprofessionellen etc. zugrundeliegen und durch deren Verfahrensweisen reproduziert und legitimiert werden. Mit der Komplexität und Ambivalenz des Verwaltungsgegenstandes und der Hybridität des Expertinnenwissens im Bereich Prostitution und Menschenhandel zum Zweck der sexuellen Ausbeutung geht, wie die Untersuchung zeigt, ein erhöhtes *Potential an nicht-rationalen*, stigmatisierenden und marginalisierenden Wahrnehmungs-, Entscheidungs- und Handlungsschemata bzw. *Regulierungs- und Reglementierungspraktiken* der Verwaltungsakteurinnen einher.

Belastende Inhalte und Problematiken

Neben der Hybridität des Verwaltungswissens bzw. der Schwierigkeit und Notwendigkeit, den Einfluss der gesellschaftlichen Normen und Werte, lebensweltlichen Vorurteile und Stereotype auf die administrative Arbeit zu reflektieren, kontrollieren und zu begrenzen, ist die Arbeit im Verwaltungsfeld durch eine ständige *Konfrontation mit heiklen, d. h. prekären und belastenden Themen und Problemen* wie Minderjährigen- und Beschaffungsprostitution, Gewalt, Armut, Illegalität, Schleusung oder Menschenhandel gekennzeichnet. Die beruflichen Erfahrungen und Erlebnisse müssen von den Mitarbeiterinnen der öffentlichen Institutionen und Organisationen ausgehalten und verarbeitet werden, wobei die sozialen Akteurinnen über ein unterschiedliches Maß an *professioneller Distanz* verfügen. In der Sozialen Arbeit in den grenzüberschreitenden Prostitutionsszenen beispielsweise zeigt sich neben einem *sachlich-distanzierten Umgang*, der mit der aufgabenorientierten Fokussierung der gesundheitlichen Aspekte verbunden ist, auch eine *emotional-engagierte Arbeitsweise* und Auseinandersetzung mit der Problematik Menschenhandel sowie eine *emotional-überengagierte Betroffenheit* die vor dem Hintergrund der in der Prostitutionsszene wahrgenommenen sozialen und kriminellen Härten mit Hilflosigkeits- und Ohnmachtgefühlen sowie starkem Mitleid einhergeht und das professionelle Handeln beeinträchtigt. Die Verwaltungsangestellten der Gesundheits- und Sozialarbeit sind zudem nicht selten in rechtlich *unklare und ambivalente Situationen* verwickelt, die auf dem grundlegenden Konflikt zwischen der allgemeinen Anzeige- und Aussagepflicht bei Vermutungen oder Hinweisen auf Straftaten im Rotlichtmilieu und der gesetzlich nicht verbrieften »Schweigepflicht« im Interesse ihrer Klientinnen basieren.[5] So stellt nicht nur die Prostitutionsszene allein eine besondere Herausforderung und Schwierigkeit dar, sondern sind auch die einzelnen Berufs- und Tätigkeitsbereiche selbst mit immanenten Kernproblemen und Dilemmata verbunden (Schütze, 2000), die von den Verwaltungsakteurinnen alltäglich gehandhabt werden müssen.[6]

B) Schwierigkeiten der Berufs- und Tätigkeitsbereiche im Verwaltungsfeld

Die Schwierigkeiten und Dissonanzen der staatlichen Gesundheits- und Polizeiarbeit, den traditionellen Praxisfeldern der öffentlichen Reglementierung der Prostitution, beruhen auf den *doppelwertigen Verwaltungsaufgaben* und den aus dem hoheitsstaatlichen Auftrag resultierenden *ambivalenten*, teilweise *disharmonischen Adressatinnenbeziehungen*. Wohingegen die Probleme der zivilgesellschaftlich organisierten Sozial- und Gesundheitsarbeit im Bereich Prostitution und Menschenhandel zum Zweck der sexuellen Ausbeutung vor allem in den *begrenzten Handlungs- bzw. Eingriffsmöglichkeiten und -legitimitäten* bestehen. In der alltäglichen Berufs- und Organisationspraxis werden die Schwierigkeiten und Dilemmata von den Verwaltungsbeschäftigten im Rahmen der *Selbstdefinition* bearbeitet. Die sozialen Akteurinnen entwickeln aus den Spannungen und Problemhintergründen heraus ein individuelles *berufliches Selbstverständnis*, setzen *Arbeitsschwerpunkte*, wenden unterschiedliche *Methoden* und *Praktiken* an und gestalten die *Beziehungen zu ihrer Klientel* auf der

---

5 Im Unterschied zu den traditionellen Professionen wie den Ärztinnen oder Rechtsanwältinnen ist die berufliche Schweigepflicht bei Sozialwesenprofessionellen rechtlich nicht gesichert. Die aus ihrem Berufsethos hervorgehende und zur Erfüllung der Berufsaufgabe notwendige Verschwiegenheit, die das grundlegende Vertrauensverhältnis der in die professionellen bzw. administrativen Hilfe- und Unterstützungsbeziehungen integrierten Klientel gewährleisten soll, wird Sozialarbeiterinnen und Sozialpädagoginnen nicht ausdrücklich zuerkannt. Ihre institutionelle Schweigepflicht bei Anstellung im öffentlichen Dienst kann durch die Entscheidung vom Dienstvorgesetzten sowie das Gericht aufgehoben werden (Riekenbrauk 2004).

6 Das Konzept der Schwierigkeiten und Paradoxien des professionellen bzw. beruflichen Handelns (Schütze 2000) bleibt hier nicht auf die klassischen und neuen Professionen, wie z. B. die Soziale Arbeit und die Auswirkungen ihrer Einbettung in »Organisationszwänge und hoheitsstaatliche Rahmenbedingungen« (Schütze 1996) beschränkt, sondern wird auch auf den polizeilichen Tätigkeitsbereich angewandt, da für die Arbeit im Bereich Prostitution und Menschenhandel strukturell bedingte Probleme und Hindernisse identifiziert werden können, für die es keine standardisierte Bearbeitungsweise gibt.

Grundlage unterschiedlichen Fachwissens, Reflexionsvermögens sowie sozialer und interkultureller Kompetenz und Sensibilität.

Schwierigkeiten der staatlichen Gesundheitsarbeit

Die staatliche Gesundheitsarbeit ist durch die Dissonanz zwischen dem hoheitsstaatlichen Auftrag zur *Überwachung der öffentlichen Gesundheit* einerseits und der *Fürsorge und Beratung der Klientinnen und Klientinnengruppen* andererseits geprägt. D.h. die in den Beratungsstellen für sexuell übertragbare Krankheiten und HIV/Aids beschäftigten Mitarbeiterinnen haben sowohl die allgemeine Gesundheitssituation zu beaufsichtigen und zu kontrollieren, als auch zielgruppenspezifische Gesundheitsberatung und -prävention anzubieten und umzusetzen. Aus den Überwachungsinteressen des Staates und der Beratung der als gesundheitliche »Risikogruppen« klassifizierten Subjekte gehen *ambivalente Anforderungen und Basispositionen* hervor, die von den verschiedenen Berufsakteurinnen, wie Ärztinnen, Psychologinnen, Krankenpflegerinnen und Sozialarbeiterinnen, vor dem Hintergrund ihres *professionellen Selbstverständnis* bzw. ihrer beruflichen Perspektive ausbalanciert werden. Ungeachtet der differenten, medizinisch-gesundheitlichen oder psychologisch-pädagogisch-sozialarbeiterischen Wissens- und Handlungssphären stehen die allgemeine Aufsichts- und Kontrollfunktion und die klientelorientierte, parteiische Arbeit in und mit den Prostituierten in Spannung zueinander.

Die Polaritäten von Gesundheitskontrolle und Gesundheitsprävention, Beaufsichtigung und Unterstützung der Klientinnen werden von den Verwaltungsbeschäftigten unterschiedlich aufgelöst. Bei den in die Untersuchung einbezogenen Gesundheitsfürsorgerinnen bzw. Sozialarbeiterinnen zeigt sich sowohl eine *hegemoniale administrative Kontrollhaltung* als auch eine *paritätische Aufklärungs- und Beratungsorientierung*. Abhängig von der beruflichen Selbstdefinition der sozialen Akteurinnen werden verschiedene Arbeitsmethoden und Problemlösungsstrategien realisiert sowie unterschiedliche Kommunikations- und Interaktionsbeziehungen zu den Klientinnen unterhalten. Die Verwaltungsbeschäftigten betrachten ihre Arbeit entweder aus der medizinischen Perspektive und legen den *Schwerpunkt auf die gesundheitliche Untersuchung und Behandlung der Prostituierten* oder nehmen die Situation aus der sozial-pädagogischen Perspektive wahr und fokussieren deren *gesundheitliche Beratung und Aufklärung*. Mit den verschiedenen beruflichen Selbstverständnissen und Arbeitsansätzen geht auch eine unterschiedliche Gestaltung der Klientelkontakte, als *latentes, matriarchalisches Machtverhältnis* bzw. als gleichberechtigte, autonomiewahrende Beziehung einher.

In der staatlichen Gesundheitsarbeit hat das Herrschaftsverhältnis zwischen den Verwaltungsbeschäftigten und der Klientel eine rechtliche und organisationskulturelle Tradition, die sich mit der Ablösung des alten Geschlechtskrankheitengesetzes durch das neue Infektionsschutzgesetz 2001 relativiert hat. Seitdem sind die Verwaltungsadressatinnen nicht mehr zu regelmäßigen amtlichen Gesundheitsuntersuchungen verpflichtet. Die Klientinnen werden in den Beratungsstellen für sexuell übertragbare Krankheiten auf freiwilliger Basis beraten und untersucht, bei Diagnostizierung einer meldepflichtigen Krankheit allerdings nach wie vor statistisch erfasst und vorschriftsmäßig mehr oder weniger anonym gemeldet. Diese mit der staatlichen Anbindung der Beratungseinrichtungen einhergehende Vorgehensweise produziert auf Seiten der Verwaltungsadressatinnen ein grundsätzliches Misstrauen und Widerstreben, eine »Schwellenangst«, die auch durch das neue Infektionsschutzgesetz nicht vollständig aufgefangen und überwunden werden kann. Die *Spannung zwischen behördlicher Beobachtung und Beratung* bleibt bestehen und das Erreichen der Zielgruppen hat sich mit der Aufhebung der praktischen Untersuchungspflicht sogar erschwert. Je nachdem, ob die sozialen Akteurinnen die *Schwellenangst* der Verwaltungsadressatinnen verstehen und reflektieren, passen sie ihre Arbeitsmethoden und -praktiken an, indem sie die klassischen, für marginalisierte Gruppen und Szenen ineffizienten, amtlichen Komm-Strukturen *durch Formen aufsuchender Arbeit erweitern und kompensieren* oder auch nicht.

Angesichts der ständigen lokalen und personellen Fluktuationen und dem wachsenden Anteil an Migrantinnen im Prostitutionsfeld scheint die permanente Erarbeitung und Erhaltung des Szenezugangs für eine effektive Gesundheits- und Sozialarbeit unerlässlich. Im Unterschied zu den Gesundheitsamtmitarbeiterinnen mit konventionellen Kontrollhabitus werden diese Zusammenhänge von den professionalisierten Sozialarbeiterinnen selbstverständlich wahrgenommen und in der alltäglichen Verwaltungsarbeit berücksichtigt. Auch die mit dem neuen Infektionsschutzgesetz einhergehende Notwendigkeit, das Präventionsparadigma auf der Ebene der individuellen Wahrnehmungs- und Handlungsmuster nachzuvollziehen und in der Organisationspraxis umzusetzen, fällt den Sozialwesenprofessionellen deutlich leichter. Der *Wandel der Gesundheitsarbeit* und die *Redefinition der Beziehungen zu den Prostituierten*, von der Wahrnehmung und Behandlung als Adressatinnen administrativer Reglementierungspraktiken zur Deutung und *Unterstützung als selbstbestimmte, autonome Handlungssubjekte in spezifischen Lebens- und Arbeitssituationen* entspricht dem typischen Selbstverständnis und Berufsethos von Sozialarbeiterinnen und Sozialpädagoginnen. Ungeachtet dessen werfen sowohl die alten kontrollorientierten, reglementierenden Lösungsansätze als auch die neuen präventionsorientierten Public Health-Strategien in der öffentlichen Gesundheitsarbeit Probleme auf.

Die Praxis der medizinischen Pflichtuntersuchungen belastet die Beziehungen zwischen dem Verwaltungspersonal und den Prostituierten und garantiert trotzdem nicht das Erreichen aller relevanten Zielgruppen. Aber

auch die Freiwilligkeit und relative Anonymität des staatlichen Beratungs-
und Untersuchungsangebots hebt die behördliche Schwellenangst auf Seiten der Klientel nicht ganz auf. Zudem liegt die Wahrnehmung oder Nicht-
wahrnehmung der institutionellen Möglichkeiten nach Aufhebung der Untersuchungspflicht im Handlungs- und Entscheidungsspielraum der Prostituierten, wobei die Frage, ob das dem Präventionsansatz zugrundeliegende
(neo-)liberale Menschenbild, Subjekte als »Entrepreneurs«, als »Unternehmer ihrer selbst«, der sozialen Lage der Prostituierten in allen Kontexten
und Segmenten der Sexarbeit entspricht, dabei offen bleibt.

Die Verwaltungsbeschäftigten gehen mit diesen Problematiken in der
alltäglichen Organisationspraxis unterschiedlich um. Auf der Grundlage
ihrer *differenten Sozialisations- und Qualifikationsprozesse* und dem dabei
herausgebildeten *beruflichen Habitus* bearbeiten sie die Schwierigkeiten
und Dilemmata mit verschiedenen Maßnahmen und Strategien und *gestalten* die bestehenden *Wahrnehmungs- und Handlungsspielräume im Sinne
ihrer Selbstdefinition.* Während die aufklärende Sozialarbeiterin beispielsweise fast ausschließlich vor Ort arbeitet, d.h. über engagierte Streetwork
versucht, ihre Klientinnen in unterschiedlichen Prostitutionssegmenten, in
den Wohnungen und Clubs, im Bordell und auf der Straße zu erreichen
und sie gemäß ihren Bedürfnissen und Wünschen und nicht gesundheitlich, sondern auch sozial zu beraten und zu begleiten, klagt die kontrollierende Sozialfürsorgerin nach Wegfall der Untersuchungspflicht über einen
starken Rückgang der Klientelkontakte und größere Untersuchungsabstän-
de, da sie diese mit der Komm-Struktur und der medizinisch fokussierten
Beratungspraxis nicht adäquat kompensieren kann. Auch haben ihre vor
dem Hintergrund der tendenziellen Viktimisierung, Infantilisierung und
Klientifizierung der Prostituierten realisierten sozialen Beratungs- und Be-
gleitungsversuche, im Gegensatz zu den Hilfs- und Unterstützungsaktivitä-
ten der gleichberechtigte, empowernden Klientelbeziehungen gestaltenden
aufklärenden Sozialarbeiterin, kaum Erfolg.

Schwierigkeiten der Polizeiarbeit

Wie in der staatlichen Gesundheitspraxis zeigen sich auch im Bereich der
Polizeiarbeit typische Schwierigkeiten und Dissonanzen infolge doppel-
wertiger Verwaltungsaufgaben und Funktionen und zwiespältiger Adressa-
tinnen- und Klientelbeziehungen. Die spezifischen Probleme und Spannungen der Polizeiarbeit resultieren aus der Gleichzeitigkeit des struktur-
orientierten, hoheitsstaatlichen Auftrags zur Wahrung der öffentlichen Sicherheit und Ordnung und der Obliegenheit des personenbezogenen Opferschutzes. In der alltäglichen Organisationspraxis müssen diese von den
Mitarbeiterinnen auf der Wahrnehmungs- und Handlungsebene vereinbart
und ausgewogen realisiert werden. Die *doppelte Aufgabe von Kriminalitätsbekämpfung und Opferschutz* führt bei der Zuständigkeit für die Prosti-

tutionsszene zu *mehrdeutigen Problemdefinitionen*. Dazu gehören z. B. die *Beeinträchtigung der öffentlichen Ordnung* oder die *Ausbeutung der Prostituierten*. Mit den doppelsinnigen Problemdefinitionen sind Unklarheiten und Ambivalenzen hinsichtlich der Bestimmung, der Klassifizierung und des Umgangs mit der Klientel verbunden. In der alltäglichen Polizeipraxis wird entschieden, inwieweit die Interessen des Staates, der Bürger und der Prostituierten gewahrt werden, ob die sich prostituierenden Frauen und Männer als *Opfer oder Täterinnen* zu betrachtet und sanktioniert oder geschützt werden, d.h. wegen Verstößen gegen das Ordnungs-, das Arbeits- oder Ausländergesetz als *zu reglementierende Personen* oder in der Prostitutionsszene *spezifischen Gefahren ausgesetzte Schutzobjekte* in den administrativen Wahrnehmungs- und Handlungsfokus der Verwaltungsbeschäftigten geraten. Die *Klientelbeziehungen* der Polizeibeamtinnen zu den Prostituierten sind teilweise *repressiv*-stigmatisierend teilweise *fürsorglich*-respektierend geprägt, was sich auch in angewandten Verwaltungspraktiken widerspiegelt. Die Umsetzung des Opferschutzes im Bereich Prostitution und Menschenhandel hängt von der Selbstdefinition der Verwaltungsmitarbeiterinnen ab. Die Ausgestaltung der alltäglichen Polizeiarbeit beruht auf *der beruflichen Identität* als *Ordnungshüter* oder *Milieuaufklärerinnen* und *Beschützerinnen*. Im Gegensatz zu den Polizistinnen mit Schutzhabitus kommt der Opferschutz unter den Ordnungshüterinnen nur bedingt, d. h. der Ordnungsherstellung nachgeordnet bzw. gar nicht zum Tragen. Denn mit den Selbstverständnissen der Verwaltungsbeschäftigten gehen *unterschiedliche Arbeitsansätze, Schwerpunktsetzungen* und *Maßnahmen*, wie die verstärkte *Verfolgung und Bestrafung der Ordnungswidrigkeiten* oder die *Bekämpfung der kriminellen Strukturen* einher.

Die polizeiliche Reglementierung der Prostitution findet über verschiedene gegenstandsbezogene Methoden und Strategien statt, durch *regelmäßige Routinekontrollen* durch Kontaktbeamtinnen, die in der Szene bekannt sind und akzeptiert werden, oder aber vereinzelte, groß angelegte *Durchsuchungen und Razzien*, in denen sich die Polizistinnen und Akteurinnen des Prostitutionsfeldes schon aus der Situation heraus antagonistisch gegenüberstehen. Die strafrechtlich fokussierten, protektiven Polizeibeamtinnen versuchen durch ihre permanente Präsenz im Prostitutionsfeld, Kontakte zu den Szeneakteurinnen aufzubauen und zu normalisieren, das Vertrauen der Prostituierten zu gewinnen und den Schwierigkeiten der Klandestinität professionell zu begegnen. Aus der traditionellen Vorgehensweise polizeilicher Razzien dagegen konstituiert und institutionalisiert sich zwischen der Prostitutionsszene und der Polizei ein grundsätzlich negatives, konträres Verhältnis und der daraus erwachsene Missmut und die geringen Hilfeerwartungen und -erfahrungen der Prostituierten erschweren alltäglichen Ermittlungs- und Strafverfolgungsaktivitäten im Verwaltungsfeld Prostitution und Menschenhandel zusätzlich.

Die *Beziehungen zwischen der Polizei und den Prostituierten* sind durch *Skepsis und gegenseitiges Misstrauen* geprägt. Sowohl auf Seiten der Polizeibeamtinnen als auch bei den Sexarbeiterinnen bestehen *negative Zuschreibungen, Erwartungen und Mutmaßungen* bezüglich des Wahrheitsgehaltes der Aussagen bzw. konkreter Hilfevorstellungen. Durch die traditionellen Polizeirazzien und Durchsuchungen ist das konträre Verhältnis zwischen den Beamtinnen und Szeneakteurinnen verstärkt worden. Vor allem die Migrantinnen in der Prostitution befürchten, vor ihrem nationalen und kulturellen Erfahrungshintergrund und den Einschüchterungen und Drohungen der Zuhälter und Menschenhändler, oft einzig gegen sie selbst gerichtete Repressionen sowie Korruptionsbeziehungen zwischen den Täterinnen und der Polizei, und sind gegenüber den Polizeibeamtinnen aus diesem Grund reserviert. Mitunter wollen sie auch – trotz ökonomisch ausbeutender, aber nicht gewaltsamer Arbeitsbedingungen – weder aus der Prostitution aussteigen noch in ihre Heimatländer zurückkehren, weil sie in der Prostitution die einzige Möglichkeit sehen, Geld zu verdienen, um ihre Familien zu unterstützen, Schulden abzubezahlen, für eine Ausbildung zu sparen etc. In beiden Konstellationen sind die Prostituierten kaum bestrebt bzw. haben Angst, mit der Polizei zusammenzuarbeiten und gegen die Zuhälter, Schleuser oder Menschenhändler auszusagen.

Da eine *effiziente Strafverfolgung* im Bereich Prostitution und Menschenhandel zum Zweck der sexuellen Ausbeutung *ohne die Aussagebereitschaft und -tätigkeit der Opfer aussichtslos*, nahezu ausgeschlossen ist, sind die Polizeibeamtinnen zur Erfüllung ihrer Aufgabe gezwungen, Mittel und Wege zu finden, das Vertrauen der Betroffenen zu gewinnen und sie zur Kooperation zu bewegen. Dies ist nur auf Grundlage *fachspezifischen Wissens* über die sozialen, ökonomischen und kriminologischen Hintergründe sowie einer ausgeprägten *sozialen Sensibilität, Empathie* und *interkulturellen Kompetenz* möglich, und kann in den meisten Fällen nur unter Einbeziehung zivilgesellschaftlicher Akteure, wie den landesweiten Fachberatungsstellen für Opfer von Menschenhandel, realisiert werden. Doch auch in der Beziehung zwischen den Strafverfolgungsbehörden und den nichtstaatlichen Organisationen existiert ein fundamentales Konfliktpotential, welches bei den Schwierigkeiten der funktionalen Differenzierung und Koordination des Verwaltungsfeldes (C) näher betrachtet wird.

Schwierigkeiten der zivilgesellschaftlichen Arbeit

Nicht nur die staatliche Verwaltungsarbeit auch die zivilgesellschaftlichen Aktivitäten sind mit spezifischen Problemen verbunden, die die sozialen Akteurinnen in der alltäglichen Organisationspraxis handhaben müssen. Im Gegensatz zu den staatlichen Verwaltungsinstitutionen bestehen die Schwierigkeiten der zivilgesellschaftlichen Organisationen in ihren *begrenzten Handlungsoptionen* aufgrund der *gesetzlich fehlenden Eingriffs-*

möglichkeiten und -legitimitäten. Angesichts dessen sind die Klientelbeziehungen aber auch grundsätzlich durch weniger Ambivalenzen bzw.
Vorbehalte und Bedenken geprägt. Der selbstgewählte, nicht hoheitsstaat-
lich vorgegebene, Arbeitsauftrag besteht im Angebot bedarfsgerechter Be-
ratungs- und Hilfsangebote und beinhaltet keinerlei direkte administrative
Reglementierung und Kontrolle. Die Nichteinbindung ins staatliche Verwaltungssystem und die damit verbundene primäre *Steuerung über soziale
Normen und Werte* statt durch Gesetze und Verordnungen bringt für die
Mitarbeiterinnen größere Handlungs- und Gestaltungsspielräume bzw. weniger Obligationen und Verbindlichkeiten mit sich, so dass sie sich in der
alltäglichen Berufspraxis problemlos(er) an ihrem *Professionsethos* und
dem individuellen beruflichen Selbstverständnis orientieren und die Arbeit
klientelorientiert umsetzen können. Im Verwaltungsfeld Prostitution und
Menschenhandel engagieren sich die zivilgesellschaftlichen Akteure im
Sozial- und Gesundheitsbereich. Sie vertreten die Interessen verschiedener
Klientelgruppen, wie z. B. drogenabhängige Prostituierte oder Migrantinnen in der Prostitution, leisten niedrigschwellige Sozialarbeit, aber auch
präventive Gesundheitsarbeit sowie psychosoziale Beratung und Begleitung in verschiedensten Lebenslagen und Problemsituationen.

Von besonderer Bedeutung sind die Fachberatungsstellen für Opfer
von Menschenhandel zum Zweck der sexuellen Ausbeutung, die sich für
die Bedürfnisse und Rechte der davon betroffenen Personen einsetzen.
Hier zeigen sich auch die Dilemmata der *begrenzten Interventionsmöglichkeiten* der zivilgesellschaftlichen Organisationen besonders deutlich, denn
im kriminellen Bereich sind die Mitarbeiterinnen *zur Realisierung von Opferschutz und Menschenrechten* auf die Kooperation der staatlichen Institutionen, d. h. der Strafverfolgungs- aber auch der Sozialbehörden, z. B.
für die Finanzierung des Aufenthalts der Opferzeuginnen, angewiesen.
Das Verhältnis zwischen den staatlichen und zivilgesellschaftlichen Organisationen, wie auch zwischen den Sozial- und Gesundheitseinrichtungen
und den Ordnungs- und Sicherheitsinstitutionen ist allerdings, wie im Folgenden (C) thematisiert wird, durch *typische Reibungspunkte und Dissense*
geprägt, die auf den *verschiedenen beruflichen und organisationalen
Handlungslogiken* beruhen und von den Verwaltungsbeschäftigten mehr
oder weniger erfolgreich verhandelt und vereinbart werden.

*C) Schwierigkeiten der funktionalen Differenzierung und Koordinierung
im Verwaltungsfeld*

Die Arbeit im Verwaltungsfeld Prostitution und Menschenhandel ist neben
den spezifischen Problemen des Verwaltungsgegenstandes (A) und der
Berufs- und Tätigkeitsbereiche (B) auch durch Schwierigkeiten gekennzeichnet, die aus den funktional differenzierten Strukturen des Verwaltungssystems resultieren. Die Herausforderungen der funktionalen Diffe-

renzierung bestehen in der *Abstimmung und Koordinierung der* Verwaltungspraktiken und werden von *den heteronomen Gegenstands- und Selbstdefinitionen* der staatlichen und zivilgesellschaftlichen Akteure kompliziert und *erschwert.* Die Wahrnehmungs- und Handlungsmuster der Verwaltungsakteurinnen sind durch *differente Aufgaben und Ziele, Perspektiven und Orientierungen* geprägt, die sich einerseits ergänzen, andererseits aber auch gegensätzlich und widersprüchlich sind und *neuralgische Schnittpunkte* bilden. Die Prostitutionsszene wird abhängig von der institutionellen und organisationalen Rahmung als Problem der öffentlichen Ordnung, Kriminalität, Gesundheit, Drogenabhängigkeit, Ausbeutung oder Steuereinnahmen wahrgenommen und die Prostituierten als Ruhestörerinnen, Täterinnen oder Opfer rechtswidriger Handlungen, Krankheitsüberträgerinnen, Suchtkranke oder Steuerhinterzieherinnen kategorisiert und konstruiert. An die pluralen Sichtweisen und Wissensproduktionen schließen unterschiedliche Interventionsstrategien, wie der Erlass von Bußgeldern, die gesundheitliche Aufklärung und Untersuchung, psychosoziale Beratung und Begleitung sowie Kontrollen und Razzien in der Prostitutionsszene an.

Die *Arbeitsansätze* und *Regulierungsweisen* der Verwaltungsorganisationen stehen in der Regel *nebeneinander, ohne* irgendwelche *Synergieeffekte* zu erbringen, oder sie *konfligieren* miteinander und *stören* und *behindern* sich gegenseitig. Angesichts der Straßenprostitution in Sperrbezirken beispielsweise versuchen die Mitarbeiterinnen der Ordnungs- und Polizeibehörden die Prostituierten zu verdrängen, während sie gleichzeitig von den Beschäftigten der Sozial- und Gesundheitseinrichtungen im Rahmen von Streetwork niedrigschwellig versorgt und beraten werden. Vor diesem Hintergrund sind Konflikte zwischen den administrativen Akteuren naheliegend und vorprogrammiert. Die Ordnungs- und Polizeibeamtinnen beschweren sich, dass die Aktivitäten der Sozialarbeiterinnen der angewandten Verdrängungstaktik entgegenwirken, da sie die Prostituierten motivieren, sich in der Szene aufzuhalten, um Hilfe und Unterstützung zu bekommen. Die Mitarbeiterinnen der sozialen Organisationen wiederum sehen sich in ihrer Arbeit beeinträchtigt und gestört, da ihre Klientinnen im szenenahen Kontakt- und Beratungssetting rechtliche Sanktionen zu befürchten haben, wodurch die Vor-Ort-Betreuung erheblich erschwert wird. Darüber hinaus bemängeln sie die begrenzte Effizienz der repressiven Politik, da sich die Prostitutionsszene durch die administrativen Verdrängungsmaßnahmen nur verlagert, was die Erreichbarkeit der Klientel kompliziert, bzw. die Vulnerabilität der Prostituierten erhöht, wenn diese durch die Präsenz der Ordnungs- und Sicherheitsbehörden im Sperrbezirk keine Zeit haben, in Ruhe mit ihren Kunden zu verhandeln und auf ihre persönlichen Sicherheitsstrategien zu achten.

Neben dem isolierten Nebeneinanderstehen und Entgegenwirken der repressiven und betreuenden Verwaltungsmaßnahmen bestehen im Verwaltungsfeld Prostitution und Menschenhandel zum Zweck der sexuellen Ausbeutung auch *alternative, integrative Verwaltungsmodelle*, die durch das *Aushandeln der kollektiven Akteure* und die *Vereinbarung der differenten Verwaltungsaufgaben* gekennzeichnet sind.

Hierzu gehört zum Beispiel die geplante und gezielt gesteuerte Verlagerung der öffentlichen Prostitutionsszene aus dem Sperrbezirk in andere legalisierte und von den Sozial- und Gesundheitsorganisationen sowie Ordnungs- und Sicherheitsbehörden betreute Bereiche.

Die Verwaltungsbeschäftigten »lösen« die Schwierigkeiten und Hindernisse, die *Wechselwirkungen, Abhängigkeiten* und *Konfliktlinien* der funktional differenzierten Verwaltungsarbeit im Rahmen ihrer *Umweltdefinition* beständig selbst. Sie gestalten ihre *organisationalen Außenbeziehungen nach bestimmten Prinzipien, Regeln* und *Ansichten*. Aus der Sozial- und Gesundheitsarbeit mit schwer erreichbaren, gesellschaftlich marginalisierten Zielgruppen, wie den Prostituierten, beispielsweise ergeben sich besondere Ansprüche und »selbstverständliche«, d. h. relativ eindeutige Bestimmungen und Grenzen bzw. *kollektive Kodexe* und »Gebote« hinsichtlich *des Zusammenwirkens* mit anderen Organisationen. Die Informationsweitergabe an Behörden der Sicherheits-, Ordnungs- und Finanzverwaltung ist prinzipiell ausgeschlossen und indiskutabel, um die Vertrauensgrundlage und den Zugang zu den Klientinnen nicht zu gefährden.

Ungeachtet dessen wird die *Zusammenarbeit* der zivilgesellschaftlichen Organisationen mit der Polizei von den sozialen Akteurinnen *unterschiedlich modelliert*. Während sich ein Teil der nichtstaatlichen Verwaltungsbeschäftigten in der alltäglichen Organisationspraxis strikt(er) von den Strafverfolgungsbehörden abgrenzt, arbeiten andere aus funktionellen Gründen mit der Polizei zusammen, um so die beschränkten Eingriffsmöglichkeiten bzw. die Abhängigkeit vom Machtmonopol der staatlichen Strafverfolgungsinstitutionen bei Betroffenheit oder Gefangenheit von Klientinnen in kriminellen Strukturen zu kompensieren. Die Verwaltungsakteurinnen *kooperieren* mit anderen Institutionen und Organisationen sowie gesellschaftlichen Teilbereichen, wie den Medien, *oder distanzieren* sich von ihnen. Die Mitarbeiterinnen der zivilgesellschaftlichen Organisationen beispielsweise sehen die Zusammenarbeit mit Journalisten als unterschiedlich hilfreich, sinnvoll oder störend an. In der Regel grenzen sie die Beziehungen eher ein und versuchen die Kontakte aufgrund der differierenden Interessen und Rationalitäten der Sozial- und Medienarbeit zu selektieren und zu kontrollieren. Es gibt aber auch Ausnahmefälle, in denen die sozialen Akteurinnen hoffen, durch die mediale Thematisierung die soziale und politische Öffentlichkeit für die Problematiken im Prostitutionsfeld zu sensibilisieren, was aufgrund der Funktionslogik des journalistischen Feldes vielfach in einer für die soziale Arbeit nutzlosen, mitunter sogar kontraproduktiven Skandalisierung mündet. Von anderen administrativen Akteuren ist dieser Effekt mitunter gewollt und wird gezielt hervorgerufen, wie z. B. von dem ordnungshütenden Kriminalpolizist, der die Bürger über die Medien gezielt zu beeinflussen und zu manipulieren versucht. Die Mitarbeiterinnen der zivilgesellschaftlichen Organisationen dagegen kompensieren durch die Zusammenarbeit mit dem Personal der Radio-, Print- und Fernsehmedien bzw. der Polizei ihre grundlegenden Wirkungs- und Handlungsgrenzen.

Dabei besteht zwischen den Sozial- und Gesundheitsorganisationen und den Ordnungs- und Sicherheitsbehörden ein grundlegendes *Spannungs- und Konfliktpotential*, das auf den *unterschiedlichen Rationalitäten der Berufs- und Tätigkeitsbereiche* beruht. Dies zeigt sich z. B. im Bereich Migration und Menschenhandel, wo die Strafverfolgungs- und Opferschutzintentionen, wie auch die Täterinnen-Opfer-Kategorisierungen der Polizei- und NGO-Akteurinnen oftmals *konkurrieren und konfligieren*. Denn während das primäre Interesse der Polizei in der Bekämpfung der kriminellen Strukturen besteht und das Schicksal der Betroffenen über deren notwendige Zeugenaussagen hinaus in den Hintergrund gerät, vertreten die zivilgesellschaftlichen Akteurinnen vor allem die Bedürfnisse und Rechte ihrer Klientinnen. Aus den *differenten Wahrnehmungs- und Handlungsorientierungen* gehen Streitpunkte hervor, die die Verwaltungsbeschäftigten in der alltäglichen Praxis immer wieder zu *diskutieren* und *verhandeln* sind. So kommt es im Verhältnis zwischen der Polizei und den NGOs stets zu Spannungen, wenn die zivilgesellschaftlichen Akteurinnen von den Polizeibeamtinnen nach Aufgreifen »illegaler« Migrantinnen in der Prostitutionsszene weder informiert noch kontaktiert werden. Aus der Sicht der Polizeibeamtinnen macht dies vielfach keinen Sinn, wenn die Betroffenen nicht aussagebereit sind und keine konkreten Angaben machen. Nur wenige Polizistinnen sind davon überzeugt, dass sich die Gesprächs- und Kooperationsbereitschaft der Verwaltungsadressatinnen durch den Kontakt und die Beratung der zivilgesellschaftlichen Akteurinnen ändern könnte und beziehen die Mitarbeiterinnen der nichtstaatlichen Organisationen dann gar nicht erst ein. Für die nichtstaatlichen Fachberatungsstellen bedeutet die polizeiliche Klassifizierung der irregulären Migrantinnen als Täterinnen und die darauf erfolgende Abschiebung eine verpasste Chance, potenzielle Klientinnen zu beraten und sie – in einer offeneren, geschützteren und informelleren Interaktionssituation als dem polizeilichen Verhör – über ihre Rechte sowie mögliche Hilfs- und Unterstützungsmaßnahmen aufzuklären.[7]

Angesichts dieses *typischen Dissenses* wurden zwischen der Kriminalpolizei und den zivilgesellschaftlichen Beratungsstellen vielerorts *Kooperationsvereinbarungen* geschlossen, die die interorganisationale Zusam-

---

7 So beklagen die NGOs, in vielen Fällen keinen Einfluss darauf zu haben, dass den von Menschenhandel betroffenen Prostituierten die gesetzlich empfohlene, vierwöchige Bedenk- und Stabilisierungsfrist von der Polizei bzw. dem Staat auch wirklich eingeräumt wird.

menarbeit institutionalisieren und die konkreten Umgangs- und Verfahrensweisen regeln sollen. Wie die Praxis zeigt, heben die Kooperationsverträge und administrativen Erlasse die funktional bedingten Probleme und Differenzen zwischen der Polizei und den NGOs jedoch nicht auf. Die in den Verträgen definierten Anlässe der Zusammenarbeit werden von den Kriminalpolizistinnen und zivilgesellschaftlichen Akteurinnen häufig *unterschiedlich interpretiert* und definiert. Häufig setzen Polizeibeamtinnen die in den Verwaltungsvorschriften erwähnten »konkreten Tatsachen oder Anhaltspunkte« für Menschenhandel mit faktischen Aussagen der Betroffenen gleich, während andere die nichtstaatlichen Fachberatungsstellen auch bei Vermutungen und latenten Hinweisen, wie eingeschüchtert wirkenden Personen, unzureichenden Sprachenkenntnissen oder Nichtverfügbarkeit über die eigenen Ausweispapiere, kontaktieren. Die administrative Praxis *variiert* mit der beruflichen Struktur- oder Personenausrichtung bzw. dem Ordnungs- oder Schutzhabitus der Polizeibeamtinnen. Abhängig von den beruflichen Wahrnehmungs- und Handlungsschemata der sozialen Akteurinnen arbeitet die Polizei innerhalb der rechtlichen Vorgaben und Verordnungen mehr oder weniger intensiv bzw. überhaupt nicht mit den NGOs zusammen und schöpft ihre Handlungs- und Ermessensspielräume zugunsten oder zuungunsten der Migrantinnen aus.

Die rechtlich empfohlene, aber nicht verbindliche vierwöchige Bedenk- und Stabilisierungsfrist wird den Betroffenen nicht in allen kriminalpolizeilichen Dienststellen bzw. von allen Beamtinnen gleichermaßen eingeräumt.[8] Dabei sind nicht nur die zivilgesellschaftlichen Organisationen sondern auch die Polizeibehörden zur Realisierung einer effektiven Kriminalitätsbekämpfung und eines wirkungsvollen Opferschutzes im Bereich Prostitution und Menschenhandel aufeinander angewiesen. Denn die für die Strafverfolgungsarbeit notwendigen Zeugenaussagen erfolgen in der Regel auf Grundlage einer von den nichtstaatlichen Akteurinnen hergestellten Vertrauensbeziehung und deren unabhängiger, klientelorientierter Beratungs- und Betreuungspraxis. Angesichts dessen arbeiten professionelle, kriminalistisch orientierte Polizeibeamtinnen mit den zivilgesellschaftlichen Akteuren zusammen. Bedingt durch den beruflichen Habitus der Verwaltungsbeschäftigten auf beiden Seiten gestaltet sich die Kooperation zwischen der Polizei und NGOs mal mehr, mal weniger problematisch oder spielt, wie im Fall des polizeilichen Ordnungshüters erst gar kei-

---

8   Bei Anzeichen für Menschenhandel muss den potenziell Betroffenen eine angemessene aufenthaltsrechtliche Frist eingeräumt werden, während derer sie vor Ausweisung oder Abschiebung geschützt sind. Diese Zeit benötigen Betroffene, um sich ihrer aktuellen Situation sowie ihrer Rechte bewusst werden zu können, Beratung in Anspruch nehmen zu können, fundierte Entscheidungen über ihre weitere Zukunft zu treffen , sich für oder gegen Aussagen gegenüber den Strafverfolgungsbehörden zu entscheiden, und ggf. ihre freiwillige Ausreise vorzubereiten (KOK 2007).

ne Rolle. Eine *gelingende Zusammenarbeit* setzt bei den Polizeibeamtinnen sowohl ein ausreichendes *themenspezifisches Hintergrundwissen* als auch eine gewisse *Sensibilisierung* für die Gewalt- und Menschenhandelsproblematik voraus, und bedarf bei den zivilgesellschaftlichen Akteurinnen der *Einsicht* und des *Verständnisses für die divergierenden beruflichen und organisationalen Logiken*, d. h. den Handlungsmöglichkeiten, -regeln und -grenzen der Kooperationspartnerinnen.

Im Verwaltungsfeld Prostitution und Menschenhandel zum Zweck der sexuellen Ausbeutung zeigen sich sowohl *optimale* als auch *suboptimale Umgangsweisen* mit den Schwierigkeiten und Dissonanzen der funktional differenzierten Verwaltungsstrukturen. Auf die typischen Spannungen und Kontroversen reagieren die sozialen Akteurinnen in der alltäglichen Organisationspraxis teilweise durch *Abgrenzungs- und Distanzierungsstrategien*, teilweise durch *Diskussions- und Verhandlungsprozesse*. In besonders konfliktgeladenen Akteursbeziehungen und -konstellationen zeichnen sich Kommunikations- und Interaktionsmuster ab, die durch wechselseitige Beschuldigungen und Frustrationen gestört sind und die funktionale Zusammenarbeit belasten und blockieren. In anderen Fällen gelingt es den Verwaltungsakteurinnen, ihre heterogenen Sichtweisen und Erfahrungen zu debattieren und die administrativen Verfahrensweisen der verschiedenen Handlungsfelder aufeinander abzustimmen und effektiv zu vereinbaren. Inwieweit die sozialen Akteurinnen die unterschiedlichen Standpunkte der an der Verwaltung im Bereich Prostitution und Menschenhandel beteiligten Institutionen und Organisationen nachvollziehen und berücksichtigen, hängt sowohl von ihren *fachlichen* als auch von ihren *sozialen Fähigkeiten und Kompetenzen* ab. Während Verwaltungsbeschäftigte wie der polizeiliche Ordnungshüter auf ihren habitualisierten Gegenstands-, Selbst- und Umweltdefinitionen beharren, erweitern andere, wie der sozial sensible Ordnungshüter, ihre administrativen Wahrnehmungs- und Handlungsmuster in Auseinandersetzung mit den konkurrierenden beruflichen und organisationalen Perspektiven und Orientierungen. Bei letzterem wird die strukturbezogene Weltsicht der Ordnungs- und Polizeibehörden vom klientelorientierten Berufsethos der Sozialwesenprofessionellen bereichert und ergänzt. Dementsprechend hinterfragt der Mitarbeiter des Ordnungsamtes die traditionelle Verdrängungstaktik und favorisiert das alternative Modell legalisierter Prostitutionsszenen, welches sich aufgrund der mehrheitlichen Unzugänglichkeit und Verschlossenheit der Ordnungs- und Polizeibeamtinnen für die sozialen Belange der Prostituierten lokal aber nicht durchsetzen und realisieren lässt.

Auch andere Beschäftigte der Polizei lassen sich durch die Wissens- und Erfahrungsbestände der Sozial- und Gesundheitseinrichtungen z. B. hinsichtlich der sozialen und ökonomischen Hintergründe der irregulären Migrantinnen oder der Lebenslagen und Handlungszwänge drogenabhängiger Straßenprostituierter aufklären und sensibilisieren. Infolgedessen nehmen sie den Verwaltungsgegenstand nicht nur aus ihrer eigenen institutionellen Sichtweise wahr, sondern übernehmen auch die Perspektiven der anderen Verwaltungsbereiche und sind bemüht, ihre beruflichen Aufgaben und Praktiken mit denen der weiteren Institutionen und Organisationen zu arrangieren und koordinieren. Aus dem *interdisziplinären und –organisationalen Austausch und Diskurs* der sozialen Akteurinnen gehen im Bereich Prostitution und Menschenhandel sowohl funktionalistisch vorhersehbare *Kooperationsformen* hervor, wie die zwischen dem Ordnungsamt und der Polizei, als auch *funktionalistisch unerwartete und komplizierte*, wie die Zusammenarbeit zwischen der Kriminalpolizei und den zivilgesellschaftlichen Fachberatungsstellen für Migrantinnen und Opfer von Menschenhandel oder die Arbeitsgruppen aus Mitarbeiterinnen der Polizei, den Ordnungs-, Gewerbe- und Finanzämtern, der staatlichen und nichtstaatlichen Sozial- und Gesundheitseinrichtungen sowie mitunter sogar den Szeneakteurinnen, den Club- und Bordellbetreiberinnen und Prostituierten.

Die *Auseinandersetzung mit den heteronomen Wissens- und Handlungssphären* führt, abhängig vom beruflichen Habitus des Verwaltungspersonals, zu einem höheren Maß an gegenseitiger *Anerkennung* und *Toleranz* und teilweise sogar zur *gemeinsamen Entwicklung neuer Verwaltungsmaßnahmen und -strategien*, wie der legalisierten und administrativ betreuten Straßenprostitution nach dem Kölner Modell oder der Einführung und Umsetzung einer normalisierenden gewerberechtlichen Regulierung der Sexarbeit. Für die interorganisationale Zusammenarbeit im Bereich Prostitution und Menschenhandel spielen neben dem Kontakt mit Akteurinnen anderer Berufsfelder und Sozialwelten auch die sozialen und kognitiven Fähigkeiten der Verwaltungsakteurinnen, wie *Perspektivübernahme, Offenheit* und *Ambiguitätstoleranz* sowie *Selbstreflexion und –evaluation*, eine entscheidende Rolle. Die pluralen, teilweise divergierenden beruflichen und organisationalen Perspektiven müssen von den sozialen Akteurinnen individuell aufgenommen und verarbeitet werden. Einigen Verwaltungsbeschäftigten gelingt es, die konkurrierenden Orientierungen mit der eigenen Wahrnehmungs- und Handlungsrationalität zu vereinbaren bzw. diese zu integrieren, während andere die alternativen Sichtweisen von geringerer Relevanz erachten, der eigenen Gegenstands- und Selbstdefinition unterordnen und ausblenden bzw. ignorieren.

Individualisierte Verwaltungspraxis: Wahrnehmungs- und Handlungsspielräume

Die Bearbeitung der Schwierigkeiten und Kernprobleme des Verwaltungsgegenstandes (A), der Berufs- und Tätigkeitsbereiche (B) und der funktional differenzierten Organisationsstrukturen im Verwaltungsfeld Prostitution und Menschenhandel ist an den beruflichen Habitus, die Wahrnehmungs-, Denk- und Handlungsschemata des Verwaltungspersonals gebunden. In der polizeilichen Praxis sind sowohl traditionell repressive und kriminalisierende als auch protektive und normalisierende Regulierungsansätze, im Bereich der Sozialen Arbeit viktimisierende wie empowernde Hilfemuster und bei den Gesundheitsämtern kontrollierende Gesundheitsfürsorge aber auch aufklärende Beratungskonzepte zu beobachten. Daran zeigt sich, wie die Relevanzstrukturen, Sinnkonstruktionen und sozialen Deutungsmuster der sozialen Akteurinnen, ihre beruflichen Sozialisations- und Qualifikationsprozesse, gesellschaftlichen Verortungen, soziokulturellen Mentalitäten und ethisch-moralischen Anschauungen und Wertmaßstäbe in die alltägliche Berufs- und Organisationspraxis einfließen.

Gleichwohl sich die sozialen Akteurinnen in institutionell vorstrukturierten, konventionalisierten Handlungsrahmen und -kulturen bewegen, wird die Verwaltungsarbeit von ihren individuellen Gegenstands-, Selbst- und Umweltdefinitionen (mit)bestimmt. Die in der kontext- und situationsspezifischen Problembearbeitung verbleibenden Wahrnehmungs- und Handlungsspielräume erzeugen eine Virtualität für institutionell als auch individuell überformte Reglementierungsweisen, konforme und nonkonforme Praxen, konservative wie innovative Strategien. Vor diesem Hintergrund erweisen sich die Verwaltungsstrukturen und -kulturen, auch bei gleicher Gesetzeslage und Rechtssituation, als different und variabel. Während einige Regionen durch die separierte Koexistenz verdrängender und betreuender Verwaltungsaktivitäten geprägt sind, zeichnen sich andere durch integrative Regulierungsmodelle aus. Die unterschiedlichen Verwaltungsstrukturen und -kulturen gehen aus den beruflichen Habitusformationen der Verwaltungsbeschäftigten, d. h. der Art und Weise, wie diese ihre organisationale Aufgabe individuell wahrnehmen, sich selbst als verantwortliche Agentinnen begreifen und die Beziehungen zu den an der Problembearbeitung beteiligten Co-Akteurinnen gestalten, hervor. Sie werden vom Verwaltungspersonal auf der exekutiven Ebene konstruiert und modifiziert.

Die Verwaltungsarbeit scheint in zunehmend geringerem Maße auf den hierarchisierten, differenzierten und formalisierten Verwaltungsstrukturen und immer mehr auf den *individuellen Strukturierungsleistungen der sozialen Akteurinnen* zu beruhen. Mit der verstärkten Individualisierung bzw. sozialen Strukturierung der Verwaltungspraxis sind neue *Möglichkeiten und Chancen*, aber auch *Gefahren und Risiken* verbunden. Zum einen geht die individualisierte Verwaltungspraxis mit einem *geringeren Maß an Berechenbarkeit, Steuerung und Kontrolle* einher und kann, abhängig vom Berufshabitus der Verwaltungsbeschäftigten, infolge von Ausblendungen, einseitig aufgelösten Problemen und Dilemmata sowie anderen Fehlerquellen zu *Unverhältnismäßigkeiten* und *Derationalisierungsprozessen* in der administrativen Reglementierungspraxis führen. Wie bei dem polizeilichen Ordnungshüter, der die rechtlichen Grundlagen zur Umsetzung einer für spezifische Prostitutionssegmente und soziale Milieus verstärkten und intensivierten Repression nutzt, oder dem ordnungshütenden Sozialakteur, welcher in seiner organisationalen Tätigkeit eigenmächtig Erkundungen und »Ermittlungen« im Prostitutionsfeld vornimmt.

Zum anderen kann sich die Verwaltungsarbeit durch das *selbstgesteuerte Zusammenwirken* der exekutiven Akteurinnen aber auch *holistischer, integrativer* und *innovativer* gestalten. Beispielhaft hierfür stehen der sozial sensible Ordnungshüter, der die Aufgabe der Durchsetzung der Sperrgebietsverordnung mit einer außergewöhnlichen sozialen Sensibilität wahrnimmt und durch die kooperative Zusammenarbeit mit den in der Drogen- und Prostitutionsszene aktiven Sozialarbeiterinnen umgestaltet und innoviert, oder das zwischen den Verwaltungsakteurinnen verschiedener Institutionen und Organisationen lokal ausgehandelte Regulierungsmodell, welches durch den Versuch der Berücksichtigung und Vereinbarung der sozialen, gesundheitlichen, kriminologischen, ordnungs- und gewerberechtlichen Interessen und Aspekte gekennzeichnet ist. So reproduzieren oder reorganisieren die Verwaltungsmitarbeiterinnen im Bereich Prostitution und Menschenhandel die administrativen Strukturen und -prozesse auf der Grundlage ihrer beruflichen Wahrnehmungs-, Denk- und Handlungsschemata, d.h. den individuell vorgenommenen Gegenstands-, Selbst- und Umweltdefinitionen des Verwaltungsgegenstandes, der Verwaltungsarbeit und des Verwaltungsfeldes.

Neuartiges Verwaltungsverständnis: Organisationale Arrangements und soziale Arenen

Mit dem gesellschaftlichen Wandel und dem Übergang von der modernen zur postmodernen Verwaltung erfolgen die *Koordinierung der Verwaltungspraktiken* nicht nur auf der Leitungs- und Führungsebene, sondern zunehmend *durch das exekutive Verwaltungspersonal*. Es sind die ausführenden Verwaltungsbeschäftigten selbst, die organisationale Beziehungen knüpfen, eigenaktiv soziale Netzwerke aufbauen und bereichsübergreifende Austausch- und Diskursarenen initiieren und institutionalisieren. So bestimmt nicht mehr oder nicht mehr so sehr das »Sein« das »Bewusstsein« bzw. die traditionellen linienförmigen Verwaltungsstrukturen die tatsächliche Verwaltungspraxis. Vielmehr wird die administrative Wirklichkeit von einem *neuartigen Verständnis vom »Sein« der Verwaltung im Sinne organisationaler Arrangements und sozialer Arenen* (Strauss 1979, 1993; Schütze 2002) konstruiert und konstituiert. Die Bearbeitung der Verwaltungsaufgaben bzw. des Verwaltungsgegenstandes im Bereich Prostitution und Menschenhandel nimmt abhängig von den Sinn- und Handlungsdimensionen, den Problemdefinitionen und administrativen Strategien der Akteurinnen und Akteursgruppen unterschiedliche Gestalt an und ist durch differente Kommunikations- und Interaktionsbeziehungen gekennzeichnet. Aus den interorganisationalen Austausch- und Diskursarenen können neuartige Verwaltungsformen und -praktiken entstehen oder die konventionellen, etablierten Modelle fortgeführt werden. Je nachdem, wie sich die wechselseitigen Verständigungs- und Aushandlungsprozesse entwickeln und gestalten. In einigen Regionen arbeiten die Mitarbeiterinnen der verschiedenen Verwaltungsinstitutionen und -organisationen eng zusammen, tauschen sich über die situative Lage sowie Veränderungen in der Prostitutionsszene aus und erarbeiten gemeinsam adäquate, transdisziplinäre Interventionsstrategien. In anderen Regionen bleibt die interorganisationale Zusammenarbeit und Kommunikation auf die einfacheren und naheliegenderen Arrangements zwischen den Ordnungs- und Sicherheitsbehörden bzw. den Sozial- und Gesundheitseinrichtungen beschränkt. Allerdings zeichnet sich auch innerhalb der funktionalistisch verwandten Institutionen eine zunehmende organisationsübergreifende Kooperation und Verflechtung ab. Die lokalen Verwaltungsstrukturen, -kulturen und -modelle beruhen auf spezifischen sozialen Arenen und administrativen Arrangements, die wiederum aus den individuell bestimmten und transdisziplinär ausgehandelten Gegenstands-, Selbst- und Umweltdefinitionen der Verwaltungsakteurinnen hervorgehen. Im Gegensatz zu den traditionellen, organisational und disziplinär separierten Verwaltungsformen ist die gegenwärtige Verwaltungspraxis vermehrt durch *interorganisationale und interdisziplinäre Austausch- und Kooperationsbeziehungen* gekennzeichnet.

Mit den *gesellschaftlichen Individualisierungs-, Pluralisierungs- und Globalisierungsprozessen der postmodernen Moderne*, den veränderten Wahrnehmungs- und Handlungsbedingungen der organisationalen und sozialen Akteure, wie z. B. den neuen Formen der Wissensproduktion (Gibbons/Limoges/Nowotny et al. 1994), kommt den Interpretations- und Handlungsspielräumen der Verwaltungsbeschäftigten, ihrer Offenheit oder Geschlossenheit für bereichsübergreifende Netzwerke und Verhandlungsarenen eine zentrale, produktive Bedeutung zu. *Intermediär denkende und handelnde Akteurinnen* bzw. interdisziplinäre *und interkulturelle»Vermittler«* können die wechselseitige *Kommunikations- und Netzwerksarbeit* der öffentlichen Institutionen und Organisationen, den Übergang von Government zu Governance, in besonderem Maße bewerkstelligen und protegieren.

Im Verwaltungsfeld Prostitution und Menschenhandel zeichnet sich mit der Individualisierung der Verwaltungspraxis, der Relativierung der Verwaltungsstruktur durch die Verwaltungsstrukturierung, eine Entwicklung ab, die auf den ersten Blick und vor dem Hintergrund der marxschen oder weberianischen Gesellschafts- und Organisationsanalysen erstaunen mag, aber in Zusammenhang mit den gesamtgesellschaftlichen und globalen Veränderungs- und Wandlungsprozessen durchaus plausibel erscheint.

Verwaltung und sozialer Wandel

Im Folgenden soll die Verwaltungspraxis im Bereich Prostitution und Menschenhandel im Hinblick auf Wandlungs- und Innovationsprozesse betrachtet und diskutiert werden. Dabei geht es zum einen um die Frage, inwieweit das häufig für starr und unflexibel gehaltene Verwaltungssystem für Veränderungen offen und fähig ist, unter welchen Bedingungen und Konstellationen sich in den öffentlichen Institutionen und Organisationen Neuerungen vollziehen, und welche Rolle die sozialen Akteurinnen dabei spielen, inwieweit sie die Veränderungen und Reformen ausführen oder einleiten, umsetzen oder blockieren. Zum anderen ist zu rekonstruieren, inwieweit sich die theoretisch konstatierten und auf systemischer Ebene nachgezeichneten staatlichen und administrativen Wandlungs- und Modernisierungsprozesse von Government zu Governance im untersuchten Verwaltungsfeld abzeichnen und auf der organisationalen und akteurspezifischen Ebene wiederzufinden sind.

10. Reformierung, transdisziplinäre und transnationale Verwaltungspraxis

Im Verwaltungsfeld Prostitution und Menschenhandel zum Zweck der sexuellen Ausbeutung vollziehen sich sowohl inhaltlich-programmatische Veränderungen als auch allgemeine strukturelle Wandlungsprozesse. Zu den programmatischen Neuerungen gehören die Ablösung des alten Geschlechtskrankheitengesetzes durch das neue Infektionsschutzgesetz (2001) und die Einführung des Prostitutionsgesetzes (2002), und zu den allgemeinen strukturellen Transformationen die Governance-artigen Entwicklungen in der modernen Verwaltung.

A) Inhaltlich-programmatische Veränderungen

Die gegenwärtige Verwaltungsarbeit ist durch gesetzliche Reformierungen gekennzeichnet, die Ausdruck grundlegender Wandlungstendenzen in der gesellschaftlichen Bewertung und staatlichen Reglementierung der Prostitution in Deutschland sind. Mit dem Prostitutionsgesetz wird die Vereinbarung sexueller Dienstleistungen zivilrechtlich anerkannt und nicht länger als sittenwidrig betrachtet. Prostitution kann sowohl als selbständige Tätigkeit als auch als abhängige Beschäftigung ausgeübt und sozial-, renten- und krankenversichert werden. Zudem entfällt für Prostituierte die regelmäßige gesundheitliche Untersuchungspflicht, bzw. um genau zu sein, können »krankheitsverdächtige« Personen von den Gesundheitsämtern und der Polizei nicht mehr zu Untersuchungen angehalten und gezwungen werden. Die rechtliche und soziale Lage der Prostituierten hat sich verbessert, auch wenn die Auswirkungen in der realen Praxis begrenzt sind und keineswegs den vorherigen Erwartungen und Hoffnungen entsprechen. Zumindest geht mit den Gesetzesänderungen ein Wandel des Menschen- bzw. Prostituierten-Bildes einher. Die Anbieterinnen sexueller Dienstleistungen werden nicht mehr als »abweichende« Krankheitsüberträger definiert, die von den staatlichen Institutionen zu kontrollieren und von der Prostitutionstätigkeit abzubringen sind, sondern stehen als selbstverantwortliche Subjekte im Fokus, die in ihrem gesundheitsbewussten Handeln zu unterstützen und nicht vor, sondern in der Prostitution zu schützen sind.

Habituelle Konventionen und Neuformierung der Verwaltungspraxis

Das mit den Veränderungen auf der gesetzlichen Ebene einhergehende neue Klientinnen- bzw. *Adressatinnenbild* wird nicht von allen Verwaltungsakteurinnen übernommen und geteilt. Dem stehen nicht nur die alten gesellschaftlichen Normen und Werte, Stigmatisierungen und Marginalisierungen, sondern auch die traditionellen Berufs- und Verwaltungskulturen und die widersprüchlichen sozialen und politischen Diskurspositionen entgegen. Die *alten, inkorporierten* individuellen und institutionellen *Wahrnehmungs- und Bewertungsmuster, Handlungsroutinen und Reglementierungsweisen* der Verwaltungsbeschäftigten *wirken auf der organisationalen Ebene nach.* Die Verwaltungsarbeit wird vor und nach den Reformierungen von denselben sozialen Akteurinnen ausgeführt. *Mit den gesetzlichen Veränderungen geht nicht automatisch ein Wandel der beruflichen Habitusformationen des exekutiven Verwaltungspersonals einher.* Vor dem Hintergrund der neuen gesetzlichen Rahmenbedingungen sind in der öffentlichen Verwaltung der Prostitution neue Regulierungsweisen möglich, deren Umsetzung ist aber an die alltäglichen Wahrnehmungs- und Handlungsmuster, die Berufs- und Organisationspraktiken der Verwaltungsbeschäftigten gebunden.

Abhängig von den sozialen Akteurinnen und deren wechselseitigen Handlungskoordinationen haben sich die öffentlichen Institutionen und Organisationen nach den Gesetzesänderungen in einigen Regionen zusammengesetzt und über deren Umsetzung und die weiteren administrativen Verfahrensweisen konferiert. Unter Einbeziehung der unterschiedlichen Sichtweisen und Relevanzen der verschiedenen Verwaltungsakteurinnen sind *neuartige Ideen und Konzepte entwickelt und verhandelt, diskutiert und kritisiert* worden. Die Beteiligung aller relevanten staatlichen Institutionen und zivilgesellschaftlichen Organisationen, z. T. sogar der betroffenen Adressatinnengruppen wie Bordellbetreiberinnen und Prostituierte, hat eine multiaspektuelle und multiperspektivische Betrachtung der Situation, deren administrativ-deliberative Bearbeitung und die Entwicklung innovativer und integrativer Lösungsmodelle gefördert und unterstützt. Die traditionelle ambivalente Gleichzeitigkeit der unterstützenden Betreuungsmaßnahmen und repressiven Verdrängungspolitik ist durch lokale Normalisierungs- und Liberalisierungsstrategien, wie dem Dortmunder oder Kölner Modell, aufgehoben und abgelöst worden.

Das Besondere an diesen neuen regionalen Reglementierungsweisen findet sich in der Vereinbarung der differenten Perspektiven und Relevanzen, Ziele und Interessen der Verwaltungseinrichtungen sowie dem Austausch und der Zusammenarbeit zwischen den verschiedenen organisationalen und sozialen Akteuren. Der *Wandel der Verwaltungspraxis im Sinne der neuen Gesetzesintentionen* ist jedoch *weder selbstverständlich noch gewiss.* Die Veränderungen auf der organisationalen Ebene setzen die Neudefinition um Umgestaltung der Verwaltungsaufgabe auf der Akteursebene, d. h. durch die Verwaltungsangestellten voraus. Der inhaltlichprogrammatische Wandel der Prostitutionspolitik wird, wie die in der Untersuchung rekonstruierten Habitusformationen zeigen, nicht von allen Mitarbeiterinnen der öffentlichen Institution und Organisationen bewerkstelligt. Vor dem Hintergrund der bestehenden beruflichen Routinen und Traditionen gelingt es einem Teil der sozialen Akteurinnen nicht, ihre konventionellen Wahrnehmungs- und Bewertungsschemata zu hinterfragen, im Hinblick auf den gesellschaftlichen und rechtlichen Paradigmenwechsel kritisch zu reflektieren, den Verwaltungsgegenstand und die administrative Rolle neuartig wahrzunehmen und zu interpretieren, d. h. eine veränderte Gegenstands- und Selbstdefinition zu entwickeln und die der gesetzlichen Reformierung zugrundeliegenden Normalisierungs- und Liberalisierungstendenzen umzusetzen.

»Passive«, ausführende und »aktive«, steuernde Innovatoren

Die inhaltlich-programmatischen Veränderungsprozesse im Bereich Prostitution und Menschenhandel werden aber nicht nur von der Gesetzgebung vorgegeben und auf der exekutiven Verwaltungsebene durch *»passive« Innovatorinnen* (nach)vollzogen und umgesetzt, sondern auch von den Verwaltungsakteurinnen als *»aktive« Innovatorinnen* angestoßen, d. h. in der alltäglichen Praxis eingeführt und realisiert, bevor sich die Veränderungen in neuen Gesetzen oder Verordnungen niederschlagen bzw. durch diese aufgegriffen und legitimiert werden. Ein Beispiel hierfür sind die seit den 80er Jahren, vor allem in den nördlichen Bundesländern, im Bereich Prostitution erkennbaren Liberalisierungstendenzen der Gesundheitspolitik bzw. Gesundheitspraxis, die mit der Ablösung des alten Geschlechtskrankheitengesetzes durch das neue Infektionsschutzgesetz 2001 aufgenommen und legalisiert wurden. Schon Jahre vorher sind neue staatliche Beratungsstellen für sexuell übertragbare Krankheiten und HIV/Aids trotz der gesetzlich empfohlenen Untersuchungspflicht für »krankheitsverdächtige« Personen – in Abstimmung mit den jeweiligen lokalen Behördenleitern der Gesundheitsämter – als Einrichtungen mit einem freiwilligen Beratungs- und Untersuchungsangebot aufgebaut worden. Infolge des praktisch »vorgezogenen«, »vorweggenommenen« bzw. »vor-gelebten« Gesetzes- bzw. Paradigmenwandels in der Gesundheitsarbeit brauchten die Verwaltungsakteurinnen der fortschrittlichen Einrichtungen und Regionen ihre behördliche Praxis nach Inkrafttreten des neuen Infektionsschutzgesetzes kaum umzustellen und konnten ihre beruflichen Handlungsweisen und organisationalen Praktiken problemlos weiterführen.

Sozialer Hintergrund von Wandel und Persistenz

Das inhaltlich-programmatische Wandlungs- und Innovationspotential der Verwaltungsinstitutionen und –organisationen ist an die Verwaltungsbeschäftigten als aktive und passive Innovatoren gekoppelt. Deren Offenheit für ungewohnte Sichtweisen, neuartige Arbeitsansätze und veränderte Verwaltungsmodelle sowie die Bereitschaft und Kompetenz zur Überwindung herkömmlicher sozialkultureller und disziplinärer Grenzen bilden die *Voraussetzung für die Entwicklung und Realisierung inhaltlich-programmatischer Neuerungen in der alltäglichen Verwaltungspraxis.* Akteurinnen mit einem durch Verhandlung und Vermittlung, Reflexions- und Evaluationsfähigkeit gekennzeichneten beruflichen Habitus motivieren, initiieren und prozessieren Veränderungen und Innovationen, während andere die Reformierungs- und Modernisierungsansätze durch Unzugänglichkeit, Verschlossenheit und Abgrenzung gegenüber alternativen Strategien und anderen beruflichen und disziplinären Wissens- und Erfahrungsbeständen blockieren und verhindern.

Bei den Wandlungs- und Modernisierungsprozessen im Verwaltungsfeld Prostitution und Menschenhandel zum Zweck der sexuellen Ausbeutung muss zwischen den inhaltlich-programmatischen und den allgemeinen systemisch-organisationalen Veränderungen differenziert werden. In vielen Fällen greifen die programmatischen und strukturellen Neuerungen ineinander, aber sie sind nicht zwingend aneinander gekoppelt. Für inhaltliche Reformierungsprozesse unzugängliche Verwaltungsakteurinnen können sich durchaus auf struktureller Ebene als Innovatoren erweisen und *neue Formen und Verfahrensweisen der Arbeitsorganisation* hervorbringen und einführen. Die herkömmliche Ausführungs- und Umsetzungsfunktion der exekutiven Verwaltungsorganisationen wird von manchen Verwaltungsangestellten um gezielte *Planungs-, Entwicklungs- und Steuerungsaktivitäten* erweitert und überschritten. Der bürgerliche Ordnungshüter beispielsweise forciert die Umsetzung seines Vorhabens, die traditionell repressiven Reglementierungsstrategien auszudehnen und zu intensivieren, durch eine gezielte Organisation und Manipulation der Öffentlichkeit. Er schließt sich mit einer lokalen Bürgerinitiative zusammen, baut eine öffentlich-politische Arena auf und versucht die kommunalen Entscheidungs- und Regelungsprozesse systematisch zu beeinflussen und zu bestimmen.

In solchen Fällen, in denen die sozialen Akteurinnen die administrativen Praktiken in Koordination mit anderen Institutionen und Organisationen inhaltlich reformieren und/oder prozessual und strukturell verändern, deutet sich eine neues, über die reine Ausführungsfunktion hinausgehendes, gestaltendes, arrangierendes und konzipierendes Rollenverständnis der exekutiven Verwaltungsakteurinnen an. Vor diesem Hintergrund beginnen sich die konventionellen, institutionalisierten Verwaltungsstrukturen und -prozesse zu transformieren.

B) Strukturell-prozessuale Veränderungen

Die gegenwärtige Verwaltungspraxis im Bereich Prostitution und Menschenhandel zum Zweck der sexuellen Ausbeutung ist durch die traditionellen Strukturen des modernen Verwaltungssystems, wie den hierarchischen Aufbau, die funktionale Differenzierung und die nationalstaatlichen Zuständigkeiten und Funktionen geprägt. Angesichts der gesellschaftlichen Individualisierungs-, Pluralisierungs- und Globalisierungsprozesse zeichnen sich in den Verwaltungs- und Regierungsformen aber auch deutliche Wandlungsprozesse ab. Die administrativen Strukturen und Prozesse werden von neuen, postmodernen Akteuren und Formen des »Regierens« und »Verwaltens« ergänzt und bestimmt. Zivilgesellschaftliche Organisationen gewinnen an Bedeutung, Verwaltungsakteurinnen arbeiten sowohl in transdisziplinären Aushandlungs- und Diskursarenen als auch in grenzüberschreitenden Behördenkooperationen zusammen, und immer öfter sind nationale, supranationale und internationale Institutionen und Organisationen an der regionalen wie globalen Administrationsarbeit beteiligt.

Tabelle 8: Vergleich der Strukturen und Prozesse der modernen und postmodernen Verwaltung

	Moderne Verwaltung	*Postmoderne Verwaltung*
Akteure	Staatliche Institutionen	Staatliche Institutionen und zivilgesellschaftliche Organisationen
Strukturen und Prozesse	Hierarchie	Organisationale Netzwerke und Arenen
	Funktionale Differenzierung und disziplinäre Abgrenzung	Funktionale Differenzierung und transdisziplinäre Aushandlung
Nationale Grenzen	National bzw. territorial beschränkte Verwaltungsarbeit	Grenzüberschreitende Zusammenarbeit nationaler, supranationaler und internationaler Akteure

Moderne Verwaltung: national-staatliche Konfiguration

Die Staats- und Verwaltungsstrukturen der Moderne zeichnen sich zum einen durch die nationalen Grenzen, und zum anderen durch die weitgehende Allein- und Letztverantwortung für die öffentlichen Aufgaben und Leistungen aus. National-staatliche Institutionen bilden die zentralen Akteure der modernen Verwaltungspraxis, denen gegenüber internationale Institutionen und zivilgesellschaftliche Organisationen eine deutlich untergeordnete Rolle spielen. Trotz der gesellschaftlichen und politischen Maxime der Subsidiarität, die Selbstverantwortung vor staatliches Handeln stellt und infolgedessen der Bereich der Sozial-, Gesundheits- und Erziehungsarbeit beispielsweise durch die Mitwirkung zivilgesellschaftlicher Organisationen geprägt ist, gilt der demokratische Rechts- und Interventionsstaat der 1960er und 1970er Jahre als Gewaltmonopolist, Rechtsgarant, zentrale Legitimationsinstanz und universelle Wohlfahrtsversicherung (SFB 597, Staatlichkeit im Wandel). Das administrative Institutionengeflecht der Moderne ist von den hierarchischen, funktional differenzierten Strukturen bestimmt, und die alltäglichen Verwaltungsgegenstände und -praktiken vornehmlich auf die nationalen Territorien beschränkt.

Postmoderne Verwaltung: staatlich-gesellschaftliche Konfiguration mit transnationalen Bezügen

Demgegenüber sind in der gegenwärtigen Verwaltungsarbeit grundlegende Veränderungen zu beobachten. Den national-staatlichen Verwaltungsakteuren lagern sich, wie der Sonderforschungsbereiches »Staatlichkeit im Wandel« (SFB 597) aber auch die vorliegende Studie gezeigt haben, zivilgesellschaftliche Organisationen und inter- bzw. supranationale Institutionen an. Die hierarchischen Strukturen werden durch organisationale Netzwerke und soziale Arenen ergänzt, und zwischen den funktional differenzierten Verwaltungsinstitutionen finden auch auf der exekutiven Ebene bereichsübergreifende Kommunikations- und Interaktionsprozesse statt. Die Verwaltungsakteure agieren über nationale Grenzen hinweg und kooperieren mit anderen nationalen, supranationalen und internationalen Institutionen sowie staatlichen und zivilgesellschaftlichen Organisationen.

Neue Anforderungen und Bearbeitungsstrategien: grenzübergreifende Strukturen schaffen

Diese postmodernen Veränderungsprozesse zeichnen sich im Verwaltungsfeld Prostitution und Menschenhandel zum Zweck der sexuellen Ausbeutung in besonderem Maße ab. Hier wird die Verwaltungspraxis von einer neuen Vielfalt und Komplexität der Problemlagen und nationalen Grenzüberschreitungen und Verflechtungen bedingt. Die zunehmende Internationalisierung der Prostitutionsszene durch grenzüberschreitende Migrationsprozesse und transnationale Kriminalitätsstrukturen haben die Anforderungen und Herausforderungen der alltäglichen Verwaltungsarbeit verändert. Die Verwaltungsakteure sind zunehmend auf die Zusammenarbeit und Information nationaler und internationaler Verwaltungs- und Strafverfolgungsbehörden angewiesen. Vor diesem Hintergrund sind in den Verwaltungsorganisationen bzw. bei den Verwaltungsangestellten aber sowohl die Fortführung der alten, konventionellen Handlungsroutinen, als auch die Umstellung auf neue Vorgehensweisen zu beobachten. Ein Teil der Polizeibeamtinnen beispielsweise erweist sich als aktive Modernisierer, die angesichts der grenzüberschreitenden Problemsituationen die transnationalen Kommunikations- und Kooperationsbeziehungen eigenaktiv initiieren und intensivieren. Die binationalen Kontakte gehen bisweilen auch über die Arbeitsebene hinaus und beinhalten Begegnungen im inoffiziellen, privatisierten Rahmen, wie z. B. dem Treffen der Familien zu einem gemeinsamen Essen. Auf der dienstlichen und außerdienstlichen Ebene entstehen Verbindungen, die in der alltäglichen Arbeitspraxis müheloser und selbstverständlicher genutzt werden (können) als bei einander unbekannten, fremden Personen. Auch komplizierte, diffizile Angelegenheiten und neuralgische Punkte lassen sich unbefangener, vorbehaltloser und wertfreier bearbeiten und besprechen. Die persönlichen Austausch- und Kooperationsbeziehungen wirken sich auf die sozialen Repräsentationen, Vorurteile und Stereotype der Verwaltungsmitarbeiter, wie z. B. verbreitete Korruptionsannahmen oder kritisierte Berufs- und Professionalitätsbilder aus. In Beziehung zur faktischen Erfahrungswirklichkeit werden diese von den sozialen Akteurinnen vielfach reflektiert und relativiert, brechen auf oder verschwinden gar ganz. Hinsichtlich der transnationalen Zusammenarbeit zeichnet sich der Trend ab, die gesetzlich vorgeschriebenen und tradierten formalen, indirekten Wege über die übergeordneten Polizeibehörden durch direkte, informelle, persönliche Kontakte zu den ausländischen Kollegen auf derselben Dienstebene abzulösen, um die konkreten Aufgaben unmittelbarer und unbürokratischer bearbeiten zu können.

Dies ist aber nicht überall und in gleichem Umfang der Fall. In vielen nationalen Polizeidienststellen erfolgt die grenzüberschreitende Amts- und Rechtshilfe weiterhin als vorschriftsmäßiger formaler Vorgang, so dass sich die transnationalen Beziehungen nicht wirklich verändern und auf der exekutiven Verwaltungsebene keine grenzübergreifenden Netzwerke entstehen. Bei den Dienststellen in den Grenzgebieten werden die rechtlichen Möglichkeiten der binationalen Zusammenarbeit aber so weit wie möglich ausgeschöpft und die bestehenden Verordnungen, im Interesse einer gemeinsamen, effektiven Informations- und Handlungsgrundlage, teilweise auch umgangen und überschritten. Formal-rechtlich schwer zu institutionalisierende binationale oder trinationale Polizeidienststellen werden mitunter auf der informellen Ebene durch die inhaltliche Zusammenarbeit und örtliche Zentralisierung unterschiedlicher nationaler Polizeibeamtinnen geschaffen und eingeführt. Als interessant erweist sich, dass der Aufbau der transnationalen Verwaltungsbeziehungen weniger auf konkreten Aufgaben und Anlässen als auf den grundsätzlichen Intentionen und Bestrebungen der Verwaltungsakteurinnen zu grenzüberschreitendem Austausch beruht. Darüber hinaus sind deren individuelle Fähigkeiten, die aus den differenten Staats- und Verwaltungskulturen, nationalen Hegemonien, fremdsprachlichen Barrieren, kulturellen Vorurteilen und Stereotypen resultierenden Schwierigkeiten zu bearbeiten und zu überwinden, relevant.

Die transnationale Zusammenarbeit setzt spezifische Wahrnehmungs- und Handlungsmuster bzw. personale und soziale Kompetenzen, wie Offenheit und Akzeptanz, Kommunikations- und Konfliktfähigkeit, interkulturelle Sensibilität, Kreativität und Gestaltungswillen voraus. Die wechselseitige Kooperation gelingt, wenn sich die sozialen Akteurinnen gegenseitig als gleichberechtigte, verantwortliche, sachkompetente bzw. professionelle Kolleginnen und Partnerinnen wahrnehmen und behandeln, und die bestehenden nationalen bzw. regionalen sozial- und verwaltungskulturellen Unterschiede sowohl erkennen und verstehen, als auch berücksichtigen und respektieren. Beim transnationalen Austausch zwischen föderalistisch und zentralistisch geprägten Staats- und Verwaltungssystemen beispielsweise ist es für die Beziehung- und Interaktionsebene destruierend, die die für eine zentralistische Verwaltungsorganisation typische Einbeziehung der übergeordneten Verwaltungsbehörden – ausgesprochen oder unausgesprochen - zu kritisieren und die sozialen Akteurinnen als unselbständig oder untertänig abzuwerten. Interkulturell sensible und kompetente Verwaltungsangestellte beziehen bei grenzüberschreitenden Angelegenheiten die nationalen Besonderheiten mit ein und signalisieren den Kooperationspartnerinnen ihr Wissen und Verständnis für deren institutionalisierte und tradierte Verwaltungsabläufe.

Die postmodernen Verwaltungspraktiken sind aber nicht nur durch transnationale Beziehungen und Verflechtungen, sondern auch disziplinäre Grenzüberschreitungen gekennzeichnet, die gleichermaßen Fähigkeiten zur Perspektivübernahme und Kooperation zwischen heteronomen Wissens-, Handlungs- und Wertesystemen verlangen.

Moderne Verwaltung: Funktionale Differenzierung und disziplinäre Abgrenzung

In der modernen Verwaltungspraxis herrschen disziplinär getrennte Aufgaben- und Problemlösungen vor. Zwischen den funktional differenzierten Verwaltungsinstitutionen finden auf der exekutiven Ebene kaum Austausch- und Informations-, Kooperations- oder Koordinationsprozesse statt. Die Wissens- und Erfahrungsbestände der Verwaltungsakteurinnen sind durch Spezialisierung und typische Wahrnehmungs- und Handlungskulturen gekennzeichnet. Ihre feldinternen Handlungsexpertisen bleiben auf den jeweiligen institutionellen Kontext beschränkt.

Postmoderne Verwaltung: Funktionale Differenzierung und transdisziplinäre Aushandlung

In der postmodernen Verwaltung dagegen vermehren sich die Strukturen und Prozesse der transdisziplinären Zusammenarbeit. Die Verwaltungsaufgaben und -gegenstände, Probleme und Problemaspekte werden zunehmend in bereichsübergreifenden Arbeitsgruppen erörtert und diskutiert. Die Mitarbeiterinnen der Verwaltungsinstitutionen handeln die Lösungsansätze und Strategien in pluralen, dezentralen organisationalen Arenen aus. Durch den transdisziplinären Wissens- und Erfahrungsaustausch verändern sich die monoperspektivischen, institutionenbegrenzten Wahrnehmungs- Denk- und Handlungsmuster des Verwaltungspersonals. Das administrative Expertenwissen wird durch den Diskurs mit anderen staatlichen Institutionen und zivilgesellschaftlichen Organisationen erweitert und ergänzt. So zeigt sich auch in der öffentlichen Verwaltung die von Gibbons/Limoges/Nowotny et al. (1994) konstatierte heterogene, transdisziplinäre, heterarchische und transiente Form der postmodernen Wissensproduktion.

Neue Anforderungen und Bearbeitungsstrategien: disziplinübergreifende Strukturen schaffen

Der Informationsaustausch und die Zusammenarbeit zwischen den verschiedenen Verwaltungsbereichen bzw. beruflichen Wissens- und Handlungssphären erweist sich angesichts der zunehmenden Komplexität der Aufgaben, der Verflechtung der Problemaspekte und der Heterogenität der Wissensbestände im Verwaltungsfeld Prostitution und Menschenhandel als besonders sinnvoll und notwendig. Trotzdem führt ein Teil der Verwaltungsbeschäftigten die konventionellen, disziplinär separierten Verwaltungspraktiken fort, so dass die funktionale Abgrenzung zwischen den Institutionen der Ordnungs- und Sicherheits-, Gesundheits- und Sozialarbeit bestehen bleibt. In einigen Regionen bzw. von einem Teil der Verwaltungsakteurinnen werden aber auch postmoderne, bereichsübergreifende Strukturen und Prozesse realisiert und interdisziplinären Arbeitskreise nicht nur institutionalisiert sondern auch produktiv genutzt. Das Gelingen der bereichsübergreifenden Informations- und Kooperationsformen hängt, wie im vorhergehenden Kapitel dargestellt und hier bei der transnationalen Zusammenarbeit thematisiert, vom beruflichen Habitus des Verwaltungspersonals, deren grundlegenden Interesse und Willen, der gegenseitigen

Akzeptanz und Toleranz, und der Verständigungs- und Reflexionsfähigkeit ab.

C) Akteursgesteuerte Wandlungsprozesse von der modernen zur postmodernen Verwaltung

Die Individualisierungs-, Pluralisierungs- und Globalisierungsprozesse der postmodernen Gesellschaft wirken sich auf das Verwaltungssystem, die Verwaltungsorganisationen und die in ihnen beschäftigten sozialen Akteurinnen aus. Mit der Pluralisierung der gesellschaftlichen Normen und Werte, den grenzüberschreitenden Arbeits- und Migrationsbewegungen werden die Lebensentwürfe und Lebenslagen der Verwaltungsadressatinnen heterogener und die Problemzusammenhänge im Bereich Prostitution und Menschenhandel zum Zweck der sexuellen Ausbeutung komplexer. Einfache, klare und eindeutige Situations- und Gegenstandsdefinitionen sind angesichts der Heterogenität und Hybridität des Expertenwissens und den vielfältigen, konträren Diskurspositionen weder zu finden noch zu vertreten. Die postmoderne Gesellschaft und die im Wandel begriffene Verwaltung zeichnen sich durch heterogene Sinn- und Handlungsmuster sowie plurale Wissensformen und Orientierungssysteme aus. Die Beschränkungen und Grenzen der traditionellen, modernen Verwaltungsstrukturen einerseits und die Herausforderungen und Anforderungen der neuen, postmodernen Verwaltungsaufgaben und -prozesse andererseits bilden die Rahmenbedingungen der alltäglichen Verwaltungsarbeit. Mit der Internationalisierung und Diversifizierung der Prostitutionsszene gehen Herausforderungen und Schwierigkeiten einher, die sich auf der Grundlage der herkömmlichen Verwaltungsmodelle und Regulierungskonzepte nur bedingt bewältigen lassen. Die Verwaltungsakteurinnen werden mit den Beschränkungen der nationalen, staatlichen und disziplinären Bearbeitung, der Wissens- und Handlungsfragmentierung, konfrontiert. Die modernen Verwaltungsstrukturen haben einen gesteigerten Integrationsbedarf und paradoxale Situationen produziert, die eine Abkehr von den gewohnten Routinen nahelegen und denen neue, postmoderne Formen des Verwaltungshandelns entgegenkommen.

Vor diesem Hintergrund zeichnen sich im Verwaltungsfeld Prostitution und Menschenhandel Bemühungen und Tendenzen transdisziplinärer und transnationaler Verständigungs- und Kooperationsarbeit ab. Die administrativen Strukturen und Prozesse wandeln sich. Die Verwaltungsakteurinnen arbeiten über disziplinäre und nationale Grenzen hinweg an allgemeinen Aufgaben und globalen Problemlagen, tauschen Informationen aus, entwickeln gemeinsam Problemlösungen und Aktionspläne. Behörden agieren mit zivilgesellschaftlichen, internationalen und supranationalen Organisationen und sind Teil unterschiedlicher horizontaler und vertikaler transnationaler und transdisziplinärer Netzwerke. Die staatlichen Strukturen zerfasern auf zwei Achsen, zum einen durch die Internationalisierung hin zu mehr inter- und supranationalen Institutionen, und zum anderen durch die Privatisierung hin zu mehr gesellschaftlichen Akteuren (SFB »Staatlichkeit im Wandel«, Bremen). Internationale Institutionen und nichtstaatliche Organisationen tragen vermehrt Verantwortung für die Erbringung öffentlicher Leistungen und Güter. Sie ersetzen die staatlichen Strukturen aber nicht, sondern gliedern sich diesen an. So sind Behörden und Ämter in ein territorial und funktional vielfältig differenziertes Geflecht staatlicher und zivilgesellschaftlicher Strukturen eingebunden und aufgehoben und bilden in den komplexer werdenden Institutions- und Organisationsgeflechten den Knotenpunkt, der die Aktivitäten zusammenhält. Das staatliche Verwaltungssystem zerfällt nicht, sondern bleibt zentraler Bestandteil und Verhandlungsort des Regierens und Verwaltens. In Anlehnung an Slaughter (2004) kann daher von »Government in Governance« statt »Governance without Government« gesprochen werden.

Die öffentliche Verwaltung der postmodernen Moderne beruht auf einer staatlich-gesellschaftlichen Konfiguration, in der sowohl die hierarchischen Strukturen als auch die nationale Selbstbestimmung an Bedeutung verlieren und interorganisationale und grenzüberschreitenden Netzwerke an Bedeutung gewinnen. Die national-staatliche Souveränität wird durch die transnationalen und zivilgesellschaftlichen Strukturen und Prozesse einerseits eingeschränkt, andererseits eröffnen sich aber auch neue Möglichkeiten und ein erweitertes Handlungsfeld. Die formellen und informellen transnationalen und transdisziplinären Verflechtungen gestatten zum einen eine relativ schnelle und flexible Bearbeitung von Aufgaben mit grenzüberschreitendem Bezug, und zum anderen eine multidimensionale Behandlung komplexer Gegenstände und Themen. Das administrative System wandelt sich von den nationalen, hierarchischen, funktional differenzierten Organisationsstrukturen hin zu stärker akteursbezogenen, heterarchischen, transnationalen und transdisziplinären Gestaltungs- und Strukturierungsprozessen. Die Verwaltungsangestellten sind in die gesellschaftlichen und administrativen Veränderungen integriert, und beeinflussen und prozessieren diese mit. In den verschiedenen bereichs- und grenzüberschreitenden Arbeitsgruppen, Netzwerken und sozialen Arenen vertreten sie sowohl globale, nationale und regionale, staatliche und zivilgesellschaftliche Interessen, als auch berufliche Erfahrungen und professionelle Identitäten. Angesichts der strukturellen Differenzen gestalten sich der Austausch und die Zusammenarbeit der kollektiven und sozialen Akteurinnen neuralgisch und diffizil. Für die Verwaltungsmodernisierung, den Übergang von der modernen zur postmodernen Verwaltung, ist die transdisziplinäre und transnationale Verständigung auf der Akteursebene maßgeblich bzw. unerlässlich. Die wechselseitigen Kommunikations- und Kooperationsbeziehungen beruhen nicht nur auf strukturell-organisationalen Gelegenheiten und Bedingungen, sondern vor allem auf dem beruflichen

Habitus und den sozialen Kompetenzen der Verwaltungsbeschäftigten. Die transnationale und transdisziplinäre Zusammenarbeit bedarf individueller Ambitionen, gegenseitigen Verständigungs- und Kooperationswillens sowie Fähigkeiten zur Bearbeitung der berufs-, verwaltungs- und national-kulturellen Unterschiede und Konfliktlinien. Daher sind die Prozesse und Strukturen des sozialen Wandels von den exekutiven Verwaltungsakteurinnen abhängig und werden von interdisziplinären und interkulturellen Vermittlern getragen und gesteuert bzw. von einseitigen Beharrern und Konventionalisten verhindert und blockiert.

Der Umgang mit der unaufhebbaren Heterogenität und radikalen Pluralität ist in der postmodernen Gesellschaft und Verwaltung grundlegend und notwendig. Zwischen den vielfältigen Selbstverständlichkeiten und Werten sind Konflikte unvermeidbar und eine Versöhnung unmöglich. Die Disparitäten bleiben nicht, wie in der Moderne, auf die gesellschaftlichen Sektoren und sozialen Sphären beschränkt, sondern dringen auch in die einzelnen Subjekte ein. Die Pluralität lässt sich, Welsch (1993) zufolge, nicht durch Gegenmotive auffangen und muss daher zur Grundverfassung werden. Vor diesem Hintergrund zielt Governance auf die Mitwirkung aller gesellschaftlichen Akteure, die mit ihrem Handeln ein öffentliches Interesse vertreten oder realisieren wollen, und beinhaltet die Gesamtheit der Formen der kollektiven Regelung der gesellschaftlicher Sachverhalte vom hoheitlichen Handeln staatlicher Institutionen, über das Zusammenwirken staatlicher und privater Akteure bis hin zur zivilgesellschaftlichen Selbstregelung (Mayntz 2006). Die kooperative Regelung als Gegenprinzip zur hierarchischen Steuerung der modernen Gesellschaft umfasst sowohl die Strukturen als auch die Prozesse der postmodernen Verwaltungspraxis. Im untersuchten Verwaltungsfeld wird die permanente Bearbeitung der Heterogenität und Pluralität und die Entwicklung einer praktischen, vermittelnden und verbindenden »transversalen Vernunft« (Welsch 1993) in der alltäglichen Berufs- und Organisationsarbeit, d. h. durch die sozialen Akteurinnen geleistet. Aus den gelingenden Vermittlungs- und Verhandlungsaktivitäten gehen, inhaltlich wie strukturell, neue, innovative Verwaltungsformen und -modelle hervor. Die Organisationspraxis wird durch die Wahrnehmungs- und Deutungsmuster, Argumentations- und Begründungszusammenhänge, »Framings« und Diskurse der Verwaltungsakteurinnen sowie die damit einhergehenden formellen und informellen Umgangsweisen, sozialen Konventionen und wechselseitigen Handlungskoordinationen bestimmt. Die Verwaltungsbeschäftigten vollziehen oder bremsen die postmodernen Veränderungsprozesse durch die Institutionalisierung und Deinstitutionalisierung ihrer beruflichen Normen und Werte, ihrer administrativen Orientierungen und Praktiken. Somit sind bei der Betrachtung des Verwaltungssystems bzw. der Wandlungsprozesse der Institutionen und Organisationen die Wahrnehmungs- und Handlungsmuster der Akteurinnen und Akteursgruppen miteinzubeziehen und ist deren strukturierenden Effekten eine größere Bedeutung beizumessen, d. h. es sind, wie Quack (2006) plädiert, dynamische Governanceanalysen zu betreiben.

Schlussbetrachtung

Die vorliegende organisationssoziologische und modernisierungstheoretische Untersuchung der Verwaltungspraxis im Bereich Prostitution und Menschenhandel zum Zweck der sexuellen Ausbeutung hat gezeigt, dass die Verwaltung – entgegen der traditionellen weberianischen Bürokratietheorie – weder als starres und innovationsfeindliches noch als vollends formalisiertes und rationalisiertes System betrachtet werden kann. Im Zuge der gesellschaftlichen Selbsttransformation von der Ersten zur Zweiten Moderne (Beck/Giddens/Lash 1997) bzw. von der modernen zur postmodernen Moderne (Welsch 1993, Wagner, 1995) zeichnen sich auch in der Verwaltung typische Wandlungstendenzen ab. Die national-staatlichen Verwaltungsstrukturen werden durch die gesamtgesellschaftlichen Individualisierung-, Pluralisierungs- und Globalisierungsprozesse zwar nicht auf- oder abgelöst, aber umgearbeitet und verändert (siehe Kapitel 10). Die »harten« bürokratischen Strukturen weichen auf, werden durchlässiger, weisen neue Gestaltungsformen und Funktionsprinzipien wie z. B. Netzwerk- und Projektarbeit auf. Während in der Ersten Moderne, im alten Kapitalismus, die staatlichen und privatwirtschaftlichen Organisationen nach den Prinzipien der Bürokratie strukturiert, d.h. durch einen hierarchischen Aufbau und klare und präzise Aufgabenzuweisungen gekennzeichnet waren, wird die Verwaltung im neuen Kapitalismus bzw. in der postmodernen Moderne nach dem Vorbild flexibler Unternehmen reorganisiert (Sennett 2005). Die Hierarchien gestalten sich flacher, die klaren Vorgaben und Muster weichen schlecht(er) definierten und schwer(er) definierbaren Aufgaben und Situationen und die Arbeit findet immer öfter in kurzfristigen, aufgabenorientierten Rahmen bzw. Projekten statt.

Sennett (2005) spricht von »driftenden Institutionen« und verweist auf die besonderen Herausforderungen, die für die Subjekte mit der »Kultur des neuen Kapitalismus« einhergehen. Im Verwaltungsbereich Prostitution und Menschenhandel sind vor allem die Notwendigkeit, neue Fähigkeiten und Fertigkeiten zu entwickeln, während sich gleichzeitig die Anforderungen der Realität verändern, und die Bereitschaft, Gewohnheiten aufzugeben, relevant. Von den sozialen Akteurinnen müssen zum einen inhaltlich neue Verwaltungspolitiken bzw. -regime nachvollzogen und umgesetzt (siehe Kapitel 7 und 10), und zum anderen die notwendigen strukturellen Umgestaltungen vorgenommen und bewältigt werden (siehe Kapitel 2 und 10). Sennett fokussiert die negativen Folgen der neuen Wirtschafts- und Gesellschaftskultur und fragt sich, wie sich die Menschen angesichts der »flüchtigen Moderne« (Bauman 2003), d. h. unter den instabilen, fragmentierten sozialen Bedingungen prosperieren können. Andererseits eröffnen sich mit der Auflösung der festgefügten Strukturen neue Freiheiten und Chancen, die Beschränkungen und Einseitigkeiten der Ersten Moderne, die »halbierte Moderne« zu überwinden bzw. das »unvollendete Projekt der Moderne« voranzutreiben. Nach Beck (1993) können die hergebrachten Ziele und Gestaltungsformen der Gesellschaft und des Staates reflektiert und das Politische neu »erfunden« werden. Er spricht von der Ablösung des »Handlungsstaates« durch den »Verhandlungsstaat«. Im Bereich der kollektiven Regelung der gesellschaftlichen Sachverhalte werden, wie die Untersuchung zeigt, die Grenzen und Fallstricke des funktional differenzierten, nationalstaatlichen Verwaltungssystems und die der Ersten Moderne zugrundeliegende dominierende, instrumentelle Rationalität bearbeitet und zum Teil situativ überwunden bzw. relativiert. Insofern es den sozialen Akteurinnen im Rahmen des gesellschaftlichen und institutionellen Wandels gelingt, die kommunikative Rationalität in die Systemwelt zu reintegrieren und deliberative Verwaltungsstrukturen und -prozesse zu konstituieren. Die Beteiligung der Bürger und die Mitwirkung zivilgesellschaftlicher Akteure an der Entwicklung und Implementierung von Politik spielen dabei eine wesentliche Rolle. Sie potenzieren die Auseinandersetzung mit der postmodernen Wahrheitsvielfalt und die Wende zu dialogischen Formen der Entscheidungsfindung.[1]

Nicht nur in der vorliegenden Studie zur Verwaltungspraxis im Bereich Prostitution und Menschenhandel, auch in der allgemeinen Governanceforschung zeichnet sich der Trend eines vermehrten Zugriffs auf kooperative und koordinative Handlungs- und Regulierungsformen ab (Hoffmann-Riem 2005). Innerhalb und jenseits des Nationalstaats nehmen kollektive Regelungen, die auf Netzwerken beruhen zu, während die relative Bedeutung traditionell hierarchischer Governanceformen abnimmt, oder anders ausgedrückt, Governance by Government wird relativiert und Go-

---

1 Die Psychologen Gergen/Gergen (2007) erläutern die Normen eines produktiven Dialoges und verweisen darauf, dass in der Managerliteratur eine Zunahme an Sichtweisen und Empfehlungen zur dialogischen Entscheidungsfindung vorzufinden ist.

vernance with and without Goverment(s) weitet sich aus (Zürn 2008).[2] Neben den staatlich gesetzten, implementierten und überwachten Gesetzen und Verordnungen treten in der Zweiten Moderne auch Formen der politisch-administrativen Regulierung auf, in denen die staatlichen Institutionen nicht länger über das Regelungsmonopol verfügen und als Akteur(e) unter anderen auftreten und mitwirken oder sich der Staat ganz zurücknimmt und allenfalls die Rahmenbedingungen bestimmt. Die Beteiligung und Einbeziehung nichtstaatlicher, im Verwaltungsfeld Prostitution und Menschenhandel vor allem zivilgesellschaftlicher Akteure verändert die von Schuppert (2008) definierten drei Aspekte von Governance, die Akteurskonstellationen, die Modi der Interaktion und die Art der getroffenen Entscheidungen. Das Managen, Steuern und Regieren der gesellschaftlichen Sachverhalte wandelt sich und weist, im Vergleich zur Art und Weise der Ersten Moderne, typische Unterschiede auf. Es gestaltet sich insgesamt weniger technokratisch und schließt die Möglichkeit der Selbstregelung von gesellschaftlichen Akteuren mit ein, die in keinem hierarchischen Verhältnis stehen (Zürn 2008). Die Akteurskonstellationen sind nicht nur durch die Hierarchie sondern auch durch Netzwerke gekennzeichnet. Daher ist das neue Management weniger binnenorientiert und mehr auf die Koordination der unterschiedlichen Institutionen und Organisationen ausgerichtet. Zürn (2008) zufolge wird in solchen Beziehungszusammenhängen auf die Prämisse, nicht aber die Möglichkeit einer hierarchischen Spitze verzichtet. Die administrative Kommunikation und Interaktion geht über die Anordnungs- und Befehlsstrukturen hinaus und basiert auch auf organisationalen Aushandlungs- und Diskussionsprozesse mit ein. Die getroffenen Entscheidungen bestehen sowohl in Gesetzen als auch Vereinbarungen und Verträgen. Bei dem skizzierten »New Governance« handelt es sich nach Offe (2008) um eine spezifische, nicht-marktförmige Form der Handlungskoordination, bei der – im Gegensatz zu den rein interessegeleiteten Marktmechanismen – normgestützte Modi der Handlungskoordination und damit Begründungen, Rechtfertigungen, Deliberationen und Diskurse inhärente Elemente sind.

Während in der bürokratischen Verwaltung der Ersten Moderne klare Muster vorherrschten, gewinnt unter den Bedingungen der Zweiten Moderne das Kommunikative an Bedeutung. Die institutionellen Strukturen sind weniger feststehend, dauerhaft und vorhersagbar. Sie verändern sich

---

2 Der Governancebegriff wird hier, wie auch bei Mayntz (2004, 2008) und Benz (2004), in der weiten Form, d. h. für alle Formen kollektiver Regelung von der institutionalisierten zivilgesellschaftlichen Selbstregelung, über verschiedene Formen des Zusammenwirkens staatlichen und privater Akteure, bis hin zu hoheitsstaatlichem Handeln staatlicher Akteure verwendet, und nicht wie im engeren Sinn nur für nicht-hierarchische und durch die Einbeziehung nichtstaatlicher Akteure gekennzeichnete Steuerung jenseits des klassischen Repertoires von Regierung und Verwaltung (Schuppert 2008).

in Konfrontation mit den neuen gesellschaftlichen und organisationalen Anforderungen und Aufgaben und sind das Ergebnis der Handlungskoordination verschiedener kollektiver, staatlicher und nichtstaatlicher Akteure. Die Bewältigung der postmodernen Herausforderungen und die damit einhergehenden Wandlungsprozesse vollziehen sich weder in der Gesamtgesellschaft noch auf der Ebene der Institutionen und Organisationen zwangsläufig, automatisch oder selbsttätig, sondern beruhen auf den Kommunikations- und Interaktionspraktiken der sie strukturierenden Gesellschafts- und Organisationsmitglieder.»Policy determises polity« (Zürn 2008: 557), d. h. die von den Verwaltungsakteurinnen spezifisch gestalteten Governanceprozesse prägen die politischen und administrativen Strukturen. Bereits in der Ersten Moderne, im alten Kapitalismus, wurden die Gesetze und Verordnungen, Aufgaben und Befehle in der alltäglichen Organisationspraxis vom Verwaltungsstab in die Praxis übersetzt und an die im Feld herrschenden Bedingungen angepasst. So gehorchten sozialen Akteurinnen der hierarchischen Befehlskette und rationalen Verwaltungsordnung, aber sie interpretierten auch. Je größer die Institution, desto größer ist, Sennett (2005: 32) zufolge, die Notwendigkeit zur Interpretation. Damit stimmen auch die in Mayntz (1980, 1983, 1985) verwaltungssoziologischen Studien herausgestellten Beurteilungs- und Ermessensspielräume des Verwaltungspersonals überein.

In einer theoretischen Abstraktion, die über das empirische Material weit hinausgreift, expandieren die Wahrnehmungs- und Handlungsoptionen der Verwaltungsakteurinnen in der Zweiten Moderne und gewinnen im Rahmen der neuen Governanceformen an enormer Bedeutung. Die Handlungsmöglichkeiten der fortgeschrittenen Moderne sind, Giddens (1995) zufolge, ins Extreme gesteigert. Auch Wagner (1995) identifiziert im Übergang zur postmodernen Moderne bzw. der Krise der organisierten Moderne eine Dekonventionalisierung und Pluralisierung der sozialen Praktiken. Das zunehmende Gewicht der individualisierten Verwaltungspraxis spiegelt sich nicht nur in der vorliegenden Untersuchung, sondern auch in der von Behrend/Ludwig-Mayerhofer/Sondermann (2007) durchgeführten Studie zur Arbeitsverwaltung und Riehles (2001) Analyse der Ausländerbehörden wider. Riehle (2001) führt die − trotz identischer Aufgabenzuweisungen − vorgefundenen institutionellen Differenzen hypothetisch auf die Verwaltungsangestellten bzw. deren verschiedene Sichtweisen und Umgangsformen mit Migrantinnen zurück. Behrend/Ludwig-Mayerhofer/Sondermann (2007) zeigen, wie Arbeitsvermittlerinnen die ihnen vorgegebenen Instrumente und Verfahren der Kundensegmentierung, sowie die damit einhergehenden administrativen Handlungsprogramme auf Grundlage ihres individuellen Problemverständnisses und Fallverstehens unterschiedlich anwenden und umsetzen. Und die analytische Rekonstruktion der beruflichen Habitusformationen der Verwaltungsakteurinnen im Bereich Prostitution und Menschenhandel bringt zum Ausdruck, wie sich die Mitarbeiterinnen der staatlichen Institutionen und zivilgesell-schaftlichen Organisationen mit den pluralen Interpretationsrahmen, Deu-tungsmustern und Diskurspositionen auseinandersetzen und wie deren in-dividuelle Wahrnehmungs-, Denk- und Handlungsmuster und personalen, sozialen Kompetenzen die Berufsarbeit und die daraus resultierenden Ver-waltungsstrukturen bestimmen (siehe Kapitel 8 und 9).[3] Vor diesem Hin-tergrund sind Riehle (2001) und Franzpötter (1997) beizupflichten, dass Organisations- und Amtskultur(en) kaum angemessen über die formellen institutionellen Aufgabenzuweisungen, Zuständigkeiten und Regeln erfasst werden können, da sie auf den jeweiligen beruflichen und sozialen Nor-men, Werten und Idealen beruhen, die von den Organisationsmitgliedern weitgehend geteilt und realisiert werden. Die tradierten institutionalisierten Vorauslegungen der sozialen Wirklichkeit können nur über die aktive An-eignung und Umsetzung der Subjekte zur Geltung kommen (Meuser 1999). Die administrativen Strukturen und Prozesse basieren auf der Orga-nisation des Wissens, d. h. den subjektiven Wissensvorräten und Rele-vanzsystemen (Schütz 2004) der Verwaltungsakteurinnen, sowie deren Verarbeitung der in der Zweiten Moderne gesteigerten Mannigfaltigkeit der Realitäten bzw. Perspektiven. Das reflektierende Bewusstsein bzw. die individuellen Sinnkonstruktionen überlagern die institutionale Logik mit ihrer eigenen Logik (Berger/Luckmann 2004).

Nach dem Thomas-Theorem sind Situationen nicht einfach als sinnhaf-te vorgegeben, sondern werden von den Handlungssubjekten auf Grundla-ge ihres kultur- und biographiespezifisch fundierten Wissensvorrates als sinnhafte interpretiert.[4] Die Auslegungsbedürftigkeit hängt zum einen vom praktischen Zweck und zum anderen von der Routinemäßigkeit bzw. Prob-lemhaftigkeit der Situation ab (Eberle 1984). Je weniger der verfügbare Wissensvorrat für die Bestimmung der Situation ausreicht – was im Ver-waltungsfeld Prostitution und Menschenhandel aufgrund der Schwierig-keiten des Verwaltungsgegenstandes im Besonderen (siehe Kapitel 9) und in der postmodernen Moderne angesichts der gesteigerten Anzahl und Kompliziertheit der Subsinnwelten im Allgemeinen immer öfter der Fall ist – desto mehr Deutungs-, Interpretation- und Reflexionsprozesse bzw. –aktivitäten sind notwendig. In der alltäglichen sozialen Praxis interpretie-ren die Akteurinnen die Welt meist in habituell geformter Weise (Meuser 1999) und greifen dabei auf einen nicht vergegenwärtigten praktischen Sinn, die inkorporierten Wahrnehmungs-, Denk- und Handlungsmuster zu-

---

3   Das heuristische Rahmenkonzept des beruflichen Habitus, das auf dem inter-
     aktionistisch reformulierten Habitus-Begriff Bourdieus basiert, (ver-)führt
     dazu, dass weniger der Prozess als das Ergebnis der individuellen Auseinan-
     dersetzung, die Wahrnehmungs-, Denk- und Handlungsschemata, in den
     analytischen Fokus geraten.
4   »If men define situations as real, they are real in their consequences.« (Tho-
     mas-Theorem) Dies erinnert daran, dass die Interpretation das Handeln be-
     stimmt bzw. die Handlungen durch subjektive Interpretationen geprägt sind.

rück. Nur in ungewohnten Situationen oder wenn mit der Handlung gravierende Konsequenzen verbunden sind, planen soziale Akteurinnen, was sie tun (Barlösius 2003). Dessen ungeachtet sind die Strukturen der Wissens- und Handlungsorganisation in einem unaufhörlichen Wandel begriffen. Sie verändern sich durch die Verinnerlichung bzw. Integration neuer Erfahrungen und Relevanzen, Wahrnehmungsrahmen und Erkenntnisstile. Geschlossene, berufliche Sinnbereiche beispielsweise können, wie die Verwaltungsstudie eindrücklich zeigt, im Austausch und Kontakt mit anderen Berufs- und Sozialwelten aufgebrochen und erweitert werden. Insofern die sozialen Akteurinnen bei der Situations- und Problembewältigung ihre traditionellen, habitualisierten Wahrnehmungs- und Handlungsmuster überwinden und sich im Rahmen heterogener, z. B. interdisziplinärer Kommunikations- und Interaktionsprozesse andersartigen Sichtweisen und Perspektiven öffnen. Der Versuch der subjektiven Vereinbarung, Integration und Reflexion der pluralen Gegenstandsdefinitionen kann zum Entwurf neuer Handlungsansätze und Lösungsstrategien führen.

Veränderungen bedürfen Freiheitsspielräume. Wenn soziale und organisationale Akteurinnen und Akteursgruppen schnell und flexibel auf veränderte Bedingungen reagieren, innovative Handlungsansätze entwickeln und Ergebnisse erzielen sollen, muss man ihnen eine gewisse Autonomie zugestehen (Sennett 2005). Der »radikalisierte« soziale Wandel erfordert, Giddens (1995) zufolge, die permanente und aktive Anpassung der Gesellschafts- und Organisationsmitglieder, um den Konsequenzen der Moderne gerecht zu werden. Wie die Untersuchung des Verwaltungsfeldes Prostitution und Menschenhandel zum Zweck der sexuellen Ausbeutung demonstriert und auch von Zürn (2008) angemerkt wird, sind die neuen Governanceformen voraussetzungsvoll(er) als die traditionellen, die durch Hierarchie gekennzeichnet sind. Die heterarchischen Koordinationen und Kooperationen der Institutionen und Organisationen beruhen auf Aushandlungsprozessen und Netzwerkaktivitäten und beanspruchen die Kommunikations- und Beziehungsarbeit ihrer Angestellten und Mitarbeiterinnen. Für Sennett (2005) ist es kein Zufall, dass Organisationen, die nach den Prinzipien des neuen, flexiblen Kapitalismus strukturiert sind, besonderen Wert auf Kompetenzen im Bereich der »zwischenmenschlichen Beziehungen« legen. Die postmoderne Verwaltungs- und Organisationsarbeit geht über die instrumentelle Rationalität der funktionalen Aufgaben hinaus und erfordert in höherem Maße verständigungsorientiertes Handeln. Ohne die Orientierung an der »kommunikativen« (Habermas 1981) und »transversalen« Vernunft (Welsch 2002) scheint die Erweiterung bzw. Umgestaltung des modernen, nationalstaatlichen Verwaltungssystems in ein postmodernes Organisationsgeflecht, das disziplinübergreifende, grenzüberschreitende und staatlich-zivilgesellschaftliche Koordinations- und Kooperationsformen beinhaltet, nicht möglich. Sennett (2005: 44) schreibt, was sich auch auf die gegenwärtige Verwaltungspraxis im Bereich Prostitution und

Menschenhandel übertragen lässt:»In fließenden Strukturen tritt Sensibili-tät an die Stelle der Pflicht«, die soziale und interkulturelle Sensibilität beispielsweise (siehe Kapitel 8, 9 und 10). Offe (2008) kritisiert die Subjektlosigkeit des Governancebegriffs. Auch wenn es im Kern um die Herstellung und den Gehalt von normativen Vorgaben für gesellschaftliche Interaktionen geht, scheint Governance weitgehend emergent. Die Komplexität des Zusammenspiels führt, Zürn (2008) zufolge, zu der Schwierigkeit, dass bestimmte Entscheidungen kaum noch bestimmten Akteuren zuzuschreiben sind. In der vorliegende, akteurszentrierte Studie dagegen kann rekonstruiert werden, wie die Ver-waltungspraxis im Bereich Prostitution und Menschenhandel zustande-kommt und auf welche Akteurinnen, respektive deren berufliche Habitus-formationen, vorhandenen oder nichtvorhandenen fachlichen und sozialen Kompetenzen, das Entstehen oder Verhindern spezifischer Reglementie-rungsformen bzw. Innovationsinitiativen zurückzuführen sind. Die sich ab-zeichnende Bedeutungsverschiebung von den institutionellen Regeln und Strukturen zur individualisierten Regulierung und Strukturierung wirft Fragen der demokratischen Kontrolle und Legitimität auf. Während die traditionelle, bürokratische Verwaltungsorganisation, Sennett (2005) zu-folge, nicht nur ein»stahlhartes Gehäuse der Hörigkeit«, sondern auch ein stabiles und vor allem transparentes System darstellte, hängen die Verwal-tungspraxis und die administrativen Wandlungs- und Innovationsprozesse in der Zweiten Moderne zunehmend von den sozialen Akteurinnen ab. Je nach beruflichem und sozialen Habitus der Verwaltungsakteurinnen kann die individuelle Ausgestaltung der Wahrnehmungs- und Handlungsspiel-räume fortschrittliche Prozesse in Gang setzen, die hergebrachten Struktu-ren reproduzieren oder auch Rückentwicklungen zur Folge haben. Nach Offe (2008) bleiben sowohl das Problem der demokratischen Verantwor-tung als auch der Ressourcen- und Machtverteilung in der Governancefor-schung weitgehend ausgeblendet. Die Untersuchung des Verwaltungsfel-des Prostitution und Menschenhandel zum Zweck der sexuellen Ausbeu-tung deckt spezifische Schwierigkeiten und Fehlerquellen sowie gelingen-de und problematische Verfahrensweisen in der beruflich-administrativen Governancearbeit auf (siehe Kapitel 9). Folgende empirische Studien könnten die typischen Probleme und Lösungsmöglichkeiten des neuen Go-vernancemodells weiter differenzieren und systematisieren und gegebe-nenfalls deren akteurspezifische Fundierung vertiefend erklären.

Literatur

Abels, Gabriele/Behrens, Maria (2002):»ExpertInnen-Interviews in der Politikwissenschaft. Geschlechtertheoretische und politikfeldanalytische Reflexion einer Methode«, in: Bogner/Littig/Menz, Das Experteninterview, S. 173-190.

Ahlemeyer, Heinrich W. (1996): Prostitutive Intimkommunikation. Zur Mikrosoziologie heterosexueller Prostitution (= Schriftenreihe: Beiträge zur Sexualforschung), Stuttgart: Enke.

Andresen, Sünne/Dölling, Irene/Kimmerle, Christoph (2003): Verwaltungsmodernisierung als soziale Praxis. Geschlechter-Wissen und Organisationsverständnis von Reformakteuren, Opladen: Leske & Budrich.

Barlösius, Eva (2003):»Weitgehend ungeplant und doch erwünscht: Figuration und Habitus. Über den Stellenwert von nicht-intendiertem Handeln bei Norbert Elias und Pierre Bourdieu«, in: Rainer Greshoff/Georg Kneer/Uwe Schimak (Hg.), Die Transintentionalität des Sozialen. Eine vergleichende Betrachtung klassischer und moderner Sozialtheorien, Wiesbaden: Westdeutscher Verlag, S. 138-157.

Bauman, Zygmunt (2000): Flüchtige Moderne. Frankfurt am Main: Suhrkamp.

Beck, Ulrich (1986): Risikogesellschaft. Auf dem Weg in die andere Moderne, Frankfurt am Main: Suhrkamp.

Beck, Ulrich (1993): Die Erfindung des Politischen. Zu einer Theorie reflexiver Modernisierung, Frankfurt am Main: Suhrkamp.

Beck, Ulrich/Giddens, Anthony/Lash, Scott (1997): Reflexive Modernisierung. Eine Kontroverse, Frankfurt am Main: Suhrkamp.

Becker-Lenz, Roland (2005):»Das Arbeitsbündnis als Fundament professionellen Handelns. Aspekte des Strukturdilemmas von Hilfe und Kontrolle in der Sozialen Arbeit«, in: Pfadenhauer, Professionelles Handeln, S. 87-104.

Behr, Rafael (2001):»Männlichkeiten, Handlungsmuster und Kulturen in der Polizei«, in: Peter Dröge/Michael Meuser (Hg.), Männlichkeiten und soziale Ordnung. Neue Beiträge zur Geschlechterforschung, Opladen: Leske & Budrich, S. 105-122.

Behr, Rafael (2003a):»Polizeikultur als institutioneller Konflikt des Gewaltmonopols«, in: Hans-Jürgen Lange (Hg.), Die Polizei der Gesellschaft. Zur Soziologie der Inneren Sicherheit, Opladen: Leske & Budrich, S. 178-194.

Behr, Rafael (2003b):»Polizeiforschung als Kontrolle der Kontrolleure?«, in: Martin Herrnkind/Sebastian Scheerer (Hg.), Die Polizei als Organisation mit Gewaltlizenz. Möglichkeiten und Grenzen der Kontrolle (= Hamburger Studien zur Kriminologie und Kriminalpolitik), Hamburg: Lit-Verlag, S. 221-259.

Benz, Arthur (Hg.) (2004): Governance – Regieren in komplexen Regelsystemen. Eine Einführung, Wiesbaden: VS Verlag.

Benz, Arthur (2004):»Governance – Modebegriff oder nützliches sozialwissenschaftliches Konzept«, in: Ders., S. 11-28.

Benz, Arthur (2006):»Eigendynamik von Governance in der Verwaltung«, in: Jörg Bogumil/Werner Jann/Frank Nullmeier (Hg.), Politik und Verwaltung, Politische Vierteljahresschrift, Sonderheft 37, S. 29-49.

Berger, Peter L./Luckmann, Thomas (2004): Die gesellschaftliche Konstruktion der Wirklichkeit. Eine Theorie der Wissenssoziologie, 22. Aufl., Frankfurt am Main: Fischer.

Bogner, Alexander/Littig, Beate/Menz, Wolfgang (2009): Interviewing Experts (= Research methods series), Basingstoke: Palgrave Macmillan.

Bogner, Alexander/Menz, Wolfgang (2001):»›Deutungswissen‹ und Interaktion. Zu Methodologie und Methodik des theoriegenerierenden Experteninterviews«, in: Soziale Welt 52, S. 477-500.

Bogner, Alexander/Menz, Wolfgang/Littig, Beate (Hg.) (2002): Das Experteninterview. Theorie, Methode, Anwendung, Opladen: Leske & Budrich.

Bogner, Alexander/Menz, Wolfgang (2002):»Das theoriegenerierende Experteninterview. Erkenntnisinteresse, Wissensformen, Interaktionen«, in: Bogner/Littig/Menz (Hg.), Das Experteninterview, S. 33-70.

Bogumil, Jörg/Kißler, Leo (Hg.) (1997): Verwaltungsmodernisierung und lokale Demokratie. Risiken und Chancen eines neuen Steuerungsmodells für die lokale Demokratie, Baden-Baden: Nomos.

Bommes, Michael/Scherr, Albert (2000): Soziologie der Sozialen Arbeit. Eine Einführung in Formen und Funktionen organisierter Hilfe, Weinheim/München: Juventa.

Bosetzky, Horst/Heinrich, Peter (1994): Mensch und Organisation: Aspekte bürokratischer Sozialisation. Eine praxisorientierte Einführung in die Soziologie und Sozialpsychologie der Verwaltung, 5. Aufl., Köln: Kohlhammer.

Bourdieu, Pierre (1987): Die feinen Unterschiede. Kritik der gesellschaftlichen Urteilskraft, Frankfurt am Main: Suhrkamp.

Bourdieu, Pierre (1993): Sozialer Sinn. Kritik der theoretischen Vernunft, Frankfurt am Main: Suhrkamp.

Beauvoir, Simone de (1968): Das andere Geschlecht. Sitte und Sexus der Frau, Reinbek: Rowohlt.

Braun, Christina von (2006):»Das Geld und die Prostitution«, in: Grenz/Lücke, Verhandlungen im Zwielicht, S. 23-42.

Brozus, Lars/Zürn, Michael (2003):»Regieren im Weltmaßstab«, in: Globalisierung, Informationen zur politischen Bildung 280, S. 56-63.

Bullough, Vern L./Bullough, Bonnie (1993): Women and Prostitution. A Social History, Buffalo, New York : Prometheus Books.

Bundesweite AG Recht und Prostitution (2003): Ein Jahr ProstG. Stellungnahme der AG-Recht der Hurenbewegung in Deutschland, März und April 2003.

Busch, Heiner, (1995): Grenzenlose Polizei? Neue Grenzen und polizeiliche Zusammenarbeit in Europa, Münster: Westfälisches Dampfboot.

Carpentera, Bellinda (1998):»Challenging the Dualisms«, in: Women's Studies International Forum 21, S. 387-399.

Choluj, Bozena (2006):»›Kann man eine Prostituierte überhaupt vergewaltigen?‹ Zum Prostitutionsdiskurs in Polen«, in: Grenz/Lücke, Verhandlungen im Zwielicht, S. 237-246.

Cohen, Erik (2001): Thai Tourism: Hill Tribes, Islands and open-ended Prostitution. Bangkok: White Lotus Press.

Cremer-Schäfer, Helga (2003): Fürsorge und Kritik, in: Birgit Menzel/Kerstin Ratzke (Hg.), Grenzenlose Konstruktivität? Standortbestimmungen und Zukunftsperspektiven konstruktivistischer Theorien abweichenden Verhaltens, Opladen: Leske & Budrich, S. 177-190.

Dausien, Bettina (1998):»Die biographische Konstruktion von Geschlecht«, in: Notker Schneider/R. A. Mall/Dieter Lohmar (Hg.), Einheit und Vielfalt. Das Verstehen der Kulturen, Amsterdam-Atlanten: Rodopi, S. 257-277.

Davis, Nanette J. (Hg.) (1993): Prostitution. An international Handbook on Trends, Problems and Policies, Westport, Conn: Greenwood Press.

Denzler, Georg (1990):»Die verbotene Lust. 2000 Jahre christliche Sexualmoral«, in: Anja Bagel-Bohlan/Michael Salewski, (Hg.), Sexualmoral und Zeitgeist im 19. und 20. Jahrhundert, Opladen: Leske & Budrich, S. 17-26.

Derlien, Hans-Ulrich (2000):»Standort der empirischen Verwaltungsforschung«, in: Klaus König (Hg.), Verwaltung und Verwaltungsforschung. Deutsche Verwaltung an der Wende zum 21. Jahrhundert, Speyer: Forschungsinstitut für öffentliche Verwaltung bei der Deutschen Hochschule für Verwaltungswissenschaften, 15-44.

Dewe, Bernd/Ferchhoff, Wilfried/Radtke Frank-Olaf (1994):»Auf dem Weg zu einer aufgabenzentrierten Professionstheorie pädagogischen Handelns«, In: Dies. (Hg.): Erziehen als Profession. Opladen: Leske & Budrich, S. 7-20.

Diederich, Otto (2000): Polizei, Hamburg: Rotbuch.

Dodillet, Susanne (2006).»Prostitutionspolitik in Deutschland und Schweden. Zum ideologischen Hintergrund von Sexarbeit und Sexkaufverbot«, in: Grenz/Lücke, Verhandlungen im Zwielicht, S. 95-112.

Doezema, Jo (2006):»Weiße Sklavinnen, arme Slawinnen. Das Melodram vom Frauenhandel«, in: Osteuropa 56, S. 269-284.

Domentat, Tamara (2003): Laß dich verwöhnen. Prostitution in Deutschland, Berlin: Aufbau-Verlag.

Dufour, F. S. Pierre/Helbing, Franz (1999): Weltgeschichte der Prostitution. Von den Anfängen bis zum Beginn des 20. Jahrhunderts, Eichborn Verlag.

Eberle, Thomas S. (1984): Sinnkonstitution in Alltag und Wissenschaft. Der Beitrag der Phänomenologie an die Methodologie der Sozialwissenschaften, Bern: Paul Haupt.

Eder, Klaus (2000):»Konstitutionsbedingungen einer transnationalen Gesellschaft in Europa. Zur nachholenden Modernisierung Europas«, in: Wolfgang Heyde/Thomas Schaber (Hg.), Demokratisches Regieren in Europa?, Baden-Baden: Nomos, S. 87-102.

Fabel, Melanie (2003):»Rekonstruktion biographischer und professioneller Sinnstrukturen. Methodische Schritte einer fallinternen Zusammenhangsanalyse«, in: Zeitschrift für qualitative Bildungs-, Beratungs- und Sozialforschung 4, S. 145-151.

Fabel, Melanie/Tiefel, Sandra (Hg.) (2004): Biographische Risiken und neue professionelle Herausforderungen, Wiesbaden: VS Verlag.

Falck, Uta (1998): VEB Bordell. Geschichte der Prostitution in der DDR, Forschungen zur DDR-Gesellschaft, Berlin: Links.

Fischer, Claudia/Kavemann, Barbara/Helfferich, Cornelia (2007): Vertiefung spezifischer Fragestellungen zu den Auswirkungen des Prostitutionsgesetzes: Ausstieg aus der Prostitution, Kriminalitätsbekämpfung und Prostitutionsgesetz, Sozialwissenschaftliches FrauenForschungs-Institut SoFFI K., Freiburg (79 Seiten).

Foucault, Michel (1995): Der Wille zum Wissen (= Sexualität und Wahrheit, Band 1), Frankfurt am Main: Suhrkamp.

Foucault, Michel (2004): Sicherheit, Territorium, Bevölkerung (= Geschichte der Gouvernementalität, Band 1), Frankfurt am Main: Suhrkamp.

Franzpötter, Reiner (1997): Organisationskultur. Begriffsverständnis und Analyse aus interpretativ-soziologischer Sicht, Baden-Baden: Nomos.

Freund-Widder, Michaela (2003): Frauen unter Kontrolle. Prostitution und ihre staatliche Bekämpfung in Hamburg vom Ende des Kaiserreichs bis zu den Anfängen der Bundesrepublik, (= Hamburger Arbeitskreis für Geschlechterforschung, Geschlecht-Kultur-Gesellschaft, Band 8), Münster: Lit-Verlag.

Froschauer, Ulrike/Luegner, Manfred (2002):»ExpertInnengespräche in der interpretativen Organisationsforschung«, in: Bogner/Littig/Menz, Das Experteninterview, S. 223-240.

Fürst, Dietrich (2004):»Regional Governance auf lokaler Ebene«, in: Benz, Governance, S. 45-64.

Galen, Margarete von (2004): Rechtsfragen der Prostitution. Das ProstG und seine Auswirkungen, München: C. H. Beck.

Gergen, Kenneth J./Gergen, Mary M. (2007): «From Knowledge-Based to Dialogue-Based Management Practice«, in: Thomas S. Eberle/Sabine Hoidn/Katarina Sikavica (Hg.), Fokus Organisation. Sozialwissenschaftliche Perspektiven und Analysen, Konstanz: Universitätsverlag, S. 89-99.

Gerstlberger, Wolfgang/Grimmer, Klaus/Wind, Martin (1999): Innovationen und Stolpersteine in der Verwaltungsmodernisierung (= Modernisierung des öffentlichen Sektors), Berlin: Sigma.

Gibbons, Michael/Limoges, Camille/Nowotny, Helga/Schwartzmann, Simon/Scott, Peter/Trow, Martin (1994): The New Production of Knowledge. The Dynamics of Science and Research in Contemporary Societies, London: Sage.

Giddens, Anthony (1995): Konsequenzen der Moderne, Frankfurt am Main: Suhrkamp.

Giesen, Rosi/Schumann, Gunda (1987):»Prostitution als Emanzipation«, in: Dietlinde Glipser/Marlene Stein-Hilbers (Hg.), Wenn Frauen aus der Rolle fallen. Alltägliches Leiden und abweichendes Verhalten von Frauen, 2., überarbeitete Aufl., Weinheim/Basel: Beltz, S. 141-168.

Gildemeister, Regine (1992):»Neuere Aspekte der Professionalisierungsdebatte«, in: Neue Praxis 22, S. 207-219.

Gildemeister, Regine (1993):»Soziologie der Sozialarbeit«, in: Hermann Korte/Bernhard Schäfers (Hg.), Einführung in spezielle Soziologien, Opladen: Leske & Budrich, S. 57-74.

Girtler, Roland (1980): Polizei-Alltag. Strategien, Ziele und Strukturen polizeilichen Handelns, Opladen: Westdeutscher Verlag.

Girtler, Roland (2004): Der Strich. Zur Soziologie eines Milieus, 5. Aufl., Wien: Lit-Verlag.

Gläser, Jochen/Laudel, Grit (2004): Experteninterviews und qualitative Inhaltsanalyse. Instrumente rekonstruierender Untersuchungen, Wiesbaden: VS Verlag.

Gleß, Sabine (1999): Die Reglementierung von Prostitution in Deutschland, Kriminologische und sanktionenrechtliche Forschungen, Berlin: Duncker & Humblot.

Goetz, Klaus H. (1997):»Verwaltungswandel – ein analytisches Gerüst«, in: Edgar Grande/Rainer Prätorius (Hg.), Modernisierung des Staates (= Staatslehre und politische Verwaltung, Band 1) Baden-Baden: Nomos, S. 177-206.

Gorz, Andre (1998): Kritik der ökonomischen Vernunft. Sinnfragen am Ende der Arbeitsgesellschaft, Hamburg: Rotbuch.

Grenz, Sabine (2005): (Un)heimliche Lust. Über den Konsum sexueller Dienstleistungen, Wiesbaden: VS Verlag.

Grenz, Sabine (2006):»Prostitution eine Verhinderung oder Ermöglichung sexueller Gewalt. Spannungen in kulturellen Konstruktionen männlicher und weiblicher Sexualität«, in: Grenz/Lücke, Verhandlungen im Zwielicht, S. 319-342.

Grenz, Sabine/Lücke, Martin (Hg.), (2006): Verhandlungen im Zwielicht. Momente der Prostitution in Geschichte und Gegenwart, Bielefeld: Transcript.

Goffman, Erving (1973): Asyle. Über die soziale Situation psychiatrischer Patienten und anderer Insassen, Frankfurt am Main: Suhrkamp.

Goffman, Erving (1993): Rahmen-Analyse. Ein Versuch über die Organisation von Alltagserfahrungen, Frankfurt am Main: Suhrkamp.

Habermas, Jürgen (1981): Theorie des kommunikativen Handelns, Frankfurt am Main: Suhrkamp.

Habermas, Jürgen (1992):»Zivilgesellschaftliche Aktoren, öffentliche Meinung und kommunikative Macht«, in: Ders., Faktizität und Geltung. Beiträge zur Diskurstheorie des Rechts und des demokratischen Rechtsstaats, 2. Aufl., Frankfurt am Main, S. 435-467.

Habermas, Jürgen (1995): Die neue Unübersichtlichkeit, Frankfurt am Main: Suhrkamp.

Han, Petrus (2000): Soziologie der Migration. Erklärungsmodelle, Fakten, Politische Konsequenzen, Perspektiven, Stuttgart: Lucius und Lucius, S. 142-169.

Han, Petrus (2003): Frauen und Migration, Stuttgart: Lucius und Lucius, S. 189-204, S. 225-267.

Harmsen, Thomas (2004): Die Konstruktion professioneller Identität in der Sozialen Arbeit. Theoretische Grundlagen und empirische Befunde, Heidelberg: Carl-Auer Verlag.

Harney, Klaus/Rahn, Sylvia (2002):»Wissen zwischen Biographie und Organisation. Zur Brauchbarkeit des Biografiebegriffs für die synchrone Analyse von Praktiken des Managements und der Organisationsentwicklung«, in: Kraul/Marotzki/Schwappe, Biographie und Profession, S. 304-319.

Hartmann, Elke (2006):»Hetären für die Lust? Zum Hetärenwesen im klassischen Athen«, in: Grenz/Lücke, Verhandlungen im Zwielicht, S. 43-62.

Haselow, Reinhard (2003):»Die Umsetzung von Normen in der Organisationswirklichkeit der Polizei«, in: Hans-Jürgen Lange (Hg.): Die Polizei der Gesellschaft. Zur Soziologie der Inneren Sicherheit, Opladen: Leske & Budrich, S. 228-246.

Heinelt, Hubert (2004):»Governance auf lokaler Ebene«, in: Benz, Governance, S. 29-44.

Heiner, Maja (2004): Professionalität in der sozialen Arbeit. Theoretische Konzepte, Modelle und empirische Perspektiven, Stuttgart: Kohlhammer.

Heine-Wiedemann, Dagmar/Ackermann, Lea/Mahnkopf, Hans-Jürgen/ Wiedemann, Rainer (1998): Umfeld und Ausmaß des Menschenhandels mit ausländischen Mädchen und Frauen, Bundesministerium für Familie, Senioren, Frauen und Jugend, Stuttgart: Kohlhammer.

Heinz-Trossen, Alfons (1993): Prostitution und Gesundheitspolitik. Prostituiertenbetreuung als pädagogischer Auftrag des Gesetzgebers an die Gesundheitsämter, Frankfurt am Main: Peter Lang.

Helfferich, Cornelia/Fischer, Claudia/Kavemann, Barbara/Leopold, Beate/ Rabe, Heike (2007): Untersuchung»Auswirkung des Prostitutionsgesetzes«. Abschlussbericht, Sozialwissenschaftliches Frauenforschungsinstitut Freiburg, Kontaktstelle praxisorientierte Forschung der Evangelischen Fachhochschule Freiburg, im Auftrag des Bundesministeriums für Familie, Senioren, Frauen und Jugend, Freiburg (309 Seiten).

Henning, Juanita (1997): Kolumbianische Prostituierte in Frankfurt. Ein Beitrag zur Kritik gängiger Ansichten über Frauenhandel und Prostitution, Freiburg: Lambertus.

Herz, Anette Louise (2005): Menschenhandel. Eine empirische Untersuchung der Strafverfolgungspraxis, Inauguraldissertation zur Erlangung der Doktorwürde der Rechtswissenschaftlichen Fakultät der Albert-Ludwigs-Universität Freiburg im Breisgau (380 Seiten).

Hoffmann-Riem, Wolfgang (2005):»Governance im Gewährleistungsstaat – Vom Nutzen der Governance-Perspektive für die Rechtswissenschaft«, in: Schuppert, Governance-Forschung, S. 195-219.

Holtgrewe, Ursula (2005):»Subjekte als Grenzgänger der Organisationsgesellschaft«, in: Wieland Jäger/Uwe Schimank (Hg.), Organisationsgesellschaft. Facetten und Perspektiven, Wiesbaden: VS Verlag, S. 344-368.

Howe, Christiane (2004):»Ergebnisse der qualitativen Studie über Kunden von ausländischen Prostituierten«, in: Dokumentation der Fachtagung »Prostitutionskunden – sich auszutauschen, um Standpunkte zu verrücken« in Berlin: Context e.V., S. 31-45.

Hüttermann, Jörg. (2000): »Polizeialltag und Habitus. Eine sozialökologische Fallstudie«, in: Soziale Welt 51, S. 7-24

Jäger, Jens (2006): Verfolgung durch Verwaltung. Internationales Verbrechen und internationale Polizeikooperation 1880-1933, Konstanz: UVK-Verlag.

Jann, Werner/Wegrich, Kai (2004): »Gonvernance und Verwaltungspolitik«, in: Benz, Governance, S. 193-214.

Kassner, Karsten/Wassermann, Petra (2002): »Nicht überall, wo Methode draufsteht, ist auch Methode drin. Zur Problematik der Fundierung von ExpertInneninterviews«, in: Bogner/Littig/Menz, Das Experteninterview, S. 95-112.

Kiefl, Walter/Lamnek, Siegfried (1986): Soziologie des Opfers. Theorie, Methoden und Empirie der Viktimologie, München: Fink.

Kleiber, Dieter/Velten, Doris (1994): Prostitutionskunden. Eine Untersuchung über soziale und psychologische Charakteristika von Besuchern weiblicher Prostituierter (= Schriftenreihe des Bundesministeriums für Gesundheit), Baden-Baden: Nomos.

Kleiber, Dieter/Wilke, Martin (1995): Aids, Sex und Tourismus. Ergebnisse einer Befragung deutscher Urlauber und Sextouristen (= Schriftenreihe des Bundesministeriums für Gesundheit), Baden-Baden: Nomos.

Kneer, Georg (1996): Literaturbesprechung zu Peter Wagner (1995): Soziologie der Moderne. Freiheit und Disziplin, in: KZfSS 48, S. 566-568.

Knill, Christoph (2001): The Europeanisation of National Administration, Patterns of Institutional Change and Persistence, Cambridge: Cambridge University Press.

Knorr-Cetina, Karin (2000): »Die Wissensgesellschaft«, in: Armin Pongs (Hg.), In welcher Gesellschaft leben wir eigentlich? Gesellschaftskonzepte im Vergleich, Band 2, S.149-169.

KOK - Bundesweiter Koordinationskreis gegen Frauenhandel und Gewalt an Frauen im Migrationsprozess e.V. (2002): Frauenhandel(n) in Deutschland. Frauenprojekte in Deutschland zur Problematik Frauenhandel - Eine Dokumentation, Berlin: Bundesministerium für Familie, Senioren, Frauen und Jugend (BMFSJ).

KOK – Bundesweiter Koordinationskreis gegen Frauenhandel und Gewalt an Frauen im Migrationsprozess e.V. (2007), Siehe http://www.kok-potsdam.de vom 27.03.2007.

Krasmann, Susanne/Lehne, Werner (1997): »›Organisierte Kriminalität‹ im Windschatten legaler und illegaler Märkte«, in: Vorgänge 36, S. 106-119.

Kraul, Magret/Marotzki, Winfried/Schwappe, Cornelia (Hg.) (2002): Biographie und Profession, Bad Heilbrunn: Julius Klinkhardt.

Kühne, Arlette/Robert, Günther/Stange, Doreen (2004): Karo – zielgruppenspezifische grenzüberschreitende Sozialarbeit in Prostitutions- und

Drogenszenen. Externe Evaluation des Projektes, Dresden: Evangelische Hochschule für Soziale Arbeit (FH).

Kulbach, Roderich/Wohlfahrt, Norbert (1994): Öffentliche Verwaltung und Soziale Arbeit. Eine Einführung für soziale Berufe. Freiburg im Breisgau: Lambertus

Kuo, Leonore (2002): Prostituion Policy. Revolutionizing Practice through a gendered Perspektive, New York: New York University Press.

Ladeur, Karl-Heinz (1994):»Recht und Verwaltung. Rechtliche ›Steuerung‹ und ›Selbstprogrammierung‹ in ›Beurteilungs-, und ›Ermessensspielräumen‹«, in: Klaus Damann/Dieter Grunow/Klaus P. Japp (Hg.), Die Verwaltung des politischen Systems. Neuere systemtheoretische Zugriffe auf ein altes Thema, Opladen: Westdeutscher Verlag, S. 99-107.

Lamnek, Siegfried (2005): Qualitative Sozialforschung, Weinheim, Basel: Beltz: S. 363-368

Langer, Antje (2003): Klandestine Welten. Mit Goffman auf dem Drogenstrich, Königstein/Taunus: Ulrike Helmer Verlag.

Leopold, Beate/Steffan, Elfriede (1995): HIV/AIDS- und STD-Prävention und nationale Grenzen. Informationsschrift zu Modellprogramm »Streetwork zur AIDS-Prävention im grenzüberschreitenden Raum Bundesrepublik Deutschland-Polen und Bundesrepublik Deutschland-Tschechien in Zusammenarbeit von Bund, Land Sachsen, Mecklenburg-Vorpommern, Brandenburg, WHO, Europäische Kommission, Sozialpädagogisches Institut Berlin«, Berlin: SPI-Forschung GmbH.

Leopold, Beate/Steffan, Elfriede (1997a): EVA-Projekt. Evaluierung unterstützender Maßnahmen beim Ausstieg aus der Prostitution, Berlin: SPI-Forschung GmbH.

Leopold, Beate/Steffan, Elfriede (1997b): Abschlussbericht der wissenschaftlichen Begleitung des Modellprogramms »Streetwork zur AIDS-Prävention im grenzüberschreitenden Raum Bundesrepublik Deutschland-Polen und Bundesrepublik Deutschland-Tschechien in Zusammenarbeit von Bund, Land Sachsen und Mecklenburg-Vorpommern, WHO, EG, Sozialpädagogisches Institut Berlin«, Berlin: SPI-Forschung GmbH.

Leopold, Beate/Steffan, Elfriede/Paul, Nikola/Galen, Margarete von (1997): Dokumentation zur rechtlichen und sozialen Situation von Prostituierten in der Bundesrepublik Deutschland (= Schriftenreihe des Bundesministerium für Familie, Senioren, Frauen und Jugend), 2. Aufl., Stuttgart: Kohlhammer.

Leube, Konrad (2002):»Prostitution als sozialversicherungsrechtliche Beschäftigung«, in: Die Sozialversicherung, April 2002, S. 85-91.

Liebold, Renate/Trinczek, Rainer (2002):»Experteninterview«, in: Kühl, Stefan/Strodtholz, Petra (Hg.), Methoden der Organisationsforschung. Ein Handbuch, Reinbek bei Hamburg: Rowohlt, S. 33-71.

Littig, Beate (2002):»Interviews mit Experten und Expertinnen. Überlegungen aus geschlechtertheoretischer Sicht«, in: Bogner/Littig/Menz, Das Experteninterview, S. 191-206.

Mayntz, Renate (1968): Bürokratische Organisation, Köln: Kiepenheuer & Witsch.

Mayntz, Renate (Hg.) (1980): Implementation politischer Programme. Empirische Forschungsberichte, Königstein/Taunus: Verlagsgruppe Athenäum, Hain, Scriptor, Hanstein.

Mayntz, Renate (Hg.) (1983): Implementation politischer Programme II. Ansätze zur Theoriebildung, Opladen: Westdeutscher Verlag.

Mayntz, Renate (1985): Soziologie der öffentlichen Verwaltung, 3. Aufl., Heidelberg: UTB.

Mayntz, Renate/Scharpf, Fritz W. (1995):»Der Ansatz des akteurzentrierten Institutionalismus«, in: Dies., Gesellschaftliche Selbstregelung und politische Steuerung, Frankfurt am Main: Campus, S. 39-72.

Mayntz, Renate (1997):»Verwaltungsreform und gesellschaftlicher Wandel«, in: Edgar Grande/Rainer Prätorius (Hg.), Modernisierung des Staates (= Staatslehre und politische Verwaltung, Band 1), Baden-Baden: Nomos, S. 65-74.

Mayntz, Renate (2004):»Governance im modernen Staat«, in: Benz, Governance, S. 64-76.

Mayntz, Renate. (2005):»Governance als fortentwickelte Steuerungstheorie«, in: Schuppert, Governance-Forschung, S. 11-20.

Mentz, Ulrike (2001): Frauenhandel als migrationsrechtliches Problem, Frankfurt am Main: Peter Lang.

Menzel, Birgit/Ratzke, Kerstin (Hg.) (2003): Grenzenlose Konstruktivität? Standortbestimmungen und Zukunftsperspektiven konstruktivistischer Theorien abweichenden Verhaltens, Opladen: Leske & Budrich.

Merten, Roland (2004):»Professionelles Beratungshandeln im Spannungsfels mikro- und makrosoziologischer Professionstheorien – Kommentar zum Beitrag von Sandra Tiefel«, in: Fabel/Tiefel, Biographische Risiken und neue professionelle Herausforderungen, S. 129-138.

Meuser, Michael (1999):»Subjektive Perspektiven, habituelle Dispositionen und kognitive Erfahrungen. Wissenssoziologie zwischen Schütz, Bourdieu und Mannheim«, in: Ronald Hitzler/Jo Reichertz/Norbert Schröer (Hg.), Hermeneutische Wissenssoziologie. Standpunkte zur Theorie der Interpretation, Konstanz: UVK, S. 121-146.

Meuser, Michael/Nagel, Ulrike (1991):»ExpertInneninterviews – vielfach erprobt, wenig bedacht. Ein Beitrag zur qualitativen Methodendiskussion«, in: Detlef Garz/Klaus Kraimer (Hg), Qualitativ-empirische Sozialforschung. Konzepte, Methoden, Analysen, Opladen: Westdeutscher Verlag, S. 441-471.

Meuser, Michael/Nagel, Ulrike (1994):»Expertenwissen und Experteninterview«, in: Ronald Hitzler/Anne Honer/Christoph Maeder (Hg.), Expertenwissen. Die institutionalisierte Kompetenz zur Konstruktion von Wirklichkeit, Opladen: Westdeutscher Verlag, S. 180-192.

Meuser, Michael/Nagel, Ulrike (2004):»ExpertInneninterview. Zur Rekonstruktion spezialisierten Sonderwissens«, in: Ruth Becker, Beate Kortendiek (Hg.), Handbuch Frauen- und Geschlechterforschung. Theorie, Methoden, Empirie, Wiesbaden: VS Verlag.

Meuser, Michael/Nagel, Ulrike (2009):»Experteninterview und der Wandel der Wissensproduktion«, in: Bogner, Alexander/Menz, Wolfgang/ Littig, Beate (Hg.), Experteninterviews. Theorien, Methoden, Anwendungsfelder, 3. grundlegend überarb. Aufl., Wiesbaden: VS Verlag, S. 35-60.

Michel-Schwartze, Brigitta (2002): Handlungswissen der Sozialen Arbeit. Deutungsmuster und Fallarbeit, Opladen: Leske & Budrich.

Mitrovic, Emilija (2004a): Arbeitsplatz_Prostitution. Bericht über die Ergebnisse der Feldstudie «Der gesellschaftliche Wandel im Umgang mit Prostituierten seit Inkrafttreten der neuen Gesetzgebung am 1.1.2002«.

Mitrovic, Emilija (2004b): Statement zu den gewerkschaftlichen Perspektiven im Umgang mit dem neuen Prostitutionsgesetz für den Arbeitskreis Prostitution beim Bundesvorstand der Gewerkschaft Verdi.

Mitrovic, Emilija (2004c): Zum gesellschaftlichen Umgang mit Prostitution in Deutschland, Verdi-Konferenz Arbeitsplatz_Prostitution, Hamburg.

Mühlum, Albert (2001): Sozialarbeit und Sozialpädagogik: Ein Vergleich, Frankfurt am Main: Deutscher Verein für öffentliche und private Fürsorge.

Müller, Monika (2006): Von der Fürsorge in die Soziale Arbeit. Fallstudie zum Berufswandel in Ostdeutschland, Opladen: Babara Budrich.

Nadai, Eva/Sommerfeld, Peter (2005):»Professionelles Handeln in Organisationen − Inszenierungen der Sozialen Arbeit«, in: Pfadenhauer, Professionelles Handeln, S. 181-206.

Nagel, Ulrike (1997): Engagierte Rollendistanz. Professionalität in biographischer Perspektive (= Biographie & Gesellschaft), Opladen: Leske & Budrich.

Di Nicola, Andrea/Orfano, Isabella/Cauduro, Andrea/Conci, Nicoletta (2005): Study on National Legislation on Prostitution and the Trafficking in Women and Children, Executed by Transcrime, Joint Research Centre on Transnational Crime of the Università degli Studi di Trento and the Università Cattolica del Sacro Cuore (Italy), For the European Parliament (175 Seiten).

Niesner, Elvira/Anonuevo, Estrella/Apricio, Marta/Sonsienchai-Fenzl, Petchara (1997): Ein Traum vom besseren Leben. Migrantinnenerfahrungen, soziale Unterstützung und neue Strategien gegen Frauenhandel, Opladen : Leske und Budrich.

Niesner, Elvira/Jones-Pauly, Christina (2001): Frauenhandel in Europa. Strafverfolgung und Opferschutz im europäischen Vergleich, Bielefeld: Kleine Verlag, S. 125-155, S. 98-123.

Nittel, Dieter (2002):»Professionalität ohne Profession?«, in: Kraul/ Marotzki/Schwappe, Biographie und Profession, S. 253-286

Nowak, Anna (1999):»Political Transformation in Poland. The Rise in Sex Work«, in: Research for Sex Work 2, Siehe http://web.nswp.org/ r4sw /index.html vom 28.05.2005.

Offe, Claus (2008):»Governance – ›Empty signifier‹ oder sozialwissenschaftliches Forschungsprogramm?«, in: Schuppert/Zürn, Governance in einer sich wandelnden Welt, S. 61-76.

O'Connell Davidson, Julia (1998): Prostitution, Power and Freedom, Cambridge: Cambridge University Press.

O'Connell Davidson, Julia (2006):»Männer, Mittler und Migranten. Marktgesetze des ›Menschenhandels‹«, in: Osteuropa 56, S.7-20.

Paulus, Manfred (2003): Frauenhandel und Zwangsprostitution. Tatort Europa, Hilden: Verlag Deutsche Polizeiliteratur.

Pfadenhauer, Michaela (2002):»Auf gleicher Augenhöhe reden. Das Experteninterview – ein Gespräch zwischen Experte und Quasi-Experte«, in: Bogner/Littig/Menz, Das Experteninterview, S. 113-130.

Pfadenhauer, Michaela (Hg.) (2005): Professionelles Handeln, Wiesbaden: VS Verlag.

Pfadenhauer, Michaela (2005):»Die Definition des Problems aus der Verwaltung der Lösung. Professionelles Handeln revisted«, in: Dies., Professionelles Handeln, S. 9-26.

Prostituiertenprojekt Hydra (Hg.) (1988): Beruf: Hure, Hamburg: Galgenberg.

Prostituiertenprojekt Hydra (Hg.) (1994): Freier. Das heimliche Treiben der Männer, Berlin: Knaur.

Quack, Sigrid (2005):»Zum Werden und Vergehen von Institutionen. Vorschläge für eine dynamische Governanceanalyse«, in: Schupert, Governance-Forschung, S. 346-370.

Reichertz, Jo (2003):»Empirisch-wissenssoziologische Polizeiforschung in Deutschland«, in: Hans-Jürgen Lange (Hg.), Die Polizei der Gesellschaft. Zur Soziologie der Inneren Sicherheit, Opladen: Leske & Budrich, S. 414-426.

Renzikowski, Joachim (2006): Freierbestrafung – Ja oder Nein?, Siehe http://www.gegenfrauenhandel.de/download/060308_Rede_Renzikowski.pdf vom 25.09.2007.

Renzikowski, Joachim (2007): Reglementierung von Prostitution: Ziele und Probleme – eine kritische Betrachtung des Prostitutionsgesetzes, Gutachten im Auftrag des Bundesministeriums für Familie, Senioren,

Frauen und Jugend, Martin-Luther-Universität Halle-Wittenberg (73 Seiten).

Riehle, Eckart/Seifert, Michael (2001): »Stolpersteine interkultureller Verwaltungskommunikation«, in: Ders. (Hg.), Interkulturelle Kompetenz in der Verwaltung. Kommunikationsprobleme zwischen Migranten und Behörden, Wiesbaden: Westdeutscher Verlag, S. 11-35.

Riehle (2001): Verwaltungskultur im Ausländeramt, in: Ders., Interkulturelle Kompetenz in der Verwaltung, S. 83-94.

Riekenbrauk, Klaus (204): Strafrecht und Soziale Arbeit. Eine Einführung für Studium und Praxis, München: Luchterhand.

Riemann, Gerd (2002): »Biographien verstehen und missverstehen – Die Komponente der Kritik in sozialwissenschaftlichen Fallanalysen des professionellen Handelns«, in: Kraul/Marotzki/Schwappe, Biographie und Profession, S. 165-196.

Rifkin, Jeremy (2004): Der Europäische Traum. Die Visionen einer leisen Supermacht, Frankfurt am Main/New York, S. 216-259.

Ringdal, Nils Johan (2006): Die neue Weltgeschichte der Prostitution, München: Piper-Verlag.

Rosowski, Martin (2006): Männer tragen Verantwortung – Männliche Sexualität und Prostitution, Augsburg, Siehe http://www.hss.de/ downloads /Rosowski-Vortrag.pdf vom 20.03.2007.

Ryan, Chris/Hall, Michael C. (2001): Sextourism: Marginal People and Liminalities, London: Routledge.

Rupprecht, Reinhard (Hg.) (1995): Polizei-Lexikon, 2. völlig neubearbeitete Aufl., Heidelberg: Kriminalistik Verlag.

Sauer, Birgit (2006): »Zweifelhafte Rationalität. Prostitutionspolitiken in Österreich und Slowenien«, in: Grenz/Lücke, Verhandlungen im Zwielicht, S. 77-94

Schmitt-Zimmermann, Siegfried (2000): Sozialarbeit und Polizei. Sozialarbeit im Polizeirevier als neues Aufgabenfeld der Sozialen Arbeit, Kriftel: Luchterhand.

Schneider, Volker (2004). Organizational Governance – Governance in Organisationen, in: Benz, Governance, S. 173-192.

Schuppert, Gunnar Folke (Hg.) (2005): Vergewisserung über Stand und Entwicklungslinien, Baden-Baden.

Schuppert, Gunnar Folke/Zürn, Michael (Hg.) (2008): Governance in einer sich wandelnden Welt, Politische Vierteljahresschrift, Sonderheft 41, Wiesbaden: VS Verlag.

Schuppert, Gunnar Folke (2008): »Governance – auf der Suche nach Konturen eines ›anerkannt uneindeutigen Begriff‹, in: Schuppert/Zürn, Governance in einer sich wandelnden Welt, S.13-42.

Schütz, Alfred (2004): Der sinnhafte Aufbau der sozialen Welt. Eine Einleitung in die verstehende Soziologie, Konstanz: UVK.

Schütze, Fritz (1992):»Sozialarbeit als ›bescheidene‹ Profession«, in: Bernd Dewe/Wilfried Ferchhoff/Frank-Olaf Radtke (Hg.), Erziehen als Profession. Zur Logik professionellen Handelns in pädagogischen Feldern, Opladen: Leske & Budrich, S. 132-170.

Schütze, Fritz (1996):»Organisationszwänge und hoheitsstaatliche Rahmenbedingungen im Sozialwesen. Ihre Auswirkungen auf die Paradoxien professionellen Handelns«, in: Arno Combe/Werner Helsper (Hg.), Pädagogische Professionalität. Untersuchungen zum Typus pädagogischen Handelns, Frankfurt am Main: Suhrkamp, S. 183-275.

Schütze, Fritz (2000):»Schwierigkeiten bei der Arbeit und Paradoxien des professionellen Handelns. Ein grundlagentheoretischer Aufriss«, in: Zeitschrift für qualitative Bildungs-, Beratungs- und Sozialforschung 1, S. 49-96.

Schütze, Fritz (2002):»Supervision als ethischer Diskurs?«, in: Kraul/ Marotzki/Schwappe, Biographie und Profession, S. 135-164.

Sennett, Richard (2005): Die Kultur des neuen Kapitalismus, Berlin: Berlin-Verlag.

Slaughter, Anne-Marie (2004): A New World Order, Princeton: Princeton University Press.

SPI (2000): AIDS- und STD-Prävention – eine grenzüberschreitende Herausforderung, Dokumentation der Fachtagung vom 8-11.11.2000, Berlin: SPI-Forschung GmbH.

Staub-Bernasconi (1995):»Das fachliche Selbstverständnis Sozialer Arbeit – Wege aus der Bescheidenheit. Soziale Arbeit als Human Rights Profession«, in: Wolf Rainer Wendt (Hg.), Soziale Arbeit im Wandel ihres Selbstverständnisses. Beruf und Identität, Freiburg im Breisgau: Lambertus, S. 57-104.

Sombre, Steffen de/Mieg, Harald A. (2005):»Professionelles Handeln aus der Perspektive der Kognitiven Professionssoziologie«, in: Pfadenhauer, Professionelles Handeln, S. 55-68.

Steffan, Elfriede/Kraus, Michael F./Herrmann, Ute/Netzmann, Rudolf (2000a): The Umbrella Network. Analysis of Border Issues with regard to HIV/AIDS/STDs and Developement of cooperative Border Crossing Methods of Prevention, Final Report Phase IV, Volume I, Berlin: SPI-Forschung GmbH.

Steffan, Elfriede/Rademacher, Marianne/Kraus, Michael (2002): Gesundheitsämter im Wandel. Die Arbeit der Beratungsstellen für STDs und AIDS vor dem Hintergrund des neuen Infektionsschutzgesetzes (IfSG), Berlin: SPI-Forschung GmbH.

Strauss, Anselm L. (1993): Continual Permutations of Action, Communication and Social Order, New York: de Gruyter.

Tiefel, Sandra (2003):»Die formale und die deskriptive Interviewanalyse und ihre Potentiale für die vergleichende Kodierung offener und teilstandardisierter Interviews«, in: Zeitschrift für qualitative Bildungs-, Beratungs- und Sozialforschung 1, S. 153-161.

Tiefel, Sandra (2004):»Auf dem Weg zu einer pädagogischen Beratungstheorie? Ein empirisch generiertes Modell zu professioneller Reflexion in der Beratungspraxis«, in: Fabel/Tiefel, Biographische Risiken und neue professionelle Herausforderungen, S. 107-128.

Treutner, Erhard/Wolff, Stephan/Bonß, Wolfgang (1978): Rechtsstaat und situative Verwaltung. Zu einer sozialwissenschaftlichen Theorie administrativer Organisationen, Frankfurt am Main: Suhrkamp.

Ulrich, Anita (1985): Bordelle, Straßendirnen und die bürgerliche Sittlichkeit in der Belle Epoque. Eine sozialgeschichtliche Studie der Prostitution am Beispiel der Stadt Zürich (= Schriftenreihe: Mitteilungen der Antiquarischen Gesellschaft in Zürich), Zürich: Schulthess.

Valverde, Marianna (2003): Law's Dream of Common Knowledge. The Cultural Lives of Knowledge, Princeston: Princeton University Press.

Wagner, Peter (1995): Soziologie der Moderne. Freiheit und Disziplin, Frankfurt am Main/New York: Campus.

Weber, Max (2006): Wirtschaft und Gesellschaft (= Hauptwerke großer Denker), Paderborn: Voltmedia.

Welsch, Wolfgang (1993): Unsere postmoderne Moderne, 4. Aufl., Berlin: Akademie-Verlag.

Wessels, Wolfgang (2000): Die Öffnung des Staates. Modelle und Wirklichkeit grenzüberschreitender Verwaltungspraxis 1960-1995, Opladen: Leske & Budrich.

Witzel, Andreas (2000):»Das problemzentrierte Interview«, in: Forum Qualitative Sozialforschung, Siehe http://qualitative-research.net/fqs vom 14.07.2007.

Zimmermann, Udo (2002): Die öffentlich-rechtliche Behandlung der Prostitution, Tübingen: Medien Verlag Köhler.

Zürn, Michael (2008): Governance in einer sich wandelnden Welt – eine Zwischenbilanz, in: Schuppert/Zürn, Governance in einer sich wandelnden Welt, S. 553-580.

Gender Studies

RITA CASALE,
BARBARA RENDTORFF (HG.)
**Was kommt nach der
Genderforschung?**
Zur Zukunft der feministischen
Theoriebildung

2008, 266 Seiten, kart., 26,80 €,
ISBN 978-3-89942-748-6

RAINER FRETSCHNER,
KATHARINA KNÜTTEL,
MARTIN SEELIGER (HG.)
Intersektionalität und Kulturindustrie
Zum Verhältnis sozialer Kategorien
und kultureller Repräsentationen

September 2010, ca. 220 Seiten, kart., ca. 24,80 €,
ISBN 978-3-8376-1494-7

DORETT FUNCKE, PETRA THORN (HG.)
**Die gleichgeschlechtliche Familie
mit Kindern**
Interdisziplinäre Beiträge
zu einer neuen Lebensform

August 2010, ca. 350 Seiten, kart., ca. 29,80 €,
ISBN 978-3-8376-1073-4

**Leseproben, weitere Informationen und Bestellmöglichkeiten
finden Sie unter www.transcript-verlag.de**

Gender Studies

GERLINDE MAUERER (HG.)
Frauengesundheit in Theorie und Praxis
Feministische Perspektiven
in den Gesundheitswissenschaften

August 2010, ca. 240 Seiten, kart., ca. 24,80 €,
ISBN 978-3-8376-1461-9

HANNA MEISSNER
Jenseits des autonomen Subjekts
Zur gesellschaftlichen Konstitution
von Handlungsfähigkeit im Anschluss
an Butler, Foucault und Marx

August 2010, ca. 308 Seiten, kart., ca. 32,80 €,
ISBN 978-3-8376-1381-0

ELLI SCAMBOR, FRÄNK ZIMMER (HG.)
Die intersektionelle Stadt
Geschlechterforschung
und Medienkunst an den Achsen
der Ungleichheit

September 2010, ca. 170 Seiten, kart.,
zahlr. z.T. farb. Abb., 24,80 €,
ISBN 978-3-8376-1415-2

**Leseproben, weitere Informationen und Bestellmöglichkeiten
finden Sie unter www.transcript-verlag.de**

Gender Studies

**Leseproben, weitere Informationen und Bestellmöglichkeiten
finden Sie unter www.transcript-verlag.de**